新时代高校国民经济管理专业核心课程教材
中国人民大学"十四五"规划教材
中国人民大学一流本科课程建设及教改工程成果
科学出版社"十四五"普通高等教育本科规划教材

国民经济学原理

主 编◎刘 瑞 杨 艳 李春生

科学出版社
北 京

内 容 简 介

本书基于中国特色社会主义市场经济改革与发展经验，阐述了国民经济的运行与治理的基本概念、原理和方法。全书共分五篇，16 章。"总论"篇阐述了国民经济运行的基本条件、运行特征、基本关系、经济增长机制、收入分配制度等，为理解国民经济运行和治理提供了实践基础和理论前提。"总供给"篇从社会供给侧阐述了劳动力、资本、技术、土地、管理和数据要素的作用和意义。"总需求"篇从社会需求侧阐述了消费、投资和出口的作用与意义。"经济结构"篇重点分析了国民经济结构中的企业、产业和区域结构。"国民经济管理"篇重点阐述了国民经济管理全流程、国民经济管理目标与手段、预期管理、调控评价等。

本书适用于高校国民经济管理本科专业和国民经济学研究生专业课程教学，高校经济管理类课程教学，以及全国高等教育成人自学考试、党政机关干部专业培训、公务员资格考试、大型公司企业职员培训等，也适合广大经济学爱好者自学。

图书在版编目(CIP)数据

国民经济学原理 / 刘瑞，杨艳，李春生主编. 北京：科学出版社，2025.6. -- (新时代高校国民经济管理专业核心课程教材)(中国人民大学"十四五"规划教材)(科学出版社"十四五"普通高等教育本科规划教材).
ISBN 978-7-03-082257-4

Ⅰ. F20

中国国家版本馆 CIP 数据核字第 2025K8V545 号

责任编辑：方小丽 / 责任校对：贾娜娜
责任印制：张 伟 / 封面设计：有道设计

科学出版社 出版
北京东黄城根北街 16 号
邮政编码：100717
http://www.sciencep.com

三河市骏杰印刷有限公司印刷
科学出版社发行 各地新华书店经销
*

2025 年 6 月第 一 版　开本：787×1092　1/16
2025 年 6 月第一次印刷　印张：28 1/4
字数：670 000
定价：78.00 元
（如有印装质量问题，我社负责调换）

新时代高校国民经济管理专业核心课程教材

编辑委员会

主　任（按姓氏拼音排序）
　　刘　瑞（中国人民大学）
　　张红伟（四川大学）
　　赵丽芬（中央财经大学）

委　员

龚勤林	黄乃静	贾　男	李春生	李　刚
廖信林	林　晨	路　征	汤新云	王国定
王瑞娟	王　伟	王文甫	徐　翔	杨爱兵
杨飞虎	杨　艳	张红霞	张鸿武	张紫薇
赵德起				

总 序

2023年7月8日，全国设有"国民经济管理"本科专业的高校骨干教师聚集成都，完成了一项富有历史性的使命：编写符合习近平新时代所需要的、新型的国民经济管理专业系列教材。

众所周知，国民经济学是研究和阐释一个国家的经济如何运行以及如何管理的经济学科。新中国的国民经济学科起步于1950年，经历了三个时期的艰难发展历程：最初通过引进苏联经验，在计划经济时期建立起满足当时国民经济建设和发展所需要的国民经济计划学；进入改革开放时期，又将这种学科理论转型为满足社会主义市场经济所需要的国民经济管理学；进入21世纪之后，国民经济学科开始逐步定型。在2000年，保留了"国民经济管理"本科专业的七所高校的专业教师聚集北京，集体商定编写了教育部"面向21世纪课程教材"之"高等学校国民经济管理专业主干课教材"。该丛书共计四本，列有《国民经济管理学》《宏观经济数量分析方法与模型》《可持续发展战略学》《区域经济管理学》。该套丛书得到过老一辈学者钟契夫、刘成瑞、张今声、侯荣华的悉心指导，一些学科前辈如杜肯堂、戴士根、刘起运、李华、江勇等均担纲主编了该丛书。该套丛书在各个高校中使用了20多年，获得不少学术奖励，其中部分教材还发行了三版。

时过境迁，当中国经济实践进入经济高质量发展阶段之后，当中国经济理论也进入习近平新时代中国特色社会主义思想阶段时，"面向21世纪"的课程教材就需要更新为"新时代"的课程教材。特别是，2022年4月25日习近平总书记考察中国人民大学，提出"加快构建中国特色哲学社会科学，归根结底是建构中国自主的知识体系"[1]。面对这场时代巨变和时代呼唤，国民经济学科需要与时俱进，及时更新教学内容并进一步完善学科体系。

本套丛书同样规划为四本，列有《国民经济学原理》《国民经济分析方法》《国民经济发展战略与规划》《国民经济学案例》。不难看出，本套丛书在继承上一套丛书的基础上，更加注重规范和创新。首先，学科与专业区分开来，教材名称更加规范。目前全国高校本科专业设为"国民经济管理"，研究生专业设为"国民经济学"。经过20多年教学实践、体验和观察，国民经济学更加符合该学科的应用经济学科性质。国民经济学属于经济学大家庭中的一员，所以从研究对象和研究方法上更多采用经济学科范式。以前的国民经济管理学介于经济学与管理学之间，内容更多偏重管理理论与方法。通过数十年的发展，国民经济学的理论与方法都已经向经济学靠拢，因此丛书各本基本不再采用管

---

[1] 《习近平在中国人民大学考察时强调：坚持党的领导传承红色基因扎根中国大地 走出一条建设中国特色世界一流大学新路》，https://www.gov.cn/xinwen/2022-04/25/content_5687105.htm，2022年4月25日。

理说法。然而，由于国民经济学科本身不仅研究国民经济运行问题，也研究国民经济管理问题，尤其是在中国一直采用发展战略与规划的形式来引导国民经济运行，因此作为该专业的核心课程之一"国民经济发展战略与规划"仍然是富有管理专业性质的。丛书专门编写了富有国民经济管理特色的《国民经济发展战略与规划》教材，这个做法是实事求是的。如今，类似战略与规划课程多数设在"公共管理"专业下，而国民经济学专业保留该课程是专业性质和特色所决定的。其次，课程教材体现了中国的国情和经济发展特点。实际上，中国的国民经济学科本身就是土生土长的，与国外的经济学科基本没有学脉关系，所以在编写本套丛书时就继续强调了要总结好中国经验，讲好中国故事。本套丛书专门编写了《国民经济学案例》一书，这本书在全国范围内也不多见，力图更加聚焦中国发展经验与教训，为后人提供丰富的中国教案。最后，本套丛书基本上凝聚了本学科的专业核心内容。四本教材基本上都是在各个高校已经开设的核心课程基础上，为国民经济管理本科专业或国民经济学研究生专业量身定制的，不存在与其他专业课程教材重合、边界不清的问题，学科建设和教学更加专业和规范。

本次新编丛书的教师来自全国设有国民经济管理本科专业和国民经济学研究生专业的高校。这些教师大都年富力强，专业教学科研经验丰富，对中国国民经济管理理论、实践和方法比较熟悉。其中不少教师具有海外留学或研修经历，常年跟踪国内外学术研究前沿进展，对中外学术进展状况比较了解。这种高素质、高素养的编书人才队伍的构成，使得本套教材丛书的编写极有可能进入国内外领先行列。

本套教材丛书在编写过程中参考了国内许多优秀科研专著和教材，同时还借鉴了国内三套具有代表性的国民经济学科系列教材，即张今声等主持的教育部"面向21世纪国民经济管理专业教学内容与课程体系改革研究"系列教材、林木西主编的"国民经济学系列丛书"、刘瑞主持的"21世纪国民经济管理学系列教材"。感谢这些中国化的国民经济学科教材为本套丛书提供了丰厚的学术资源和教案素材。同时，本套丛书的编写也得到了相关学校"十四五"规划教材和教改工程项目的资助，被列为科学出版社"十四五"普通高等教育本科规划教材，部分教材得到了中国人民大学"钟契夫国民经济学科发展基金"出版赞助，借此机会对上述机构及人员表示诚挚的谢意。

编委会
2025年4月

前　言

国民经济学是一个有关国家的经济如何运转以及如何治理的知识体系。这个经济学科一直与它所涉及的国家经济体系和制度及其相关基础理论的变化密切相关。众所周知，该学科最初与政治经济学科同根同生，但是后来随着经济学科大家庭新成员越来越多，该学科逐步分工转型为一种应用经济学科，在各国有了不同的命运。新中国成立以来，我国首先采用了苏联式的计划经济模式，因此在学科建设上我国学术界引进并建立了国民经济计划学。进入改革开放时期后，为适应社会主义市场经济体制模式的创建，学科建设开始改为国民经济管理学。不过随着中国特色社会主义经济建设实践日益深入和经济思想日趋成熟，特别是进入21世纪习近平新时代中国特色社会主义思想阶段，国民经济学科迎来了新的发展契机。学科建设需要与时俱进，学科范式需要守正出新。进一步地，新版教材需要按照建构中国自主知识体系的要求，充分分享习近平新时代中国特色社会主义经济思想理论成果，充分吸收我国改革开放以来国家治理的成功经验和做法，充分总结汲取中外宏观经济治理的经验教训。因此，在三版《国民经济管理学概论》以及《国民经济管理学》使用了20多年之后，我决定终止对这两本教科书第四版的修订，在组织全国同行编撰国民经济管理专业核心课程教材系列丛书的时候，集中精力编写一部反映新时代特点和要求的中国国民经济学原理性质教材。

这本《国民经济学原理》依然是阐述国家经济运行和治理的基本知识体系，不过与以前业界比较熟悉的《国民经济管理学》或同类教材相比，也有了许多比较明显的变化。

第一，强化了经济学科知识内容。国民经济学科主要是运用经济学基本原理和方法来阐释国民经济命题。不得不承认，从学科演化渊源看，对国民经济的治理经验和管理知识曾经占据了本学科的主体。但是随着人文社会学科分工，特别是政治学科、管理学科的形成和独立发展，把一些原有的国民经济管理知识点，如决策、规划、组织、人员等内容放在其他学科中研究或许更为合适。此外，进入新时代以来出现了不少国民经济新知新论，需要及时补充到新教材中。

第二，健全了国民经济学原理体系。国民经济学以国家经济运行和治理为研究对象。作为一本教科书，《国民经济学原理》首先需要构建全面完整的原理体系，便于学生或读者全面把握国民经济基本内容。以前的国民经济管理理论体系受到需求管理理论的影响，偏重需求管理知识介绍以及宏观调控内容。本书重新编排了体系，增加了许多供给管理方面的知识。全书设为五篇、16章，涉及国民经济基本体系与制度、总供给与总需求、总量与结构、运行与管理等内容。与同类教材相比，本书体系更加完整，内容更加平衡，知识更加丰富。

第三，突出了原理性质的知识。一般而言，一个国家的经济体无比庞大复杂，既包含着过去，又呈现着当下，更充满着未来。要想彻底理解这个经济体系并能够驾轻就熟，需要具备相当高的本领，需要学习各方面的理论知识和积攒长时间的实践体验。因此，试图通过一本教科书就能掌握治国平天下本事的想法未免过于天真。然而，中国古人云，治大国如烹小鲜。治国如此，学习也如此。如果有一本60万字左右的教科书能够将涉及国民经济繁杂的知识化繁为简、去粗取精，就可以在较短时间内让学生或读者速成国民经济内行。编撰本书的目的就是一本精致教材在手，一国经济了然于心。

本书是集体合作的劳动成果。最初撰写本书的动机起源于申报国家经济学教材建设重点研究基地的项目，后来转入对原来《国民经济管理学》教材的改版写作。我作为第一主编，亲手谋划、组织、撰写和统编了本书。两位年轻有为、富有朝气的第二主编，作为各自所在高校学科点的负责人，对国民经济学科建设充满感情与激情，积极投入到教材编写的组织与讨论活动之中，贡献了许多真知灼见。教材编写组其他教员来自全国各地高校。他们克服了包括疫情在内的各种不利因素，积极参与了线上线下会议讨论，保质保量地完成了各自分担的编写任务，从中能够体会到中国教员对建构具有中国经济特征的国民经济学科知识体系的使命感与责任感。全书具体写作分工是：第一章，刘瑞（中国人民大学）；第二章，蒋长流（安徽大学）；第三章，汤新云（安徽财经大学）；第四章，蒋选（中央财经大学）；第五章，杨飞虎（江西财经大学）；第六章，曹华（云南民族大学）；第七章，江世银（南京审计大学）；第八章，贾男（四川大学）；第九章，杨飞虎（江西财经大学）；第十章，杨艳（四川大学）；第十一章，李春生（山西财经大学）；第十二章，潘海岚（云南民族大学）；第十三章，李春生（山西财经大学）；第十四章，邵国华（江西财经大学）；第十五章，杨艳（四川大学）；第十六章，江世银（南京审计大学）。

本书是新时代高校国民经济管理专业核心课程教材、中国人民大学"十四五"规划教材、中国人民大学一流本科课程建设及教改工程成果、科学出版社"十四五"普通高等教育本科规划教材，得到了中国人民大学校友李堃博士捐赠的"钟契夫国民经济学科发展基金"的出版资助。借此机会，对上述机构和人员，以及教材匿名审核专家所付出的一切表示真挚的感谢！

刘 瑞

2024年初夏

目 录

第一篇 总 论

第一章 国民经济运行条件与特征 3
- 第一节 计划经济的形成与基本特征 4
- 第二节 市场经济及其基本特征 8
- 第三节 国民经济运行总体关系 21
- 本章小结 27

第二章 经济增长与中国经验 29
- 第一节 经济增长的含义与源泉 30
- 第二节 经济增长和经济发展思想 35
- 第三节 经济增长核算与经济计量 40
- 第四节 中国经济增长的阶段性分析 44
- 本章小结 51

第三章 收入分配 53
- 第一节 中国的收入分配制度 54
- 第二节 中国收入分配结构 59
- 第三节 收入分配差距的衡量方法、影响及成因 65
- 第四节 收入分配中的公平与效率关系 73
- 本章小结 77

第二篇 总 供 给

第四章 劳动力要素供给 81
- 第一节 劳动力总量与结构 81
- 第二节 劳动生产率 97
- 第三节 劳动贡献 103
- 本章小结 107

第五章 资本要素供给 109
- 第一节 资本总量与构成 110

第二节　资本品结构 ……………………………………………………………………127
　　第三节　资本效率及测度 …………………………………………………………………134
　　本章小结 ……………………………………………………………………………………140

第六章　技术要素供给 ………………………………………………………………………141
　　第一节　技术要素供给概述 ………………………………………………………………142
　　第二节　技术进步 …………………………………………………………………………151
　　第三节　技术引进与技术自主创新 ………………………………………………………160
　　本章小结 ……………………………………………………………………………………166

第七章　其他要素供给 ………………………………………………………………………169
　　第一节　概述 ………………………………………………………………………………170
　　第二节　土地要素供给 ……………………………………………………………………173
　　第三节　管理要素供给 ……………………………………………………………………176
　　第四节　数据要素供给 ……………………………………………………………………178
　　本章小结 ……………………………………………………………………………………186

第三篇　总　需　求

第八章　消费需求 ……………………………………………………………………………189
　　第一节　消费需求总量与水平 ……………………………………………………………190
　　第二节　居民消费及其结构 ………………………………………………………………199
　　第三节　政府消费及其作用 ………………………………………………………………205
　　本章小结 ……………………………………………………………………………………215

第九章　投资需求 ……………………………………………………………………………217
　　第一节　投资总量的形成及其效应 ………………………………………………………217
　　第二节　投资布局与效应 …………………………………………………………………229
　　第三节　投资周期及其影响 ………………………………………………………………240
　　本章小结 ……………………………………………………………………………………245

第十章　出口需求 ……………………………………………………………………………247
　　第一节　出口需求的形成 …………………………………………………………………248
　　第二节　中国出口及其国际影响 …………………………………………………………255
　　第三节　出口需求与汇率 …………………………………………………………………262
　　本章小结 ……………………………………………………………………………………271

第四篇　经　济　结　构

第十一章　企业结构 …………………………………………………………………………275
　　第一节　企业的含义、特征及分类 ………………………………………………………276

第二节　企业所有制结构 ································· 281
　　第三节　企业规模结构 ····································· 287
　　本章小结 ··· 297

第十二章　产业结构 ··· 299
　　第一节　产业的分类 ······································· 300
　　第二节　产业结构演进的规律与趋势 ·························· 306
　　第三节　产业结构优化升级 ································· 319
　　本章小结 ··· 326

第十三章　区域结构 ··· 328
　　第一节　区域结构的概念及其分类 ···························· 329
　　第二节　区域结构的变动规律 ······························· 332
　　第三节　区域结构调整与优化 ······························· 340
　　本章小结 ··· 348

第五篇　国民经济管理

第十四章　国民经济管理全流程 ································ 353
　　第一节　基本概念 ··· 353
　　第二节　国民经济管理主要环节 ······························ 360
　　第三节　国民经济管理模式 ································· 377
　　本章小结 ··· 380

第十五章　国民经济管理目标与手段 ···························· 382
　　第一节　国民经济管理目标体系 ······························ 382
　　第二节　国民经济管理手段体系 ······························ 391
　　第三节　目标与手段的关系 ································· 415
　　本章小结 ··· 417

第十六章　预期管理与调控评价 ································ 418
　　第一节　预期管理的作用 ··································· 419
　　第二节　预期管理目标、过程、种类与手段 ···················· 429
　　第三节　宏观调控评价 ····································· 434
　　本章小结 ··· 439

第一篇

总　论

第一章

国民经济运行条件与特征

> **本章知识点**

1. 计划经济的历史形成
2. 统制经济及混合经济
3. 市场经济及其运行机制
4. 中国特色社会主义市场经济特征
5. 不同逻辑层次的国民经济循环关系
6. 社会再生产循环关系
7. 国民经济要素流程关系

> **本章学习目标**

1. 理解社会主义计划经济历史演变特征及局限性
2. 区分计划经济与统制经济差别
3. 明确市场经济一般特征及缺陷
4. 明确中国社会主义市场经济条件下国民经济运行基本特征
5. 理解国民经济运行的不同逻辑层次和关系

一个国家的经济总是在一定条件和环境下形成并运行发展起来。试图把国民经济活动从这些条件和环境中抽象出来，给出一个简洁的说明，看起来似乎具有科学性，但是失去了某种真实性。国民经济不可能是在一个社会真空中存在和运行的。迄今为止，与自然科学相比，经济学科还是经验性学科。经验性学科意味着任何分析要从典型事实开始，而不是从逻辑推导出发，提出分析假设和检验是以真实存在为前提，而不是以臆想为前提。作为经验性学科，当解释现实经济问题时，一定要清楚面对这些问题的现实条件和环境究竟是什么。从历史与现实相互回应的条件和环境开始分析，是遵循历史唯物主义的基本立场和态度，是包括国民经济学在内的所有经济学科应当采取的分析出发点。

一个国家在这些条件和环境中形成了各种各样错综复杂的经济关系。显然，对在这些条件、环境下形成的关系做出分析首先是政治经济学的任务，并需要具备十分宽广的知识背景，需要众多经济社会学科共同参与，然而，给出一个基本和简洁的解释也是本教材的任务。作为阐释国民经济运行和管理规律性的国民经济学科，本教材在分析国民经济运行和管理时首先需要对这些条件和关系予以说明。

第一节 计划经济的形成与基本特征

中国是具有五千多年文明史的古老国度，与世界其他古代文明如古埃及、古巴比伦、古印度齐名，曾经长居世界发展前列，但是自19世纪起，中国文明开始走向衰落，直到20世纪中叶——1949年中华人民共和国的成立及其社会主义经济制度的建立，为中国经济重新崛起创造了基本条件。在随后的70多年发展过程中，为发展壮大中国社会主义经济，中国进行了不断的探索和改革。

一、计划经济的设想与苏联计划经济的建立

计划经济（planned economy），是指一个国家用全国统一的经济计划指导和组织国民经济运行的经济制度。这个经济制度诞生在早期社会主义经济之中。从历史上看，它与早在社会主义经济出现之前的资本主义国家的统制经济有某些相似点，但是计划经济本质上不是统制经济。统制经济是政府凭借所拥有的普遍性和强制性的权力对国民经济运行进行掌控和治理。"我们要假定一个政府，它希望为一般社会利益而管理社会，它是够强大的，足以克服任何局部势力的反抗"[1]。计划作为治理国民经济的具体工具，在统制经济体制中也存在，但缺乏统一性和系统性。其治理国民经济最直接的是行政当局的意志、命令和执行，目的并不是实现国民经济按比例有序运行，而是满足统治阶级和集团自身利益需要。在资本主义经济下，一般社会利益其实是资产阶级主导的利益。基于人类理性和社会主义理念的计划经济，是力图遵从和利用人类自然规律，克服资本主义经济盲目生产、无序运行、周期性危机的缺陷而提出的构想。它在长期实践探索过程中形成了一种配置资源的经济体制。

在理论上，马克思主义经典作家提出了社会主义计划经济的基本原理。"任何一个民族，如果停止劳动，不用说一年，就是几个星期，也要灭亡，这是每一个小孩都知道的。人人都同样知道，要想得到和各种不同的需要量相适应的产品量，就要付出各种不同的和一定数量的社会总劳动量。这种按一定比例分配社会劳动的必要性，决不可能被社会生产的一定形式所取消，而可能改变的只是它的表现形式，这是不言而喻的。"[2]因

---

[1] 勒讷. 统制经济学. 陈彪如译. 北京：商务印书馆，1965：26.
[2] 中共中央马克思恩格斯列宁斯大林著作编译局. 马克思恩格斯选集（第四卷）. 北京：人民出版社，1972：368.

此，"只有一种有计划地生产和分配的自觉的社会生产组织，才能在社会方面把人从其余的动物中提升出来，正像一般生产曾经在物种方面把人从其余的动物中提升出来一样。历史的发展使这种社会生产组织日益成为必要，也日益成为可能"[1]。据此，他们阐述了对这种社会生产实行计划指导的必然性、优越性、自觉性及若干设想，认为：有计划地组织社会生产是社会化大生产的客观需要，而资本主义社会化大生产方式为此准备了物质基础和前提条件；由于社会将根据现实资源和整个社会需要制订计划并以此支配经济运行，所以资本主义生产方式带来的周期性危机和一切有害结果将被消除；社会内部的无政府状态以及受盲目规律调节的状态将转变为自觉的共同控制，人类从此将由必然王国进入自由王国；以自由劳动联合体为单位的生产组织将会根据需要，按照统一的社会计划开展生产经营活动。因此，马克思主义经典作家在理论上构想的社会主义计划经济特征是：①以生产资料全社会占有的单一公有制为基础；②以商品经济消亡为条件；③以直接的社会劳动为前提[2]。当然，任何一项科学理论构想必须转化为实践活动，并通过反复实践、检验和调整，才能得到验证并推动人类社会发展与进步。

在实践上，列宁与斯大林创建了苏联特色社会主义计划经济体制。列宁作为创建世界上第一个社会主义国家的领导人，在他短暂的国家最高领导人生涯中对计划经济体制做过大胆的探索。早在1906年，列宁就明确提出了要建立计划经济："只要还存在着市场经济，只要还保持着货币权力和资本力量，世界上任何法律都无法消灭不平等和剥削。只有建立起大规模的社会化的计划经济，一切土地、工厂、工具都转归工人阶级所有，才能消灭一切剥削。"[3]最初，列宁按照马克思主义经典作家的构想，把国民经济当作一个巨型工厂，各个生产组织则是这个工厂的各个车间，服从统一的计划调度和控制。这种用统一的经济计划指导国民经济运行和管理的系统就是计划经济体制。在列宁领导下，俄罗斯在战时共产主义时期建立了总管理局制度。1918年按照国民经济行业，在最高国民经济委员会下设立了59个总管理局或中心[4]。以后扩建成71个中央级的国民经济行业管理机构。到20世纪20年代中期，79个全联盟托拉斯取代了总管理局。最高国民经济委员会则改建为国家计划委员会，一直存在到苏联解体为止。国家计划委员会编制了第一个全国性的中长期计划"俄罗斯国家电气化长期规划"[5]。在这个600多页的计划中，规定在10~15年建设30座区域电站，包括20座火电站和10座水电站，总装机容量为175万千瓦；总的年发电量达到88亿千瓦时，而1913年俄国的年发电量为19亿千瓦时。根据计划，工业品产量将比1913年的产量增加80%~100%，比1920年增加许多倍[6]。然而经过实践，列宁很快就对国家高度垄断控制的战时经济暴露出来的问题作出了深刻反思。他提出了"新经济政策"改革措施，推行以粮食税代替余粮征集制，对民

---

① 恩格斯. 自然辩证法. 北京：人民出版社，2015.
② 刘成瑞. 论新型计划管理. 北京：中国人民大学出版社，1988：5-6.
③ 列宁. 土地问题和争取自由的斗争//列宁全集（第十三卷）. 2版. 中共中央马克思恩格斯列宁斯大林著作编译局译. 北京：人民出版社，2017：124.
④ 尼·布哈林，叶·普列奥布拉任斯基. 共产主义ABC. 中共中央马克思恩格斯列宁斯大林著作编译局国际共运史研究室译. 北京：生活·读书·新知三联书店，1982：267-259.
⑤ 黄立茀等. 新经济政策时期的苏联社会. 北京：社会科学文献出版社，2012：83.
⑥ 列宁. 列宁论新经济政策. 中共中央马克思恩格斯列宁斯大林著作编译局译. 北京：人民出版社，2020：283.

资和外资实行租让制和租赁制，大面积恢复城乡商品市场交易，在工业国有经济中实行托拉斯和辛迪加化改造[1]。这些改革大大缓和了强行建立统制型经济带来的矛盾冲突，成为列宁主义的思想遗产之一。

斯大林成为苏联最高领导人之后继续探索计划经济实践，1928 年开始实行周期性的五年计划制度，然而，斯大林没有将列宁的"新经济政策"思想全部继承下来，而是逐步建立和完善了高度集中的指令性计划经济体制。统一的经济计划作为管理国民经济的工具和手段，采用行政命令方式自上而下严格控制国民经济运行。虽然指令性计划体制也成功应对了 20 世纪 30 年代世界经济大萧条危机和第二次世界大战的巨大冲击，但是在战后和平时期以及"冷战"美苏竞赛时期，慢慢显示出体制的僵化弊病。在 20 世纪 90 年代各种错综复杂的因素冲击下，苏联式计划经济模式宣告解体。

二、中国计划经济的建立

从 1949 年 10 月中华人民共和国成立到 1956 年基本完成社会主义改造，在中国共产党的领导下，我国相继实现了从半殖民地半封建社会到民族独立、人民当家作主的新社会，从新民主主义到社会主义的两个历史性转变[2]。在 20 世纪 50 年代，全世界最推崇、最流行的经济模式是计划经济，中国对此却完全缺乏经验。同时，苏联对中国采取了友好援助的政策。因此，1951 年 2 月，毛泽东在中共中央政治局扩大会议上提出"三年准备、十年计划经济建设"的思想[3]。1952 年在苏联帮助下，开始编制第一个国民经济发展五年计划（"一五"计划）。然而在当时，中国经济还未完成社会主义改造任务。到"一五"计划末期，以工业国有化和农业集体化为主要标志的社会主义经济才形成，而计划经济体制实际上是在"一五"计划完成之后才真正形成。

经过一个五年计划周期之后，中国开始意识到了指令性计划经济模式的弊病，并积极探索建立具有中国特色的计划经济模式。这个探索从 20 世纪 40 年代末一直持续到 70 年代末，其间还爆发了"文化大革命"运动。在运动中，就连计划管理的具体形式的年度计划都一度废止。到 20 世纪 80 年代，对社会主义经济建设规律的大胆探索催生了对社会主义计划经济体制的深刻反思。这个探索的代表性认识就是邓小平的论断："计划多一点还是市场多一点，不是社会主义与资本主义的本质区别。计划经济不等于社会主义，资本主义也有计划；市场经济不等于资本主义，社会主义也有市场。计划和市场都是经济手段。社会主义的本质，是解放生产力，发展生产力，消灭剥削，消除两极分化，最终达到共同富裕。"[4]从此，中国正式从计划经济体制转向市场经济体制。

---

[1] 黄立茀等. 新经济政策时期的苏联社会. 北京：社会科学文献出版社，2012：78-84.
[2] 中共中央党史研究室. 中国共产党历史（第二卷）（1949—1978）（上册）. 北京：中共党史出版社，2011：3.
[3] 中共中央党史研究室. 中国共产党历史（第二卷）（1949—1978）（上册）. 北京：中共党史出版社，2011：123-124.
[4] 邓小平. 在武昌、深圳、珠海、上海等地的谈话要点（一九九二年一月十八日—二月二十一日）//邓小平文选（第三卷）. 北京：人民出版社，1993：373.

三、计划经济的优势与缺陷

总而言之，经过大约 70 年的计划经济实践，该体制的优势和局限性都比较充分地显示了出来。其优势体现在：①计划经济能够集中动员有限的资源用在特定的战略发展方向上，实现国民经济发展的目标；这个模式对于发展中国家有吸引力，对后进国家实现经济现代化有直接效果。从 20 世纪 50 年代初到 80 年代初，中国通过五个五年计划时期快速地建立起了比较完整的工业化体系。②计划经济力求动员一切经济资源用于经济建设，尤其是在动员人力资源消灭失业方面效果突出。"计划经济力求消灭失业现象"[①]。③计划经济比较注重各个经济关系的综合平衡，实现了国民经济相对平衡。这个模式对于力图贯彻社会主义理念的发展中国家有吸引力。实行计划经济，无论是居民个人收入差距还是地区收入差距都是相对较小的。到中国改革开放之前，衡量居民收入分配差距的基尼系数为 0.3 左右，接近绝对公平水平[②]。

集中外国家 70 余年的实践经历也表明，计划经济机制在商品经济普遍存在的基本条件下运行存在着如下局限性。

（1）过度集中的决策机制导致企业和地方丧失积极性和创新精神。在计划调节模式中，按照指令性计划、统一计划分级管理原则，从中央到地方再到企业，建立起自上而下、自下而上、上下结合的金字塔组织结构。中央拥有了大多数经济决策权限，地方分享了部分决策权限，而企业则几乎没有经济决策权限。事实上，中国地域辽阔，地区差异极大，仅大型企业就成千上万，因此过度集中的决策权限机制大大限制了地方和企业根据自身条件和利益合理组织生产经营的自主能力，成为阻碍国民经济发展的制度性因素。

（2）单一的调控手段使得国民经济管理僵硬。在计划模式中，政府对国民经济活动的调控采取如下方式：首先，通过计划和行政系统层层分解计划指标给各个地方和部门管理机构，直至下达到企业。用指标下达、指标使用、指标检查、指标考核的调控方式管理国民经济的日常运行。其次，当指标控制出现漏洞和失灵时，采用行政命令方式加以补救。再次，各项政策手段和经济办法，如财政政策、货币政策、工资、奖金、物价、汇率等，都只作为指标控制和行政命令的对象或载体，本身并无独立的含义和管理价值。最后，强调政治思想教育对国民经济活动的巨大影响力，在物质极度匮乏时用道德力量去激励人们参与经济建设活动。在短期内和特定条件下，这些做法也能激发基层经营主体的活力，但是在长期和一般条件下，这些做法就无法取得持续成效了。

（3）行政条块划分的组织机制割裂了国民经济活动内在联系。在计划经济模式中，政府按照行政方式组织国民经济活动，分成两个方面，习惯称作"条"和"块"：其一，按照行政部门和行政区划组织宏观经济活动；其二，按照行政隶属关系组织微观经济活动。工商企业，包括国有企业和非国有企业，都分别纳入一个主管行业的政府职能部门

---

① 斯大林. 斯大林选集（下卷）. 中共中央马克思恩格斯列宁斯大林著作编译局译. 北京：人民出版社，1979：352.
② 收入分配基尼系数是用于测定收入分配差距的一种工具。假定在一定比率人群对应一定比率收入的情况下，基尼系数趋向 0 时，被视为收入分配趋于绝对公平；趋向于 1 时，被视为收入分配趋向于绝对不公平。

属下，形成一种隶属和挂靠关系。但是这种行政区划阻碍了地区之间生产要素的流动，妨碍了全国统一大市场的形成。行政职能部门变成部门所有制，企业变成某级地方政府或某个行政主管部门的附属品，政府限制企业根据经济规律进行的跨行业发展与联合。不按照经济运行内在规律建立经济组织，必然造成经济效率低下。

（4）单一的所有制形式抑制了国民经济内在动力和活力。在计划经济模式中，所有的经济组织都被纳入到两种公有制经济形式中：国家所有制和集体所有制。一般而言，公有制经济相比私有制经济是一种更为先进的社会生产关系，但需要更发达的社会生产力作为基础条件，才能发挥出制度优越性和生命力。在广大落后的乡村经济和不够发达的城市经济中，用单一的所有制形式将生产力水平千差万别的微观经济单位组建起来，使得内部的分配机制不能正确调动劳动者以及单位的积极性，使得个人失去了自己应当承担的那一部分责任和义务。单一所有制内外部难以开展竞争，国民经济发展效率难以提升。

第二节 市场经济及其基本特征

在早期的社会主义理念中，市场经济就是资本主义经济。然而，经过历史性分析和考察发现，市场经济的出现大大早于资本主义经济形态。资本主义经济不过是依附于市场经济而发展起来的一种特殊形式，一个被法国历史学家布罗代尔称为"盛行巧取豪夺的'反市场'区域"。他发现："在历史上，当某地区各集市的价格基本一致并同起同落时，我们就必须谈到市场经济；……在这个意义上，19世纪和20世纪前早已存在市场经济。""事实上，所有交换方式都是经济的，也都是社会的。几百年中，存在过许多种社会-经济交换形式，它们的多样性不妨碍它们共存，或者正是由于它们的多样性，它们才能共存。"①

首先，市场是商品经济形态的伴随物。人们最初为了自身生存需要而从事产品的生产，然后对产品进行消费。当满足自身需要消费之后产品尚有剩余时，人们就把剩余的产品主动拿出来进行交换，互通有无。于是，这种交易的产品就成了商品。商品具有了使用价值和价值的二重属性：生产方关心的是商品的价值增值，消费方在意的是商品的使用价值数量和质量。这样一种从生产到流通再到最终消费的商品经济形态就形成了。其次，市场最初是指商品供给方与商品需求方进行交易的场所。随着商品经济从简单交易形式向复杂交易形式发展，交易的商品种类和形式越来越复杂多样，作为交易场所的市场也就越来越复杂多样。市场不再受地理位置的局限，也不再仅限于现场完成交易，出现大量时空隔离的市场交易行为。进入互联网时代，更发展为虚拟与实体两种市场交易形式。无论市场形式如何变化，交换总是市场经济的基本特征，获利总是市场经济的基本动机。因为市场总是以商品交易为内容，而不管其商品是实物性的还是服务性的，所以市场经济与商品经济几乎是同义语。只是商品经济发展到高级阶段，市场也随之越来越复杂多样，由此牵涉的交换关系也越来越复杂，因而市场经济成为更为一般的商品

---

① 费尔南·布罗代尔. 15至18世纪的物质文明、经济和资本主义：形形色色的交换（第二卷）. 顾良译. 北京：生活·读书·新知三联书店，1993：230-231，233.

经济的发达形式。市场经济就是一种依赖于经济活动主体自发地参与经济活动并从中获利的交换经济系统。

一、市场机制

在市场经济的演化过程中，渐渐地形成了一整套的运行规则和方式。这个一整套的运行规则和方式就是市场机制。机制一词来源于对机械物理运动现象的描述，是一种由相关的机械物理要素结合起来产生具有某种功能运动的系统。各种机械物理要素的构成以及它们在机械中所担负的系统功能，成为机制的基本内涵。由于人类社会普遍具有类似的机制现象，因而机制概念可以作为解释错综复杂社会经济现象的理论工具之一。市场经济作为一种人类系统现象，本身也具有相关的机制要素与功能。

理论上，对市场经济的运行机制始终存在着不同的解释。比较典型的看法认为，"市场经济要运行，有三件事情是必不可少的：私有制、竞争和商品的自由交换以及'硬'预算约束"[①]。但是这个解释显得有些过时。的确，单一私有制在市场经济发展早期是一个必要条件，但是随着当代市场经济出现了各种具有社会主义性质的类型，如20世纪50~80年代南斯拉夫的市场社会主义试验，以及具有国情特色的社会主义市场经济（中国、越南等）类型，私有制条件便被更为一般的条件——清晰的多元产权制度替代。只要具备清晰的公有、私有或公私兼有的产权制度安排，市场经济依然能够正常地运转起来。"硬"预算约束是指企业受到资金债务的限制，有多少资金和融资能力就办多少事。在资金债务预算"硬"约束条件下，企业如果经营不善导致资不抵债，就需要资产重组，直至破产。"硬"预算约束实际上是市场机制呈现出来的一个结果，而且"硬"预算约束本身要依靠一系列机制来实现。因此，市场经济运行所必不可少的三个条件并不具有一般性意义。将迄今为止世界上所有的各种类型市场经济实践考虑在内，一个完整的市场经济至少是由六个机制组成的，包含了市场经济的全部要素与功能。

（1）供求机制。市场经济中所有的要素均可抽象为两个相互对等的独立方面：商品的供给与商品的需求。商品的供给方是商品与供给主体的集合，包括企业、农户、非营利机构、外国企业等供给主体向市场提供的商品；商品的需求方则是货币需求与需求主体的集合，包括消费者、投资者等向市场投放的货币购买力。由此产生了相应的经济功能：供给方向需求方提供商品，需求方向供给方购买商品，彼此谁也离不开谁。市场供求双方的存在是市场经济内部矛盾体的共生现象，因为双方各自追求的市场目标是不一致的：供给方最终追求的是商品的价值及其增值，而需求方最终追求的是商品的使用价值及其满足感。市场经济始终是在这种供求内生矛盾的存在、展开和化解中运行的。因此，供求机制担负着市场经济的组织功能。

供求机制的运行会有两种结果：市场供求平衡或市场供求失衡。古典经济理论认为，供求双方主体会通过出价和应价的方式自发地解决供求失衡，达到市场均衡状态，然而迄今为止的中外实践活动表明，市场供求均衡还只是一种理想状态。客观现实是，市场失衡是大量和经常存在的现象，失衡几乎是常态。

---

① 伊萨克森 AJ，汉密尔顿 CB，吉尔法松 T. 理解市场经济. 张胜纪，肖岩，译. 北京：商务印书馆，1996：83.

（2）产权机制。供求机制的健康运行依赖于这样的市场前提条件：供求双方各自独立地处置涉及自身利益的事宜并由此承担后果。只有当供给主体和需求主体都拥有了对等和平等的市场交易权利时，交易行为才能正常地进行。为此，市场经济逐步发展出了一套完整的有关经济权利的产权机制。产权，在严格意义上是指财产所有权，在宽泛意义上是指人们对其所交易的东西享有的一切正当权利。产权具有两个最基本的权能：收益分享权能，即分享财产营运所带来的部分收益的权利；收益支配权能，即产权主体自主支配财产及其收益的权利[1]。这两种权能本属于经济规律的必然结果，但是在市场经济长期演化发展中逐步被超经济的强制形式——法律制度加以确认、规范和保护。所以在现代市场经济中，产权机制往往表现为法规条文，但是不应当本末倒置：产权机制的建立首先来源于经济上的合理性，其次才是合法性。因此，产权机制担负着市场经济的保障功能。

以往的市场经济绝大多数都是建立在私有产权基础之上的，这容易产生对市场经济与私有制经济之间天然性关系的联想，然而，中国、越南等的公有制经济，以色列的基布兹[2]，以及几乎所有市场经济国家都存在程度不等的国有经济，均表明公有制与私有制的结合是现代市场经济的客观存在。它从理论上启示：市场经济不仅仅存在私有制经济，也兼容公有制经济，如国有经济、集体经济、混合经济等。只要各种产权制度是清晰的、合理的和平等的，市场经济就可以在多元化的产权制度下正常运行。

（3）价格机制。商品价格是商品价值的货币表现。没有价格，商品交换就无法进行。商品价值首先是在市场以外的生产场所形成的，即是由生产商品的必要劳动时间决定的，其本质是由生产商品的劳动量大小决定的。作为交换品，商品价格的形成是由生产场所以外的市场所确定的，生产场所的商品价格已经预先由社会必要劳动决定了。因此，价格在本质上反映全社会商品价值量大小，在形式上反映社会经济资源配置情况及其资源稀缺程度。这是价格机制最鲜明的功能特性。市场经济中的价格要素与供求要素结合起来，形成了复杂的讨价还价交易过程。供求双方的平衡态势都是在一定价格水平下实现的，同时又是在价格水平波动中被打破的。因此，价格机制成为供求机制的晴雨表，发挥市场经济的信息功能。

价格自发形成固然灵敏地反映了资源稀缺程度并由此引导资源配置流向，但是不可避免的人为干预价格自发形成的情况依然不少，并且某些人为干预价格比起自发形成的价格会产生更高的资源配置效率和更好的社会经济收益。因而就有了以公共产品和私人产品为基本分界的两种价格形成机制。

（4）竞争机制。竞争是在市场各种机制作用下产生出来的一种争夺资源及利益的现象：众多的供应商为获得顾客相对稀缺的订单而进行的斗争，或者是众多的顾客对相对稀缺的优质商品的拼抢。由此，竞争产生了市场经济长期持续繁荣的功效：第一，竞争

---

[1] 刘树成. 现代经济辞典. 南京：凤凰出版社，江苏人民出版社，2004：975-976.
[2] 基布兹是希伯来语"团体"的意思，一种源自宗教文化和现实利益需要的集体社区。早在1911年移居到巴勒斯坦地区的犹太人开始建立。1946年以色列建国之后，政府普遍在基层建立了这种具有集体经济性质的社区。加入基布兹后，个人放弃私有财产，参加集体性劳动。其成员自愿加入和退出，在生产、消费、教育、医疗、社会保障等领域实行平等和合作。

使得商品成本下降，从而使得市场价格水平下降；第二，竞争使得需求方拥有更多的选择机遇并从中获利，也使得供给方的生产经营质量有所改进；第三，为了保持竞争优势，供应方需要有花样、有翻新的东西吸引购买方，从而促使经济体系中的创新活动持续增加，创新能力持续增强。如果竞争起点是公平、公正和公开的，在竞争过程中实行优胜劣汰，结果将促使国民经济运行效率大幅提高。因此，竞争机制担负着市场经济的效率功能。

过度竞争也会产生一些消极后果。在技术没有创新和地方保护主义实行的条件下，低水平生产、重复性建设现象大量涌现，最终出现产能过剩。从国民经济运行角度看是对资源的一种浪费。竞争还会产生竞争的反面，即垄断出现。

（5）激励机制。市场经济中的激励根本上讲是来自主体行为对经济利益的追逐。正是在这个激励因素的驱使下，大批的企业才按照市场经济规律参与市场活动，众多的消费者才斤斤计较于商品的相对价格。对于企业而言，利润获取始终是企业成功的标志。激励机制的核心是对经济利益的关注与追逐，但是经济利益客观上在个人之间、企业之间、产业之间、区域之间和国家之间存在着巨大差异，由此形成了兼顾这种多元经济利益的激励机制。其中，需要平衡供给方利益与需求方利益、宏观利益与微观利益、整体利益和个体利益、长远利益与短期利益、强势群体利益与弱势群体利益等关系。只有健全的激励机制存在，才能有效驱动市场经济稳定运行。因此，激励机制担负着市场经济的动力功能。

依照古典经济理论，市场经济中的个人具有经济人的基本特性：自私性与理性。自私性表明市场主体参与经济活动的动机是以实现个人利益为目的，理性表明市场主体实现个人利益的途径是以采取合理合法行动为手段，在目的与手段的结合之下，经济人实现个人利益的最大化，然而从理论到实践都证明，经济人假定都只是一个非科学的假设[①]。即使是就个人而言，经济利益也只是个人需要的一部分。依照马斯洛的需求层次理论，一个人至少拥有从低到高多层次需求，即生理、安全、社交、尊严和自我价值实现等需要。激励的因素多种多样，产生的效果也是广泛的。因此，追逐经济利益至少可以说不是个人参与市场活动的唯一动机。

（6）信用机制。信用机制的基本组成形式有两种：货币与契约。货币尤其是纸币，是法定的交易工具。之所以市场主体采用只具有价值符号象征意义的货币进行大规模的交易活动，是因为货币得到了货币发行者的诚信担保，如私人钱庄发行的银票以私人信用做担保。当市场交易发展到跨区域跨国度之后，私人银行所发行的纸币信用就难以满足这种信用担保需要，因而货币发行得到了超越私人信用的国家信用担保。契约是市场当事人双方自愿、自由缔结的交易信任协议，履行协议则双方获益，违反合同则双方受损。为保证契约信用的有效性和约束力，现代市场经济发展出一系列的信用机制，如个人和企业的征信制度、信用评价体系、质量认证体系[②]等。信用机制的建立和完善，首

[①] 刘瑞. 社会主义经济分析中没有"经济人"的位置. 中国人民大学学报，1997，（1）：21-24.
[②] 1987年由国际标准化组织推行的 ISO 9000 系列的质量认证体系，是一种厂商对生产经营质量提供承诺的国际信用制度。该体系实施的是已经具有的制造业和服务业质量国家标准，它适用于整个生产过程，而不是某一具体产品。该体系认证在市场上标志着质量信誉，国际购买者往往会坚持要求其固定供应商获得这种认证。该体系认证有严格的程序及考核要求，按照系列分为 ISO 9001、ISO 9002、ISO 9003 和 ISO 9004 等，依照不同行业设立，但制定质量管理手册、程序文件和作业指导书等三个通用文件是其核心。

先降低了市场交易成本，节省了交易当事人参与活动寻找规则的制度成本[①]，其次惩罚了不遵守市场秩序的行为，维护了诚信人的经济利益。因此，信用机制担负着市场经济秩序的维护功能。

信用不等同于信任或诚信，但是以信任或诚信为基础。信用是建立在信任或诚信基础之上的契约化市场关系。信任或诚信则是一种心理现象，是依靠社会习惯和社会心理形成的人对人的承诺与尊重，而信用在市场经济中是对经济规则与制度的一种承认和遵守，是一种契约现象。因此，二者之间既有联系也有区别。信任是信用的心理依据，信用是信任的制度维护。如果失去了心理信任，信用机制就形同虚设；有了心理信任，信用机制才能有效运行。

二、市场缺陷

总体上，健全的市场机制在商品经济中对资源配置起到决定性作用，但是无论是理论研究还是实践检验均表明，市场机制并非万能，市场机制存在许多缺陷。这些缺陷在商品经济中是难以避免的，理由如下。第一，市场运行的条件不能达到正常状况而引起市场机制功能不到位。当然，通过持续改进市场条件并建立健全市场机制，是可以大大减少市场缺陷的。第二，市场运行的条件已经达到正常状态但机制功能依然有缺陷。这是市场机制的天生缺陷，是无法通过市场机制自身的完善来避免的。第三，市场机制根本不起作用。严格来说，这并不是市场机制的缺陷，而是市场机制的盲区。假如让市场机制在这个盲区发挥作用，必定比其他机制起更坏的作用。具体而言，市场机制存在着如下几方面的失灵。

（1）信息不完全或不对称。与完全竞争市场的假设不同，现实的市场经济本身并没有提供完备信息并有效配置信息的机制。无论是生产者还是消费者都不可能拥有完全的市场信息，而且生产者和消费者各自拥有的信息往往是不对称的，这样就不可避免地会导致决策失误、不公平交易以及结构失衡和经济波动等现象的发生，增大了市场的风险。

（2）外部效应。这指的是某一微观单位的经济活动对其他单位乃至整个社会福利所产生的正面或负面影响。外部效应的存在意味着市场价格不反映生产的边际社会成本，具有外部不经济的经济主体将其部分成本强加给其他经济主体；反之，具备外部经济活动的经济主体却无法从自己的生产经营收入中回收全部成本支出。环境污染和员工跳槽是两个典型的市场经济外部效应例子：前者表明排污者在追求自身经济利益的情况下给周边当事者带来社会经济利益损失，后者表明跳槽者在获得自身经济利益的情况下给原来的雇主带来社会经济利益损失。实践表明，仅仅依靠市场机制本身是不能让利益相关者获得利益得失平衡的。在这样的情况下，价格体系不能传达正确信息，资源难以实现合理配置，市场调节是无效的。

（3）低效或无效提供公共产品。公共产品是指那些在生产或消费中均不具有排他性和竞争性的产品。按照非排他性和非竞争性的特性程度差异，公共产品又可以细化为纯

---

① 制度成本是指寻找、制定并维护任何一项规则而引起的人力、物力和财力花费。

公共产品和准公共产品。前者如公园、公路、路灯、国防、义务教育、公共卫生、文化事业、大众体育等；后者如非义务教育、经营性医疗保健、文化产业、竞技体育等。市场机制不可能使公共产品的生产达到社会所需要的最佳水平，这是由公共产品的性质决定的。首先，公共产品具有不可分割性，很难由各个微观单位或个人独立生产和消费；其次，公共产品的非排他性和非竞争性的特点，使得以营利为目的的投资经营者难以通过正常的市场运作收回成本并牟取利润。这时市场调节自然就失灵了。

（4）扩大收入分配和财富差距。追求自身利益最大化的市场竞争，会导致商品生产者的两极分化：一部分企业或个人在竞争中处于有利地位，另一部分企业或个人则在竞争中处于不利地位。竞争结果是两者的收入分配差距拉大，并导致社会收入和财富差距进一步扩大。收入差距的存在是市场运行的客观结果，这种收入分配差距在一定范围内和一定程度上能够刺激市场当事人更加积极地投入市场竞争，从而产生更高的市场效率。但是如果差距超过一定范围，或者形成差距的条件与原因是不为市场当事人所接受的，这种收入分配差距就会引发利益冲突和社会冲突。这与人类追求公平、和谐社会、共同富裕的理想目标是矛盾的。市场机制不能自动缩小收入和财富差距，相反如果市场机制不完善还会加剧收入分配的不公平，如垄断企业会利用其垄断地位获得垄断利润、价格失真会造成交易双方利益的不对称、市场秩序的混乱会导致各种非法收入的出现等。

（5）垄断。优胜劣汰是市场竞争的必然结果，因而市场竞争在促进经济效率提高的同时，也必然导致市场中的集中与垄断趋势。现代市场经济的垄断有三种基本类型：自然性垄断、经济性垄断、行政性垄断。自然性垄断是指市场主体凭借其独特的条件（如技术优势、区位优势、自然资源独占等）从事高度排他性的生产经营活动；经济性垄断是指市场主体凭借通过竞争获得的规模经济优势与范围经济优势而形成的高度生产经营优势；行政性垄断专指市场主体获得行政主管部门的市场准入和授权从事高度排他性生产经营活动。虽然这三种类型的垄断对市场效率影响并不总是负面的，但是所有这些市场主体在获得支配市场地位、控制价格能力之后，都可能排斥或限制其他企业进入从业市场，都可能依靠维持垄断价格而不是依靠持续提高效率实现利润目标。其结果会使得资源配置处于低效率状态，并造成全社会的福利损失。

（6）盲目性引发经济运行不稳定。市场机制的盲目性表现为：首先，受价格信号引发的不良反应。商品生产者追求商品价值增值，受价格信号调节。当价格显示一种商品生产有利可图时，厂家会蜂拥而至。这样会使得该商品的供给由短缺逐步转向过剩，导致后续进入的厂家微利或亏损。现代经济中随着资本有机构成的提高，固定资本流动的技术限制越来越大，所以厂家并非能够自由地、无成本地转移资本。这样过剩的生产能力成为一种资源闲置与浪费。其次，商品世界的二重性矛盾[①]会使得经济运行不稳定。由于市场当事人只具有有限的信息，无法知道自己的活动成果的市场真实价值，而已有的价格只是表现商品的交换价值、相对价值，因此生产处于一定的盲目状态，市场供给与需求处于一种随机变化之中。这种市场机制的盲目现象最终会引起经济的波动以及周期性震荡。

[①] 马克思主义经济学认为，商品世界存在着价值与使用价值、社会劳动与私人劳动、具体劳动与抽象劳动等矛盾。

（7）资源浪费。市场机制在优化资源配置和提高生产效率上具有优越性，但是在如何消费已经生产出来的资源上则没有明显的优越性，甚至具有浪费性。厂商为了宣传产品将巨额资源投入非生产性的广告和公共关系上，是对稀缺的社会经济资源的一种挥霍。厂商为了保持市场垄断盈利水平，宁肯将过剩产品倒入地沟或毁掉，也不愿降价出售给消费者，这是对地球资源的糟蹋。在市场进入壁垒几乎无法完全消除的条件下，过度竞争还会引起低水平生产、重复性建设现象大量涌现，从国民经济角度看这是对资源的一种浪费。由市场竞争而产生的结果是：富人（富国）过着挥金如土的生活，而穷人（穷国）则挣扎在温饱生活水平上，在全世界范围内形成资源的过度挥霍和严重短缺，两极分化。

三、社会主义市场经济特征

社会主义经济从计划经济体制转向市场经济，始于 20 世纪 50 年代的南斯拉夫改革。在二战结束后，在铁托领导下的南斯拉夫共产党最初模仿苏联模式建立社会主义经济制度。很快南斯拉夫人就发现了苏联模式的种种弊端，于是从 1950 年开始自己探索如何建立和发展自治的社会主义模式。随着自治从企业微观层面的劳动联合体扩大到非企业微观层面的自治利益共同体，再进一步扩展到区域领域的自治省和共和国，直到宏观领域的联邦国家，到 20 世纪 70 年代南斯拉夫就宣称已经建立起社会自治的社会主义经济体制[1]。这个体制被西方学者称为市场社会主义。南斯拉夫学者自己则认为："我国自治社会的方针是，'通过联合劳动与资金，过渡到联合劳动及其分工的自由的、自我组织'，即过渡到马克思说的'自由生产者联合体'。"[2]因此南斯拉夫自治制度的基本组织形式是工人自治的联合劳动组织。联合劳动包括现在劳动（活劳动）和过去劳动（物化劳动）两方面，过去劳动就是指生产资料、社会资金。根据南斯拉夫 1974 年宪法和《联合劳动法》，劳动者可以自由地、直接地、平等地把自己的劳动及其管理的生产资料和社会资金联合起来，组成联合劳动组织，自己管理自己的劳动、劳动条件和劳动成果[3]。我国学者也认为，"经过二十多年的实践和不断总结经验，南斯拉夫现在已经建立了一套适合本国情况的社会主义自治制度，大大调动了工人阶级和劳动人民的社会主义积极性，有力地推动了社会主义建设事业的迅速发展"[4]，然而南斯拉夫的这种自治模式没有通过实践检验。南斯拉夫国家主体在 20 世纪 90 年代解体。导致南斯拉夫社会主义联盟解体的原因固然有许多，涉及地缘政治、宗教历史、经济文化因素等，但是试图超越经济发展水平和阶段的自治经济制度，缺乏强大的国有经济实力和有力的中央政府管控，是瓦解南斯拉夫多民族多宗教联邦制国家的重要原因。

中国从 1978 年开始推行改革开放路线，经过十多年的反复摸索和试验，于 1992 年正式宣布建立社会主义市场经济体制。经过前后 70 多年的奋斗与探索，中国终于摸索出

---

[1] 爱德华·卡德尔. 南斯拉夫计划制度. 北京：北京出版社，1979.
[2] 米洛万·巴普洛维奇. 南斯拉夫自治经济制度的产生与发展. 张德修译. 北京：北京大学出版社，1985：178.
[3] 柳光青，张显高，庄咏文. 南斯拉夫的社会主义自治制度和经济发展. 上海：上海人民出版社，1979：17.
[4] 柳光青，张显高，庄咏文. 南斯拉夫的社会主义自治制度和经济发展. 上海：上海人民出版社，1979：12.

了一条建设社会主义现代化强国之路,形成了中国特色社会主义市场经济的基本特征。

(1) 共产党是领导社会主义的政治核心力量。与资本主义市场经济不同,中国实行的是社会主义政治经济制度。"中国共产党领导是中国特色社会主义最本质的特征"[1]。

市场经济经历过不同的历史发展阶段。到资本主义阶段,政治市场成为经济市场的一种匹配。在资产阶级革命早期,资产阶级学者孟德斯鸠就将世界上的政体划分成三类:由全体人民或若干家族执掌最高权力的共和政体,由君主执掌最高权力但依据确定的法律行使权力的君主政体,由单独一人随心所欲、朝令夕改地治理国家的专制政体[2]。他还根据古代罗马、希腊以及近代英格兰等国家的法律实践经验与教训,主张国家的立法权、行政权和司法权要分立分置的思想,认为只有三权分置,才能保障公民自由权不会受到伤害[3]。应当说,新中国成立之初就采纳了共和政体,就通过建立人民代表大会制度、中华人民共和国国务院、中华人民共和国最高人民法院和检察院制度分置了立法、行政、司法三权。就形式而言,中国选择的是共和政体,与西方绝大多数国家采纳的共和政体是一样的。但是重要区别在于,西方实行的是政党竞选轮替执政的共和政体模式,而中国实行的是一党执政多党合作的共和政体模式[4]。按照当代西方法律主流理论划分,一党执政模式属于专制类型。奥地利学派的代表人物之一、纯粹法学派创始人凯尔森把国家政治制度划分为两种基本形式:民主和专制。列入专制形式名义之下的有绝对君主制、立宪君主制、总统制共和国与内阁政府制共和国、政党独裁四种[5]。按照这种理论逻辑,世界上所有的社会主义国家都是政党独裁,因而都是专制国家。显然,用资产阶级的理论无法解释以后诞生的无产阶级国家现象。

从政体形式上划分的专制或民主,并不反映政体内容上的专制或民主,更不能证明谁更具有制度优越性。历史上,在西方的共和政体内部就出现过立宪君主的专制国家(如英国)、总统制共和国的专制国家(如法国),更出现过政党独裁的专制国家(如纳粹主义德国和法西斯主义意大利)。反之,许多奉行了多党制共和政体的发展中国家,社会经济却长期发展不起来,人民生活水平提高不了多少。一个国家究竟采用哪种政体来发展,需要由多种条件和因素来决定,最终要用国家强大、社会进步和人民幸福来判断。世界是复杂多样的,在政体选择上不可能只有一个选项,不可能定于一尊。20世纪的苏联共产党把一个落后的农业国建成世界上先进发达的工业国,并独立抗击了强大的纳粹主义德国的侵略,联合同盟国最终战胜世界法西斯主义,在国家解体之前已经建设成为世界两大超级大国之一。学习苏联的中国共产党坚持以人民为中心的理想与信念,依据本国国情不断改进和完善共产党自身建设和国家治理能力,短短70多年就把一个贫穷落后的农业国发展成为世界上第二大经济体、世界制造大国、世界贸易大国、世界教育大国等。这些成就充分证明共产党是世界上最优秀的政党,充分证明共产党执政体制具有一些超

---

[1] 习近平. 习近平谈治国理政(第三卷). 北京:外文出版社,2020:89.
[2] 孟德斯鸠. 论法的精神(上卷). 许明龙译. 北京:商务印书馆,2019:30-31.
[3] 孟德斯鸠. 论法的精神(上卷). 许明龙译. 北京:商务印书馆,2019:186-190.
[4] 八个政党是:中国国民党革命委员会(民革),中国民主同盟(民盟),中国民主建国会(民建),中国民主促进会(民进),中国农工民主党(农工党),中国致公党(致公党),九三学社,台湾民主自治同盟(台盟)。
[5] 凯尔森. 法与国家的一般理论. 沈宗灵译. 北京:中国大百科全书出版社,1996:332-334.

越西方多党制政体的制度优势。在社会主义国家里，共产党一党执政传统是由历史进程决定的。这一历史进程，无法通过政治实验或历史的假设来改变。从世界上第一个社会主义国家到一大批实行社会主义社会经济制度的国家，在政治进程中最终都是共产党政治集团取得执政地位。

产生这个历史事实的依据是：第一，在所有实行社会主义制度的国家里，共产党政治组织是建立这种制度的主要政治力量。为建立这个制度，共产党组织付出了巨大的政治集团努力，乃至成员个人的鲜血与生命。第二，这种政治力量的政治目标首先是建立社会主义社会经济制度。也就是说，共产党与社会主义有天然的联系，尽管它的终极目标是实现共产主义社会经济制度。第三，在建立社会主义社会经济制度的斗争进程中，其他对共产党政治目标不持歧义的党派组织始终是共产党组织的追随者、同路人或合作伙伴。这些党派的政治生命，一方面取决于它们的基本政治目标是否与共产党组织的根本政治目标相冲突，另一方面还取决于双方的政治利益需要及其合作意愿的强烈程度。第四，共产党拥有绝大多数的国民支持率。共产党作为工人阶级的先锋队，代表全体人民的根本利益。无论哪种情况，得民心者得天下，这是政治历史进程中铁的规律。

苏联共产党领导地位的丧失与苏联迅速解体从反面证明了这个道理。苏联在20世纪80年代中期试图通过党内外的一系列政治经济改革以拯救苏联国民经济。在1990年修改了宪法第六条，取消了其中规定的苏联共产党在苏联社会中具有的领导、指导和核心地位[1]。改行多党制的结果导致原来已经弱化的苏共领导能力进一步丧失，整个国家治理体系陷入混乱失序状态。一年之后，一个世界上拥有1900万名成员[2]大党治理的超级大国苏联出人意料地解体消失，给后世留下了国内社会经济长期动荡不安和国际地缘政治关系急剧重组等复杂后果。正如习近平指出的："苏联是世界上第一个社会主义国家，取得过辉煌成就，但后来失败了、解体了，其中一个重要原因是苏联共产党脱离了人民，成为一个只维护自身利益的特权官僚集团。"[3]

因此，由共产党组织领导一个国家的政治，社会主义国家的政府经济管理行为将体现出一元化的政治领导经济的特点。由于各国的具体历史条件不同，共产党执政的形式有所不同。我国与一些东欧前社会主义国家，在建立社会主义政治制度的过程中，并没有像苏联那样完全取消其他政党组织，而是建立起了共产党领导下的多党合作制。其他一些非无产阶级的民主党派也参与了国家的政治、经济等管理活动。这种体制保证党的执政领导体现包括全体合法公民在内的利益。第一，凡政府涉及政治范围问题的经济决策将充分体现出共产党组织意图和政治追求。在社会主义经济体系中，由于坚持党的统一政治领导，经济问题的重大方针和路线都直接反映了党的基本路线、根本原则与基本战略。由于共产党代表工人阶级和广大劳动人民以及其他赞同社会主义的社会成员的利益，因此从形式到内容、从表象到实质，社会主义经济体系中的共产党领导都始终代表社会最广大人民的根本利益。第二，政府的经济决策过程将处于共产党

---

[1] 米·谢·戈尔巴乔夫. 戈尔巴乔夫回忆录（全译本）（上册）. 述弢，等译. 北京：社会科学文献出版社，2003：578.
[2] 尼·雷日科夫. 大动荡的十年. 王攀，等译. 北京：中央编译局出版社，1998：100.
[3] 习近平. 习近平谈治国理政（第四卷）. 北京：外文出版社，2022：171.

组织的有力影响之下。特别是在制定最高级别的国民经济决策时，常见的做法是，先由党中央提出建议，然后政府按照文件中所初步拟定的方针、原则、任务、目标和政策等，分别向党组织和国家立法权力机构提交计划草案。由于各个社会主义国家的历史和传统不完全相同，在党与政府之间具体的关系上有一些差别。有些国家，党对政府的控制程度比较低，政府经济管理具有相对独立的和灵活性较大的权限；而另外一些国家，党对政府的控制程度就比较高，政府经济管理行为基本上就是党的经济管理行为。第三，政府经济管理者将受到共产党组织的监督与控制。党管干部是社会主义国家制度中长期执行的一个组织原则，政府经济管理者也受此原则约束。尤其是中高级政府经济管理者，主要通过党组织进行挑选、考察、推荐和任命。由于对政府经济管理的人事进行了监督与控制，这样就从组织措施上保证了政府经济管理行为不至于从根本上偏离党的经济建设基本路线和方针。

新中国成立之初，我国依据革命时期的经验建立了以干部为标志的政府人事管理制度。进入改革开放时期之后，开始积极探索建立以公务员为标志的现代政府人事制度。1993年10月1日，《国家公务员暂行条例》开始实施，标志着具有中国特色的国家行政机关新的人事管理制度的基本确立。随后，2005年4月27日正式颁布了《中华人民共和国公务员法》，2018年又颁布了《中华人民共和国公务员法》修订版。即使是学习和借鉴了西方的公务员制度，我国也没有放弃党管干部这条原则。在新的公务员制度下，一方面，党要管干部，党要管人才，党组织对重要的政府经济管理部门的政务员人选进行甄别、推荐和筛选；另一方面，普通的政府经济管理者作为公务员，不必像某些西方国家的政府经济管理者那样必须在党员与公务员之间作出选择，因为在西方资本主义政府体系中，往往强调政府官员保持"行政中立"。

（2）混合经济是中国特色社会主义市场经济的一个基本特点。经过改革开放40多年，中国经济从计划经济转向市场经济，已经不再是传统意义上的计划经济，也不是自由的市场经济，而是兼容了计划与市场相互优势的混合经济体。

混合经济是指一个经济体系中兼容了多种不同的经济成分和不同的运作方式。这些经济成分及其运作方式按照逻辑存在各自独特的经济属性，这些经济属性既相互排斥又相互吸引，既相互对立又相互统一。在指令性计划经济体制下，或在自由市场经济下，混合经济一般是不存在的，而在社会主义市场经济体制下，混合经济成为一种常态。到目前为止，混合经济主要体现在财产所有制形式与经济调节方式两方面的混合或结合。

实际观察表明，满足国民经济运行的条件固然有许多，如人口、资源、技术、环境、制度、政府等，然而满足国民经济正常运行的关键条件并不多。其中，财产所有权形式与政府干预经济方式是最关键的条件。前者是经济正常运行的必要条件，后者是经济正常运行的充分条件，但是在不同的国家或地区，这两个条件有不同的呈现以及组合。从理论上做一个抽象，这两个条件可以分别设定为两个极端点，现实中的各个经济体实际分布在这两个极端点之间的某一点上。

根据财产所有制标准，国民经济运行的微观基础存在着对立的两极：私人所有制与公共所有制。在早期的资本主义市场经济中，国民经济运行微观基础几乎百分之百的是私有制形式，然而到了现代资本主义市场经济，出现了国有制经济以及公私合营经济，尽管所占比重并不高。同样地，在社会主义计划经济中几乎百分之百的是公有制形式，但是建立了社会主义市场经济之后，出现了大量民营经济、外商经济等，与国有经济、集体经济并存于一个国民经济体中。显然，从对立的两极向中间衍生出各种程度不等的所有制，形成一种混合所有制形式，是一种现实客观存在和需要。单一的、纯而又纯的所有制经济并不适合社会主义社会生产力发展水平，也并不利于国民经济运行与发展。国民经济管理的主要任务是找到适合于一定时期经济发展阶段和水平的各种所有制形式的合理结合点。

关于政府干预，存在着广义和狭义的界定。广义的政府干预指的是整个国家机构（立法、行政和司法）对国民经济运行所作的经济、行政、法律等规定和安排，狭义的政府干预仅仅指的是行政机构对国民经济运行所作的行政和经济规定与安排。本教材除特别指明外，一律采用狭义的政府干预含义。因此，根据政府经济干预方式标准，国民经济运行的宏观调节方式分成两个不同的形式：经济发展计划调节与宏观经济政策调控。发展规划或计划本身是管理工具，但是在不同的经济体制中被不同程度地使用过。历史上，计划曾经是计划经济中政府经济调节和配置资源的主要形式，高度集中的指令性计划管理达到这种调节方式运用的极限。同样地，宏观经济政策是现代市场经济中政府调节国民经济运行必不可少的重要工具。历史上，资本主义市场经济从20世纪30年代开始，财政政策和货币政策成为政府维护国民经济稳定运行的最主要手段和工具，然而到20世纪60年代之后，一些资本主义市场经济国家如日本、韩国、法国也开始采用发展规划以及产业政策[①]来引导国民经济运行。总之，从政府主动制定雄心勃勃的发展计划强力引导社会资源，到政府采取相机调控政策防止经济波动熨平经济周期，形成了两种不同的管理路线和形式。在理论上，规划调节与政策调节依据不同的理论和思路，操作特点也不同。规划调节采取事先设计，按部就班推进的基本方式；政策调节采取相机运作，灵活进退的基本方式。这两种方式有时是非此即彼的，但有时是共存互补的，形成一种调节方式的结合或混合。国民经济管理所要实现的任务是在一定的经济发展阶段和条件中发挥好各自调节方式的优势，以及协调好不同调节方式的关系。

如果对依据两种标准分类的混合方式进行整合，就可以得到如图1.1所示的组合。从逻辑上，图1.1中九个象限的符号分别代表着不同的组合。图中四个角的数字100表示最极端的情况，即百分之百的私有制或公有制、百分之百的规划调节或政策调节。处于这四个角内的象限AI、AIII、CI、CIII，因为都向100靠拢，代表高程度。但是在现实中，出现频率较高的还是某种程度或百分比的混合配比。就混合经济而言，只呈现十字形分布的五种配比组合：AII、BI、BII、BIII、CII。其中，AII表示高度的私有制+混合型政府干预；BI表示混合所有制+高度的规划调节；BII表示混合所有制+混合型政府干预；BIII表示混合所有制+高度的政策调节；CII表示高度的公有制+混合型政府干预。完全意义上的混合型经济只有BII。

---

① 产业政策是指政府扶持和指导国民经济各个产业发展和升级的一系列措施和安排。由于产业与区域均属于中观经济层面，并且与政府规划相互密切结合，因此一般不把产业政策归入宏观经济政策。

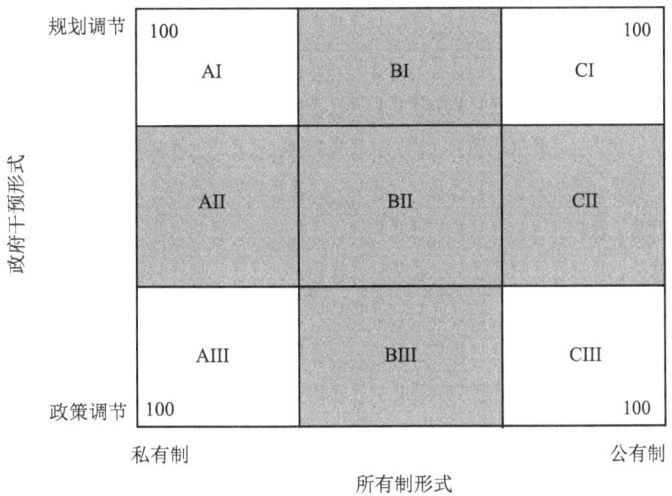

图 1.1 混合经济配比九格图

这个逻辑方格图的启发意义在于：①不同的所有制形式和经济条件方式混合可能是多种多样的。只要具备一定条件，就可以出现其中任意一种混合。②这种混合又是动态的，如果条件许可，可以由一种混合配比发展到另一种混合配比。其中关键的还是国民经济运行条件决定这种混合配比方式。③混合经济中的各个成分占比是关键，决定经济运行是偏向私有制还是公有制，是偏向规划调节还是政策调节。这是一个从实践到理论都会引起争议的问题。

在计划经济时期，中国国民经济运行处于 CI 象限，即高度的公有制+高度的规划调节。改革开放之后，初期中国国民经济运行向 BI 转型，即高度的规划调节+混合型所有制。到现在为止，一方面，中国经济所有制成分形成了多元化格局，国有经济、集体经济、合作经济、民营经济、外商经济、股份经济等各具优势，各自发展。通过表 1.1 可以看到，中国不同形式的所有制格局已经形成，然而，这些不同所有制经济在国民经济中的地位并非等量齐观，公有制依然占据主导地位。另一方面，中国已经形成完整的规划体系，继续通过以五年中期规划为主的方式推动国民经济长期平稳有序运行，从 20 世纪 50 年代到现在已经连续编制和实施了十四个五年规划，同时也充分运用宏观经济政策对国民经济短期运行实行了宏观调控。这些都使得中国国民经济运行基本上处于 BII 状态，即混合所有制+混合型政府干预。

表 1.1 2018 年中国登记注册的企业类型

登记注册类型	法人单位数/个	单产业法人单位/个	多产业法人单位/个	从业人员数/人	女性/人
总计	21 787 273	21 310 872	476 401	362 390 080	133 533 196
内资	21 565 222	21 104 287	460 935	336 545 320	121 932 295
国有	1 137 884	1 048 948	88 936	51 816 763	23 817 195
集体	331 678	320 895	10 783	4 146 217	1 418 850
股份合作	27 542	25 648	1 894	546 612	222 692

续表

登记注册类型	法人单位数/个	单产业法人单位/个	多产业法人单位/个	从业人员数/人	女性/人
联营	13 116	12 702	414	189 735	90 432
国有联营	1 528	1 453	75	46 013	23 613
集体联营	4 980	4 777	203	62 323	25 935
国有与集体联营	1 314	1 254	60	30 747	14 829
其他联营	5 294	5 218	76	50 652	26 055
有限责任公司	2 339 803	2 261 738	78 065	77 985 527	23 271 244
国有独资公司	57 611	51 752	5 859	10 063 911	2 504 725
其他有限责任公司	2 282 192	2 209 986	72 206	67 921 616	20 766 519
股份有限公司	197 815	175 713	22 102	15 032 173	4 688 566
私营	15 751 164	15 506 781	244 383	172 759 819	61 854 477
私营独资	1 454 174	1 442 637	11 537	10 816 766	5 223 700
私营合伙	227 525	226 232	1 293	1 831 947	872 494
私营有限责任公司	13 895 847	13 669 697	226 150	154 852 728	53 983 924
私营股份有限公司	173 618	168 215	5 403	5 258 378	1 774 359
其他	1 766 220	1 751 862	14 358	14 068 474	6 568 839
港、澳、台商投资	119 514	112 626	6 888	13 020 530	6 110 510
合资经营企业（港或澳、台资）	23 294	21 679	1 615	3 148 508	1 281 623
合作经营企业（港或澳、台资）	2 345	2 206	139	221 727	98 843
港、澳、台商独资经营	90 207	85 388	4 819	9 018 050	4 459 964
港、澳、台商投资股份有限公司	1 786	1 564	222	496 051	204 930
其他港、澳、台商投资	1 882	1 789	93	136 194	65 150
外商投资	102 537	93 959	8 578	12 824 230	5 490 391
中外合资经营	28 470	25 999	2 471	4 031 768	1 497 324
中外合作经营	1 511	1 392	119	219 616	96 928
外资企业	65 024	59 583	5 441	7 881 968	3 606 762
外商投资股份有限公司	2 232	1 902	330	404 335	156 652
其他外商投资	5 300	5 083	217	286 543	132 725

资料来源：国家统计局2018年全国第四次经济普查数据库

　　到目前为止，中国社会主义市场经济的混合经济特征已经显示出来，然而，由于公有制经济占据主导地位，五年规划引导国民经济运行发展的制度性特征依然鲜明。

第三节　国民经济运行总体关系

前面各节介绍了国民经济运行所依赖的条件和环境，但还没有对国民经济本身进行讨论，因此本节需要完成这个命题。国民经济（national economy）是指在一定范围内各种经济环节、经济要素、经济资源、经济成分等相互连接共同组合形成的有机整体。这是一个复杂系统，大到一个完整的国家经济系统，小到一个相对独立的地区经济系统。只有相对独立和完整的经济系统才能构成一个国民经济系统。分散的、对立的、彼此无关联的经济因素，不能形成一个国民经济。主权完整和经济独立的国家，具备形成国民经济系统的基本条件。因此通常国民经济一般就是一个国家的经济，尽管在一个相对完整的区域也可以形成一个经济系统。

显而易见，要理解国民经济这个复杂系统，需要运用逻辑抽象思维，需要做必要的科学分类。首先，人们凭个人五官感觉和阅历可以感受到国民经济系统中的某些日常现象和事实，如身边的商品价格涨跌、工作岗位增减等，却看不到国民经济系统全貌。要感受、分析和理解整个国民经济系统，必须借助系统化的概念和数据。"五官感觉的形成是迄今为止全部世界历史的产物""不仅五官感觉，而且连所谓精神感觉、实践感觉（意志、爱等等），一句话，人的感觉、感觉的人性，都是由于它的对象的存在，由于人化的自然界，才产生出来的"[1]。实际上，国民经济作为一个客观对象实体，是投射在概念和数据描述之中的。如果描述的概念和数据不真实、不完整，不符合国民经济客观事实，对国民经济系统的认识就会出现偏差。其次，对于复杂系统的认识需要通过分类才能形成科学认知。早在19世纪科学观形成的时候，"事实的分类以及在这种分类的基础上形成绝对的判断——独立于个人心智的特性的判断——本质上概括了近代科学的范围和方法。……事实的分类、对它们的关联和相对意义的认识是科学的功能"[2]。从公认的事实分类出发，才能厘清复杂系统的相互关系，寻求出因果联系。对于复杂的国民经济系统，科学分类极其重要。下面逐一介绍不同逻辑层次的国民经济系统关系。

一、再生产过程各个环节关系

（一）生产、交换、分配和消费的循环

国民经济按照再生产环节划分为生产、交换、分配和消费。市场经济下的经济活动依照再生产环节循环往复，以至无穷，但在各个环节上具有相对的阶段稳定性。生产领域是厂商内部的领地，效率是该环节的核心，但是效率能否带来效益，不仅取决于自身竞争实力，也取决于厂商外部的交换领域。交换是从生产通向分配及消费的必要途径，是市场经济中的"惊险一跳"。市场经济中几乎所有矛盾都在交换领域中呈现出来，并反馈给生产领域，再延续到分配和消费领域。分配领域是生产和交换领域的折射，生产及

---

[1] 马克思.1844年经济学哲学手稿.中共中央马克思恩格斯列宁斯大林著作编译局译.北京：人民出版社，2018：84.
[2] 卡尔·皮尔逊.科学的规范.李醒民译.北京：华夏出版社，1999：9.

交换关系决定了分配关系，分配关系进一步强化了生产与交换关系，并进一步决定了消费。因此分配是市场经济的中枢神经。消费领域既是生产的终点，又是再生产新一轮循环的起点。这样，市场经济始终处于生产、交换、分配和消费的循环运动中，其中任何一个环节出现脱落，都会给国民经济运行造成伤害。

国民经济各个环节的循环关系看起来是一个市场均衡现象，受供求规律的影响。然而实际上，在市场供求关系背后是社会再生产的循环持续。"不管生产过程的社会的形式怎样，生产过程必须是连续不断的，或者说，必须周而复始地经过同样一些阶段。一个社会不能停止消费，同样，它也不能停止生产。因此，每一个社会生产过程，从经常的联系和它不断更新来看，同时也就是再生产过程。"[1]

社会再生产是生产消费和生活消费的统一，社会生产运动的出发点和核心问题是社会总产品及其实现问题。"要想得到和各种不同的需要量相适应的产品量，就要付出各种不同的和一定数量的社会总劳动量。这种按一定比例分配社会劳动的必要性，决不可能被社会生产的一定形式所取消，而可能改变的只是它的表现形式，这是不言而喻的。自然规律是根本不能取消的。在不同的历史条件下能够发生变化的，只是这些规律借以实现的形式。"马克思如是说[2]。

（二）社会再生产的循环平衡

依照马克思对资本运动的分析，社会再生产循环关系要维持下去，生产资金投入需要依次经过购买、生产、售卖三个阶段，并采取货币资本、生产资本、商品资本三种职能形式。其中每一种职能形式通过循环的三个阶段，都返回到自己原来的形态。循环问题的关键在于资本运动的连续性，进一步说，社会总产品的各个组成部分在价值上如何补偿、在实物上如何替换的问题，归根结底就是社会再生产按比例发展的问题，在市场经济条件下就是市场实现问题[3]。

马克思是从社会总产品的实物构成和价值构成入手来分析社会再生产实现条件的。从实物构成上看，把社会产品分为生产资料和消费资料两大类，社会生产部门相应地也分为两大部类，生产生产资料的部类（Ⅰ）和生产消费资料的部类（Ⅱ）。从价值构成上看，把社会产品分为3个部分，即不变资本或不变产品价值（c）、可变资本或可变产品价值（v）、剩余价值或剩余产品（m）。社会总产品按实物构成分为两大部类和按价值构成分为3个部分，是马克思社会再生产理论的前提。只要存在商品生产，社会再生产的顺利进行就要同时受到社会产品使用价值的制约和社会产品价值组成部分相互之间比例的制约，即社会总产品各个部分的价值和实物形态都要求在交换时得到补偿和替换。

社会资本的扩大再生产是指在社会资本规模不断扩大的条件下进行的再生产。要实现扩大再生产必须要有一部分 m 转变为不变资本和可变资本。设 m/x 表示用于个人消费；$m-m/x$ 表示用于积累；ΔC 表示追加的不变资本；ΔV 表示追加的可变资本，社会资本扩

---

[1] 马克思. 资本论（第一卷）. 中共中央马克思恩格斯列宁斯大林著作编译局译. 北京：人民出版社，2018：653.
[2] 马克思. 马克思恩格斯选集(第四卷). 中共中央马克思恩格斯列宁斯大林著作编译局译. 北京：人民出版社，1995.
[3] 学习马克思关于再生产的理论. 北京：人民出版社，中国社会科学出版社，1980.

大再生产的均衡模型为

$$I(c+v+m)=I(c+\Delta C)+II(c+\Delta C) \quad (1.1)$$

$$II(c+v+m)=I(v+\Delta V+m/x)+II(v+\Delta V+m/x) \quad (1.2)$$

式（1.1）表明，第一部类生产的生产资料除了补偿本部门消耗的不变资本以外，剩下的可变资本和 m 部分必须能够补偿第二部类消耗的生产资料和满足两个部类追加的生产资料的需要 I(ΔC)+II(ΔC)。该式证明，生产资料的供给必须等于第一部类的生产资料的需求与第二部类生产资料的需求的总和。

式（1.2）表明，第二部类的消费资料除了满足本部门劳动者和资本家的消费需求以外，所剩下的不变资本和积累的 m 部分必须能够满足第一部类劳动者和资本家消费的需要 I(v+m/x) 以及两个部类追加的劳动者消费的需要 I(ΔV)+II(ΔV)。式（1.1）+式（1.2）得

$$I(c+v+m)+II(c+v+m)=[I(c+\Delta C)+II(c+\Delta C)]$$
$$+[I(v+\Delta V+m/x)+II(v+\Delta V+m/x)] \quad (1.3)$$

以上分析表明，社会再生产理论既包括总量均衡，也包括各种价值形态的供求均衡，还包括结构均衡，以及各种物质产品的供求均衡，即社会各生产部门之间必须保持一定的比例关系。两大部类交换成功的关键在于它们相互提供的产品不仅在数量上满足需要，而且在产品的品种和性能上也能满足相互之间的需要。总之，两大部类产品的结构均衡是社会总产品最终循环平衡的关键。要实现简单再生产，不仅两大部类之间要保持平衡，而且两个分部类内部也要保持适当的比例，这样两个部类间以及两大部类内部的交换才能实现。

马克思主义的社会再生产理论阐释了市场经济中物质生产过程引发的生产、交换、分配、消费各个环节的循环平衡关系。进入现代市场经济阶段，就出现了庞大的非物质生产部门。这种非物质生产过程引发的生产、交换、分配、消费环节形成了一种新的循环平衡关系。因此需要依据再生产原理扩展分析逻辑，建立第三产业部类并建构新的循环平衡关系。

二、国民经济各个组成部门流程关系

国民经济运行包含了许多经济要素，如劳动力、资金、技术、知识、管理和最新的要素——数据。国民经济各个要素构成了市场的交换环流关系。在彼此交换过程中，流量与增量之间如果保持了循环平衡，则整个国民经济也应该实现了市场的均衡。

（一）国民经济封闭性环流关系

凯恩斯主义宏观经济理论首先考虑国民经济仅仅由"家庭"和"企业"两个部门构成的情况。此时的经济是封闭型经济，政府在经济活动中不起作用，对外贸易也不占重要地位。在这种经济结构中，要素和收入在两部门之间的流动形成国民经济内部环流。

家庭部门向企业部门提供各种各样的生产要素，如劳动、资本、土地和企业家才能等。相应地，企业部门则向家庭部门支付生产要素的报酬，如工资、利息、地租和利润

等。企业部门在取得由家庭部门提供的生产要素后，进行产品和劳务的生产并提供给家庭部门，家庭部门用其获得的要素收入向企业部门购买产品和劳务并形成企业部门的收入。

如果家庭部门用生产要素的报酬向企业部门购买产品和劳务，同时，企业部门把所有出售产品和劳务的所得全部作为要素报酬支付给家庭，而且收入的流动速度保持不变，那么，国民经济的内部环流过程如图 1.2 所示，并且在同一水平上循环往复下去。

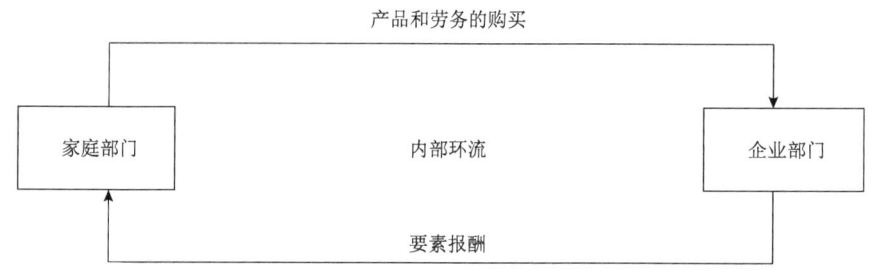

图 1.2　国民经济的内部环流过程

上述国民经济内部环流模型是一种对经济运行的简化分析。实际上，家庭部门不可能把所有的收入都用于购买企业所生产的产品和劳务，其中一部分家庭收入要从国民经济内部环流中漏出；同时，还有一些收入会向国民经济内部环流中不断注入。因此，实际的国民经济就像一个巨大的蓄水池，它不是封闭和平静的，而是开放和波动的。

（二）国民经济开放性环流关系

（1）漏出。一国家庭部门除了把自己的收入用于购买国内企业部门的产品和劳务之外，还要进行储蓄、向政府部门纳税以及购买国外部门的产品和劳务。由此，一部分国民收入要从国民经济内部环流中退出，形成漏出。国民经济内部环流中的漏出主要包括以下方面：①净储蓄（S）。储蓄是指家庭部门为了将来的需要储存起来而不用于现期消费的收入。储蓄主要包括两种形式：家庭部门将收入的一部分存入银行等金融机构；家庭部门将其部分收入投资于股票或其他形式的有价证券，这部分漏出的国民收入形成了资本市场。净储蓄是指家庭部门的储蓄量扣减掉其从银行等金融机构贷款数量的余额。②净税收（T）。实际经济生活中，家庭部门要向政府部门纳税，包括个人所得税、消费税等。这就意味着家庭收入的一部分要用于税收支付，从而形成国民经济内部环流中的漏出。为了衡量净税收，还需要考虑政府部门对家庭部门的转移支付，包括政府部门对家庭部门提供的各种福利。净税收就是家庭部门的纳税总额扣减掉政府转移支付后的余额。③进口（M）。当出现一国生产和劳务不能满足本国家庭部门需求的情况时，需求缺口就需要用进口产品和劳务进行弥补。这时，家庭部门就会把收入的一部分用于国外产品和劳务的购买，进而形成国民经济内部环流中的漏出。

把上述漏出的各部分汇总起来，就形成了国民经济循环中的总漏出（W），用公式表示就是

$$W = S + T + M \tag{1.4}$$

（2）注入。对企业产品的需求只有一部分来自家庭部门的消费，其他则产生于国民经济内部环流之外，包括投资、政府部门支出和向国外部门的出口，这些因素共同构成了对国民经济内部环流的注入。①投资（I）。投资包括固定资产投资和存货投资两大部分，是通过资本市场向企业注入的资本流量。其中，固定资产投资是指新厂房、新设备、新商业用房和新住宅的增加；存货投资是指企业存货价值的增加或减少。②政府支出（G）。政府支出是指政府部门向企业部门购买产品和劳务的支出，主要用于国家基础设施或公益设施的建设，这里，政府支出不包括政府部门对家庭部门的转移支付。政府支出实际上是一种政府对企业的注入。③出口（X）。当本国企业部门向国外部门提供产品和劳务时，国外收入就注入到本国国民经济环流中来，它是一种国外部门对本国企业的注入。

把上述注入的各部分汇总起来，就形成了宏观经济循环中的总注入（J），用公式表示就是

$$J = I + G + X \quad (1.5)$$

上述国民经济循环流程中的漏出和注入之间存在着密切的相关关系，漏出和注入之间失衡和均衡的相对运动决定了总量供求失衡与均衡的相对运动。

家庭部门的收入中用于储蓄的部分比例越大，企业部门可能获得的投资就越大；家庭部门的纳税越多，政府部门就有更大的支出回旋余地；如果本国进口增加，国民经济内部环流中的收入向国外部门的漏出将会增加，国外家庭部门的收入因此增加，进而增加对本国产品和劳务的需求，促进出口的间接增长。

在市场经济分散决策的环境下，国民经济环流过程中的漏出和注入各部分之间并非存在对等的关系，通常的状况是：$S \neq I, T \neq G, M \neq X$。当这种漏出和注入不相等的状况存在时，总量供给和总量需求处于失衡状态，当供求失衡存在时，经济过程便会对漏出和注入进行调整。当两者相等时，国民经济就会恢复到供求平衡的新均衡状态。

凯恩斯主义宏观经济学的供求均衡理论，只考察总量均衡，并不涉及结构均衡。$C + S = C + I$ 两边的消费 C 剔除，总供求均衡就表示为 $S = I$，即储蓄与投资的均衡。虽然从价值角度看 C 是同质的，只要量上相等就可以通约，但从物质角度看，作为总供给的 C，代表了一定数量的不同性能和品种的产品供给；而作为总需求的 C，则代表了对一定数量的产品需求。这两者即便总量是相等的，但在物质形态上也不一定对接或均衡。其结果是，供需结构上的不对称导致有些产品供过于求，有些产品供不应求。从这个意义上讲，结构均衡实际上是总量均衡的基础。

三、其他国民经济运行关系

（一）国民经济运行中的宏观经济、中观经济与微观经济的关系

国民经济按照空间范围的大小可以划分为微观经济、中观经济和宏观经济。其中，微观经济一般是指单独的个人、家庭、农户和厂商等市场主体的经济活动，这些活动也被称作经济个量。宏观经济一般是指一个国家的整体经济活动，如社会的总需求和总供给、总投资、总消费、总进出口等。宏观经济并不是单独的经济个量的简单相加，而是

这些经济个量按照一定的形式有机组合而形成的经济总量。中观经济一般是指介于宏观经济与微观经济之间的产业（行业或部门）和区域的经济活动。这种划分具有相对性，是在宏观和微观经济范围层次区分前提之下所做的进一步细分。

一般而言，这三个经济层次在国民经济运行中的表现应该是同方向的，而不是反方向的，因为微观运行是基础，中观运行是中介过渡，宏观运行是结果，然而由于设置的经济指标以及数据存在着差距或不足，实际生活中常常表现的并不一致。往往是宏观经济数据表现不错，而微观经济运行感觉不佳。微观经济活动分散在不同场景，被不同的市场主体感觉到，因而对微观经济的表现评价千差万别。对于这种微观与宏观经济运行矛盾的现象，需要运用辩证唯物主义立场和思维来把握。

从概念的严格科学分类意义上讲，国民经济包含了这三个不同范围层次的经济活动的全部内容。因此，在论及国民经济问题时避而不谈经济个量显然是不合理的。由于在市场经济条件下，政府的经济职能侧重在保持市场环境的改善和主要经济关系的平衡等方面，因此宏观经济和中观经济成为国民经济分析与管理的主要对象。只在个别情况下，某些微观经济领域才成为国民经济分析与管理的对象。在不严格定义的情况下，通常把管理宏观和中观范围经济活动的政府行为称为宏观经济治理或宏观经济调控，把管理微观领域的经济活动的政府行为称为微观规制。

（二）国民经济运行中的人力、物力和财力资源关系

国民经济按照资源要素划分为自然资源、人力资源、资本资源和技术资源等。这些资源也可以简化为人力资源、物力资源和财力资源三大资源。自然资源又叫作资源禀赋，是完全客观化、自在化的要素。资源禀赋较好的国家比起资源禀赋较差的国家，拥有长远的国家竞争优势潜力，但是潜力要发挥出来，必须通过生产力与生产关系的良好组合。这种组合的核心就是人力资源、资本资源与技术资源的整合。一定数量受过良好专业素质训练的劳动力，采用恰当的组织形式和适当的技术手段去推动规模巨大的资本，一般就能获得明显的自然资源利用效果。

当国家资源相对稀缺时，开源节流是基本的国民经济分析策略和管理思路。然而即使是国家资源比较富裕时，如何将各种资源组合匹配好，使得人尽其力、物尽其用，更需要深思熟虑，统筹协调，避免资源组合不匹配或出现严重的资源错配。现实经济世界里发生过"资源诅咒"（resource curse）现象。这种概念源自国外，又称为"荷兰病"（Dutch disease），但是在中国也常常见到一些地方"抱着金饭碗要饭吃"的现象。其含义比较广泛，一般是指自然资源利用和开发过度依赖，而不能通过对自然资源深度加工提升国民经济素质和创新力。同时对重要自然资源的滥砍滥伐，导致生态环境受到严重破坏，使得国民经济发展不可持续。相反，在一些国家和地区，在资源相对匮乏甚至极度匮乏的条件下，通过制度创新、技术进步和产业优化升级等，反而提升了国民经济实力，实现了经济繁荣。因此，国民经济中的各种资源配置与组合、开发与利用，体现出国民经济运行不同的状态，产生出国民经济运行最终不同的结果。因而如何开发和利用国民经济资源，成为国民经济运行关系中的一个重要内容。

上述国民经济运行的关系，仅仅是比较稳定的基本经济关系。在不同时间、不同空

间和不同阶段上,国民经济运行还会产生各种具体的关系。归根结底,国民经济运行始终存在内在的矛盾运动过程。国民经济学的一个目的就是通过不断跟踪观察,揭示出这些矛盾关系,并提出化解这些矛盾的思路和方法,推动国民经济进一步向前良性循环发展。

本章小结

国民经济是一定范围内各种经济环节、要素、行业、成分等组成的有机总体。这个经济体在一定环境和条件下运行,呈现复杂的特征。理论上,马克思等提出了社会主义的国民经济按照统一的社会计划运行的原理。实践上,列宁等建立起世界上第一个社会主义计划经济。新中国成立之后,中国学习苏联社会主义计划经济经验,也实行国民经济计划化。实践表明,计划经济固然具有许多优点,但是并不适应商品经济环境和条件。相比之下,市场经济更加适合商品经济环境和条件。因此中国通过改革开放,从计划经济转型到市场经济。实践表明,社会主义市场经济更加适合当下的中国国情。

理论上,市场经济依靠供求、产权、价格、竞争、激励和信用机制运行。完善的市场机制能够充分发挥市场在配置资源方面的决定性作用,然而市场机制也存在着缺陷。因此社会主义市场经济不是完全自由的市场经济,而是体现了政治集中领导和混合经济特色的国民经济。实践上,中国特色社会主义的市场经济坚持中国共产党领导,以公有制经济为主导,国家规划引导与宏观政策调控相结合。

国民经济的运行存在不同的分类逻辑划分。从社会再生产过程看,生产、交换、分配与消费构成统一关系,形成生产资料生产与生活资料生产彼此协调的循环过程。从国民经济要素的流动过程看,居民、企业之间形成消费与生产、收入与投资的闭环关系,进一步与政府和进出口之间形成更加复杂的开放性循环关系。同时,从宏观经济、中观经济到微观经济,以及从人力资源、物力资源到财力资源,也形成了复杂的运行关系。

本章习题

1. 社会主义计划经济与资本主义统制经济有何区别?
2. 社会主义市场经济与资本主义市场经济有何区别?
3. 市场经济与商品经济是什么关系?
4. 市场经济具有哪些优势?
5. 为什么说市场经济不是万能的?
6. 为什么说中国特色社会主义市场经济本质特征是共产党领导?
7. 为什么说中国特色社会主义市场经济基本特征是混合经济?
8. 为什么说计划经济和市场经济都是发展国民经济的方法与手段?

9. 为什么不能把国民经济与宏观经济混为一谈？

10. 为什么要把国民经济运行进行不同的逻辑分类？

11. 依照表 1.1 中提供的数据分别计算各个不同所有制市场主体所占的比重。问题：①这些比重是否说明了中国市场经济的基本特征？②如果要更加全面反映其基本特征，还需要补充哪些指标和数据？

第二章

经济增长与中国经验

> **本章知识点**

1. 经济增长与经济发展
2. 经济增长与发展思想演化
3. 经济增长及其度量
4. 高质量发展的内涵与特征
5. 全要素生产率含义及其与新质生产力的关系
6. 新中国经济高增长与发展原因
7. 新中国经济增长阶段性特征

> **本章学习目标**

1. 理解经济增长与经济发展的区别和联系
2. 掌握全要素生产率概念内涵
3. 熟悉经济增长的一般计量分析方法
4. 把握经济增长与发展的思想演变进程
5. 理解中国经济高增长的阶段性特征
6. 理解中国经济高质量发展的内涵特征

经济增长在一定程度上决定了一个民族、一个国家的国际竞争力。经济增长也是一个古老的话题。虽然今天视经济增长为理所当然的事,但纵观人类绝大部分历史,经济增长也不过是最近几个世纪才发生的故事。只是在工业革命发生后,世界才出现了明显的经济增长。工业革命加快了技术进步的速度,拓展了有组织的生产和市场的范围,从而使那些发达国家踏上了持续250多年的快速经济增长之路[①]。从经济

---

① 凯文·D. 胡佛. 应用中级宏观经济学. 蒋长流,杨玲,译. 北京:中国人民大学出版社,2015.

增长的历史来看，即便是持续二三十年的快速经济增长也可以使得一个贫穷的经济体变得富裕起来，就像曾经的"亚洲四小龙"那样，这就是经济增长的奇迹。

中国的经济增长一直为各方高度关注。中国从1978年改革开放到2010年，一直保持着年均10%左右的经济增长率。即便是新中国成立后到1978年，中国的年均经济增长率也约为6%。几十年来，中国经济增长从方式、速度、内容和性质等方面，一直随着时代进步不断发生变化。在短暂的70年里，中国经济实现了从贫困到富裕、从经济小国到经济大国的巨大转变。这种经济奇迹引发了世人极大兴趣，形成了有关中国经济增长的不同解读[①]。自习近平提出中国经济"新常态"之后，关于新常态下的经济增长更成为各界高度关注的焦点问题，尤其是新常态下经济增长速度的放缓、经济发展方式的转变、增长动能的转换、中国从高速增长向高质量发展的转型，都要求从中国社会的实际出发，从战略高度来研究新常态下中国经济增长与发展问题，挖掘中国智慧，讲好中国故事。

第一节 经济增长的含义与源泉

满足人类需要的财富持续形成的过程，是经济增长的核心本质。那么，该如何界定经济增长呢？

一、经济增长的内涵

经济增长是一个总量概念，通常是指在一定时间一定条件下一个国家的经济总量增加。用来衡量这种经济总量的指标有社会总产值、国民总收入、国民生产总值、国内生产总值等。一般而言，表示一个国家或地区在一定时期内所生产的最终产品与服务的市场价值总和的国内生产总值，这个总量指标经常被用来定义经济增长。考虑到人口因素，经济增长最简单的定义就是一国居民平均可以得到的商品和服务总量的增加，即人均实际GDP的增加。

经济增长同时也是一个体现长期趋势的综合概念。首先，它是一个国家为其国民提供种类日益繁多的产品与服务能力的长期上升，即潜在生产能力的扩张。这是一个供给侧问题，而非需求侧问题。其次，它总是一个引发经济内部关系调整的因素。经济增长过程中所体现的潜在生产能力扩张也就是生产力的提高，它带来增长的物质形式多样化。什么样的生产力变化与进步，就需要有什么样的生产关系与之相适应。生产关系是社会形式，制度和思想意识属于这个范畴。当这些生产关系不能相应调整以适应经济增长进程时，就有必要变革旧的生产关系，建立新的生产关系，以适应经济增长所需要的新生产力的要求。进一步而言，经济增长不仅是个生产问题，同时也涉及分配、交换和消费问题。

---

① 谢安世. 经济增长：理论、特征与本质. 科学·经济·社会, 2017, 35（2）：43-50.

二、经济增长的衡量

衡量一个国家经济增长能力的指标，应建立在该国能够以超过人口增长率的速度扩大其产出能力的基础上，因此，经济增长通常用总产量增长率来衡量。

若用 Y 表示总产出或国内生产总值，则经济增长率可以表示为

$$\frac{\Delta Y}{Y} = \frac{Y_t - Y_{t-1}}{Y_{t-1}} \times 100\% \tag{2.1}$$

其中，t 表示时间或计算期。

若用 y_t 表示人均产出，则人均产出增长率可以表示为

$$\frac{\Delta y_t}{y_t} = \frac{y_t - y_{t-1}}{y_{t-1}} \times 100\% \tag{2.2}$$

式（2.1）表示的是逐期增长率，或同比增长率，通常也使用年均增长率这个指标，计算公式如下。

某一时期内年均经济增长率的表达式为

$$\frac{\Delta Y}{Y} = \left(\sqrt[n]{\frac{Y_n}{Y_0}} - 1\right) \times 100\% \tag{2.3}$$

三、经济增长与经济发展的区别和联系

（一）经济发展的内涵

经济发展通常是指"通过提高人均收入来提高发展中国家居民的生活水平和福利水平的过程。一国由不发达状态过渡到发达状态，表现为在经济增长基础上出现的社会经济的多方面变化。相对于依靠农业部门来说，经济发展通常更多的是依靠工业化来实现的"[1]。因而，经济发展是建立在经济增长的基础上，一国或地区经济和社会结构等持续变化和创新的过程，这个过程表现为有始有终、由表及里、内外结合，最终呈现的是一种人均实际福利水平的增进。经济发展意味着一个或多或少处于停滞状态的国民经济，具备了能够产生或支持每年 5%~7% 甚至更高的 GDP 增长率的能力[2]，而且经济发展也是一个包括国民的生活质量、社会经济结构和制度结构等的总体进步的过程，或者说它是一个包括支配经济运行的制度、组织和文化等非量化因素变化的过程（图 2.1）。

经济发展问题也恰好是马克思所处时代的经济的核心问题。熊彼特和马克思都把经济发展视作一个过程。马克思与他同时代的以及他以前的经济学家的区别在于他对经济发展的独特看法，这就是把经济发展看成经济制度本身所导致的一种特定的过程。

---

[1] 戴维·W. 皮尔斯. 现代经济学词典. 宋承先，等译. 上海：上海译文出版社，1988.
[2] 迈克尔·P. 托达罗. 经济发展. 黄卫平，彭刚，译. 北京：中国经济出版社，1999.

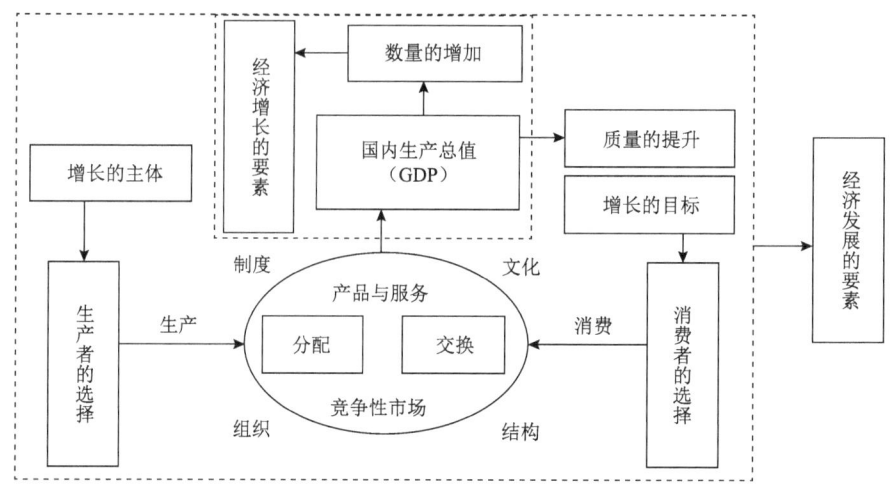

图 2.1 经济增长与经济发展的基本要素

关于经济发展的概念,马克思有着自己的创见。马克思认为,对一个国家或社会的生产能力起决定作用的是技术进步和资本积累,制度和文化的变革往往落后于社会生产力的变革。熊彼特在其《经济发展理论》一书中,试图提出一种关于经济变化的纯经济理论,强调经济变化不仅仅是建立在推动经济体系从一种均衡过渡到另一种均衡的外部因素的基础上。熊彼特指出这种思想与马克思的创见本质上并无二致。

(二)经济发展的衡量

通常,经济发展常用生产和就业结构的向上变化来表示,尤其是把先进产业或现代产业的涌现以及在这些产业中就业人数的扩大视作经济发展的主要特征。相应地,经济发展表现为生产和就业结构中农业传统部门所占的比重下降,加工制造业和服务业所占的比重上升。正是基于这一点,在历史上一些发展中国家在制定本国发展战略和政策时往往侧重以牺牲农业和农村发展为代价来实现其快速的工业化进程。现在,对于经济发展的衡量增加了诸如人口识字率、辍学率、卫生健康状况、服务普及性及住房条件改善等非经济的社会指标。

因此,结合就业、不平等和贫困的现实状况而言,经济发展必须被看作一个既包括经济增长、缩小不平等和消除贫困等方面发生变化的过程,也是一个包括社会结构、居民观念和国家制度等发生变化的多元过程。就其本质而言,经济发展正是通过这些主要变化,使得个人和社会集团的多元化需求和愿望得到满足,使他们普遍觉得原来不尽如人意的生活条件已经朝着物质和精神两个方面都 "更美好""更人性化"的方向转变。例如,著名的发展经济学家迈克尔·P. 托达罗提出了"基本生活需求、自尊和自由"[①]等衡量经济发展的三个核心维度。

(三)经济增长和经济发展的联系

经济增长和经济发展的联系表现为三个方面。

---

① 迈克尔·P. 托达罗. 经济发展. 黄卫平,彭刚,译. 北京:中国经济出版社,1999:15.

其一，经济增长强调的是数量，经济发展则侧重质量变化。经济增长强调的是数量变化，表现为 GDP 总量或人均量的增加。经济发展强调的是质量改善，主要反映结构、健康、教育、环境等社会福利和个体幸福方面的改善和提升。具体地说，经济增长是一个单纯的"量"的概念，它是计算 GDP 的逐年增长的百分比；经济发展是一个比较复杂的"质"的概念，它不仅包括经济增长的速度、增长的平稳程度和结果，而且还特别包括国民的平均生活质量，如受教育水平、健康卫生标准等，以及整个经济结构、社会结构等的总体进步。简而言之，经济增长就是经济发展的数量方面。

其二，经济增长是经济发展的基础，经济发展则是经济增长的必然结果。经济发展是伴随着经济增长而发生的投入结构、产出结构、社会生活质量以及文化教育、自然资源与生态环境等的变化。因此，经济增长是经济发展的基础，没有经济增长就谈不上经济发展，但如果没有经济发展，一个经济体也很难保持持续的经济增长。当然，现实中也可能出现有增长而无发展的情况。经济发展是增长转型和结构调整的叠加。

其三，经济增长是实现经济发展的物质手段，经济发展则是经济增长所要实现的目的。经济增长和经济发展都是支撑人类社会文明体系进步的两个不可或缺的方面。经济增长是为了增进经济发展，经济发展是为了满足社会公众日益增长的美好生活需要。

正是因为经济增长和经济发展密切相关，所以随着时间的推移，把经济增长与经济发展截然分开的状况正在改变。尤其是经济增长理论和经济发展理论，在概念上、方法上和理论上乃至实践方面都出现了日益融合的趋势。

四、经济增长的源泉

经济增长的源泉实际上就是影响经济增长的因素。由于经济增长是一个长期生产能力的扩张问题，因而，经济增长是由供给侧因素决定的，这就意味着决定经济增长的要素也就不仅仅是需求侧的短期因素，如消费、投资和出口，还有决定一个国家长期供给能力的因素。这些因素可分为直接因素和间接因素。直接因素就是物质资本、人力资本和技术进步等。为便于理解，根据经济增长表现为人均真实 GDP 的增加，将人均 GDP 表达式进行一个必要的变换：

$$\text{人均GDP} = \frac{\text{GDP}}{\text{人口总数}} = \frac{\text{GDP}}{\text{劳动总时数}} \times \frac{\text{劳动总时数}}{\text{就业人数}} \times \frac{\text{就业人数}}{\text{劳动力人数}} \times \frac{\text{劳动力人数}}{\text{人口总数}} \quad (2.4)$$

式（2.4）的第一个分数式 $\frac{\text{GDP}}{\text{劳动总时数}}$ 可看作劳动生产率，它取决于生产过程中机器、设备、工具及建筑物等的数量（即物质资本投入量），也取决于劳动者的能力和受教育程度，即人力资本水平，还取决于技术水平。因此，经济增长的直接因素可以概括归纳为：资本（物质资本和人力资本）的增加、劳动的增加和技术的进步。技术进步即全要素生产率（total factor productivity，TFP）的增加。综合来看，影响经济增长的间接因素可以概括为人口结构、宏观经济与贸易环境、政府规模与收入分配、产权与法治环境、地理与政治、金融中介与信用、制度创新、文化与社会环境等（图 2.2）。其中，制度创新、地理与政治和文化与社会环境又是三个关键的间接决定因素。

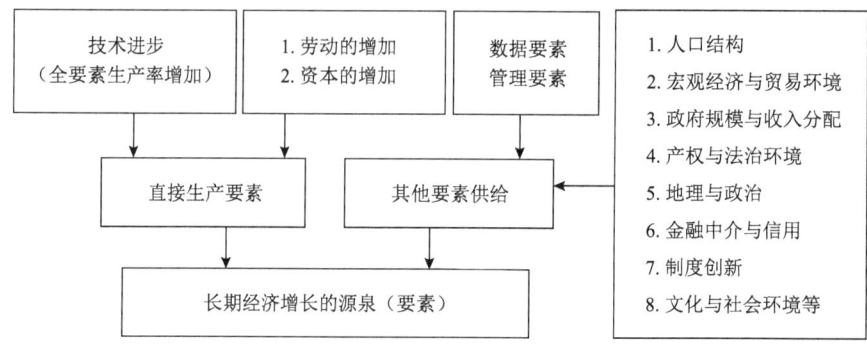

图 2.2　影响经济增长的因素

迄今为止，经济理论对于技术或制度谁对经济增长更为重要一直存在着争议。一些经济学家认为制度对于一个国家长期经济增长更为重要。例如，亚当·斯密认为制度变革所导致的专业化增进带来的人均产出的跃升、制度的各种改良，是社会或经济技术的真正意义上的新形式，像货币、产权的法律保护以及更多的个人做出经济选择的自由贸易等，使得人均产出的增长快速上升[①]。虽然像道格拉斯·诺思等制度经济学家试图就制度如何影响经济增长的机制进行深入剖析，但也仅仅只是用制度变迁和经济增长之间的联系来解释制度对经济增长可能存在的影响，具体影响机制则仍然是语焉不详。中国改革开放以来的经济高速增长更表明了制度对于增长的重要作用，首先是公有制为主体、多种所有制经济共同发展的基本经济制度；其次是以按劳分配为主体、多种分配方式并存的分配制度；最后是中国特色社会主义市场经济制度。

近年来随着信息技术的发展，管理、数据等也成为重要的生产要素。从经济增长的视角看，数字经济之新，不外乎两点：新的生产要素、新的增长模式。尤其是在互联网经济时代，数据是新的生产要素，是基础性资源和战略性资源，也是重要生产力，因此要构建以数据为关键要素的数字经济。

在经济增长的决定因素中，技术进步或技术创新起着关键性作用。创新是引领发展的第一动力，加快科技创新是推动高质量发展的必然要求。"新质生产力"概念的提出，则为新时代新征程加快科技创新、打造经济发展新引擎、推动高质量发展、增强发展新动能和构筑国家新优势提供了重要指引。新质生产力代表先进生产力的演进方向，创新起主导作用，摆脱传统经济增长方式、生产力发展路径，具有高科技、高效能、高质量特征，符合新发展理念的先进生产力质态。"新质生产力代表先进生产力的演进方向，是由技术革命性突破、生产要素创新性配置、产业深度转型升级而催生的先进生产力质态。新质生产力以劳动者、劳动资料、劳动对象及其优化组合的跃升为基本内涵"[②]，以全要素生产率大幅提升为核心标志，特点是创新，关键在质优，本质是先进生产力。

---

① van den Berg H. Economic Growth and Development. 2nd. Singapore: World Scientific, 2012.
② 习近平经济思想研究中心. 新质生产力的内涵特征和发展重点（深入学习贯彻习近平新时代中国特色社会主义思想）. 人民日报，2024-03-01（09）.

此外，人力资本、科学研究、产业结构调整、市场化和对外开放等方面的进步也是中国经济增长不可忽视的因素。

第二节　经济增长和经济发展思想

一、早期经济增长思想

（一）前古典时期的经济增长思想

早在古希腊的色诺芬、柏拉图和亚里士多德等的著作中就已萌发过经济增长的思想，囿于当时的生产模式，其关注重点在于这种生产模式下全权公民的"幸福生活"，以及孕育它的规则和制度架构。对古典政治经济学的诞生做出过贡献的威廉·配第、约翰·洛克和大卫·休谟的著作中也对经济增长有过探讨。到了重商主义时期，发展和增长在他们看来也仅仅只是温和的，同时局限于少数领域。重商主义者认为，温和上升的价格水平作为经济开始增长的标志而受到欢迎，然而，让他们感到困惑的是，国内价格水平的上升会对国内产业的竞争力和贸易平衡产生反作用[1]。

（二）古典政治经济学时期的经济增长思想

亚当·斯密1776年出版的《国富论》可以说是研究经济增长或经济发展问题的开山之作。他告诉我们不必为经济增长问题所虑，因为存在着"看不见的手"，经济增长会自行发生。亚当·斯密将资本积累看作创造财富的"机器"的重要动力。通过市场的不断扩张和资本积累带来了劳动分工的深化，进而实现了更高的生产率，并且使得更高的利润率和收入更为普遍，这又进一步导致了更高的资本积累，如此不断循环往复，最终形成了一个"良性循环"的动态增长趋势。

亚当·斯密对未来经济增长（或发展）的看法显然比较乐观。沿袭亚当·斯密经济增长思想的古典学派经济学家认为，对于大多数国家而言，财富的主要杠杆是劳动力，即技能、灵巧性和大众的智慧，劳动生产率的增长要归功于不断深化的社会分工，相应地，一个国家的财富是由其人均社会净产出的大小来衡量的。古典政治经济学家既关注侧重通过改善劳动分工来提高生产效率这一"微观经济学"，又关注侧重资本积累和增长的"宏观经济学"。古典增长理论就是功能性收入分配理论基础加上资本积累过程的分析[2]。

因《人口原理》而闻名于世的马尔萨斯指出，人口增长带来自然资源稀缺性加剧，从而导致经济增长停滞而使得人类再次陷入贫困，这一贫困陷阱假说的悲观性结论与梅多斯的《增长的极限》的悲观论调如出一辙，只是表述形式不同而已。大卫·李嘉图则阐明了自然资源禀赋对经济增长起制约作用的机制，他把工业革命中显现出来的现代工业的资本积累看作经济增长的驱动力[3]。可以说，从工业革命发生以来，作为增长驱动

---

[1] 海因茨·D.库尔茨.经济思想简史.李酬译.北京：中国社会科学出版社，2017.
[2] 费景汉，古斯塔夫·拉尼斯.增长和发展：演进观点.洪银兴，郑江淮，等译.北京：商务印书馆，2004.
[3] 速水佑次郎，神门善久.发展经济学：从贫困到富裕.3版.李周译.北京：社会科学文献出版社，2009.

力的资本积累和技术进步就始终与不平等和贫困形影相随。

总之，古典增长思想侧重从供给侧研究经济增长问题，相对忽视了需求侧因素，而且重视资本积累的作用。

二、马克思的经济增长思想

马克思在《资本论》（第一卷）中，坚持了亚当·斯密对经济增长的源泉所做的分析，同时也强调了作为第一次技术革命标志的蒸汽机对经济增长的重要作用，但马克思清楚地告诉我们，纺织机械这种工具机的革命而非蒸汽机的动力革命，才是第一次工业革命的起点和诞生的标志，纺织机械的发明是机器大工业与工场手工业相区别的根本性标志。马克思认为，考察促进生产的条件，就得研究在各个民族的发展过程中各个时期的生产率程度。在《资本论》（第二卷）中，马克思通过选择魁奈的"经济表"作为分析对象，研究了经济中不同生产部门之间的相互依存关系，即在社会再生产中的生产资料生产（第Ⅰ部类）和消费资料生产（第Ⅱ部类）之间的数量对比关系。两大部类比例是社会生产和再生产中最基本、最综合的比例之一。保持两大部类的合理比例，是社会产品得以实现、社会再生产过程顺利进行的前提，从而是保证国民经济平衡稳定发展的条件。马克思给出了这些部门不断跟随另一个部门扩张的均衡条件，发展出了首个研究多部门的经济增长模型。借助该模型，马克思可以研究资本主义再生产何以失败以及资本主义经济危机产生的原因[1]，从而也就将这一"关于再生产的经济增长理论"视作理解资本主义易于产生经济危机这一事实的关键所在。借此，马克思将资本主义经济危机产生的原因归结为：部门之间的比例失调、收入分配的不平等加剧导致有效需求的缺乏（即消费不足）、一般利润率下降导致资本积累的激励不足等。就其根本原因而言，则在于资本主义的基本矛盾：生产社会化与生产资料资本主义私人占有制之间的矛盾。

此外，马克思在生产力与生产关系的辩证统一理念的基础上构建了一个统一的分析框架，并以此来解释整个社会、政治和经济体制的转型。马克思的增长理论嵌入在更大的政治和社会框架中，他将资本和劳动这两个主要的生产要素的各种组合作为其动态分析的中心，因而，他对增长理论有多方面的贡献。其理论的真正意义在于，他是第一位把固定资本积累看作现代经济增长的主要现象的经济学家[2]。

三、增长经济学

英国经济学家哈罗德和美国经济学家多马首次将经济增长作为一个独立经济问题并引入需求面因素，建立了经济增长的数学模型，对于经济增长理论的发展影响巨大，可以说是增长经济学的开端。按照哈罗德-多马增长模型，一国经济增长率与其资本积累率（储蓄率）成正比，与资本产出比成反比。因此，一国想要达到其目标增长率（如6%），在资本产出比一定（如5）的情况下，必需的投资率则为30%，若本国储蓄率刚好也为

---

[1] 海因茨·D. 库尔茨. 经济思想简史. 李酣译. 北京：中国社会科学出版社，2017.
[2] 费景汉，古斯塔夫·拉尼斯. 增长和发展：演进观点. 洪银兴，郑江淮，等译. 北京：商务印书馆，2004.

30%，则不存在资金缺口，如果本国储蓄率因收入低而达不到这个比例，那么本国私人投资就可以借助于外国援助，所以对私人投资的援助是对经济增长的重要支持[①]。由于受马克思的资本积累思想与凯恩斯需求决定理论及政策的影响，哈罗德-多马增长模型实际上强调的是储蓄如何转化为投资进而对经济增长产生推动作用，这体现了需求因素对经济增长的约束作用。

索洛的经济增长模型恰恰是在弥补哈罗德-多马增长模型这一缺陷的基础上产生的。后来的新古典增长模型基本上采用的都是新古典性质的生产函数。因此，新古典增长模型又重新回到了从供给侧研究经济增长这个视角。根据该模型的结论，一国的长期经济增长率完全取决于外生的人口增长率和技术进步率，因而这一模型的经济意义也被经济学家称为"令人不愉快的结果"[②]。技术进步这一经济增长的关键决定因素被当作索洛余值（或索洛剩余）来看待，而且基于索洛模型估算的全要素生产率也不能很好地度量技术进步水平，因为模型假定技术进步仅限于非内含的、外生的、希克斯中性性质的技术进步，并且在具体测算中常常包含着要素替代弹性等于1的假定。这些假定显然不符合处于工业化水平迅速上升阶段的发展中国家的现实。

为了消除新古典增长模型的上述局限性，以保罗·罗默为代表的新增长理论在供给层面将技术、知识、人力资本、产品创新、劳动分工、制度变迁等因素内生化，将全要素生产率的增长差异视作解释不同经济体经济增长差异的主要决定因素。同时，投资作为增长的驱动力，既带来生产力的提升，又通过资本品的生产带来收益，因此，政府运用产业政策干预供给（投资）是有效的。

增长经济学在继承古典主义重视供给因素这一历史遗产的同时，也针对前人的理论缺陷在供给领域不断扩展深化。除了早期重视物质资本、人力资本等因素外，20世纪80年代以后，地理、制度、文化、法律、政治等也被视作经济增长的主要影响因素而包括在增长模型之中。但总体而言，增长经济学淡化了增长过程中需求面因素的影响，这种由忽视需求因素制约所造成的理论不适应性以及对现实预测的不准确使得其面临诸多批评和质疑。

四、发展经济学

当增长经济学在20世纪70年代因"增长的极限"问题而陷入停滞时，发展经济学家就从20世纪70年代之前聚焦于发展战略、政府干预等宏观层面研究，转向20世纪80年代后的微观层面的实证分析。20世纪90年代后，发展经济学家也将视角转到制度、政府和增长对发展中国家经济的影响上来，尤其是一国经济增长对减少贫困的重要推力作用。发展经济学的主要任务在于研究不发达国家或者低收入国家得以摆脱贫困成为富裕国家的可能性，它们如何才能进入可持续发展的轨道。对于发展经济学家而言，通过经济增长摆脱贫困是低收入国家的共同目标。西方发达国家在工业革命启动经济增长进程之后用了200多年才完成了大多数人摆脱贫困的经济发展过程。日

---

① 威廉·伊斯特利. 在增长的迷雾中求索. 姜世明译. 北京：中信出版社，2005：29.
② 威廉·伊斯特利. 在增长的迷雾中求索. 姜世明译. 北京：中信出版社，2005：30.

本的这个过程用了不到 100 年，亚洲新兴工业化经济体的这一过程甚至缩短到不足 40 年。中国于 2020 年实现精准脱贫，9899 万农村贫困人口全部脱贫，832 个贫困县全部摘帽，12.8 万个贫困村全部出列，区域性整体贫困得到解决，完成了消除绝对贫困的任务，创造了人类减贫史上的奇迹。这个过程也只用了 42 年时间，如今已迈上共同富裕新征程。毫无疑问的是，从这些经济体经济发展的成功经验中学习大有裨益。

早期的发展经济学家如刘易斯、罗斯托、罗森斯坦·罗丹和纳克斯等均重视资本积累在经济发展过程中所扮演的重要角色，不发达经济体跳出贫困陷阱需要依靠一个时期资本积累的适度增长。可以说，二战后，流行于西方的凯恩斯国家干预政策同古典和马克思的传统结合在一起，使得强调政府指导下的资本积累的经济发展理论更容易被经济学家接受。虽然很难确切地知道强调资本积累的经济发展理论究竟在多大程度上影响了发展中国家的政策选择，但确实有许多新独立的国家采用了诸如直接增加国有企业投资、政府指令性贷款、销售管制和差别税收政策等，以及通过牺牲农业来投资工业的发展战略。

五、经济高质量发展思想

2014 年 12 月 9 日，习近平在中央经济工作会议上指出，"我国经济正在向形态更高级、分工更复杂、结构更合理的阶段演化，经济发展进入新常态""认识新常态，适应新常态，引领新常态，是当前和今后一个时期我国经济发展的大逻辑"①。经济发展呈现出增长速度从高速转向中高速，经济结构调整从增量扩能为主转向调整存量与做优增量并举的优化，发展动力从主要依靠要素投入转向创新驱动转换的三大新特征。在经济增长放缓和进入新常态的背景下，2015 年，旨在调整经济结构，使要素实现最优配置，提升经济增长的质量和数量的供给侧结构性改革正式提出。供给侧结构性改革，就是从提高供给质量出发，用改革的办法推进结构调整，矫正要素配置扭曲，扩大有效供给，提高供给结构对需求变化的适应性和灵活性，提高全要素生产率，更好满足广大人民群众的需要，促进经济社会持续健康发展。2016 年是供给侧结构性改革元年，至此，供给侧结构性改革就成为推动我国经济高质量发展的主线。

经济高质量发展，是基于中国特色社会主义进入新时代的历史方位、社会主要矛盾与发展格局重要变化，着眼于我国发展阶段、发展环境、发展条件面临的机遇与挑战，对中国经济发展阶段所做出的科学判断；也是当前和今后一个时期，贯彻新发展理念、确定发展思路、制定经济政策、实施宏观调控的根本要求；同时还是立足社会主义现代化建设全局的战略选择，更是建设创新型国家，推动经济发展增速换挡、动能转换、结构优化，实现更有效率、更大动力、更为公平、更加安全、更可持续的发展的必然要求。

在我国全面深化改革的过程中要重点抓住经济高质量发展这个"牛鼻子"，围绕经济高质量发展，推动改革系统集成，主动适应我国社会主要矛盾发生变化的现实，着眼于"人民日益增长的美好生活需要和不平衡不充分的发展之间的矛盾"的解决，不断满

---

① 《中央经济工作会议在北京举行 习近平 李克强作重要讲话》，https://www.gov.cn/xinwen/2014-12/11/content_2789754.htm，2014 年 12 月 11 日。

足人民对食品等公共安全和青山绿水等生态环境各方面的更高要求,切实把创新作为第一动力,把改革作为必由之路,在高质量发展这一关键问题上实现改革的重点突破,以此为核心,牵引和带动其他方面的改革。

从供给层面看,高质量发展应该是产业体系比较完整,生产组织方式网络化、智能化,创新力、需求捕捉力、品牌影响力、核心竞争力强,产品和服务质量高。从需求层面看,高质量发展应该不断满足人民群众个性化、多样化、不断升级的需求,这种需求又引领供给体系和结构的变化,供给变革又不断催生新的需求,是供求在更高水平上的动态均衡。从投入产出看,高质量发展应该不断提高劳动效率、资本效率、土地效率、资源效率、环境效率,不断提升科技进步贡献率,不断提高全要素生产率。从分配看,高质量发展应该实现投资有回报、企业有利润、员工有收入、政府有税收,并且充分反映各自按市场评价的贡献。从宏观经济大循环看,高质量发展应该实现生产、流通、分配、消费循环通畅,国民经济重大比例关系和空间布局比较合理,经济发展比较平稳,不出现大的起落。更明确地说,高质量发展,是经济发展从"有没有"转向"好不好"。"有没有"是关乎数量、规模、扩大和速度方面的问题;"好不好"则是质量问题,是协调、平衡、持续、高效、公平、绿色的发展。

总之,高质量发展是从中国国情出发,围绕供给体系的不断优化,通过深化结构调整、增强科技创新在经济发展中的作用和企业家在创新中的引领作用、全面提升人力资本质量等,大力提高制造业和服务业的发展水平。

综上所述,高质量发展的基本要义如图2.3所示。

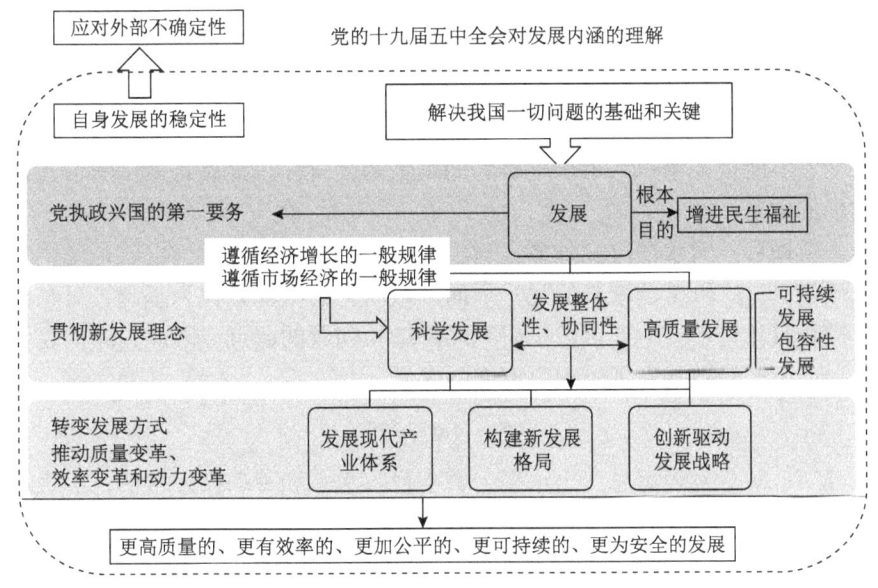

图2.3　高质量发展的基本要义

经济新常态构成了我国经济发展的基本语境,高质量发展提出了塑造我国未来前途的大逻辑,"新质生产力"则释放了驱动高质量发展的新动力(图2.4)。迈入高质量发展阶段后,依赖传统生产力和常规资源要素投入已经不可持续,需要强调科技创新的驱动作用，尤其是需要依靠关键性、颠覆性技术创新为其提供坚实的物质技术基础。从这种意义上来说，与高质量发展相适应的生产力必须是新质生产力。

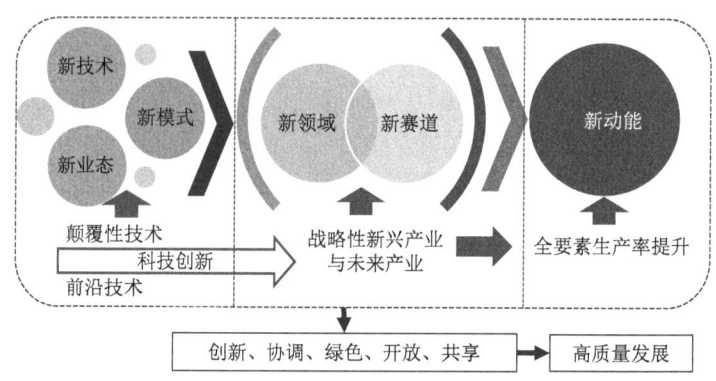

图2.4 新质生产力与高质量发展的关联性

第三节 经济增长核算与经济计量

一、经济增长核算方法

虽然技术进步和资本积累都是经济增长的影响因素，但是，相对于技术进步而言，资本积累率或者储蓄率提高对经济增长率的影响到底有多大？增长核算方法为解决这一问题提供了一种研究手段。因此，经济增长核算方法就是要度量 GDP 的增长率和资本积累速度以及技术进步之间的关系。增长核算方法表明，观测到的总产出的增长既取决于投入要素增长的结果，同时也取决于一个被称作要素投入生产率增长的"索洛剩余"，产出增长率中不能被要素投入增长率解释的剩余部分就称为全要素生产率增长，用来度量技术进步的贡献。

资本、劳动和技术水平这三种要素对经济增长的贡献有多大？也就是说，Y 的增长是如何依赖于 A、K 和 N 的增长的呢？下面以最简化的核算方程为基础，对经济增长的决定因素进行量化分解。生产函数是研究经济增长问题的起点，因此，先构建一个总量生产函数，该生产函数具有规模报酬不变的性质：

$$Y = AK^\alpha N^{1-\alpha} \quad (2.5)$$

其中，Y、K 和 N 分别表示总产出水平、资本投入水平和劳动投入水平；A 表示技术水平；参数 α 表示资本的收入份额，介于 0 和 1 之间。

将 Y、A、K 和 N 均看作时间 t 的函数，方程式两边取自然对数，并以时间 t 为自变量进行全微分，得到增长率公式如下：

$$\frac{\Delta Y}{Y} = \alpha \cdot \frac{\Delta K}{K} + (1-\alpha) \cdot \frac{\Delta N}{N} + \frac{\Delta A}{A} \quad (2.6)$$

用 $g_Y = \frac{\Delta Y}{Y}$ 表示总产出增长率（即经济增长率），$g_N = \frac{\Delta N}{N}$ 表示劳动投入增长率，$g_K = \frac{\Delta K}{K}$ 表示资本投入增长率，$g_A = \frac{\Delta A}{A}$ 表示技术进步率，即全要素生产率增长。式（2.6）表明了 Y 的增长率与 A、K 和 N 的增长率之间的关系。

$$g_Y = \alpha \cdot g_K + (1-\alpha) \cdot g_N + g_A \tag{2.7}$$

式（2.7）就是增长核算方程，它表明经济增长率等于资本增长的贡献（$\alpha \cdot g_K$）和劳动增长的贡献（$(1-\alpha) \cdot g_N$）加上全要素生产率增长的贡献（g_A）。

由于技术水平 A 是不可观察的，因而技术进步对经济增长的贡献率也是无法直接观测到的，需要间接地衡量，是作为一个剩余计算出来的，即经济增长决定因素中扣除资本增长和劳动增长的贡献之后的剩余增长率，被称为索洛剩余。

二、经济增长的经济计量分析方法

自 1926 年挪威经济学家弗里希创设经济计量学（econometrics）这门学科以来，经济计量分析方法就日益流行起来。20 世纪 50 年代，特别是 60 年代以后，经济计量分析的方法又有长足的发展，应用更加广泛。对经济计量分析方法作出重要贡献的还有荷兰的丁伯根和美国的克莱因等。

经济计量分析是用统计推论方法对经济变量之间的关系作出数值估计的一种数量分析方法。它先把经济理论表示为可计量的数学模型即经济计量模型，然后用统计推论方法加工实际资料，使这种数学模型数值化。这种分析方法强调理论与观察资料相结合，赋予理论以经验的内容。同时，该方法又将随机因素对经济关系的影响纳入分析之中，得出的结论具有概率性意义。在经济计量学中，有多种常用的分析方法，包括时间序列分析、截面数据分析和面板数据分析等。

经济计量分析的主要过程是建立模型、估计参数和运用模型。建立模型，就是根据经济理论、可利用的资料和现有的经济计量技术，确定经济变量之间关系的数学形式，这是经济计量分析的第一步。第二步是估计参数，即根据历史资料，用数理统计方法推定模型的各个方程中的常数的值。第三步是运用模型，将已经估算好参数的模型用于结构分析、经济预测和政策评价。具体而言，计量分析的基本流程是：界定所要研究的问题、构建理论模型、数据搜集与整理、数据检验、模型回归、结果分析、结论与启示，也可在此基础上进一步形成政策制定的参考依据。

三、中国经济增长的计量分析

（一）1952 年到 1978 年中国经济增长的计量分析

根据朱晓东[①]的估计，1952～1978 年，中国人均 GDP 增长率为年平均增长 2.97%，其中，劳动参与率的贡献为 3.63%，资本产出比的贡献为 116.15%，平均人力资本的贡

[①] Zhu X D. Uderstanding China's growth: past, present and future. Journal of Economic Perspectives, 2012, 26(4): 103-124.

献为 52.25%，而全要素生产率增长率对人均 GDP 增长率的贡献则为–72.03%。

根据估算（表 2.1），中国在 1952～1978 年，经济增长率为年均 4.4%，要素投入的增长较快，其中，固定资本每年增长 5.8%，劳动力每年增长 1.9%，人力资本每年增长 2.5%，全要素生产率每年增长 0.5%。1952～1957 年，全要素生产率增长率每年达到 4.7%，但 1957～1978 年，全要素生产率的增长表现大不如以前，每年下降 0.5%。

表 2.1 1952～2005 年中国经济增长率的计量分析

时期	经济增长率	固定资本	劳动力	人力资本	全要素生产率
1952～1978 年	4.4%	5.8%	1.9%	2.5%	0.5%
1952～1957 年	6.5%	1.9%	1.2%	1.7%	4.7%
1957～1978 年	3.9%	6.7%	2.0%	2.7%	−0.5%
1978～2005 年	9.5%	9.6%	1.9%	2.7%	3.8%
1978～1995 年	10.2%	8.9%	2.3%	3.2%	4.0%
1995～2005 年	9.1%	11.5%	1.0%	1.7%	3.2%

资料来源：巴里·诺顿. 中国经济：适应与增长. 2 版. 安佳译. 上海：上海人民出版社，2019.

（二）改革开放以来中国经济增长的计量分析

改革开放以来，中国经济增长奇迹引发了中外经济学界的关注和争论，争论的焦点在于中国经济实现快速增长的动力和源泉是什么？诸多学者在对影响中国经济增长的因素进行计量分析时，均将资本要素视作经济增长的主要驱动力，其次是劳动力和技术进步因素。

美国经济学家保罗·克鲁格曼曾在 1994 年就对东亚经济体的经济快速增长提出疑问，认为其经济增长主要是通过高资本积累和劳动力投入的"流汗方式"获得的，而不是通过技术进步和效率提升的"灵感方式"获得的。阿林·扬在 2003 年的研究中也指出，中国 1978～1998 年的经济增长中，生产率增长（技术进步）的贡献只有非常有限的 1.4 个百分点，经济增长主要靠资本积累，是汗水而非灵感对经济增长起到了推动作用[1]。张军和施少华的研究表明，改革开放后的 1979～1998 年全要素生产率增长对中国产出增长的贡献约 28.9%，中国经济生产率水平提高的原因在于改革开放[2]。而根据世界银行的估计，1978～1995 年，中国经济增长的 30%～58%归功于全要素生产率的提高。根据估算，中国在 1978～2005 年的经济增长率为年均 9.5%（表 2.1），全要素生产率年均增长 3.8%，技术进步对经济增长所做的贡献是 40%，人均资本对经济增长所做的贡献为 60%。

程名望等[3]采用中国 31 个省区市 1978～2015 年的面板数据，基于空间计量模型和

---

[1] Young A. Gold into base metals: productivity growth in the people's republic of China during the reform period. Journal of Political Economy, 2003, 111(6): 1220-1261.

[2] 张军，施少华. 中国经济全要素生产率变动：1952—1998. 世界经济文汇，2003，（2）：17-24.

[3] 程名望，贾晓佳，仇焕广. 中国经济增长（1978—2015）：灵感还是汗水？. 经济研究，2019，54（7）：30-46.

增长核算法，测算了市场潜能、资本、劳动力和全要素生产率对经济增长的贡献率。结果表明：1978~2015 年，资本对经济增长的贡献率最高（34.86%），市场潜能次之（34.55%），然后是全要素生产率（22.03%），最低是劳动力（8.56%）。1978~2015 年，灵感因素对中国增长奇迹的贡献率为 61.93%，汗水因素的贡献率为 38.07%，显然不支持"克鲁格曼质疑"。改革开放之初的 1978~1989 年，中国经济增长确实主要依赖于汗水，其贡献率达 62.03%，但汗水的贡献率随着时间推移不断下降，1990~2000 年为 52.41%，2001~2015 年快速下降到 21.93%，而灵感的贡献率开始占主导地位，达 78.07%。他们的研究结论是：1978 年以来中国创造增长奇迹，是高投入增长和高效率增长共同作用的结果，依赖于汗水与灵感的双轮驱动，且越来越依赖于灵感。该结论并不支持"克鲁格曼质疑"，且认为由于技术进步、人力资本提升、制度改革和市场化推进导致的资源和商品在区域间的优化配置等灵感因素的增强，中国经济增长是可持续的。得益于后发优势，中国在 1978~2014 年经济增长整体质量较高，全要素生产率的增长对 GDP 增长的平均贡献度达 39.44%[1]。

改革开放作为我们党的"一次伟大觉醒"，正式明晰了在多领域"该改的、能改的我们坚决改，不该改的、不能改的坚决不改"，铸就了以"四个自信"为代表的坚定建设中国特色社会主义的信仰、信念与信心。改革固然对中国经济增长和生产率提升起着重要作用，但对外开放对中国经济增长的影响也不容忽视。理解对外开放的作用，需要将中国看作一个开放的大型经济体，需要从充分考虑中国经济变化对世界贸易的影响中去加以理解。改革开放初期的中国，还是一个相对贫困落后的发展中国家，居民储蓄率相对偏低，因而利用外商直接投资并借助于外商直接投资的技术外溢效应实现出口型增长无疑是最佳选择。江小涓[2]的研究指出，1978~2007 年，我国 GDP 年均增长 9.7%，同期对外贸易年均增长 17.4%；1985~2007 年吸收外资年均增长 17.1%；1982~2007 年对外投资年均增长 27.4%。改革开放以来，引进消化吸收再创新模式充分激发出中国的后发优势，中国经济增长整体质量较高，增长动力约 1/3 来自经济体内部各行业技术水平的普遍提升。

此外，Hasan 等[3]利用中国 1986~2003 年 31 个样本省份的经济数据研究法治环境、金融市场的发展程度、对产权的保护程度和政治多元化对经济增长的影响，实证研究结果显示：法治化程度较高、产权保护宣传得力、政治较为多元化的省份，其经济增长比其他省份快。张军等[4]认为，地方政府多年来对经济不遗余力的推动则是其中一个不容忽视的关键因素。

---

[1] 蔡跃洲，付一夫. 全要素生产率增长中的技术效应与结构效应：基于中国宏观和产业数据的测算及分解. 经济研究，2017，52（1）：72-88.
[2] 江小涓. 大国双引擎增长模式：中国经济增长中的内需和外需. 管理世界，2010，（6）：1-7.
[3] Hasan I, Wachtel P, Zhou M M. Institutional dvelopment, financial deepening and economic growth: evidence from China. Journal of Banking & Finance, 2009, 33(1): 157-170.
[4] 张军，樊海潮，许志伟，等. GDP 增速的结构性下调：官员考核机制的视角. 经济研究，2020，55（5）：31-48.

第四节 中国经济增长的阶段性分析

一、经济增长的阶段性规律

从世界各国经济增长演变的规律来看,在工业化和经济发展起步阶段,经济增长主要依靠生产要素,即土地(自然资源)、资本和劳动力的大量投入,随着工业化的不断推进,制度和文化的作用开始凸显,企业之间为了获取竞争优势,不断进行创新而导致的技术进步逐步占主导作用,因此,在经济增长方式不断演变的过程中,技术进步、生产率提高、创新驱动成为推动其经济发展的主要力量(图2.5)。

经济增长的一般规律表明,快速增长大多出现在工业化、城市化和现代化的推进过程中,这主要是因为,在工业化和城市化进程中,生产要素尤其是农业剩余劳动力由生产率较低的农业部门向生产率较高的工业部门转移,资源配置的总体效率得到提高,而转移到城市和其他产业的农业人口又创造了巨大的社会需求,刺激了工业和第三产业的发展,促进了产品创新和产业升级,推动了科技、文化、教育、体育、医疗卫生等社会事业全面发展。剩余劳动力从农业向工业的大规模持续转移形成了快速的工业化,既缓解了改革开放过程中的种种摩擦,又优化了产业结构并推动了经济的快速增长。

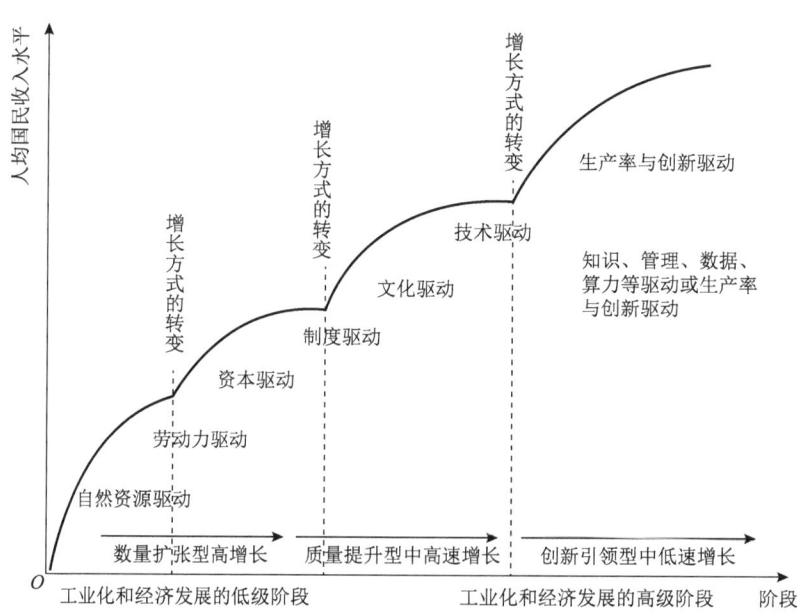

图 2.5 不同增长阶段与增长驱动因素

要实现我国经济的持续快速增长,必须推动经济发展质量变革、效率变革、动力变革,提高全要素生产率,从简单追求速度转向坚持质量第一、效益优先,从微观层面不断提高企业的产品和服务质量,提高企业的经营效益。要以供给侧结构性改革为主线,加快优化经济结构、转变发展方式、转换增长动力，加快推动产业结构升级，增加中高端产品和服务的供给，不断提高产品和服务的附加值和竞争力，在更高水平上实现供需结构的动态均衡。通过创新促进新技术、新产品和新业态发展，大力发展新兴产业，使创新形成的新经济成为推动中国经济增长的不竭动力，不断增强我国经济的创新力和竞争力。

二、中国经济增长阶段的划分

从新中国成立后选择优先发展重工业以追求高速增长，到"文化大革命"后不断深化改革和扩大开放，实现了以外延型方式为主的经济高速增长，再到新时代作出中国经济进入新常态的重大战略判断，推动经济高质量发展，这一系列发展战略的演变，体现了中国经济发展的阶段性特征。

（一）改革前三十年中国经济增长的固本强基（1949～1978年）

以改革开放为历史节点，到2019年新中国成立70周年，可分为"前三十年"与"后四十年"两个阶段，两者是有机统一和不可分割的，任何以其中一个阶段质疑或否定另一个阶段的认识和做法都是脱离实际的，甚至是错误的，必须站在历史唯物主义的角度辩证地看待和评价新中国70年的客观进程。前三十年的艰难探索为后四十年的改革发展提供了正反两方面的经验；后四十年将法治作为释放市场机制动能、焕发市场主体活力、激活市场要素配置、检验市场行为正当性的重要举措，进一步丰富了中国特色社会主义市场经济的社会发展内涵及实践方式。

根据前文分析，1949～1978年，我国经济发展是在计划经济体制下进行的，即中国主要是在学习苏联斯大林模式的基础上，选择实施计划经济模式，通过构建中央计划经济体制动员全国资源，在一穷二白的基础上启动了我国的工业化进程，不仅形成了门类比较齐全的国民经济工业体系以及必要的基础设施条件，也为后来改革开放时期取得的增长奇迹创造了必要的人力资本和物质资本条件。特别是成立初期的新中国，百废待兴，在国内发展基础薄弱、资金和人才短缺的条件下，又面临国际环境紧张的压力和国家安全问题突出的严峻形势，为加快工业化的步伐，党中央不得不选择实行进口替代和压缩消费的优先发展重工业的发展战略。在此战略下，以追求速度为核心的发展思路决定了我国需要集中有限资本和资源来加快建设重工业和完整工业体系的步伐，这样便于有计划地推行工业化以实现赶超目的。这种中央计划经济模式的建立和发展在一定时期内对中国经济增长的积极作用比较明显，1952～1978年，我国经济增长率并不低，年均6%（表2.2）。

表2.2 中国GDP的总量和人均量的年均增长率

时间	GDP	人均GDP
1952～1978年	6.0%	4.1%
1978～2000年	9.7%	8.3%
2000～2010年	10.5%	9.9%
2010～2016年	7.7%	7.1%

资料来源：《中国统计摘要（2017）》

这种通过高积累来扩大投资的粗放模式，为独立自主的现代工业体系的建立创造了必要的物质前提，社会现代化水平也因此有了较大提高，为以后阶段的现代化建设奠定了一个初具规模的物质与社会基础，从而对中国的长远发展产生了基础性意义[1]。与此同时，也应该看到，由于这种模式面临激励机制和约束机制等方面的矛盾，再加上片面追求总产值的增长速度，实行粗放式扩大再生产，这一时期的经济增长效率并不高。1952～1978年，全要素生产率年均增长为–0.32%[2]。随着生产力水平的提高，人民群众物质文化生活需要日益增长，计划经济就越来越难以实现资源的有效配置。

（二）改革开放后中国经济奇迹式的增长（1979～2019年）

始自1978年的经济体制改革，并非打破计划经济体制本身，而是通过增量改革，引入非公有制经济和市场调节机制，发展"体制外经济"，因此也就形成了具有中国特色的双轨模式。另外，1978年后，我国的进出口贸易额逐年大幅增长，外商直接投资总体呈上升趋势，通过外商直接投资引进的大量先进适用技术和管理经验，起到了促进产业技术改造、产品升级换代以及产业结构优化升级的作用。

1979～2009年，从规模看，我国总需求总体上以内需为主，对经济增长的贡献总体上也以内需为主，若按照支出法核算，投资和消费两项构成的国内需求占总需求的比重始终超过90%，而净出口所占比重即便是在最高的2007年，也只有8.9%。根据世界银行的数据计算，1982～2012年，OECD（Organisation for Economic Co-operation and Development，经济合作与发展组织）国家的人均GDP年均增长率1.86%，低收入国家人均GDP年均增长率只有1.38%，而中国的人均GDP年均增长率则高达9.12%。根据麦迪逊的数据计算1980～2010年人均GDP的年复合增长率，中国为6.98%，印度为2.85%，美国为1.67%，全世界平均为1.85%，30个西欧国家为1.56%[3]。

改革开放后的40多年间，中国经济年平均增速达到9%以上的年份超过30年（表2.3），被国内外学者称为"中国经济增长奇迹"（图2.6）。在世界经济增长史上，也出现过英国奇迹、德国奇迹、荷兰奇迹、日本奇迹等，但这些国家的高速增长奇迹持续的时间都不超过十年，而中国经济增长的奇迹维持了长达30多年。奇迹是指不可能发生或者很难发生却发生了的事情。中国的改革开放实践，是人类历史上最大规模也是最为成功的制度变革和制度创新，是让14亿人口摆脱贫困进入中等收入水平的人类社会发展最伟大奇迹。中国经济增长奇迹也被称为"中国之谜"或"中国经济增长之谜"，这个"谜"是很难用上文所阐述的西方增长经济学理论来加以解释的。按照西方增长经济学逻辑，中国并不具备经济高速发展的条件，也没有按照西方增长经济学所设计的路径进行改革，但取得了如此可观的增长结果。因此，中国经济增长奇迹是人类社会最重要的变化之一，引起了国际社会的广泛关注，成了国际范围内讨论的重大课题，也是中国经济学理论创

---

[1] 刘伟, 蔡志洲. 经济周期与长期经济增长：中国的经验和特点（1978—2018）. 经济学动态, 2019,（7）: 20-36.
[2] 林民书. 新中国60年经济增长方式的历史演变及其展望. 河南社会科学, 2009, 17（4）: 12-15.
[3] 朱天. 中国增长之谜. 北京：中信出版社, 2016.

新的重大课题[①]。

表2.3 中国经济增长阶段比较

项目	1978~1993年	1994~2011年
年均GDP增长率	9.87%	10.08%
最大增长率	15.18%	14.16%
最小增长率	3.84%	7.62%
极差	11.34	6.54
标准差	3.73	1.80
相对标准差	37.64%	17.84%

资料来源：史正富. 超常增长：1979—2049年的中国经济. 上海：上海人民出版社，2013：20.

图2.6 改革开放后中国的经济增长率

中国经济增长奇迹，与20世纪90年代中期以来中国逐步发展出的以投资驱动、出口导向为主要特点的中国增长模式有相当大的关系。在经济学和政治经济学文献中，强调地方政府重要作用的"经济体制持续分权理论"和"地方官员晋升锦标赛理论"也曾占据着一定的地位[②]。对中国经济增长做出过重要贡献的出口，其模式也正在从劳动密集型制造业出口转向高收益、资本密集型和知识型产品出口，如电动汽车、新能源产品和先进制造业产品。这等同于经济结构重组、新行业崛起和新增长引擎的出现。

（三）迈上时代新征程的中国经济增长（2020~2050年）

党的十八大以来，在完善和发展中国特色社会主义制度、推进国家治理体系和治理能力现代化的全面深化改革总目标指引下，围绕着力增强改革系统性、整体性、协同性，着力抓好重大制度创新，着力提升人民群众获得感、幸福感、安全感，推出一系列改革方案，啃难啃骨头，闯急流险滩，改革不断向全面纵深推进，党和国家事业取得历史性成就、发生历史性变革，中国特色社会主义向新时代迈进。

综合分析国际国内形势和我国发展条件，从2020年到21世纪中叶，中国经济分为两个阶段：第一个阶段，从2021年到2035年，在全面建成小康社会的基础上，再奋斗

---

① 任保平. 从中国经济增长奇迹到经济高质量发展. 政治经济学评论，2022，13（6）：3-34.
② 陶然，苏福兵. 经济增长的"中国模式"：两个备择理论假说和一个系统性分析框架. 比较，2021，（3）：128-189.

15年，基本实现社会主义现代化。到那时，我国经济实力、科技实力将大幅跃升，跻身创新型国家前列；人民平等参与、平等发展权利得到充分保障，法治国家、法治政府、法治社会基本建成，各方面制度更加完善，国家治理体系和治理能力现代化基本实现；社会文明程度达到新的高度，国家文化软实力显著增强，中华文化影响更加广泛深入；人民生活更为宽裕，中等收入群体比例明显提高，城乡区域发展差距和居民生活水平差距显著缩小，基本公共服务均等化基本实现，全体人民共同富裕迈出坚实步伐；现代社会治理格局基本形成，社会充满活力又和谐有序；生态环境根本好转，美丽中国目标基本实现。

第二个阶段，从2035年到21世纪中叶，在基本实现现代化的基础上，再奋斗15年，把我国建成富强民主文明和谐美丽的社会主义现代化强国。到那时，我国物质文明、政治文明、精神文明、社会文明、生态文明将全面提升，实现国家治理体系和治理能力现代化，成为综合国力和国际影响力领先的国家，全体人民共同富裕基本实现，我国人民将享有更加幸福安康的生活，中华民族将以更加昂扬的姿态屹立于世界民族之林。

当前，新一轮科技革命和产业变革孕育发展，为中国经济新动能的塑造提供了营养丰富的土壤。我国传统产业加快转型升级，战略性新兴产业蓬勃发展，未来产业有序布局，先进制造业和现代服务业深度融合。在此过程中，随着服务业占 GDP 的比重不断上升，中国正从出口和生产导向型经济转向国内消费和服务导向型经济，这种转型正在释放潜力，然而，服务型经济也会在一定程度上导致劳动生产率的降低，这会影响到潜在经济增长率的水平。中国社会科学院经济研究所的研究报告显示，从2021年开始，中国经济潜在增长率[①]低于6%，且存在缓慢下降趋势（图2.7）。我国具有门类齐全的产业体系的供给优势、多样化且超大规模的市场需求优势、持续增强的科技创新能力优势、高素质劳动者众多的人才优势，以及日益完善的基础设施等支撑条件，这使得中国的新产业、新模式、新动能在加速壮大，发展内生动力也在不断积聚。新一轮科技革命和产业变革中所形成的新动能与以高资本投入、基础设施建设、重化工项目等为代表的传统动能相比，一个显著的不同之处就在于新动能的知识、科技含量更高。

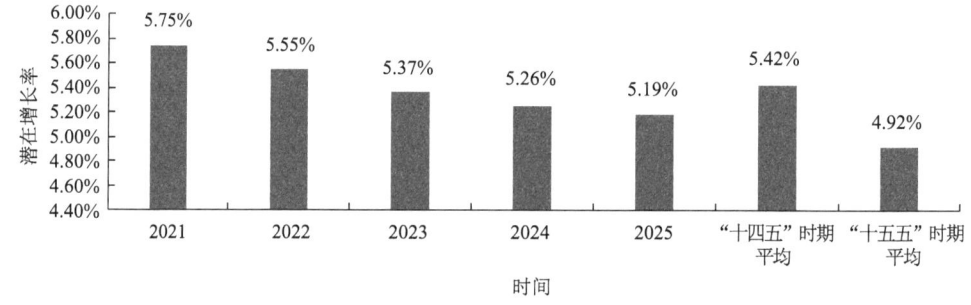

图 2.7　中国经济的潜在增长率

资料来源：中国社会科学院经济研究所《中国经济报告（2020）》总报告组. 全球经济大变局、中国潜在增长率与后疫情时期高质量发展. 经济研究，2020，55（8）：4-23.

---

① 潜在增长率，实际上也就是潜在 GDP 的增长率。潜在 GDP 是指在现有的技术水平下，一国经济资源得到充分利用而且物价水平保持稳定的情况下所能够生产出来的产品与服务的最大数量。

三、中国经济增长的特殊性与启示意义

（一）中国经济增长的特殊性

中国经济增长一直被各方高度关注。几十年来在方式、速度、内容和性质等方面，中国的经济增长一直随着时代不断发生变化。自习近平提出经济新常态的命题之后，关于新常态下的经济增长，更成为各界高度关注的问题，尤其是新常态下经济增长速度的放缓、经济发展方式的转变，都要求我们从中国社会的实际出发来研究新常态下中国的经济增长特色与特殊性问题。中国经济增长的特殊性可以从增长的条件、增长背景、增长动力、增长道路、增长机制和增长持续性的特殊性等方面去理解。

作为一个转型中的经济体，中国已经将不少国有企业和国有银行转为私有制企业和银行，但是大型国有企事业单位仍然是中国经济的一大特色。不管是国有企业的改制、劳动力市场改革，还是促进出口的经济方针，中国经济的整体结构都有着其自身的独特性质。要解释中国经济的增长，就要考虑中国特有的经济发展特征，更要考虑中国独特的市场支持机制。传统的经济增长核算理论难以解释，也不能依靠传统的新古典增长模型。根据新古典增长模型的解释，人均资本的增加决定了经济稳态时的人均生活水平的上升，但稳态时的经济增长率不受影响，经济增长速度则取决于技术进步或生产率提升水平。生产力的发展不仅受技术进步率的影响，还受到"生产要素再分配"的影响。正是基于这个原因，用基于新古典增长模型的全要素生产率来解释中国经济增长会遇到很多问题。关注人力资本要素的"内生经济增长模型"虽然能够比较好地解释中国经济增长奇迹的某些方面，却也难以很好地解释中国劳动力市场的改革效应。中国劳动力市场改革使得人力资本能够得到合理报酬，这也是推动中国奇迹式增长的一个十分重要的因素。另一类内生增长模型试图解释为什么一些国家可以通过科技创新实现持续的经济增长。因为科技创新带来报酬递增，而资本积累带来的是报酬递减，2000年之后中国的经济增长主要依靠科技创新。一些经济学家基于制度差异解释一些国家为什么比另一些国家增长更快。在这一方面，中国无疑也应该被当作一个特例来对待。例如，中国"价格双轨制"这种非正式制度改革就是一个不可忽视的因素，它似乎给中国经济带来了足够的动力。总之，中国经济转型和发展方式的独特结构性特征使得中国经济含有一些现有标准经济增长模型不能合理解释的独特发展因素和成因。

另外，中国创建了一个充满活力的市场经济体系，并以一种前所未有且与正统经济学的救治单方无关的方式，制定出了自己的发展战略，这使得中国跻身中等收入经济体行列，而在经历30多年高速增长奇迹之后，中国必须调整战略以适应急剧变化的条件，这意味着中国经济增长的速度将会放缓，但中国仍然具有强劲的增长潜力。落后国家有自己的后发优势，即与技术前沿的差距越大，追赶时期的增长潜力就越大。要让这种潜力转化为现实，一国必须拥有充分的有利条件，而中国的有利条件就在于中国过去30余年的人口红利正好与全球产业转移完美结合，并因此吸引了外商的投资兴趣，与此同时，中国同时还赶上了信息通信和互联网技术的迅速普及。

（二）中国经济增长的启示意义

改革开放 40 余年来，中国经济取得了巨大的成就，被视为"中国奇迹"，然而，对改革开放成就进行解释的理论话语权往往局限于现代西方经济学领域，也存在许多错误的解读。如果对这些错误的认知不能明确分辨，就难使我们真正科学地总结出经济社会发展的一般性规律，不利于我们对中国实践的国情特色真正解读，也不利于把中国故事转化为中国智慧和中国方案。40 余年来，中国确立了改革开放的正确方向，把改革开放作为发展中国特色社会主义的强大动力，通过改革开放解决前进中遇到的问题和困难，以"三个有利于"判断改革开放成效，形成了坚持稳中求进的工作总基调、坚持基层探索与顶层设计相结合的改革路径、坚持公平与效率相统一的共享发展等一系列重要发展经验，这些经验和启示在新时代的改革开放历程中仍将具有重要的指导意义[①]。中国的改革始终采取了先行先试加总结推广的模式，这种由点及面、由局部到整体、坚持整体推进和重点突破相结合的改革推进方式，有利于控制风险，又能够迅速普及，成为我国在改革战略领域的重要实践经验和有效路径。

要全面理解中国发展经验的内在规律，不仅要对中国过去的发展进行客观总结，也需要通过国际比较，特别是与其他发展中国家经济发展过程的比较来梳理分析；不仅要在理论逻辑上自洽，站得住脚，也应在经验事实上经得起检验，由此得出政策含义，才能对未来的发展具有可靠的指导意义。《人民日报》在 2019 年庆祝新中国成立 70 周年之际发表文章指出：新中国 70 年，我们走过了西方发达国家几百年的路，铸就了人类历史上规模浩大、气势雄伟的现代化事业。70 年辉煌历程，我们在国家治理、经济发展和社会运行等方面，进行了艰辛探索、收获了宝贵经验，既有中国特色，也有世界意义。解析新中国 70 年发展密码，可以用七个关键词来概括，这就是：党的领导、人民至上、独立自主、发展能力、民主集中、辩证思维和伟大精神。

新中国 70 余年建设与改革的方向是不断推动社会主义制度自我发展和完善，实现多项改革举措有序有力有效落实，在重要领域和关键环节的改革上取得突破性进展。总结新中国 70 余年经济发展的经验，主要是适应国情坚持探索自己的道路，而非照搬照抄任何先验的发展模式；是顺应人类社会发展大势，坚定不移推进改革开放，坚持以人民为中心的发展思想，解决好发展成果分享问题；是坚持追求中华民族伟大复兴中国梦，保持历史耐心和战略定力，并充分调动最广大人民的积极性、主动性、创造性。说到底，是在中国共产党的领导下，人民群众齐心协力一路推动着才走向今天的辉煌。历史经验教会我们，一个国家只有从国内汲取力量才能强大。

相较于广大发展中国家甚至部分发达国家，中国共产党领导的党和国家体系的重要特点和优势，正是依赖其强有力的制度基础和国家基础权力，选择了符合国家长远发展需要的现代化战略，正是一系列战略政策和制度创新支持了中国经济发展成就。同时，注重建立与时代发展要求相适应的体制机制。中国的国家制度体系早在毛泽东时代就已奠定，改革时代因时制宜不断变革完善，在金融财经、市场监管、社会民生和公共安全等方面，提供了所有市场经济发展所需要的稳定的制度供给。事实上，不唯市场经济发

---

① 蔡昉. 中国奇迹探源. 经济日报，2019-01-15（12）.

展，整个国家的重大决策执行、公共产品的普惠性高效供给，乃至国家意识形态的推广，都依赖于一套强有力的国家基础能力，国家基础权力和制度能力是中国安全稳定的"压舱石"。

此外，中国经济发展的成功还在于始终注重社会建设，为经济发展提供坚实的社会基础；妥善处理对外经济联系和国际关系，在扩大对外开放中真正解决好自身能力的提高问题；充分发挥各类市场主体的积极性和创造性。中国经济增长的奇迹说明了中国特色发展道路的正确性，也在实践上增强了中国人的理论自信。

本章小结

经济增长集中体现为人均真实 GDP 的增加。经济学产生以来，经济增长问题备受经济学家关注，既从演进视角分析了经济增长的长期绩效，也从生产力发展视角剖析了增长产生的社会经济条件，提出了许多具有创新性的思想观点，为理解中国改革开放进程中的经济增长提供了洞见，也带来了思考的价值空间。经济增长与经济发展既有联系又有区别，源于中国 30 余年奇迹式的经济增长，经济增长的可持续性问题、生产力容量问题、包容性问题、人与自然和谐共生问题等备受关注，经济增长向高质量发展转变就是我们做出的实践回应。在这个过程中，借鉴现代经济学关于经济增长研究的方法，不少中外学者都对中国经济增长进程中各个要素所做的贡献进行了计量分析，尤其是对中国经济增长的潜力和全要素生产率增长的贡献给予了充分的关注，这为有效政府政策干预提供了有针对性的切入点，使得中国经济仍然保持稳中有进、稳中向好的态势。中国经济增长具有韧性，这种韧性也无疑与完整的国民经济工业体系、产业体系和制度优势密不可分。与西方发达国家、苏联以及东亚经济体不同，中国经济增长具有特殊的微观基础和宏观条件，增长驱动因素、增长机制、增长路径也具有阶段性特征。中国经济发展的成功还在于始终注重社会建设，为经济发展提供坚实的社会基础。

本章习题

1. 如何理解中国经济增长的奇迹？导致这一奇迹的因素是什么？
2. 如何科学理解经济发展的内涵？
3. 如何从经济增长理论演进的视角理解中国经济增长的阶段性？
4. 经济增长进程中政府的作用如何体现？
5. 中国经济增长的启示意义表现在哪些方面？
6. 假设经济的总量生产函数可以表示为

$$Y = F(K, AN) = K^{\frac{1}{3}}(AN)^{\frac{2}{3}}$$

试计算该经济的人均产出增长率和全要素生产率增长率的表达式。

7. 假设已知资本增长率为 2%，劳动增长率为 0.8%，产出增长率为 3.1%，资本的国民收入份额为 0.25，在这些条件下，计算技术进步对经济增长的贡献。

8. 中国经济经历了 40 余年高速增长，请结合增长思想和中国实际说明中国经济可持续增长可能面临的挑战和机遇。

9. 如何理解提高全要素生产率的作用？

10. 如何理解高质量发展的新动能之"新"？

第三章

收 入 分 配

> **本章知识点**

1. 收入分配及结构的概念和含义
2. 中国收入分配制度的理论基础
3. 收入分配差距及其衡量方法
4. 收入分配差距影响及成因
5. 收入分配中的公平与效率关系

> **本章学习目标**

1. 了解中国收入分配结构的现状和特征
2. 掌握中国收入分配制度及其理论基础
3. 掌握收入分配差距的衡量方法
4. 了解形成收入分配差距的成因
5. 理解中国处理收入分配的原则和方法

一定时期国民收入在国家、企业、居民之间的分配格局和社会各群体收入差距的变化，不仅涉及每个社会成员的切身利益，同时也影响宏观经济的运行效率和社会稳定。因此，从本国的实际情况出发，正确地制定和实施收入分配政策，以兼顾效率与公平，是宏观经济研究的重要任务。本章介绍了中国收入分配制度，并描述了中国收入分配的结构特征事实及其影响因素，阐述了收入分配中的公平与效率关系。

第一节　中国的收入分配制度

一、中国社会主义初级阶段分配制度的理论依据

当前我国实行的是以按劳分配为主体、多种分配方式并存的收入分配制度。这一制度是基于我国国情建立的科学的分配制度,将按劳分配和按生产要素贡献分配有效结合,是马克思收入分配理论中国化的具体实践。马克思的收入分配理论建立在历史唯物主义和科学的劳动价值论、剩余价值论基础之上,具有科学性和生命力,因而理所当然成为我国分配制度改革的理论基础[①]。

（一）劳动价值论

收入分配理论是马克思经济学的重要内容,其诞生时欧洲经济学中主要有三种收入分配理论。第一种是以萨伊为代表的庸俗经济学家的观点,认为工资是劳动的报酬,利息是资本的报酬,地租是土地的报酬。三种要素在生产过程中发挥作用,在参与分配时各自取得相应的报酬份额。这就是萨伊的"三位一体"分配公式。马克思对此进行了批判,认为"三位一体"公式掩盖了劳动创造价值的事实,遮盖了创造价值的源泉。按照马克思主义理论,资本获得的利息、地主获得的地租和资本家获得的利润等,都是工人创造的剩余价值的转化形式。工人获得的工资仅仅是其在"必要劳动时间"内创造的新价值,用于补偿其劳动力价值。

第二种是以大卫·李嘉图为代表的古典经济学家提出的以劳动价值论为基础的分配理论。大卫·李嘉图继承了亚当·斯密的劳动价值论的部分内容,在《政治经济学及赋税原理》中仍将价值划分为"使用价值"和"交换价值",但他混淆了"使用价值"和"交换价值"。马克思修正了大卫·李嘉图的错误,区分了使用价值、价值和交换价值,并认为劳动是创造价值的唯一源泉。以劳动价值论为基础,马克思又创造性地提出"剩余价值"理论,找到资本剥削劳动的理论依据。进而,马克思提出工人获得的工资仅仅是工人劳动创造的新价值的一部分,"剩余价值"被资本家无偿占用,且主要在产业资本家、商业资本家、借贷资本家等之间进行分配。

第三种是以约翰·穆勒为代表的折中主义收入分配理论。约翰·穆勒认为,资本主义的分配关系是"人为"的分配制度,会导致很多不公平。因此,他强调收入分配公平的重要性。对此马克思指出,在资本主义社会中,资产阶级占有主要的生产资料,工人只有通过出卖自身的劳动力才能获得工资。如果说"劳动是一切财富的源泉",就会掩盖资本主义社会中资本家对劳动者的剥削,逃避了生产资料私人占有制这种具有决定意义的问题。另外,马克思对拉萨尔等提出的"公平分配劳动所得"和"不折不扣的劳动所得"也给予坚决否定,认为生产资料的占有最终会决定消费资料的分配。马克思认为,在资本主义社会甚至是共产主义社会,要实现"公平分配劳动所得"和"不折不扣的劳

---

① 韩文龙,谢璐. 马克思经济学收入分配理论的核心范畴及启示. 经济纵横,2018,（5）: 38-45.

动所得"均是空想。在资本主义社会，占有主要生产资料的资本家，无论是在生产过程还是在分配过程中都占有优势，分配的结果也越来越有利于资本家。即使在共产主义社会，社会总产品也要扣除生产资料的耗费，留出扩大再生产的积累，以及建立各类消费和福利基金，最后的剩余才能在劳动者间分配，且劳动者间也应是按劳分配或按需分配。

劳动价值论是构建中国特色社会主义新型收入分配关系的理论基础。同时，我国又处于社会主义初级阶段，实行公有制为主体、多种所有制经济共同发展的基本经济制度，坚持按劳分配与按生产要素贡献分配相结合的分配制度。在此分配制度下，需要平衡好按劳分配原则与按生产要素贡献分配的关系，尤其要平衡好分配过程中资本与劳动的关系，使资本和劳动能够合理地共享发展成果。

（二）生产与分配关系辩证统一理论

按照马克思主义政治经济学理论，生产力决定生产关系，生产关系会反作用于生产力。一般来说，有什么样的生产力，就有与之相适应的生产关系。其中，马克思把分配关系看作与生产关系紧密联系的一个重要环节，认为"分配关系本质上和生产关系是同一的，是生产关系的反面"。既然生产力决定生产关系，分配关系又是生产关系中非常重要的环节，那么某种程度上可以说，生产力也可以决定分配关系，或者说生产决定分配。生产力的发展水平决定有多少劳动产品可供全社会成员分配。生产力水平越高，物质产品越丰富，社会成员可以分配的物质产品就越多，反之则越少。生产的结构会决定分配的结构，生产过程中资本与劳动的投入比例，或者说资本有机构成的变化会影响新价值的分配。在生产过程中，投入的资本越多，资本家凭借生产资料所有权获得的剩余价值就越多，与此相对应的劳动获得的工资就可能相对越少。

马克思收入分配理论中关于生产力与生产关系相互关系的理论，对于指导我国发展生产力、缩小收入差距具有重要意义。要解决收入差距问题，一是大力发展生产力，极大地丰富劳动产品，以此保证扩大分配的总量；二是调整生产过程中资本与劳动的关系，形成合理的资本有机构成，进而调整分配过程中资本与劳动之间的比例关系。

马克思收入分配理论中关于分配关系与生产关系相互关系的理论，也是指导我国收入分配制度改革的重要理论依据。生产关系要适应生产力的发展，同时分配关系与生产关系也要相互适应。分配关系不仅由生产过程决定，而且受到生产关系的影响。当前，我国收入分配差距扩大，不仅是因为市场化的生产和交换不健全，也在于尚不完善的分配规则。因此，缩小收入分配差距，既要规范市场化的生产和交换过程，也要调整不合理的分配规则。

（三）收入分配公平论

马克思的公平分配观包括生产资料占有公平、生产条件分配公平和收入分配公平。在《资本论》中，马克思揭示了资本主义的剥削制度，其根源是生产资料的资本主义私人占有制。生产资料占有的不平等会使社会最终形成两极分化，一方面是越来越富有的资本家，另一方面是处于相对贫困或绝对贫困的工人阶级。生产条件主要涉及生产过程中的物质资料和劳动投入问题。在生产过程中，如果劳动者仅仅依靠出卖自己的劳动力获得工资，就不能像物质资料所有者那样获得剩余劳动产品。生产资料占有的不平等和生产过程中物质资料与劳动者的地位决定了分配过程中"资强劳弱"的结果。要改变这种不公平的分配结果，从基本制度上说，就要消灭资本主义生产资料私有制，发展社会主义生产资料公有制，才能使劳动者享有其生产的剩余劳动产品。

马克思和恩格斯提出的收入分配公平观具有重要的理论意义。我国的基本经济制度是公有制为主体、多种所有制经济共同发展，因此，生产资料占有的不平等问题在我国主要体现在非公有制经济领域，这是由社会主义初级阶段发展生产力的特殊性决定的。从收入分配环节看，我国收入分配问题不仅表现为收入分配差距扩大，还表现为一定的收入分配不公平，主要涉及不合理收入问题。在经济社会转型过程中，要素资本化带来要素经济价值的提升及生产效率的提高，但不健全的制度也使得在国有企业改制、自然资源开采、公共产品和服务供给过程中，一些人以不正当方式获得了实际控制权、开采权和特许经营权，进而获得了较高收益。另外，经济发展过程中的寻租和腐败行为也使财富集中在一部分人手中。从某种程度上说，要解决收入分配问题，首先要解决收入分配不公平问题。

人的全面发展和共同富裕思想是我国收入分配改革的最终目标。为什么要发展经济？为什么要缩小收入差距？因为终极目标是要实现共同富裕。如何才能实现人的全面发展和共同富裕？就是按照新发展理念，构建"协调"和"共享"的发展模式。这里既涉及发展模式问题，也涉及分配机制问题。

（四）兼顾社会、集体和个人的收入分配理论

马克思收入分配理论规定社会主义社会对集体劳动所得的社会总产品需要做七项分配：第一，用于补偿消耗掉的生产资料的部分；第二，用于扩大生产的追加部分；第三，用于应付不幸事故、自然灾害等的后备基金或保险基金；第四，同生产没有直接关系的一般管理费用；第五，用来满足共同需要的部分，如学校、保健设施等；第六，为丧失劳动能力的人等设立的基金；第七，上述六项分配余下的部分归劳动者个人[①]。第1~2项属于生产发展基金分配，第3~6项属于社会发展与保障基金分配，第7项属于个人收入分配所得。而且，各项分配部分数额会随着发展有增有减，各项分配具体比例也会根据现有的物资和力量来确定，部分应当根据概率计算来确定。显然，社会主义的分配思路并不是只顾一方，而是兼顾相关各方，实质上是兼顾社会利益、集体利益和个人利益的分配原则。

二、中国社会主义初级阶段分配制度

我国收入分配理论演进与实践轨迹表明，时代不同、面临的问题不同，收入分配政策的着力点也有所差别，但都始终围绕让全体人民共同富裕这个轴心不动摇，努力探索

---

① 马克思. 哥达纲领批判. 中共中央马克思恩格斯列宁斯大林著作编译局译. 北京：人民出版社，2015：13-14.

更合理的收入分配制度以造福于中国人民①。

（一）社会主义革命和建设时期的收入分配制度（1949～1977年）

新中国成立至改革开放，我国经济经历了国民经济恢复、生产资料所有制的社会主义改造和社会主义建设等阶段。这一时期，中国共产党以公有制取得支配地位为前提逐步建立了社会主义按劳分配的制度体系。在以毛泽东同志为核心的党的第一代中央领导集体的领导下，在社会主义建设时期，追求共同富裕，防止贫富两极分化是中国共产党矢志不移追求的目标，并且以公有制为基础，在中国这样一个社会主义大国建立了按劳分配制度，实施了与按劳分配制度相适应的各种政策。

由于极左思想的干扰和"文化大革命"时期"四人帮"对按劳分配原则的歪曲和抹黑，社会主义按劳分配原则遭到了严重破坏，绝对平均主义一度挫伤了广大群众的劳动积极性，不仅与共同富裕的目标背道而驰，也损害了广大群众的劳动积极性，破坏了社会生产力的发展。之后，邓小平主持党中央日常工作后使按劳分配的名誉得到了正式的恢复。

（二）改革开放到党的十八大的收入分配制度（1978～2011年）

党的十一届三中全会以后，党领导人民积极探索有中国特色的社会主义道路，并逐步确立了与有中国特色的社会主义经济相适应的分配制度，即坚持按劳分配原则，同时采取多种分配方式。到党的十八大之前，经济经过30年高速增长，人民温饱问题已经得到解决，90%以上的农村贫困人口实现脱贫，全面建设小康社会取得重大进展。但也产生了诸如城乡、区域经济社会发展不平衡，收入分配不公等现象。这一时期，在收入分配方面，一是建立适应中国特色的社会主义经济的分配制度；二是提出在先富带动后富的基础上实现共同富裕的思路；三是逐渐开始重视收入分配不公现象并提出相应解决措施。

在完善收入分配制度方面，一是完善基本分配制度。二是兼顾效率与公平。2002年提出初次分配注重效率，发挥市场的作用，鼓励一部分人通过诚实劳动、合法经营先富起来；再分配注重公平，加强政府对收入分配的调节职能，调节差距过大的收入。2007年进一步提出，初次分配和再分配都要处理好效率和公平的关系，再分配更加注重公平。三是规范收入分配秩序。2003年提出以共同富裕为目标，扩大中等收入者比重，提高低收入者收入水平，调节过高收入，取缔非法收入，加强对垄断行业收入分配的监管。四是增加居民收入。党的十七大报告提出，"逐步提高居民收入在国民收入分配中的比重，提高劳动报酬在初次分配中的比重"②。政府也相继出台了《中华人民共和国劳动合同法》《中华人民共和国就业促进法》，通过法律手段保护劳动者收入。五是建立健全社会保障体系。社会保障作为再分配的主要手段之一，也是调节社会分配的一项基本制度。2003年提出要加快建设与经济发展水平相适应的社会保障体系。党的十七大提出，"努

---

① 谢地，武晓岚. 以实现共同富裕为目标探索合理的收入分配制度：建党百年收入分配理论演进与实践轨迹. 学习与探索，2021（10）：88-96.

② 《胡锦涛在中共第十七次全国代表大会上的报告全文》，https://www.gov.cn/ldhd/2007-10/24/content_785431.htm，2007年10月24日。

力使全体人民学有所教、劳有所得、病有所医、老有所养、住有所居",并对建立和完善中国特色社会保障体系作出部署,"要以社会保险、社会救助、社会福利为基础,以基本养老、基本医疗、最低生活保障制度为重点,以慈善事业、商业保险为补充"①。这一时期,我国初步确立中国特色社会保障体系。

(三)习近平新时代中国特色社会主义经济思想指导下的收入分配制度(2012年至今)

党的十八大以来,随着我国经济发展进入新常态,转变经济发展方式,推动经济结构优化和转型升级,由高速增长阶段转向高质量发展阶段成为必然选择。同时,在习近平新时代中国特色社会主义经济思想的指引下,党的收入分配理论和实践进入了一个新的阶段。

(1)新时代收入分配制度的发展和完善。一是深化收入分配制度改革。2013年,国务院提出了深化收入分配制度改革的总体思路,还指出"初次分配和再分配都要兼顾效率和公平"②,初次分配既要注重效率,也要重视机会公平;再分配既要更加注重公平,着力缩小收入差距,也要提高公共资源的配置效率。二是调整国民收入分配格局。2013年党的十八届三中全会通过《中共中央关于全面深化改革若干重大问题的决定》并提出,"保护合法收入,调节过高收入,清理规范隐性收入,取缔非法收入,增加低收入者收入,扩大中等收入者比重,努力缩小城乡、区域、行业收入分配差距,逐步形成橄榄型分配格局"。三是健全收入分配体制机制。《中共中央关于全面深化改革若干重大问题的决定》提出要"着重保护劳动所得,努力实现劳动报酬增长和劳动生产率提高同步,提高劳动报酬在初次分配中的比重。健全工资决定和正常增长机制,完善最低工资和工资支付保障制度,完善企业工资集体协商制度。改革机关事业单位工资和津贴补贴制度,完善艰苦边远地区津贴增长机制。健全资本、知识、技术、管理等由要素市场决定的报酬机制"。2022年党的二十大明确提出,"坚持按劳分配为主体、多种分配方式并存,构建初次分配、再分配、第三次分配协调配套的制度体系。努力提高居民收入在国民收入分配中的比重,提高劳动报酬在初次分配中的比重。坚持多劳多得,鼓励勤劳致富,促进机会公平,增加低收入者收入,扩大中等收入群体。完善按要素分配政策制度,探索多种渠道增加中低收入群众要素收入,多渠道增加城乡居民财产性收入。加大税收、社会保障、转移支付等的调节力度。完善个人所得税制度,规范收入分配秩序,规范财富积累机制,保护合法收入,调节过高收入,取缔非法收入。引导、支持有意愿有能力的企业、社会组织和个人积极参与公益慈善事业"③。

(2)新时代共同富裕的新内涵。党的十八届五中全会通过"十三五"规划提出了"创

---

① 《胡锦涛在中共第十七次全国代表大会上的报告全文》,https://www.gov.cn/ldhd/2007-10/24/content_785431.htm,2007年10月24日。

② 中共中央文献研究室. 十八大以来重要文献选编(上). 北京:中央文献出版社,2014:139-140.

③ 《习近平:高举中国特色社会主义伟大旗帜 为全面建设社会主义现代化国家而团结奋斗——在中国共产党第二十次全国代表大会上的报告》,https://www.gov.cn/xinwen/2022-10/25/content_5721685.htm,2022年10月25日。

新、协调、绿色、开放、共享的发展理念"[1]。共享发展注重的是解决社会公平正义问题，最终目标是实现全体人民共同富裕。习近平进一步深刻指出，"共享理念实质就是坚持以人民为中心的发展思想，体现的是逐步实现共同富裕的要求""我们追求的发展是造福人民的发展，我们追求的富裕是全体人民共同富裕"[2]。共同富裕是社会主义的本质，是中国特色社会主义的根本原则，实现共同富裕不仅是经济问题，而且是关系党的执政基础的重大政治问题，更是中国式现代化的重要特征。

第二节 中国收入分配结构

一、中国收入分配结构的含义

收入分配结构是指在一定的社会经济体系下，各个收入主体之间关于收入的分配比例和关系。简单来说，就是社会财富如何在国家、企业和个人之间分配的问题。

在一个社会中，收入可以以多种形式存在，如工资、利润、股息等。工资是大多数人的主要收入来源，而利润和股息则主要由企业所有者和股东获得。这个结构不仅关系到社会的公平与正义，也影响着经济增长的潜力和稳定性。伴随着中国经济持续高速增长，收入分配的结构问题越来越受到社会各界关注。我们必须坚持初次分配、再分配和三次分配相互协同，兼顾效率与公平，在高质量发展中稳步推进共同富裕的基础性制度建设。

二、国民收入的初次分配与结构

（一）初次分配制度与结构

初次分配对最终分配格局的形成具有基础性作用。从主体三分法视角来看，初次分配主要由居民提供生产要素所得报酬收入、政府利用国家权力对货物和服务的生产和再生产所征收的生产税和进口税形成的收入、企业在扣除其固定资产消耗和其他运营成本及税收后的净营业盈余形成的收入三部分组成。

初次分配注重效率，主要由市场机制发挥决定性作用，体现按劳分配和按要素分配相结合，劳动力、资本、土地、技术、管理和数据六大要素按照在社会主义市场经济中的贡献大小参与分配，其中稀缺要素往往贡献大一些，这种贡献基本上是由契约（包括合同）事先规定好的，谈判机制也是市场机制中的一种重要形式。目前初次分配过程中呈现出几个特征：一是劳动者报酬比例不高，且份额有所下降，有些单位内部分为编内员工和派遣工，存在同工不同酬的现象；二是资本所得相对偏高，而各地最低工资标准占平均工资的比重偏低，在 30%左右（国际劳工组织关于最低工资公约建议目标值为

---

[1]《中国共产党第十八届中央委员会第五次全体会议公报》，https://www.ccdi.gov.cn/special/wzqh/vedio_wzqh/201510/t20151029_64206.html，2015 年 10 月 29 日。

[2] 中共中央文献研究室. 习近平关于社会主义经济建设论述摘编. 北京：中央文献出版社，2017.

60%）；三是大中小企业之间、不同企业之间很难形成平均利润，竞争不充分，统一市场未完全形成。

在初次分配环节，政府、企业和居民三者之间的分配比例1978年为33.9%、11.1%和55.0%，1990年为21.5%、9.1%和69.4%，2002年为13.9%、21.6%和64.5%，2019年为11.7%、26.9%和61.4%。只有提高城乡居民收入，提升人力资本，才能提高全要素生产率，夯实高质量发展的基础。

（二）居民收入分配状况

在理想的状况下，每个人都能够获得与其付出相匹配的回报，收入分配公平合理，然而，现实往往并非如此。在很多国家和地区，贫富差距不断拉大，社会公平受到了严峻挑战。

一方面，政策的失衡可能是导致收入分配不平等的重要原因之一。政府在税收、福利等方面的政策，对收入分配有着重要影响。在现实中，政策往往偏向于富人，导致贫富差距进一步拉大。这无疑引发了人们对社会公平的质疑。另一方面，市场的失灵也可能是导致收入分配不平等的因素之一。在市场经济中，资源的分配主要依靠市场机制，然而，市场并非完美无缺，有时也会导致资源分配的不公。例如，某些行业和地区的劳动力市场垄断，使得一部分人获得了过高的收入，而其他人则收入微薄。此外，社会结构的不合理也是导致收入分配不平等的重要因素。在很多国家和地区，社会群体的划分导致了贫富差距的固化。富人通过教育、人脉等途径，获得了更多的机会和资源，而穷人则被剥夺了这些机会，陷入贫困的恶性循环。

收入分配结构的优化，直接表现在近年我国居民收入差距趋于平稳，基尼系数和城乡收入差距出现小幅下降，社会兜底能力和保障水平显著提高。我国已建成世界上规模最大的社会保障体系。截至2020年底，城乡居民最低生活保障平均标准分别达到城市每人每月678元和乡村每人每年5962元；基本养老保险、基本医疗保险、失业保险和工伤保险的参保人数分别达到9.99亿人、13.6亿人、2.17亿人和2.68亿人。基本公共服务进一步均等化，绝大多数地区实现了县域内义务教育基本均衡发展，85%以上的随迁子女进入公办学校就读，或者享受政府购买学位服务。现行标准下9899万农村贫困人口全部脱贫，完成消除绝对贫困的艰巨任务，在中华大地上全面建成了小康社会，这在我国社会主义现代化建设进程中具有里程碑意义。

三、国民收入的再分配与结构

国民收入的再分配是调节初次分配、缩小收入差距、促进社会公平的重要分配方式，也是推进收入分配公平、促进共同富裕的关键。强化促进社会公平的再分配制度，集中体现在税收、转移支付、社保三个方面，关键在于加大调节力度和提高调节精准性。

（一）税收与收入再分配

（1）从优化税制结构的角度来看，逐步提高直接税比重是普遍的做法。目前，发达国家税制多以直接税为主体强化收入分配公平，发展中国家多以间接税为主体提高经济效率。我国税制是直接税与间接税并重，体现兼顾效率与公平的收入分配政策。《财政部关于深入推进财政法治建设的指导意见》提出完善直接税制度并逐步提高其比重的改革方向。

（2）从健全综合与分类相结合的个人所得税制度的角度来看，个人所得税可以更好发挥调节收入分配差距的作用。税收的再分配功能一般要充分考虑家庭支出负担情况，建立与经济发展水平、物价水平挂钩的扣除标准动态调整机制，减少低收入者应税所得额。减少超额累进税率级次，进一步扩大低税率级距的适用范围，降低中低收入群体的税负压力。扩大纳税覆盖面，将货币收入和实物收入等一切反映纳税人支付能力的所得都纳入征收范围，强化对资本性收入的征税力度，加强对高收入者的税收调节。

（3）从不断完善财产税制度的角度来看，税收的再分配效应可以弱化贫富差距代际传递。推进不动产实名登记全国联网，健全居民财产信息登记制度。逐步扩大房产税试点，完善房产税税率设计，加大对投资性房产持有环节的征税力度。研究开征遗产税、赠与税等税种，探索合理、适度、可行的起征门槛和分级累进税制。

（4）从健全现代税收征管体系的角度来看，税收的再分配效应可以提升税务执法、服务、监管能力。全面推进税收征管数字化升级和智能化改造，加强税收征管部门与金融监管等相关部门的信息交流，精准有效打击涉税违法犯罪行为。完善纳税服务体系，健全纳税人需求收集、分析、响应、反馈机制。加强国际合作，防止重复征税和跨境偷漏税。

（二）公共支出与收入再分配

（1）公共支出通过经济增长影响收入差距。公共支出规模很大程度上代表着政府对市场干预的规模。崇尚市场自由的经济学派认为市场是完全有效的，政府不应过多干预市场，否则就会阻碍经济增长。对我国而言，"城乡二元结构"是我国经济社会最大的特征之一。在政府的公共支出上同样具有明显的"城乡二元结构"的烙印。因此，公共支出对城镇与农村经济增长的影响效应可能会有所差异，从而导致城镇居民与农村居民之间出现收入差距。假如公共支出对经济增长存在正向的促进作用，如果对城镇经济增长的促进作用大于对农村的，那么公共支出对城乡居民收入差距的影响有可能是扩大影响；反之，则可能是缩小影响。如果公共支出对城乡经济增长的促进作用是一致的，那么公共支出对城乡收入差距有可能是没有影响的。

（2）公共支出通过就业和通货膨胀影响收入差距。①通过就业影响收入差距。在政府公共支出上，投资建设性支出和公共服务性支出对就业的影响区别显著。投资建设性支出增加可以刺激就业，因为其可以通过生产性效应、投资流动性约束和价格黏性等渠道刺激就业，比如主要通过能源、交通和农田水利等基础设施建设以及国家发展战略和地方发展规划项目的建设性投资，直接拉动就业。公共服务性支出则主要通过影响就业意愿、劳动力市场结果和经济产出等渠道，间接影响社会就业，而由于中国正处于工业化进程和体制转轨阶段，增加政府公共服务性支出将导致结构性劳动替代，因此，增加公共服务性支出会抑制就业。当前中国"重投资建设性支出、轻公共服务性支出"的结构性公共支出偏向促进了就业。对于城乡居民而言，基于二元结构、地理距离和对劳动者的就业技能需求等原因，城乡居民在获得就业信息与机会上是不一致的，导致城乡居民收入差距扩大。②通过通货膨胀影响收入差距。如果由公共支出规模扩大而导致的赤字是持续性的，政府用公债融资取代税收融资，公债持有者会认为所持资产的财富增加，从而扩大消费支出，对总需求的增加大于总供给，就会产生扩张性效应，或者政府增加基础货币，都会引发通货膨胀。

（三）社会保险制度与收入再分配

社会保险调节收入再分配的理论在经济理论发展中没有形成一套单独的理论体系，而是渗透在社会保障经济理论中。通过梳理主张社会保险对收入再分配起积极作用的理论发现：这些理论主要强调自由市场经济有这样或那样的缺陷，政府要制定经济政策加以干预市场以弥补自由市场机制的缺陷。

（1）完全肯定社会保险的收入再分配作用。19世纪～20世纪30年代，德国新历史学派、旧福利经济学完全肯定社会保险调节收入再分配的作用。19世纪后期，资本家压榨和剥削劳动者，劳资双方的矛盾越来越激烈，双方的矛盾和对立是德国当时最大的社会问题，影响到经济的增长和社会秩序的稳定。以施穆勒和布伦塔诺为代表的新历史学派在这个时候出现了，他们反对经济的自由放任，认为政府应该不要充当"守夜人"的角色，要积极干预市场和经济，应该在国民收入分配中制定政策使劳动阶级受益，保护劳动者利益，所有政策要惠及全体劳动者，主张政府要改善所有的分配不均现象以缩小贫富差距，通过劳资双方合作和推行社会保险政策等调和双方关系，尽力改善劳动者生产和生存条件，稳定劳动力队伍，以消除德国当时所面临的最大社会问题。福利经济学的创始人庇古，于1920年发表了《福利经济学》，这标志着福利经济学形成。庇古认为通过实施社会保障政策可以扩大一国的"经济福利"，国家应该作为实施养老金制度和失业救助制度的主体，通过增加必要的货币补贴、向高收入者征税、给低收入者社会救济、给退休劳动者提供养老金、给生病者提供医疗补贴等，实现社会收入分配均等化，改善收入分配状况，以达到社会保险福利最大化。

（2）部分肯定社会保险的收入再分配作用。20世纪30～70年代，经济学流派对社会保险、财富分配的态度发生了变化，从"全面肯定"社会保险调节收入再分配的作用转变为"部分肯定"，从"均等分配"财富变为"有限分配"，从"全面保障"社会保险实践的实行转为"有限保障"，以新福利经济学、凯恩斯主义和弗莱堡学派的思想学派为代表。①新福利经济学。20世纪50年代，新福利经济学是在批判和吸收旧福利经济学的基础上形成的，主要代表人物有保罗·萨缪尔森、希克斯、伯格森等。新福利经济学着重强调效率，认为实现社会福利最大化的最佳途径不是公平分配收入和财富，而是提高社会经济效率，使得效率最大化，只有对社会和经济资源进行合理最优配置，才能够达到社会福利最大化的目标。②凯恩斯主义。1929～1933年资本主义社会遭受到严重的经济危机，商品大量过剩，大批工人失业，富裕中涌现出极度贫困，在这种时代背景下，凯恩斯的有效需求理论产生了。在凯恩斯学说的政府干预经济的思想中，占重要地位的是社会保障，该学说主张政府通过累进税、提供养老金、支付失业救济金、承担社会福利责任等措施重新调节国民收入再分配，改善贫富极度不均现象，从而提高消费倾向，扩大消费需求，创造社会有效需求，实现有效需求和供给的平衡，从而达到宏观经济的均衡。③弗莱堡学派。该学派主张放弃旧的自由经济放任市场与统制经济干预市场之间的对立，走"第三条道路"。他们强调社会市场经济具有社会的机能，在市场经济自由竞争原则下保证社会安全和社会保障。弗莱堡学派部分肯定社会保险的收入再分配作用，强调实施一系列社会保险政策措施，构成一个完善的社会保险体系。

（四）三次分配制度与结构

三次分配是指在国民收入分配中，在初次分配和再分配之外的第三种分配形式，可分配的资金主要来源于社会捐赠，是对社会财富进行的一种具有公益性和福利性的分配方式，是对国民收入再分配之后的有益补充。与初次分配以市场机制和体现效率为导向、再分配以政府主导和调节相比，三次分配是由具有较高的社会道德和慈善意识的公民自愿捐赠私有财产用于资助生活贫困、患有重特大疾病以及低收入的群体或个人，是更高层次的社会分配形式，有利于改善社会收入分配状况，促进社会公平和共同富裕。

> **专栏一：中国收入分配差距状况**
>
> 整体来看，中国居民的收入差距近年来有所缓和，但城乡之间、地区之间和行业之间的收入差距仍十分显著。其中，城乡差距解释了中国收入差距的绝大部分；地区差距显著，东部与西部差距较大；行业收入差距带来的收入分配问题明显。
>
> 1. 城乡间收入差距
>
> 2008年后，我国低保、惠农、社保和户籍制度改革等相关政策陆续出台，城乡差距逐渐收窄、城镇内部差距小于农村。农村可支配收入快速上涨，城乡之间收入差距收窄，这也是基尼系数高位放缓的主要原因。2020年，城镇收入水平是农村的2.55倍，城乡收入比从2002年的3.09下滑至2.62，但农村内部收入差距大于城市。从五等分结构来看，城乡差距大、城镇分化小。2020年城镇和农村中的高收入户（前20%）的人均可支配收入分别为96 062元和38 520元，前者是后者的2.5倍；城镇和农村低收入户（后20%）人均可支配收入分别为15 597元和4681元，前者是后者的3.3倍。2020年城镇居民人均可支配收入中位数是平均数的92.1%；农村居民人均可支配收入中位数是平均数的88.8%。2019年中国城镇居民家庭总资产均值为317.9万元，中位数为163.0万元，中位数是平均数的51.3%；最低20%家庭所拥有的资产仅占全部样本的2.6%，而最高20%家庭总资产占比为63.0%。
>
> 2. 地区间收入差距
>
> （1）区域方面，地区生产总值和城镇家庭财富的分布均呈现"东南中强于西北"的特点。从地区生产总值看，东南地区明显最强，中部和部分西部地区次之，东北和少数西部地区排名最末。2020年地区生产总值体量排名前四的省份依次为广东、江苏、

山东和浙江，均为东南沿海地区；河南、四川和湖北分列第五位、第六位、第八位，属中西部地区；西藏、青海、宁夏等西北地区以及吉林、黑龙江等东北地区体量较小。其中，上海和北京人均可支配收入分别达7.2万元和6.9万元，甘肃和西藏分别为2.0万元和2.2万元。

（2）收入方面，人均可支配收入的地区分布情况并非与地区生产总值分布完全匹配。从人均可支配收入看，地区分布特点可归结为"东部强于中西"，与地区生产总值分布最大的不同是，中西部没那么好，东北部没那么差。部分中部和西部地区省份的人均可支配收入水平排名明显不及地区生产总值水平，主要因为人口较多而创造了较大体量的总产值，人均水平却较为有限。例如，河南、四川、湖北、陕西和云南等地区生产总值排名分别为第5、第6、第8、第14和第18，而人均可支配收入排名分别为第24、第18、第16、第19和第28。东北地区省份的人均可支配收入排名均高于地区生产总值水平，如辽宁、内蒙古、黑龙江和吉林的地区生产总值排名分别为第17、第22、第27和第28，而人均可支配收入排名分别为第9、第10、第23和第20。

（3）财富方面，"地区富"则"居民富"。家庭资产分配分布规律与地区生产总值分布较为相似。2019年东部地区居民家庭户均总资产为461.0万元，分别高出中部、西部、东北地区197.5万元、253.4万元和296万元；北京、上海和江苏的居民家庭户均总资产最高，新疆、吉林和甘肃最低，其中北京约为新疆的7倍。2020年广东、上海、北京、江苏和浙江五个东部沿海省市的高净值人群人数占全国总数的44%。

3. 行业间收入差距

不同行业间工资差距显著，信息技术类工资最高、农林牧渔工资最低，非私营企业比私营企业的行业收入分化更大。2020年全国城镇非私营单位就业人员年平均工资为9.7万元，比2019年增长7.6%；城镇私营单位就业人员年平均工资为5.8万元，比2019年增长7.7%[①]。城镇非私营单位中，在19个行业中排名前六的行业依次为信息传输、软件和信息技术服务业（17.8万元），科学研究和技术服务业（14.0万元），金融业（13.3万元），电力、热力、燃气及水生产和供应业（11.7万元），卫生和社会工作（11.5万元）以及文化、体育和娱乐业（11.2万元）；前三名分别是全国平均工资的1.82倍、1.44倍和1.37倍；排名最末的三个行业依次是农、林、牧、渔业（4.9万元），住宿和餐饮业（4.9万元）以及居民服务、修理和其他服务业（6.1万元），分别是全国平均水平的49.8%、50.1%和62.4%。城镇私营单位中，行业排名情况与非私营数据大体吻合，但分化程度较轻。私营企业年平均工资最高的三个行业信息传输、软件和信息技术服务业，金融业以及科学研究和技术服务业分别为全国平均水平的1.75倍、1.44倍和1.25倍，而最低的三个行业农、林、牧、渔业，住宿和餐饮业以及水利、环境和公共设施管理业分别为全国平均水平的67.5%、73.2%和75.0%。

---

① 《国家统计局人口和就业统计司副司长孟灿文解读2020年城镇单位就业人员平均工资数据》，https://www.stats.gov.cn/sj/sjjd/202302/t20230202_1896493.html，2021年5月19日。

第三节 收入分配差距的衡量方法、影响及成因

伴随收入分配差距问题逐渐成为理论界关注的热点，采用何种衡量方法可以准确反映收入分配差距成为人们争论的焦点。

一、国际通用的收入分配衡量指标体系

（一）阿鲁瓦利亚指数

阿鲁瓦利亚指数是指全体居民中40%的最低收入人口的收入份额占全体居民总收入的比重，它的取值范围为0～0.4，指数越大表明收入分配差距越大，它主要通过低收入群体的相对收入状况来反映总体收入分配差距，但是40%的低收入人口比例对于收入总体来说有些偏高，所以该指数所反映的收入状况过于笼统，无法准确反映低收入群体的收入状况。

（二）库兹涅茨指数

库兹涅茨指数与阿鲁瓦利亚指数的构想类似，只不过它不是选取低收入群体作为分析对象，而是计算全体居民中20%最富有人口的收入份额占全体居民总收入的比重，它的取值范围为0.2～1，当收入分配达到绝对平均时，即指数值为0.2，收入的人口比重将与收入比重相一致，指数越大表明收入分配差距越大。它通过高收入群体的收入状况来间接反映低收入群体的相对收入状况，由于同样的设计构想，它也无法体现高收入群体内部的收入状况。

（三）收入不良指数

收入不良指数（欧希玛指数）比阿鲁瓦利亚指数和库兹涅茨指数更前进了一步，它兼顾了高收入和低收入两个群体，通过计算全体居民中20%最富有人口的平均收入与20%最低收入人口的平均收入水平的比值来反映收入分配差距，所以它的性质和特点与前两者是一致的，并且更周全和清晰一些。它的值不小于1，指数越大，差距也越大。收入不良指数有其通用的衡量标准，3以下为高度均等，3～6为相对均等，7～9为相对合理，10～12为差距偏大，13～15为差距过大，15以上为差距极大。虽然该指数描述收入分配差距比较细致，但是它无法反映收入分配差距的总体变动趋势。

（四）财富集中度指数

财富集中度指数通过衡量居民的财产差距间接反映收入分配差距，它主要有财产百分比和人口百分比两种分析角度，财产百分比是指一定比例或数量的人口所拥有的社会财富总额百分比，通常取1%、5%、10%、20%等几种比例；人口百分比是指拥有一定数量财产的人口占全体居民的百分比，一般也取1%、5%、10%、20%等几种比例，财产百分比与人口百分比之间相差越多，则财富集中度越大，收入分配差距越大。由于需要财产的基础数据，而我国目前的统计资料无法全面反映居民财产情况，所以指标的计算缺乏基础数据支持。

(五) 沃尔夫森极化指数

沃尔夫森极化指数主要用来测量两极分化的程度,这里的两极分化并不是指收入水平在两极之间的差距极度拉大,而是指总人口中穷人和富人都越来越多,中等收入群体的人数却在减少,并最终只剩下富人和穷人两个极端的群体。它的计算比较复杂,取值在0到1之间,0为没有分化状态,1为完全分化状态。值得一提的是,该指数通过引入中位收入而避免了过高收入和过低收入对平均收入的影响,但是由于它仅把收入总体分为两组,所以其最终的计算结果过于整体化,无法细致反映收入分配的状况。

(六) 多维贫困指数

多维贫困指数是一种综合性的衡量方法,它不仅关注收入水平,还关注教育、医疗、住房等多个维度。这一指数通过量化不同维度的贫困程度,全面反映了社会弱势群体的生活状况。与传统的收入贫困指标相比,多维贫困指数更能揭示贫困的深层次原因,为政策制定提供更有针对性的依据。多维贫困指数揭示了收入差距的严重性。通过对比不同地区、不同群体的贫困指数,我们能够清晰地看到社会资源分配的不均衡,而这种不均衡导致了贫困的代际传递,使得弱势群体难以翻身。因此,政府和社会各界需要采取有效措施,缩小收入差距,提高社会公平性。多维贫困指数为政策制定提供了新的视角。政府可以通过调整教育资源、医疗资源、住房政策等多方面的政策,从多个维度解决贫困问题。

二、国内现有的收入分配差距指标体系

(一) 基尼系数

对收入分配差距的衡量,理论界通常采用基尼系数,它是由意大利统计学家基尼提出的一种不均等指数,计算方法主要有几何法、基尼平均差法、协方差法和矩阵法,每种方法都有其适用范围,普遍采用的计算公式为

$$G = \sum_{i=1}^{n} X_i Y_i + 2\sum_{i=1}^{n} X_i(1-V_i) - 1 \qquad (3.1)$$

其中,X表示各组的人口比重;Y表示各组的收入比重;V表示各组累计的收入比重;$i = 1, 2, \cdots, n$;n表示分组的组数。它的取值范围在0到1之间,越接近1表明收入分配差距越大,国际上将0.4作为收入分配差距的警戒线。

该指标具有简明性和计算方法的多样性,并且在宏观经济形势评估、政策调整、社会关系调节等方面都具有重要的参考价值,所以成为一种流行指标,基尼系数的应用使收入分配问题的量化研究向前迈出了关键的一步。虽然基尼系数获得了广泛认同和应用,但是人们逐渐发现由于不同学者所采用的计算方法有别以及基础数据来源的差异,计算结果差距较大,基尼系数自身存在的结构解释力不足、总量解释力缺失等不足逐渐凸显。此外,我国特殊的国情使得基尼系数在我国的适用性也受到限制,尤其是收入数据的统计方面,由于我国收入形式的多样化和统计规范性差、统计口径不一致等原因,收入数据无法真实反映人们的生活水平,在误差较大数据基础上计算出的基尼系数的可信度也

就会令人怀疑了。

（二）泰尔指数

泰尔指数或者泰尔熵标准（Theil's entropy measure）是用来衡量个人之间或者地区间收入差距的指标。泰尔指数是由泰尔（Theil）利用信息理论中的熵概念来计算收入不平等而得名。假设 U 是某一特定事件 A 将要发生的概率（$P(A)=U$），这个事件发生的信息量 $E(U)$ 是 U 的减函数，用公式表达为

$$E(U) = \log(1/\mu) \tag{3.2}$$

当有 n 个可能的事件 $1, 2, \cdots, n$ 时，相应的概率假设分别为 $U_1, U_2, \cdots, U_n$，$U_i \geq 0$，并且 $\sum U_i = 1$。熵或期望信息量可被看作每一事件的信息量与其相应概率乘积的总和：

$$E(U) = \sum U_i h(U_i) = \sum U_i \log(1/\mu) \tag{3.3}$$

显然，n 种事件的概率 U_i 越趋近于 $1/n$，熵也就越大。在物理学中，熵是衡量无序的标准。如果 U_i 被解释为属于第 i 单位的收入份额，$E(U)$ 就是一种反映收入分配差距不平等的尺度。收入越平均，$E(U)$ 就越大。如果绝对平均，也就是当每个 U_i 都等于 $1/n$ 时，$E(U)$ 就达到其最大值 $\log n$。泰尔将 $\log n - E(U)$ 定义为不平等指数，也就是泰尔熵标准：

$$T = \log n - E(U) \tag{3.4}$$

用泰尔指数来衡量不平等的一个最大优点是，它可以衡量组内差距和组间差距对总差距的贡献。

（三）阿特金森指数

阿特金森指数（Atkinson index）是测度收入分配不公平指数中明显带有社会福利规范看法的一个指数。该指数首先计算出一个等价敏感平均收入 y_e。计算方法见式（3.5）：

$$y_e = \left(\sum f(y_i^n) \cdot y_i^{1-t}\right)^{1/1-e} \tag{3.5}$$

其中，y_i 表示第 i 组的总收入；$f(y_i)$ 表示第 i 组占总人口比例的密度函数；e 表示不平等厌恶参数，该参数反映社会对于不平等的厌恶（或对平等的偏好）程度，取值范围是 0 到正无穷，随着 e 的增加，社会给予收入相对较低的人群更大的权重。比较典型的 e 权重有 0.5 和 2。在定义了 y_e 后，阿特金森指数可以表示为

$$I = 1 - y_e / \mu \tag{3.6}$$

其中，μ 表示平均收入。从该指数可以看出：社会收入分配越公平，y_e 越接近 μ，阿特金森指数值也就越小；对于任何收入分布而言，阿特金森指数值的取值范围在 0 和 1 之间，这里，0 代表社会达到了收入的完全公平分配。

（四）极化指数

沃尔夫森（Wolfson）1994 年在《美国经济评论》上发表了一篇文章，专门阐述了他对收入分配和不平等问题的看法，提出了沃尔夫森"极化指数"。像基尼系数一样，这个指数也是处于 0（没有分化）和 1（完全分化）之间。用公式表示的沃尔夫森"极

化指数"为

$$W = 2(U_*-U_l)/M \qquad (3.7)$$

其中，U_* 表示修正了的平均收入（平均收入 ×(1–基尼系数)）；U_l 表示最贫困的 1/2 人口的平均收入；M 表示中位收入。

三、收入分配差距的影响

毋庸置疑，合理的收入差距能够体现收入分配政策的公平和效率，也是市场经济机制的必然结果，能够调动社会劳动者的生产积极性，可是，如果不同层面的收入差距一直呈扩大的趋势并超过一定限度，就有可能导致社会公平缺失、生产效率下降，造成社会贫富悬殊，不利于维护市场的良好秩序。

（一）对机会平等的影响

机会公平要求每个人都有平等的机会获取教育、就业和社会资源，不受种族、性别、贫富等因素的影响。这意味着政府应完善公共教育、职业培训和社会保障等措施，保障每个人平等获取教育和就业机会。

（1）收入差距可能影响教育而导致机会不平等。在资源有限的情况下，富裕家庭的孩子更容易获得优质的教育资源和机会，而贫困家庭的孩子则可能面临资源匮乏的困境。这种情况下，孩子的未来发展机会很大程度上取决于家庭背景，而非个人能力，从而导致机会不平等。

（2）收入差距可能影响社会群体的流动性而导致机会不平等。在一个收入差距较大的社会中，人们向上流动的难度加大，贫富差距逐渐固化，这使得社会群体之间的流动性降低，机会平等受到威胁。在这种情况下，个人的发展机会受限于出身背景，而非个人能力，从而导致机会不平等。

（3）收入差距可能影响社会矛盾和稳定而导致机会不平等。当收入差距过大时，社会成员之间的利益冲突加剧，可能导致社会秩序的混乱。在这种情况下，社会环境对个人发展的影响大于个人能力，从而导致机会不平等。

（二）对代际公平的影响

代际公平，是代与代之间的公平，反映的是当代人与后代人之间在权利分配方面的一种关系，主要是指当代人和后代人在利用自然资源、满足自身需求和利益、谋求生存与发展方面权利均等。收入差距与分配不公也同样会对代际公平产生影响。

（1）收入差距和分配不公造成过度开发而影响代际公平。收入差距与分配不公会产生代内不公，而代内公平的缺失又会以各种方式影响代际公平的实现。收入差距过大会加剧不同群体对资源的掠夺性开发。对于收入水平较低的中西部地区和偏远山区，迫于生存的压力，他们可能会用"竭泽而渔"的方式透支未来以满足眼前生存的需要，长期的经济发展低水平或者收入的低水平限制了他们利用其他手段来替代自然资源的可能，或者说是缺少利用其他替代要素的机会，对自然资源高投入、高消耗和低效益的结果常常是"靠山山荒，靠水水污，靠矿矿枯"。当代人围绕自然资源优势发展起来的经济，对自然资源具有高度依赖性，经济发展又会反过来进一步加剧对自然资源的掠夺式开发和消耗，使得不可再生资源锐减，可再生资源的再生速度跟不上消耗速度，给子孙后代也带来了巨大灾难。

（2）收入差距和分配不公造成环境破坏而影响代际公平。收入差距和分配不公使人们在追求经济增长的过程中对生态环境大肆破坏。对于经济发展落后的地区，收入增加的边际效用远大于生态环境的边际效用，因此他们倾向于以破坏生态环境为代价来谋求经济的增长，而这样的经济增长往往又是高污染、高排放、低效益的增长，其局限性很快就显现出来，增长陷入瓶颈，最终破坏了生态环境的同时也没能解决经济发展问题，走上经济落后和环境破坏恶性循环的道路。

（3）收入差距和分配不公造成高投资而影响代际公平。收入差距和分配不公还会通过高投资挤压当代人的消费而造成对当代人的不公平。随着科学技术的进步，人类生产力水平的不断提高，劳动资料越发先进，对劳动对象的开发利用在广度和深度上都在不断地拓展。粗放式的经济增长需要借助高储蓄以获取启动资金，这一阶段经济的增长靠长期的高投资支撑，在每年所取得的国民收入既定的情况下，用于投资的产品越多，当代人得以最终消费的产品就越少，把较大部分的国民收入用于投资，造成了投资与消费结构失衡。当代人选择压低消费的方式来为投资留下更多的空间，投资的增加和生产力水平的提高即下一代人生产消费的提高是以降低当代人福利水平为代价的，这就出现为提高后代人的生产消费而牺牲当代人消费的现象，形成了逆代际公平。

（三）对社会稳定的影响

收入差距对经济社会稳定的影响具体体现在以下方面。

（1）收入差距引发低收入群体心理失衡。收入差距过大影响低收入群体的心理和谐，使之产生不公平心理。这主要表现为低收入群体的"相对剥夺感"显化。这种感受来自对自身利益损失的评价和判断，如果感觉自己本应该得到而实际上并没有得到，这时"相对剥夺感"便产生了。这种感受的强烈程度是与收入差距的大小呈正相关的。收入差距越大，低收入群体的这种感受就会越强烈，当这种感觉超越其心理承受能力之后，在经济利益的驱使下，就会发生一些极端行为，如偷、抢等各种犯罪活动。这势必会影响到经济社会的稳定。

（2）收入差距激发贫富群体的利益冲突。在复杂的社会中，财富的分配显然是利益冲突的最重要根源。收入差距的存在形成了高低两个明显的收入群体。这种高低明显的分层结构是一种极其不稳定的社会结构，高层是具有大量社会财富的强势群体，低层是人口庞大却占有较少部分财富的弱势群体。利益上的巨大差距必然会导致两个群体的利益冲突。一些低收入者对非法高收入者的不满掩盖了其对合法高收入者的认同，认为高收入者的财富都是通过一些非法、不合理的手段取得的，于是对其滋生出一种仇视心理。

（3）收入差距导致人口的无序流动。收入差距过大，尤其是地区之间收入差距的扩大，导致了大量人口的无序流动。一些农村地区的低收入人口出于对富裕生活的向往和追求，开始向经济发展水平较高的富裕城市流动。流动人口的吃饭、住房、交通、就业、子女教育等各种生活问题给城市的管理带来了巨大的压力，同时造成了整个社会秩序的混乱，严重影响社会的稳定。

（4）收入差距滋生民族矛盾。在我国这样一个多民族的国家，各民族相互团结、共同繁荣是这个社会稳定的基础。由于历史和自然条件方面的原因，我国少数民族多集聚在经济发展比较落后的西部偏远地区。地区间收入差距的悬殊就会抑制少数民族社会积极性，削弱民族团结的凝聚力，滋生一系列的民族矛盾，影响社会的稳定。

（四）对经济增长的影响

（1）收入差距扩大对经济增长的正面影响。拉开收入分配差距有利于储蓄率的提高。储蓄是收入中未被消费的部分。关于收入和消费的关系，西方经济学认为，存在着一条基本心理规律：随着收入的增加，消费也会增加，但是消费的增加不及收入增加得多。既然消费随收入增加而增加的比率是递减的，那么储蓄随收入增加而增加的比率就是递增的。由此可知，拉开收入分配差距有利于储蓄率的提高。在一国经济发展初期不存在有效需求不足的条件下，储蓄的更快增长将促使经济增长；拉开收入分配差距有利于社会投资结构的改善。收入差距扩大所形成的金融资产分布格局，使直接投资比重提高，有助于社会投资结构的改善。据统计，高收入层投资构成中选择比重最高的是股票，这与前一时期居民投资主要偏好储蓄等低风险的间接投资形成了反差。这一方面说明了高收入层的风险投资意识更加成熟；另一方面，也说明了高收入层的投资能力有了较大的提高，具备了一定的抗风险实力。高收入层直接投资的意识和规模的提高，将有助于社会投资结构的改善；拉开收入分配差距有利于优化经济结构。一国经济中三次产业比重结构、技术构成结构、部门关联与平衡机制等的差异将显示出各国经济发展水平所处阶段的高低。不同产业之间显著的收入差距是产业结构变化的重要条件，因为经济结构的变动要求那些承担主要增长任务的生产部门具有吸引更高收入的作用，诱发和推动产业结构转换的顺利进行。

（2）收入差距过大对经济增长的负面影响。①收入差距过大对消费需求的影响。经济学原理告诉我们，低收入群体具有较高的消费倾向，高收入者的边际消费倾向较低，储蓄倾向较高。边际消费倾向越高，投资和支出乘数越大，增加单位投资对产出的贡献就越大。收入分配差距的扩大将导致居民消费倾向和总体水平的下降。收入的绝对水平越高，收入消费之间的缺口越大。当收入差距拉大时，总体的消费倾向就会降低。②收入差距过大对人力资本投资的影响。一个国家的经济增长主要取决于它的知识积累、技术进步和人力资本的水平，知识、技术和人力资本水平高的国家，其经济增长率和收入水平就高。收入差距的扩大会带来家庭教育投资差距的扩大，形成教育投资水平与收入水平间的循环效应，给未来低收入群体的构成埋下了伏笔。劳动力受教育程度的高低与其收入水平的高低具有高度的相关性。家庭教育投资的差距一旦形成并继续扩大，势必形成收入水平低—教育投资水平低—就业竞争力低—收入水平低的恶性循环效应，制约了对人力资本的投资，影响了经济增长质量的提高。③收入差距过大对社会福利总水平的不利影响。一般来说，由于货币的边际效用递减，低收入者货币的边际效用大于高收入者货币的边际效用。如果把相同部分的收入从高收入者手中转移到低收入者手中，从全社会来讲,损失的总效用小于增加的总效用,则最后全社会的总效用是增加的。反过来,在全社会收入一定的条件下,收入差距过大,就会降低社会总效用,即对总福利产生不利影响。④收入差距过大对社会政治的不利影响。贫富不均会引起犯罪增加,使人民群众的生命财产得不到保障,并由此加大国家安全保护支出。低收入群体过大,还会挫伤大多数人的劳动积极性,影响广大群众对子女的教育投资,从而,使目前乃至未来的劳动生产率降低。

四、中国收入差距成因

(一)市场机制成因

(1)要素生产率异质产生中国收入差距。收入分配制度改变了生产要素在不同单位或个体间的分配格局。劳动、资本、技术、管理等生产要素按贡献参与分配,劳动者的收入不仅取决于劳动力本身的质和量,还取决于他们所拥有的生产要素的质和量。生产要素的报酬就由其在市场中作出贡献的大小决定。不同单位或个体占有生产要素的数量与质量存在的较大差异,以及生产要素配置效率和使用效率的差异,决定了各生产要素在市场中贡献的差异,这在一定程度上决定了生产要素所有者的收入分配差距。收入分配差距的不断扩大正是通过这一过程完成的。各生产要素在创造社会财富方面的贡献差距巨大,使得人们的收入差距不可避免地会进一步拉大。

(2)教育和人力资本的差异导致收入差距。①教育资源分配不均导致收入差距。不同行业人均受教育年限的差距是造成行业收入差距拉大的主要原因[①]。教育资源的分配不均导致了教育水平的差异,使得一些人在就业市场上具有更高的竞争力和更高的薪资,而另一些人则面临就业难、低收入等问题。教育水平低对个人收入和财富的影响也非常明显。②人力资本的差异导致收入差距拉大。行业人力资本水平越高,则行业收入的溢出性也越大[②]。行业人力资本一方面对行业工资回报具有正向影响,另一方面还会加剧不同行业间的收入差距[③]。人力资本可以影响城乡居民的收入来源以及城乡产业的边际贡献率,当农村人力资本存量不足时,农村产业的边际贡献率下降,农村居民的收入来源减少。另外,受到城乡产业结构失衡的影响,农村的人力资本投资收益率远小于城市的人力资本投资收益率,由此造成农村人力资本存量的进一步减少,形成恶性循环。

(二)非市场机制成因

(1)城乡二元结构影响中国收入差距。二元经济结构通过体制的障碍人为地把城市和农村分割开来,严重阻滞了生产资源向农村的自由流动,使农村经济因缺少必要的要素资源投入而发展严重不足,导致城乡发展差距不断扩大,居民收入分配差距也急剧拉大。农业受其自然属性影响决定了它和其他产业相比是弱势产业,使得从事农业产业的劳动者的收入一般要比从事其他产业的劳动者低。我国广大农村地区的农业生产方式依

[①] 熊广勤,张卫东. 教育与收入分配差距:中国农村的经验研究. 统计研究, 2010, 27(11): 40-46.
[②] 岳昌君,吴淑姣. 人力资本的外部性与行业收入差距. 北京大学教育评论, 2005, 3(4): 31-37, 49.
[③] 张原,陈建奇. 人力资本还是行业特征:中国行业间工资回报差异的成因分析. 世界经济, 2008, 31(5): 68-80.

然保持着商品化程度不高的小生产经济特点，也必然使农业收入与其他行业的收入差距不断拉大。我国长期以来实行的城乡户籍制度，也在一定程度上制约了农村劳动力向非农业行业的转移。由于我国劳动力长期以来供给远大于需求，农民工一直处在弱势的经济地位上，缺乏必要的社会保障，而且农民工由于劳动素质不高，难以从事那些需要专门技能的工作，大多从事的是一般性的熟练劳动，工资收入较低。特别是近些年来，由于政府的各种惠农政策不断增多，受收入和利益的影响，农民进城务工的意愿开始降低。受各种因素的影响，尽管农民从事非农产业的收入在自身收入中所占的比率在上升，但是这种收入增长幅度与20世纪90年代中期相比已有所降低。

（2）非均等化的基本公共服务影响中国收入差距。首先，城乡基础教育差距直接影响城乡人力资本的发展和积累。农村教育不仅缺乏良好的基础设施，更缺乏稳定和优质的教师队伍。大量教师流入城市，农村和乡镇的教师队伍建设极其薄弱，农村学生无论是升学还是就业，与城市学生相比均存在极大劣势，且城乡居民在人力资本投资收益上存在显著的二元性。这些因素最终将进一步拉大城乡收入差距。其次，城乡基本医疗卫生差距直接影响城乡居民的健康和人力资本的形成。一方面，由于农村基本医疗水平较低，农村居民的很多疾病无法得到及时救治，最终丧失劳动力，导致农村"因病致贫"现象特别突出。另一方面，农村居民到城市看病，不仅"看病难、看病贵"，而且很难享受到平等的医疗待遇。此外，城乡医疗卫生条件差距较大，很难吸引大量人才到基层工作。再次，农村的社会保障水平虽然已经得到了不断提高，但城乡社会保障的差距依然较大，城市居民退休可以领取退休金，失业可以领取失业救济金；而农村居民到达一定年龄，既没有退休养老金，也没有失业救济金。最后，基础设施建设影响城乡收入差距。一方面，交通等基础设施建设可以显著带动当地经济发展，在"涓滴效应"下惠及农村居民，而且完善的交通设施可以促进农村富余劳动力进入城市，增加农民收入，但该效应对城乡收入差距的影响并不明朗。另一方面，城乡基础设施差距过大，会造成大量资本、人才和政策向城市积聚，不利于农村经济发展，最终影响城乡收入差距。

（3）不完善的税制导致中国收入差距。税收制度不完善，税制结构不合理。其一，个人所得税征收范围过窄，未能涵盖所有收入来源，导致税收公平性不足。其二，流转税占比过高，加重了中低收入群体的税收负担；税收优惠政策缺乏针对性。其三，税收征管力度不足导致税收政策的执行效果大打折扣，存在部分纳税人逃税漏税现象，部分优惠政策未能有效落实。

（4）主要来自腐败的灰色收入和寻租可能会给中国收入差距带来一定影响。首先，公共资金可能存在流失。财政资金通过部门的渠道分配到地方的部分存在一定的管理漏洞，部分资金脱离了财政管理程序，透明度相对低，管理相对不严，存在个别滥用和漏失严重现象。各级政府部门的预算外收费也是一个有漏洞的资金渠道，个别收费项目可能固化为某些行政部门的既得利益。其次，行政许可和审批中的寻租行为。最后，垄断行业收入。电力、电信、石油、金融、保险、水电气供应、烟草等垄断性行业的职工在全国职工人数的占比非常小，但平均工资和工资外收入总额在全国职工工资总额中占比较高。

第四节 收入分配中的公平与效率关系

一、公平与效率的含义

（一）基本含义

效率与公平是个人收入分配中既相联系又相区别的两个原则，即效率原则和公平原则。

效率是指资源配置的效率。微观经济学将其解释为在有序的市场环境和统一规则下，经济组织以一定的物化劳动和活劳动投入获得最大的满足人们需要的产品和劳务的状态；宏观经济学将其解释为稀缺资源在社会各部门之间合理配置和优化组合。分配中的效率原则就是指社会分配制度和分配政策要以促进生产力的发展和提高企业与国民经济的效率为目标。

公平相对于效率而言，就是社会成员之间利益和权利分配的合理化，或利益和权利的平等。从广义上说，这种平等是包括经济、政治和法律等各个方面的平等；从狭义上说，是指经济利益和权利的平等，包括机会平等和收入分配平等。机会平等是指社会成员具有平等参与竞争的机会和就业机会。收入分配平等即公平原则，一方面是指分配制度和政策的平等，具体地说就是要坚持按劳分配与按要素分配相结合的分配制度，使社会成员的劳动投入和其他各种要素投入都平等地获得收益；另一方面，收入分配的平等原则还要求将社会成员之间的收入差距限制在一个相对合理的范围，要保证每一个社会成员的基本生活需要，特别要保护社会弱势群体的利益，解决好困难人群的生活需要。这是一种相对意义上的平等，而不是绝对的平等，更不是平均。

（二）对立统一关系

效率与公平是对立统一关系，其统一表现在效率与公平是相互依存、相互促进的。一方面，效率是实现公平的物质基础和根本途径。生产效率的高低决定着收入分配的价值内容、规模和具体方式。按照效率原则调节分配关系会促进生产力的发展并创造更多的社会财富，可以为公平分配和实现共同富裕目标奠定物质基础，同时也是解决分配不公平的根本途径。另一方面，公平是效率的必要条件和力量源泉。实行公平分配，可以调动社会各群体生产经营的积极性，促使人们增加投入和提高效率。

效率和公平又是矛盾的。效率原则不会自动地实现公平、公平原则也不一定会促进效率的提高。效率原则的实现主要以市场机制为基础，公平原则的实现则要靠政府的调节。片面的效率原则有可能导致人们的收入差距扩大，从而会威胁社会公平，其最终也会妨碍效率的提高；片面的公平原则会导致平均主义，从而会抑制效率的提高和经济与社会的发展。因此，必须要坚持效率与公平的统一。

效率和公平问题，存在于经济社会生活的各个方面，尤其是在分配领域，它既是一个涉及经济发展和社会主义生产关系完善的重要理论问题，也是一个关系到和谐社会建设、公平与正义有效实现的实际问题。

二、收入分配原则

为了正确确定宏观收入分配政策，保证宏观收入分配的顺利运行，在我国现行国情下，须遵循以下原则。

（一）兼顾国家、集体、个人三者利益

国民经济的发展是为了全体国民的福祉，而非仅为国家或部分人群谋取利益。因此，在收入分配中，必须坚持公平正义，让每个人都能从国家的发展中受益。这就需要我们摒弃传统的"零和游戏"思维，实现国家、集体、个人的共同发展。在收入分配中，我们应当坚持"蛋糕做大"的原则，通过提高生产效率、优化产业结构等手段，实现国民经济的持续增长，从而为国家、集体、个人创造更多的财富。同时要注重平衡与协调，在收入分配中兼顾国家、集体、个人的利益。

（二）总收入和总支出之间基本平衡

坚持总收入和总支出之间基本平衡的原则，是保证经济体系健康运行的基础。在任何一个国家或地区，如果总收入远远低于总支出，那么这个经济体系将会陷入困境。相反，如果总收入远远超过总支出，那么这个经济体系将会出现通货膨胀等不良后果。

坚持总收入和总支出之间基本平衡的原则，是保证社会公平正义的重要途径。在收入分配的过程中，如果我们只关注总收入的增长，而忽略了总支出的控制，那么很可能会导致贫富差距的扩大。反之，如果我们只关注总支出的控制，而忽略了总收入的增长，那么很可能会导致社会整体福利的下降。

坚持总收入和总支出之间基本平衡的原则，是实现可持续发展的关键。在收入分配的过程中，我们需要考虑到未来的发展。如果我们只关注眼前的利益，而忽略了长远的发展，那么我们的经济体系将会陷入困境。

（三）兼顾公平和效率

公平是指在收入分配过程中，各参与者应得到与其付出相匹配的回报，不偏不倚，不厚此薄彼。效率则是指在有限的资源条件下，通过合理的分配机制，实现社会整体福利的最大化。

坚持按劳分配为主体、多种分配方式并存的制度。按劳分配可以体现公平，让每个人都能从自己付出的努力中得到回报；多种分配方式并存则可以提高效率，通过市场机制优化资源配置。例如，我们可以鼓励按能力、贡献大小进行分配，激发人们的积极性和创造力。

注重财政支出的改革和完善。税收是调节收入分配的重要手段，通过建立合理的税收体系，可以有效抑制收入差距的扩大。应加强社会保障制度的建设，社会保障是实现公平的重要手段，通过完善社保制度，可以保障低收入者的基本生活，减少社会贫富差距。加大对教育、医疗、养老等领域的投入，让每个人都能够享受到基本的公共服务。

充分发挥政府和市场的作用。政府应通过提高最低工资标准、加大对垄断行业的监

管等方式，保障公平竞争政策调整，确保收入分配的公平与正义；市场则可以通过价格信号和机制，实现资源的最优配置，引导资源流向最需要的地方。

（四）按劳分配为主体、多种分配方式并存

按劳分配为主体、多种分配方式并存这一收入分配制度是由我国社会主义初级阶段的基本国情，公有制为主体、多种所有制经济共同发展的基本经济制度所决定的。

生产资料公有制实现了人们在生产资料占有上的平等关系，每一个劳动者在共同占有生产资料的基础上为社会提供劳动，社会则根据每个劳动者提供的劳动数量和质量进行收入分配。坚持按劳分配的主体地位，才能保证公有制的主体地位的最终实现和社会主义基本经济制度的社会主义性质。

公有制为主体、多种所有制经济共同发展的所有制结构，以及社会主义市场经济的发展，决定了现阶段的分配制度，除了以按劳分配为主体外，还需要多种分配方式的并存，而公有制实现形式的多样化，也决定了分配形式的多样化。遵循市场经济的规律，各种生产要素（劳动力、土地、资本、管理等）都要有相应的市场评价，这些生产要素的所有者都应得到相应的收入。

（五）共同富裕

（1）中国式现代化是全体人民共同富裕的现代化。共同富裕是中国特色社会主义的本质要求，也是一个长期的历史过程。①坚持循序渐进。这为扎实推进共同富裕指明了前进方向。②鼓励勤劳创新致富。勤劳是创造财富的重要源泉。"民生在勤，勤则不匮"。勤劳勇敢、艰苦奋斗是中华民族的传统美德和精神品格。创新是推进共同富裕的重要支撑。"惟创新者进，惟创新者强，惟创新者胜"。观念创新能够武装劳动者头脑，激发创造活力和发展潜能，增强致富本领；技术创新催生新产业、新业态、新模式，促进制造业升级改造，开辟经济发展新领域、新赛道；制度创新有利于增强我国经济的韧性、潜力和活力；管理创新是全面创新的关键一环，能够提高经济发展的质量和效益。③坚持基本经济制度。坚持和完善社会主义基本经济制度，正确处理公有制经济和非公有制经济的关系，将制度优势转化为经济治理的显著效能，支持各类市场主体发挥更大作用，使全体人民朝着共同富裕目标扎实迈进。毫不动摇巩固和发展公有制经济，毫不动摇鼓励、支持、引导非公有制经济发展。④尽力而为，量力而行。实现共同富裕等不得，也急不得。把握好尽力而为和量力而行之间的逻辑关系，从战略全局出发，从改善社会心理预期、提振发展信心入手，作出精准有效的判断，因时而变、因势而动。实现共同富裕是持久战，不可能毕其功于一役。坚持循序渐进，要求我们对共同富裕的长期性、艰巨性、复杂性有充分估计，有序推进、逐步深入，脚踏实地、久久为功，不断增进民生福祉，一步一步推进共同富裕。

（2）实现共同富裕，是全体人民的共同期盼。共同富裕的实现程度取决于两大因素，一是物质基础是否丰厚决定了可供全民共享的潜在份额；二是分配机制是否合理决定着全民共享的公正程度。简而言之，共同富裕的真谛就是在"做大蛋糕"的同时还要"切好蛋糕"。"做大蛋糕"要靠经济的持续高质量发展，"切好蛋糕"则要靠科学合理的制度性安排。就"做大蛋糕"而言，在改革开放初期，要尽可能推动解放和发展社会生产力，在投资主导的基础上实现经济较高速度的增长,"允许一部分人、一部分地区先富起来";在全面建成小康社会的现阶段,则要加快推动经济社会高质量发展,实现经济总量和财富规模的持续积累,并维持较高质量的社会公共服务。就"切好蛋糕"而言,改革开放初期,主要指导方针是"效率优先,兼顾公平",坚持"发展是硬道理",并同时提出"让一部分人先富起来,先富带动后富,最终实现共同富裕"的原则愿景;在全面建成小康社会的现阶段,则要在"更加注重社会公平"的基础上,充分构建初次分配、再分配和第三次分配的协调配套体制和实施机制,在高质量发展中加快民生福祉和社会建设,让发展成果更多更公平地惠及人民群众,把逐步实现全体人民共同富裕摆在更加重要的位置上。

三、收入分配中公平与效率的处理方法

（一）在初次分配中坚持效率优先

在市场经济条件下,发挥市场在资源配置中的决定性作用,使有限的资源流向那些为社会所需要、能够产生最大效益的生产领域,实现资源的优化配置,就是效率的体现。在社会主义初级阶段,分配过程中突出注重效率,坚持效率优先,就是在贯彻按劳分配原则时,把劳动报酬同劳动效率挂起钩来,不仅衡量投入劳动的量,更应衡量劳动的质和劳动绩效。在其他分配方式中,则要把按生产要素获得的收益同各种生产要素的经济效率联系起来。适当存在收入差距,有利于实现有限资源的合理配置,鼓励更多的人通过市场竞争走上富裕之路,激发各种生产要素所有者追求高效率的投资热情,为社会创造更多的财富,从而提高整个经济运行的效率。改革实践证明,如果不打破"大锅饭",就不可能有我国经济的快速发展和综合国力的迅速增强。

（二）初次分配中也要注重公平

初次分配是指企业单位内部的分配,其依据主要是效率原则,即根据各生产要素在生产中发挥的效率带来的总收益多少进行分配,高效率获得高回报。"效率优先,兼顾公平"的分配原则,使得我们国家不同地区、不同行业的一部分人先富起来,也有效地促进了经济社会的快速发展。人们在主要生产资料占有上实现了平等,在分配上实现了"等量劳动领取等量报酬",这只是分配机会上的平等,没有实现分配结果上的平等。究其原因,一个重要的方面是在初次分配领域存在着很多不公平现象,像行业与行业的市场地位存在着很大的差别,如一些行业由于其在市场上的垄断地位而形成的分配不公,企业之间由于生产经营条件的不同而形成的分配不公,企业的股东、经理和职工之间的分配不公等,造成了收入水平相差甚远。目前我国处在社会主义初级阶段,绝大部分老百姓的收入来源都是劳动收入,要真正改变收入分配不公的现状,实现一个"两头小、中间大"的分配格局,就必须兼顾好初次分配的公平性并着实提高劳动收入。

（三）再分配要更加注重公平

再分配注重以结果公平作为分配的准则。尽管按效率分配可以促进生产力的发展,

缓和社会主要矛盾，但其不能解决收入的两极分化问题。两极分化同社会主义的本质相违背。我国是社会主义国家，社会主义本质要求是解放生产力，发展生产力，消灭剥削，消除两极分化，最终达到共同富裕。如果社会产生两极分化就将从根本上阻碍社会主义国家人民当家作主，最终又影响到生产力的发展。因此，必须以注重结果公平作为收入分配的补偿，弥补初次分配过程中的缺陷，缩小收入分配的差距。再分配注重结果公平，这就必然要求加强政府对收入分配的调节职能，调节过多的收入，规范分配秩序，合理调节少数垄断性行业的过高收入，取缔非法收入，以共同富裕为目标，扩大中等收入者的比重，提高低收入者收入水平。社会主义最大的优越性就是共同富裕，这体现了社会主义本质，为此国家必须规范收入分配，缩小收入差距，防止出现两极分化。

本 章 小 结

一定时期国民收入在国家、企业、居民之间的分配格局和社会各群体收入差距的变化，涉及宏观经济运行效率和社会稳定。中国社会主义收入分配理论坚持以马克思历史唯物主义和科学的劳动价值论、剩余价值论为指导。在衡量方法上，通常采用基尼系数、泰尔指数、阿特金森指数、极化指数来衡量收入差距。我国改革开放以来，居民收入分配上的差距呈现不断扩大的趋势，主要原因来自市场机制和非市场机制两个方面。

伴随着中国经济从持续高速增长转向经济高质量发展，必须坚持初次分配、再分配和三次分配相互协同，兼顾效率与公平，在高质量发展中稳步推进共同富裕。初次分配主要由居民提供生产要素所得报酬收入、政府利用国家权力对货物和服务的生产和再生产所征收的生产税和进口税形成的收入、企业在扣除其固定资产消耗和其他运营成本及税收后的净营业盈余形成的收入三部分组成。强化促进社会公平的再分配制度，集中体现在税收、社保、转移支付三个方面，关键在于加大调节力度和提高调节精准度。为此需要遵循兼顾国家、集体、个人三者利益，总收入和总支出之间基本平衡，兼顾公平和效率，按劳分配为主体、多种分配方式并存，共同富裕等基本原则。

本章习题

1. 马克思主义的哪些理论构成中国社会主义初级阶段分配制度的理论基础？
2. 不同时期和阶段中国社会主义初级阶段分配制度有何区别？
3. 国民收入初次分配与结构有哪些特点？
4. 国民收入再分配主要采取哪些手段？
5. 我国现阶段收入分配的原则有哪些？
6. 我国现阶段收入分配中的公平与效率如何兼顾？
7. 衡量收入差距的阿鲁瓦利亚指数和库兹涅茨指数的联系与区别是什么？

8. 收入差距扩大如何影响机会平等?
9. 如何看待收入差距扩大对代际公平的影响?
10. 中国收入差距的非市场机制成因有哪些?
11. 教育与人力资本的异质如何影响收入差距?

第二篇

总 供 给

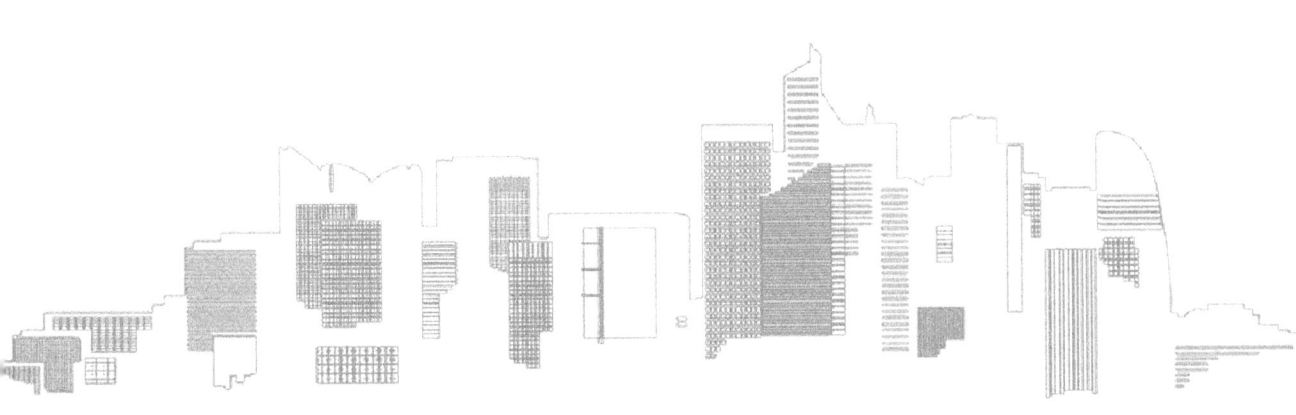

第四章

劳动力要素供给

> **本章知识点**

1. 与劳动要素供给密切相关的人口总量、劳动年龄人口
2. 劳动参与率，就业和失业的主要类型
3. 劳动力流动和就业结构及影响因素
4. 劳动生产率及影响因素

> **本章学习目标**

1. 了解就业、失业的总量与结构及二者的关系
2. 把握中国劳动力要素对经济增长作用的关键问题
3. 认识中国长期经济增长中劳动力要素作用的变化

本章从要素投入的角度，分析劳动力总量、结构和体现劳动力质量的劳动生产率及其影响因素，进而揭示劳动力要素对经济增长的贡献，其中涉及宏观经济运行中就业和失业，经济增长中"人口红利"等问题。

第一节 劳动力总量与结构

一、劳动力总量

（一）相关概念解析

劳动力有两种基本含义：一是指人的劳动能力（人的体能和智力的总和），二是指有劳动能力的人，其中人的劳动能力是本质含义。劳动力是人力与生产资料相结合后所

形成的生产力。马克思认为资本主义条件下劳动力是一种商品,这种商品的使用价值本身具有成为价值源泉的特殊属性,商品的生产是劳动的物化,即价值创造。在劳动经济学中,劳动力特指在一定的劳动年龄范围内,具有劳动能力和劳动要求,愿意参加付酬的市场性劳动的全部人口。

劳动力供给是指在一定的工资率下,劳动力供给的决策主体(家庭或个人)愿意并且能够提供的劳动时间,而劳动力供给者提供一定量劳动时间所愿意接受的工资率称为劳动力供给价格。

在劳动经济学中,常用来表征劳动供给的概念有三个,即人口总量、劳动年龄人口及劳动参与率,三者存在着递进关系。劳动年龄人口中除去不具有劳动能力的人口(严重残疾、在押犯人等),剩下的人口通常称为劳动力资源。劳动力资源又可分为经济活动人口和非经济活动人口,经济活动人口[1]指从事或要求参与经济活动取得报酬的人口,包括就业人口和失业人口(即劳动力);非经济活动人口包括在校学生、提前退休不再要求就业的人员、家务劳动者和无就业愿望者等。

根据劳动力供给的现实特征,劳动供给量可划分为三类:一是潜在名义劳动供给量,即全部劳动年龄人口规模;二是现实名义劳动供给量,即劳动年龄人口中愿意并能够提供的劳动力数量;三是真实有效劳动供给量,即所有就业者提供的劳动力数量。

微观层面的劳动力供给是指劳动者是否进入劳动力市场参与有偿工作的决策行为,包括劳动力供给的数量和时间。微观劳动力供给与个体的人力资本特征密切相关。

(二)劳动年龄人口

1. 劳动年龄人口的概念界定

劳动年龄人口(或劳动适龄人口)是指符合一定年龄的人口,也就是劳动力的潜在名义供给人口。由于法律规定及统计数据来源的不同,年龄口径也有所不同。联合国人口基金会将 15~64 岁的人口视为劳动适龄人口,而国际劳工组织将 16 岁及以上的人口视为劳动年龄人口。根据我国现行法定退休年龄,统计上将男性 16~59 岁,女性 16~55 岁的人口看作劳动年龄人口。为了国际比较方便,也可以采用联合国人口基金会的口径,即将 15~64 岁的人口视作劳动适龄人口。1978 年改革开放之初,我国 15~64 岁劳动年龄人口规模为 5.48 亿人,2015 年达到 9.89 亿人,平均每年以 1193 万人的数量增长,年均增速达到 2.18%。劳动年龄人口比重在 1978 年为 56.89%,2015 年达到 73.01%。21 世纪初中国进入人口老龄化阶段以来,劳动年龄人口规模增长的速度呈现逐渐减缓态势,陆续出现了劳动年龄人口比重和规模由升而降的变化。2010 年我国劳动年龄人口比重达到峰值 74.53%后开始出现下降,2021 年为 62.5%;同时劳动年龄人口规模在 2013 年达到 10.06 亿人的峰值后,于 2015 年降到 9.89 亿人,2021 年降到 8.82 亿人。

---

[1] 我国国家统计局对经济活动人口的定义为:16 岁以上、有劳动能力、参加或要求参加社会经济活动的人口,包括就业人员和失业人员。

2. 劳动年龄人口的影响因素

总人口数量是影响劳动年龄人口的基本因素。劳动年龄人口规模在短期内受现存人口规模的影响，新增人口（少儿人口）将逐渐成为影响年龄人口的关键因素。例如，1982～2005年，虽然中国人口基数仍在推动着劳动力不断增长，但人口年龄结构快速转变，尤其是少儿人口比重下降，逐渐成为影响劳动年龄人口规模的主要因素。1990～2005年，0～14岁人口占总人口的比重不断减少，从27.69%下降到18.24%，15～64岁劳动年龄人口却从66.74%上升到73.51%，劳动力规模不断增加。与此同时，65岁及以上老年人口的比重也从5.57%上升到8.25%，人口年龄结构老化促使更多老年人退出劳动力市场，劳动力增速也相应放缓（图4.1）。随着我国"全面两孩"（2016年）和三孩政策（2021年）的调整和完善，新增出生人口会持续增长，劳动年龄人口也将有所增加。

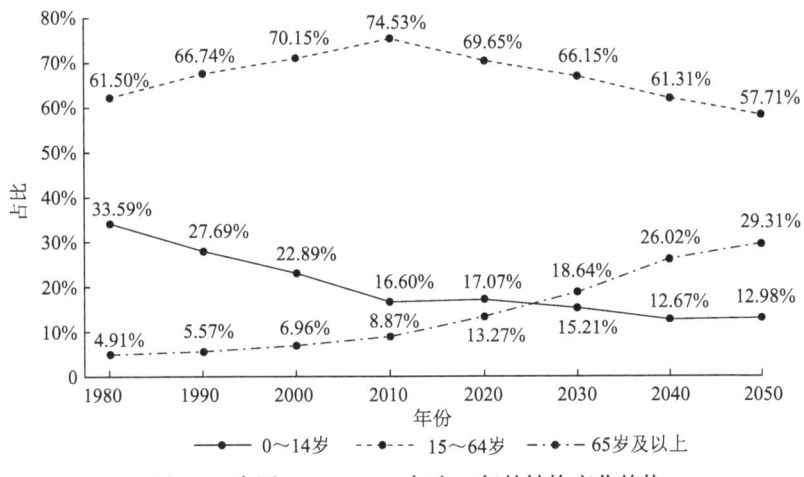

图 4.1　中国1980～2050年人口年龄结构变化趋势

退休政策是影响劳动年龄人口数量的重要因素。我国在2012年提出延迟退休政策，对我国劳动力供给带来两方面的影响。一方面，能够增加适龄劳动人口。延迟退休政策下，我国劳动年龄人口数量将保持稳定增长态势。第一，由于延迟退休可以让抚养老人的劳动年龄人口继续从事本职工作，避免由抚养率提高造成劳动年龄人口的减少；第二，让更多有意愿的人群继续在工作岗位上，有效增加劳动力供给的适龄人口数量，减少人力资本浪费。另一方面，延迟退休对青年人和中年人的就业率可能产生"挤出效应"。尤其是在一些职业和岗位专业技能要求严格的行业，老年人延迟退休必然影响年轻人的就业率[1]。

（三）劳动参与率

1. 劳动参与率的概念界定

劳动参与率衡量的是一个国家从事经济活动的劳动年龄人口的规模，即经济活动人

---

[1] 杜航. 老龄化背景下延迟退休对我国劳动力供给市场的影响. 改革与战略，2018，34（1）：64-67.

口（包括就业者和正在积极寻找工作的失业人口）占劳动年龄人口的比率。在劳动年龄人口中，还存在着上学、服兵役、做家务及直接退出劳动力市场的人员，后者比重越大，劳动力参与率就越小，劳动力的有效供给就会越低。

$$劳动参与率 = \frac{经济活动人口}{劳动年龄人口} \times 100\% \quad (4.1)$$

劳动参与率对确定一个国家人力资源规模和构成要素，以及预测未来劳动力供给具有重要的作用。我国劳动参与率在 1983 年高达 83%，此后持续下降，到 2000 年已降为 77.22%，2010 年进一步下降到 70.97%，此后小幅度下降到 2018 年的 68.72%，但不同年龄段、不同性别的人口的劳动参与率的变化不尽相同。一般来说，男性劳动参与率呈倒"U"形，也就是青年与老年劳动参与率较低。对于女性而言，劳动参与率较为复杂，大多数国家和地区女性劳动参与率呈"M"形，也就是女性在 30 岁左右由于婚育退出劳动力市场而导致劳动参与率下降。总体而言，相同年龄的男性劳动参与率高于女性劳动参与率。

2. 劳动参与率下降的原因

我国劳动参与率的持续下降，最重要的原因是人口年龄结构老龄化。我国 65 岁及以上老年人口占比已从 2000 年的 6.96%迅速提高到 2020 年的 13.5%，但老年人口劳动参与率很低，2010 年第六次人口普查数据显示，65 岁及以上人口劳动参与率只有 21.1%，远低于 16~64 岁 77.37%人口的劳动参与率水平。

在我国适龄劳动人口比重降低的情况下，劳动参与率下降的主要原因在于劳动力人口减少。这种减少既可能是绝对劳动力人数下降造成的，也可能是结构性减少。退出劳动力市场的主要原因有三个。一是"退出效应"，由于工资率降低、失业率提高等，一部分低技能劳动力退出就业市场，年轻人的劳动参与率下降。二是"福利效应"，临近退休人员会面临领取退休金或养老保险金的选择，社会保障待遇的提高会使一部分劳动力主动选择退休，从而使老年劳动力供给下降；另外，缺乏社会保障的老年人由于劳动能力下降被迫退出就业市场，造成劳动参与率下降。三是"挤出效应"，在人口总抚养比上升情况下，中青年劳动力养老育儿压力增加，尤其是女性劳动力照顾家庭的时间增加，会减少参与劳动力市场供给的时间。如果上述效应大于工资上升带来的收入效应，劳动参与率下降则成为必然。

中等职业教育和高等教育招生规模扩大，是我国年轻人口劳动参与率下降的另一个主要原因。2000 年和 2010 年的两次人口普查数据显示，我国不同年龄段人口劳动参与率均有不同程度下降，其中 16~19 岁和 20~24 岁两个年龄段人口劳动参与率下降幅度最大。一个重要原因是这一时期中等职业教育和大学招生规模分别增加了 459.8 万人和 441.1 万人，同期研究生招生人数也增加了 40.97 万人，导致同期 16~24 岁年龄人口的非经济活动人口规模从 418.84 万人增加到 812.83 万人，增加了 393.99 万人。大学和研究生招生规模的扩大必然会进一步降低这两个年龄段人口劳动参与率，并成为 2010 年以后全部人口劳动参与率下降的重要因素。

劳动年龄人口就业意愿下降也是我国劳动参与率下降的重要因素。有学者认为，城镇劳动参与率下降，是因为在失业严重情况下，劳动力由于长期找不到工作而失去信心，推迟进入或退出劳动力市场。从2000年以后劳动力供给过剩日渐缓解的情况看，失业率不足以解释劳动参与率的下降趋势，收入水平提高后劳动者对就业质量要求提高应是主要原因。65岁及以上老年人口劳动参与率下降幅度较大，主要原因是社会保障制度完善和保障水平提高，降低了老年人口继续就业的意愿。

除了上述原因，收入水平的提高和收入来源的多样化、就业形势、家务劳动社会化程度及其他人口学因素都会影响劳动参与率。一般而言，低劳动年龄组由于接受教育人群比重大，劳动参与率相对较低，接受完高等教育的人口，即22~24岁之后，劳动参与率将大幅上升，但到接近退休年龄的时候，劳动参与率又开始出现明显的下降[①]。

（四）就 业

1. 就业的定义与统计

国际劳工组织将就业定义为：在法定年龄内的，有劳动能力和劳动意愿的人们，依法从事的为获取经营收入或报酬收入的社会经济活动。这个定义包含三层含义：第一，参加劳动的人要具有劳动能力，同时还具有劳动意愿；第二，所参加的劳动必须是某种社会经济劳动，而不是家庭劳动；第三，这种劳动必须是有报酬的或者有收入的劳动，而不是无偿的公益劳动或义务劳动。

国际劳工组织对就业者做了通用的统计标准，规定凡符合下列情况的都属于就业者：第一，有职业且处于工作状态的人，即在规定的时间内正在从事有报酬或利润的工作的人；第二，由于某种原因暂停工作的人，如生病、休假、其他事故、劳动争议等，这部分人属于有职业但暂时没有在岗；第三，在规定的时间内，从事工作的时间占总规定时间1/3以上的人，如个体经营户、私营业主或协助家庭经营企业而不收取报酬的家属。我国国家统计局对就业的定义为：年满16周岁，为取得报酬或经营利润，在调查周内从事了1小时（含1小时）以上劳动的人员；或由于在职学习、休假等原因在调查周内暂时未工作，但有工作单位或场所的人员；或由于停工、单位不景气等原因临时未工作但不满三个月的人员。就业人员包括：全部职工、再就业的离退休人员、私营业主、个体户主、私营和个体从业人员、乡镇企业从业人员、农村从业人员、其他从业人员（包括民办教师、宗教职业者、现役军人等）。

我国对于就业的统计主要通过两种方式。一是劳动力调查制度。该项调查制度于2005年正式实施，每年进行两次全国劳动力抽样调查。调查范围为中国的城镇和乡村，调查对象为16岁及以上人口。2009年3月，为更及时准确反映劳动力市场变化情况，建立了31个大城市月度劳动力调查制度。2013年4月，又将月度劳动力调查范围扩大至65个城市。2016年1月起，国家统计局正式在全国范围开展月度劳动力调查，调查样本量为每月12万户，调查范围覆盖全国所有地级城市。城镇调查失业率、全国分城乡就业人数、三次产业就业人数等就业失业数据均由劳动力调查数据推算得出。二是劳动

---

① 马忠东，吕智浩，叶孔嘉. 劳动参与率与劳动力增长：1982~2050年. 中国人口科学，2010，（1）：11-27，111.

统计报表制度。该项调查制度是以企业、事业、机关、民间非营利组织等单位为调查对象的统计调查，包括城镇非私营单位就业人员统计和城镇私营单位就业人员统计两个部分，工资和城镇单位就业人员数等就来自这项调查。

2. 中国现阶段就业形式

（1）合同制：企业、事业单位通过签订合同招收短期性劳动者。合同一般采取书面形式，内容包括时限、任务及共同遵守的各项义务等。

（2）聘任制：用人单位通过契约确定与人员关系的一种任用方式，是相对委任制而言的。一般的做法是由用人单位采取招聘或竞聘的方法，经过资格审查和全面考核后，由用人单位与确定的聘任人选签订聘书，明确双方的权利义务关系和受聘人员职责、待遇、聘任期等。

（3）聘用制：以合同的形式确定事业单位与职工基本人事关系的一种用人制度，即事业单位工作人员在本单位的身份属性通过与单位签订聘用合同确定。

（4）临时就业：就业时限在一年以内，甚至一天或几天，多属于非正规就业。临时就业包括短期就业、季节性就业和派遣就业。短期就业是指用人单位根据生产、经营情况与劳动者签订的有一定雇佣期限的短期劳动合同的就业。季节性就业是指在一些业务量受季节影响大的行业中，每年特定时间的雇佣。季节性就业的劳动报酬由劳资双方协商而定，一般工资较高，劳动强度较大。派遣就业指劳动中介根据用人单位的需求输出劳动力的一种就业形式。派遣就业又可以分为雇佣派遣和登记派遣。

（5）自主创业：劳动者主要依靠自己的资本、资源、信息、技术、经验及其他因素自己创办实业，解决就业问题。

（6）自主就业：2011年《退役士兵安置条例》颁布实施后，士兵在退役时自愿向部队申请领取一次性退役金，回到地方后自主就业，当地政府给予一定经济补助，不再负责安排工作。

3. 我国主要就业群体

当前，我国主要的就业群体包括城镇新增就业、农村新增就业、农村劳动力转移、特殊就业群体。《2020年政府工作报告》中指出，要"千方百计稳定和扩大就业。加强对重点行业、重点群体就业支持"[1]，主要包括高校毕业生、退役军人、农民工、残疾人和零就业家庭等。

（五）失业

1. 失业的定义与统计

作为国际上可比的失业定义和统计原则，国际劳工局规定：失业是就业的对称，即指有劳动能力并愿意就业的劳动者找不到工作这一社会现象。失业主体必须具备三个条件：①有劳动能力；②愿意就业；③没有工作。

失业人员是指在一个指定的时期内没有工作，采取行动寻找工作，并准备一旦获得工作机会就马上开始工作的所有工作年龄段的人员。"没有工作"是依据在短期参照期内

---

① 《2020年政府工作报告》，https://www.gov.cn/guowuyuan/2020zfgzbg.htm?ddtab=true，2020年5月22日。

对就业的测量而做出的评价。"寻找工作"是指在指定的最近一个时间段,即最近的四周或一个日历月内,为寻找工作或建立一个企业所进行的任何活动。这也包括在国内外寻找非全日制工作、非正规工作、临时工作、季节或零散工作的活动。

我国失业率调查基本上是按照国际劳工组织推荐的标准进行统计的。失业率是失业人数除以劳动力供给(经济活动人口)。按照我国口径,失业人数是当前没有工作,近3个月积极寻找工作,如果有合适工作能在2周内去工作的人数;就业人数是为取得报酬,每周工作1小时及以上的人数,包括因休假、临时停工等未上班但继续领取工资的人,这与国际劳工组织的推荐标准是一致的。由于在短时间内获取全部失业人数和就业人数存在困难,国际劳工组织推荐了抽样调查,我国目前失业率数据也是通过抽样调查获取的,也就是在全国范围内按随机原则抽取一定住宅,然后对住宅内所有16岁及以上的人口就业失业状况进行调查,以获取就业人数和失业人数的数据。我国在开展失业率调查时,始终坚持概念和方法等方面与国际标准一致,但也根据我国的情况,对一些具体问题做了一些符合实际的处理,主要表现在以下几个方面:一是包括了外来人口,外来常住人口虽然户籍不在城镇,但也在城镇调查失业率覆盖范围内;二是包括了农业和非农业人口,对农业和非农业人口采用一致的就业失业标准,从事农业的人口农闲时间如果正寻找工作,但没有找到工作也属于失业人口;三是包括了全年龄就业状况,考虑到农村老年人仍会继续务农,城镇许多人退休后也选择继续工作,因此就业和失业人口没有年龄上限[1]。目前,我国公布的调查失业率是城镇调查失业率。

城镇调查失业率的计算公式为

$$城镇调查失业率 = \frac{城镇调查失业人数}{城镇调查从业人数 + 城镇调查失业人数} \times 100\% \quad (4.2)$$

城镇登记失业率和城镇调查失业率在调查对象和方式上有差异。第一,城镇登记失业率调查对象早期为本市非农户籍人员,现扩大到失地农民,男性 16~60 周岁,女性 16~50 周岁,在校生不在调查之列;城镇调查失业率调查对象为被抽中户中调查时点居住在本户的人和本户人口中已外出但不满半年的人。第二,城镇登记失业率是乡镇街道劳保部门根据办理就业失业登记证情况,及时将办理情况录入到就业信息系统网内,市、县就业管理部门每月或每季度将录入情况进行汇总、审核、上报和发布;城镇调查失业率是由调查员入户进行调查录入,即录即报,各级统计部门在劳动力调查平台上对上报数据进行审核、验收。

由于城镇登记失业率中可能存在失业人员因故未进行登记等多种因素的影响,统计口径较小,通常会低估真实的失业率。城镇调查失业率是通过对适龄劳动力进行随机抽样调查所得的结果,统计口径与国际接轨。所以,一般认为城镇调查失业率是城镇失业率的无偏估计,二者之间只存在相对微小的抽样误差[2]。

2. 失业类型

经济学家根据失业的特征、引发失业的机制及劳动者的意愿,将失业分为自愿性失

---

[1] 李晓超. 关于我国调查失业率统计的几个问题. 中国信息报, 2020-9-29(01).
[2] 刘建东. 城镇登记失业率与调查失业率差异分析. 中国统计, 2016, 31(10): 58-59.

业、非自愿性失业和其他类型的失业。

1）自愿性失业

自愿性失业是指劳动者所要求的实际工资超过其边际生产率，或者不愿意接受现行的工作条件和收入水平而未被雇佣造成的失业。由于这种失业是劳动者主观不愿意就业造成的，因此被称为自愿性失业。

2）非自愿性失业

非自愿性失业是由劳动者非个人意愿而造成的失业，是指劳动者愿意接受比现行真实工资更低的报酬去工作，但无业可就。非自愿性失业可分为以下三种。

（1）结构性失业。结构性失业是对劳动力市场失业与岗位空缺并存现象的概括性概念。二者之间又存在着某种联系：当失业率很高时，很少有人主动辞职去寻找更为满意的工作，这时岗位空缺率就可能下降；同样，如果存在大量的岗位空缺，失业者寻找工作毕竟有更多的机会，再就业的可能性会增加，失业率会有所下降。因此，二者之间存在着此消彼长的关系。结构性失业主要是由于经济结构（包括产业结构、产品结构、地区结构等）发生了变化，而现有劳动力的知识、技能、观念、区域分布等不适应这种变化，劳动力的供给与需求不匹配而产生的失业。

（2）周期性失业。周期性失业是指由经济周期性地处于衰退点或经济波动引起劳动力市场供求不平衡造成的失业，周期性失业也称凯恩斯失业。周期性失业产生的原因是：当经济繁荣时，劳动力需求量大，大量的失业者被迅速吸收，社会失业率趋于正常状态；当经济衰退时，产品的生产和需求下降，有效需求不足，导致部分劳动者失业。总体而言，当全社会的劳动力供给大于需求时，会出现周期性失业，周期性失业的时间长短随经济周期调整的长短而变化。

（3）摩擦性失业。摩擦性失业是指由于劳动者寻找最适合于自己偏好和技能的工作需要时间而产生的失业。摩擦性失业的主要原因有：劳动力供求信息不完全、不对称，存在信息成本；劳动者在不同地区不能迅速流动；劳动者有不同的偏好和技能，工作性质不同；劳动力的供求关系变化；失业保障政策等。因而在现实生活中，摩擦性失业是不可避免的，其具体情况主要由寻找工作者和空缺职位匹配的速度、效率和周转频率决定。这种失业在性质上是过渡性或短期的。

由摩擦性失业和结构性失业形成的失业率称为自然失业率，自然失业率是劳动力市场和商品市场处于均衡状态的失业率，也是稳定运行中长期存在的最低失业率。

3）其他类型的失业

（1）农村劳动力流动中的季节性失业、突发性失业、半失业以及隐性失业。季节性失业是由于季节性的生产或市场的变化等原因引起生产对劳动力的需求出现季节性波动，从而导致农村劳动者就业岗位的丧失。突发性失业是由重大恐怖事件、金融危机和某些疾病的大规模流行导致的突发性失业。半失业是指希望全日工作、连续工作的劳动力，只得到非全日的工作，或被迫缩短工时，或因达不到技术水平而临时归休的现象。隐性失业又被称为不充分就业，指实际生产率低于潜在的生产率，劳动力资源未被充分利用。所以，隐性失业是一种就业不足，本质上是人力资源的浪费。我国隐性失业的形式主要表现为农村剩余劳动力、企业中的低效率冗员、高效率人力储备等[1]。

（2）青年失业问题突出。青年就业问题是世界性难题，所以青年是需要关注的重点就业群体。国际劳工组织研究报告显示，15~24岁的青年人，其失业的可能性是25岁以上成年人的三倍。根据国家统计局公布的失业率测算，2021年中国16~24岁人口调查失业率为14.26%，25~59岁人口调查失业率为4.46%，16~24岁青年失业率是25岁以上劳动者失业率的三倍多。16~24岁青年失业率高，除了工作经验不足、缺乏职业技能、就业结构性矛盾等因素外，还与高校毕业生规模一再创新高紧密相关[2]。

3. 就业和失业的影响因素

（1）经济增长。由新古典理论框架中的索洛增长模型可知，就业和经济增长的变动趋势在理论上存在一致性，经济增长会推动就业的相应增长。当经济增长速度上升时，会吸纳更多的劳动者就业，从而失业率下降；当经济增长速度放慢时，失业人数和下岗人数上升，从而导致失业率上升。

（2）技术进步。技术进步对失业率的影响有两个方面：一方面，技术进步会通过淘汰落后的生产方式给就业带来"替代效应"，在短期内失业率提高；另一方面，广义的技术进步也会带来就业的"创造效应"，新技术的大规模应用，将带来生产力的提高和新产品的扩张，从而创造新的就业岗位。综合来看，只要新产品的扩张带来的就业"创造效应"大于技术进步带来的"替代效应"，就不会出现大规模的失业。随着人工智能进程的进一步加快，重复性、流程性、体力性及成本高的岗位将逐步被智能机器设备替代，操作工、客服等受教育程度和技能水平相对较低的劳动者将面临更大的就业挑战，一些行业和岗位可能出现失业阵痛。同时，随着我国产业加速向中高端迈进，生产性服务业、互联网经济等领域中的一些新岗位会成为吸纳就业的主力。

（3）工资决定机制。工资决定机制是指宏观上工资由劳动力市场的供给曲线与需求曲线的交点决定。劳动力的需求曲线向右下方倾斜，表明随着劳动力供给的增加，劳动力的边际产出递减。劳动力的供给曲线向后弯曲，表明工资高过一定的限度，货币收入的边际效用不足以抵补劳动的边际负效用，劳动力的供给反而减少。其中，工资刚性是结构性失业的重要来源。在工资刚性的情况下，劳动者失业并不是因为他们积极寻找最适合于他们个人技能的工作，而是因为愿意工作的人数与可以得到工作的人数之间存在根本的不匹配。

（4）劳动力流动。工业化和城市化进程的加快及基础设施的进一步完善，引起了劳动力在不同产业之间及城乡之间的流动。城乡工资差异及城市产业结构升级对外地劳动力具有一定的吸引力，进而带来劳动力的大规模流动。劳动力流动对于摩擦性失业具有双重影响，既能产生摩擦性失业，也能够提高就业匹配速度，进而降低摩擦性失业。

（5）劳动力素质。当前正值新一轮科技革命蓬勃发展的时期，劳动力需求结构也在产生相应的变化，从"人口红利"转化为"人力资本红利"势所必然，劳动者的知识技能面临转换与重塑。随着企业生产效率的提高，对劳动力素质的依赖高于数量，智能自

---

[1] 于建嵘. 中国隐性失业问题隐忧. 人民论坛，2016，（2）：80-81.
[2] 周灵灵. 数量压力与结构矛盾：新发展阶段的就业特征、挑战与应对. 行政管理改革，2022，（4）：64-75.

动化将取代更多人工就业。就业岗位正面临从低技能、中低技能向更高技能水平的提升，知识型、技能型、创新型人才需求增加。

（6）经济政策。近年来，我国政府推动的自主创业促进就业的新业态不断涌现，自主创新规模快速增长，就业质量随着就业规模扩张不断提高，就业政策也随之从以扩大雇佣就业规模为主要目标发展为以鼓励创业、高质量就业为主要目标。由此，经济政策的创新发展能够激发劳动力的市场活力、扩大劳动力供给规模、有效保障和不断扩大就业规模，但是，其他经济政策，如推进技术进步和创新（特别是淘汰落后产能）、节能减排保护环境等，与保就业政策可能有一定矛盾[①]。

二、劳动力结构

（一）劳动力结构分析

1. 劳动力年龄的变化

人口老龄化不仅仅意味着老年人口的比重和规模不断增大，同时也意味着劳动年龄人口中高年龄组劳动力人口比重和规模不断上升。根据联合国 2012 年人口预测，我国未来劳动年龄人口中，15～24 岁组和 25～44 岁中青年组人口的规模和比重在 2035 年之前呈现快速下降趋势，而 45～64 岁组的劳动力人口比重呈现明显上升趋势，到 2040 年达到 46% 的高峰，此后略微有所下降。这说明我国未来劳动力将进入老化状态。从不同年龄组劳动年龄人口的规模上看，我国 44 岁以下劳动力规模将明显下降，尤其是 25～44 岁中青年劳动力，青年劳动力规模减小表现为开始的时间早、持续时间长、下降幅度大。

2. 劳动力受教育程度结构的变化

随着劳动力受教育水平提高，劳动力就业的年龄模式显著变化。根据中国第七次人口普查结果，与 2010 年人口普查相比，2020 年每十万人中具有大学文化程度的由 8930 人上升为 15 467 人；拥有高中文化程度的由 14 032 人上升为 15 088 人；拥有初中文化程度的由 38 788 人下降为 34 507 人；拥有小学文化程度的由 26 779 人下降为 24 767 人。2020 年文盲率（15 岁以上不识字的人口占总人口的比重）为 2.67%，比 2010 年下降 1.41 个百分点。2020 年 15 岁及以上人口的平均受教育年限由 9.08 年提高至 9.91 年。

"十四五"时期及未来较长的一段时间内，我国教育人力资本的总量和增量都将有所提高，新成长劳动力的平均受教育年限将达到 13.02 年，其中接受过大专及以上教育的劳动者所占比重会由"十三五"时期的 39.6% 提高到 48.8%。"十四五"末期，力争把劳动年龄人口平均受教育年限提高到 11.3 年，这意味着 2025 年我国劳动年龄人口平均受教育水平达到高中二年级以上的教育程度。

3. 劳动力职业结构的变化

职业结构反映了一个国家和地区的社会结构，是工业化进程的重要测度指标。改革开放以来，随着技术进步加速、生产力水平提高和劳动分工发展，我国就业人员的职业

[①] 惠建国，刘冠军. 新中国 70 年就业政策的创新发展与经验总结. 财经问题研究，2020，（9）：18-25.

结构发生了深刻变化。在工业化初期、工业化中期甚至工业化后期的前半阶段，农林牧渔水利业生产人员是就业人员最集中的职业类别，商业、服务业人员和专业技术人员比重较低。从工业化后期向后工业化时期迈进的过程中，就业人员中商业、服务业人员比重大幅提高，农林牧渔水利业生产人员比重大幅下降。数据显示，农林牧渔水利业生产人员占全部就业人员的比重已从2006年的62.5%大幅降到了2019年的22.5%，商业、服务业人员比重则从2006年的11.4%大幅提高到2019年的32.8%，专业技术人员、生产运输设备操作人员及有关人员、办事人员和有关人员的比重也有所提升（表4.1）。

表4.1 中国就业人员职业结构的演变

年份	单位负责人	专业技术人员	办事人员和有关人员	商业、服务业人员	农林牧渔水利业生产人员	生产运输设备操作人员及有关人员	其他
2006	1.2%	5.7%	3.4%	11.4%	62.5%	15.5%	0.3%
2010	1.8%	6.8%	4.3%	16.2%	48.3%	22.5%	0.1%
2012	2.1%	9.6%	6.0%	20.1%	38.1%	23.8%	0.4%
2015	2.0%	11.7%	9.5%	24.7%	28.3%	23.4%	0.4%
2018	1.6%	8.7%	9.3%	31.3%	26.6%	21.9%	0.5%
2019	1.7%	9.8%	11.6%	32.8%	22.5%	21.4%	0.2%

资料来源：周灵灵. 数量压力与结构矛盾：新发展阶段的就业特征、挑战与应对. 行政管理改革，2022，（4）：64-75.

注：表中占比由于经过四舍五入，合计可能不等于100%

商业、服务业人员比重大幅提高，农林牧渔水利业生产人员比重大幅下降，表明我国的职业结构在不断向现代化、高级化方向演进。同时，职业结构的优化也有助于壮大中等收入群体的规模和比重，促使更多低收入人群跨入中等收入行列，是实现共同富裕的重要前提。

4. 劳动力年龄结构影响因素

中国现阶段劳动者年龄结构的特征及未来的变化方向与中国过去的人口出生情况息息相关。新中国成立后出现过三次人口出生高峰，第一次高峰出现在1955年前后，时值新中国成立初期，这一时期出生的人口已经或者即将退出劳动力行列；第二次高峰出现在1961年三年困难时期后，一直持续到20世纪70年代初，这一时期出生的人口目前属于劳动力群体中的中老年者；第三次高峰出现在1990年前后，虽然这一时期在计划生育政策的实施下生育率较低，但由于第二次人口出生高峰的新生儿基数较大，进入生育期后带来了第三次高峰，但这一次出生高峰的新生儿出生总量明显少于第二次高峰时期。这一时期出生的人口目前在30岁左右，属于青年劳动力。第三次人口出生高峰后，中国人口出生率一直处于较低水平。未来十年内，第二次人口出生高峰中出生的人口将逐步退出劳动力行列，而第三次人口高峰出生的人口不足以抵消这一老化程度，导致中国面临更为严峻的劳动人口老化问题。

计划生育政策是劳动年龄人口规模趋于下降及年轻劳动力短缺的最大原因。受长期限制生育政策的影响，近些年来中国人口老龄化进程加快，人口生育率持续下降，部分年龄段人口男女性别比例失调严重,劳动年龄人口规模趋于下降,年轻劳动力严重短缺。1980年以后日趋严格的计划生育政策,在降低人口出生率、控制人口规模过快增长的同时,也对人口结构产生了重要影响。受生育率持续下降影响,中国人口结构出现了少子化与老龄化并存现象,特别是2008年以后人口老龄化速度明显加快,劳动年龄人口占比下降,人口红利逐渐消失。

人口流动是造成中国地区间劳动人口年龄结构差异的另一个重要原因。中国劳动人口年龄结构与东、中、西部人口老化呈现规律的阶梯状分布不同,地区间劳动人口年龄结构差异更为复杂。总体来看,中部地区劳动人口老化程度相对较高,西部地区其次,而东部地区劳动人口老化程度相对较低。中国人口的流动方向大致为中、西部地区流向东部地区[①]。

(二)劳动力流动

1. 劳动力流动的概念

劳动力流动是指劳动者工作地点、工作单位、工作类型发生变化的过程。劳动力流动是任何国家在工业化、城市化进程中的常态,产业结构、城乡结构的演变离不开部门之间、城乡之间甚至国家之间的劳动力流动。

2. 劳动力流动的分类

按照流动边界的划分,劳动力流动可分为国际流动和国内流动。国际劳动力流动又称为国际迁移,在全球化推动下,迁移规模和数量不断扩大。全球移民数量从1990年的1.53亿人增加到2019年的2.72亿人,而发达国家是移民的主要接受地区。国内劳动力流动通常分为城乡流动和行业流动。其中,城乡流动是在工业化和城市化推动下,农村劳动力向城市的流动,即流动的劳动力实现从农业向非农职业的转换。农村劳动力向城镇和非农产业转移主要有两条途径:一是通过中等职业教育和高等教育,部分农村户籍年轻人口转变为城镇户籍和城镇劳动力;二是农村劳动力以"农民工"的身份直接从农村转移到城镇就业。行业流动主要强调在城市劳动力市场上的工作转换行为,包括以提升就业质量为目的的自愿性工作流动和由于解雇、就业组织变更地方、破产等行为产生的非自愿性工作流动。

城乡流动是国内劳动力流动的重要形式。城乡流动的形式大致分为两类:一类是跨地区流动,随着沿海地区工商业的快速发展和对人力资源的需求增多,中西部地区的农民大量迁移至东部经济发达的地区,这种人口流动称为"民工潮";另一类则是农民就近流动到快速发展的本地城镇。

---

① 《2020年农民工监测调查报告》数据显示,从输出地看,东部地区输出农民工10 124万人,比2019年减少292万人,占农民工总量的35.4%;中部地区输出农民工9447万人,比2019年减少172万人,占农民工总量的33.1%;西部地区输出农民工8034万人,比2019年减少17万人,占农民工总量的28.1%;东北地区输出农民工955万人,比2019年减少36万人,占农民工总量的3.3%。东部地区农民工减少量占到全国农民工减少总量的56.5%。从输入地看,在东部地区就业的农民工15 132万人,比2019年减少568万人,占农民工总量的53%;在中部地区就业农民工6227万人,比2019年增加4万人,占农民工总量的21.8%;在西部地区就业农民工6279万人,比2019年增加106万人,占农民工总量的22.0%;在东北地区就业农民工853万人,比2019年减少42万人,占农民工总量的3.0%。

随着城市化的推进，农民工城乡流动规模持续扩大，成为工业化、城镇化快速发展中成长起来的新型劳动大军，是产业劳动者的主体力量。改革开放以来，我国农村劳动力不断向城市转移，跨区域的城乡劳动力流动成为我国劳动力市场的一个重要特点。近年来，我国乡村就业人员数不断减少，城镇单位就业人员数持续增加。第七次人口普查数据显示流动人口有3.76亿人，同时《2020年农民工监测调查报告》显示，农民工总量为2.86亿人，农民工占流动人口的比重为76%，因而农民工群体的特征具有代表性。近年来我国农民工总量继续增加，增速有所回落。

3. 劳动力流动的驱动力

劳动力流动的驱动力分为宏观和微观层面。

1）宏观层面

工业化和城市化进程是我国劳动力流动的基本动因。在我国城乡二元结构下，由于农业部门的生产率低于城市部门，农村居民的收入水平低于城市居民，城乡收入差距推动农村居民流向城市从事工业和服务业，以获取相对较高的收入。改革开放以来，随着工业化和城市化进程的加快，工业化和城市化的发展带来人才、资本、技术等生产要素的集聚，以及基础设施的进一步完善，引起劳动力在不同产业之间及城乡之间流动。

户籍制度和人民公社制度是控制人口城乡迁移的重要手段。政府通过户籍制度为城镇居民分配工作，安排住房，配给食品等日常消费品，在人民公社中，农民参与集体劳动才可以获得收入。这些制度基本阻止了城乡居民的流动。因而，1961~1978年，农业劳动力向城市部门的转移量很少，而且多为非经济原因，如婚迁、参军、录取学生、落实政策返城等。改革开放后，农村家庭联产承包责任制替代人民公社，经济特区的设立和发展，非国有部门的扩张，城镇就业政策的放松，为劳动力大规模流动创造了条件。20世纪80年代后半期，政府开始允许农民在自理口粮的基础上进入城镇，90年代政府在一定程度上鼓励城乡移民。从1995年开始，下岗职工成为城镇地区社会问题，当地政府开始重新加强对迁移的控制。21世纪以来政府开始逐步改革户籍制度，放松对迁移的管制。

产业结构升级对于劳动力的跨地区流动有显著吸引作用，而部分行业由于技术停滞或落后、收入增长缓慢等原因成为劳动力流失的行业，技术先进、创新能力强的行业则吸引更多劳动力的流入。

2）微观层面

城乡工资差异导致劳动力从劳动力富余、收入较低的农村地区流向劳动力稀缺、工资较高的城市地区。迁出地自然资源贫乏、生产成本增加、农业边际产出递减、农村劳动力过剩、社会福利保障过低等，而迁入地有较高的工资收入，较好的交通条件、文化设施和福利保障等。只要劳动力在非农产业就业的综合收益（包括收入、生活成本、社会保障和生活环境带来的收益）大于在第一产业就业的收益，乡村劳动力就会持续向非农产业转移。2010年以后，在乡村劳动力供给规模下降、农村居民可支配收入不断提高的情况下，乡村劳动力向非农产业的转移规模仍不断扩大，重要原因依然是非农产业就业的收益远大于第一产业的就业收益。

教育回报率影响劳动力迁移的模式。在平均收入相同的情况下，教育回报率高的地区会吸引更多高教育水平的劳动力；低教育水平的劳动力则更倾向于迁往低回报率的地区。因此，较高的教育回报率为劳动力的跨区流动提供了激励。

城市高房价对劳动力流动存在着拉力和阻力双重影响。一方面，高房价意味着城市更好的发展前景、个人更匹配的工作机会和更大的财富增长空间，同时还意味着更优质的公共服务和基础设施，因此高房价能够吸引人才流入；另一方面，快速上涨的房价加重了外来劳动力的生活成本，一定程度上也阻碍了城市引进人才和创新创业。具体而言，当房价较低时，其上升的拉力作用占主导，促进劳动力流入；当房价超过一定临界值时，房价上升使永久性收入呈下降趋势，不确定性引起的阻力作用增强并成为主导力量。劳动力在选择流入城市时会权衡两种力量的大小，两种作用最终对劳动力流动产生先吸引后抑制的倒"U"形影响，特别是对于高技能劳动力更为明显。

（三）劳动力就业结构

1. 含义

就业结构有狭义和广义之分。狭义的就业结构是指国民经济各部门的社会劳动力数量、比例及其相关关系，即劳动力的产业结构。广义的就业结构是指除劳动力的产业结构以外，还包括劳动力的城乡结构、所有制结构、地区结构、职业结构等。其实质是劳动力作为生产要素的配置问题。劳动力的特殊性和重要性，导致就业结构的复杂性。

2. 劳动力就业结构变化

总体来看，2012年以来我国三次产业就业结构在保持"三、二、一"型基础上不断优化。现阶段的就业结构仍存在一些变化，具体表现为以下三点。

第一，由于"互联网+""人工智能"等新技术的推广应用，中国的产业结构进入新的阶段。按照一般规律，农业剩余劳动力向第二产业和第三产业转移、工业低技能人员向服务业部门转移是就业结构转变的主要形式，随着物联网、人工智能、机器人等新技术的推广应用，传统就业岗位将会进一步受到冲击。

第二，自2001年以来，以受教育水平为标准划分劳动力技能水平，中国不同行业的就业结构呈现出"N形极化"升级趋势，即高技能和低技能行业就业增加，部分中等技能行业就业减少。

第三，劳动力市场呈现出城乡、区域、产业、群体及劳动力供给质量等方面的结构性矛盾。具体表现为：农村劳动力就业及占比下降，城镇劳动力就业及占比逐年上升，2014年城镇就业人员比重首次超过乡村；第一产业、第二产业就业人数及比重持续下降，第三产业就业人数比重不断上升；劳动力由过去的"孔雀东南飞"变化为随产业向中西部转移而返乡回流；以高校毕业生、农民工等为代表的重点群体就业压力仍处高位，技能素质与岗位需求不匹配问题突出[①]。

---

① 钱诚. 当前我国劳动力供求特征、趋势判断与政策建议. 中国劳动，2020，（4）：35-51.

(四) 就业的结构性矛盾

就业的结构性矛盾是指劳动力市场上供给和需求之间存在的结构不匹配现象。有地区、行业之间的不匹配，而更多地表现为劳动者素质技能与岗位技能需求之间的不匹配。劳动力市场上既会出现有人无岗的现象，也会出现有岗无人的现象，即"过剩"与"短缺"并存。"过剩"表现为"就业难"，"短缺"表现为"用工荒"。造成就业结构性矛盾的主要原因在于以下两个方面。

1. 需求方面

第一，产业结构变化导致的结构性矛盾。由于技术进步、需求变化等因素的影响，不同产业在整体经济中的份额不断发生变动，进而引起就业总量与结构的相应变动。产业结构的升级调整是一个"创造与破坏"并存的过程。一方面，产业结构的优化会带来经济增长速度的加快和新兴行业的发展，从而创造新的就业岗位，产生就业创造效应。另一方面，产业结构调整伴随的各产业剧烈变动往往会带来相当规模的就业破坏。这种破坏效应主要来自两个方面，一是产业结构的不断升级，资本有机构成逐渐提高，单位资本所需要匹配的劳动数量逐渐减少，导致产业发展对就业的容纳力降低；二是在产业结构调整过程中，随着部分产业走向衰退，大量的劳动力将面临失业，由此引发的就业破坏效应很可能会抵消其所带来的就业创造效应。随着产业结构的调整和升级，大量劳动密集型行业纷纷进行转型升级。在此过程中，原来以低价劳动力作为竞争优势的行业被淘汰，一些劳动者失去了原有的工作岗位，导致就业的结构性矛盾。

第二，各产业的技术进步催生了对高技能劳动力的需求。在新技术革命的影响下，众多企业的技术进步在一定程度上呈现出技能偏向性特点。技能偏向型技术进步是指要求参与生产的劳动力具有更高的技能水平和更高的教育程度，才能应用新兴技术设备进行生产的技术进步方式。这种情况下，技能较高劳动力不断替代技能较低劳动力，导致技术与技能间的不断互补。企业的技术进步提高了企业对高技能劳动力的需求，高技能劳动者工资占总工资的比重与就业比重都会有大幅度提高，新技术的引入通过改变劳动力的需求促使劳动力结构的变化。同时，传统技术外延式的企业规模扩张，或新技术企业中不可或缺的传统技术岗位又会带来对低技能劳动力需求的不断增加。这也是劳动力市场中"技工荒"与"民工荒"问题并存的基本原因。

2. 供给方面

第一，高等教育学历升级驱动就业结构的变化。1998年之后中国高等教育快速发展，教育结构也发生了变化，这种变化影响了劳动力供给结构，势必对劳动力市场产生相应冲击。虽然高等教育学历结构的升级在一定程度上满足了市场对更高层次学历人才的需求，但劳动力供给结构调整的速度可能略快于市场需求变化的速度，这种劳动供需不匹配形成劳动力市场中就业结构性矛盾的基础。

第二，职业供求不匹配导致的结构性矛盾。一是岗位需求与人力资本供给不匹配，高技能人力资本供给不足。技能型劳动者短缺的原因主要是经济转型发展使对技能型劳动者的需求增长，而相应的技能型劳动者教育和培训不足，导致技能型劳动者增长速度滞后于经济转型发展要求。与市场多样化的需求相比，普通高等教育提供的毕业生同质性强、就业能力差。部分专业的大学生供过于求和紧缺专业人才短缺的结构性矛盾突出。二是就业观念与岗位供给不匹配。一方面，当前城乡新成长劳动力以"90后"人群为主，他们的就业观念发生了明显变化，普遍要求更高的就业质量、更新颖的就业形式和更灵活的就业方式，在行业选择上具有不稳定性。另一方面，由于社会上对职业教育仍存在各种看法，导致职业教育的社会地位不高，学生选择职业教育的意愿不强，造成职业技术人才供需缺口大。

第三，区域差异导致的结构性矛盾。我国就业存在明显地区差异，东部地区经济发展水平较高，劳动力需求大；东北地区因资源枯竭、去产能、国企改革等造成的失业压力较大，人才流失比较明显；中西部地区农村劳动力和转移就业较多。由于区域经济结构差异、工资水平差异，以及人才落户、购房等优惠政策不同，就业的吸引力不同，欠发达地区仍然面临着"引进难""留人难"的问题，而发达地区面临着技能型人才"招工难"的问题[1]。

三、劳动力总量与结构的关系

（一）总量的周期性

劳动需求是经济增长的派生需求，经济的周期波动决定劳动力需求的周期性。周期性失业与经济的周期性波动是一致的，整体经济水平的衰退是造成周期性失业的主要原因。另外，人口的生育高峰期与下降期或平缓期的交替，决定了劳动年龄人口及劳动供给总量的长期波动。对于正处于工业化、城市化进程中的我国来说，还应加入农业劳动力转移变量。有学者利用中国和跨国面板数据分析发现，农业劳动力转移相对其长期趋势的短期变动与宏观经济周期涨落有显著联系[2]。

（二）结构的长期性

以机械化、电气化、自动化为主要特征的工业革命曾经引起就业结构的重大变化。历史上的每一次工业革命的内容、特点及其引起的主导技术群、生产方式、产业结构变革等各有不同，就业结构的变化也呈现出不同的形式及特征。从总体来看，第一次工业革命主要引起第一产业就业比重下降、第二产业就业比重上升，职业结构由农民占主导向操作机器的工人占主导转变；在第二次工业革命中，第一产业就业比重持续下降，第二、三产业就业比重上升，特别是第二产业就业成为就业结构的主导，工人和各类服务人员成为社会职业结构的主体；第三次工业革命主要引起第一产业就业比重迅速下降，第二产业就业比重先升后降，第三产业就业比重迅速上升，职业岗位趋向高质量、高层次。

以数字化、网络化、智能化为主要特征的新一轮工业革命蓬勃兴起，工业智能化和数字经济的发展对就业结构产生长期影响。随着智能物质资本应用的生产范围不断扩大，

---

[1] 孙兆阳. 劳动力流动与就业结构性矛盾. 学习与探索, 2018, (12): 50-56.
[2] 卢锋, 刘晓光, 姜志霄, 等. 劳动力市场与中国宏观经济周期：兼谈奥肯定律在中国. 中国社会科学, 2015, (12): 69-89, 206.

对中等技能劳动力的相对需求会减少，持续产生的创新性任务增加了对技术性和技能型人才的需求。在新业态、新产业、新商业模式下，劳动者的知识技能有效增强，有助于提高就业参与率、优化就业结构。劳动者智能化和高生活成本的交互作用，会进一步降低低技能劳动力的就业，致使工业智能化较发达的地区就业出现"极化"。

除了技术进步和产业革命，由于市场失灵和经济政策等因素的影响，就业结构性问题将长期存在。

（三）总量与结构的内在联系

劳动力总量和结构变化的内在联系主要通过劳动年龄结构变化来体现。从存量看，劳动力总量包含一定的年龄结构；从流量看，人口增速决定年龄结构的变化。人口增速快，意味着生育率提高，不仅劳动力总量将增加，同时劳动年龄结构也将趋于年轻化。劳动年龄结构的动态变化既是劳动力总量变化的基础性因素，也是一定时期劳动力结构特别是年龄结构、受教育结构、技能结构变化的重要原因。

进一步来看，劳动就业的总量矛盾中始终包含着结构性矛盾，只是在不同时期主要矛盾有所不同。从总量看，我国的部分群体还存在就业压力，但就业总量已经不是劳动力市场的主要矛盾，就业的结构性风险大于总量风险。当前，劳动力供不应求成为常态，表现为：一是适龄劳动人口不断下降，劳动力供给规模进一步缩小；二是劳动力需求持续增长，市场监测求人倍率长期保持在1以上；三是中等、高等教育扩张延缓推迟了适龄劳动人口进入就业市场的时间，青年劳动参与率有所降低。当前我国就业面临总量矛盾与结构性矛盾并存，即"就业难"与"用工荒"现象并存，结构性矛盾逐渐成为主要矛盾。

第二节 劳动生产率

一、劳动生产率的度量

（一）劳动生产率定义

劳动生产率（labor productivity）是指每单位劳动投入能够产生的产品的价值，即单位时间内单位劳动的产值。

劳动生产率的概念与经济增长理论的发展息息相关。古典政治经济学奠基人之一魁奈最早提出劳动生产率概念，他把劳动生产率定义为每单位劳动投入所能得到的产出水平。需要强调的是，魁奈作为重农学派的代表性人物，他提出的"劳动"特指在农业生产中的劳动，而对其他领域的劳动并没有进行讨论。亚当·斯密在魁奈劳动生产率定义的基础上，将这一概念扩展到所有生产领域，并且指出劳动分工决定了劳动生产率。主要途径有三个，一是通过"干中学"，劳动者在工作中不断提升自己的劳动技能；二是分工使得劳动者可以专注于特定领域，熟练程度提高，提升工作效率；三是机器在生产中的大量使用可以帮助劳动者兼顾不同的工作。除了劳动，资本和土地也是影响商品价值的重要因素。在商品生产过程中，土地要素的投入是相对固定的，但是其他两个要素是可以变化的，因此他认为对于经济增长的解释应该重点关注劳动生产率和资本生产率。在之后的新古典经济理论和新凯恩斯经济理论中，虽然影响劳动生产率的因素不断增多，但是其基本内涵并没有发生重大改变。

（二）劳动生产率度量方法

劳动生产率的测量比较简单，从概念出发，可知劳动生产率主要由劳动投入和产出两方面共同决定。在实际测算中，由于生产函数的形式未知，通常用增加值除以劳动数量变化来进行计算。常用的指标有：①人均国内生产总值；②劳均国内生产总值，即国内生产总值与劳动力数量之比；③全员劳动生产率，即工业企业的工业增加值与同期全部从业人员平均数之比。

需要说明的是，劳动生产率是从劳动力角度测量的生产效率，是与其他生产要素相结合共同作用的结果，而不仅是劳动力要素的生产效率。

二、劳动生产率的决定

在关于劳动生产率影响因素的研究中，研究人员尝试从多角度对劳动生产率进行分解，可以归纳出三类重要的影响因素：技术进步、劳动力配置、个体差异。

（一）技术进步

技术进步一直是对劳动生产率影响最大的因素，直接决定了人类的劳动工具，是不同经济时代的标志。

机械化极大地提高了劳动生产率。第一次工业革命之后，蒸汽机取代了风力和畜力，解放了人类的双手，极大地提高了体力劳动的效率。机械化不单单是强化了人类的劳动能力，降低了劳动强度，更是直接改变了生产的逻辑，使得劳动生产率迎来了第一次飞跃。在前机械化阶段，手工作坊是主要的生产模式，手工业者通常需要独立完成从原料采购到产成品销售的整个流程。在机械化生产阶段，出于对更高劳动生产率和更标准化产品的追求，生产的重心逐步向机器转移，生产活动被分解成一道道工序，劳动者的主要任务变为操作机器和维护机器。

自动化是人类历史上劳动生产率的又一次飞跃。自动化的出现和普及显著降低了劳动者个体因素对整个生产活动的影响，手工劳动和机械操作进一步分离，生产工艺被完全细化，劳动者虽然在流水线工作，但可能并不知道产成品的最终形态。自动化造成的生产流程高度标准化，极大地提高了企业的劳动生产率，但是对劳动者造成了不同的影响。Milkman 和 Pullman 对美国汽车制造业的研究显示，自动化设备的应用造成了劳动者技能的两极分化，技术人员的专业技能水平不断提升，而普通劳动者进一步去技术化[①]。David 梳理了美国工业自动化的历史，他强调自动化设备使得资方减少了对单个劳

---

① Milkman R, Pullman C. Technological change in an auto assembly plant: the impact on workers' tasks and skills. Work and Occupations, 1991, 18(2): 123-147.

动者技能的依赖，但是对于全体劳动者的管理成了不同企业间劳动生产率差异的关键①。

智能化对传统劳动生产率的概念形成了挑战。目前，一些重复、简单，不需要情感交流和综合判断的工作正逐步被智能化的设备替代；在服务、科研和管理等岗位上，智能化的渗透程度较低②。因此，智能化对劳动生产率产生了两方面的影响。一方面，由于新劳动工具的智能化、自动化和自主化特征，低端操作性劳动的效率大大提升，劳动者转向智能化工具暂时无法取代的设计、研发、管理等高复杂度岗位，提升了企业整体的劳动生产率③。另一方面，大量不具备高技术水平的劳动者转向了服务业的岗位，而服务业劳动生产率并不高，从而拖累了整体的劳动生产率。

总体来看，一次次技术革命带来了劳动工具的升级换代，带来了生产率的飞跃，但是从长期来看，技术进步对生产效率的提升速度在下降。正如马克思指出的那样，"劳动资料不仅是人类劳动力发展的测量器，而且是劳动借以进行的社会关系的指示器"④。在为技术进步欢呼的同时，也要注意一些传统意义上的劳动岗位正在逐渐消失，因此对于劳动生产率的内涵也应该不断革新。

（二）劳动力配置

劳动力配置是通过劳动力流动实现的。从上述劳动力流动的各种原因可以推断，一般是从低效率的岗位、职业、产业、区域流向较高效率的岗位、职业、产业、区域，使得劳动力配置趋向于各岗位、职业、产业、区域边际生产率相等，其结果不论是从微观上还是从宏观上都会提升劳动生产率。

这一规律的典型事实表现在工业化进程中，农业劳动力向非农产业转移会不断提高全社会劳动生产率。Dekle 和 Vandenbroucke 用一个两部门的增长模型，定量刻画了由农业部门向非农业部门的劳动力转移对中国 1978～2003 年劳动生产率的促进作用⑤。Herrendorf 和 Valentinyi 分析了劳动生产率的跨国差异的产生原因，研究发现非农部门的差异大约等于总的劳动生产率的差异，即各国不同的产业结构严重影响跨国劳动生产率差异⑥。同样的道理，在我国，区域间劳动力转移对促进劳动生产率的提升也发挥了重要作用，是改革开放以来我国经济发展的最重要驱动力之一⑦。

工业化后期和后工业化时期，农业劳动力继续向非农产业转移、第二产业劳动力向第三产业转移过程中，出现了社会整体劳动生产率下降的"反常"情况。Baumol 针对这一情况进行了开创性研究，他建立了一个包含"进步部门"和"停滞部门"的两部门增长模型，"进步部门"生产率的快速增长导致"停滞部门"的相对成本不断上升，最终拖

---

① Noble D F. Forces of Production: A Social History of Industrial Automation. New York: Routledge, 2017.
② 黄欣荣. 人工智能对人类劳动的挑战及其应对. 理论探索, 2018, (5): 15-21.
③ 孙友晋. 智能经济背景下劳动工具的发展及其对劳动的影响. 贵州社会科学, 2020, (10): 135-141.
④ 中共中央马克思恩格斯列宁斯大林著作编译局. 马克思恩格斯文集（第二十三卷）. 北京：人民出版社，2009.
⑤ Dekle R, Vandenbroucke G. A quantitative analysis of China's structural transformation. Journal of Economic Dynamics and Control, 2012, 36(1): 119-135.
⑥ Herrendorf B, Valentinyi A. Which sectors make poor countries so unproductive?. Journal of the European Economic Association, 2012, 10(2): 323-341.
⑦ 樊士德，姜德波. 劳动力流动与地区经济增长差距研究. 中国人口科学，2011, (2): 27-38, 111.

累了总体的生产率水平。第三产业劳动生产率对总体劳动生产率的拖累作用,即著名的"鲍莫尔成本病"(Baumol's cost disease)[①]。杨天宇和姜秀芳通过构建三部门的一般均衡模型,也证明了第三产业劳动生产率低速增长是阻碍我国总劳动生产率提升的重要原因[②]。

另外,劳动力配置提升劳动生产率的前提是劳动力由低效率向较高效率流动,实现劳动力的优化配置,但是由于某些原因出现了劳动力的"错配",则会导致相反的结果。蔡昉等认为我国劳动力市场扭曲是行业间劳动力资源错配的主要原因,使得劳动力无法顺利地从低生产率行业转向高生产率行业,从而制约了我国经济的发展[③]。任韬和孙潇筱基于C-D生产函数构建了行业间劳动配置模型,对我国行业间劳动配置的扭曲进行了估算,发现矫正行业间劳动力配置扭曲可以提升除农业外所有行业的劳动生产率[④]。

近年来,随着对劳动生产率作用机制研究的深入,企业内部劳动力配置的影响也引起了广大学者的关注。在控制了技术水平、物质资本和人力资本等因素的影响下,企业间的劳动生产率还存在显著差异,说明企业内部的劳动力配置会极大地影响劳动生产率。Syverson最先发现,在控制了技术水平、人力资本和产业结构等因素的情况下,美国制造业中前10%的企业与后10%的劳动生产率的差值仍在2倍以上,而与印度、中国企业的差值竟然高达四五倍,这说明在微观企业内部也存在对劳动生产率具有重要解释力的因素[⑤]。

(三)个体差异

劳动力在教育、技能水平、年龄等方面的个体差异是解释劳动生产率差异的微观因素。

教育是个体因素中对劳动生产率的影响最大的,其作用也是最为直接的。目前已经有大量研究证实了教育对劳动生产率的积极影响。张海峰等把平均受教育年限和平均师生比率作为地区教育发展水平的代理变量,利用中国1980~2005年的省级数据,验证了教育对劳动生产率的积极影响,其中平均师生比每上升0.916,劳动生产率提高约为3.09%[⑥]。

技能水平对劳动生产率的影响可以分为两类情况,一是与工作岗位密切相关的专业性技能水平对劳动生产率的影响;二是以互联网使用为代表的通用型技能对劳动生产率的影响。对于第一类情况,劳动者专业技能水平既是个体劳动生产率差异的决定性因素,

---

[①] Baumol W J. Macroeconomics of unbalanced growth: the anatomy of urban crisis. The American Economic Review, 1967, 57(3): 415-426.
[②] 杨天宇,姜秀芳. 产业结构变迁、劳动力市场扭曲和中国劳动生产率增长放缓. 经济理论与经济管理,2015,(4):57-67.
[③] 蔡昉,王德文,都阳. 劳动力市场扭曲对区域差距的影响. 中国社会科学,2001,(2):4-14,204.
[④] 任韬,孙潇筱. 中国行业间劳动要素配置扭曲及对经济的影响分析. 数理统计与管理,2021,40(2):352-365.
[⑤] Syverson C. What determines productivity?. Journal of Economic Literature, 2011, 49(2): 326-365.
[⑥] 张海峰,姚先国,张俊森. 教育质量对地区劳动生产率的影响. 经济研究,2010,45(7):57-67.

也是影响劳资权利和收入分配的重要因素[①]。对于第二类情况，研究基本肯定了通用型技能的积极影响，但是对于其作用机制还存在不同理解。Hargittai 和 Hinnant 从互联网技能水平差异出发解释了性别对劳动生产率的影响[②]。Pénard 和 Poussing 也认可互联网技能对劳动生产率的提升作用，但他们认为其主要作用机制在于互联网使用增加了劳动者的社会资本，进而通过社会资本作用到生产率[③]。

年龄对劳动生产率的影响并不是简单的线性关系，而是更为复杂的非线性关系。在早期的一些研究中，一些学者认为老年人的体力水平、智力水平和反应速度都处于衰退阶段，因此年龄较大的劳动者的劳动生产率会显著低于年轻劳动者。汪伟等构建包含年龄结构的生产函数，利用我国数据验证了年龄对劳动生产率的抑制作用[④]。Lee 和 Mason 研究发现，随着人口老龄化的趋势加深，企业为了节省劳动力成本，会减少低质量劳动力投入，提高生产的机械化和自动化水平，形成规模经济，促进整体劳动生产率的提高[⑤]。冯剑锋等认为在 1999~2012 年，人口老龄化对我国劳动生产率具有明显的提升作用，其主要作用机制在于老龄化增加了整体劳动力成本，有利于年轻人增加人力资本投资，从而实现劳动力整体质量的提高[⑥]。

除了上述影响因素，智力水平、性格、语言能力和创新能力等其他个体因素也会对劳动生产率产生影响。

三、我国的劳动生产率

在表 4.2 中可以清晰地看到，改革开放后，我国的劳动生产率持续提高，从 1978 年到 2022 年实际提高了 182 倍，为我国的经济增长做出了突出贡献。值得关注的是，2018 年前后我国的劳动生产率增长速度放缓，意味着我国赶上发达国家劳动生产率水平的时间会更长，但近几年速度再次提升，经济保持增长，发展质量稳步提升，向全面建设社会主义现代化国家新征程迈出坚实步伐。

表 4.2 我国改革开放后的劳动生产率

年份	国内生产总值/亿元	劳动力/万人	劳动生产率/（元/人）
1978	3 678.7	40 682	904
1988	15 180.4	54 630	2 779
1998	85 195.5	72 087	11 818

[①] 王星. 技术的政治经济学：基于马克思主义劳动过程理论的思考. 社会，2011，31（1）：200-222.

[②] Hargittai E, Hinnant A. Digital inequality: differences in young adults' use of the Internet. Communication Research, 2008, 35(5): 602-621.

[③] Pénard T, Poussing N. Internet use and social capital: the strength of virtual ties. Journal of Economic Issues, 2010, 44(3): 569-595.

[④] 汪伟，刘玉飞，徐炎. 劳动人口年龄结构与中国劳动生产率的动态演化. 学术月刊，2019，51（8）：48-64.

[⑤] Lee R, Mason A. Fertility, human capital, and economic growth over the demographic transition. European Journal of Population/Revue européenne de Démographie, 2009, 26: 159-182.

[⑥] 冯剑锋，陈卫民，晋利珍. 中国人口老龄化对劳动生产率的影响分析：基于非线性方法的实证研究. 人口学刊，2019，41（2）：77-86.

续表

年份	国内生产总值/亿元	劳动力/万人	劳动生产率/(元/人)
2008	319 244.6	77 046	41 436
2018	919 281.1	80 525	114 161
2022	1 210 207.2	73 351	164 989

资料来源：历年《中国统计年鉴》

如表 4.3 和表 4.4 所示，两表分别展示了世界主要经济体单位劳动产出和世界主要经济体劳动生产率增长率的变化情况。同其他世界主要经济体相比，首先，我国单位劳动产出仍然处于较低水平。其次，发达经济体（美国、欧元区、日本等）单位劳动产出虽然明显高于我国，但是其增速持续回落。近年来我国的劳动生产率增长率虽然有所下降，但仍处于较高水平。一方面反映了近年来，劳动生产率的提升为我经济发展做出了卓越的贡献；另一方面也反映了我国经济较有活力，未来的增长潜力巨大。

表 4.3　世界主要经济体单位劳动产出（单位：美元/人）

年份	世界	美国	日本	欧元区	印度	中国
2001	26 912.35	101 726.81	72 054.52	83 699.79	7 771.02	6 633.60
2002	27 305.36	103 844.15	72 994.64	84 889.22	7 966.19	7 194.96
2003	27 920.38	106 370.76	74 312.2	86 454.82	8 489.02	7 864.66
2004	28 889.97	108 983.38	75 740.77	88 915.97	9 055.73	8 570.98
2005	29 741.52	110 754.07	76 710.14	90 115.08	9 667.35	9 459.17
2006	30 701.32	111 724.97	77 403.7	92 353.59	10 212.43	10 577.55
2007	31 721.79	112 934.58	78 204.57	94 769.22	10 752.72	12 031.26
2008	32 183.06	113 168.99	77 521.61	94 252.89	10 846.88	13 201.42
2009	31 758.13	114 298.45	74 201.45	90 927.02	11 452.35	14 451.23
2010	32 942.35	117 866.27	77 549.28	93 434.20	12 163.28	15 957.54
2011	33 750.26	118 574.35	77 527.09	94 343.48	12 686.94	17 370.03
2012	34 437.66	119 176.99	78 757.67	94 075.93	13 266.55	18 723.94
2013	35 146.84	119 986.86	79 759.02	94 363.93	13 879.88	20 173.62
2014	35 880.03	120 493.36	79 394.58	95 044.14	14 673.3	21 644.07
2015	36 621.71	121 675.23	80 417.13	97 433.97	15 613.74	23 146.31
2016	37 331.46	121 714.33	80 190.18	98 371.97	16 675.91	24 711.19
2017	38 261.57	122 442.16	80 746.49	99 549.31	17 586.66	26 468.08
2018	39 130.94	124 204.07	79 753.89	100 282.96	18 513.06	28 290.79
2019	39 693.82	125 141.16	78 757.91	101 391.15	18 816.21	30 094.97
2020	39 273.52	129 213.76	76 014.27	98 363.91	17 969.98	31 389.48
2021	40 584.68	132 347.32	77 780.78	103 766.72	18 763.62	33 163.94
2022	40 812.61	131 107.65	78 214.24	105 107.79	19 109.92	34 242.34

资料来源：数据根据国际劳工组织统计数据库——国际劳工模型计算得到，其中欧元区数据为 20 个成员国平均值（欧元区国家包括爱尔兰、法国、德国、奥地利、比利时、塞浦路斯、爱沙尼亚、芬兰、希腊、意大利、拉脱维亚、立陶宛、卢森堡、马耳他、葡萄牙、西班牙、斯洛伐克、斯洛文尼亚、克罗地亚和荷兰）

注：表内数据是以 2017 年国际美元购买力平价指数为基础计算

表 4.4 世界主要经济体劳动生产率增长率

年份	世界	美国	欧元区	日本	印度	中国
2001	1.05%	0.93%	2.04%	0.99%	3.47%	7.91%
2002	1.46%	2.08%	1.92%	1.31%	2.51%	8.46%
2003	2.25%	2.43%	2.39%	1.81%	6.56%	9.31%
2004	3.47%	2.46%	3.32%	1.92%	6.68%	8.98%
2005	2.95%	1.63%	2.31%	1.28%	6.75%	10.36%
2006	3.23%	0.88%	2.69%	0.90%	5.64%	11.82%
2007	3.32%	1.08%	2.82%	1.04%	5.29%	13.74%
2008	1.45%	0.21%	−0.21%	−0.87%	0.88%	9.73%
2009	−1.32%	1.00%	−3.11%	−4.28%	5.58%	9.47%
2010	3.73%	3.12%	3.05%	4.51%	6.21%	10.42%
2011	2.45%	0.60%	1.16%	−0.03%	4.31%	8.85%
2012	2.04%	0.51%	0.17%	1.59%	4.57%	7.79%
2013	2.06%	0.68%	0.41%	1.27%	4.62%	7.74%
2014	2.09%	0.42%	0.68%	−0.46%	5.72%	7.29%
2015	2.07%	0.98%	2.27%	1.29%	6.41%	6.94%
2016	1.94%	0.03%	1.00%	−0.28%	6.80%	6.76%
2017	2.49%	0.60%	1.48%	0.69%	5.46%	7.11%
2018	2.27%	1.44%	0.90%	−1.23%	5.27%	6.89%
2019	1.44%	0.76%	1.42%	−1.25%	1.64%	6.38%
2020	−1.06%	3.25%	−3.46%	−3.48%	−4.50%	6.01%
2021	3.34%	2.43%	5.63%	2.32%	4.42%	3.61%
2022	0.56%	−0.94%	1.24%	0.56%	1.85%	3.36%

资料来源：数据根据国际劳工组织统计数据库——国际劳工模型计算得到，其中欧元区数据为 20 个成员国平均值
注：本表数据是按 2017 年国际美元购买力平价指数计算的年度环比

第三节 劳动贡献

在古典经济增长理论中，经济学家就已经意识到了劳动对于经济增长的重要性。亚当·斯密在《国富论》中阐述了劳动对于国民经济的作用，他认为国家财富的增长主要依靠劳动力数量的增加和劳动生产率的提高。英国著名经济学家穆勒认为，生产活动需要劳动力、资本和自然资源，其中劳动力是最基本、最重要的要素。马克思认为劳动是"人和自然之间的过程，是人以自身的活动来中介、调整和控制人和自然之间的物质交换的过程"[①]。具体来说，劳动就是把劳动本身、劳动资料和劳动对象组合在一起生产出人类所需的物质物品的过程，对于人类社会的发展具有不可替代的作用。虽然劳动与物质资本在一定程度上具有可替代性，如机器可以代替劳动者完成重复性的工作，但是凝

---

① 中共中央马克思恩格斯列宁斯大林著作编译局. 马克思恩格斯文集（第五卷）. 北京：人民出版社，2009：247.

结在人身体内的能力、知识和经验，是无法与个体相分离的，只能够通过劳动物化于产品和服务之中，这就是劳动与其他物质生产要素最重要的区别。

一、劳动数量的贡献

在经济理论发展的各个阶段，学者普遍认可劳动力的数量作为生产活动最基本的投入要素，目前还没有可以完全替代的方法，对于经济的长期增长具有积极影响。无论是在古典经济增长模型，还是在新古典经济增长模型，或者是在内生经济增长模型中，劳动都作为最重要的生产要素被保留了下来，但是，越来越多的实证研究表明，劳动力数量对经济增长的贡献在逐渐下降。Chow 和 Lin 在传统的经济增长核算框架下，利用 1978～1998 年的数据测度，发现劳动对中国经济增长的贡献仅为 10%[1]。Wang 和 Yao 把研究区间扩大为 1952～1999 年，发现劳动对中国经济增长的贡献约为 15.4%[2]。

二、劳动质量的贡献

劳动质量的贡献是指既定数量的劳动力基于能力、经验和教育等方面的能力（即人力资本）对产出的影响。亚当·斯密就曾明确提出劳动人员的技能水平和判断能力会影响人们的产出水平，但是在新古典经济增长模型中，测算劳动投入通常只考虑劳动力的数量，其中隐含了劳动力是同质的假设。直到 20 世纪 60 年代，以 Mincer、Schultz 以及 Becker 为代表的芝加哥学派将劳动力数量要素与劳动力质量要素区别开来，明确了人力资本的概念，并开始把人力资本当作一种独立的生产要素。从 20 世纪 80 年代开始，国内外众多学者进行了大量关于人力资本对经济增长贡献的研究。

人力资本促进经济增长可以通过三种主要作用机制，即直接机制、间接机制和联合机制。直接机制就是把人力资本视为最终产品生产的直接投入要素，使其直接进入生产函数。这一机制最早源于 Lucas 的人力资本积累模型，该模型将人力资本的效应分为内在效应和外在效应，前者源于个体接受的教育和技能培训，后者则源于知识和技能的人际传递与传播[3]。间接机制则认为人力资本本身并不能直接作为独立的生产要素进入生产函数，而是通过推动技术进步（现有研究中多为对全要素生产率的影响）来间接地促进经济增长。间接作用又主要体现在两方面，一是人力资本能增加社会的知识和技能，从而提升整个社会的技术水平；二是基于知识的非竞争性和非完全排他性，通过共享和传播带来的外部性实现增长。间接机制的代表人物是 Romer[4]，此后，一些学者的研究中也基本都延续了这一思想。联合机制实际就是综合了直接和间接两种机制，既把人力资本当作最终产品的生产投入要素，又将其视为新知识、新技术产生的关键。

---

[1] Chow G, Lin A. Accounting for economic growth in Taiwan and Mainland China: a comparative analysis. Journal of Comparative Economics, 2002, 30(3): 507-530.

[2] Wang Y, Yao Y. Sources of China's economic growth 1952—1999: incorporating human capital accumulation. China Economic Review, 2003, 14(1): 32-52.

[3] Lucas R J. On the mechanics of economic development. Journal of Monetary Economics, 1988, 22(1): 3-42.

[4] Romer P M. Endogenous technological change. Journal of Political Economy, 1990, 98(5): 71-102.

专栏一:"人口红利"

"人口红利"一词起源于人口与经济增长关系的相关研究。有些学者认为,在人口转变的过程中由于生育率和死亡率的交替演变,会出现一个劳动年龄人口占比较大而人口抚养负担相对较轻的机会窗口期,东亚诸国正是抓住了这一时机进而获得了经济腾飞。人口红利是指在社会发展过程中,劳动年龄人口持续增长,占总人口比重也不断提高,形成了有利于经济发展的人口年龄结构[1]。在这种人口年龄结构下,劳动力供给充足,人口的社会抚养负担较轻。

人口红利在我国的经济发展过程中发挥了不可替代的作用。陈友华建立了人口红利对经济增长影响的数学模型,并以其为基础定量地计算出人口红利对我国经济增长的影响:进入21世纪后我国GDP中有超过1/10是由人口红利因素创造的[2]。田雪原等认为,改革开放以来劳动年龄人口供给持续增长,人口素质提高对经济增长的贡献率为30%左右,这与20世纪六七十年代的日本、韩国、新加坡、中国香港等国家和地区的经济起飞的原因类似[3]。蔡昉对中国改革开放以来经济增长进行了实证分析,发现我国总抚养比每降低1个百分点,会导致经济增速提高0.115个百分点,1982~2000年,总抚养比下降推动人均GDP增长速度上升2~3个百分点,对同期人均GDP增长贡献约为1/4[4]。王金营和杨磊将劳动负担比引入柯布-道格拉斯生产函数来计算人口红利对经济增长的作用,计算结果表明在1978~2007年,由劳动负担下降带来的经济增长占总增长的27.23%[5]。车士义等的研究得出人口红利每年大约能贡献3个百分点的经济增长率[6]。吴雪和周晓唯根据陈友华构建的人口红利对经济增长影响的数学模型,定量估算了中国1978~2015年的人口红利对经济增长的贡献率,从1978年的−4.99%到2010年的16.54%(最大值)再到2015年的13.14%,总体呈现一个先上升后缓慢下降的过程[7]。

1. "人口红利"的影响途径

关于人口红利通过何种途径作用于经济增长,穆光宗将其归纳为三种效应,即创富效应、投资效应和积累效应。创富效应源于劳动力的充裕供给所创造的社会财富;投资效应是高储蓄率导致的投资增加所产生的经济增长效应;积累效应是社会保障支出少和生产性消费支出增多导致的财富积累效应[8]。

创富效应基于劳动力供给角度。人口红利直接导致劳动力规模的扩大。第一,在人口红利期,年轻化的人口年龄结构提高了人口的生产效率。第二,生育率的下降造

---

[1] 蔡昉. 未来的人口红利:中国经济增长源泉的开拓. 中国人口科学, 2009, (1): 2-10, 111.
[2] 陈友华. 人口红利与人口负债:数量界定、经验观察与理论思考. 人口研究, 2005, (6): 23-29.
[3] 田雪原, 王金营, 周广庆. 老龄化:从"人口盈利"到"人口亏损". 北京:中国经济出版社, 2006.
[4] 蔡昉. 刘易斯转折点:中国经济发展新阶段. 北京:社会科学文献出版社, 2008.
[5] 王金营, 杨磊. 中国人口转变、人口红利与经济增长的实证. 人口学刊, 2010, (5): 15-24.
[6] 车士义, 陈卫, 郭琳. 中国经济增长中的人口红利. 人口与经济, 2011, (3): 16-23, 77.
[7] 吴雪, 周晓唯. 人口红利、制度红利与中国经济增长. 经济体制改革, 2017, (3): 11-16.
[8] 穆光宗. 中国的人口红利:反思与展望. 浙江大学学报(人文社会科学版), 2008, (3): 5-13.

成家庭规模的缩小，女性进入劳动力市场的概率增加，即在人口红利期，女性的劳动参与率上升，进一步扩大了劳动供给。第三，在人口红利期，劳动力的素质不断提高，一方面，年轻的劳动力具有较好的身体素质；另一方面，在低生育水平下，家庭对于子女的人均教育经费稳步提升。

投资效应基于资本供给角度。"中间大，两头小"的人口年龄结构，可以通过增加储蓄，促进投资和经济的长期增长。Mason 和 Lee 进一步指出，即使在人口红利的创富效应结束之后，人口红利的投资效应依然存在[1]。当人口老龄化加速，劳动年龄人口占比开始下降时，出于对寿命的较长预期，劳动人口会增加财富积累，在合理的社会养老制度的保障之下，累积的财富可以通过投资转化为经济增长的动力，这就是"第二次人口红利"（the second demographic dividend）。

积累效应基于公共支出。一国的老人和儿童需要大量的公共投资，其中儿童需要健康和教育投资，老人则需要保健和赡养投资。在相同的财政支出水平下，用于儿童和老人的保障性支出增加，必然会压缩基础设施建设、税收补贴和科研奖励等生产性支出。周祝平指出，少儿抚养负担重，则政府用于子女养护、教育等用途的公共投资将会增加；老年抚养负担重意味着国民收入中用于老年人口健康、赡养等非生产性消费支出会增加，从而制约一国的经济增长[2]。

2. "人口红利"的延长

随着人口红利在经济增长中的作用被更多学者认可，世界不少国家和地区都尝试通过延迟退休来延长人口红利的经济增长效应。美国最早在1983年决定逐步提高退休年龄；德国也在1992年将男性退休年龄从63岁提升到65岁，女性退休年龄从60岁提升到65岁；日本也在1986年和2006年两次延长退休年龄。我国也在2021年发布的《中华人民共和国国民经济和社会发展第十四个五年规划和2035年远景目标纲要》中明确指出逐步延迟法定退休年龄。

延迟退休能否延长人口红利，从而促进经济增长，目前尚未形成统一的观点。Barro 进行了开创性研究，他把利他型人力资本投资引入 OLG（over lapping generation models，世代交叠模型），得到了推迟强制退休年龄可以促进经济增长的结论[3]。Gonzalez-Eiras 和 Niepelt 从公共投资的视角阐述了退休年龄和经济增长的关系，延长退休年龄会抑制总储蓄和劳动力供给的增长，从而抑制经济的快速增长[4]。我国学者王颖等探讨了人口红利、人口红利与经济增长的关系，认为实施延迟退休政策可以提高城镇劳动人口占总人口的比重，有助于经济增长[5]。黄祖辉等使用 CGE（computable general equilibrium，可计算的一般均衡）模型模拟了强制退休年龄延

---

[1] Mason A, Lee R. Reform and support systems for the elderly in developing countries: capturing the second demographic dividend. Genus, 2006, 62(2): 11-35.

[2] 周祝平. 人口红利、刘易斯转折点与经济增长. 中国图书评论，2007，（9）：4-12.

[3] Barro R J. Are government bonds net wealth?. Journal of Political Economy, 1974, 82(6): 1095-1117.

[4] Gonzalez-Eiras M, Niepelt D. Ageing, government budgets, retirement, and growth. European Economic Review, 2012, 56(1): 97-115.

[5] 王颖，佟健，蒋正华. 人口红利、经济增长与人口政策. 人口研究，2010，34（5）：28-34.

后到 65 岁的经济影响，肯定了延迟退休对经济增长的促进作用[①]。与此同时，他也指出这种效果是暂时的，只是延缓了劳动人口的下降趋势。与上述结论不同，严成樑通过新古典增长模型探索延迟退休的影响，延迟退休通过提高人口出生率对经济增长产生的正向影响无法弥补抑制资本给经济增长带来的副作用，所以延迟退休最终会导致经济增长率的下滑[②]。

从更长远的视角看，我国人口政策的调整是延长"人口红利"的重要因素。为积极应对人口老龄化和生育率下降趋势，2013 年 11 月 15 日实施的"单独二孩"和 2015 年 10 月 29 日实施的"全面两孩"是我国人口政策的重大调整。2021 年 8 月 20 日全国人民代表大会表决通过了关于修改人口与计划生育法的决定，一对夫妇可以生育三个子女，由此进入了实施全面三孩政策阶段。生育政策调整首先通过改变出生人口数量影响少儿抚养比，一定时间后影响劳动年龄人口规模，进而影响老年抚养比和总抚养比[③]。通过鼓励生育政策延长"人口红利"面临不少制约条件，需要诸多配套政策，需要长期见效。

长期以来中国的经济增长都依赖劳动力投入和资本要素驱动，但人力资本对中国经济增长的影响程度日益加深。特别是信息技术革命以来，数字经济、人工智能（artificial intelligence，AI）技术对我国数量型"人口红利"已经产生深刻影响。目前国外对 AI 技术与劳动力供给的研究主要集中在 AI 对产业供给、岗位数量供给、岗位要求供给的影响。研究发现第一产业受到 AI 技术的影响较小；第二产业受到 AI 技术的冲击影响较大，主要体现为 AI 的替代效应；第三产业在 AI 领域是难以替代的，同时能够激发出 AI 的创造效应[④]。伴随人口红利的转变，数字经济对劳动生产率收敛的影响呈现显著的单门槛效应；当人口红利水平越过门槛值后，数字经济赋能劳动生产率收敛的正向强化作用呈现明显的边际递增特征。数字经济发展可以消解人口红利衰减对劳动生产率收敛的潜在冲击[⑤]。

本 章 小 结

劳动力是人力与生产资料相结合后所形成的生产能力。与劳动要素供给密切相关的人口总量、劳动年龄人口及劳动参与率三者存在着递进关系。我国现阶段主要形式有合同制、聘任制、聘用制、临时就业、自主创业、自主就业等。失业是就业的反称。根据失业的特征、引发失业的机制及劳动者的意愿，失业分为自愿性失业、非自愿性失业和其他类型的失业。非自愿性失业主要包括结

[①] 黄祖辉，王鑫鑫，陈志钢，等. 人口结构变迁背景下的中国经济增长：基于动态可计算一般均衡模型的模拟. 浙江大学学报（人文社会科学版），2014，44（1）：168-183.

[②] 严成樑. 延迟退休、内生出生率与经济增长. 经济研究，2016，51（11）：28-43.

[③] 薛君. 生育政策调整对中国人口红利的影响. 华中科技大学学报（社会科学版），2018，(3)：45.

[④] 马红鸽，莫正晖. 人工智能对劳动力供给的影响问题研究：基于 Cite Space 科学知识图谱（2010—2020）. 重庆理工大学学报（社会科学），2022，(4)：118-132.

[⑤] 杨昕，赵守国. 数字经济赋能劳动生产率的收敛效应：基于人口红利转变的视角. 中国人口科学，2023，(2)：16.

构性失业、周期性失业、摩擦性失业。经济增长、技术进步、经济政策,以及工资决定机制、劳动力流动等从不同层面影响就业和失业。劳动力的年龄、受教育程度、性别、健康状况、地区等结构,对就业结构也有深刻影响。劳动力在城乡、地区、行业间的流动影响就业总量和结构。

由产业结构、技术进步、教育结构、职业结构、区域差异导致的就业结构性矛盾具有长期性。以数字化、网络化、智能化为主要特征的新一轮工业革命蓬勃兴起,工业智能化和数字经济的发展对就业结构产生长期影响。而就业和失业的总量矛盾是经济周期波动的反映。

劳动生产率是经济增长的关键因素。技术进步、劳动力配置,以及教育、技能水平、年龄等劳动者个人因素共同决定了劳动生产率。自改革开放以来,我国的劳动生产率持续较高,为经济增长做出了突出贡献。同时,"人口红利"长期存在对我国改革开放以来经济持续高速增长也做出了贡献。随着技术进步和管理水平的提高,劳动要素对经济增长的贡献从以数量贡献为主,逐步发展为以质量贡献为主,从而使人力资本成为现代劳动要素的实质。伴随着人口老龄化的进程,我国"人口红利"逐渐式微。在数量型人口红利的作用日益下降的情况下,要注重人力资本开发,实现人口红利从数量型向质量型的转变。

本章习题

1. 劳动年龄人口的影响因素。
2. 我国劳动参与率下降的原因。
3. 城镇登记失业率与调查失业率之差异辨析。
4. 失业的类型及影响因素。
5. 我国现阶段失业类型与经济学中典型失业类型的异同。
6. 就业的市场机制如何影响就业?
7. 如何认识就业政策与市场机制的关系?
8. 劳动力结构的变化及影响因素。
9. 劳动力流动的分类及驱动力。
10. 就业结构性矛盾的原因。
11. 为什么结构性矛盾是我国今后就业的主要矛盾?
12. 劳动生产率的常见度量方法。
13. "人口红利"对我国经济增长的意义。
14. 延迟退休年龄是否影响就业,从而延迟经济增长?
15. 大规模使用机器人是否影响就业,从而影响经济增长?
16. 青年人失业率高是否为一种趋势?其原因是什么?

第五章
资本要素供给

> **本章知识点**

1. 资本及资本总量的含义
2. 资本总量的测度方法
3. 永续盘存法
4. 资本的种类和形式
5. 资本品结构的内涵及构成
6. 国有资本、私人资本和国际资本
7. 资本效率的含义、评价指标体系及测度模型

> **本章学习目标**

1. 掌握资本总量的相关概念
2. 熟悉并掌握资本总量的测度方法
3. 对资本种类及形式有基本了解
4. 熟悉资本品结构的内涵及其构成
5. 能清楚辨析国有资本、私人资本、国际资本
6. 了解资本效率的含义和常见的评价指标
7. 掌握基础的效率评价模型及方法

资本是经济增长的基本要素，资本要素作为经济发展中最为活跃和最为基础的要素，是社会化大生产条件下生产关系的主要物质载体，通过与其他生产要素的有效结合来提升社会生产力水平。本章介绍资本总量与构成、资本品结构以及资本效率及测度，进而对中国资本效率进行探讨。

第一节 资本总量与构成

资本总量是指一个经济系统中所有生产资料的总和,包括生产设备、土地、建筑物、技术和人力资源等。资本种类和形式构成主要包括商品资本、实物资本、金融资本、人力资本等,不同类型的资本构成了经济系统的总体资本量,对经济增长和发展具有重要影响。

一、资本总量

(一)资本总量的概念

资本是一种被生产出来的要素,一种本身就是由经济过程产出的耐用的投入品。资本包括有形的资本品,如公路、电厂、卡车、电脑等设备,以及无形的物品,如专利、商标和计算机软件等。资本也被称作第三种生产要素,是能进一步用于生产过程的耐用产成品。最为一般地讲,进行资本投资意味着推迟消费。社会通过推迟当前消费来建造厂房或设备,以增加未来的消费。一个经济事实是,迂回生产能产生一个正的收益率。

资本与土地和劳动不同,它在使用之前必须首先被生产出来。例如,一些公司制造纺织机械,这些机械又用来生产衬衫;另一些公司生产农用拖拉机,这些拖拉机又被用来帮助生产玉米。

资本是生产的要素,剔除它的社会属性,它是生产资料和货币的总称,通常用一定的货币单位来衡量。资本数量的多少直接决定着一个国家、地区或企业生产力的大小和经济技术水平的高低。明确一个国家、地区或企业的资本数量,对了解这个国家、地区或企业的经济状况具有重要的意义。

为了便于测算资本的数量,我们引入资本存量、资本增量等概念。资本存量是指经济社会在某一时点上的资本总量,即指在一定时点上所积存的实物资本反映在一定时点上人们所实际掌握的物质生产手段。大多数研究经济增长的学者认为用资本存量作为度量资本投入的指标是合适的。资本增量则是一定时期内增加到资本存量中的资本流量。增量资本的投入便是投资,一旦投资行为完成,便形成新的时点上的资本存量。

(二)资本总量的测度方法

资本存量是一国财富总量的重要组成部分,是经济运行的前提和基础。资本存量是国民经济核算体系的重要组成部分,其数据是宏观经济政策研究的重要决定因子。

资本存量总额至少可以通过三种方法来进行估算。到目前为止,最通用的方法是永续盘存法(perpetual inventory system),它包括过去累计的资本形成减去到达使用年限终点的资产的价值,对资本形成和资产的废弃("报废")既进行了现价重估价,也进行了不变价重估价。资本存量总额也可以采用调查方法,要求企业报告仍在使用的所有资产的历史或获得价值,以及对它们进行安装或建造的日期。根据统计机构提供的重估价系数,由统计机构或被调查者自己进行资产的现价和不变价的重估价。介于永续盘存法和调查方法之间的方法是"固定资产平衡表"。在许多中央计划经济国家,要求企业保存一个其固定资本资产的连续清单,用以跟踪流出和流入。企业定期将这些计算结果报告给中央统计机构,由其简单加总得到全部资本存量。尽管已经脱离了中央计划经济,一些国家仍然继续计算固定资产平衡表。正确地运用这一方法,可以视作永续盘存法的一个理想方式[①]。

1. 永续盘存法的基本公式

永续盘存法是目前资本存量评估最普遍、适用的方法,该方法是由 Goldsmith 于 1951 年开创的,现在被 OECD 国家广泛采用,它的基本公式为

$$K_t = K_{t-1}(1-\delta_t) + I_t \tag{5.1}$$

其中,K_t 表示第 t 年的资本存量;K_{t-1} 表示第 $t-1$ 年的资本存量;I_t 表示第 t 年的投资;δ_t 表示第 t 年的折旧率。现有研究基本上都是在永续盘存法的基础上来进行的,但是在处理细节上有很大差异。

从现有研究来看,要测算资本存量 K,如式(5.1)所示,一共涉及四个关键变量:①当年投资 I 的选取;②投资品价格指数的构造,以折算到不变价格;③经济折旧率 δ 的确定;④基年资本存量 K 的确定。

2. 投资品价格指数的构造

目前,张军和章元采用的方法普遍为学者所采用。其所采用的方法如下[②]:假设《中国国内生产总值核算历史资料(1952—1995)》提供的以不变价格衡量的固定资本形成总额指数的计算方法如下,以 1985 年的固定资本形成指数为例:

1985年的固定资本形成总额指数(1952年 =1)

$$= \frac{1985年的固定资本形成总额(当年价格)/1985年的投资隐含平减指数(1952年=1)}{1952年的固定资本形成总额(当年价格)} \tag{5.2}$$

1985年的固定资本形成总额指数(上一年 =1)

$$= \frac{1985年的固定资本形成总额(当年价格)/1985年的投资隐含平减指数(上一年=1)}{1984年的固定资本形成总额(当年价格)} \tag{5.3}$$

那么利用该书中提供的各年固定资本形成总额(当年价格)以及以 1952 年为 1 和以上一年为 1 的固定资本形成总额指数这三列数据,就可以计算出各省(自治区、直辖市)各年的以 1952 年为 1 和以上一年为 1 的投资隐含平减指数。将用该方法计算出来的各省(自治区、直辖市)1991~1995 年的这一指数与《中国统计年鉴》上公布的这一时期的各省(自治区、直辖市)固定资本投资价格指数对比,发现它们基本一致。

[①] 经济合作与发展组织(OECD). 资本测算手册:关于资本存量、固定资本消耗及资本服务测算. 王益烜, 译. 北京: 中国统计出版社, 2004.

[②] 张军, 章元. 对中国资本存量 K 的再估计. 经济研究, 2003, (7): 35-43, 90.

3. 经济折旧率 δ 的确定

由于国家统计部门在 1994 年之前一直没有公布各省（自治区、直辖市）的固定资产折旧序列，已有研究对折旧的处理方法主要分为两类：第一类是利用国民收入关系式间接核算各省（自治区、直辖市）的折旧序列，如使用公式"折旧额=GDP-国民收入+补贴-间接税"来计算 1978~1993 年全国的折旧额；第二类是大部分研究采用的方法，就是估计一个合理的折旧率（rate of depreciation），对历年资本存量进行扣减。

4. 基年资本存量 K 的确定

已有研究对基年的资本存量估算方法也各不相同：张军扩[1]接受帕金斯对中国 1953 年资本产出比为 3 的假设，利用 1953 年中国的国民收入倒推 1952 年的资本存量为 2000 亿元左右（1952 年价格）。Chow[2]利用一些私人可得的数据推算了 1952 年中国非农业部门的全社会固定资本存量为 582.67 亿元，并估计农业资本存量为 450 亿元，土地的价值为 720 亿元，从而合计的资本存量为 1750 亿元（1952 年价格），如果除以中国 1952 年的 GDP 679 亿元，那么估计的资本产出比为 2.58。许多后续研究都采用了这一数值。

例题：我们以中国 1990~2020 年的数据为例，采用永续盘存法测算资本存量。使用国家统计局提供的固定资产投资完成额和全社会固定资产投资完成额的数据，其中，全社会固定资产投资完成额覆盖的投资范围更广，所以这里用全社会固定资产投资完成额作为投资的数据。同时，由于固定资产价格水平每年都在变动，所以需要将固定资产投资按照价格指数进行平减。具体测算步骤如下。

1）确定固定资产投资的基期

固定资产投资价格指数的数据范围是 1990~2019 年，由于固定资产投资价格指数从 1990 年开始，所以将基期设定为 1990 年。另外，由于其他数据更新到了 2020 年，固定资产投资价格指数 2019 年的值为 102.56，所以这里近似将 2020 年的价格指数也设置为 102.56（当然也可以采用指数增长法来估算），以保证数据期限一致。

2）将环比价格指数转换为固定基期价格指数

如表 5.1 所示，1990 年的价格指数为 108，1991 年的价格指数为 109.5，……。由于 1990 年为基期，所以在计算固定基期价格指数时，将 1990 年的值设为 100，同时计算 1991 年的值，其值为本年的固定资产投资价格指数与上一年的调整后固定基期价格指数的乘积，即 1991 年的固定基期价格指数=109.5×100/100=109.5，1992 年的固定基期价格指数=115.3×109.5/100=126.2535。以此类推，将得到各年份固定基期的固定资产投资价格指数。

之后，计算各年份平减后的全社会固定资产投资完成额数据。平减后的数据=全社会固定资产投资完成额/固定基期的固定资产投资价格指数×100。以 1991 年的数据为例，1990 年平减后的全社会固定资产投资完成额数据=5594.5000/109.5×100=5109.132，按照此公式，可得到全部年份平减后的全社会固定资产投资完成额数据。

---

[1] 张军扩. "七五"期间经济效益的综合分析：各要素对经济增长贡献率测算. 经济研究，1991，（4）：8-17.

[2] Chow G C. Capital formation and economic growth in China. The Quarterly Journal of Economics, 1993, 108(3): 809-842.

表 5.1 资本存量测算案例数据表（部分）

年份	全社会固定资产投资完成额（当年价格）/亿元	固定资产投资价格指数（当年价格）	固定资产投资价格指数（1990年基期）	全社会固定资产投资完成额（1990年基期）/亿元	资本存量（1990年基期）/亿元
1989	4 410.400 0				
1990	4 517.000 0	108.000 0	100	4 517	43 201.65
1991	5 594.500 0	109.500 0	109.5	5 109.132	46 150.7
1992	8 080.100 0	115.300 0	126.253 5	6 399.902	50 243.07
1993	13 072.300 0	126.600 0	159.836 9	8 178.523	55 909.44
1994	17 042.100 0	110.400 0	176.46	9 657.771	62 771.74
1995	20 019.300 0	105.900 0	186.871 1	10 712.89	70 346.04
1996	22 913.500 0	104.000 0	194.346	11 790.06	78 618.8
1997	24 941.100 0	101.700 0	197.649 8	12 618.83	87 306.69
1998	28 406.200 0	99.800 0	197.254 5	14 400.78	97 342.14
1999	29 854.700 0	99.600 0	196.465 5	15 195.9	107 670.9
2000	32 917.700 0	101.100 0	198.626 6	16 572.65	118 860
2001	37 213.500 0	100.400 0	199.421 1	18 660.76	131 577.8
2002	43 499.900 0	100.200 0	199.82	21 769.54	146 768.4
2003	53 841.000 0	102.200 0	204.216	26 364.73	165 794.8
2004	66 235.000 0	105.600 0	215.652 1	30 713.82	188 218.8
2005	80 994.000 0	101.600 0	219.102 6	36 966.25	215 774.1
2006	97 583.000 0	101.500 0	222.389 1	43 879.4	248 864.8
2007	118 323.000 0	103.900 0	231.062 3	51 208.27	287 629.9
2008	144 587.000 0	108.900 0	251.626 8	57 460.89	330 709.3
2009	181 760.000 0	97.600 0	245.587 8	74 010.2	388 184
2010	218 834.000 0	103.600 0	254.428 9	86 009.87	454 784.7
2011	238 782.000 0	106.600 0	271.221 2	88 039.57	520 085
2012	281 684.000 0	101.100 0	274.204 7	102 727.6	596 808.4
2013	329 318.000 0	100.300 0	275.027 3	119 740.1	686 708.1
2014	373 637.000 0	100.500 0	276.402 4	135 178.6	787 551.3
2015	405 928.000 0	98.200 0	271.427 2	149 553.2	897 726.9
2016	434 364.000 0	99.400 0	269.798 6	160 995.6	1 013 836
2017	461 284.000 0	105.800 0	285.446 9	161 600.6	1 124 745
2018	488 499.000 0	105.400 0	300.861 1	162 367	1 230 875
2019	513 608.000 0	102.560 0	308.563 4	166 451.4	1 335 782
2020	527 270.000 0	102.560 0	316.462 9	166 613.5	1 435 607

3）确定 1990 年的资本存量 K

现在 1990～2020 年的投资数据已确定，根据永续盘存法的计算公式，还需要确定

1990 年的初始资本存量数据,才能迭代计算 1991~2020 年的资本存量数据。初始资本存量可以直接采用已有文献提供的数据,这里采用张军和章元[1]在《对中国资本存量 K 的再估计》一文中的数据,该文章估算了以 1952 年为基期的 1990 年我国的资本存量为 31 032.55 亿元,对应的固定资产价格指数为 1.392 140。所以转化为 1990 年的价格水平,中国 1990 年的资本存量应为 43 201.65 亿元。

4)折旧率的确定

折旧率的确定也是资本存量计算的一个核心问题,它直接决定了前期对后期影响的权重大小。在后面的对比中,我们也会发现,资本存量对折旧率的大小相当敏感。理论上讲,折旧率同样没有确切的数值,会随着时间变化而变化,但是为了简化计算,我们都会对该指标取固定值,使其不随时间发生变化。便于计算,我们采用王小鲁和樊纲的做法[2],直接将折旧率设为 5%。

5)计算资本存量

经过综合分析,我们确定了 1990 年中国资本存量应为 43 201.65 亿元,根据式(5.1),1991 年中国资本存量 = 43 201.65×(1−5%)+ 5109.132 = 46 150.7,由此,可得到剩余年份的资本存量。

(三)资本总量的确定及时空分布

本部分主要借鉴张军所采用的永续盘存法,以 2000 年为基期,测算了我国 30 个省(自治区、直辖市)2000~2020 年的资本存量。测算的结果如表 5.2 和表 5.3 所示。

表 5.2 中国 30 个省(自治区、直辖市)2000~2010 年资本存量测算表(单位:亿元)

地区	2000 年	2001 年	2002 年	2003 年	2004 年	2005 年	2006 年	2007 年	2008 年	2009 年	2010 年
北京	14 003.60	14 251.76	14 816.10	15 755.48	16 884.80	18 219.72	19 733.06	21 433.58	22 683.27	24 292.13	26 410.00
天津	6 951.00	7 091.47	7 344.80	7 799.58	8 375.32	9 145.10	10 142.58	11 459.05	13 241.23	16 142.50	19 773.22
河北	18 462.90	18 640.01	18 921.06	19 575.45	20 710.53	22 627.68	24 954.67	27 826.92	31 630.60	36 179.73	41 113.23
山西	6 576.00	6 675.28	6 892.21	7 289.01	7 926.47	8 830.48	10 010.56	11 465.91	12 994.87	15 376.31	18 117.02
内蒙古	4 394.20	4 478.33	4 764.83	5 483.28	6 614.22	8 340.18	10 394.15	12 968.48	15 912.72	20 103.16	24 704.21
辽宁	12 939.20	13 135.43	13 484.24	14 218.21	15 546.65	17 887.51	20 795.37	24 095.59	28 026.01	32 414.25	37 827.10
吉林	6 277.40	6 366.81	6 561.16	6 896.21	7 433.93	8 361.31	10 056.89	12 523.88	15 803.17	19 335.12	23 459.73
黑龙江	9 224.00	9 384.25	9 632.81	9 937.31	10 391.24	11 018.16	11 945.86	13 248.73	14 831.39	16 995.02	19 478.62
上海	19 330.10	19 559.80	20 024.69	20 657.83	21 609.77	22 929.33	24 664.66	26 802.39	28 744.36	31 330.17	33 418.40
江苏	32 254.20	32 672.84	33 432.54	35 349.01	37 916.47	41 807.81	46 224.56	51 147.30	56 423.15	63 734.01	72 248.83
浙江	22 672.00	23 130.35	24 135.87	26 108.61	28 633.03	31 535.87	34 783.94	38 244.52	41 421.00	45 670.91	50 589.78
安徽	9 280.90	9 407.33	9 635.70	10 019.01	10 757.02	11 708.83	12 921.73	14 472.51	16 309.56	18 574.15	21 360.40

---

[1] 张军, 章元. 对中国资本存量 K 的再估计. 经济研究, 2003, 38(7): 35-43, 90.
[2] 王小鲁, 樊纲. 中国经济增长的可持续性: 跨世纪的回顾与展望. 北京: 经济科学出版社, 2000.

续表

地区	2000年	2001年	2002年	2003年	2004年	2005年	2006年	2007年	2008年	2009年	2010年
福建	12 169.10	12 277.18	12 493.25	12 956.71	13 732.35	14 948.89	16 612.22	18 857.84	21 722.63	25 120.60	28 761.94
江西	6 055.40	6 178.53	6 527.56	7 122.65	7 902.14	8 856.73	10 098.36	11 572.72	13 189.98	15 076.99	17 123.09
山东	31 590.30	32 027.31	33 042.39	34 781.59	37 529.42	41 624.97	46 753.93	52 397.87	58 678.26	66 813.20	75 986.41
河南	16 414.30	16 622.15	17 063.45	17 789.49	18 922.42	21 030.42	24 155.40	28 427.28	33 442.56	40 366.75	48 323.87
湖北	14 518.50	14 734.04	15 021.06	15 396.72	16 044.88	17 012.75	18 503.42	20 416.65	22 599.08	25 593.66	29 253.04
湖南	10 820.00	10 998.62	11 301.85	11 761.28	12 427.51	13 442.22	14 835.86	16 780.33	19 240.62	22 279.65	26 179.35
广东	30 938.20	31 408.77	32 421.31	34 192.97	36 394.91	39 622.27	43 457.14	48 040.25	52 709.63	59 384.17	67 098.87
广西	6 706.50	6 783.81	6 956.29	7 239.74	7 734.90	8 576.47	9 668.98	11 182.15	13 157.98	16 475.18	21 150.62
海南	1 980.00	1 997.48	2 036.70	2 102.42	2 190.37	2 325.85	2 508.64	2 742.33	3 064.34	3 446.83	3 985.96
重庆	6 280.10	6 422.90	6 711.60	7 235.89	7 921.88	8 820.00	9 845.44	11 023.13	12 269.36	13 889.29	15 858.83
四川	14 006.90	14 209.91	14 611.38	15 266.27	16 124.33	17 325.22	19 055.90	21 286.92	23 774.28	26 907.54	30 632.06
贵州	4 562.60	4 698.19	4 907.09	5 182.99	5 492.65	5 875.79	6 354.31	6 934.57	7 625.17	8 525.86	9 657.20
云南	7 222.70	7 291.90	7 444.02	7 764.55	8 232.63	8 783.74	9 453.38	10 214.17	10 966.57	12 601.30	15 286.55
陕西	7 962.00	8 054.02	8 243.15	8 598.10	9 082.79	9 873.60	10 959.60	12 554.28	14 583.05	17 083.51	20 337.99
甘肃	3 739.00	3 834.11	3 989.25	4 200.48	4 486.67	4 836.28	5 252.96	5 767.55	6 380.93	7 145.20	8 079.31
青海	1 569.70	1 620.57	1 700.73	1 804.72	1 921.63	2 065.70	2 230.19	2 422.41	2 636.22	2 983.75	3 470.37
宁夏	1 608.20	1 646.73	1 714.48	1 854.22	2 022.41	2 247.60	2 538.33	2 851.73	3 281.86	3 893.83	4 638.30
新疆	6 481.20	6 561.56	6 765.79	7 132.53	7 564.72	8 051.95	8 647.96	9 366.55	10 155.95	11 045.48	12 315.19

表5.3 中国30个省（自治区、直辖市）2011~2020年资本存量测算表（单位：亿元）

地区	2011年	2012年	2013年	2014年	2015年	2016年	2017年	2018年	2019年	2020年
北京	28 566.43	31 294.95	34 205.09	37 117.60	40 060.97	43 990.29	47 697.21	8 126.66	8 435.19	8 873.80
天津	23 989.38	28 743.95	33 933.51	39 266.58	43 457.55	47 002.83	49 906.84	7 112.74	7 008.80	7 101.23
河北	47 274.11	53 843.35	60 588.37	67 322.19	73 841.42	80 792.30	86 505.44	13 121.64	13 031.66	13 199.57
山西	21 333.46	24 457.20	27 947.07	31 209.64	34 270.08	36 726.24	37 527.93	3 109.65	1 997.64	971.27
内蒙古	29 781.36	35 686.11	42 643.71	47 706.49	52 741.34	56 395.46	57 996.23	5 403.73	3 968.71	2 629.52
辽宁	43 921.18	50 459.44	57 392.08	64 015.46	66 728.09	67 091.32	67 490.99	6 931.56	7 034.19	7 150.22
吉林	27 419.49	31 625.58	35 810.36	40 038.02	44 524.24	48 063.93	50 787.12	6 892.96	6 601.28	6 447.16
黑龙江	22 277.79	25 630.90	29 588.79	33 261.06	36 912.97	39 890.28	42 711.89	6 773.43	7 047.91	7 498.88
上海	35 311.20	37 212.09	39 375.18	41 605.78	44 563.06	48 529.58	52 234.16	8 519.46	8 994.39	9 864.94

续表

地区	2011年	2012年	2013年	2014年	2015年	2016年	2017年	2018年	2019年	2020年
江苏	81 537.34	91 434.89	101 159.18	110 465.21	120 414.87	131 266.67	142 181.52	24 713.99	26 891.46	30 418.68
浙江	55 618.55	60 809.96	66 607.53	72 396.29	78 846.53	86 567.26	93 535.91	15 239.29	15 689.55	16 698.43
安徽	24 606.08	28 237.97	32 238.46	36 511.40	40 881.16	45 780.25	50 415.64	9 301.66	9 847.89	10 740.40
福建	33 034.82	37 812.75	43 213.10	49 106.04	55 470.52	62 348.92	69 449.54	13 938.41	15 165.71	16 908.11
江西	19 412.85	21 790.76	24 240.69	26 519.67	29 305.80	32 740.23	35 948.07	6 401.60	6 675.77	7 217.61
山东	85 728.78	96 160.12	107 207.80	118 791.58	130 897.84	142 283.35	152 042.39	22 802.33	22 899.15	23 744.33
河南	56 887.18	66 476.32	77 043.02	88 180.39	99 464.23	111 168.88	120 833.90	19 819.35	19 710.40	20 013.36
湖北	33 811.50	38 803.74	44 388.05	50 515.27	57 006.58	64 052.29	71 046.14	13 574.35	14 243.61	15 213.88
湖南	30 560.28	35 377.19	40 642.45	46 258.64	51 263.51	56 618.65	61 308.03	10 047.98	10 254.70	10 773.37
广东	75 620.10	85 075.29	95 609.38	107 017.68	118 521.22	131 846.09	146 251.41	28 883.44	30 962.35	33 441.17
广西	26 495.36	31 886.03	36 133.77	40 404.07	44 958.52	49 757.22	51 491.70	4 107.74	1 937.48	137.09
海南	4 615.91	5 496.83	6 498.02	7 608.90	8 470.13	9 379.72	10 324.31	1 917.29	2 028.91	2 191.19
重庆	18 261.48	20 734.79	23 371.25	26 250.29	29 414.43	33 104.38	36 650.02	6 916.33	7 185.05	7 545.57
四川	34 885.09	39 594.54	44 473.71	49 441.34	54 416.68	59 869.89	65 221.39	11 549.61	12 468.97	14 019.42
贵州	11 049.50	12 941.64	15 398.95	18 140.25	21 399.47	25 195.58	29 058.56	6 699.05	7 264.95	8 036.75
云南	18 589.27	22 404.64	26 741.56	31 707.00	37 072.58	42 777.74	48 499.78	10 320.34	11 015.79	11 976.76
陕西	23 910.37	27 992.52	32 253.46	36 670.04	40 675.84	44 900.20	49 266.38	9 140.45	9 792.81	10 696.30
甘肃	9 211.86	10 504.63	12 025.36	13 721.31	15 531.01	17 554.07	18 280.65	1 438.95	557.73	284.75
青海	4 077.20	4 958.56	6 082.17	7 434.54	8 926.30	10 450.13	11 922.28	2 594.52	2 747.93	2 945.17
宁夏	5 347.25	6 187.07	7 125.28	8 484.15	10 136.06	11 808.45	13 225.14	2 514.30	2 513.94	2 549.78
新疆	13 790.27	16 130.51	19 203.70	22 869.02	26 584.42	29 881.09	33 995.50	8 021.42	9 052.33	10 104.86

如表 5.2、表 5.3 所示，不同时间和不同地区，受到经济发展水平、产业结构、政策环境、技术进步等因素的综合影响，其资本总量的分布情况各不相同。具体而言，2000 年江苏省、山东省、广东省位居前三，2010 年仍然是山东省、江苏省、广东省位居前列，2020 年三省排名有所改变，广东省、江苏省、山东省依次序之，说明江苏省、山东省、广东省三省资本存量资源较为优越。与之不同，2000~2014 年青海省的资本存量均位于末列，2015 年起青海省的情况有所改善。2015~2017 年海南省的资本存量位居末尾。

此外，从不同区域进行分析。根据官方统计，统计中所涉及的东部、中部、西部和东北地区的具体划分为：东部 10 省（直辖市）包括北京、天津、河北、上海、江苏、浙江、福建、山东、广东和海南；中部6省包括山西、安徽、江西、河南、湖北和湖南；西部12省（自治区、直辖市）包括内蒙古、广西、重庆、四川、贵州、云南、西藏、陕西、甘肃、青海、宁夏和新疆；东北3省包括辽宁、吉林和黑龙江。将31个省（自治区、直辖市）进行区域划分，划分为东部、中部、东北、西部四个地区，对各地区的资本存量取平均值并进行区域分析，具体数值如表5.4所示。其中，由于西藏地区数据缺失严重不予以考虑。

表5.4　中国四大区域资本存量均值表（单位：亿元）

年份	东部	中部	东北	西部
2000	19 035.14	10 610.85	9 480.2	5 866.645
2001	19 305.7	10 769.33	9 628.83	5 963.821
2002	19 866.87	11 073.64	9 892.737	6 164.417
2003	20 927.96	11 563.03	10 350.58	6 523.89
2004	22 397.7	12 330.07	11 123.94	7 018.075
2005	24 478.75	13 480.24	12 422.33	7 708.776
2006	26 983.54	15 087.56	14 266.04	8 581.928
2007	29 895.21	17 189.23	16 622.74	9 688.358
2008	33 031.85	19 629.44	19 553.52	10 976.74
2009	37 211.43	22 877.92	22 914.79	12 786.74
2010	41 938.66	26 726.13	26 921.82	15 102.78
2011	47 129.66	31 101.89	31 206.15	17 763.54
2012	52 788.42	35 857.2	35 905.31	20 820.1
2013	58 839.71	41 083.29	40 930.41	24 132.08
2014	65 069.79	46 532.5	45 771.51	27 529.87
2015	71 454.41	52 031.89	49 388.43	31 077.88
2016	78 400.7	57 847.76	51 681.84	34 699.47
2017	85 012.87	62 846.62	53 663.33	37 782.51
2018	14 437.53	10 375.77	6 865.987	6 246.039
2019	15 110.72	10 455	6 894.459	6 227.79
2020	16 244.15	10 821.65	7 032.088	6 371.118

如表5.4所示，整体上，2000~2017年各个地区的资本存量水平逐年增加，2018~2020年由于数据统计口径不同，难以与其他时间区间进行纵向比较。分区域看，东部地区的资本存量水平远高于其他地区；而西部地区则与之不同，其资本存量远低于其他地区；东北地区和中部地区的排序则不固定，2009~2012年，东北地区的资本存量高于中部地区，而其余年份中部地区的资本存量水平更高。东部地区通常位于沿海或靠近沿海地区，交通便利，利于其与国内外市场进行贸易和交流，投资和经济活动频繁，而且东

部地区的基础设施相对发达，包括交通网络、通信设施、电力供应等，为企业的生产和经营提供了更好的条件，加强了地区的经济活力，各种制造业、服务业和金融业等行业也多集中在东部地区，形成了完善的产业链条和供应链，促进东部地区的产业密度和集聚效应，进一步促进了地区经济的发展，所以东部地区的资本优势更为雄厚、资本存量水平较高。西部地区的发展情况与东部地区差距较大，西部地区多地处内陆或山区，相对于东部地区而言，地理条件和交通网络的发达程度较低，与外界的联系相对较弱，不利于产品的流通和市场的开拓，并且西部地区普遍面临自然资源短缺的问题，限制了西部地区的产业发展和经济增长，加之西部地区的产业结构相对单一，以资源类产业和传统制造业为主导，产业结构单一也限制了西部地区的自主创新和技术升级能力，导致西部地区发展缓慢，资本存量水平不足。

二、资本种类和形式

（一）商品资本、生产资本与货币资本

资本的生命在于运动，它只有在不断的运动中才能保存自己并得到增殖。货币资本、生产资本、商品资本是产业资本循环中的三种职能形式。它们并不是独立的三种资本形式，而是产业资本在循环过程中分别采取的三种职能形式，分别执行着三种职能：货币资本的职能是购买劳动力和生产资料，为生产剩余价值准备条件；生产资本的职能是使劳动力和生产资料以资本主义的方式相结合，生产出包含剩余价值的商品；商品资本的职能则是通过商品的销售，实现包含在商品中的价值和剩余价值。也就是说，产业资本从一定的职能形式出发，顺次经过购买、生产、销售三个阶段，分别采取货币资本、生产资本、商品资本三种职能形式，实现了价值的增值，并回到原来出发点的全过程。

典型的资本家会以既定数量的货币开始。他们进入市场，购买生产资料和劳动力，并使用特定的技术和组织形式将其投入生产，最终生产出新的商品。然后，商品会进入市场，按开始投入的货币数量加上利润（马克思称之为剩余价值）的价格进行售卖。这是马克思在《资本论》（第一卷）中处理的资本循环的基本形式。资本被定义为运动中的价值，用图式表示为：货币—商品……生产……商品'—货币'（$M—C\cdots P\cdots C'—M'$，M'代表 $M+m$，m 即剩余价值）。马克思的中心命题是劳动有能力比它在市场上作为商品所要求的价值，创造更多的价值（即剩余价值）。新鲜出炉的产品中"孕育着"剩余价值，被拿到市场上售卖以获得利润。因而资本的再生产依赖于将全部或部分 M' 重新用于购买，即购买新一轮商品生产所需的劳动力和生产资料。

马克思把资本循环过程分解成三个独立但相互交织的循环，即货币资本循环、生产资本循环和商品资本循环。在《资本论》中，他研究了他所称的"产业资本"的循环，即把三个不同的循环过程结合为一个整体。实际上，马克思以货币、生产和商品这三种不同的视角分析了循环过程。总体框架如图 5.1 所示。

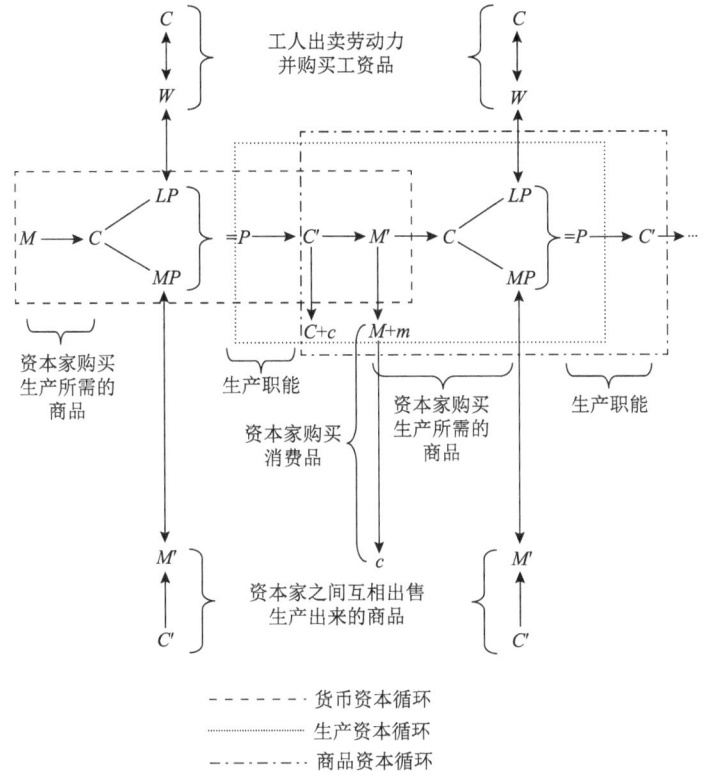

图 5.1 资本循环总体框架图

资料来源：大卫·哈维. 跟大卫·哈维读《资本论》（第 2 卷）. 谢富胜，李连波，译. 上海：上海译文出版社，2016：12.

因此，产业资本并非完成一次循环后就停顿下来，必须周而复始地不断循环下去。资本循环从其连续进行的过程来看，无论是货币资本、生产资本，还是商品资本，都是从自己特定的出发点出发，经过循环的三个阶段，再回到原来的出发点，这样便产生了三种循环形式：货币资本的循环、生产资本的循环、商品资本的循环，如图 5.2 所示。

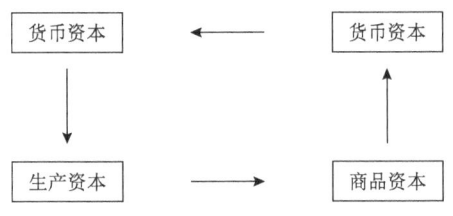

图 5.2 资本循环示意图

1. 商品资本

商品资本是指以商品形式存在的资本，是产业资本在其循环中所采取的第三种职能形式，即在出卖阶段采取的形式。商品资本为适应资本生产发展的需要，从产业资本的循环中分离出来，独立为商业资本，为产业资本销售商品、实现剩余价值，但从本质上看，商业资本仍属于产业资本，并参与瓜分产业工人所创造的一部分剩余价值。

商品资本的循环是从商品资本开始，经过货币资本和生产资本的形态，再返回到商品资本。如果再生产在原有规模上进行，终点以 C' 表示；如果再生产的规模扩大了，终点用 C'' 来表示。同另外两种循环形式相比，商品资本循环最明显的特点如下。

（1）它的起点是包含着剩余价值的一定量商品，这一循环不仅包含着资本预付价值的运动，而且包含着剩余价值的运动。

（2）这一循环表明，全部商品的消费是资本循环正常进行的条件，它既包括生产消费，又包括工人和资本家的个人消费；它一方面是单个产业资本循环的一种特殊形式，另一方面也可以用来表示社会总资本的运动。

（3）这一循环所呈现的是从商品资本到商品资本的运动，这会产生另一种假象，似乎资本主义生产不是为了获得剩余价值，而是为了满足社会的需要。

2. 生产资本

生产资本是指以劳动力和生产资料的形式存在，并在生产过程中结合起来生产剩余价值的资本，是产业资本在其循环中采取的第二种职能形式。任何社会中，生产资料和劳动力都是生产过程中不可缺少的因素，但它们自身并不是资本，只有在资本主义社会中，当资本家从市场买到它们，使它们在生产中结合起来，生产剩余价值时，它们才转化为资本。生产资本的职能是生产包含剩余价值的商品，它在产业资本的三种职能形式中具有决定作用。生产资本的循环则是以生产资本为起点，经过商品资本和货币资本的形态，再返回到生产资本。

马克思主张从价值生产的角度来分析资本与投资两者的关系，所以他把生产资本分为以生产资料形式表现出来的不变资本和以劳动力形式表现出来的可变资本。同时，他又从价值转移的角度进行分类说明，把生产资本分为以机器、设备及生产建筑物等形式体现出来的固定资本和以原料、材料、燃料、辅助材料及工资等形式体现出来的流动资本。能够区分为固定资本和流动资本的，一定是生产过程中使用的生产资本，而非生产性的建筑物，如住宅等，并不属于生产资本。因此，生产资本按照价值周转的方式，可分为固定资本和流动资本，根据价值增值中的不同作用，又可分为不变资本和可变资本。

3. 货币资本

货币资本是指以货币形式存在的资本。在资本主义生产方式下，由于产业资本取得了支配地位，货币资本主要表现为产业资本循环中依次采取的三种职能形式中的第一种职能形式，并独立化为借贷资本形式。资本主义社会以前，货币资本就已经以高利贷资本的形式存在。不过这种货币资本与资本主义的货币资本不同，它反映着高利贷者与奴隶主、封建主剥削奴隶、农奴和小生产者的经济关系。资本主义的货币资本，是产业资本在其循环过程的购买阶段所采取的职能形式。其职能是购买生产资料和劳动力，为生产剩余价值做准备。从表面上看，货币资本的作用与一般货币的作用没有什么不同，但是，货币购买的是劳动力这种特殊商品，是为生产剩余价值做准备，货币的职能也就转化为资本的职能。

（二）实体资本与虚拟资本

将资本进行虚拟资本和实体资本分类，最初要追溯到马克思在《资本论》中关于虚拟资本的论述。马克思从借贷资本到生息资本再到虚拟资本的研究，深刻揭示了虚拟资本不与劳动相结合，只是以钱生钱的"纸质副本"的本质特征形式存在。简而言之，按照资本存在形式，资本可划分为实在资本（即实体资本）和虚拟资本。

随着全球经济一体化进程的加快，现阶段，全球金融市场已经逐渐连为一个整体，资本的运行突破了地域限制，经济虚拟化和金融一体化相伴，虚拟资本渐渐成为全球经济的主宰。因此，对虚拟资本和实体资本的辨析显得尤为重要。

1. 实体资本

实体资本是指用于可以直接生产增加人类使用价值、效用和福利的产品或服务的生产要素资本。实体资本也称实际资本或现实资本，是指企业保有的表现为厂房、机器、原料等的发挥职能作用的资本，包括各种生产资料和生产工具，各种产品、商品以及流动资产、金融商贸资本等物化的资本，能定期带来收入的以实物形式和货币形式表现的资本，直接以商品资本、生产资本或货币资本的形式参与生产和流通过程并发生价值增值的资本。实体资本是资本的第一种存在形式。它所派生的、相对应的是虚拟资本。

实体资本主要可以分为三类，分别是自然资本、人造资本和社会资本，具体如下。①自然资本：自然资本是指我们从自然环境中获取的资源，如土地、水、气候、植物和动物物种等。这些资源对于我们的生活、经济和社会活动都非常重要。举例来说，森林提供木材、空气和生物多样性，海洋提供鱼类和海产品，土壤提供农作物的生长环境等。②人造资本：人造资本是指通过人类努力和创造力所建立起来的物质和非物质财富。这些包括建筑物、机械设备、道路和桥梁、技术和知识等。人造资本是经济发展的关键因素，它们提供了生产和交流的基础设施，推动了技术进步和经济增长。③社会资本：社会资本是指人与人之间的相互关系、信任、合作和社会网络。它涉及人们的价值观、道德规范、社交习惯和社区合作等。社会资本对于社会的凝聚力和发展非常重要，它促进了社区合作、人际关系的良好发展、信息传递和资源共享。

这些不同类型的实体资本相互关联，共同支持了经济的运转和发展。实体资本的有效配置和管理对经济的稳定和增长至关重要。

2. 虚拟资本

虚拟资本指的是独立于现实的资本运动、以有价证券的形式存在、能给持有者按期带来一定收入的资本，如纸币、期票、汇票、股票、公债券、不动产抵押单等。虚拟资本是随着借贷资本的出现而产生的，它在借贷资本的基础上成长，并成为借贷资本的一个特殊的投资领域。

虚拟资本是一种资本商品，具有资本和商品的性质。它被当成资本，是因为持有人凭证券可取得定期收入。它被视为商品，是因为虚拟资本可以作为证券在市场上买卖。虚拟资本是一种虚拟的资本商品，具有不同于一般资本商品的特殊性质。从虚拟资本商品的性质不难看出，虚拟资本不同于借贷资本。虚拟资本是以本身没有价值的凭证作为生息资本，借贷资本则是以有价值的现实货币作为生息资本。虚拟资本表现为有价证券，但有价证券不一定是虚拟资本。

马克思的虚拟资本理论认为虚拟资本是信用制度和货币资本化的产物。虚拟资本与信用制度密切联系，商业信用和银行信用是资本主义信用制度的两种基本形式，商业信用是这样一种经济关系，"商品不是为取得货币而卖，而是为取得定期支付的凭据而卖"，而这种支付凭据作为商业信用的工具即商业货币进入流通，它已包含虚拟资本的成分。在商业信用的基础上，出现了银行信用和银行券。在无黄金保证作为准备金时发行的银行券所追加资本，具有虚拟经济资本形式。

根据马克思关于虚拟资本的论述，虚拟资本有狭义和广义两种含义。狭义的虚拟资本一般指专门用于债券和股票等有价证券的价格，它是最一般的虚拟资本。在论及国债时指出："不管这种交易反复进行多少次，国债的资本仍然是纯粹的虚拟资本；一旦债券卖不出去，这个资本的假象就会消失。"广义的虚拟资本是指银行的借贷信用（期票、汇票、存款货币等）、有价证券（股票和债券等）、名义存款准备金以及由投机票据等形成的资本的总称。"银行家资本的最大部分纯粹是虚拟的"。不仅如此，"银行券兑现的这种保证也是幻想的"。可见，马克思所指出的虚拟资本的含义既包括着有价证券所代表的资本价值的不确定性，也包含着所有权归属的不确定性，前者以有价证券作为载体，后者以运用资本的权利作为载体。马克思侧重从狭义的角度论述虚拟资本。他在分析商品资本代表可能的货币资本的那种特性时指出，"虚拟资本，生息的证券，在它们本身是作为货币资本而在证券交易所内流通的时候，也是如此"。在这里，马克思明确指出了虚拟资本是"生息的证券"。

（三）人力资本与物质资本

1. 人力资本

人力资本（human capital）是人们从教育、在职培训以及工作经验中所获得的知识和技能。在西方经济学中，人力资本和财力资本是相对而言的，它以技艺、知识等形式体现在一个人的身上，而不是体现在生产过程中物的要素上的资本。人力资本具体包括劳动者的认识、技能、体力（健康状况）等内容。人力资本并不是天生的产物，它是人们通过一定投资才产生的。用于增加人的资源并影响其未来货币收入和消费的投资就是人力资本投资，人力资本投资的范围大致有教育、在职培训、医疗健康、迁徙等。教育是最重要的人力资本投资。人的科学文化知识完全是后天获得的，教育担负着提供人的科学文化知识的重大功能，因此，教育越发达，国民的科学文化素质就越高，其蕴含的生产功能和人力资本的存量也就越大。在职培训是人力资本投资的另一个重要组成部分。在职培训可以使员工增加实际生产知识，提高操作技能，从而提高生产率。医疗健康投资，一方面可降低人口的发病率和死亡率，增加人力资本数量；另一方面可提高人的健康水平，增强人的身体素质，从而增加人的生产潜能。迁徙可以提高人力资源配置效率，改善劳动力的竞技状态。

人力资本的主要特点在于它与人身自由联系在一起，不随产品的出卖而转移。通常人力投资形成主要包括：①用于教育的支出；②用于卫生保健的支出；③用于劳动力国内流动的支出；④用于移民入境的支出。其中最重要的是教育支出，教育支出形成教育资本。通过教育可以提高劳动力的质量、劳动者的工作能力和技术水平，从而提高劳动生产率。其增长，特别是教育支出的增长是经济增长的源泉之一。

2. 物质资本

用于生产物品与劳务的设备和建筑物存量称为物质资本（physical capital），或简称为资本。例如，当木工制造家具时，他们用的锯、车床和电钻都是资本。工具越多，工人越能迅速而精确地生产更多的产品：只有基本手工工具的工人每周生产的家具少于使用更精密、更专业化木工设备的工人。物质资本，是指长期存在的生产物资形式，如机器、设备、厂房、建筑物、交通运输设施等。在传统的产业经济中，物质资本占据主导地位，但随着经济的发展，知识经济的到来，人力资本不论是在数量上还是收益上都远远超过了物质资本，从而取代了在经济发展中物质资本所一度占据的主导地位。如今，企业的组织形式取决于物质资本和人力资本的合作关系。随着市场规模不断扩大、专业化分工程度不断深化、金融市场的效率不断提高，物质资本越来越容易被复制，人力资本和创新的重要性越来越高。物质资本的四个重要特征如下。

1）物质资本总体上的不可替代性

物质资本是实现经济增长和发展的物质基础和条件。上古时代，人类的祖先用手抓鱼，直接攀枝摘果，所需物质资本极少；农耕社会，手工业生产工具简单，土地以外的物质资本也少；人类进入工业社会后，很多资源首先用来生产出生产手段，然后再用生产手段生产出生活消费品，从而使生产效率和生活消费品产出持续大幅度增长。人类社会发展到今天，仍然在沿着这条迂回生产的线路前进，且用于生产新的生产手段方面的资源呈现出持续上升的趋势。随着高新技术的发展，新的、高效率的生产手段不断产生，未来的社会，生产生活消费品的活动将变得越来越简单而又轻松。

2）投资于基础设施和公用事业这类公共物质资本的直接福利性

基础设施和公用事业的物质形态表现为道路、桥梁、水源、卫生设备、通信、广场、休闲地等。这类物质资本虽然不是全部，但至少有一部分可以直接供人们消费，提高人们的生活质量。例如，道路的通畅、通信条件的改善可以使人们相互之间的交往更加便捷，优良的水源和卫生设施能减少人们的疾病和提高健康水平；场馆、休闲场的建设可以供人们更好地开展体育、文艺活动和业余时间的消遣等。随着这类物质资本的积累，人们的福利必定得到增进，这本身就是经济发展的重要内容之一。

3）物质资本是其他资本的物质基础

第一，其他资本要借助于物质资本来实现积累。无论是人力资本还是环境资本或社会资本，都要依靠一定量的物质资本来实现积累。第二，其他资本虽然不是全部但相当大部分要以物质资本为附着物，人力资本附着于人体，对物质资本的附着性不明显。第三，其他资本必须与物质资本相互配合才能发挥作用。高素质的劳动者必须与高素质的物质资本相结合才会有生产的高效率。社会资本存量再大的社会，没有人力在一定的环境下，借助于物质资本从事生产性活动，也只能保持一个社会的安宁和祥和，不可能有经济的增长和发展。

4）物质资本在生产中的有限替代性

假定在一定的环境资本和社会资本条件下，运用物质资本和人力资本两种要素生产定量的产品，既可以用多量的物质资本、少量的人力资本生产，又可以用少量的物质资本、多量的人力资本来生产。这两种生产方式的产出相等。这就是说，在实际生产中，物质资本与人力资本之间有一定的替代性。

人力资本与物质资本的本质区别在于边际报酬形态的差异：在资本应用过程中，物质资本表现出较强的边际报酬递减趋势，而人力资本则表现出较强的边际报酬递增趋势。也就是说，人力资本的根本价值在于其边际报酬递增的生产力属性。

（四）有形资本与无形资本

在早期，资本主要包括有形资本。三种重要的有形资本是：建筑（如工厂和住宅）、设备（耐用消费品，如汽车；耐用生产设备，如机床和卡车）及投入和产出的存货（如经销商的汽车存货）。现今，无形资本已经越来越重要。例如，软件（如计算机操作系统）、专利（如微处理器）和品牌（如可口可乐）等。简而言之，资本形成分为有形资本和无形资本，前者指完工的建筑、安装的设备工具器具、改良的土地、新增牲畜和经济林木等，后者指矿藏勘探、计算机软件、娱乐和文学作品等的价值。

1. 有形资本

有形资本是指能够创造价值且看得到的有形实物，包括固定资本和流动资本。有形现实资本包括有形生产资本（固定资产、材料及半成品、在建工程等）、有形商品资本（产成品、商品等）和有形货币资本（交易类铸币、现钞等）。

有形资本可以包括以下几个方面。

实物设备：包括机械、工具、仪器和设备等，用于生产和加工商品。例如，工厂中使用的生产线设备和机器工具。

物品和原材料：包括原材料、半成品和成品库存，用于生产和销售商品。例如，原材料库存和成品仓储。

建筑和土地：包括工厂、办公楼、仓库和土地等不动产，用于提供办公和生产场所。例如，工厂大楼和企业总部。

交通运输工具：包括货车、船只、飞机和铁路等运输工具，用于物流和商品运输。例如，货运卡车和航空货运。

有形资本是经济活动中的重要要素，它对于生产和经济增长起着关键作用。有形资本的建设和投资需要大量的资金和资源，对于企业来说，有效管理和维护有形资本是提高生产效率和降低成本的重要手段。同时，有形资本的规模和质量也影响着国家和地区的经济竞争力和发展水平。

2. 无形资本

无形资本是在企业发展过程中从有形资本中独立出来、不具有实物形态并且具有强大增值功能的一类特殊资本形态，包括品牌、专业技术、标准权、信用等。以技术、品牌、商誉为代表的企业无形资本具备了资本的一般属性，而且具有远比有形资本强大的价值增值能力。无形资本的特征和运动规律与有形资本有所不同，无形资本理论上是对资本理论的新拓展。

从无形资本的产生过程不难给其下个定义：无形资本是应对风险与不确定性的过程中智力劳动成果物化的载体，并且在应对新的风险与不确定性的过程中为智力劳动提供物质基础。无形资本是不变资本的一部分，也是固定资本的一部分。①无形资本是不变资本的一部分。无形资本是智力劳动的成果，但是其已经物化，已经凝固为一个设计型号、一个流程、一组数据、一些制度，不再具有人的因素，只能是智力劳动者继续深入研究、发展的材料，这一点上与原材料、厂房的属性是一致的，所以都属于不变资本。②无形资本也是固定资本的一部分。无形资本一旦形成，便可长期使用，但是，其技术随着社会整体技术的进步而产生无形损耗，制度随着不确定性的变化而失效，品牌随着时间的流逝而影响力减弱。面对这些损耗，无形资本必须不断地更新，在这一点上其与厂房机器是类似的，都属于固定资本。技术（包括设计）、品牌、制度是无形资本的主要组成部分。技术不仅包括专利权，还包括秘诀、方法、思路等。有些归属于企业所有的人的智力劳动产物可以申请专利，产权可以明确界定，如专利权、商标权已经被看作不变资本的一部分。

无形资本主要有以下几个特点。

1）无形资本的价值取决于个别劳动时间，一般具有较高的价值（或价格）

大多数无形资本是由劳动创造的，其中包含着大量的高风险、创造性的智力劳动，因而具有很高的价值。像特许经营权这样的无形资本，是"权利资本化"的结果，没有价值，但有价格。从均衡价格理论来看，无形资本对企业有很高的效用强度，使其成为市场中一种稀缺的商品，因而有较高的市场价格。无形资本的创建，具有个别性生产的特点，不像一般商品那样可以成批重复生产，所以它的价值量应由个别生产者在个别生产中耗费的个别劳动来决定。实践中，企业在创建无形资本中的各种耗费，很难完整准确计量，现在通行的做法是用无形资本可能带来的收益确定无形资本的价格。

2）无形资本使用的可重复性造成其产权容易被侵害

无形资本使用的可重复性表现为，它可以被一个主体反复使用和被多个主体同时使用，这使得无形资本被侵害的机会大大增加。加之无形资本存在方式的非实物性，造成产权主体对无形资本的独占能力弱化，因而无形资本的安全对法律有绝对的依赖性。

3）无形资本具有强大的增值功能

无形资本的增值能力源于它强大的竞争功能和垄断能力。新技术可以数倍地提高劳动生产率，降低生产成本，提高产品的技术附加值，给企业带来超利润。品牌、商誉、特许经营权等经营用无形资本，可以使企业的产品占有更高的市场份额，使同样质量的产品可以以更高的价格出售，使企业垄断某种产品的某个细分市场，从而使企业获得丰厚的利润。无形资本自身的增值过程，是一种典型的质量型而非数量型的资本增值方式，其价值可以在数量不扩张的情况下不断地积累，这也是无形资本具有较高价值的一个重要原因。无形资本在使用过程中，本身并不发生有形磨损，有些无形资本反而可以自动增值。例如，品牌资本，使用的次数越多，其知名度越大，价值越高。

4) 无形资本与有形资本的良性互动，保证了企业的跳跃式发展

实现无形资本与有形资本的良性互动是无形资本经营的主要方式，即"有中生无，无中生有"。企业以有意识、有计划的有形资本的投入，催生和扩张无形资本，即所倡的"有中生无"。同时，企业应发挥无形资本强大的增值功能，以无形资本带动有形资本增值，提高资本利润率，迅速扩张企业规模，即"无中生有"。无形资本作为一种价值存在，多数具有相对独立性，而且具有可重复使用的特点，企业可以通过资本市场用无形资本进行投资、出售、出租、特许经营，以实现其价值或取得某种收益权。

（五）存量资本、流量资本与沉淀资本

1. 存量资本

存量资本指的是已经存在并投入使用的资本。它代表了过去投资和积累的资产，不包括新的投资或新增的资本。存量资本通常是指固定资本，即实际物质资源和设施，如土地、建筑、设备和机械等，用于生产和提供商品和服务。

存量资本是一个经济体或企业拥有并持有的资本库存量，它来自过去的投资和积累。存量资本对于经济的运转和发展至关重要，因为它们提供了生产和创造价值所需的物质基础。存量资本的规模和质量可以影响生产效率和竞争力，它们的维护、更新和扩展需要持续的投资和管理。

在经济分析中，存量资本的概念常用于衡量一个国家或经济体的资本积累程度和生产能力。存量资本的增长可以通过投资和固定资产形成这两个指标来衡量，同时也可以用于计算生产要素的生产率和产出水平等指标。对于投资者和政策制定者来说，了解和管理存量资本是制定发展战略和政策的重要组成部分。

2. 流量资本

流量资本是指通过互联网、移动互联网等渠道获取用户流量，并将其转化为商业价值的资本。在互联网经济发展的背景下，流量成了企业竞争的核心要素之一。流量资本可以通过广告、付费服务、电商销售等方式获得收益。

流量资本的实现过程一般包括：用户的获取与留存、用户的活跃度与转化、用户价值的提升等。通过精准的用户画像、个性化推荐、数据分析等手段，企业可以更好地理解用户需求，推送相关内容，增加用户黏性和转化率，从而实现流量资本的增值。

在互联网行业中，一些互联网巨头如阿里巴巴、腾讯、京东等，都是通过流量资本在市场上取得了显著的竞争优势。它们通过自身平台优势，吸引大量用户流量，然后将这些流量转化为广告收入、电商销售、金融服务等多种形式的商业价值。总之，流量资本是指通过获取和转化互联网用户流量，将其变为商业价值的一种经营策略和商业模式。

3. 沉淀资本

沉淀资本是已经投资，形成固定资产且具有专有性的资产。这部分资产形成后，就无法改变其用途。企业任何决策都不用考虑这部分资产，只要考虑增量就行了。举个简单的例子：一个人去挖井，理论上 7 米就够了，可他只坚持挖到 6 米，或者改换别处或者放弃挖掘，那么这 6 米付出的劳动就是他的沉淀资本。他的劳动付出表面上没有结果，但倘若他回到原处继续挖 1 米，就挖到了水，既收回了沉淀资本，又实现了劳动的价值，这 1 米的劳动付出就是资本的增量。事实证明 1 米的劳动增量创造了 7 米的价值。

沉淀资本是指企业或个人通过积累和储蓄形成的资本，与流动资本相对。它代表着已经投入并用于生产或投资的资金，通常以长期、固定的形式存在。沉淀资本通常包括以下几个方面。

固定资产：包括房地产、设备、机械、工具等长期用于生产和经营的实物资产。

投资组合：包括股票、债券、衍生品等长期持有的金融投资。

现金储备：包括企业或个人持有的现金储备，用于应对紧急情况或未来投资计划。

沉淀资本是企业或个人的财务基础，它可以用于扩大生产能力、引入新技术、进行企业并购等重要投资决策。同时，沉淀资本也可以为企业或个人提供一定的经济安全垫，以应对不确定的经济环境或个人需求变化。企业或个人通常会通过不断积累利润、减少开支或增加债务来增加沉淀资本。管理和运用好沉淀资本对于实现可持续发展和财务稳定具有重要意义。

第二节　资本品结构

当前我国既存在国有资本、集体资本，也存在大量包括私人资本、外国资本在内的非公有资本，对这些资本在性质上要区分，在定位上要明确，进而规范和引导各类资本健康发展。推动国有资本做强做优做大，在坚持和完善基本经济制度前提下，规范和引导资本健康发展，毫不动摇巩固和发展公有制经济，毫不动摇鼓励、支持、引导非公有制经济发展。

一、资本品结构的内涵界定及构成

资本品是指企业用于生产的机器设备，即固定资本。例如，车床是一种资本品。资本品是对银行正常经营和业务发展具有特殊用途的经济资源，这种资源在金融外部性问题作用下被赋予特别重要的意义。由于我国国有银行特有的公有金融产权形式，这种经济资源的重要性异化为对资本品的过度需求，并呈现出以资本品重复、分散与低效为特征的超常增长，给银行可持续发展带来一系列不良影响。资本品主要涉及钢铁、石化、有色金属等行业，该类行业受消费、投资需求以及宏观经济调控影响较大，并往往呈现出较强的周期性。

资本品结构则是指一个经济体中各种不同类型的资本品的集合和组织关系。它包括不同种类的资本品以及它们之间的关系和相互作用。资本品结构的内涵界定和构成可以从以下几个方面来理解。

（一）资本品的种类

资本品可以分为物质资本和非物质资本两大类。物质资本包括生产设备、工具、原材料等可以直接用于生产的有形资本品。非物质资本则包括专利、版权、专有技术等无形的资本品。

（二）资本品的组成和分类

资本品可以进一步细分为固定资本和流动资本。固定资本是指那些可以持久使用的资本品，如生产设备、厂房等，它们不会轻易消耗或被出售。流动资本则是指那些在生产过程中消耗或易变现的资本品，如原材料、库存等。

（三）资本品之间的互动关系

不同种类的资本品之间存在着相互依赖和相互影响的关系。例如，生产设备的升级和更新会影响到生产过程的效率和质量，进而影响到产品的竞争力和销售情况。

（四）资本品结构的演变

随着科技进步和经济发展，资本品结构会不断演变。新的技术和产品的出现会改变现有的资本品结构，某些旧有的资本品可能会被淘汰或替代，而新的资本品可能会引入和应用到生产过程中。

总的来说，资本品结构的内涵界定及构成涉及不同种类的资本品、它们之间的关系和互动，以及随着时间推移的演变。了解和管理好资本品结构对于企业发展和经济增长至关重要。

二、国有资本（公共资本）的特点与作用

（一）国有资本（公共资本）的界定

1. 国有资本

国有资本指的是由国家所有和控制的资本，它包括国有企业的资本和其他与国家相关的资本。国有资本是国家使用财政资源或权益投资于各个行业和领域的一种形式。国有资本在不同国家和地区的定义和范围有所不同。在一些国家，国有资本可能仅指政府拥有和控制的国有企业的资本。这些国有企业可以在各个经济部门中发挥重要作用，包括能源、电力、交通、通信、金融等。在其他国家，国有资本的范围可能更广泛，还包括政府在其他形式的实体中持有的资产和权益，如政府持有的股票、证券投资、土地和自然资源。

国有资本的存在通常是为了实现国家的经济和社会目标，包括促进经济发展、维护国家安全、提供公共服务、调控市场等。然而，国有资本的运营和管理也面临一系列的挑战和问题，包括效率和竞争力的提升、优化资源配置、加强监管和治理等。

2. 公共资本

公共资本是政府投资于基础设施领域或公共部门固定资产所形成的资本存量，包括交通、水利电力、教育、文化体育、医疗卫生等基础设施领域投资。按公共资本功能不同可分为：公共物质资本、公共研发资本和公共教育资本。

公共资本是公共物质资本、公共研发资本和公共教育资本的投资之和。其中，公共物质资本包括：电力、热力、燃气及水生产和供应业，交通运输、仓储和邮政业，信息传输、计算机服务和软件业，水利、环境和公共设施管理业，卫生、社会保障和社会福利业，文化体育和娱乐业，公共管理和社会组织等领域的投资。公共研发资本包括：科学研究、技术服务业和地质勘探业等领域的投资。公共教育资本指教育领域的投资[①]。

（二）国有资本（公共资本）的特点

国有资本是经济社会发展的重要内容，同其他资本相比有很多不同的特点。深刻认识这些特点，对于理解、研究和掌握国有资本的运作，是很有益处的。因此，以下主要围绕国有资本的特点展开，国有资本（公共资本）具有以下几个特点。

1. 国家所有和控制

国有资本是由国家拥有和控制的资本。国家在这些资本中拥有所有权或多数股权，并通过政府机构对其进行管理和监管。

2. 实现国家经济和社会目标

国有资本的存在旨在实现国家的经济和社会目标。国家可以通过国有企业和其他形式的国有资本来推动战略性产业的发展、维护国家安全、提供公共服务、促进区域平衡发展等。

3. 垄断并对市场进行干预和补充

国有资本在某些行业和领域中占据主导地位，形成垄断或半垄断的市场结构。这使得国家能够通过调控国有企业的经营活动来影响市场供需关系、价格水平和资源配置。市场机制无法充分发挥作用、实现公共利益或引导经济发展时，国家可以通过国有资本的介入来引导和调节市场的运行。

4. 保障公共利益

国有资本的一个重要作用是保障公共利益。国家通过国有企业来提供关键的公共服务，如能源供应、交通运输、通信网络等，确保这些服务的普及性和可靠性。

（三）国有资本（公共资本）的作用

公有资本和私人资本长期并存，并以公有资本为主体，以国有资本为主导的资本制度安排，是马克思主义资本观同中国国情相结合的必然结论，是规律性与目的性的统一。公有资本为主体，要求国有资本和集体资本共同领导、影响私人资本运行。

国有资本是社会整体利益的代表，其能够也必须主导私人资本企业运行。一般来讲，

---

① 刘珊珊，邓峰. 公共资本对企业创新的非线性调节效应研究. 技术经济与管理研究，2023，（9）：53-58.

政府主导经济社会发展进程，在经济领域主要表现为国有资本经济对包括私人资本经济在内的整个国民经济主导作用的发挥，其具体作用路径表现为以下六个方面。

第一，国有资本代表国家利益，履行社会综合职能。一是虽然国企不断退出，就业人数下降，其 GDP 在全部工业企业中所占比重不断减少，但其税负一直居高不下。二是国有企业的利润除了按规定将一部分上缴国家，用于社会事业之外，主要用于资本积累和扩大再生产，快速增加国有资本总量，使全民所有的资本总量不断增多。三是市场上出现的假冒伪劣商品、有毒有害食品等，多与个体或私人资本不择手段追逐利润有关；国企诚信度较高，在保障民生安全方面做出了重要贡献。

第二，国企通过主导市场体系，掌握生产和流通，为私人资本运行提供新的环境和条件。一是政府发挥快速学习能力和强大动员能力优势，逐步建立起国有资本所主导的成熟完善的市场体系。这一市场体系为私人资本运行提供了巨大的经济体量和市场空间。二是国有工商企业直接控制关系国计民生的生产资料和生活资料的生产经营活动及对外贸易活动，并对产品供求关系发挥基础性调控作用。三是国有资本主导下游销售环节，在商品流通中发挥主渠道作用，能够起到调节产品供求、稳定市场预期的作用。

第三，国家运用国有资本进行宏观调控，减少或避免私人资本运行的"市场失灵"。国企是政府将有限社会资源集中起来进行投资的载体，是统筹运用国家财力、物力实施产业政策的物质保障。一方面，国有资本承载着国家战略性功能、社会利益调节功能，承担着政府调控作用，是国家进行宏观调控的重要工具和依托，成为市场经济的"稳定器"和"减压阀"。另一方面，国家直接占有生产资料，能够按照社会意志对国企进行有效监管，并按经济社会发展的总要求，对国企生产经营活动进行合理调节，引导和调控市场行为，使之真正体现全体人民的共同利益，即实现国家整体目标。

第四，国有资本在推进私企科技进步及产业升级方面优势明显。国有企业在技术进步和产业升级中必须而且能够走在前列，在原始创新及基于原始创新的颠覆性创新方面能够发挥关键性作用的原因是：国有企业能够集中使用资源，承担更大风险，遵循国家整体技术规划，较易产生技术外溢效应，并掌握着社会化程度较高的生产能力，是生产力发展中的主导性企业。因而在为国民经济发展提供物质技术基础的同时，也在为私营企业技术改造提供先进技术装备。不论是传统工业的巨额投资技术改造，还是先导工业、战略性产业的技术研发、投资创新，都在很大程度上依赖于政府投资的国有企业特别是央企来完成。中国国有资本风险投资基金的成立，作为一种投融资方式，则是以股份形式参与投资，帮助所投企业（尤其是高新技术企业）资本增值及上市。此外，对于大规模科技创新，私人资本不愿且无力承担风险，只能由国有资本带动和吸引社会资本或私人资本积极、有序参与到科技研发和成果转化工作中来。

第五，国有资本带动私人资本保障国家安全，提高国家核心竞争力。一是国有企业通过扩大自身规模，形成核心技术和拳头产品，提升了自主创新能力及核心竞争力，改善了国际市场竞争地位。二是政府通过引导企业成为国际科技合作的主体，支持有较强国际竞争力的企业建立海外研发中心，以合资、参股等方式有效利用当地科技资源，增强专利技术储备，提高科技创新能力。三是国家在能源、粮食生产、装备制造等关乎国家利益的产业领域，培养一批具有国际竞争力的大公司、大企业集团，发挥它们的骨干、示范和导向作用，并通过对外投资、开拓市场、深化合作，不断增强国际竞争力。

第六，通过混合所有制改革，国有资本可缓解私人资本运行所带来的收入差距较大问题。以生产资料公有制为基础的社会主义生产关系，能够从根本上克服资本主义生产方式中的基本矛盾，保证生产、流通和分配被置于社会的自觉调控之下，实现再生产有计划按比例发展以及社会成员的共同富裕。因此，生产资料归国家而不是归任何私人所有，从根本上消除了劳资对抗的社会矛盾，能够将眼前利益与长远利益、局部利益与整体利益、公共利益与个人利益有机结合，是最终达到共同富裕的根本制度保障。混合所有制改革，特别是允许混合所有制经济实行企业员工持股，形成资本所有者和劳动者利益共同体，从某种意义上讲也是对收入分配的源头即生产条件的占有环节进行有效调整。这对于防止两极分化、共享发展成果具有决定性意义。

总之，实践已经证明并将继续证明，国有资本在中国经济社会生活中始终发挥着不可或缺的主导作用。今后只有进一步发挥国有资本的主导作用，才能抵御私人资本的不良渗透或消极影响，才能联合私人资本一同应对国际资本的全球竞争[①]。

三、私人资本的特点与作用

（一）私人资本的界定

私人资本是指资本所有者个人拥有的资本。在资本主义社会，资本家对作为私人财产的资本拥有所有权和支配权，它独立地执行资本的职能，实现资本价值的增值，反映着资本家榨取工人剩余劳动的剥削关系。随着生产社会化程度的提高和资本主义信用制度的发展，私人资本的存在形式也发生了变化，许多资本主义企业由一个资本家独资经营，发展为由若干资本家共同投资的合伙经营，出现了股份资本形式，产生了资本所有权和使用权的分离，但股份资本和由之建立的股份公司并没有改变资本的性质，它们实质上是集体的私人资本和私人资本主义企业，参加股份公司的各资本家以利润和股息的形式，共同剥削工人阶级所创造的剩余价值。

（二）私人资本的特点

私人资本是指由个人、家庭、私人企业或私有机构拥有和控制的资本。私人资本的特点在于其私有性、利润追求、灵活性与高效性、风险承担与创新、竞争与市场机制等方面。具体而言，私人资本的特点可以总结如下。

（1）私有性。私人资本具有私有性质，即由个人或私有实体拥有和控制。这意味着私人资本的使用权、支配权和收益权归私人所有，私人可以根据自己的需求和利益来决定如何使用和投资资本。

（2）利润追求。私人资本的持有者通常追求利润最大化。私人投资者会根据风险和回报的考量来选择投资项目，并积极寻求投资回报。这种利润追求能够激励私人资本的流动和投资活动，从而促进经济增长和创造就业机会。

---

① 庞庆明. 试析新时代中国特色社会主义下的公有资本与私人资本. 教学与研究，2018，（10）：25-33.

（3）灵活性与高效性。与公共资本相比，私人资本更具有灵活性和高效性。私人资本的决策过程通常更加迅速灵活，能够更好地适应市场的变化和需求的变化。私人资本投资者在使用和配置资本时可以更快地做出决策，并根据市场的反馈进行调整。

（4）风险承担与创新。私人资本投资者常常愿意承担创新和风险。他们对投资项目的选择和风险评估具有较高的灵活性和主动性。私人资本的重要作用之一就是提供风险资本，为初创企业和新兴产业提供资金和支持，促进新技术、产品和业务模式的创新。

（5）竞争与市场机制。私人资本的存在促使市场竞争和市场机制的运行。私人资本投资者在市场中寻求最佳的投资机会和利润回报，竞争促使他们提高效率、降低成本、提供更好的产品和服务，从而推动整个经济体的发展和进步。

（三）私人资本的作用

私人资本在经济中起到了多个重要的作用，以下是私人资本的几个主要作用。

（1）创造就业机会。私人资本投资通常会带动新企业的成立和现有企业的扩张，从而创造就业机会。私人资本的投资和运营活动需要雇佣劳动力，为社会创造就业机会，帮助提高就业率，改善民生。

（2）促进经济增长。私人资本的投资和活动促进了经济的增长。通过资本的积累和投资，企业可以扩大生产规模，提高生产效率，推动经济发展。私人资本的投资活动促使资源的优化配置和技术的创新，推动经济结构的升级和产业的发展。

（3）推动创新和技术进步。私人资本在创新和技术进步方面起到了重要的推动作用。私人资本投资者通常愿意承担创新和风险，他们为研发和应用新技术、产品和业务模式提供了资金和支持。私人资本的投资活动推动了科技创新，推动了技术的进步和产业的改造。

（4）繁荣资本市场。私人资本的存在促进了资金市场的发展。私人资本投资者的存款和投资需求为金融机构提供了投资标的，也为金融市场提供了流动性。私人资本的投资活动推动了金融市场的繁荣，促进了资本市场的发展和运作。

私人资本在经济中扮演着重要的角色，通过创造就业机会、促进经济增长、推动创新和技术进步、发展资金市场等方面，为经济增长、创新和就业创造提供了关键的支持和动力，最终对全社会的发展和进步起到了积极的推动作用。

四、国际资本（外资资本）的特点与作用

（一）国际资本的界定

国际资本，也被称为外资资本，是指来自其他国家或地区的资本投资和流动。国际资本是由一个国家在国际投资而形成的国际利润留成。国际资本从根本上反映的是输出国资本的利益，其一切行为都是为了追求国际经济的利润。

国际资本的形成经历了一个历史过程。在这一过程中，各种形态的国际资本相互联系、相互促进。资本在国际范围内的运动：首先，表现为商品资本的运动，即国际贸易；其次，表现为货币资本的运动，即以国际借贷、国际证券投资为主要形式的国际间接投

资；最后，表现为生产资本的运动，即国际直接投资。国际直接投资是资本在国际范围内运动的最高形式。

（二）国际资本的特点

国际资本具有一些特点，这些特点不仅影响了资本的流动和分配，也对全球经济产生了深远的影响。以下是国际资本的几个主要特点。

（1）跨国流动性。国际资本具有跨越国家和地区边界的流动性。资本拥有者可以将他们的资金投资到其他国家的企业、金融市场和房地产等领域。这种跨国流动性使得资本能够寻找更高的回报率和更具吸引力的投资机会。

（2）高度流动性。国际资本的流动性非常高，可以在短时间内大规模流动。现代金融市场的高度发展和信息技术的进步，使得跨国资本的转移和交易变得更加快速和便捷。这种高度流动性增加了全球金融市场的动态性和脆弱性。

（3）高度集中性。国际资本投资主要由少数国家和跨国公司掌握。发达经济体和全球性企业在国际资本市场中扮演着主导角色，它们拥有更多的资本和资源，并在全球范围内开展投资活动。这种高度集中性导致国际资本的流动主要由一小部分主要经济体主导。

（4）投机性和风险性。国际资本往往具有一定的投机性和风险性。为了追求更高的回报，资本拥有者可能会将资金投资到高风险、高回报的项目中。这种投机性和风险性也增加了全球金融市场的不稳定性和波动性。

（5）影响力和权力。国际资本的流动和分布不仅对特定国家的经济产生影响，也对全球经济和金融秩序产生影响。资本拥有者通过对跨国企业、金融机构和政府的资本进行投资和控制，获得影响力和权力，能够对全球经济产生重要的影响。

总的来说，国际资本的特点包括跨国流动性、高度流动性、高度集中性、投机性和风险性，以及影响力和权力等方面。这些特点反映了国际资本的灵活性、复杂性和对全球经济的重要性。需要注意的是，国际资本的流动和分布也面临着一些挑战和问题，如资本流动的不平衡性、金融风险的传染性等，需要采取措施来维护金融稳定和经济可持续发展。

（三）国际资本的作用

国际资本在世界各国的经济发展中发挥着重要的作用。以下为国际资本的主要作用。

（1）促进经济增长。国际资本投资可以促进经济增长和发展。外国直接投资（foreign direct investment，FDI）的流入可以带来资本、技术和管理知识的引入，从而提高本地企业的生产力和竞争力。国际资本的投资还可以刺激相关产业和市场的发展，进一步推动经济增长。

（2）促进就业。国际资本投资往往与就业机会的增加密切相关。外国投资带来的直接投资往往需要雇佣本地劳动力，创造就业机会，缓解国内的就业压力。这对于提高收入水平、减少贫困和促进社会稳定都具有积极影响。

（3）技术转移和创新。国际资本的流入可以带来先进的技术和管理经验，推动技术转移和创新能力的提升。外国直接投资往往伴随着技术的引入和新的生产方法的推广，从而提高本地企业的技术水平和创新能力，这有助于推动经济的转型升级和竞争力的提升。

（4）扩大市场和提高国际竞争力。国际资本的流入可以帮助国内企业扩大市场和提高竞争力。外国投资者通常会带来更广阔的销售网络和渠道，加强本地企业的国际市场渗透能力。这有助于提高企业的市场份额和品牌知名度，增强国内企业的国际竞争力。

（5）促进贸易和经济合作。国际资本的流动也有助于促进贸易和经济合作。外国直接投资往往伴随着国际供应链的形成，促进了跨国公司和供应商之间的合作关系。这有助于推动国际贸易的发展、扩大经济规模和提升国际竞争力。

国际资本的投资活动对于各国经济的增长和发展具有重要的影响和推动作用，然而，在引入国际资本时，也需要关注和管理好与国内资本的关系，确保国家的经济利益和稳定。

第三节 资本效率及测度

资本效率的界定和测算在不同的领域和背景下可能会有所不同，因此具体的定义和测算方法可能有所差异。针对我国当前的资本效率问题，在社会主义市场经济条件下，应积极发挥资本的积极作用，有效控制资本的消极作用，给资本设置"红绿灯"。

一、资本效率的内涵界定

资本效率是指在特定的资本配置下，经济体能够最大程度地实现产出和生产效益的能力。简而言之，资本效率是指资本的运用效果和效率。它衡量了资本的投入与产出之间的关系，探讨了资源的最优利用以及如何提高资本投资的产出率，即在相同或更少的投入下，能够实现更多的产出。资本效率的提高可以带来更强的生产力和更快的经济增长。

资本效率的提高可以通过以下几个方面实现。

（1）投资决策的优化：优化投资决策可以避免资源的浪费和低效的投资。这包括对潜在投资项目进行充分的风险评估和回报分析，以确保投资的回报率达到预期水平。投资者需考虑多方面因素，如资本成本、市场需求、技术水平等。

（2）资本配置的合理化：合理的资本配置可以提高资源利用的效率。在资本配置方面，可以考虑优先发展高增长、高利润潜力的产业和领域，避免过度集中或分散的情况。此外，对优质的企业和项目给予更多的资金支持，进一步提高资本的效率。

（3）技术创新与改进：技术创新和改进可以提高资本的使用效率。通过引入新技术、改进生产工艺和过程，企业可以提高生产效率和产品质量，减少资源浪费和生产成本。技术创新也可以带来新的商业模式和市场机会，从而提高资本的回报率。

（4）效率改进与管理：优化运营管理和提高生产效率也是提高资本效率的关键。通过改进生产流程、降低生产成本、提高员工的工作效率和质量控制等，可以有效地利用资本和资源，降低生产成本，提高产品和服务的质量。

（5）教育和培训：提高员工的知识和技能水平可以提高资本的效率。教育和培训可以提高员工的专业素养和技能，使他们能够更好地运用资本和技术，提高生产效率和质量。

界定资本效率可以从以下几个方面来考虑。

（1）生产要素的投入与产出之间的关系：资本效率可以理解为在相同的资本投入下，能够实现更多的产出。这涉及资本的使用效率、生产过程中资源的利用效率、生产要素的组合等方面的问题。

（2）资本回报率：资本效率也可以理解为资本投资所获得的回报率。高资本效率意味着能够以相对较低的成本实现更高的回报。这通常需要考虑资本的投资风险、市场需求情况、企业的管理和运营效率等。资本回报率的提高有助于吸引更多的资本投资和促进经济增长。

（3）资本配置的合理性：资本效率还可以理解为资本在经济系统中的合理配置。合理配置资本可以使各种经济要素的组合达到最佳状态，从而实现最大化的产出。这可能涉及将资本投资引向具有高潜力和高回报率的产业和项目，避免资源过度集中或分散的情况。

（4）资本的产出效能：资本效率也可以理解为资本的产出效能。资本的产出效能是指在给定的资本投入下，能够实现的经济增长或生产力的提高。这涉及资本的使用效率、技术创新和进步、生产过程的改进和工艺的提升等。

（5）风险与收益平衡：资本效率不仅考虑收益，还考虑投入的风险。一个高效率的资本配置应该在追求较高回报的同时，尽量降低风险。

二、资本效率评价指标体系

资本效率评价指标体系是用于评估资本配置和利用效率的一组关键指标。以下是一些常见的资本效率评价指标。

（一）资本收益率

资本收益率（return on capital）又称资本利润率，是指企业净利润（即税后利润）与平均资本（即资本性投入及其资本溢价）的比率，用以反映企业运用资本获得收益的能力。资本收益率越高，说明企业自有投资的经济效益越好，投资者的风险越少，值得继续投资，对股份有限公司来说，就意味着股票升值。对企业经营者来说，如果资本收益率高于债务资金成本率，则适度负债经营对投资者来说是有利的；反之，如果资本收益率低于债务资金成本率，则过高的负债经营就将损害投资者的利益。资本收益率是公司一定时期的税后利润与实收资本（股本）的比率，其计算公式如下：

$$资本收益率 = 净利润/实收资本 \times 100\% \tag{5.4}$$

（二）资本周转率

资本周转率（capital turnover）是指单位时间内资本投入的流动性和利用程度。它可以通过计算销售额与资本投入之比来评估资本的周转效率。资本周转率又称投资周转率、股本周转率,指一个公司在一年中的总营业额与该公司所发行的股本之间的比率关系,用以表示该公司在该年度内使用资本的周转次数,而周转率越高,则表示该公司经营能力与效率越强。假如,某公司的年营业额为10亿元,而其股本为2亿元,则该公司的资本周转率为5:1,即表示该公司的股本在该年度被使用了五次。

(三)资本生产率

资本生产率(capital productivity)是一定时期内(一年内)单位资本存量创造的产出,产出越多,投资效率越高。

$$P_k = Q / K \tag{5.5}$$

其中,Q 表示产出;K 表示资本存量。将式(5.5)变换为

$$Q = P_k K \tag{5.6}$$

资本生产率增长率为正值时,投资率与消费率趋于协调,正值越大,协调度越高,经济增长质量越好;资本生产率增长率为负值时,表明投资率偏高,消费率偏低,投资率与消费率趋于不协调,负值越大,越不协调,经济增长质量越差。

(四)边际资本产出率

边际资本产出率(marginal capital productivity)指的是增加一单位资本投入所带来的附加产出。它是衡量资本投资效果的指标,可以通过计算增加的产出与增加的资本投入之比来测度,反映了资本投入的边际效益,有助于评估企业对资本的利用和配置。边际资本产出率可以通过以下公式计算:

$$边际资本产出率 = \Delta 产出 / \Delta 资本投入 \tag{5.7}$$

其中,Δ产出表示单位时间内的新增产出;Δ资本投入表示单位时间内增加的资本投入。通常,边际资本产出率反映了投资单位资本的效果和效率,即每单位资本投入对产出的贡献程度。当边际资本产出率高时,表示每单位新增资本投入所带来的附加产出较多,说明资本投资对于生产效率的提升具有明显的效果。相反,当边际资本产出率低时,表示每单位新增资本投入所带来的附加产出较少,说明资本投资对于产出增长的贡献不高。

(五)资本利用率

资本利用率(capital utilization rate)是指一定时期内资本增值的程度。资本的本质是价值增值。增值越多,其利用率就越高;反之,其利用率就越低。影响资本利用率的因素很多,如资本的构成、资本运行方式、经营管理水平、资本周转速度等。其也指资本投入的实际利用程度。它可以通过计算资本投入与最大可利用资本之比来评估资本的利用效率。

(六)资本积累率

资本积累率(rate of capital accumulation)是指企业本年所有者权益增长额同年初所有者权益的比率。资本积累率表示企业当年资本的积累能力,是评价企业发展潜力

的重要指标。资本积累率的计算公式：

$$资本积累率=本年所有者权益增长额÷年初所有者权益×100\% \quad (5.8)$$

三、资本效率测度的模型与方法

资本效率的测度可以采用多种模型和方法。以下是一些常用的模型和方法。

（一）DEA 模型

DEA（data envelopment analysis，数据包络分析）模型，是由美国著名运筹学家 Charnes 和 Cooper 创建于 1978 年，以"相对效率"概念为分析基础发展起来的一种效率评估方法。DEA 是一种非参数方法，用于测度决策单元的相对效率。它通过比较各个决策单元的输入和输出指标来评估它们的效率水平，并将最优效率的决策单元确定为基准。

DEA 是近年来被广泛用于效率测度的方法，可以用于测度资本投入与产出之间的效率关系。DEA 方法主要优势有三个：第一，不必建立显性生产函数，消除了人为主观因素的影响；第二，确定指标权重时比较客观，评价效率时更为准确；第三，可以极大限度地缩小不同决策单元之间的差异，可比性更强。

（二）Malmquist 指数分析法

Malmquist 指数分析法常用于生产率测算的动态分析，可以有效反映效率的动态变化情况。因此，Malmquist 指数可以用于衡量企业或组织在不同时间点的资本效率变化指标。它通过比较两个时间点的技术变动和资源配置效率的变化，来评估资本效率的变动情况。Malmquist 指数是在 DEA 模型的基础上，进一步考虑了两个时间点的技术进步和资源配置效率的变动。它通过计算前后两个时间点的相对于参考时间点的技术进步指数和资源配置效率指数，并将两者相乘，得到 Malmquist 指数。若 Malmquist 指数大于 1，则代表综合生产率提高；若 Malmquist 指数等于 1，则代表综合生产率没有变化；若 Malmquist 指数小于 1，则代表综合生产率降低。Malmquist 指数可分解为

$$\begin{aligned} \text{tfpch} &= \text{effch} \times \text{techch} = \text{pech} \times \text{sech} \times \text{techch} \\ &= \sqrt{\frac{D^t(m^{t+1}, n^{t+1})}{D^t(m^t, n^t)} \times \frac{D^{t+1}(m^{t+1}, n^{t+1})}{D^{t+1}(m^t, n^t)}} \\ &= \frac{D^{t+1}(m^{t+1}, n^{t+1})}{D^t(m^t, n^t)} \times \sqrt{\frac{D^t(m^{t+1}, n^{t+1})}{D^{t+1}(m^{t+1}, n^{t+1})} \times \frac{D^t(m^t, n^t)}{D^{t+1}(m^t, n^t)}} \end{aligned} \quad (5.9)$$

其中，tfpch、effch、techch、pech、sech 分别表示综合生产率、技术效率、技术进步、纯技术效率、规模效率。综合生产率受资源配置的技术效率、技术进步的影响，技术效率反映资源配置的管理水平、配置规模合理性水平等组织管理水平变化情况。技术效率又受纯技术效率和规模效率的影响。其中，纯技术效率反映资源配置管理水平的变化情况，规模效率反映资源配置规模合理性水平的变化情况。

（三）柯布-道格拉斯生产函数模型

柯布-道格拉斯（Cobb-Douglas）生产函数，又称"C-D 生产函数"，是一种常见的经济学模型，用于描述输入要素（如资本、劳动、技术等）与产出之间的关系。最早由保罗·道格拉斯（Paul Douglas）和查尔斯·柯布（Charles Cobb）提出。因其具有明确的经济意义，一经提出便得到了广泛的应用。其优良的性质包括对解释要素的边际产量、边际替代率、产出弹性、替代弹性、技术进步等诸多方面。通过估计生产函数中资本的弹性系数，可以评估资本的效率对产出的贡献程度。C-D 生产函数的基本公式：

$$Y = AK^{\alpha}L^{\beta} \quad (5.10)$$

其中，参数 A 表示技术进步；α 和 β 分别表示资本和劳动的产出份额（或资本和劳动的产出弹性）。

根据式（5.10），可推断资本的边际产量（要素的价格）：

$$MPK = \Delta Y / \Delta K = \alpha AK^{\alpha-1}L^{\beta} \quad (5.11)$$

（四）索洛残差法

索洛残差法最早由罗伯特·索洛（Robert Solow）提出，基本思路是估算出总量生产函数后，采用产出增长率扣除各投入要素增长率后的残差来测算全要素生产率增长，故也称生产函数法。索洛残差也是常用于衡量资本效率的一种经济学模型方法。该方法基于索洛残差经济增长模型，通过对资本的贡献和生产函数进行拟合，计算出未被资本和劳动解释的产出增长，即索洛残差。较大的索洛残差表明资本的效率较高，可以提高产出增长。

四、中国资本效率的探讨

习近平指出："搞社会主义市场经济是我们党的一个伟大创造。既然是社会主义市场经济，就必然会产生各种形态的资本。资本主义社会的资本和社会主义社会的资本固然有很多不同，但资本都是要追逐利润的。'合天下之众者财，理天下之财者法。'我们要探索如何在社会主义市场经济条件下发挥资本的积极作用，同时有效控制资本的消极作用。"[1]此次工作会议上，给资本设置"红绿灯"的政策宣示是一大亮点，也是一个比较清新的宏观调控思路，意义十分重大[2]。

资本作为一种生产关系，如果任由其无序扩张，首先将影响国民经济活动和物质利益关系。同时，由于资本权力是一种"总体性权力"，当资本运行不受约束，其影响将进一步扩散到国家政治、社会治理、生态环境和意识形态领域。

从经济领域来看，资本无序扩张既有可能造成产业垄断，也有可能引发过度竞争。因此，资本的无序扩张既有可能影响经济公平的实现，在总体上也不利于经济效率的提

---

[1] 习近平. 习近平谈治国理政（第四卷）. 北京：外文出版社，2022：211.
[2] 刘瑞. 设置资本"红绿灯"：价值取向与基本原则. 国家治理，2022，（8）：9-13.

高。资本无序扩张可能形成两种不同的市场结构,一是寡头垄断,二是垄断竞争。相对而言,寡头垄断企业占据了很高市场份额,损害经济公平。在垄断竞争的市场结构中,虽然每一户厂家都对自己的客户拥有一定垄断权力从而获得"垄断利润",但总体上仍然存在激烈的市场竞争。受到独占企业攫取大量"垄断利润"的诱惑,大批企业以技术跟随、产品模仿等方式进入同一行业,由此造成重复建设和过度竞争等问题,形成海量的过剩产能,严重降低产业运行效率。改革开放后,在钢铁、电解铝、建筑材料、太阳能光伏产业都出现过类似情形,教训十分深刻。

从非经济领域来看,资本往往向国家政治、社会民生、生态环境以及文化和意识形态等领域渗透,不择手段地谋取利润。①在国家政治上,资本不仅对官员进行经济腐蚀,企业经营者还会采取多种手段通过构建政治关联,获得各种政治身份,直接或间接地破坏政治规则、政治生态,危害我国人民民主专政政权的正常运行。②在社会民生方面,资本向教育、医疗、养老等公益性领域扩张,人为地抬高公共服务品和住房价格,劳动者在生产过程中受到严重阻碍,人口增长率连年下降。③在生态环境上,资本为了追逐利润,不惜破坏生态环境,无节制地开发自然资源和能源储备,造成人与自然关系不断恶化。④在文化和意识形态领域,资本无序扩张破坏社会主义核心价值观。资本逐利行为扭曲社会风气,全社会充斥着"一切向利润看齐、一切以资本为先"的浮躁氛围。

此外,资本无序扩张不仅仅存在于非公资本,公有制经济和国有资本也存在无序扩张损害市场公平竞争的问题。国有资本无序扩张往往是与行政权力滥用联系在一起的,其本身就是行政垄断的一种表现。在我国市场化改革早期,很多政府部门开办企业并负责具体运营,政府的经济管理职能与企业经营行为混为一体,存在着严重的政企不分问题。随着国有企业公司制改革的深入开展,国有企业普遍建立起现代公司治理结构,政府部门不再直接经营企业,政企不分等问题得到有效纠正,这种形式的国有资本无序扩张得到很大程度的遏制,但是,地方政府或行业主管部门干预企业经营秩序和市场秩序的问题仍然存在,如为保护本地企业和产品而建立起地方性的市场壁垒,为保护本行业的利益运用行政权力限制竞争等。在这些情况下,与地方政府和行业管理部门具有密切联系的国有企业往往成为行政垄断的微观载体,国有资本成为限制市场竞争、操控市场交易的实施工具。因此,这一类特殊的资本无序扩张仍然需要引起注意并加以规范。

从现阶段的生产关系来看,遏制私人资本无序扩张的任务是由公有制经济来完成的,国有企业肩负着遏制私人资本无序扩张的重要任务。从现阶段的上层建筑来看,则要通过国家政权力量和意识形态管控为资本设置"红绿灯"。在社会主义市场经济条件下,在准确把握生产力与生产关系、经济基础与上层建筑之间的辩证关系,防止资本野蛮生长的同时,充分发挥其积极作用,为经济持续健康发展注入强劲动力①。

---

① 周绍东. 遏制资本无序扩张:一个政治经济学的解读. 社会科学辑刊, 2023, (3): 125-134.

本章小结

在本章中，我们首先介绍了资本总量的含义及测度方法，重点介绍了测度资本总量最通用的方法——永续盘存法，并对其具体内容及操作程序进行简要说明，对资本种类进行详细的划分；其次，分析了资本品结构的内涵及构成，对国有资本、私人资本、国际资本进行详细的阐述；最后，对资本效率的内涵、评价指标以及测度模型展开论述，并结合国情简要探讨了中国资本效率，让读者对资本要素有了基本的了解。

本章习题

1. 简述资本总量的概念。
2. 测度资本总量的方法与步骤有哪些？
3. 常见的资本种类有哪些？
4. 国有资本、私人资本、国际资本有哪些异同？
5. 测算资本效率有哪些模型与方法？
6. 如何解决我国现阶段资本无序扩张的问题？

第六章
技术要素供给

> **本章知识点**

1. 技术要素供给
2. 技术要素的类型
3. 技术创新
4. 技术进步
5. 技术引进
6. 技术自主创新

> **本章学习目标**

1. 理解技术要素供给的作用
2. 掌握技术创新的模式和环境
3. 运用相关度量方法来衡量技术进步
4. 掌握影响技术进步的因素
5. 明确技术进步的过程
6. 了解技术引进的目的和方式
7. 掌握技术自主创新的类型和模式
8. 探析技术引进与技术自主创新的关系

技术要素是推动一个国家和地区长期经济增长的动力，不断增强技术要素的有效供给、激发技术要素供给活力，能够促进科技成果转化和提高科技创新水平，进而推动经济高质量发展。马克思主义唯物史观告诉我们，科技创新是社会关系发展变革的物质技术力量，新生产力的获得带来生产关系的变革，最终导致社会关系的改变。从世界各国经济发展的经验来看，科学技术在各国经济发展中发挥的作用越来越大，科学技术的每一次变革都推动各国经济向纵深发展，随着现代信息通信技术的发展，"互联网+""人工智能+"等经济的到来，各国的经济发展模式发生转变，从而为人的解放和全面发展创造条件。当前，中国经济已由高速增长阶段转向高质量发展阶段，要实现经济高质量发展必须将科技创新作为引领发展的第一动力，促进科技成果加速转化为现实生产力，才能不断增强中国经济发展的创新力和竞争力。习近平提出，"中国要强盛、要复兴，就一定要大力发展科学技术，努力成为世界主要科学中心和创新高地"[1]。因此，"科技兴则民族兴，科技强则国家强"[2]。

第一节　技术要素供给概述

一、技术要素供给的内涵与作用

（一）技术要素供给的相关概念

世界知识产权组织在1977年版的《供发展中国家使用的许可证贸易手册》中，把技术定义为："技术是制造一种产品的系统知识，所采用的一种工艺或提供的一项服务，不论这种知识是否反映在一项发明、一项外形设计、一项实用新型或者一种植物新品种，或者反映在技术情报或技能中，或者反映在专家为设计、安装、开办或维修一个工厂或为管理一个工商业企业或其活动而提供的服务或协助等方面。"技术专利是直观表达技术的主要形式。

一般来说，技术要素是构成技术的基本组成部分，包括四个基本内容：能源、材料、工艺、信息。其中，能源是推动技术发展的动力，材料是推动技术发展的物质基础，工艺是推动技术发展的条件，信息是推动技术发展的控制手段。技术的每一次变革都推动技术革命向纵深发展，而每次技术革命又把技术提高到一个新的水平[3]。

技术要素供给是指提供给市场的技术和产品的过程，技术供给者会因价格、市场等变化带来技术产品或服务供给量的变化，而技术要素包括在物质生产和价值创造中发挥关键性独立作用的科学知识、技术经验与信息等。技术要素供给涉及新技术成果产出、成果交易与转化、技术产业化、成熟技术的转移与扩散等众多环节的内涵与方式。在市场需求和利益追求的驱动下，创新技术将在创新主体的联合攻关下孕育而生，此时的技术还不成熟，还没得到市场的广泛认可，经过初试、中试等环节日趋成熟，进而出现技术沿着"技术链条"扩散，随着扩散节点的增多，将出现多簇技术链条，同时，技术扩散的过程中，也伴随着技术的创新，这是一个相辅相成、相互完善的过程。

---

[1]《习近平：在中国科学院第十九次院士大会、中国工程院第十四次院士大会上的讲话》，https://www.gov.cn/xinwen/2018-05/28/content_5294322.htm，2018年5月28日。

[2]《习近平在中国科学院考察时强调 深化科技体制改革增强科技创新活力 真正把创新驱动发展战略落到实处》，https://www.cas.cn/zt/hyzt/2014ygzhy/ywhg/201401/t20140107_4012337.shtml，2013年7月17日。

[3] 萧浩辉. 决策科学辞典. 北京：人民出版社，1995.

（二）技术要素供给的作用

"科学技术是生产力"是马克思主义的基本原理。马克思指出，"生产力中也包括科学""社会劳动生产力，首先是科学的力量""大工业把巨大的自然力和自然科学并入生产过程，必然大大提高劳动生产率"。1988年9月5日，邓小平在会见来华访问的捷克斯洛伐克总统胡萨克时，提出"科学技术是第一生产力"的重要论断。9月12日，邓小平在听取关于价格和工资改革初步方案汇报时再次明确指出，"科学技术是第一生产力"。1992年初，邓小平同志在视察南方时的讲话中多次强调科学技术是第一生产力[①]。邓小平关于科学技术是第一生产力的重要论断，科学揭示了新技术革命条件下科学技术在生产力形成和发展过程中的重要地位与作用，是对马克思主义生产力理论的丰富和发展，极大地提升了科学技术在经济社会发展中的重要地位，对大力发展教育和科学技术，提高全民族科学文化水平，推动我国改革开放和社会发展起到了重要的指导作用。1995年5月6日，中共中央、国务院正式提出实施科教兴国战略，我国科技事业开启跨越式发展的新阶段。

1. 技术要素供给的正面作用

技术要素是现代社会推动经济增长的最关键因素。一方面，加大技术要素供给是提高劳动生产率的最主要措施，经济发展需要各类生产要素投入的持续增加，但无论是劳动力、资金还是资源等要素，其数量都是有限的，而加快科技进步可以使有限的这些生产要素投入获得尽可能多的产出；另一方面，技术要素不仅作为附着性因素，通过其他生产要素决定和影响着经济增长，而且在现代经济发展中越来越成为独立的要素，对经济社会发展的支撑引领作用日益凸显，成为推动经济结构调整、产业优化升级的主要力量。

1）技术要素供给推动经济结构优化

技术要素供给是推动经济结构优化的重要驱动力。技术要素供给不仅推动资源配置效率的提高和要素配置结构的合理化，还改变着经济结构的技术基础，从供给方面推动着经济结构调整和经济结构优化，使经济结构日趋合理。

第一，技术要素供给促使资源配置效率提高和要素配置结构合理化。其一，技术要素供给通过提高劳动力配置效率推动经济结构优化。技术要素不断投入，不但可以极大地提高劳动生产效率，减少人力成本，而且通过教育和技术培训提高了劳动力素质，进而在生产过程中推动劳动力配置效率朝着更高端、更具竞争力的方向发展，而劳动力配置效率的不断提升能够培养出更多高素质的劳动者，通过提升人力资本与劳动效率推动经济结构不断升级和优化。其二，技术要素供给通过提高资本配置效率推动经济结构优化。加大技术要素供给，使资本运作更加便捷，随着互联网技术的快速发展，通过互联网金融平台和信息技术平台，能够在有效降低金融交易成本的基础上，让有资本需求的企业和个人更容易获得资金支持，而资本配置效率的优化则推动更多的企业和个人开展创新性活动，进而推动经济结构的调整和优化。

[①] 中国中共党史学会. 中国共产党历史重要文献辞典. 北京：中共党史出版社，党建读物出版社，2019.

第二，技术要素供给改善经济结构的技术基础。其一，技术要素供给通过提高产业发展技术水平推动经济结构优化。加大技术要素供给能够有效推动各行业提高生产技术水平和工艺更新，加速各行业生产的自动化和智能化，提高生产效率和质量，形成全新的产业发展价值链，进而推动经济结构不断优化。其二，技术要素供给通过改变产业发展方式推动经济结构优化。加大技术要素供给能够推动一批新的产业迅速兴起和发展壮大，这些新兴产业在发展过程中，推动传统产业向现代产业的方向发展，形成了新的经济发展模式，进而推动经济结构不断优化。其三，技术要素供给通过提高产业组织管理能力推动经济结构优化。通过使用现代化的信息技术手段来加强企业内部机制和管理，不但能够促进企业经营管理技术的变革，有效提升管理水平，提高企业的生产效益和经营效益，而且能够推动产业组织管理制度的创新，让更多的企业在产业组织架构、管理模式和激励机制方面形成竞争力，进而推动经济结构不断优化。

2）技术要素外溢推动区域经济增长

技术要素外溢对区域经济增长具有促进作用。技术要素外溢不仅为不同区域间的交流合作提供了平台，还通过提高人力资源水平、技术的引进和应用，进而促进区域经济增长。

第一，技术要素外溢通过提高人力资源水平来推动区域经济增长。随着技术要素外溢，为适应技术进步的变化，企业发展就需要更具有技术能力的员工，这就促使这些地区加大对核心技术人才的培养力度，企业所在区域的人力资源素质和水平由此得到提升，而高素质人才更具有创新能力，能够推动本地区的技术创新和进步，在提高本地区产业竞争力的同时带动相关领域的创新发展，进而推动区域经济增长。

第二，技术要素外溢通过技术的引进和应用来推动区域经济增长。其一，不同地区的企业可以通过技术的引进和应用来推动区域经济增长。一方面，技术的引进和应用，有助于提高企业的生产效率，从而增加企业的产出水平，进而提升该地区的经济发展水平；另一方面，由于技术要素外溢的存在，有的地区内原本相对落后的产业，可以通过与其他地区的先进产业进行借鉴学习与合作，进而促进该地区的产业转型升级和经济增长。其二，技术要素外溢通过企业市场拓展来推动区域经济增长。科技创新促进全球贸易和投资方式的转变，通过技术要素外溢，不但能够为企业市场拓展提供机遇，而且能够为企业和个人创业提供更好的平台和资源，而创业企业或个人，则可以借助其他地区的领先技术来减少发展的风险和成本，有效提高创业发展的成功率，进而推动区域经济增长。

2. 技术要素供给的负面作用

技术要素供给的负面作用是指技术要素带来的人与自然、人与社会、人与自身、人与世界的种种关系上出现的全面冲突和矛盾，它直接造成了人类生存和发展的危机。

技术在现代社会中的作用不断增强，由技术要素供给活动所引起的环境污染、生态失衡、社会危机以及人类自身危机等诸多负面影响也与日俱增。技术要素供给的负面作用在自然、社会、法律道德等方面有不同的表现。一是在自然层面，技术要素供给的负面作用主要有：环境污染、能源危机、气候变化等。技术要素供给形成的产物绝大多数来源于工业生产，由于技术飞速进步的同时忽略了生态环境的承载能力，在工业技术产品更新迭代的过程中容易产生"三废"污染，由此，对人类社会可持续发展带来很多负面影响。例如，截至2020年，由于长期以来的温室气体排放，全球平均气温已经比工业化前升高了1℃，20世纪全球海平面共上升了约15cm，而目前的上升速度是当时的两倍多且还在加速，气候变化带来的地球生态问题将直接导致人类生存危机[①]。二是在社会层面，技术要素供给的负面作用主要有：技术垄断、国际争端等。技术垄断是指拥有关键技术要素的所有者，通过关键技术拥有权将其竞争对手排挤出局，从而达到生产此类产品的垄断权。发达国家在国际上拥有较强的技术要素供给能力，为维持自身在技术上的垄断优势，往往对发展中国家和地区的技术出口进行严格的限制。发展中国家和地区为了加快发展，虽然通过以市场换技术的方式获得了发达国家的一些技术，却无法获得核心技术，导致发达国家始终占据产业链高端，而发展中国家为发达国家生产低端产品，处理产业发展废物，带来发展中国家的生态环境污染和自然环境破坏，长此以往必然引起国际争端。三是在法律道德层面，技术要素供给的负面作用主要有：网络依赖、信息泄露。随着技术要素供给在生产、生活中起到越来越重要的作用，人类也越来越过分依赖于信息技术。一些不法分子利用大数据技术发起的攻击行为，容易造成国家和企业安防体系失能、机密情报外泄、信息欺诈、个人隐私侵犯等问题。另外，在技术要素外溢过程中，有的地区会出现技术倒退和过度依赖其他地区技术的问题，导致这些地区无法形成技术自主创新的能力，进而在全球产业链上一直处于低端位置。

因此，通过对技术要素供给的正面和负面作用的分析可以看出，虽然技术要素供给作为推动人类社会经济发展进步的重要力量，给世界各国发展带来了巨大的推动作用，而且技术的正面效应远远大于其负面效应，但仍然有必要建立积极的技术价值导向，在强化技术创新的基础上，加强技术自主创新、技术安全防范等方面的共同发展，这样才能使技术朝着有利于人类社会、经济、自然和谐统一的方向发展。

二、技术要素的类型

在实际生产过程中，不同类型技术要素的配置效率和综合生产率是不同的，按照技术进步的程度分类，可以分为原始创新技术、组合创新技术、引进吸收再创新技术；按照技术进步的水平分类，可以分为低端技术、中端技术与高端技术；按照技术进步的效果分类，可以分为通用技术、核心技术、关键技术。

（一）原始创新技术、组合创新技术、引进吸收再创新技术

1. 原始创新技术

原始创新技术简称原创技术，是指首次得到应用的技术。从技术创新的过程分析，原创技术是企业依靠自身的技术能力和探索，首次完成并实现核心技术突破的技术。

---

① 《IPCC 发布〈气候变化中的海洋和冰冻圈特别报告〉》，https://www.cma.gov.cn/2011xwzx/2011xqhbh/2011xkydt/201910/t20191011_537227.html，2019年10月11日。

原创技术具有如下一些基本特征：原创技术是研究与试验发展（research and experimental development，R&D）活动产生的技术；原创技术是可以获得知识产权保护的技术；原创技术是最有可能实现从技术垄断到市场竞争性垄断的技术；关键领域前沿的原创技术是决定国家未来国际竞争优势的技术[1]。

2. 组合创新技术

组合创新技术，是指围绕一些具有较强技术关联性和产业带动性的战略产品和重大项目，将各种相关技术有机融合起来，创造出新的产品、工艺、流程，并促进技术创新，实现一些关键技术的突破甚至重要领域的重大突破。

随着技术的复杂化以及竞争的日益加剧，传统的技术创新方式已无法解决复杂的创新问题，而组合创新技术有助于创新主体应对复杂的市场变化。组合创新技术的前提和基础是通用知识和系统知识的匹配，因此必须将更多的技术、知识组合到同一创新架构之中。组合创新技术与原始创新技术的区别是：组合创新技术所应用到的所有单项技术都不是原创的，是已经存在的，其创新之处就在于对已经存在的单项技术按照新的需要进行系统组合并创造出全新的产品或工艺。在现代社会化大生产过程中，随着产业之间的关联度不断提高，技术相互依存度也不断增强，通过整合相关配套技术、建立相应的管理模式，有助于单项技术的突破创新。从某种程度上讲，相关技术的组合创新以及由此形成的竞争优势，往往远远超过单项技术突破创新的意义。

3. 引进吸收再创新技术

引进吸收再创新技术，是在原始创新技术的基础上，通过吸收和模仿后再创新的技术。吸收和模仿后再创新，是对率先进入市场的产品技术进行的再创造技术，即在引入他人技术后，经过消化吸收，不仅达到被模仿产品技术的水平，而且通过创新，超过原始创新技术水平的技术。

引进吸收再创新技术的优势，主要体现在技术开发方面的低投入、低风险和高效率。根据统计，美国原始创新技术研究的成功率仅为5%，在引进吸收再创新技术基础上的研究开发成功率则为50%，而且引进吸收再创新技术研究的平均成本仅仅是原创性研究成本的65%，耗时也只是原创性研究的72%[2]。从引进吸收再创新技术的实现途径来看，企业可以根据自身的需要和企业的技术发展方向，有针对性地在相同或相近的技术领域的现有技术中，找寻具有较好的市场前景和创新空间大的技术作为模仿的基础，并对不同的原创技术进行比较和拆解分析，判断存在的技术缺陷或专利保护不足的地方，以此作为引进吸收再创新技术的突破口。

（二）低端技术、中端技术与高端技术

低端技术，是指技术含量较低的技术，具有低附加值、低投入产出、劳动强度大、高能耗、高污染、高排放等特征，如食品、纺织、服装、饰品、玩具、木材、造纸、家具等行业生产中涉及的相关技术。由低端技术形成的制造业具有低附加值、高能耗、高

---

[1] 石林芬，胡翠平. 原创技术的基本特征与研发要素. 科技管理研究，2005，25（1）：31-33.

[2] 《中国制造的模仿与创新》，http://www.cinic.org.cn/xw/cjfx/98943.html?from=groupmessage，2014年8月7日。

污染、高排放等特点。

中端技术，是技术含量介于低端技术与高端技术之间的技术，如石油加工、炼焦及核燃料加工、黑色金属冶炼加工、有色金属冶炼加工、非金属矿物制品、橡胶和塑料制品等行业涉及的技术属于中端技术。

高端技术，是指技术含量较高的技术。高技术含量是指采用先进的技术，集聚大批研发、技术人才，有较强的自主创新能力，产品中凝结较高的技术水平，如信息技术、生物医药技术、生物育种技术、新材料技术、新能源技术、高端装备制造技术、航天技术、5G通信技术、高铁技术、激光技术等。由高端技术形成的制造业具有高附加值、低污染、低排放等特点，具有较强的创新能力、较高的劳动生产率和较强的竞争优势。

（三）通用技术、核心技术、关键技术

通用技术，是指在某行业（或技术）领域被广泛使用的共性技术。通用技术具有基础性和通用性，是与专业技术相区别的技术。

核心技术，是支撑产品实现的技术选择中的关键技术和工艺。核心技术具有以下特点：一是核心技术具有不可复制性，有独特的市场价值，能够解决重大的技术发展问题；二是核心技术开发投入大、周期长、代价高；三是核心技术开发和形成需要稳定的人才队伍和管理激励机制；四是核心技术具有隐性特征。

关键技术，是指在技术领域中起到重要作用且不可或缺的技术，可以是技术点，也可以是对某个领域起到至关重要作用的知识。目前，全球有十大关键技术，包括：半导体芯片、人工智能、新能源、航空航天、高铁建设、量子计算、5G通信、货币支付、太空科研及新型电池。中国在高铁建设、量子计算、5G通信和货币支付四大关键技术领域领先世界[①]。

一个国家的技术创新体系应包括关键技术、核心技术、通用技术等要素，在这些技术要素中，通用技术的范围较为广泛，容易被很多国家或企业掌握，属于基础性技术；关键技术是不可或缺的，起着非常重要的作用，可以被多个国家和企业共有，也可以被多个行业共同使用；核心技术具有独特性、不可复制性。因此，对于一个国家来说，核心技术和关键技术一定要自主研发和掌握，而通用技术可以进行外包。

三、技术创新

（一）技术创新的内涵和模式

1. 技术创新的内涵

技术创新是以创造新技术为目的的创新或以科学技术知识及其创造的资源为基础的创新[②]。技术创新既包括开发新技术，又包括在已有的技术基础上进行的应用创新。

---

① 邱雨，吴波."中国技术威胁论"的批判与应对. 理论导刊，2024，（3）：101-109.
② 陆雄文. 管理学大辞典. 上海：上海辞书出版社. 2013.

根据技术创新的目的和内容，可以分为四种不同的类型：第一种按技术应用的对象，可将技术创新分为产品创新、工艺创新和管理创新；第二种按创新的程度，可将技术创新分为全新型创新和改进型创新；第三种按节约资源的类型，可以将技术创新分为节约劳动的技术创新、节约资本的技术创新和中性的技术创新；第四种按技术创新的组织方式可以分为独立创新、联合创新和引进创新[①]。

2. 技术创新的模式

自 20 世纪 60 年代以来，出现了技术推动模式、需求拉动模式、技术与市场交互作用模式、一体化创新过程模式、系统集成网络模式五种具有代表性的技术创新模式[①]。

（1）技术推动模式。该模式是指由技术发展的推动作用而产生技术创新。技术推动力表现为科学和技术的重要突破，使科学技术明显地走在生产的前面，从而创造全新的市场需求，或激发市场潜在的需求。该模式认为，研究开发或科学发现是创新的主要来源，经过生产和销售最终将某项新技术产品引入市场。在经济发展过程中，许多重大的技术创新成果，如人造纤维、半导体、核电站等都属于这一模式。

（2）需求拉动模式。20 世纪 60 年代中期，通过对大量技术创新的实例研究和分析，发现大多数创新特别是渐进型或改进型创新，并非由技术推动引发，其中 60%～80% 的技术创新是由市场需求和生产需要所激发的，于是提出需求拉动模式。该模式强调市场需求是研究与开发构思的来源，市场需求为产品和工艺创新提供了机会，并激发为之寻找可行的技术方案的研究与开发活动。因此，技术创新是市场需求引发的结果。

（3）技术与市场交互作用模式。该模式是指在技术创新时，创新者在拥有或部分拥有技术发明或发现的条件下，受市场需求的诱发开展的技术创新活动。实际上，由于技术与经济的相互渗透，以及技术创新过程涉及多种因素，很难确定技术创新的动力是技术推动还是市场需求拉动。于是，在 20 世纪 70 年代和 80 年代初，提出第三代创新过程模式。

（4）一体化创新过程模式。该模式不是将技术创新过程视为从一个阶段或环节到另一个阶段或环节的顺序过程，而是将技术创新视为同时涉及创新构思的产生、研究与开发、设计、制造和市场营销并行的过程。该模式于 20 世纪 80 年代后期提出，作为第四代创新过程模式。

（5）系统集成网络模式。该模式是一体化创新过程模式的进一步发展，该模式最显著的特征是强调合作企业之间更密切的战略关系，更多地借助专家系统进行研究和开发，利用仿真模型替代实物原型，并运用创新过程一体化的计算机辅助设计与计算机集成制造系统，完成创新过程。该模式于 20 世纪 80 年代初提出，作为第五代技术创新模式。

（二）技术创新的环境

技术创新的环境为技术创新提供激励、保障及各种物质和非物质条件的支持，技术创新的环境具体分为内部环境和外部环境。内部环境构成技术创新的内驱力，外部环境

---

① 方勇，王璞. 技术经济学. 2 版. 北京：机械工业出版社，2018.

为技术创新提供外在动力和必要的物质条件，内、外环境因素交互作用，使技术创新得以不断涌现。

1. 技术创新的内部环境

技术创新受到人类自身的兴趣、知识结构等诸多因素的影响。

（1）技术创新来源于人类的好奇心。创新的源头来自人类的好奇心。人类的好奇心是人类在不断进步过程中，呈现出来的最为重要的群体性特征。好奇心是人类学习、探索、发现的需求，好奇心驱动了人类社会各种新的可能性产生[①]。默克（Merck）是一家全球领先的科技公司，2018年Merck好奇心报告把调查行业分为5个门类：科学研发、技术、公共管理、制造、卫生保健。科学研发领域获得了最高好奇心指数，而卫生保健最低，次低的是公共管理领域。科学技术是第一生产力，制造也承接了科学技术发展的成果，因此相关从业人员的好奇心强是合理的。可以看出，人类的好奇心是推动技术创新发展的源头和动力。

（2）知识与能力结构是推动技术创新的核心动力。其一，当人类具有丰富的、深刻的知识和经验时，必然会努力探索客观世界中尚未被认识的事物的规律，对技术发展趋势有前瞻性认识，从而为技术创新实践活动开辟新领域、打开新局面。其二，当人类具有创造能力时，必然会富有科学的怀疑精神，而科学的怀疑精神就是一种创造性思维，由于这种思维不承认任何终极真理和绝对权威，必然会对现有的技术水平进行批判、反思，并从基础上创造性构建新技术，进而实现技术的新突破。可以看出，技术创新特别是原始创新需要具有丰富的知识结构和创造的能力。

2. 技术创新的外部环境

技术创新受到经济社会发展、市场需求、国家政策等外部环境的制约和影响。外部环境为技术创新提供外在动力和必要的物质条件，具体主要包括：经济社会发展的需求推动技术创新、市场竞争的存在推动技术创新、政府政策推动技术创新。

（1）经济社会发展的需求推动技术创新。其一，经济社会发展的需要是推动技术创新的重要拉力。随着经济社会的不断发展，人们对多样化的工作方式、良好的工作环境和高品质的生活方式等方面的需求也在不断提高，这就推动了生产环节技术创新和生活方面技术创新的快速发展；而社会环境中的技术力量又可以为企业提供解决问题的各种途径，包括专利的获取、中间试验及各个方面的发明创造，进一步推动企业的技术创新。其二，经济社会发展的需要是科技创新成果应用的平台。科技创新必须与经济社会发展需求相结合才能发挥最大的作用。例如，随着人们对绿色、环保出行方式的需求逐渐增长，推动传统汽车生产企业在生产电动汽车、自动驾驶等领域进行大量的技术创新，从而更好地满足了人们在生活中更高的需求。因此，科技创新成果只有真正应用到经济社会发展实践中，才能对人类的发展起到实际的促进作用。

（2）市场竞争的存在推动技术创新。其一，市场竞争迫使企业开展技术创新。为了在激烈的市场竞争中生存发展，企业必须不断改进和升级现有的技术，通过技术进步来

---

① 徐耀. 好奇心是创新的源头. 中国科学报, 2019-04-15（9）.

降低生产成本，提高生产效率和产品质量，从而提高企业在市场中的竞争力。其二，市场竞争推动企业加大研发投入，开展技术创新。随着市场竞争加剧，企业需要不断地挖掘和探寻自身发展的新竞争优势，通过加大技术研发投入、改进原有产品、开发新的产品，不断推陈出新来满足市场的多样化需求和市场环境的变化。因此，在现代开放经济条件下，市场竞争是不可避免的，技术创新是推动企业生存和发展的核心动力。

（3）政府政策推动技术创新。有效的市场竞争是推动技术创新的重要动力，但当市场机制失效或弱化时，为了激励企业的技术创新，需要政府运用政策手段来加以引导和支持。政府政策推动技术创新表现在两个方面：技术创新资源的投入、创新成果的保护。在技术创新资源的投入方面，政府的主要政策手段有：创新资源的配置政策、直接或间接的财政资助政策、信贷和税收优惠政策、固定资产折旧政策、推进官产学研联合创新政策、建立技术创新社会支持组织政策、人才教育和培训政策、重点领域和项目的优先发展政策、鼓励产业界和私人等对某些企业技术创新进行投资政策等。在创新成果的保护方面，政府的主要政策手段有：专利和知识产权的保护政策、技术贸易政策、新产品减免税政策、保护市场公平竞争政策等[①]。

进入21世纪以来，为了更好地应对未来的竞争和挑战，世界各国都在积极构建有利于创新的经济社会环境和政策环境，持续推动技术创新。目前，一些西方发达国家已经构建起比较成熟的创新体系，中国也在加快建设自立自强的国家创新体系。在构建具有中国特色的国家创新体系进程中，除了借鉴西方发达国家的有效经验外，中国需要结合自身发展实际，积极探索和实践中国特色自主创新道路。为推动技术创新，我国政府从顶层设计到具体实施进行了全面的部署。在推动创新型国家建设进程中，我国陆续出台了《深化科技体制改革实施方案》《国家创新驱动发展战略纲要》《国务院办公厅关于深入推行科技特派员制度的若干意见》《关于深化科技奖励制度改革的方案》《国务院关于全面加强基础科学研究的若干意见》等一系列制度和政策。正是由于有国家政策的大力支持，我国科技创新取得了历史性成就，科技实力正在从量的积累迈向质的飞跃、从点的突破迈向系统能力提升。

新质生产力是由技术革命性突破、生产要素创新性配置、产业深度转型升级而催生的当代先进生产力，它以劳动者、劳动资料、劳动对象及其优化组合的质变为基本内涵，以全要素生产率提升为核心标志。加快培育新质生产力要把握好三点：一是打造新型劳动者队伍，包括能够创造新质生产力的战略人才和能够熟练掌握新质生产资料的应用型人才。二是用好新型生产工具，特别是掌握关键核心技术，赋能发展新兴产业。技术层面要补短板、筑长板、重视通用技术。产业层面要巩固战略性新兴产业、提前布局未来产业、改造提升传统产业。三是塑造适应新质生产力的生产关系。通过改革开放着力打通束缚新质生产力发展的堵点，让各类先进优质生产要素向发展新质生产力顺畅流动和高效配置[②]。

---

① 陈功玉. 现代企业技术创新行为的外部动力因素及其动力机制分析. 自然辩证法研究，1998，14（8）：39-41.
② 中央财办有关负责同志详解2023年中央经济工作会议精神. 光明日报，2023-12-18（01）.

第二节 技术进步

一、技术进步的度量

（一）技术进步的定义和作用

1. 技术进步的定义

技术进步是技术不断发展、完善和新技术不断代替旧技术的过程。技术进步是在基础研究、技术开发和应用的基础上，不断地提高生产要素质量和完善生产力各要素的过程。技术进步的主要内容包括：一是科学、技术、生产紧密结合，使科学技术、经济、社会协调发展；二是不断采用新技术、新工艺、新设备、新材料，用先进的科学技术改造原有的生产技术和生产手段，设计和制造生产效率更高的新工具和新产品，使整个国民经济技术基础逐步转移到现代化的物质技术基础上来；三是全面提高劳动者的道德素质和文化技术素质，不断开发人的智力，造就人才辈出、人尽其才的良好环境；四是综合运用现代科技成果和手段，提高管理水平，合理组织生产力诸要素，实现国民经济结构和企业生产技术结构合理化[①]。

马克思认为，技术进步与人的发展一样是逐步提高、永无止境的历史过程。技术进步与人的发展具有相互影响的关系，技术进步是促进人的发展的必要杠杆，技术进步不但为人的发展提供必要的物质前提，而且为人的发展提供更大的空间；同时，人的发展是推动技术进步的深层次原因，人的素质和能力决定着技术进步的速度和程度，人类自身发展的需要是推动技术进步的不竭动力。另外，马克思认为，技术进步能否促进人的发展，与社会制度有很大关系。马克思在对技术进步与人的发展关系做历史形态的考察之后发现，技术进步与人的发展的关系并不是线性的，而是充满了曲折甚至对抗的[②]。

2. 影响技术进步的因素

影响一个国家和地区技术进步的因素很多，主要包括三个方面：R&D 经费、劳动者素质、资金配置效率。

1）R&D 经费是推动技术进步的基础动力

R&D 经费是指全社会 R&D 经费，具体包括用于基础研究、应用研究和试验发展的经费支出。R&D 经费是推动技术创新最基础的动力，一个国家或地区只有在研发方面确保一定的经费投入以及增速，其技术创新才会有基本的资金支持，也才能为关键核心技术攻关和产业技术能力提升创造必要条件。因此，虽然技术水平是促进技术进步最直接的因素，但 R&D 经费是推动技术进步的基本动力。例如，从 R&D 经费投入增速来看，2016~2019 年中国年均增长 11.8%，增速远高于美国（7.3%）、日本（0.7%）等；从 R&D

[①] 何盛明. 财经大辞典. 北京：中国财政经济出版社，1990.
[②] 武文风，何自力. 马克思论技术进步与人的发展. 当代经济研究，2013，（4）：11-15.

经费投入的国际排名来看，2016~2020年，中国从第16位提升到第12位，接近OECD国家的平均水平。《2022年全国科技经费投入统计公报》显示，2022年中国共投入R&D经费30 782.9亿元，比2021年增加2826.6亿元，增长10.1%。这反映出我国创新驱动发展战略实施成效显著。

2）劳动者素质是推动技术进步的前提和条件

一般来说，教育发展程度及其劳动者素质决定了一个国家未来的经济发展水平，也反映了一个国家未来的科技发展态势。从20世纪以来世界各国的发展历程可以看出，科技进步水平的高低直接影响一个国家的生产力发展状况和竞争力水平，而科技水平又与劳动者素质紧密相关。例如，20世纪50年代以来，美国政府把培养发挥人的能力作为重要的经济社会发展问题来对待，使得美国成为当今世界优秀人才的聚集地。20世纪70年代，韩国确立"人的智力开发和技术引进、技术消化吸收、技术出口"三头并进的科教发展战略，推动了韩国经济高速发展。二战以后，日本提出"科技立国、教育立国"，把发展教育作为国策，重视培养高素质人才，迅速提高了日本的科学技术水平，进而把科学技术转化为生产力。1995年，中国提出"科教兴国"战略，全面落实"科学技术是第一生产力"的思想，把科技和教育摆在经济、社会发展的重要位置，提高全民族的科技文化素质，这对加速实现国家的繁荣强盛起到非常重要的作用。

3）资金配置效率决定着技术进步的发展路径和效果

资金配置效率决定一个社会的生产力，有效的资金配置可以将资金分配到最需要的地方，从而促进技术创新和生产的提高。资金配置效率与技术进步之间具有相互影响的关系。一方面，资金配置效率对技术进步具有积极影响。推动技术进步需要大量的资金，通过有效的资金配置可以确保投资流向具有潜力、创新力的行业和企业，促使其发展壮大，提高资金配置效率，进而促进经济发展。另一方面，技术进步会促进资金配置效率提高。在技术进步的条件下，企业可以通过合理的资金配置，制造出更具市场竞争力的产品，企业在获得更多创新发展的利润后，会投资更多的资源来推进技术创新，进而促进企业创新流程的开展以及新产品的研发。例如，在市场经济条件下，利率是资金的价格，引导着资金流动的方向和规模。2018~2022年，中国一年以内（含一年）的贷款利率为4.35%，高于日本（1%）、韩国（2.80%）和美国（3.54%），贷款利率偏高会加大企业的融资成本，不利于资金配置效率发挥作用，从而限制企业开展技术创新活动。

3. 技术进步的作用

技术进步的作用主要体现在以下四个方面。

第一，技术进步是提高资源利用效率的主要途径。技术进步可以缓解资源的稀缺程度，一方面，科技进步可以提高资源利用效率；另一方面，科技进步可以使未预见价值的自然物成为现实的宝贵资源。

第二，技术进步是提高经济效益的重要源泉。一方面，技术进步改善了生产设备技术水平和生产工艺水平，大幅度提高劳动生产率，降低消耗；另一方面，技术进步可以提高劳动者的素质，随着劳动者的智力、知识、劳动技能等方面的提高，逐渐获得与先进的设备、先进的工艺相互配合的能力，从而使经济效益也获得相应提高。

第三，技术进步是推动经济增长方式转变的主要手段。经济增长方式由原来的粗放式增长模式转变为具有高效率资源配置的集约型经济增长模式，主要是由于科技的创新与应用，技术进步可以通过提高在经济增长中的贡献率来实现经济增长的集约化。

第四，技术进步是促进产业结构优化的主导力量。当技术进步积累到一定程度时，会引起若干产业部门的生产效率产生巨大推动效应，整个产业社会技术体系也随之发生变化，进而影响产业结构改变；技术进步能够促使新的产业部门形成；技术进步对原有的生产技术、生产工艺和生产设备进行更新改造，引起产业结构的优化升级。

纵观人类发展历史，人类社会的每一次巨大进步，都伴随着技术进步，技术进步对世界各国经济社会发展都起到了积极的推动作用。从技术进步推动世界各国经济发展的历程来看，18世纪中叶的蒸汽革命，实现从手工工业到机器工业的转变；19世纪70年代的技术革命，使人类迈进电气时代；20世纪七八十年代后，随着科学技术的突飞猛进，人类跨入电子时代；21世纪，伴随着电子技术的普遍应用及电子信息产业的发展，开启以信息技术为代表的新技术革命。可见，科技发展历史与世界生产力发展的历史是密切联系的。

从中国技术进步的发展历程来看，新中国成立70多年以来，我国的综合国力不断提升，科技创新作为中国发展建设的核心驱动力和根本支撑力量，为我国综合国力提升贡献了最为强大的动力，从表6.1可以看出，1960～2017年，中国的全要素生产率增速与低收入国家、世界平均水平、中高等收入国家、高收入国家相比均处于较快水平。从1949年至1978年，我国取得了"两弹一星"、人工合成胰岛素等卓越的科技发展成就，截至1978年，中国的全要素生产率相当于世界平均水平的6.4%、中高等收入国家的8.0%、高收入国家的3.9%和技术前沿国家的2.1%。从1978年至1992年，国家制定和实施了国家科技攻关计划、国家重大科学工程计划、国家高技术研究发展计划（863计划）等一系列科技计划，截至1992年，中国全要素生产率占世界平均水平的比重从1978年的6.4%增长到1992年的28.6%，而其占中高等收入国家、高收入国家和技术前沿国家的比值则分别从1978年的8%、3.9%和2.1%增长到1992年的38.2%、16%和8.5%。2012年以后，国家通过制定一系列高新技术开发产业政策，加速了科技成果转化，逐步形成具有中国特色的国家创新系统，相继在航天技术、生物技术、农业技术、工业技术等方面取得显著的成绩。截至2012年，中国全要素生产率占世界平均水平、中高等收入国家、高收入国家和技术前沿国家的比值分别从1992年的28.6%、38.2%、16%和8.5%增长到2012年的78.9%、87.4%、38.3%和19.5%[①]。2012年以后，国家陆续发布相关科技体制改革文件，包括《中共中央 国务院关于深化科技体制改革加快国家创新体系建设的意见》《中共中央 国务院关于深化体制机制改革加快实施创新驱动发展战略的若干意见》《国家创新驱动发展战略纲要》等，这些政策都为落实自主创新战略和创新驱动发展战略提供了强有力的政策支撑。由表6.2和图6.1可以看出，2013年以后我国R&D投入强度突破2%，并保持着稳定增长的态势，成功超过欧元区。虽然相较于美国、日本、韩国还存在一定的差距，但我国的科技进步贡献率已在2020年超过60%，进一步缩小

---

① 李唐，郑汉林，胡可. 新中国70年生产率增长：经验事实与实证分析. 宏观质量研究，2019，7（2）：55-79.

了与世界平均水平、中高等收入国家、高收入国家和技术前沿国家的差距。因此，一个国家的科技进步成为加快经济增长、增加总供给的重要决定性力量。

表 6.1 中国经济的全要素生产率增速（1960~2017 年）

年份	中国	低收入国家	中低等收入国家	中高等收入国家	高收入国家	世界平均水平
1960~1965	−1.2%	—	−4.3%	−0.2%	—	—
1965~1970	2.1%	—	1.1%	1.4%	—	−4.4%
1970~1975	1.4%	—	−0.1%	1.5%	−3.2%	0.0%
1975~1980	2.3%	—	0.1%	0.8%	1.5%	0.8%
1980~1985	4.6%	—	0.3%	0.8%	1.2%	0.6%
1985~1990	3.5%	—	0.8%	0.3%	1.6%	0.7%
1990~1995	5.7%	−1.6%	−0.1%	0.3%	1.5%	0.6%
1995~2000	5.7%	1.2%	1.4%	2.7%	1.3%	1.2%
2000~2005	3.9%	0.2%	1.4%	1.8%	1.3%	0.8%
2005~2010	5.7%	0.5%	1.9%	2.8%	0.9%	0.9%
2010~2015	4.8%	−0.3%	2.9%	2.9%	1.2%	1.3%
2015~2017	5.2%	0.8%	2.8%	3.2%	1.0%	1.3%

资料来源：李唐，郑汉林，胡可. 新中国 70 年生产率增长：经验事实与实证分析. 宏观政策研究，2019，7（2）：55-79.

表 6.2 世界主要经济体 R&D 投入强度

年份	中国	美国	欧元区	英国	日本	韩国	印度
1996	0.56%	2.45%	1.39%	1.57%	2.64%	2.22%	0.64%
1997	0.64%	2.48%	1.48%	1.54%	2.72%	2.25%	0.69%
1998	0.65%	2.50%	1.46%	1.55%	2.83%	2.11%	0.70%
1999	0.75%	2.54%	1.58%	1.62%	2.85%	2.02%	0.72%
2000	0.89%	2.62%	1.51%	1.61%	2.86%	2.13%	0.76%
2001	0.94%	2.64%	1.67%	1.60%	2.92%	2.28%	0.74%
2002	1.06%	2.55%	1.61%	1.62%	2.97%	2.21%	0.73%
2003	1.12%	2.55%	1.68%	1.58%	2.99%	2.28%	0.72%
2004	1.21%	2.49%	1.66%	1.53%	2.98%	2.44%	0.76%
2005	1.31%	2.50%	1.68%	1.55%	3.13%	2.52%	0.82%
2006	1.37%	2.55%	1.71%	1.57%	3.23%	2.72%	0.80%
2007	1.37%	2.62%	1.73%	1.61%	3.29%	2.87%	0.81%
2008	1.45%	2.74%	1.84%	1.60%	3.29%	2.99%	0.86%
2009	1.66%	2.79%	1.93%	1.66%	3.20%	3.15%	0.83%
2010	1.71%	2.71%	1.92%	1.64%	3.10%	3.32%	0.79%
2011	1.78%	2.74%	1.95%	1.64%	3.21%	3.59%	0.76%
2012	1.91%	2.67%	2.00%	1.57%	3.17%	3.85%	0.74%

续表

年份	中国	美国	欧元区	英国	日本	韩国	印度
2013	2.00%	2.70%	2.03%	1.61%	3.28%	3.95%	0.71%
2014	2.02%	2.72%	2.03%	1.63%	3.37%	4.08%	0.70%
2015	2.06%	2.79%	2.01%	1.63%	3.24%	3.98%	0.69%
2016	2.10%	2.85%	1.99%	1.65%	3.11%	3.99%	0.67%
2017	2.12%	2.91%	2.04%	1.66%	3.17%	4.29%	0.67%
2018	2.14%	3.01%	2.09%	1.71%	3.22%	4.52%	0.66%
2019	2.24%	3.18%	2.14%	1.71%	3.21%	4.63%	—
2020	2.41%	3.47%	2.24%	2.93%	3.27%	4.80%	0.64%
2021	2.44%	3.46%	2.21%	—	3.30%	4.93%	—

资料来源：《中国科技统计年鉴2021》，其中欧元区数据为16个成员国平均值

注：R&D投入强度=R&D/GDP

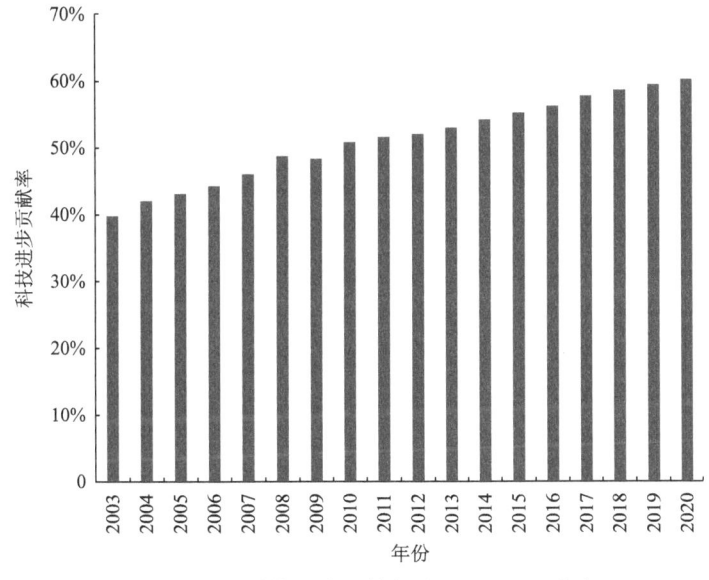

图6.1 中国科技进步贡献率（2003~2020年）

资料来源：《中国科技统计年鉴2021》

（二）技术进步的度量方法

技术进步的度量方法主要分为两类：一是基于生产函数的总量测算法。该方法是以生产函数为基础建立的经济数学模型，主要用于测算广义的科技进步作用，求出全要素生产率。二是通过构造一套反映技术进步状况的指标体系来计算的指标体系法。由于指标体系法选取的指标众多，各指标反映的技术进步可能存在一定的矛盾性，并且使用这种方法带有较大的主观性，所以采用指标体系法衡量技术进步的做法相对较少。现实研究中多以基于生产函数的总量测算法为主要方法，其中使用最多的是增长速度方程即"余值法"来衡量一国或产业的科技水平。测度全要素生产率是基于生产函数的总量测算法中的核心内容，全要素生产率的测度方法大致可以分为两类：参数测度方法和非参数测

度方法。二者的区别在于是否需要假设具体的生产函数形式。

1. 技术进步效率

技术进步效率是影响技术进步对经济增长贡献的主要因素之一。技术进步效率的概念最早是由英国剑桥大学经济学家法瑞尔（Farrell）于1957年在《生产效率的度量》一文中首次提出来的[①]，他从投入角度提出技术进步效率是在相同的产出下生产单元理想的最小可能性投入与实际投入的比率。Leibenstein则从产出角度认为，技术进步效率是指在相同的投入下生产单元实际产出与理想的最大可能性产出的比率[②]。因此，技术进步效率可以定义为：相同投入水平下，经济决策单元实际技术进步产出率与理想最优技术进步产出率的比率。高水平的技术进步效率，有助于将增长要素投入转变为现实生产力，从而促进一个国家经济的快速增长。

2. 全要素生产率

经济学研究中对全要素生产率的研究经历了从定性到定量的发展。在对全要素生产率的定性研究方面，1942年丁伯根（Tinbergen）提出全要素生产率的概念，其内容只包含劳动和资本的投入，而没有考虑诸如研究与发展、教育与训练等无形要素的投入。1951年，美国经济学家肯德里克（Kendrick）提出，只有把产出量与全部要素投入的数量及其构成联系起来考察，才能真正把握生产效率的全部变化，这二者的比率才是全要素生产率。1954年，希朗·戴维斯（Hiam Davis）在《生产率核算》一书中提出，全要素生产率要包括所有的投入要素，即包括劳动力、资本、原材料和能源等，该书首次明确全要素生产率的内涵。在对全要素生产率的定量研究方面，1957年，诺贝尔经济学奖获得者罗伯特·默顿·索洛（Robert Merton Solow）提出具有规模报酬不变特性的总量生产函数和增长方程，由此形成生产率（全要素生产率）含义，并把它归结为是由技术进步而产生的。美国经济学家丹尼森（Denison）和乔根森（Jorgenson）进一步提出"余值"的测算方法，使得对资本和劳动投入的测算更为精准。后来，不同的学者又用随机前沿生产函数法、指数法、数据包络线法等方法发展和完善关于全要素生产率的定量研究。

全要素生产率是总产量与全部要素投入量之比，是衡量单位总投入的总产量的生产率指标，它反映的是一个国家和地区在一定时期内经济发展的能力，是技术进步对经济发展作用的综合体现。全要素生产率的数学表达式为

$$\text{TFP} = \frac{Y}{\sum_{i=1}^{n} W_i X_i} \tag{6.1}$$

其中，TFP表示全要素生产率；Y表示产出量；X_i表示第i种生产要素投入；W_i表示第i种要素的加权值。

[①] 廖耀先. 种植业生产技术效率的讨论与度量. 技术经济, 1994, (9): 38-41, 33.
[②] 杨志明, 高德健, 王晓文. 中国城市的经济增长和资源环境：基于生产力的实证分析. 北京理工大学学报（社会科学版）, 2015, 17(3): 47-52, 76.

影响全要素生产率的因素主要包括以下三个方面。第一，R&D 投入。一般来说，R&D 投入对全要素生产率有正向促进作用，R&D 活动通过知识创新带动技术进步从而推动全要素生产率的增长。第二，对外开放的情况。一是 FDI 通过技术溢出效应和企业竞争来影响全要素生产率。一方面，FDI 能够带来国外的先进技术和理念，通过技术溢出效应来推动产业知识发展和技术进步，进而提高全要素生产率；另一方面，外资的进入加剧国内企业竞争程度，迫使国内企业通过提高全要素生产率来增强企业核心竞争力。二是对外贸易通过规模经济、对外交流、企业海外市场竞争来影响全要素生产率。首先，对外贸易市场的拓展推动企业相应扩大生产，呈现出规模效应，从而导致生产率的增加；其次，日益增多的对外贸易增加本国与国际市场的交流机会，从而有更多渠道获取世界先进技术和经验；最后，国际市场的竞争使得国内企业为了生存必须努力提高全要素生产率。第三，制度及其他隐性因素。良好的制度环境、健全的法律体系、适宜的文化氛围对技术进步至关重要，这些因素通过降低交易成本、完善金融服务、创建激励机制、保护知识产权等手段促进技术创新，从而提高全要素生产率。

全要素生产率是政府制定长期可持续增长政策的重要依据。首先，估算全要素生产率是分析经济增长源泉的重要工具，通过分析各种因素（投入要素增长、技术进步和能力实现等）对经济增长的贡献，能够识别经济是投入型增长还是效率型增长。其次，估算全要素生产率是制定和评价长期可持续增长政策的基础，通过比较全要素生产率增长对经济增长的贡献与要素投入的贡献，可以确定经济政策是应以增加总需求为主还是应以调整经济结构、促进技术进步为主。

使用全要素生产率来衡量技术进步也有其自身的局限性，主要体现在：全要素生产率表示的是产出中投入要素不能解释的部分，用此方法测算出的技术进步是广义的，既包括生产技术的进步，还包括不能用劳动和资本解释的诸多其他因素。另外，由于全要素生产率的前提假设和模型构建的原因，使用全要素生产率衡量和评价科技进步是不完全的，与现实是有差距的。

3. 参数测度方法

参数测度方法主要有索洛余值法、随机前沿生产函数法等。

1）索洛余值法

索洛余值法最早由索洛在 1957 年提出，基本思路是估算出总量生产函数后，采用产出增长率扣除各要素投入增长率后的余值来估算全要素生产率增长。在规模收益不变和希克斯技术中性的假设下，全要素生产率增长就是技术进步率。

假设生产函数为柯布-道格拉斯生产函数：

$$Y = AL^{\alpha_L} K^{\alpha_K} \tag{6.2}$$

其中，Y 表示产出；L 和 K 分别表示劳动和资本投入量；α_L 和 α_K 分别表示劳动和资本的产出弹性。

对式（6.2）进行对数变换后，有

$$\ln Y = \ln A + \alpha_L \ln L + \alpha_K \ln K \tag{6.3}$$

$\alpha_L + \alpha_K = 1$ 时，表示规模报酬不变；如果 $\alpha_L + \alpha_K > 1$，表示规模报酬递增；反之则递减。

于是可以得到全要素生产率增长率的表达式：

$$a = y - \alpha_L l - \alpha_K k \tag{6.4}$$

其中，a、y、l 和 k 分别表示 TFP、Y、L 和 K 的增长率。

2）随机前沿生产函数法

1957 年，Farrell 在研究生产有效性问题时提出前沿生产函数（frontier production function）的概念，对既定投入因素进行最佳组合，计算所能达到的最优产出。1977 年，Aigner 等提出随机前沿生产函数（stochastic frontier production function）。该方法认为由于存在技术无效率的情况，需要把全要素生产率的变化分解为两个部分，即生产可能性边界移动的变化，以及技术效率的变化。与传统生产函数法相比，随机前沿生产函数更接近于生产和经济增长的实际情况，通过将影响全要素生产率的因素从全要素生产率变化率中分离出来，有助于探析经济增长的根源。

随机前沿生产函数法属于参数法对全要素生产率的估计，首先需要明确生产函数的形式，并进行计量回归，然后通过对生产余值的相关计算来获得 TFP 的变化率。

在随机前沿生产函数法中设总量生产函数为

$$Y_{it} = f(X_{it}, t) e^{(v_{it} - u_{it})} \tag{6.5}$$

其中，i 表示第 i 个经济体；t 表示时期；X 和 Y 分别表示投入和产出向量；$f(X_{it}, t)$ 表示生产函数前沿面，为待估函数；v_{it} 服从 $N(0, \sigma_v^2)$ 的随机变化；$u_{it} \geq 0$ 表示技术无效率的随机变量，是一个单边误差项，其具体的分布形态可以是零点截断型正态分布等。

4. 非参数测度方法

非参数测度方法主要有指数法、DEA 法、Malmquist 指数法等。

1）指数法

全要素生产率指数是指一个生产单元在一定时期内总产出和总投入之比，可以表示为

$$\text{TFP}_t = \frac{Y_t / Y_0}{X_t / X_0} \tag{6.6}$$

其中，X 表示投入；Y 表示产出；TFP_t 表示 t 期的全要素生产率。

指数法一般以价格为权重进行研究，对于任意两个时期，只要有投入产出物品的数量及相应的价格，就能计算它们之间生产率的变化，适宜在微观经济分析时使用。

2）DEA 法

DEA 法是利用统计数据来确定 DEA 的有效生产前沿面，再把非 DEA 有效的决策单元影射到 DEA 有效的生产前沿面上，通过比较来评价各决策单元的相对效率。一般可以利用 DEA 来分析经济社会中决策单元投入的"经济有效"和"规模有效"。

3）Malmquist 指数法

Malmquist 指数法，是一种非参数方法，在生产率测算的应用上日益广泛。从时期 t 到 $t+1$，度量全要素生产率增长的 Malmquist 指数可以表示为

$$M_0\left(X^{t+1}, Y^{t+1}, X^t, Y^t\right) = \left[\frac{D_0^{t+1}\left(X^{t+1}, Y^{t+1}\right)}{D_0^{t+1}\left(X^t, Y^t\right)} \times \frac{D_0^t\left(X^{t+1}, Y^{t+1}\right)}{D_0^t\left(X^t, Y^t\right)}\right]^{1/2} \quad (6.7)$$

其中，(X^{t+1}, Y^{t+1})和(X^t, Y^t)分别表示 $t+1$ 时期和 t 时期投入和产出的向量；D_0^t和D_0^{t+1}分别表示以时期 t 的技术 T 为参照和以时期 $t+1$ 的技术 $T+1$ 为参照时，时期 t 到 $t+1$ 的距离函数。

二、技术进步的过程

（一）研究与开发

联合国教育、科学及文化组织对研究与开发进行定义，研究和开发是为了增加知识的总量，以及运用这些知识去创造新的应用而进行的系统的、创造性的工作。用于研究与开发活动的投资即研发投资。

研究与开发是人类社会发展过程中，探索知识及其新的应用而进行的一项系统的创造性工作。研究与开发是创新的起始阶段，是推动创新形成的科学基础。常有人误认为：只要有研究与开发活动，必然会形成创新；研究与开发活动越多，创新便越多，故把研究开发和创新看作同一回事。其实，有研究与开发并不一定出现创新，而创新也并不一定通过研究与开发来实现，但开展研究与开发活动有助于推动创新的形成。

研究与开发可以划分为基础研究、应用研究和实验开发三个阶段：第一阶段，基础研究是为获得可观察事实的变化发展规律而进行的理论性或实验性研究，其成果具有深刻的认识功能和重要的学术价值。第二阶段，应用研究是为探索科学原理在特定技术领域的应用而进行的研究工作，其主要功能在于对特定技术规律的认识和对技术开发的理论指导。第三阶段，实验开发是将从研究过程中获得的新的技术原理和实际经验知识，用于生产新的材料、产品等方面。

（二）技术扩散与技术外溢效应

1. 技术扩散

技术扩散是指新技术或新产品经由学习、交流而向外传播的过程。虽然研究与开发是一切技术创新的基础，但是决定技术创新对经济、社会影响大小的关键在于创新技术的扩散程度，即一项创新技术为市场潜在使用者所接受的程度。技术扩散，从转让方看，是技术转让；从采用方看，是技术引进和创新模仿。

技术扩散可分为三类：企业间扩散，即相同产业中创新技术由一企业扩散到另一企业；企业内扩散，即新技术在个别企业内部的扩散；全面扩散，即创新技术在产业间扩散。技术扩散具有以下特征：一是放大性。创新技术被采用后往往会产生再创新，进而使技术水平不断提高，扩散效应不断扩大。二是不衰减性。技术扩散不会引起扩散源技术势能的衰减。三是非均匀扩散性。技术扩散通常呈"S"形非均匀增长，这在很大程度上取决于创新技术的采用者对创新技术的选择行为。四是扩散源的非唯一性。由于创新技术的采用者可能成为新的扩散源，因此一项创新技术的扩散源不是唯一的，其数量将随着创新技术的被采用而成正比增长。五是社会适应性。创新技术的扩散速度主要取决于该技术的社会适应性[①]。

2. 技术外溢效应

技术外溢效应是因技术的创新和扩散等而引起的外部经济现象。一个厂商的技术创新，通常能够使得其他厂商通过模仿，在成本很低或没有付出相应成本的情况下获得收益，即技术创新往往具有很强的外部性，技术能够从创新者那里"外溢"到其他厂商那里。

技术外溢是技术扩散的重要途径。技术外溢效应包括国际技术溢出、国内技术溢出、行业间技术溢出、行业内技术溢出四种形式。全球经济一体化推动技术活动的全球化，跨国公司逐渐将企业研发活动转向海外，极大地促进技术要素在全球范围内的转移和扩散。对于发展中国家，自主研发并不是唯一的技术进步方式，可以借助国际技术扩散实现技术进步，而贸易中的技术外溢是国际技术扩散的重要形式之一。

第三节 技术引进与技术自主创新

一、技术引进

（一）技术引进的概念和目的

1. 技术引进的含义

技术引进通常是指技术输入国从技术输出国引进新的技术和设备。我国《技术引进和设备进口工作暂行条例》把技术引进定义为：通过贸易途径，以各种不同的合作方式，从国外获得发展我国国民经济和提高技术水平所要求的技术。《证券投资大辞典》把技术引进定义为通过技术转让和国际技术交流活动，一个国家从另一个国家获取先进技术的活动[②]。

技术引进包括：一是直接引进技术，可以通过购买生产工艺、设备设计方案、生产方法等技术资料和技术专利使用权来直接引进技术；二是间接引进技术，可以通过购买先进的生产设备，在消化、吸收的基础上，进一步开展研制和革新；三是引进人才，通过聘请外国专家、委托培训人员等的培训，学习和掌握国外的相关技术；四是引进管理技术，通过引进科学的经营管理技术，提高技术使用的能力和水平[③]。

2. 技术引进的目的

技术引进是发展中国家迅速提升本国科技水平，实现经济增长的重要途径之一。在经济全球化的背景下，广大发展中国家为了缩短与发达国家的差距，迅速实现本国技术革新，提高经济效率和生产力，往往在发展初期通过对发达国家的先进技术进行引进、消化、吸收，并在引进技术基础上进行自主创新，从而提高本国的自主创新能力。

我国十分重视引进国外先进技术，在不同的发展阶段，技术引进的重点也不同。新

---

① 陈国宏，王吓忠. 技术创新、技术扩散与技术进步关系新论. 科学学研究，1995，13（4）：68-73.
② 韩双林，马秀岩. 证券投资大辞典. 哈尔滨：黑龙江人民出版社，1993.
③ 何盛明. 财经大辞典. 北京：中国财政经济出版社，1990.

中国成立初期，为迅速建立完善的工业体系，实现从农业国向工业国的转变，我国实施"156 项重点工程"，大规模引进当时比较先进成套的技术和装备，引进的技术主要集中在军工、电力机械、冶金等方面；改革开放以后，我国的技术引进进入了新的阶段，引进方式更加多样化，采取外商直接投资、人才引进和交流、许可证贸易、设备租赁、合作生产等方式，并且技术引进类型由技术援助型向技术贸易型转变，技术引进重点由重工业向耐用性家电转变，技术引进内容由单纯的引进成套设备向引进设备和软件并重转变。例如，1975~1990 年，我国共引进软技术 2027 项，在此期间，国家重点引进了 3000 项先进技术，对企业进行技改和组织产学研合作，对 12 个重大项目进行消化吸收，使我国整体科技水平迈上了新台阶。

（二）技术引进的方式

技术引进主要有四种方式：技术合作、技术购买、技术转移、企业并购。

技术合作，是指国内企业或科研院所与国外科研院所或企业进行的合作，共同开展技术研发和生产制造，共享技术成果。例如，我国通过与其他国家进行技术合作，在中美合作推动新能源技术发展、中欧合作促进医药研发创新、中非合作助推农业科技普及等方面都已有成功的案例。

技术购买，是通过购买先进技术、设备和专利使用权，获取所需的先进技术和相关技术成果。例如，特斯拉（Tesla）为了进一步提升电动汽车的使用便利性，与太阳城（SolarCity）进行专利技术交易，以合理的价格购买了太阳城的专利技术并建立合作伙伴关系。特斯拉通过引入太阳能城市的技术，成功开发出太阳能充电站和太阳能储能系统，为电动汽车的普及和使用提供了便利。

技术转移，是指技术在国家、地区、行业内部或之间及技术自身系统内输入与输出的活动过程。技术转移按其转移方向，一般可分为地理空间位置上的双向传播和不同实践领域的单向扩散两大类；按转移方式，可分为有偿转移和无偿转移；按转移的范围，可分为国际转移和国内转移[①]。

企业并购，是指国内企业通过并购国外企业，获得国外的先进技术和人才，提升自身科技水平。例如，我国的联想集团以总价 12.5 亿美元的现金加股份收购了国外 IBM（International Business Machines Corporation，国际商业机器公司）的 PC（personal computer，个人电脑）业务，获得 IBM 的台式机和笔记本的全球业务，以及 PC 的研发中心、制造工厂、全球的经销网络和服务中心。通过企业并购，联想集团成为全球第三大 PC 厂商。

二、技术自主创新

（一）技术自主创新的概念及必要性

1. 技术自主创新的含义

技术自主创新，是指在不依赖外部技术的情况下，依靠本国自身的技术力量，通过

---

① 何盛明. 财经大辞典. 北京：中国财政经济出版社，1990.

独立开展研究和开发活动而获得的新技术。

技术自主创新是一种全新的创造性活动,具有三个特征。一是内生性,即自主创新的核心技术来源于国家内部的技术突破,是依靠自身技术力量而获得的新技术。内生性是实现技术自主创新的根本性特点。二是首创性,即自主创新的技术属于全新的技术,是以前从未出现过的和使用过的技术,具有独占性和排他性。首创性是技术自主创新的目标。三是引领性,即技术自主创新对市场发展具有引领性。由于技术上的首创性,一方面,技术自主创新必然会带来众多的追随者和竞争者,因而引领市场发展的方向;另一方面,技术自主创新成果只有尽快实现商品化,才能尽快获得利润和防止跟随者抢占市场。引领性是技术自主创新的必然结果。

2. 技术自主创新的必要性

对于一个国家来说,仅仅依靠技术引进是不可能形成真正意义上的世界一流领先技术的,而没有技术领先就没有能够保证国家经济发展安全的可靠内生动力,并在经济全球化的激烈竞争中保持优势。21世纪以来,世界各国将科技创新作为发展的核心战略,把突破核心关键技术、推动战略性新兴产业发展,作为培育新的经济增长点和掌握未来发展主动权的必然选择。因此,技术自主创新对于一个国家和社会的发展具有重大意义,已经成为推动经济社会发展的重要动力。其一,技术自主创新可以提高一个国家的整体科技实力和经济实力,有助于巩固和提高本国产业在全球产业链中的地位,构建更为有利的国际贸易地位和竞争优势。其二,技术自主创新有助于推动本国产业结构优化升级,促使本国的产业由劳动密集型、资本密集型向技术密集型的方向发展,以适应快速变化的国际市场和技术发展趋势。其三,技术自主创新有助于保障国家安全。通过增强本国技术的自主开发能力、掌握自主知识产权,有助于突破发达国家及其跨国公司的技术垄断,在掌握核心技术方面保持独立发展,为提高本国国际竞争力和抗风险能力提供重要支撑。

通过改革开放40多年的技术引进和技术自主创新,我国科技实力不断增强,正在从量的积累迈向质的飞跃,但与世界发达国家相比仍然有差距,特别是我国很多关键核心技术发展还比较薄弱。我国高度重视科技创新工作,坚持把创新作为引领发展的第一动力,2018年5月2日,习近平在北京大学考察时强调,"重大科技创新成果是国之重器、国之利器,必须牢牢掌握在自己手上,必须依靠自力更生、自主创新"[1]。这表明:技术自主创新是实现我国科技自立自强和科技强国的必由之路,而技术自主创新需要加强关键核心技术攻关,这是增强科技创新引领作用的重要抓手,是实现我国高水平科技自立自强的重要保证。

(二)技术自主创新的模式

1. 跟随型技术自主创新模式

跟随型技术自主创新模式是在原有引进技术的基础上,通过创造性模仿到自主型原创技术突破,实现赶超的技术创新。跟随型技术自主创新模式的路径是:后发国家的创新型企业基于前沿技术和市场需求,直接识别、采纳该时点最新、最成熟的技术,站在

---

[1] 《习近平在北京大学考察》,https://www.gov.cn/xinwen/2018-05/02/content_5287554.htm#1,2018年5月2日。

较高的技术起点上进行快速追赶，获取尚未被先发国家占领的市场，进而缩小与先发国家的技术差距。可以看出，后发国家在既有技术发展轨道上能否实现赶超，取决于其"创新加速度"。跟随型技术自主创新模式的特点是：技术创新的风险较低，创新的难度较小，成本也相对较低，但容易陷入技术依赖的困境。

2. 独立型技术自主创新模式

独立型技术自主创新模式是后发国家以非连续性、非常规的飞跃式发展方式，跨越先发国家的既定技术轨道，甚至创造、引领新的技术轨道，从而达到甚至超过先发国家的技术水平。独立型技术自主创新模式的特点是：一般要面对技术测试风险、市场开拓风险，技术创新的难度大，成本也较高。因此，要采用独立型技术自主创新模式，需要具备完善的产学研体系、充足的研发经费、较高创新能力和创新意识的科技人才集聚、优质友好的创新环境等条件。

三、技术引进与技术自主创新的关系

（一）技术引进对技术自主创新的作用

技术引进对技术自主创新具有以下正向推动作用。

第一，技术引进促进引进国的产业发展。一方面，技术引进能够促进引进国的企业使用较少的成本、较短的时间掌握国外先进的技术，进而不断提高引进国的产业发展水平；另一方面，由于通过技术引进，填补了引进国相关技术领域的空白，缩小了引进国与国外的技术差距，降低了技术引进国产品进入国际市场的壁垒，国外新需求的大量产生又推动技术引进国的产业转型升级。

第二，技术引进促进引进国专业技术人员的能力提升。技术引进国企业在技术引进、与外商合资和合作的过程中，培养了大批有技术经验的员工，他们或参加过外企的相关技术培训，或在与外方专家的合作中学习到很多技术和知识，进而提升了自身的技术能力和水平、创新意识与创新能力。

第三，技术引进促进引进国的技术创新。技术引进在促进了技术引进国产业发展的基础上，能够促进技术引进国产业发展的技术经验积累，在一定程度上对企业自主创新的发展方向起到了引导作用；同时，技术引进国的企业通过学习和吸收国外先进的技术和管理经验，为引进国相关产业的自主研发和自主经营打下了良好的基础。

尽管技术引进对推动引进国的技术进步、经济发展起到了极大的促进作用，然而技术引进是一把"双刃剑"。一方面，技术引进可以促使引进国的企业通过学习、模仿创新，在较短时间内实现技术水平的突破和提高；但另一方面，伴随着技术引进也有诸多弊端产生，如企业可能形成技术引进路径依赖，导致自身的创新动力不足，或对引进技术的消化、吸收不足而导致技术浪费，同时挤占企业创新的资源投入，进而对技术自主创新产生挤出作用。

（二）技术自主创新对技术引进的作用

技术自主创新是推动一个国家发展的重要动力和核心竞争力，但技术自主创新并不意味着关起门来自己创新。在技术自主创新的过程中可以借鉴外部的技术，在消化吸收引进技术的基础上进行技术自主创新，并且在技术自主创新的基础上，可以进一步提高技术引进的成效，使得技术引进和技术合作的效率最大化。

在技术引进的过程中，我国技术自主创新极大地提高了技术引进的成效，实现从追赶型创新技术到颠覆性创新技术的转变。这两种技术自主创新对技术引进的作用体现在以下方面。

第一，通过追赶型创新技术提高技术引进的成效。追赶型创新技术，即在原有引进技术的基础上，沿用原来的技术原理和路径，对引进技术做进一步的突破和升级。在某种程度上来说，技术是来自此前已有技术的新的组合[1]，因此，追赶型创新技术属于组合型创新技术，是1+N的技术组合创新模式，其优点是技术创新成本较低，有助于实现技术的"弯道超车"。在核心技术被垄断的前提下，技术追赶创新常常是技术后发国家的一种成功的技术竞争战略行动。技术后发国家充分利用技术创新的内外部条件，成功地抓住赶超机会，取得技术重大突破而成为先进技术拥有者。例如，在20世纪70年代初期，我国成功地研制"两弹一星"，在国防科技领域实现"弯道超车"；近年来，中国在人工智能、5G通信等领域取得长足的进步并实现"弯道超车"，其中最具代表性的就是华为的麒麟芯片和中国的高铁技术。

第二，通过颠覆性创新技术实现技术引进的创新突破。颠覆性创新技术，即不同于已有的技术原理，采取新的技术原理和路径，开发出同样类型或效果的新技术。由于新技术是针对现有目的而采用一个新的或不同的原理来实现的技术[1]，因此，颠覆性创新技术是技术0到1的创新突破，有助于实现技术的"变道超车"。颠覆性创新技术具有三个主要内容，即技术新颖性、技术优越性与技术外部性[2]。颠覆性创新技术是技术后发国家为适应科技革命和产业变革带来的新变化，而采取的一种成功的技术竞争战略行动。技术后发国家通过聚焦新领域、新技术，依靠科技创新开辟新领域、新赛道，催生出更多的新产业、新业态和新模式，增强经济社会发展的新动力，实现技术的"变道超车"。例如，在传统汽车领域，我国曾经一直处于跟跑状态，但通过技术引进、吸收，中国变道选择发展新能源汽车。经过近10年来的研发和多方位推动，我国新能源汽车和动力电池产业引领全球，产量和保有量稳居世界第一，并实现大规模出口，成为我国经济的一大亮点，这是"变道超车"实现领跑的成功生动实践。

（三）企业和政府如何处理好技术引进与技术自主创新的关系

技术引进与技术自主创新的主体是企业，政府主要是为企业的技术引进与技术自主创新创造良好的环境条件。

1. 企业如何处理好技术引进与技术自主创新的关系

技术引进和技术自主创新是对立统一的辩证关系。一方面，技术引进是技术自主创新的基础和条件。通过技术引进并加以消化和吸收后，能够有效提高再创新的能力，特

---

[1] 布莱恩·阿瑟. 技术的本质：技术是什么，它是如何进化的. 曹东溟，王健，译. 杭州：浙江人民出版社，2014.
[2] 曲冠楠，陈凯华，陈劲. 颠覆性技术创新：理论源起、整合框架与发展前瞻. 科研管理，2023，44（9）：1-9.

别对于后发企业来说，技术引进不但有助于将其他企业已经研发的新技术引入自己的生产过程中，实现技术的转化和应用，节约技术研发经费，快速提高技术水平，而且可以通过消化、吸收、改进引进技术等途径推动企业自主创新。由此，可以看出，从技术创新的类型来看，引进、消化、吸收后的技术创新也是自主创新，自主创新是技术引进的高级阶段。另一方面，企业通过技术自主创新能够提高技术引进的经济效益和社会效益。但是随着经济社会发展情况的变化，仅仅依赖于技术引进来推动发展，发展的局限性就会呈现出来，尤其是企业引进技术并不等于引进技术能力，若不能实现引进技术的消化、吸收、改进基础上的技术自主创新，必然导致企业在一些关键技术领域和可持续发展中受制于人。习近平强调，"关键核心技术是要不来、买不来、讨不来的。只有把关键核心技术掌握在自己手中，才能从根本上保障国家经济安全、国防安全和其他安全"①。因此，自主创新作为推动企业科技进步的基点。自主创新并不意味着关起门来搞创新，可以在借鉴国外先进技术的基础上进行技术创新，进而提高再创新的能力。

正确处理好技术引进与技术自主创新的关系，是企业提高技术创新能力和竞争力的有效途径，具体策略包括：一是企业应通过引进技术来提升企业的生产能力，在学习和掌握引进技术的工艺流程、操作方法的基础上，结合市场发展的新需要，对引进生产线技术进行消化、吸收和再改造，不断提高企业的生产效率和产品质量，为积累和提升企业的自主创新奠定知识和技能基础；二是企业应在引进技术的基础上提升技术能力，通过对引进技术的熟练掌握，对引进设备进行技术改进，并对已有的生产设备、生产工艺、项目进行技术升级和改造，同时加大研发投入力度，在市场开拓中谋求自主创新；三是本地企业在外资企业的竞争压力下，无论是购买国外技术还是自主创新，都应具有长期战略，不能仅仅偏重低层次技术的创新以获得短期的市场份额，而应加大主要技术或核心技术创新的力度，在主要技术甚至核心技术基础上拥有自主知识产权②。

2. 政府如何处理好技术引进与技术自主创新的关系

虽然企业是技术引进与技术自主创新的主体，但政府并不是无所作为的，需要发挥政府在引导消化吸收再创新中的关键性作用③。

（1）发挥政府的组织协调作用。当技术引进方和技术自主创新方属于不同的主体时，需要通过建立共性和共享的技术平台来解决不同企业间的产业协同和技术合作问题。因此，要统筹好引进技术与消化吸收再创新的关系，就需要政府对不同企业主体的技术引进和技术自主创新活动进行统筹协调。

（2）制定和完善相关政策。政府应加强对技术引进和消化吸收再创新的管理，制定引进、消化、吸收、再创新的鼓励政策。例如，在政府采购政策方面，建立财政性资金采购自主创新产品制度，优先安排自主创新项目；在技术引进和消化、吸收、再创新的

---

① 《习近平：在中国科学院第十九次院士大会、中国工程院第十四次院士大会上的讲话》，https://www.gov.cn/xinwen/2018-05/28/content_5294322.htm，2018 年 5 月 28 日。
② 傅元海. 技术引进影响自主创新能力的实证检验. 当代财经，2012，（9）：91-101.
③ 徐冠华. 关于自主创新的几个重大问题. 中国软科学，2006，（4）：1-7.

倾斜政策方面，制定地方性的引进、消化、吸收、再创新的鼓励政策和激励机制，增强企业推动技术自主创新的动力和实力。同时，各级政府应构建和完善市场体系，严格执行《中华人民共和国反不正当竞争法》《中华人民共和国反垄断法》，保护市场公平竞争，鼓励创新，强化企业开展技术引进和消化、吸收、再创新的外在压力。另外，政府应完善关于鼓励外资企业开展研发活动的相关政策，激励政策应因研发内容的不同而不同，重点鼓励外资企业的基础研究、涉及产品主要技术或核心技术的研发活动，以对本地企业高层次技术创新产生积极作用[①]。

（四）发展中国家的技术引进与技术自主创新的关系

技术引进是发展中国家参与国际分工、获取知识外溢效应、促进产业进步与经济发展的重要途径之一。由于发展中国家在技术水平上与发达国家存在着较大的差距，发展中国家通过技术引进，可以节省科研试制的投资和时间，尽快推进科技进步，进而促进经济增长。需要注意的是，在经济起飞过程中，发展中国家应正确处理好技术引进的消化、吸收、创新的关系。虽然技术引进是一条发展捷径，但由于一些发展中国家没有充分地吸收引进技术，再加上其技术创新能力不足，其经济发展缺乏持久力和发展后劲。因此，对广大发展中国家来说，在实施技术引进战略之后，不但要在消化吸收国外先进技术基础上进行技术再创新，更要加强本国的技术自主创新能力，才有利于提升本国产业发展竞争力和可持续发展能力。

中国在20世纪80年代初期开始实施技术引进战略，2000年以后在技术引进的基础上逐步迈向技术自主创新战略，通过在引进先进技术基础上的消化、吸收、创新，中国的技术发展实现从无到有，再到创新发展的质的飞跃。例如，大型商用飞机产业代表着现代制造业的综合水平，从1970年我国自主研制的"运-10"飞机立项，到2007年国产大飞机立项，再到2022年国产大飞机C919成功取得型号合格证，中国的大飞机研发和制造走过了技术引进的消化、吸收、创新的全过程。通过实施C919项目，我国首次完成大型客机设计、制造、试验、试飞及适航取证全过程，C919大型客机是我国按照国际民航规章自行研制、具有完全自主知识产权的大型喷气式民用飞机，不但是实现我国"创新型国家建设"的标志性产业，而且是"超百万零部件级"的超大规模集成创新工程。2022年9月29日，中国民用航空局为C919大型客机颁发型号合格证，标志着我国具备按照国际通行适航标准进行大型客机研制和适航审定的能力，具有里程碑意义。

本 章 小 结

增强技术要素的有效供给、激发技术要素供给活力是推动一个国家和地区长期经济增长的动力和源泉，在国民经济中发挥着重要的作用。一方面，技术要素供给具有正面作用，即技术要素供给推动经济结构优化、技术要素外溢推动区域经济增长；另一方面，技术要素供给具有负面作用，由技术要素供给活

---

① 傅元海. 技术引进影响自主创新能力的实证检验. 当代财经，2012，（9）：91-101.

动引起的环境污染、生态失衡、社会危机以及人类自身危机等诸多负面影响也与日俱增。技术创新是以创造新技术为目的的创新或以科学技术知识及其创造的资源为基础的创新。技术创新包括技术推动模式、需求拉动模式、技术与市场交互作用模式、一体化创新过程模式、系统集成网络模式五种具有代表性的模式。技术创新的环境为技术创新提供激励、保障及各种物质和非物质条件的支持，技术创新的内、外环境因素交互作用，使技术创新得以不断涌现。技术进步是技术不断发展、完善和新技术不断代替旧技术的过程。在实际生产过程中，不同类型的技术进步，对每种生产要素配置的效率、节约的程度和综合生产率的提高是不同的。技术进步按照不同的分类，可以分为原始创新技术、组合创新技术、引进吸收再创新技术；低端技术、中端技术、高端技术；通用技术、核心技术、关键技术。技术进步过程包括研究与开发、技术创新和技术扩散相互关联的环节。技术进步效率是影响技术进步对经济增长贡献的主要因素之一。全要素生产率是总产量与全部要素投入量之比，是衡量单位总投入的总产量的生产率指标，它反映的是各个国家和地区在一定时期里经济发展的能力，是技术进步对经济发展作用的综合体现。度量技术进步的方法主要分为两类：一是参数测度方法，主要有索洛余值法、随机前沿生产函数法等；二是非参数测度方法，主要有指数法、DEA法等。技术引进是发展中国家迅速提升本国科技水平、实现经济增长的重要途径之一。技术引进的方式包括技术合作、技术购买、技术转移和企业并购。技术自主创新是一种全新的创造性活动，具有内生性、首创性、引领性三个特征。对于一个国家来说，仅仅依靠技术引进是不可能形成真正意义上的世界一流领先技术的，技术自主创新对于一个国家和社会的发展具有重大意义，已经成为推动经济社会发展的重要动力。技术引进和技术自主创新是对立统一的辩证关系，一方面，技术引进是技术自主创新的基础和条件；另一方面，企业通过技术自主创新能够提高技术引进的经济效益和社会效益。技术引进与技术自主创新的主体是企业，企业应处理好技术引进与技术自主创新的关系；而政府主要是为企业的技术引进与技术自主创新创造良好的环境条件，需要发挥政府在引导消化、吸收、再创新中的关键性作用。

本章习题

1. 什么是技术要素供给？理论联系实际分析技术要素供给的正面和负面作用。
2. 阐述技术创新的内涵。技术创新的模式有哪些？推动技术创新的内部环境和外部环境包括哪些内容？
3. 什么是技术进步？技术进步的作用是什么？技术进步可以分为哪几种类型？
4. 什么是全要素生产率？影响全要素生产率的因素有哪些？
5. 简要说明技术进步的度量方法及各种方法的利弊。
6. 从理论上分析技术进步过程包括哪些环节？
7. 什么是技术引进？技术引进的目的是什么？技术引进可以分为哪几种类型？

8. 什么是技术自主创新？技术自主创新的特征是什么？

9. 辨析技术引进与技术自主创新的关系。

10. 阐述技术自主创新对一国经济发展的必要性和重要性，并结合中国国情，说明中国在技术自主创新过程中应注意哪些问题？

第七章
其他要素供给

> **本章知识点**

1. 其他要素供给的含义
2. 土地供给的含义
3. 管理供给的含义
4. 数据供给的含义

> **本章学习目标**

1. 掌握其他要素供给的相关概念
2. 了解要素供给之间的关系
3. 熟悉其他要素供给的独特作用
4. 掌握土地供给的概念、性质、特征与土地供给政策
5. 掌握管理供给的概念、性质、特征与管理供给政策
6. 掌握数据供给的概念、性质、特征与数据供给政策

除了劳动、资本、技术外，生产要素供给还包括土地、管理和数据等的供给。其他生产要素供给是重要的供给。没有它们，就没有现代社会生产。特别是其他要素供给在国民经济运行过程中发挥着重要的作用。中国实行土地公有制，因此土地要素进入市场成为生产要素是在改革开放之后的事情。土地并不是一个新的生产要素，但是在中国两种体制运作背景下，在改革开放前不当作生产要素，而在改革开放后则被当作了生产要素。现代国民经济的运行也都离不开管理要素供给所发挥的作用。数据要素是现代经济发展中必不可少的一种新的要素。

第一节 概 述

一、生产要素供给

生产要素供给是生产必不可少的条件。党的十九届四中全会通过的《中共中央关于坚持和完善中国特色社会主义制度 推进国家治理体系和治理能力现代化若干重大问题的决定》首次将数据列为新的生产要素，提出要"健全劳动、资本、土地、知识、技术、管理、数据等生产要素由市场评价贡献、按贡献决定报酬的机制"。生产要素与资源密切相关。资源就是生产要素。按照经济学家熊彼特的观点，资源包括劳动力、资本、土地、企业家才能四种。其中，劳动力是最基本的生产要素。劳动、资本、土地是三位一体的生产要素。

生产要素是指生产某种商品或服务时投入的各种经济资源。它是进行社会生产经营活动时所需要的各种社会资源，是维系经济运行及市场行为主体生产经营过程中所必须具备的基本要素。劳动和资本是最基本的生产要素。劳动力创造是动力，资本（流动的或固定的）就是黏合剂。除了劳动和资本外，生产还需要其他要素。没有其他生产要素，现代社会化大生产几乎是不可能顺利进行的。特别是其他要素供给在宏观经济运行与发展过程中发挥着重要的作用。土地问题是一个场所、场地问题。知识就是力量，知识经济推动着现代经济的发展。技术是进行生产的动力。管理是有组织、有目的的重要活动。数据是现代经济发展中必不可少的一种新的要素。当以数字化的知识和信息为主要形式的数据登上历史舞台并得到应用后，数据便继承信息而成了现代生产要素。创新是个根本性大事，是企业、国家生存和生命力所在。创新可以形成新质生产力。它强调整合科技创新资源，引领发展战略性新兴产业和未来产业，加快形成新质生产力，适应经济发展的需要。2017年，习近平提出了"构建以数据为关键要素的数字经济，推动实体经济和数字经济融合发展"[1]。党的二十大提出了"依法规范和引导资本健康发展""加快发展数字经济，促进数字经济和实体经济深度融合，打造具有国际竞争力的数字产业集群"[2]。

其他要素供给，就是除劳动、资本、知识、技术等要素供给外，包括土地、管理、数据等在内的生产要素供给。其他要素供给是经济发展的重要要求。没有其他生产要素供给，劳动和资本是活跃不起来的。只有当基本生产要素和其他生产要素结合起来，才能共同推动现代社会化大生产的顺利进行。研究其他要素供给，充分发挥劳动、资本、土地、知识、技术、管理、数据等生产要素的作用，对于实现宏观经济的总量平衡、结构优化、经济社会发展具有重要的作用。

---

[1] 习近平. 不断做强做优做大我国数字经济//习近平谈治国理政（第四卷）. 北京：外文出版社，2022：204.
[2] 《习近平：高举中国特色社会主义伟大旗帜 为全面建设社会主义现代化国家而团结奋斗——在中国共产党第二十次全国代表大会上的报告》，https://www.gov.cn/xinwen/2022-10/25/content_5721685.htm，2022年10月25日.

二、其他要素供给的种类

生产要素包括人的要素、物的要素和人与物的结合要素。劳动属于人的要素，资本与土地属于物的要素，知识、技术、管理和数据属于人与物的结合要素。劳动供给就是劳动力的使用。资本供给就是货币资金的融通。土地供给就是提供生产和生活的土地被使用过程。知识供给就是知识被应用于生产和生活的过程。技术供给就是技术被应用于改进生产和生活方式的过程。管理供给就是有意识、有目的地作用于组织并达到相应目标的过程。数据供给就是各种信息表现形式或载体的利用。要素供给，不仅包括劳动力、资本、土地和企业家才能，还包括知识、技术、管理和数据等的供给，见图 7.1。

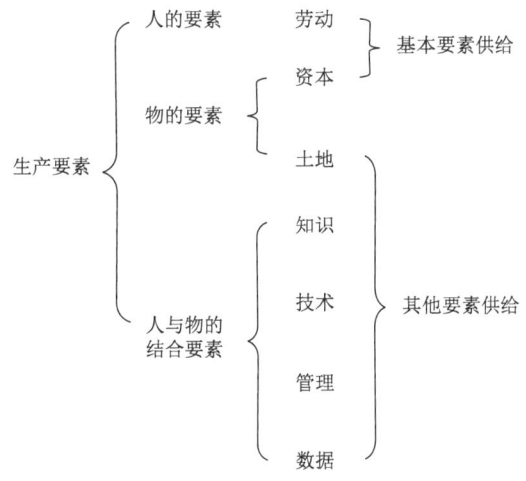

图 7.1　生产要素供给图

在图 7.1 中，生产要素供给包括基本要素供给与其他要素供给。这里所说的其他要素供给，是指除劳动力、资本等基本要素以外对经济运行与发展产生重要作用的土地、知识、技术、管理和数据等供给。它们共同影响着人们的生产方式、生活方式、行为方式。各种其他要素供给在宏观经济运行中发挥着不同的作用，对经济总量平衡、经济结构优化和推动社会进步产生不同的影响。由此可见，除了劳动力、资本和企业家才能供给外，经济发展中还有其他要素供给。这些要素供给包括土地、知识、技术、管理、数据等的供给。随着现代科技的发展和知识产权制度的建立，知识、技术、信息也作为相对独立的要素投入生产。各种供给要素都有其独特的作用。没有其他要素的供给，经济发展是不完整的。长期以来，我们忽略了其他要素供给在经济发展中的作用，只强调劳动创造价值与资本积累的重要性，这种观点是较为片面的。本书前面已有关于劳动、资本、知识、技术等要素供给的阐述，这里的其他要素供给主要是土地、管理与数据等的供给。

三、其他要素供给的独特作用

生产要素是维系经济运行及市场行为主体生产过程中所必须具备的基本要素。随着科技的发展和知识产权制度的建立,知识、技术、管理和数据也作为相对独立的要素投入生产。土地、知识、技术、管理和数据等其他要素供给都是经济增长的重要条件。当新生产要素赋能传统生产要素的时候,新的劳动者、新的生产工具、新的生产对象就会应运而生;当新生产要素与传统生产要素之间融合成长的时候,就会带动新质生产力的能级跃迁。

土地、管理、数据等其他要素供给在经济发展中具有独特的作用。没有土地,就没有现代经济的发展。人类的劳动是在土地基础上进行的。土地是一种综合的自然资源。与大气、水、生物、矿产等单项资源相比,土地对人类生存来说是最基本的,也是最广泛、最重要的,能用来满足人类自身需要和改善自身的环境条件,是人类栖息生存的载体。同时,由于社会经济各方面建设都需要土地,土地的数量特别是优质的土地数量都是有限的,所以土地也是稀缺资源。对于经济发展来说,土地是经济增长的前提和基础。没有土地,现代化的产业就难以立身,现代经济发展也会受阻。所以,土地供给对经济增长发挥着独特的作用。土地如何参与分配,是在完善收入分配制度时应认真考虑的问题。

管理是人类社会的重要活动。现代的社会生产都需要管理,包括对劳动的管理。也就是说,没有管理,就没有现代的社会生产。管理已成为一种重要的宏观经济运行的要素供给。为了实现组织的既定目标,通过决策、规划、组织、领导、控制等职能进行着任务、资源、职责、权力和利益的合理分配,协调着各种关系。没有管理要素的供给,就没有现代的社会化大生产和经济的可持续发展。经济高质量发展,需要对人、财、物进行管理。实现中国式现代化,同样离不开管理。

数据就是表示数目的文字或表示数目的符号。当经济文化发展到一定阶段后,计量数字是人类必不可少的活动。随着数字经济的到来,数据作为数字经济当中的核心资源,凭借其独特的使用价值越来越受到社会各界的重视。数据供给对经济发展发挥着越来越重要的作用。充分发挥数据供给的作用,对于顺利进行宏观调控、达到调控目标具有重要的影响。数据与技术的结合,形成数字技术。以数字技术为基础产生的新质生产力主要表现为数字生产力。这种生产力通过数字技术融合其他生产要素,创造满足社会需要的物质产品和精神产品,带动国民经济增长与发展,是生产力要素即劳动者、劳动资料和劳动对象三位一体的数字化结果。人们对数据的收集、加工、使用,既是一个劳动的过程,又是一个管理的过程。

各种生产要素在生产中发挥着不同的作用。要重视劳动、资本等基本生产要素在经济现代化中的重要作用[1],更要及时发现土地、管理、数据等其他生产要素在科技创新中的新功能。特别是重视土地、管理、数据的利用,为实现经济高质量发展创造条件。

---

[1] 林木西,赵德起. 国民经济学发展报告(2012—2019). 北京:经济科学出版社,2021:56.

第二节 土地要素供给

一、土地在供给中的地位与作用

土地是其他要素供给的先决性条件和基础性生产要素。土地供给不仅影响产业发展,而且影响宏观经济运行。土地供给也影响土地的使用。宏观经济的运行与调控,包括对土地的供给与调控。

(一)土地供给影响产业发展

由于人们所需的消费品不是仅依靠一种生产要素生产的,而是由不同的生产要素组合生产出来的,所以,对生产要素的需求是一种联合需求,即同时产生对多种要素的需求。土地作为基本的生产要素之一,也是包括在联合需求内的一种需求,其供给与许多产业间存在联系效应。联系效应包括前向联系效应和后向联系效应两个方面。前向联系指主导产业对吸收其产出的下游产业的波及和影响,后向联系则是指主导产业对向其投入的上游产业的连带作用。前向联系效应就是主导产业对其他产业影响的效果,后向联系效应是指主导产业对其他产业的带动效应。例如,土地供给本身会吸收建材业的大量产品,从而与建材业产生前向联系。土地供给作为房地产业发展的前提,对房地产业发展产生后向联系。不论是前向联系还是后向联系,都通过产业的扩张来带动产业发展。凡是与土地有联系效应的产业都能引致投资,从而促进或带动所有前向、后向联系产业的发展;而联系效应反过来也会推动该产业的进一步发展,达到正反馈的效果,从而推动整个产业部门不断向前发展,间接地助推经济增长。

(二)土地供给影响宏观经济运行

土地是不可再生的稀缺资源。土地供给会影响宏观经济的正常运行。一般而言,由于土地是稀缺的,增加土地供给会促进经济增长。相反,减少土地供给会抑制经济增长。因此,土地供给影响宏观经济总量平衡。土地供给对产业和宏观经济的重要影响,主要是通过土地供给对产业发展产生的抑制或鼓励作用,有效引导投资方向和影响投资强度,促进产业结构合理化与高级化,实现产业结构升级换代,从而影响宏观经济运行。有时,宏观经济波动与土地供给相关。宏观经济的波动在一定程度上影响着经济总量的平衡问题。政府通过制定和实施土地供给政策,对土地供给进行有效干预以调控宏观经济,实现经济长期稳定增长的目标。

(三)土地供给影响土地的使用

土地供给影响土地的用途,特别是土地法律法规规定的土地的使用。通过法律的制定,可以保证政府对于所要供给土地用途的可控制性,从而保证土地供给渠道的畅通。有关土地法律法规规定,建设单位使用国有土地的,应当按照土地使用权出让等的规定使用土地,确实需要改变该土地建设用途的,应当经有关政府土地行政主管部门同意,报原批准用地的政府批准。不同的土地供给渠道使土地的用途不同。特别是土地供给政策直接影响土地的用途。土地与资本是经济发展的重要生产要素。伴随着经济的快速发展，除了基础设施建设用地外，资本无序扩张占用了大量土地，特别是房地产资本的扩张。资本在扩张，土地在减少。资本越扩张，土地越减少。尽管多年来有守住18亿亩[①]耕地红线的要求，但是，各地为了加快发展给资本扩张亮"绿灯"，实现土地资本化。只要能增加GDP，资本扩张所需要的土地基本都能够得到满足。这表明了土地供给影响土地的使用。

（四）土地供给影响经济布局

经济布局受区域、资源、交通、市场和政策等诸多因素的影响。在经济政策中，土地供给政策引导产业的区域布局，促进产业的梯度转移。恰当的土地供给优化经济布局，实现区域经济的协调发展，使原材料与市场紧密结合，促进宏观经济布局合理化。一些地方承接产业转移，进行工业园区建设，浪费了不少土地。不少房地产公司热衷于拿土地，却不顾负债规模和偿债能力，也不顾获得土地后的使用效率。房地产资本的扩张在某种程度上就是土地的扩张，因为房地产都是建立在土地的基础上的。此外，高速公路、高铁、机场等的建设也占用了大量土地。资本在这些领域的发展也是非常快的。一些资本下乡以振兴乡村为由打土地政策的擦边球。有的资本戴着建设农业附属设施的帽子，搞永久性建设，改变了土地的用途。土地供给在很大程度上影响了经济布局。

二、土地供给及其性质

土地供给是一种重要的其他要素供给。它既包括土地的自然供给，又包括土地的经济供给。一般地，土地供给都表现出固定性、有限性、效益性和整体性的特征。

（一）土地供给及其种类

土地作为最基本的生产要素，对经济发展起到基础性作用，被经济学家配第称为"财富之母"，被马克思称为"一切生产和一切存在的源泉"。没有土地，就没有现代的生产活动和生活活动。它是人类不能出让的生存条件和再生产条件，所以，土地的供给与经济发展的情况密不可分。

土地供给是指可利用土地的供给，即地球所能提供给人类的各种生产和生活用地的数量和质量。土地供给的数量是土地的量的多少。土地供给的质量是土地性质的优劣。土地供给通常分为自然供给和经济供给。土地自然供给又称为土地的物理供给或实质供给，指地球所能提供给人类社会利用的各类土地资源的数量。土地经济供给是指在土地自然供给的基础上，投入劳动进行开发后，成为人类可直接用于生产、生活的具有各种用途的土地的有效供给。开发新土地、用地结构的调整和土地供给政策的实施等活动都会影响土地经济供给。可见，土地经济供给是个变量。土地自然供给是土地经济供给的前提和基础。没有土地自然供给，就没有土地经济供给。土地经济供给是土地自然供给

---

① 1亩≈666.7平方米。

的具体表现。宏观经济的运行，既受到土地自然供给又受到土地经济供给的影响。宏观经济调控，涉及对土地供给的调控。

（二）土地供给的性质及其特征

与财政政策、货币政策等短期的需求政策不同，作为长期供给的土地供给政策有其自身的特点。土地资源的有限性使土地供给也是有限的。作为有限资源的土地供给具有下列基本特征。

1. 固定性

分布在各个不同位置的土地占有特定的地理空间。因土地是不动产即土地不可能发生位置的移动，所以，土地供给的位置是相对固定的。各块土地之间的相对距离也是固定的。当然，交通条件可在一定程度上改变这种相对固定性，但交通条件改变后土地又表现出新的相对固定性。一般来讲，每一块土地所处的环境及其构成在一定时空范围内基本上也是固定的。各种土地的自然要素组成与综合特征具有明显的地域性，它决定了土地供给的固定性。

2. 有限性

由于受地球表面陆地部分面积限制，土地资源的数量是有限的。这通常会导致土地资源难以满足人类的需求。人类只有一个地球，土地供给是有限的。各种土地使用需求的无限性与土地供给的有限性决定了土地使用的激烈竞争，对土地资源供给造成极大压力。目前，不少国家都采取措施努力增加土地供给。尽管如此，土地供给仍然是有限的。人们一方面要珍惜和合理使用每一寸土地，另一方面也要采取切实措施有计划地控制人口增长，减少人口对土地供给的压力。

3. 效益性

土地具有一定的生产力，土地供给可以增加财富，产生经济、社会效益，即可以生产出人类某种需要的产品以满足人们生存、发展、享受的需要，这是土地的本质特征之一。在某种意义上说，土地供给就是一种财富的供给。供给和使用土地，土地就会产生效益，因而土地供给具有效益性。土地生产力按其性质可分为自然生产力和劳动生产力。前者是自然形成的，即土地资源本身的性质。后者是施加人工影响而产生的，即人类生产的技术水平，主要表现为对土地限制因素的克服、改造能力和土地利用的集约程度。土地供给会产生出经济社会效益。

4. 整体性

土地是由气候、土壤、水文、地形、地质、生物及人类活动的结果共同组成的综合体，是一个完整的资源生态系统。土地供给体现了土地资源的整体性特点。土地资源各组成要素相互依存，相互制约，构成完整的资源生态系统。人类不可能改变一种资源或资源生态系统中的某种成分，同时能使周围的环境保持完全不变。生态环境植被对土地的供给产生重要的影响。人类采伐森林和垦荒，不仅会改变植被状况，同时会引起水土流失。由于生态系统具有内在的关联性，一个系统的变化又不可避免地要涉及系统。植被变化和水土流失不仅影响农业生产，还造成旱灾、洪涝、风沙、盐碱等各种自然灾害。

正是完整的综合体和资源生态系统的要求，土地供给都是整体性的供给。

第三节 管理要素供给

一、管理要素在供给中的地位与作用

不管是微观经济、中观经济还是宏观经济，不管是经济还是政治，都需要有管理活动。一项全面、完整的管理活动通常包含决策、规划、组织、控制和评价等环节和内容。没有这种管理活动，社会经济活动将会处于自发的自然状态，整个国民经济就将处于一盘散沙的状态。在这种状态下，经济增长或者经济发展也会有所呈现，但是相互利益冲突和掣肘，会耽误发展机会，效率较低。因此人类活动管理上不去，效益就出不来，这是一条已经被反复证明的真理。真正的管理，其目的和本质是激发和释放人们固有的潜能去为他人创造价值，而不是利用人性中的邪恶和弱点去操纵和控制他们达成个人和小集团的目的。各项管理作用都有自己独有的表现形式。劳动、资本、土地、知识、技术、数据等生产要素作用的发挥，都需要有效的管理。现代经济运行离不开管理要素供给所发挥的作用。

（一）管理供给是一切组织正常发挥作用的前提

任何一个有组织的集体活动，不论其性质如何，都只有在管理者对组织加以管理的条件下，才能按照所要求的方向进行。只有通过管理供给，使之与组织有机地结合在一起，组织才能正常地运行与活动。组织要素的作用依赖于管理。管理在组织中协调各部分的活动，并使组织与环境相适应。如果管理不善，组织就会如一盘散沙，内耗不止，缺少生机和活力。如何把每个成员千差万别的局部目标引向组织的目标，把无数分力组成一个方向一致的合力，都需要有效的管理供给。

（二）现代经济社会活动都需要管理供给

现代生产是社会化大生产。社会化大生产需要一个指挥中心。一个单独的提琴手是自己指挥自己，一个乐队就需要一个乐队指挥，没有指挥，就没有乐队。为了实现组织的共同目标，在特定的时空中，对组织成员在目标活动中的行为进行协调，这就是管理。如何把不同行业、不同专业、不同分工的各种人员合理地组织起来，协调他们相互间的关系，协调他们与政府的关系，协调他们与各种资源的关系，从而调动各种积极因素，都要靠有效的管理。管理供给通过协调和监管他人的活动以达到组织的目标。没有管理供给，经济社会活动就会是漫无目的的。

二、管理供给的内涵、性质与特征

管理供给是对人的行为和组织活动的协调。通常，不管是什么样的管理供给，都具有科学性和效率性，表现出目的性、专业性和组织性等特征。

（一）管理供给的内涵

任何人类活动，特别是人类有组织的群体活动都需要管理。正如戴维·赫尔茨所说，管理是由心智所驱使的唯一无处不在的人类活动[①]。管理是人类各种组织活动中最普通却最重要的一种活动，管理无处不在，无时不有。管理，是指在特定的环境下，对组织所拥有的资源进行有效的计划、组织、领导和控制，以便达成既定的组织目标的过程。它是指一定组织中的管理者，通过实施计划、组织、人员配备、指导与领导、控制等职能来协调他人的活动，使别人与自己一起实现既定目标的活动过程。从某种意义上来说，管理的本质就是对组织成员在活动中的行为进行协调。管理的目的和意义在于，能更有效地开展活动，维护组织高效率地运转，更有效地满足需要，提高效果、效率、效益。

管理供给就是管理主体为满足管理需要、提高组织效率，达到管理目标所提供的管理制度、体制机制、政策、措施、手段、方法和其他管理规定等供给。管理供给也是重要的要素供给。随着社会化大生产所带来的专业化、全球化、智能化，管理供给显得越来越必要和重要。没有管理供给，宏观经济就难以良性运行和协调发展。在国家治理体系完善和治理能力现代化过程中，管理供给已成为国家治理体系的重要组成部分。

（二）管理供给的性质

管理是对人或对人的行为的管理，是对人的行为进行的协调。管理是对组织中的活动进行整合与协调。它是为了达到预期目的而进行的特殊活动。管理供给是具有科学性与效率性的要素供给。它体现了人与人之间、人与组织之间的特殊社会生产关系。

1. 科学性

管理供给的科学性有两方面的含义，一是指有效的管理供给必须用科学的理论、方法来指导，遵循管理的一般原则与原理，只有按照管理活动本身所蕴含的客观规律办事，管理的目标才能实现。二是科学的管理供给是在一系列概念、原理、原则和方法构成的科学体系下进行的管理供给，有它内在规律可循。也就是说，在人类管理活动的长河中，人们通过总结管理实践中大量的成功经验及失败的教训，已经归纳、抽象出管理的一些基本原理、原则和方法。这些原理、原则和方法揭示了一系列具有普遍应用价值的管理规律，按照这些管理规律办事，管理供给效率才能提高，组织的目标才容易实现。管理供给科学，管理效率才会高。科学性是管理供给的重要特性。

2. 效率性

管理供给的效率性是指运用管理理论知识、方法、技巧和诀窍所进行的管理是有效率的。管理对象的复杂性和管理环境的多变性，决定了管理供给不可能是固定不变的模式。通常，管理者都会创造性地运用所掌握的管理理论与方法进行管理。具体来说，管理供给的效率性由管理的环境与管理的对象等决定。人的主观能动性不同于无生命的物质，体现在人能够积极地思考，能够自主地做出行为决定。管理就是人的主观能动性的

[①] 周三多. 管理学. 北京：高等教育出版社，2022：56.

发挥，管理要素的供应带来效率提升。另外，人是有感情的动物。不同的人对同样的管理方式、方法可能会产生截然不同的反应和行为，这决定了只有管理者根据具体的管理目的、管理环境与管理对象，创造性地运用管理知识与技能去解决所遇到的各种实际问题，管理供给才可能获得成功。这也表现出了管理供给的效率。

（三）管理供给的特征

与知识、技术供给不同，管理供给呈现出目的性、专业性和组织性的特征。它表现出有别于其他要素供给的性质和特征。管理供给都是为了达到一定目标而提供的措施和手段的总和。

1. 目的性

管理成本最小化、收益最大化始终是管理供给的目的与任务。管理供给的任务是有效地实现组织预定的目标。管理供给的目的是设计和维持一种环境，使在这一环境中工作的人们能够用尽可能少的支出实现既定的目标，即在取得最大效益时所花费的成本最小，或者以现有的资源实现效益最大化的目标。所以，管理供给的目的就是实现效益最大化。

2. 专业性

管理供给是由具有专业知识的人利用专业技术和方法进行专业活动的供给。管理是在人类社会生产过程中分离出来的专业的一种活动。管理包括决策、组织、领导、控制以及创新等过程。协调是通过管理的各项职能来实现的，决策是协调的前提，组织是协调的手段，领导是协调的责任人，控制是协调的保证，创新是协调解决问题的途径。管理供给是一个专业性非常强，包括多阶段、多项工作的综合过程。

3. 组织性

管理供给是有组织的活动供给。管理是保证组织有效运行所必不可少的条件。组织的作用依赖于管理，管理供给是组织中协调各部分行为的供给，并使之与环境相适应的主要力量。所有的管理活动都在组织中进行，有组织，就有管理。有了管理，组织才能进行正常的活动，组织与管理都是现实世界普遍存在的现象。组织职能是管理活动的根本职能，是其他一切管理活动的保证和信托。管理供给就是为组织提供专门的行为规范的供给。所以，管理供给具有较强的组织性。

第四节 数据要素供给

一、数据在供给中的地位与作用

数据在供给中占有越来越重要的地位，发挥着越来越重要的作用。在传统的劳动力、资本和土地的供给下，经济增长主要依赖于劳动力、资本和土地等要素供给。随着现代经济的发展，新质生产力通过科学技术革命性突破、生产要素创新性配置、产业体系深度转型升级使全要素生产率大幅提升，从而能够更好推动高质量发展、更好服务构建新发展格局、更好支撑中国式现代化建设、更好满足人民美好生活需要。经济数字化特别是数据供给在经济增长中发挥着越来越重要的作用。2021年，中国数字经济规模已经达到了45.5万亿元，同比名义增长16.2%，位居世界第二（美国达106.8万亿元），成为经济增长新引擎。2022年12月，《中共中央 国务院关于构建数据基础制度更好发挥数据要素作用的意见》（简称"数据二十条"）颁布。它为数据要素作用的发挥提供了保障。数据供给已经是现代经济发展必不可少的条件，正在逐步呈加速发展的态势。它已成为既有要素中最重要的和最难替代的关键要素。

（一）数据供给是经济增长的重要资源

数据资源成为数字经济的关键生产要素。数据开放共享是释放数据要素增长倍增潜能的基础。在数字经济时代，一切信息都以数据化形式表达、传送和储存，数据成为数字经济最为关键的生产要素和最有价值的新型资源。谁拥有数字信息，谁利用数字信息，谁就可能会拥有相应的利益。对政府来讲，蕴藏着巨大潜力和能量的数据已成长为社会重要的基础性战略资产。数据供给管理成为政府的一项重要职责。对企业来讲，数据资源是企业的核心实力。企业竞争力的核心是产品和服务的创新引领能力，而企业创新的核心则是对用户、环境等各类数据资源的挖掘获取和利用分析能力。基于数据的按需生产日益成为现实。对于社会组织来说，利用数据信息获得利益是它们的愿望。对个人来说，有数据信息，就会获得相应的利益。数据资源及其供给是整个数字经济的生命源泉。数据、信息、网络作为其他生产要素或新生产要素，数据搜集、数据挖掘、数据分析、数据产品加工、数据营销等，都会蝶变成有价值和使用价值的数据再生产。这样一来，海量数据经过加工后形成特定信息商品，就能通过互联网驾驭传统生产要素嬗变的方向、规模和结构。数据供给是经济增长的重要资源。

（二）数据供给是持续推动经济增长的源泉

现代经济增长已不是传统资源要素所能推动的。没有数据源源不断的供给，就没有现代数字经济的发展。数据打破了传统要素有限供给对经济增长的制约，为经济持续增长和永续发展提供了基础和可能，成为未来经济的重要生产资料和投入要素。特别是智能技术使现代经济活动更趋智慧、灵活与敏捷，已成为驱动技术创新和商业创新的核心因素，在经济持续增长中发挥着重要作用。知识智能不仅能够改变生活场景，使人类的生活更加舒适，还能改变工作场景，人机共事将成为未来社会生活方式、行为方式与思维方式的常态。现代经济的发展表明，数据供给有利于经济的持续增长[①]。经济的可持续发展离不开数据源源不断的供给。

数据作为数字经济时代的新型的生产要素，在生产要素供给中发挥着越来越重要的作用。管理过程中几乎所有的行为都需要数据，面对大量数据资源，如何科学地处理这些数据，使之服务于管理决策，既是数据使用的重要课题，又是数据供给的重要任务。数据供给不仅是经济增长的重要资源，而且是持续推动经济增长的源泉。

---

① 顾阳. 促进数据要素赋能经济增长. 经济日报，2024-01-12（05）.

二、数据供给的内涵、性质与特征

随着数字经济的兴起与发展,数据供给已越来越引起学术界和实际工作部门的重视。不仅政府高度重视数据供给的作用发挥,个人与企业也都非常关注数据对自身所带来的影响。数据具有乘数效应,能够创造规模经济和范围经济,提升配置效率和激励效率。我国数据资源富集,2022年数据产量达8.1ZB,位居全球第二位。这足以可见数据供给的重要性。

（一）数据供给的内涵

数据是被用来描述为更新网络搜索索引需要同时进行批量处理或分析的大量数据集。它是事实或观察的结果,是对客观事物的逻辑归纳,是用于表示客观事物的未经加工的原始素材。数据是符号、文字、数字、语音、图像、视频等信息的表现形式和载体。在计算机系统中,各种字母、数字符号的组合、语音、图形、图像等统称为数据,数据经过加工后就成为信息。信息是指对事物的价值判断与属性描述。数据是对信息的数字化解构,是信息的高速载体。数据是指所有能输入到计算机并被计算机程序处理的符号介质的总称。也就是说,它是用于输入计算机被处理后所具有一定意义的数字、字母、符号和模拟量等的统称。所以,数据是信息的表达,信息是数据的内涵,数据和信息是不可分离的。数据本身没有意义,数据只有对实体行为产生影响时才成为信息。

数据是组成地理信息系统的最基本要素,种类很多。它既可以是连续的值,也可以是离散的。前者由连续函数组成,是指在某个区间连续变化的物理量,又可以分为图形数据、符号数据、文字数据和图像数据等,如声音、图像,称为模拟数据。后者包括各种统计或量测数据,如符号、文字,称为数字数据。不管是模拟数据还是数字数据,都是数据,都是信息的表现形式和载体。所以,数据供给就是各种符号、文字、数字、语音、图像、视频等信息表现形式和载体的供给。

1. 数据供给涵盖数据产业化、产业数字化、治理数字化

现代数字经济的发展表明,数据已渗透到经济社会生活的方方面面。数据产业化就是在信息的生产与使用中所涉及的信息技术的创新、信息产品和信息服务的生产与供给、对应信息产业部门及信息技术服务等的新业态、新模式。也就是数据的生产、供给、使用、管理已经形成了一个产业即数据产业。与之同步,产业也数字化。产业数字化就是传统产业部门对信息技术的应用,表现为传统产业通过应用数据带来的产出增加、质量提高及效率提升。不仅如此,治理也数字化。治理数字化就是将数据运用到基本公共服务和社会治理领域,利用数字技术完善治理体系,创新治理模式,优化办事和治理流程,提升治理效率及综合治理能力。数字经济越发展,数据涵盖范围越广泛。当前,大数据、云计算、互联网、人工智能、区块链等技术加速创新,日益融入经济社会发展各领域全过程。各国竞相制定数字经济发展战略、出台鼓励政策,加速数据产业化、产业数字化、治理数字化进程。数字经济发展速度之快、辐射范围之广、影响程度之深前所未有,正在成为重组全球要素资源、重塑全球经济结构、改变全球竞争格局的

关键力量。

2. 数据供给是一种新型经济业态的供给

数据的利用以信息通信技术的重大突破为基础，以数据技术和实体经济融合驱动的产业梯次转型及经济创新发展为引擎。数据的产生与使用早已不是仅仅局限于若干实验室或数据信息中心，由若干经过训练的专业人员采集整理而成，而是万事万物都在数据化，数据正在成为物质世界的另外一种存在形式或方式。数据供给的内涵与外延伴随数据的发展而不断拓展，是一种新型经济业态的供给，推动着经济社会发生革命性、系统性和全局性的变革。正因为万事万物都在数据化，那么由此产生的数据形态就与原有物质形态相对应，数据之间的相关性、因果性和概率都以原生态的形式表现出来，成为原生态的信息。

3. 数据供给伴随网络化、智能化变化而变化

生产要素的虚实数字化融合是数字化驱动信息科技发展的动力源泉，是经济转型新形态、经济变革新体制、生产力效率提升新路径的根本保障。数据生产、存储、处理、传输和利用的人工设备不再仅仅是传统意义上的计算机，而是任何具备相同功能的人工制造物。数据供给以现代新型网络作为重要载体，以信息通信技术的有效使用作为效率提升的手段，向数字经济提供要素供给。网络、人工智能无不都是各种数据供给的结果。

4. 数据供给以促进数字经济发展为主要目的

数据的源源不断供给使数字经济得以快速发展。数字经济是在工业化之后的一种新的经济社会发展形态，农业经济的基础要素是土地，工业经济的基础要素是机器，而数字经济的基础要素是大数据。数字经济就是以使用数字化的知识和信息作为关键生产要素，以现代新型网络作为重要载体，以信息通信技术的有效使用作为效率提升和经济结构优化的重要推动力的一系列经济。数据供给的本质在于信息化，是海量数据从量变发展为质变的一种经济表现。信息化是由计算机与互联网等生产工具的变革引起的工业经济转向信息经济的一种社会经济过程。数据供给的目的就是促进数字经济发展。数字经济是数据供给的结果，数据供给促进数据经济发展。

（二）数据供给的性质

数据不是一种普通的生产要素，更应被称为现代生产要素。数据供给是通过使用数字化手段从而促进经济发展和社会进步的一种经济供给。数据供给具有依赖性、交互渗透性、传输快捷性和虚拟隐匿性等性质。可以说，数据是国家基础性战略资源和重要生产要素。

1. 依赖性

在数据供给的影响下，数据成为最有价值的资源。伴随计算能力的提高和存储容量的上升，数据这一关键生产要素已经渗透到人类生产与生活的方方面面，大数据、云计算等都离不开数据。数据供给既体现在以互联网和信息技术为主营业务的新兴行业的供给，又体现在加工制造、交通运输、金融等传统行业的供给，甚至还体现在政府公共领域的供给。不依赖于数据供给而实现行业价值是不存在的。不同行业、不同领域的数据

供给都因数据所产生的价值带来了外部效益。无论是大数据、云计算,还是不同行业的发展都依赖于数据供给。

2. 交互渗透性

数据供给具有交互渗透性的特点。各种数据间具有密切的联系,数字化程度在不断地加深。随着经济数字化程度的不断加深,数据信息服务大规模地向其他产业扩张,逐渐模糊了产业间界限,形成了以数据融合为核心的产业交互渗透的发展态势。交互渗透的数据供给影响着整个经济的变化与发展。这一走势有利于行业整合、企业共享由数据供给所带来的好处。各种数据要素相互渗透,形成数据的交互渗透性[①]。

3. 传输快捷性

数据供给是外部网络传输的结果,外部网络是数据供给的桥梁。数据在产生与应用中表现出传输快捷的特性。互联网技术进步带来的便利显著降低了企业进行远距离复杂活动的组织和协调成本,大多数经济活动都是通过虚拟网络空间以无形资产的形态完成交易的,用户所在地、交易发生地、产品使用地完全可以是不同的国家或地区。现代信息网络以光速传输信息,数字供给近乎实时地表现在其收集、存储、处理、分析和应用等数据信息传播过程中,促使人类能够在更短时间内进行信息传输和经济往来,减少了经济的交易成本,使现代经济活动更加灵活、快捷和高效。用户的参与、整合和协同越广泛,就越有可能所有用户都从网络规模的膨胀性发展中接收到更多的利益。

4. 虚拟隐匿性

以网络连接和信息技术为基础的数据供给,其经济活动相应建立在虚拟化的基础之上,由此产生的虚拟隐匿性交易方式实现了供需双方的低成本对接。数据供给的虚拟性使得交易双方倾向于隐瞒各自的真实信息,导致彼此确认真实身份的难度较大。虽然这较好地保护了交易双方的隐私,而一旦日后出现交易纠纷,将给追责带来困难。数字虚拟、虚拟数字,都隐藏在经济活动中。数据供给在数据产生、传播与使用中表现出了虚拟隐匿性。

随着互联网和物联网的发展以及数字经济与实体经济的交汇融合,数据供给量呈几何指数爆发式增长,实现了人与人、人与物、物与物之间的互联互通。创新是数字经济与生俱来的基因,数字经济所掀起的强大创新浪潮,正在推动着社会经济形态变革。数字经济的创新成本和产品替代成本较低,创新成果能够在短时间内快速普及,从而对产品、组织方式和生产方式、生活方式产生颠覆性影响,对经济社会发展产生革命性变革[②]。数据供给已成为重要的新的生产要素供给。

(三)数据供给的特征

随着经济社会步入高质量发展阶段,数字经济在新时代还呈现出增长快、创新快和变革快等新的特点。随着信息的传播与通信技术的不断更新、运用,数据供给正在以一种全新的经济模式或方式席卷全球,给世界经济格局带来巨大变化。数据本身成为劳动

---

① 张平文,邱泽奇. 数据要素五论:信息、权属、价值、安全、交易. 北京:北京大学出版社,2022:15-28.
② 任保平,李婧瑜. 数据成为新生产要素的政治经济学阐释. 当代经济研究,2023,(11):5-17.

资料，如大数据和云计算等技术形态的劳动工具，从原本无法采集和未被利用的信息中分离出来，具有非排他性、可再生性、超强渗透性等特征。以数据供给推动的数字经济是有别于传统经济的新型经济形态，呈现出一些传统经济未曾出现的独有特点。因此，数据供给也表现出自身的特征。

1. "云+网+端"的核心基础设施

在数据供给条件下，数字基础设施在"云+网+端"的框架下运行。其中，云即云计算，拥有资源共享、可扩展性、高可用性、高容错率、快速部署、集约高效、按需付费等优势，能够使各类用户更加便捷、高效、低成本地使用各种网络计算资源。云是数据供给的前提。网不仅涵盖原有的互联网，还延展到物联网领域，网络承载能力不断提升、新增价值得到持续挖掘。网是数据供给的中介。端既是数据的来源，也是提供服务的界面，是指用户直接接触的移动设备、可穿戴设备、传感器、PC和各种软件应用。端是数据供给的终端。"云+网+端"的数字基础设施通过对传统物理基础设施进行数字化改造，实现经济形态的时代转型。数据借助"云+网+端"得以源源不断地供给需求者。

2. 平台服务的主流商业模式

以数据平台服务于经济的模式具有生态协作、开放共享、普惠包容等特性，已经成为平台服务的主流商业模式。一个成功的平台服务商业模式是通过要流、信息流和规划流等层次的控制来实现其盈利的。数据供给通过搭建电子商务、电子政务交易平台，能够有效地提高需求者搜寻次数、降低搜寻成本，为消费者提供差异化、个性化的需求产品。以众创众筹、开放共享为主导模式的平台，通过低成本整合碎片化资源，促使数据资源使用高效流动。数据供给带来的便利性使全社会受益。共享经济的快速普及，使公众广泛参与、碎片资源共享、生产消费一体的核心价值深入人心，推动了数据的永续供给。

3. 知识智能的新经济增长方式

数据供给以信息通信技术的重大突破为基础，以数字技术和实体经济融合驱动的产业梯次转型及经济创新发展为引擎，其概念与范畴、特征与边界、运行机理与架构等均产生了质的飞跃。离开了数据供给的现代经济是难以快速发展的。数字网络技术的创新及应用推动了产业结构的知识化与智能化，数据、知识、信息等新兴生产要素取代了劳动力和资本，成为决定产业竞争力强弱的关键力量；知识、技术和数据等创造价值比例持续增加，经济形态由传统劳动力、资本为主向知识型、智能型为主转变；财富数量由支配信息、知识、技术和智力的能力决定。数据内涵与外延不断拓展，数据供给带来了一种以知识智能推动的新型经济增长方式，推动着经济发生系统性和全局性的变革。

4. 多元共治的治理体系

在数据供给过程中，随着信息的产生、通信技术和网络的不断进步，处于网络两端的政府、企业、社会组织和普通公民都可以跳过繁杂的中间环节，通过网络平台进行直接联系，组织结构越来越趋向直接性和扁平化。数据治理正在由单一的政府治理走向政府、企业、社会组织和普通公民的多元治理。这表明数据供给的多元共治的治理体系正在出现。将数据供给系统的重要参与主体——平台、政府、社会组织和公众等纳入治理体系，赋予其一定的治理权限，明确责任边界，发挥各方比较优势，进行多元协同的科学治理，是数据治理创新的趋势。

专栏一："数据入表"服务数字经济治理体系建设

2023年11月8日，世界互联网大会在浙江乌镇召开。大会发布的《世界互联网发展报告2023》立足全球视野，着力客观、科学评估世界互联网发展情况。信息基础设施建设持续推进，逐渐成为大国关注焦点；信息技术创新引领社会变革，人工智能、量子计算等新兴技术进入发展快车道；数字经济成为发展强劲引擎，在全球经济总量中的比重不断增加；政府数字化转型步伐加快，一体化在线政务服务成为趋势；生成式人工智能等新技术治理引发全球关注。

大会展示了在数据要素方面，我国数据要素市场生态正在逐步完善。中国数据要素市场制度建设有序推进，为解放和发展数字生产开辟新路径，为加快释放数据要素价值、激活数据要素潜能提供依据。随着数据规模不断扩大，数据要素市场体系日益完善，数据交易市场有序发展。同时，中国进一步加快构建国家公共数据开放体系，不断优化公共数据开放平台，地级市及以上政府数据开放平台数量持续增长，平台聚合效应带动公共支撑能力不断提升，数据要素生态建设逐步完善。2021年，全球47个国家的数字经济增加值规模达到38.1万亿美元，同比名义增长15.6%，占GDP的比重达到45.0%。中国数字经济规模达45.5万亿元。数字经济为中国经济增长注入新动能，成为推动中国经济发展的重要引擎。

近几年，数据要素成为驱动数字经济创新发展的重要抓手，国家层面出台一系列政策推动数据要素市场发展。《数字中国建设整体布局规划》中提出，要畅通数据资源大循环，构建国家数据管理体制机制，健全各级数据统筹管理机构。2022年12月，中共中央、国务院发布的"数据二十条"指出，数据作为新型生产要素，深刻改变着生产方式、生活方式和社会治理方式，数据基础制度建设也事关国家发展和安全大局。从数据产权、数据要素流通和交易、数据要素收益分配以及数据要素安全治理等方面提出20条具体政策举措，中国初步形成数据基础制度的"四梁八柱"。2023年8月，财政部印发了《企业数据资源相关会计处理暂行规定》，自2024年1月1日起施行，用以规范企业数据资源相关会计处理，强化相关会计信息披露，服务数字经济治理体系建设。

作为数据要素市场的基础，中国的数据产量和数据存储量规模巨大。2022年，中国数据产量达到8.1ZB，同比增长22.7%，占全球数据总产量的10.5%，位居世界第二；数据存储量达724.5EB，同比增长21.1%，全球占比14.4%；大数据产业规模达1.57万亿元，同比增长18%。

节选自2023年世界互联网大会的成果，略增删。信息来自：https://cn.wicinternet.org/。

三、数据管理

数据政策管理在现代宏观经济运行中发挥着越来越重要的作用。在英国、美国和欧盟，数据共享政策已成为数据共享和加强数据管理的重要驱动因素。借鉴国外经验，为了充分发挥数据在经济发展中的作用，制定和实施完善的数据供给政策不仅十分必要而且非常紧迫。特别是提供恰当的数据供给政策，加强关键数字技术创新应用，激活数据要素潜能，加快建设数字经济、数字社会、数字政府，以数字化驱动生产方式、生活方式和治理方式变革。

（一）数据市场培育

需要制定和实施有利于加快培育数据供给市场主体的政策。培育数据供给市场主体有利于各种数据的供给。基于此，培育数据供给市场主体，需要在以下这些方面提供相应的政策。一是支持企业进行数字化改造，加强企业间分工协作，进一步提升企业数字化生产设备联网率，强化企业研发、设计、生产、销售、管理和服务的全链条数据化、网络化、智能化协同。二是培育数据供给平台企业。支持百度自动驾驶、腾讯医疗影像、阿里云城市大脑等航母级数据平台型企业创新发展，推动数据供给企业在主板、中小板、创业板上市。三是突破数据领域关键核心技术，加快自主创新能力建设和数据技术转化应用，推动生产方式、组织形式和商业范式创新。四是完善数据生态系统。为适应全球供应链价值链所呈现的数据化、服务化、去中介化、定制化新趋势，应推动产品联网和远程服务，培育壮大技术含量高、成长性好、引领性强的互联网企业，打造一批体制机制完善、辐射带动力强的数据供给示范基地，形成富有竞争力的数据生态圈，不断完善数据生态系统。

（二）平台服务建设

数字经济的快速发展需要搭建数据共享平台，推动行业、部门、区域之间数据的自由流动和开放共享，需要制定平台服务政策，不断完善数据平台功能。一是以数字化的共性关键技术为重点，构建数据供给的技术研发平台，组建以企业为主体，产学研用紧密合作的数据供给创新联盟。二是围绕标杆式网络，以 5G 和 IPv6 技术为核心，完善网络平台服务，健全工业互联网平台，推动研发设计、生产制造、经营销售、物流运输、金融服务等业务信息服务向网络平台集聚，提高资源发现、供需对接、协同创新的支撑能力。加快推进大数据压缩处理服务与设备生产基地、大数据清洗加工基地及大数据分析等项目，促进大数据软件园发展。三是依托众创空间等创新创业孵化平台，为数据供给创新企业和创新团队提供技术、资金、人才等一站式服务，打造低成本、便利化和全要素的开放式双创综合服务平台。四是搭建为企业和公众服务的、多位一体的专有窗口综合服务平台，实现数据共享。数据共享包含所有用户可同时存取数据库中的数据，也包括用户可以用各种方式通过接口使用数据库实现数据共享。

（三）体制机制保障

为了更好地推动数据供给建设，一是建立专门的数字经济组织协调机构。根据数据供给的需要，设立能够整合推进数字经济与实体经济深度融合的组织机构，加强相关行业之间数据的衔接沟通，实现数据资源的共建共享；积极引导社会资本投资数据建设，防止各地数据供给低水平重复建设。二是推进企业数字技术水平提升。促进互联网、大数据、人工智能和实体经济深度融合，加快推进公共数据开放，鼓励企业利用数据建设新技术和新思维转型升级换代，实现数据的标准化供给。三是创新数据市场监管。探索符合数据产品、服务、技术、模式发展趋势的监管制度，创新数据市场监管；发挥信用监管和行业自律机制作用，打造各种业态公平竞争的市场环境，构建数据统计体系。四是完善数据供给政策法规。适应数据供给的新趋势，加快建设以信息基础设施建设、数据共建共享、数据知识产权保护、网络安全等方面为重点的数据供给政策法规体系，及时废止相关法律法规中阻碍数据供给的政策。

本章小结

其他生产要素供给是供给的重要组成部分。这些要素供给包括劳动、资本、土地、知识、技术、管理等内容。其中，劳动属于人的要素，资本属于物的要素，知识、技术、管理和数据属于人与物的结合要素。劳动与资本的供给属于基本要素供给，土地、知识、技术、管理、数据的供给属于其他要素供给。其他要素供给在经济发展中发挥着独特的作用。土地作为最基本的生产要素，对经济发展起到基础性作用。土地是其他要素供给的先决性条件，架起了基本生产要素供给与其他生产要素供给的桥梁。合理的土地供给政策包括保证人类生存需要政策及合理使用土地政策。管理供给是对人的行为和组织活动的协调，具有科学性和效率性的要素供给。它呈现出目的性、专业性和组织性等特征。管理上不去，效益出不来。管理供给政策主要包括产出增长率政策和全要素生产使用率政策。数据供给是通过使用数字化手段促进经济发展和社会进步的一种经济供给，具有依赖性、传输快捷性、交互渗透性和虚拟隐匿性等性质。数据供给也表现出自身的特征。进行数据供给需要制定市场供给政策、平台服务政策和体制机制保障等。

本章习题

1. 什么是其他要素供给？
2. 其他要素供给包括哪些内容？
3. 什么是土地供给？土地供给具有哪些性质与作用？
4. 土地供给政策包括哪些内容？
5. 什么是管理供给？管理供给具有哪些性质与特点？
6. 管理在供给中的地位与作用如何？
7. 管理供给包括哪些内容？
8. 什么是数据供给？数据供给具有哪些性质？
9. 数据在供给中的地位与作用如何？
10. 数据供给政策分别包括哪些内容？

第三篇

总 需 求

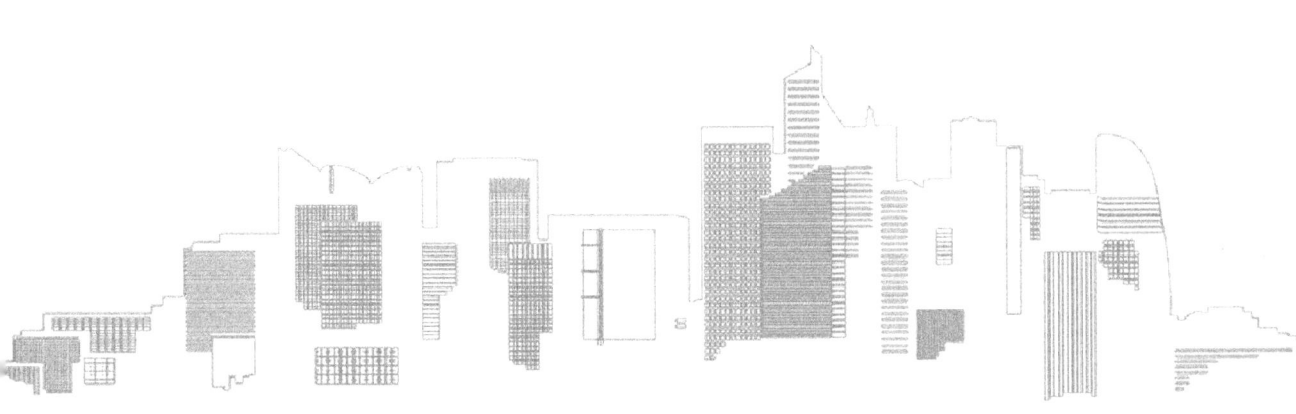

第八章
消费需求

> **本章知识点**

1. 消费需求的形成和分类
2. 消费需求总量与结构
3. 居民消费的形式与特征
4. 政府消费的内涵与作用
5. 居民消费与政府消费的关系

> **本章学习目标**

1. 理解消费需求的形成机理及其分类
2. 掌握消费需求的基础理论,包括边际消费倾向和平均消费倾向的计算与应用等
3. 理解消费需求总量与结构在经济分析中的作用
4. 明确居民消费和政府消费在经济中的角色和作用
5. 了解中国消费市场现状与特征,能够结合现实情况分析中国消费市场的特点和发展趋势

消费需求是社会总需求的重要组成部分,它既体现社会生产的最终目的,又是社会经济发展的动力源泉。消费需求水平和消费需求结构变动不仅直接反映居民物质文化生活水平的高低,而且对社会生产的规模、增长速度及其结构的演进具有显著的推动作用。

第一节 消费需求总量与水平

一、消费需求的形成及其分类

（一）消费需求的形成

广义的消费包括生产消费和生活消费，狭义的消费仅指生活消费，本章主要研究狭义的消费。因此，这里的消费是指为了满足人们的物质和文化生活需要而消费物质资料和服务的行为。消费资料是指人们用于生活消费的那部分消费产品。没有消费资料的消费，人类就不能生存；没有追加的消费资料，人类生活水平便得不到提高，社会扩大再生产也难以长期维持。可见，消费资料的消费是人类社会得以存在和发展的基本条件。消费性服务主要是指满足人们生活需要的各种服务(或劳务)，如居民的互联网流量消费，金融服务消费，文化、体育、娱乐消费，旅游消费，汽车美容消费，服装洗熨、理发，生活用品修理服务等。随着社会进步和生产力发展，居民生活水平不断提高，人们对服务性的消费日益增多，服务消费的内容越来越丰富。消费不仅仅是满足需求的手段，更是经济系统中不可或缺的一环。通过购买行为，人们推动着市场的运作，激发了产业的发展，创造了就业机会。经济的繁荣与消费的活跃程度息息相关，形成了一个良性的循环。

消费需求是一定时期内全社会用于购买消费资料和消费性服务的货币支付能力，产生于人们生活中对物质和服务的需要。在市场经济条件下，任何需求都由两个要素构成，即购买欲望和货币支付能力，二者缺一不可，消费需求也不例外。

消费需求包括居民消费需求和社会消费需求，即

消费需求=居民消费需求+社会消费需求

社会消费需求=政府消费需求+集体消费需求

一个国家的居民消费需求是指一国常住居民在一定时期内对物质产品和服务的消费需求，它包括用货币购买和用实物工资形式获得的用于生活消费的耐用消费品、非耐用消费品及服务性消费，如民用轿车、家庭健身器材、家用空气净化器、日用消费品、网络费、旅游费、交通费、医疗保健、教育、文化娱乐、家庭保姆费等相关费用的需求。

政府消费需求包括行政管理费、国防和武装警察部队经费、科学文化卫生事业费、城市建设和维护费等项目对消费品和服务的需求。在政府消费需求中，随着政府机构的精简，前两部分有减少趋势，后两部分会逐渐增加。我国已成为全球第二大经济主体，GDP居世界第二，2020年我国历史性解决了绝对贫困问题，实现了全面建成小康社会目标，人民生活全面达到小康水平，因此，政府消费需求在维护国家人民安全和政府的正常运行基础上，不断重视居民身心健康的需求和精神需求。

集体消费需求是指各集团单位或团体与生产活动无关的，仅供集体最终消费的物质产品和服务性需求。集体消费需求包括社区活动对物质产品和服务性消费的需求，如集体福利设施、文体宣传、农村村委会经费开支等。

（二）消费需求的分类

消费需求可以从不同的角度进行分类，主要可以从以下几个方面进行分类。

（1）按消费需求满足人们的消费行为分类，可将消费需求分为吃、穿、用、住、行等几个方面。随着社会的进步和经济的发展，人们的消费需求越来越多元化，但是，吃、穿、用、住、行是基本的消费行为。现实生活中，按照消费行为对消费需求进行分类比较具体、现实，在实际经济工作和统计工作中比较容易把握。

（2）按消费需求存在的形式分类，可以分为物质产品需求和服务性需求。物质产品需求是指对具有独立的实物形态产品的消费资料的需求。服务性需求则是对以劳务形式提供的特殊商品（生产和使用同时进行）的需求。目前我国服务性消费需求比较丰富，随着生产力的发展和居民收入水平的提高、居民消费需求的多元变化和消费结构的升级，服务性消费所占比重将不断提高。

（3）按消费需求满足的对象分类，可以分为个人消费需求和社会集体消费需求。个人消费需求是指用于满足劳动者个人及其所赡养的家庭成员生活需要，对物质产品和服务的需求；社会集体消费需求是指为了满足国家行政管理、国防、科学、文化、教育、体育、卫生需要，社区及农村基层组织在物质产品和服务方面的消费需求。

（4）按消费需求的实际内容分类，可以分为生理消费需求、精神消费需求、社会消费需求。生理消费需求是指维持人的机体正常活动和发育的需求，如饮食、衣着、住房、医疗等；精神消费需求是指满足人的精神和智力发展所需的各种需求，如教育培训、文化娱乐等；社会消费需求是指人们参加各种社会公共活动的需求，如参加政治活动、各种社会活动（公益活动）等。

（5）按照需求层次分类，人们的需求是多方面的，马斯洛将人们的整个需求分为五类，即生理需求、安全需求、爱和归属感需求、尊重需求、自我实现需求，依次由较低层次需求到较高层次需求。在自我实现需求满足之后，还有自我超越需求，自我超越需求也可并入自我实现需求中。马斯洛消费需求层次如图8.1所示。

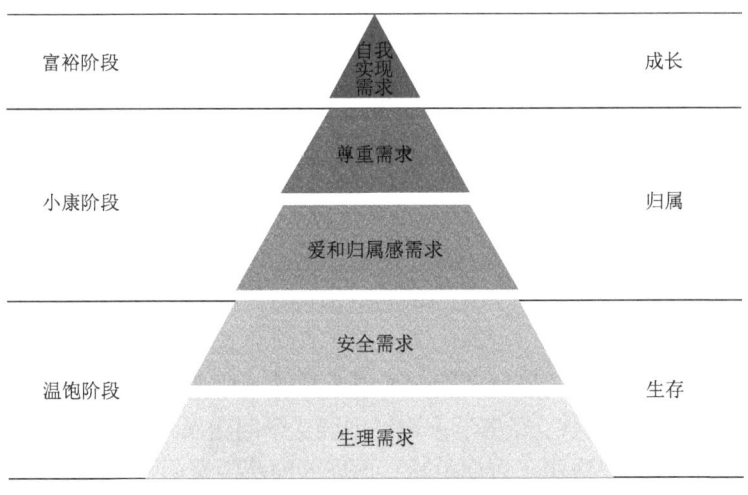

图 8.1　马斯洛消费需求层次

（三）消费函数

1. 凯恩斯消费函数和库兹涅茨消费函数

消费函数是消费支出与决定消费各种因素之间依存关系的数学表达式。凯恩斯消费函数的最大特点是消费依存于近期收入，在凯恩斯的"一般理论"之中，随着收入增加，消费也增加，但消费增加的绝对额不能超过收入增加的绝对额（即边际消费倾向在 0 和 1 之间），消费占收入的比重（即平均消费倾向）随着收入的增加而降低。凯恩斯消费函数具体表述为

$$C = C_0 + C_1 Y \tag{8.1}$$

其中，C 表示平均消费；C_0 表示初始消费；C_1 表示边际消费倾向；Y 表示消费者收入。

此时，平均消费倾向为

$$\frac{C}{Y} = \frac{C_0}{Y} + C_1 \tag{8.2}$$

式（8.2）表明，平均消费倾向随着收入的增加而降低。

凯恩斯消费函数具有直观的说服力，但它是存在制约条件的消费函数。如果取较长时间序列的数据进行观察，平均消费倾向并不是随着收入的增加而递减，而是基本保持不变，最早发现这种倾向的是库兹涅茨教授。

库兹涅茨教授以美国 1869～1938 年的数据为依据计算了收入与消费的关系得到

$$C = 0.9Y \tag{8.3}$$

式（8.3）表明，从较长时间分析，平均消费倾向几乎是定值（0.9）。

在此之后，日本经济学家也证明了同样情况。日本的经济学家以 1965～1990 年每季度的数据为基础，推算收入与消费的关系，得到式（8.4）的结果：

$$C = 0.86Y \tag{8.4}$$

其中，C 表示家庭实际消费；Y 表示家庭实际收入，将式（8.4）等号两边同时除以 Y，得到平均消费倾向：

$$\frac{C}{Y} = 0.86 \tag{8.5}$$

但是，当经济出现疲软，收入发生较大变动时，情况便会发生变化。日本经济学者以 1973～1977 年每季度数据为基础推算的短期消费函数为

$$C = 18 + 0.71Y \tag{8.6}$$

此时的边际消费倾向降低到 0.71，而且还存在一个不可忽视的截距。随着 Y 的增大，平均消费倾向缓缓降低。

显然库兹涅茨的发现和凯恩斯消费函数是矛盾的，那么究竟哪个函数更为确切呢？在 20 世纪 40 年代到 50 年代，经济学家曾经围绕这个问题展开了激烈的争论。争论的结果明确了凯恩斯消费函数适用于短期消费，而库兹涅茨消费函数适用于长期消费。于是议论的焦点转为如何把凯恩斯短期消费函数和库兹涅茨长期消费函数统一。经济学家提

出了许多假说，在这里只介绍其中的一种生涯收入假说。

2. 生涯收入假说

生涯收入假说的含义是个人的消费行动，与其说是由个人的近期收入所决定，不如说取决于个人的生涯收入。假定某人的年龄为 t，并预定他到 n 岁后退休，寿命为 T 岁，那么这个人的生涯收入为多少呢？

因为这个人的退休年龄为 n，其后剩下的就业年数为 $n-t$，在此期间每年约有收入 Y^e 元。

另外，假定这个人现存资产为 W/P 元，那么此人的生涯收入为 $\{(n-t)Y^e + W/P\}$ 元。

预计此人今后还可健在 $T-t$ 年，每年的消费为 C 元，不留遗产，则今后的消费总额（生涯消费额）为

$$(T-t) \cdot C = (n-t) \cdot Y^e + \frac{W}{P} \tag{8.7}$$

将式（8.7）变形，求出每期消费 C，得

$$C = \frac{1}{T-t} \cdot \frac{W}{P} + \frac{n-t}{T-t} \cdot Y^e \tag{8.8}$$

式（8.8）是对特定的消费者计算出的每期消费额。为了求得全社会的近期消费额，只需将全社会所有成员的个人消费额加总，得到社会全体成员的消费函数为

$$C = a_0 \cdot \frac{W}{P} + a_1 \cdot Y^e \tag{8.9}$$

这里的 C、W/P、Y^e 不是在式（8.8）中所使用的每个人的数值，而是社会全体成员的消费、资产、预期收入；a_0、a_1 在人口构成不变的情况下是定值。

生涯收入假说存在缺陷。正确估计将来的收入是困难的，而且每年都获得同等额度的收入也难以符合实际。所以，有经济学家提出，以消费者的近期收入 Y 代替式（8.9）中的远期预期收入 Y^e，则消费函数可以变为（以生涯收入假说为基础确定的消费函数）：

$$C = a_0 \cdot \frac{W}{P} + a_1 \cdot Y \tag{8.10}$$

将式（8.10）等号两边同时除以消费者收入 Y，得到平均消费倾向：

$$\frac{C}{Y} = a_0 \cdot \frac{W/P}{Y} + a_1 \tag{8.11}$$

从短期来看，社会总资产 W/P 大致不变，在经济景气时，Y 将上升，右边第 1 项将变小，消费倾向降低；在经济不景气时，Y 将减少，消费倾向会上升，这与凯恩斯消费函数一致。从长期来看，社会总资产是随着 Y 的增加而成比例增加的，$\frac{W/P}{Y}$ 是定值，所以平均消费倾向 $\frac{C}{Y}$ 也是定值，因此得到库兹涅茨消费函数。

3. 几种不同的消费理论

影响消费需求的因素很多，如利率、价格、分配制度等，但最主要的因素是收

入。在其他条件既定情况下，消费需求与收入之间呈正相关关系，即消费需求随收入的增减而增减。至于该收入的内涵是指绝对收入还是相对收入，是指现期收入还是远期收入，在理论界则存在分歧，由此形成了不同的收入理论和消费理论。

（1）凯恩斯绝对收入理论。凯恩斯认为，每个消费者都是根据其现期绝对收入决定其消费支出和储蓄所占的比重，在其他条件不变的情况下，消费随现期绝对收入的增加而增加，但消费在收入中的比重会下降。

（2）杜森贝利相对收入理论。杜森贝利认为，消费需求主要与收入的相对水平有关，即家庭消费在现期收入中所占的比重取决于该家庭与其周围其他家庭的收入水平的相对值。他认为，人们在生活中具有攀比心理，如果生活在收入较高的环境，邻居收入普遍较高，攀比行为将打破经济状况不好家庭的消费计划（其消费支出将会增加）；相反，一个家庭相对于周围家庭收入越高，则其消费在其收入中所占的比重越低。可见，即使某一个家庭总收入水平在不断变化，但只要相对收入等级不变，它会将收入的相同比重用于消费。

（3）弗里德曼持久收入理论。弗里德曼认为支配人们消费行为的不是现期收入而是长期持久性收入，即消费取决于人们根据过去和现在收入情况所预测的未来长时期的稳定收入。当人们确认未来收入增加是持久的时，才会将消费水平调高，其调高的过程慢于收入增长的过程。

二、消费需求总量与结构

（一）消费总量与消费需求总量

消费总量是指社会全体成员及社会集团在一定时期内（通常为一年）消费的物质资料和服务的总量，从整体上反映一定时期全社会消费的总体水平。我国通常以社会消费总额、总消费、社会消费品购买力及社会商品销售额等指标来反映消费规模的大小。消费规模的大小决定着消费水平的高低。

消费需求总量指的是在整个经济体内，所有消费者对各种商品和服务的总体需求。这是一个总和，涵盖了整个社会中所有个体的购买意愿和能力，包括消费者在市场上购买商品和服务的总体规模。在宏观经济模型中，消费需求总量是用来衡量和预测总体消费支出的一个关键指标，通过这些信息，可以分析整个经济体内的消费者行为，了解在不同价格水平下对各种商品和服务的需求变化。

（二）消费结构与消费需求结构

任何经济时期，人们所消费的各种物质产品及服务之间是相互关联的，客观上存在着一定的数量比例关系。

消费结构是指一定时期内各种消费品之间相互联系，每种消费品在全部消费品中所占的比重，也包括各种比例关系所体现的质的状况。由于各种消费品具有实物形态和价值形态，所以消费结构也有实物形态和价值形态两种表现形式。消费结构的实物形态表现为各种消费品（从使用价值角度考察）在全部消费品数量中所占的比重。消费结构的价值形态则是以货币形态表现的人们在衣食住行等方面的各项消费支出占总消费支出的比重。在价格不变的情况下，实物形态的消费结构与价值形态的消费结构基本一致，但在价格变动的情况下，两种形态表现的消费结构具有不一致性。

从宏观角度分析，消费需求结构是指一定时期内人们对各类消费品具有货币支付能力的现实消费需求之间的比例[①]，是从消费主体的角度分析。消费需求结构的价值形态，表现为消费需求得到最终满足之前，消费需求只是货币形态的一种消费品购买能力，虽然具有转化为消费品使用价值的可能性，但消费需求是否得以实现，取决于供给规模及结构同消费需求的规模及结构之间的相互适应状况。

消费结构和消费需求结构之间存在着密切联系，一个地区或国家的消费结构形成于居民和社会对各种商品和服务的消费需求结构，消费需求结构很大程度上决定了消费结构的特点。二者的区别主要在于侧重点不同，消费结构更注重表现居民在不同领域的实际支出情况，而消费需求结构更注重描述人们对各类商品和服务的心理和实际需求程度。消费结构是一个相对具体的概念，可以通过数据和统计来量化和分析，而消费需求结构更多地关注市场上的需求动态和变化，是一个相对抽象的概念，需要更多基于调查和研究的方法来深入理解。

消费需求结构的变化受到多种因素的影响，包括经济增长、技术进步、社会文化变迁等。例如，随着收入水平的提高，人们可能在高级别的商品和服务上增加支出，导致消费需求结构的演变。消费需求结构的分析可以揭示在一个经济体内，消费者更倾向于支出在哪些领域，对了解经济体内不同部门和行业的相对重要性以及消费者行为的变化至关重要，为政府、企业和投资者制定相应的战略和政策提供重要信息。

三、中国消费需求的变化和升级

在中国经济快速发展和社会变革的背景下，消费模式和消费观念正在经历着深刻的变化和升级。过去几十年，中国消费者的消费需求不仅在数量上迅速增长，更在消费结构、品质追求、生活方式等方面发生了显著改变。这一消费特征的变化既受到经济发展和城市化的推动，也受到科技进步、社会结构变迁、人们生活理念的不断更新等多重因素的共同影响。随着社会主要矛盾的演变，中国消费者在过去几十年中经历了由单一追求物质需求到多元追求美好生活需要的转变。这种变化既是经济发展的必然产物，也是社会文化进步的表现，推动了消费需求的升级和创新。

对物质生活和精神文化生活的满足程度，直接体现出居民生活质量的高低。居民生活的满足是直接通过消费实现的，消费的种类、数量及相互关系构成消费结构。分析研究居民的消费总量、结构及其变化趋势，可以为国家的产业结构调整和国民经济的发展提供依据，达到优化产业结构、合理配置资源、促进个人收入增长、最终不断满足居民日益增长的追求美好生活需要的目的。

（一）消费规模的变化与升级

无论是从个人还是国家的层面来讲，更多、更好的消费都是经济增长的最终目标之

[①] 王云川. 消费需求的宏观调控. 成都：西南财经大学出版社，2003：86-87.

一。1978年以来，中国的消费规模呈现出令人瞩目的增长趋势，这不仅是经济发展的体现，更是消费者需求不断变化和升级的结果。1978~2022年中国消费规模如图8.2所示，1978~2000年，最终消费由1759.10亿元增长到63 748.90亿元，年均增长了17.73%；2000~2022年最终消费又从63 748.90亿元增长到641 633亿元，年均增长率为11.07%。其中，居民消费为最终消费的主要组成部分，1978年居民消费占比为78.76%，2022年居民消费占比为69.81%，居民消费占比在2003年以前下降较为明显，2003年以后则基本稳定在70%左右。居民消费在1978~2000年增长了25.64倍，在2000~2022年增长了8.56倍。从图8.2中可以看到，受新冠疫情影响，2020年居民消费有所降低，但是在2020年后出现回升，相比之下，政府消费增长趋势则较为稳定。

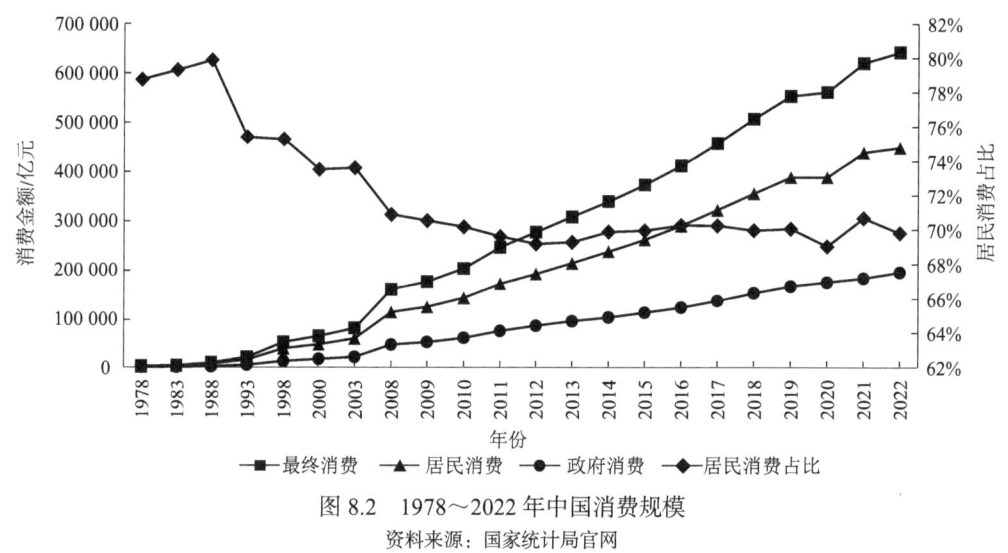

图8.2 1978~2022年中国消费规模
资料来源：国家统计局官网

总体而言，我国消费规模自改革开放以来呈现快速增长态势。这是经济水平和居民收入提高、产品市场不断丰富及居民追求美好生活的综合体现。首先，随着经济水平的提高，居民的收入水平逐步增加，消费能力得到显著提升。这导致了消费品市场的扩大，不仅涉及食品、衣着、住房等基本领域，还包括了更多的高附加值产品和服务。例如，高端品牌、国际时尚、智能科技产品等逐渐成为中国消费市场的亮点。其次，消费者的消费观念发生了深刻变化。过去注重实用性和价格的消费理念逐渐演变为注重品质、个性和体验的消费观念。消费者对产品的要求不再仅仅停留在基本功能上，更加注重产品的创新性、独特性和环保性。这种变化推动了市场上更多具有创意和高附加值的产品的涌现。最后，互联网技术的飞速发展也对消费需求带来了深刻的影响。电子商务的兴起使得消费者可以更加便捷地获取各类商品和服务，同时也拓展了消费的渠道和方式。在线购物、共享经济、数字化支付等新兴形式逐渐融入到日常生活，改变了传统消费的模式。总的来说，中国改革开放以来的消费规模增长不仅仅是数量上的提升，更是消费结构和消费观念的深刻变化。从"买得起"到"买得好"，中国消费者的需求升级体现了经济发展和社会进步的双重成果，同时也为市场提供了更广阔的发展空间。

（二）消费结构的变化与升级

随着国家经济的发展，中国居民的消费结构不断升级。

1. 满足人们生存的消费资料比重逐步下降，满足人们享受和发展的消费资料比重逐步上升

人们的消费需要客观上存在层次性。生存资料主要是满足劳动者最基本的需要，属于低层需要。享受和发展资料使劳动者拥有更好的身体、更丰富的文化科学知识、更充沛的精力、更健康的后代，因此属于高层需要。随着时间的变化，社会进步、生产发展，生存资料、享受资料和发展资料之间也会发生转化，但在一定时期内，这三种消费资料之间是相对稳定的。随着社会生产的发展、居民收入水平的提高，这三种资料在绝对量上都会增加，但是由于生存资料受到生理因素的限制，一般而言，人们对它的需求是有限的，但人们对享受资料和发展资料的需要是无限的。因此，生存资料所占比重会逐步下降，享受资料和发展资料的比重将逐步上升。图 8.3 显示，2000 年我国居民食品烟酒支出和衣着支出占总消费的比例高达 50.41%，但 2022 年仅占 36.05%，呈递减的趋势。相比之下，居住支出占比从 2000 年的 14.38%增长到 2022 年的 23.97%，交通通信支出占比从 2000 年的 7.24%增长到 2022 年的 13.02%，医疗保健支出占比从 2000 年的 5.94%增长到 2022 年的 8.64%，体现了居民对生活质量和身体健康的追求。总体而言，中国居民消费需求从过去主要以食品和衣物为主的基本生活需求，逐渐向更多的服务、文化娱乐、教育和医疗等方向扩展，这反映了居民对于生活品质和个人发展的追求。

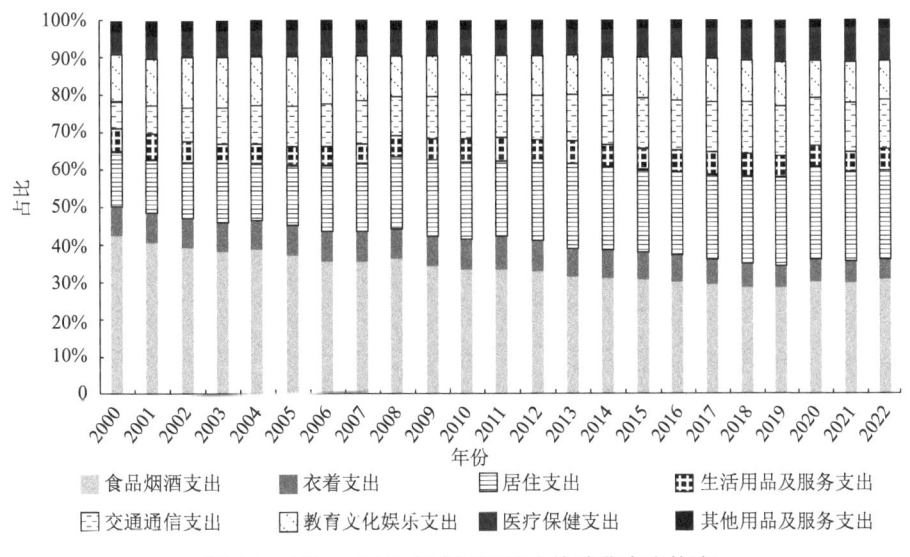

图 8.3 2000~2022 年全国居民人均消费支出构成
资料来源：国家统计局官网

2. 居民消费价格指数包括的八类消费品中，食品消费所占比重不断下降

第一，受健康生活理念的影响，消费习惯改变，食品消费有下降趋势，需求弹性相对较小。穿、住、用、医疗保健消费弹性较大，消费有扩大的趋向。第二，随着科学技

术的迅速发展，社会生产的智能化、科学化，客观上要求劳动者及各企事业单位逐步增加智力投资，故人们用于文化生活服务的支出不断增加，在消费结构中的比重必然上升。第三，随着社会分工的发展，劳动生产率提高，新兴产业部门兴起，物质消费品及劳务产品越来越丰富和多样化，为增加穿、住、通信、保健消费创造了物质条件。第四，我国改革开放几十年来，经济得到突飞猛进的发展，消费支出投向的重点必然转向食品以外的扩大了的消费领域。

从商品内部构成看，满足基本生活需求的消费品零售额占全部零售额的比重明显下降，反映消费升级的消费品占比提升，反映人民生活水平的重要指标——恩格尔系数在不断下降。

反映消费结构的变化常用恩格尔系数。恩格尔系数是以 19 世纪德国统计学家恩斯特·恩格尔名字命名。恩斯特·恩格尔提出：随着家庭和个人收入增加，收入中用于食品方面的支出比重越来越小，这一规律被称为恩格尔定律。反映这一定律的指标称为恩格尔系数。恩格尔系数计算公式为

$$恩格尔系数=(食品消费支出总额÷总消费支出额)×100\%$$

恩格尔系数是衡量一个家庭或一个国家富裕程度的主要标准。在其他条件相同的情况下，恩格尔系数较高，从家庭角度表明收入较低，从国家角度表明该国经济发展落后，该国较穷。反之，恩格尔系数较低，表明该家庭收入较高，或该国家较富裕。

联合国根据恩格尔系数的大小，对世界各国的生活水平划分标准为：一个国家平均家庭恩格尔系数 60%以上为贫穷；50%～60%为温饱；40%～50%为小康；30%～40%属于相对富裕；20%～30%为富足；20%以下为极其富裕。按这一标准，我国居民消费整体上达到相对富裕阶段。图 8.4 显示了我国城乡居民的恩格尔系数变化，可以看到改革开放以来，我国城乡居民恩格尔系数均呈明显的下降趋势。其中，城镇居民恩格尔系数由 2000 年的 38.6%下降到 2018 年的 27.6%，由 1978 年的 57.5%下降到 2022 年的

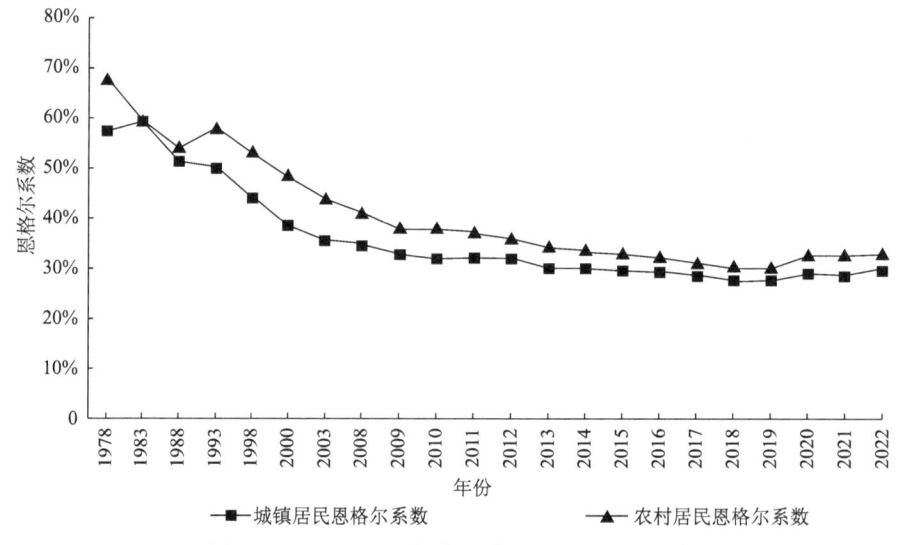

图 8.4　1978～2022 年中国城乡居民恩格尔系数

资料来源：国家统计局官网

33%，从 2000 年开始下降到 40%以下的小康水平。1978 年，我国农村居民恩格尔系数在 60%以上，2009 年开始下降到 40%以下，达到小康水平，直到 2022 年依然保持在 30%~40%，城乡居民恩格尔系数的差距逐渐缩小。虽然城乡居民恩格尔系数均在 2018 年后有轻微上升，但整体趋势仍然是下降的，居民恩格尔系数的下降，标志着居民生活水平的进一步提高。2018 年后的上升可能有两点原因：一是受疫情影响，其他方面的消费需求减少；二是食品市场的多样化发展和饮食文化的兴起增加了居民的食品消费需求，食品消费不仅是为了满足生存和温饱需求，也是为了满足享受美食和追求美好生活的需要。

3. 市场消费比重逐步上升，非市场消费比重逐步下降

首先，由于农业生产从传统的自给、半自给模式向商业化、专业化、现代化转变，农民的货币收入显著增加，农民的生产生活更多地卷入到商品货币交换关系之中，传统的非市场消费正在瓦解，其比重因此下降，而市场消费比重则因此提高。其次，劳务消费随着第三产业的发展和第三产业的商品化显著提高。随着城乡居民货币收入的增长和家务劳动社会化水平的提高，随着科技文教事业及其他各项服务事业的发展，居民的消费劳务支出将迅速增长，这也导致市场消费在整个消费中比重上升。

第二节 居民消费及其结构

一、居民消费的形成与形式

（一）居民消费的形成

居民消费的形成涉及个体和家庭在购买各种商品和服务的过程中所做的决策。居民消费的形成是一个复杂的过程，受多种因素的影响。个体通过感知自身的需求和欲望，确定需要购买的商品和服务。这可能包括满足基本需求（食物、住房、衣物等）以及追求生活质量提升的欲望（娱乐、文化活动、旅行等）。个体在形成消费决策时考虑到个人经济状况，包括收入水平和财务状况。同时，文化、社会价值观和广告等因素也影响了消费的形成过程。因此，居民消费的形成是个体在面对有限资源和多元选择时做出的理性决策的结果。

（二）居民消费的形式

居民消费的形式是多种多样的，在不同的分类标准下，居民消费可以表现为不同的形式。

1. 生存型消费、发展型消费和享受型消费

根据消费的目的和动机，可以将消费分为生存型消费、发展型消费和享受型消费三种消费形式。生存型消费通常与满足基本的身体需求和维持基本的生活水平有关，包括购买基本的生活必需品，如食物、水、住房、医疗服务等。发展型消费与提升个体技能、知识水平和生活质量有关，涉及为个人的进步和发展而进行的消费，包括教育、培训、

健康保健、投资等。享受型消费通常与提高生活品质、丰富个体精神生活有关，包括为了愉悦和娱乐而进行的消费，如旅游、娱乐活动、餐饮、文化活动等。

根据消费的实际用途可以具体分为食品烟酒类消费、衣着类消费、居住类消费、生活用品及服务类消费、交通和通信类消费、教育文化和娱乐类消费、医疗保健类消费、其他用品及服务类消费。这也是国民经济统计中最常用的一种形式。前四种基本属于生存型消费，后四种基本属于发展型消费和享受型消费。八类消费支出在居民全部消费中占比的变化可以反映消费结构的变化及消费升级的趋势。在这八大类消费形式下还可以根据具体的用途继续细分。

2. 实物消费和服务消费

根据消费产品的存在形式，可以将消费分为实物消费和服务消费两种消费形式。实物消费为购买、拥有和使用具有独立物质实体的产品，包括购买食品、衣物、电子设备、家具等各种有形商品。服务消费通常是一种非物质的提供，涉及购买、体验或利用他人提供的服务，可能包括餐饮服务、旅游服务、教育服务、医疗服务、金融服务等。

3. 耐用品消费和非耐用品消费

消费品通常根据其耐用性被分类为耐用消费品和非耐用消费品。耐用消费品是那些一次购买后可以多次或长期使用的商品，如汽车、家电、家具等。这些产品的特点是使用寿命长，消费者不需要频繁购买或更换，因此它们的购买通常涉及较大的一次性投资。非耐用消费品是指那些使用一次或短期内就会消耗完毕的商品，如食品、日用品、办公用品等。这类商品的特点是使用寿命短，消费者需要频繁购买，它们通常与日常生活的基本需求密切相关。

在市场经济中，一部分人的购房目的不是自居消费，而是作为保值增值手段，并借机任意提高租金或售价。这种把房屋作为资本品的投资行为，在微观层面看，只有利于房屋所有者，而不利于房屋居住者，尤其是有损于对住房存在刚性需求的中低收入居住者。从宏观层面看，对房屋的投机行为造成房屋资源错配，形成房市泡沫。因此，中国政府实施的"房住不炒"政策强调住房的居住属性，旨在抑制投机性购房，促使房地产市场更多地服务于满足居民的住房需求，而非资本投资。因此，在中国，住房作为基本生活需求的一部分，同样可以被看作一种耐用品消费。

4. 家庭消费和个人消费

根据消费主体和使用者，可以将消费分为家庭消费和个人消费两种消费形式。家庭消费涉及整个家庭或家庭成员的共同支出，包括购买家庭用品、支付房屋贷款、教育费用、医疗保健等，反映了家庭整体的经济状况和需求。个人消费涉及个体在个人生活中的支出，包括购买个人用品、娱乐活动、个人护理品、个人交通费用等，反映了个体的个人兴趣和需求。

5. 线上消费和线下消费

根据商品或服务的消费渠道，可以将消费分为线上消费和线下消费两种形式。线上消费即通过互联网和数字平台，如电商网站（如亚马逊、淘宝、京东）、应用商店进行购物和交易的消费方式。线上消费的兴起改变着人们消费的方式，使得越来越多的人选择通过互联网进行购物和服务消费。线下消费通常涉及面对面的交互和实体环境,是在实体场所进行购物和交易的消费形式,在零售店、超市、商场、餐厅、咖啡馆等地购物或用餐都属于线下消费的范畴。

二、消费水平与消费结构

居民消费水平是指一个国家或地区居民在一定时期内购买各类商品和服务的总体支出水平。这一概念涵盖了居民在日常生活中对食品、住房、交通、医疗、教育、娱乐等方面的支出。居民消费水平是宏观经济学中一个重要的指标,用于衡量居民生活水平和经济体内的消费活动强度。

居民消费结构是指一个国家或地区居民在其总体消费中,各个类别和领域的支出分布。这种结构反映了居民在日常生活中对不同类型商品和服务的购买偏好,展现了一个经济体内消费行为的组成部分。居民消费结构通常被划分为不同的部门,其中包括食品、住房、交通、医疗、教育、娱乐等各种消费品类别。

居民消费水平和消费结构的变化可能受到多种因素的影响,包括经济发展水平的提高、社会结构的变迁、科技进步和文化观念的改变等。

专栏一:中国居民消费的新特征

(1)消费水平持续提高。图8.5反映了我国1979~2022年居民消费和可支配收入的变化情况,总体而言,我国居民人均消费水平呈增长趋势,其中2019年以前人均消费增长较快且较为稳定,2020年受疫情影响,消费水平出现下降,但是随着我国加快构建"以国内大循环为主体、国内国际双循环相互促进"的新发展格局,施行以消费为支点扩大内需政策,这一情况在2021年出现缓解。2022年中国居民人均消费支出为24 538元,是2000年的8.42倍,年均增长率为10.17%,这一变化反映出我国居民购买能力不断提高,生活水平和生活质量也在逐步得到改善。

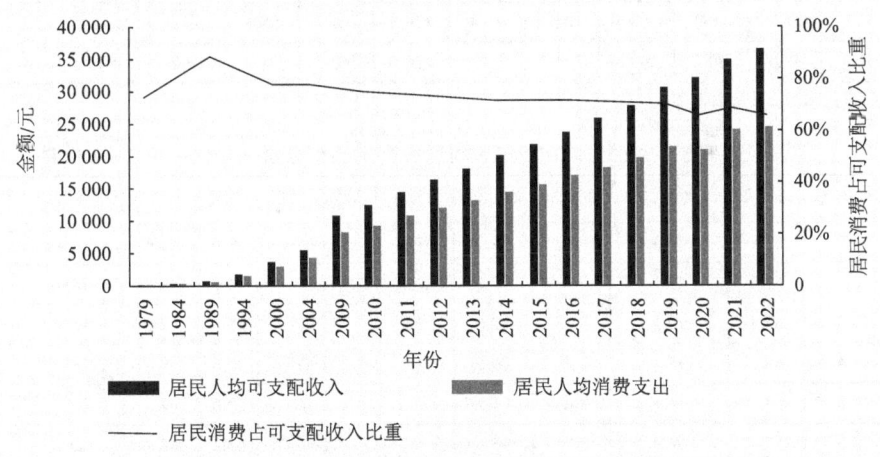

图8.5 1979~2022年中国居民人均消费支出与可支配收入

资料来源:国家统计局官网

（2）消费倾向较低。1979～1989年，我国居民消费倾向有所增加，但是1989年后便呈下降趋势。为什么收入大幅度提升之后，我国居民依然保持高储蓄、低消费的习惯？这是"中国高储蓄之谜"。收入水平是居民消费需求的决定因素，近年来虽然中国居民家庭的收入水平有较快增长，但居民收入水平相对不高，制约了消费需求的快速增长。一方面，教育、住房、医疗、社会保障等实际支出的增加和支出预期的增强，阻滞了居民的购买欲望。另一方面，长期以来形成的传统消费观念，导致居民消费基本上采取保守态度，不敢超前消费，消费支出相对收入而言仍然偏低。

（3）家庭耐用品升级换代。从2013年到2022年，城镇家庭耐用品拥有量从每百户989.1单位增至1196.6单位，增长20.98%，农村则从每百户667.7单位增至979.6单位，增长46.71%。特别是家用汽车拥有量，城镇每百户从2013年的22.3单位增加到2022年的51.4单位，增长130.49%，农村家庭增长约2.27倍。同时，摩托车拥有量下降，空调和移动电话拥有量大幅提高，移动通信设备成为日常必需。此外，农村家庭对空调、热水器等必需品拥有量增长迅速。这一期间，城乡居民的消费品拥有量不仅总体上增长，而且在结构上实现了升级，城乡差异逐渐缩小（表8.1、表8.2）。

表8.1　2013～2022年城镇居民耐用品拥有量（单位：单位/百户）

年份	家用汽车	摩托车	电动助力车	洗衣机	电冰箱	微波炉	彩色电视机	空调	热水器	排油烟机	移动电话	计算机	照相机
2013	22.3	20.8	39	88.4	89.2	50.6	118.6	102.2	80.3	66.1	206.1	71.5	34
2014	25.7	24.5	42.5	90.7	91.7	52.6	122	107.4	83	68.2	216.6	76.2	35.2
2015	30	22.7	45.8	92.3	94	53.8	122.3	114.6	85.6	69.2	223.8	78.5	33
2016	35.5	20.9	49.7	94.4	96.4	55.3	122.3	123.7	88.7	71.5	231.4	80	28.5
2017	37.5	20.8	53.1	95.7	98	56.9	123.8	128.6	90.7	73.7	235.4	80.8	29.1
2018	41	19.5	55	97.7	100.9	55.2	121.3	142.2	97.2	79.1	243.1	73.1	20.2
2019	43.2	18.7	59.4	99.2	102.5	55.7	122.3	148.3	98.2	81.7	247.4	72.2	19.5
2020	44.9	18.2	62	99.7	103.1	56.5	123	149.6	100.7	82.6	248.7	72.9	19.3
2021	50.1	18.2	68.2	100.5	104.2	55.4	120.3	161.7	98.1	82.3	253.6	63.2	12.7
2022	51.4	17.9	70.5	100.6	104.4	56	120.6	163.5	98.2	83.2	254	63.4	12.9

资料来源：国家统计局官网

表8.2　2013～2022年农村居民耐用品拥有量（单位：单位/百户）

年份	家用汽车	摩托车	电动助力车	洗衣机	电冰箱	微波炉	彩色电视机	空调	热水器	排油烟机	移动电话
2013	9.9	61.1	40.3	71.2	72.9	14.1	112.9	29.8	43.6	12.4	199.5
2014	11	67.6	45.4	74.8	77.6	14.7	115.6	34.2	48.2	13.9	215
2015	13.3	67.5	50.1	78.8	82.6	15	116.9	38.8	52.5	15.3	226.1
2016	17.4	65.1	57.7	84	89.5	16.1	118.8	47.6	59.7	18.4	240.7
2017	19.3	64.1	61.1	86.3	91.7	17.3	120	52.6	62.5	20.4	246.1
2018	22.3	57.4	64.9	88.5	95.9	17.7	116.6	65.2	68.7	26	257
2019	24.7	55.1	70.1	91.6	98.6	18.9	117.6	71.3	71.7	29	261.2
2020	26.4	53.6	73.1	92.2	100.1	19.7	117.8	73.8	76.2	30.9	260.9

续表

年份	家用汽车	摩托车	电动助力车	洗衣机	电冰箱	微波炉	彩色电视机	空调	热水器	排油烟机	移动电话
2021	30.2	49.9	80.7	96.1	103.5	22.2	116.3	89	77.9	36.6	266.6
2022	32.4	49	82.5	96.8	103.9	22.8	116.5	92.2	78.1	38.5	266.9

资料来源：国家统计局官网

（4）银发经济释放消费潜力。我国是当今世界上老年人数最多的国家，随着社会发展进步和人们意识的转变，老年人更加注重养生，更加重视生活质量，更多地从关注疾病治疗到看重健康维护，对专业的护理、康复健康管理等健康养老服务需求已呈现庞大而刚性的特征。2024年1月，《国务院办公厅关于发展银发经济增进老年人福祉的意见》，体现了中央层面对银发经济的重视。人口老龄化也蕴含着发展新空间。银发经济涉及面广、产业链长、业态多元，拥有巨大的发展潜力，有望成为推动国内经济高质量发展的新支柱。

（5）消费模式呈现新潮流。首先，"悦己消费"理念的兴起，特别是在年轻人中，强调个性化和满足个人需求的消费方式；其次，年轻消费者倾向于在线购物、高品质生活和环保友好产品，反映了个性化和高质量生活追求的同时，也展现了理性消费趋势；再次，"TA"经济的发展，包括"她经济"、"他经济"和"它经济"，涵盖了女性、男性及宠物相关的经济活动和消费模式；最后，国潮消费的兴起，尤其是"90后""00后"对中国品牌的偏好，不仅展示了生产创新能力的提升，也体现了文化自信。这些趋势共同描绘了一个多元化、个性化、现代化及趋向本土化的中国消费市场，标志着社会经济和文化观念的成熟与转型。

（6）境外消费出现回流。2015~2019年，出境游人次持续增加，年复合增长率约6.6%，2019年达到1.55亿人次，中国成为世界最大出境旅游消费国，然而，全球经济低迷、中美贸易摩擦和新冠疫情影响下，境外消费大幅受挫，2021~2022年出境游消费支出大幅缩减。对此，中国推出"双循环"战略，着力扩大内需和完善产业链，减少对国际贸易波动的依赖。国内生产能力和消费者对国货的偏好增加，加之进口渠道拓宽和免税政策优化，促进消费回流。2020年，中国旅行服务进口大减，但海南免税销售额显著增长，反映了国内市场吸引消费的能力和潜力。

（7）消费中心分布多极化。随着中国经济的快速增长和城镇化的加快，消费中心已由传统的大城市如北京、上海、广州扩展至新一线城市和部分二线城市，如成都、杭州、武汉等，形成更多元化和广泛分布的格局。这些新兴消费中心借助区域经济优势、年轻化人口和独特文化背景，成为新的消费热点。地方政府政策、经济均衡发展和基础设施完善促进了这一变革，同时吸引了大量年轻人口并刺激了消费市场活力。互联网技术发展带来的线上购物、移动支付等新消费模式的普及，进一步增强了消费便利性和多样性，促使消费模式和零售业态创新升级。

三、居民消费与政府消费的关系

居民消费和政府消费作为消费需求的两个关键组成部分，共同塑造了一个国家的经济格局。理解它们之间的相互关系对于制定有效的宏观经济政策、促进经济增长和维护就业水平至关重要。以下是居民消费与政府消费之间的一些关系。

（一）总消费的重要组成部分

总消费由居民消费、集体消费和政府消费三大部分组成，居民消费与政府消费在总消费中占据了相当大的份额，是总消费的重要组成部分，也是宏观调控的主要渠道。居民消费作为总需求的重要组成部分，反映了个人和家庭对商品和服务的购买行为，这涉及满足基本需求，如食品、住房、医疗和教育，以及奢侈品和娱乐活动等。政府消费也对总需求产生深远的影响。政府通过购买商品和服务来提供公共服务，如基础设施建设、教育、卫生和国防。这些支出直接促进了相关产业的发展，同时也提高了国家的整体生产水平。居民通过增加个体和家庭的消费，政府通过增加公共支出，都可以刺激国民经济增长。

（二）替代关系

居民消费和政府消费之间可能存在替代关系。当政府增加支出时，可能需要通过税收或者债务来融资。若政府通过提高税收来融资，居民则需要支付更多的税款，使得居民的可支配收入减少，从而减少消费，表现出政府消费与居民消费之间的替代关系。若政府选择通过债务融资来增加支出，这可能导致居民将来需要支付更多的税款，以偿还政府债务。这也可能使居民在感受到将来的财务负担时，减少预期可支配收入，从而减少当前的消费以平滑生命周期。同时，居民对未来的信心和预期也是影响替代关系的因素。政府消费增加时，即使不提高当期税收，若居民预期政府会在未来提高税收以弥补财政收支，或者认为财政政策可能导致经济不稳定，也可能减少当前的消费，形成政府消费与居民消费间的替代关系。

政府在公共卫生和医疗服务上的支出增加，如提升医院设施水平、增加医疗补助等。这些支出可能通过提高税收来融资，导致居民可支配收入减少，从而影响其在其他消费领域的支出。政府在教育领域的支出增加，如建设更多学校、提高教师工资、增加教育资源等。这些增加的支出可能需要通过增加税收来筹集资金，减少居民的可支配收入，间接影响他们的消费水平。政府在社会保障和福利方面的支出增加，如养老金、失业救助等。这些支出的增加可能通过提高社会保险费率来实现，直接影响居民的净收入，进而影响他们的消费能力。

（三）促进关系

政府消费与居民消费之间具有相互促进的关系，首先，政府通过消费支出，尤其是用于购买商品和提供服务的支出，刺激总需求，促进企业增加生产和雇佣更多的工人，通过创造就业机会和提高居民的收入水平推动居民消费，从而形成一个良性循环，促使整体经济增长。其次，政府的消费主要是用于提供公共服务，如教育、卫生、基础设施等。这些服务的提供改善了居民的生活质量，有助于居民消费的增加，因为健康、教育等方面的投资可以提高人们的生产力和收入水平。居民消费增加同样也能对政府消费产生促进作用，居民消费增加时，经济会得到推动，就业率提高，政府的税收收入也相应增加，使得政府有更多的资源用于提供政府消费。

政府消费券是中国政府刺激经济、促进居民消费的有效手段。通过直接提供消费券，可以有效增加居民的购买力，推动行业需求。这种刺激不仅限于直接受益行业，还通过乘数效应带动了整个经济活动的增长，如餐饮消费的增加可能刺激相关的食品生产和分销链。此外，政府消费券还能有效提升消费者信心，特别是在经济不稳定或危机时期，有助于激发更广泛的消费欲望。在特定情况下，如新冠疫情期间，消费券还被用于针对性地支持受影响较大的行业，如餐饮和旅游业。总体而言，政府消费券不仅直接刺激居民消费，还促进整体经济活动，展现了政府消费与居民消费之间的有效互动和正向促进关系。

（四）互补关系

在经济周期中，居民和政府的消费水平通常呈现出一种互补关系，在宏观经济中起到了平衡和调节的作用。在经济繁荣期，居民通常会增加消费，而政府可能会削减支出，以防止过度加热，或出台政策调节消费，抑制消费过热。在经济衰退时，私人部门可能会减少投资和消费，导致就业下降、生产减缓，总需求不足。政府通过增加支出、提高总需求来弥补私人部门的不足，刺激整体经济活动。这种政府支出的互补作用有助于平衡经济，维持总需求的相对稳定，降低经济衰退的程度，促使经济迅速复苏。

例如，在房地产市场过热时期，为抑制房价过快增长，我国出台了一系列包括上调首付比例、房贷利率，限贷、限购等方面的政策，强调"房住不炒"，抑制房地产过热。在经济衰退期间，政府则可能会增加在教育、医疗卫生和社会保障等公共服务领域的直接支出。这种增加的政府消费可以在居民消费减少时提供必要的支持，帮助维持总需求的稳定，从而减轻经济衰退的影响。政府还可以通过调整公务员和其他政府员工的工资来影响消费。例如，在经济增长放缓时，提高工资可以增加这些员工的消费能力，帮助刺激内需。

总体而言，居民消费和政府消费是一个相互影响、相互依存的复杂系统，二者之间是一个动态平衡的过程。政府消费可能在短期内与居民消费存在替代关系，但在长期内，通过创造就业、提高生产力和促进经济增长，政府的支出可以促进整体的居民消费。了解居民消费和政府消费对总需求的作用，有助于制定更有效的经济政策，确保经济保持良好的运行状态，实现经济的可持续增长和社会的全面发展。

第三节 政府消费及其作用

一、政府消费及其形式

（一）政府消费

政府消费是指政府在一定时期内购买用于提供公共服务和履行职能所承担的个人消费货物和服务支出，是政府公共支出中一个重要组成部分。公共服务支出主要包括外交、国防、公共安全和环境保护等方面的支出；政府承担的个人消费货物和服务支出主要包括政府在医疗卫生、教育、文化娱乐和社会保障方面的支出。

政府消费是消费需求中的一个重要组成部分，通常反映了政府在满足公共需求、维护社会秩序以及促进经济和社会发展方面的支出活动，其规模和性质受到政府政策、社会需求和财政状况等因素的影响。政府消费性支出既然是社会的，它所提供的服务就可为全体公民共同享有，与私人部门的商品和服务不同，政府消费通常是非市场性质的，其目的不是营利，而是满足公共需求，因此这部分政府支出最终都会转化为居民实际获得的福利。近年来，消费性支出保持着稳步增长的势头，在保证国家安全、行使政府职能等方面，发挥着举足轻重的作用。

政府消费的规模和结构对宏观经济稳定和社会福祉具有重要影响，因此在经济政策制定和评估中具有重要地位。政府消费通常在国家的预算中得到反映，政府通过税收、借款或其他融资手段来为政府消费筹集资金。它在宏观经济层面上影响着总需求和国内生产总值，同时也在微观层面上影响着公民的生活质量和社会服务的水平。

（二）政府消费的形式

（1）行政管理支出。行政管理支出是财政用于国家各级权力机关、行政管理机关和外事机构行使其职能所需的费用支出。国家是人类分化为阶级的产物，是阶级统治的工具；同时，"政治统治到处都是以执行某种社会职能为基础，而且政治统治只有在它执行了它的这种社会职能时才能持续下去"[①]，为此就必须设立公安司法、经济管理等各类行政机构。因此，行政管理支出就构成了国家支出的基本内容之一。行政管理支出包括许多内容，涉及公共管理和行政支出，包括政府机构的运作、公务员工资、行政事务等。以中国为例，行政管理支出包括行政支出、公安支出、国家安全支出、司法检察支出和外交支出。其中，行政支出包括党政机关费、行政业务费、干部训练费及其他行政费等。公安支出包括各级公安机关经费、公安业务费、警察学校和公安干部训练学校经费及其他公安经费等。国家安全支出包括安全机关经费、安全业务经费等。司法检察支出包括司法检察机关经费、司法检察业务费、司法学校与司法检察干部训练经费及其他司法检察费。外交支出包括驻外机构经费、出国费、外宾招待费和国际组织会议费等。按费用要素区分，行政管理支出包括人员经费和公用经费两大类。人员经费主要包括工资、福利费、离退休人员费用及其他。公用经费包括公务费、修缮费、设备购置费和业务费等。直接影响行政管理支出规模的主要因素有政府职能、机构设置、行政效率及管理费本身的使用效率等。

（2）事业单位员工福利支出。在中国，事业单位员工通常拥有较为完善的福利体系，事业单位员工薪酬体系是一个综合性的制度，不仅包括工资、社会保险、住房福利、教育支持和医疗保障，还包含节日礼品、慰问补贴等多个方面，以及政府通过提供一系列福利待遇，引进和留住高素质人才，这些支出均来自中央或地方财政收入，因此事业单位员工福利不仅有助于提高员工的生活水平，也是政府消费的组成部分，反映了政府在

---

① 中共中央马克思恩格斯列宁斯大林著作编译局. 马克思恩格斯全集（第二十卷）. 北京：人民出版社，1971：195.

人力资源管理方面的投入。

（3）国防支出。国家是人类分化为阶级的产物，是阶级统治的工具。国家一经建立，必须执行的职能之一就是防御外敌侵犯，保卫国家安全，为此就需要建立军队和军事设施，因而国防支出是国家的基本支出之一。国防支出在中央政府财政总支出中的比重很大，大量人力、物力资源消耗其中。国防支出是财政用于国防建设和军队建设方面的费用支出，包括国防费、民兵建设费、国防科研事业费和防空经费等，其中主要是用于陆海空各军种兵种的经常费用、国防建设和国防科研费，以及战争时期的作战费用。我国国防费主要由人员生活费、训练维持费和装备费三部分组成，各部分大体分别占 1/3。人员生活费用于军官、文职干部、士兵和聘用人员的工资津贴、住房保险、伙食被装等。训练维持费用于部队训练、院校教育、工程设施建设维护以及其他日常消耗性支出。装备费用于武器装备的研究、试验、采购、维修、运输和储存等。国防费的保障范围包括现役部队、预备役部队和民兵，同时也负担部分退役军人、军人配偶生活及子女教育、支援国家和地方经济建设等社会性支出。

近年来增长的国防支出主要用于以下三个方面。①改善部队保障条件。适应国家经济社会的发展和居民生活水平的提高，调整军人工资津贴标准，连续提高教育训练、水电取暖等经费标准，开展基层后勤综合配套整治，改善边海防部队、边远艰苦地区部队的执勤训练和生活条件。②完成多样化军事任务。增加非战争军事行动能力建设投入，保障抗震救灾、亚丁湾和索马里海域护航、抗洪抢险、国际救援等行动的顺利开展。③推进中国特色军事变革。针对采购价格、维修成本不断上涨的势头，增加高技术武器装备及其配套建设经费。

（4）文教科学卫生支出。文教科学卫生支出是国家财政用于文化、教育、科学和卫生等事业部门的经费支出。中国政府致力于文教科学卫生事业发展。在教育领域，政府消费主要包括对学校设施、教育资源的投入。教育发达程度、教育投入水平常常是衡量一个国家、一个民族的素质和文明程度的主要标准。教育支出在各国财政支出中占重要的地位，体现了各国发展教育事业、提高国民素质的战略目标。我国政府一贯高度重视加大教育经费投入问题，教育经费来源构成的基本特征仍是以政府投入为主，但目前已经形成政府投入、民间投资、社会捐赠、事业收费（含学杂费）及其他经费等多种形式、多元化的教育资金来源结构。在科学领域，政府鼓励研发和技术创新，通过资金支持等方式进行投入。在医疗领域，各国政府的医疗卫生支出在医疗卫生总花费中都占有很大份额，几乎囊括所有医疗卫生支出项目，并通过各种手段和机制干预私人医疗市场。当然，政府也不是包揽全部医疗卫生市场，而是选择自己应该介入的方面。文教科学卫生支出内容多、范围广，为了便于了解文教科学卫生支出的内容，可以对其做如下分类。

首先，按支出的部门划分，文教科学卫生支出主要包括以下内容：①文化事业费；②教育事业费；③科学事业费；④卫生事业费；⑤体育事业费；⑥通信事业费；⑦广播电视事业费。此外，文教科学卫生事业费还包括出版、文物、档案、地震、海洋、计划生育等多项事业的事业费支出。

其次,按支出的作用划分,文教科学卫生支出可以分成人员经费支出和公用经费支出。人员经费支出主要用于文教科学卫生等单位的工资、补助工资、职工福利费、离退休人员费用、奖学金等开支项目;公用经费支出用于解决文教科学卫生单位为完成事业计划所需要的各项费用开支,包括公务费、设备购置费、修缮费和业务费。

总体而言,政府消费涵盖了广泛的领域,这些支出是政府为了满足公民需求、促进经济增长和维护社会稳定而进行的投入。政府通过这些消费来履行其责任,确保社会的正常运转和公共利益的最大化。

二、中国政府消费的作用及特征

(一)政府消费的作用

政府消费在国家经济中扮演重要角色,能够影响国家的公共产品供给、经济增长、产业结构、民生福祉和社会公平等方面。

(1)提供公共产品。公共产品通常具有较强正外部性,即投入者以外的其他经济主体也能获得额外的经济利益,却无须付出相关成本。市场机制往往无法充分考虑到这些外部性,导致私人企业没有足够的动机来提供这类产品。例如,一座公园的存在不仅使得支付了入场费的人受益,还使得周围的社区居民受益,这种外部性难以通过市场机制准确定价。此外,一些公共产品的提供需要大量的资金投入,并且难以在短期内获得足够的回报,因此私人部门可能无法或不愿意进行如此巨大的投资,但是,公共产品通常具有巨大的社会收益,对整个社会的福祉产生积极的影响。例如,教育系统的提供不仅提高了个体的技能水平,还增加了整个社会的人力资本,促进了经济的发展。政府通过提供公共服务,如教育、医疗、环境保护等,可以解决市场无法有效提供公共产品和服务的问题。这种社会收益是市场难以捕捉和反映的,因此需要政府来投入资源并提供这些公共产品。政府作为公共产品提供者的角色体现了其在调节市场失灵和促进社会公平方面的责任。通过提供具有外部性的公共产品,政府可以弥补市场无法解决的问题,确保社会资源的有效配置,并提高整体社会福祉。

(2)促进经济增长。首先,政府通过增加自身的支出,特别是在购买商品和服务方面,可以直接刺激市场需求。这有助于提高企业产出,刺激就业,进而促进整体经济增长。其次,政府消费可以带动居民消费,释放消费潜力。政府消费可以通过提供教育、医疗、社会保障等公共服务,提高居民的人力资本,降低居民的预防性储蓄,增加居民的消费倾向。政府消费也可以增加社会就业,提高居民收入水平,扩大居民消费需求。政府消费通常涉及向服务提供者支付报酬,这可以提高相关行业和工作者的收入水平。增加个人和家庭的收入,有助于提高其消费能力,推动更多的商品和服务销售,从而促进经济增长。最后,政府消费对于特定行业的需求增加可能会激发企业增加投资以满足这些需求,有助于提高生产力,促进投资与产出之间的正向循环。并且,当政府采取积极的财政政策并增加消费支出时,可能会提高市场和企业的信心。信心的提升可能导致企业更愿意扩大生产和雇佣员工,从而促进经济增长。在经济衰退时期,政府通过增加支出来刺激经济活动,有助于迅速扭转下行趋势,推动整体经济复苏。需要注意的是,政府消费对经济增长的影响可能会受到一些因素的制约，包括财政状况、通货膨胀预期、债务水平等。此外，政府消费的效果也会受到具体实施政策的影响，以及国家整体经济结构和体制差异的影响。因此，政府消费在促进经济增长方面的作用是多方面的，既有直接的需求拉动作用，也有间接的供给促进作用。政府消费是国内大循环的关键环节和重要引擎，对经济具有持久拉动力，对民生具有重要影响。

（3）引导产业结构调整。政府消费时通过针对性地增加或减少某一领域或行业产品或服务的消费，可以影响不同行业的产出，进而影响不同行业下企业的一系列生产活动。因此通过改变政府消费结构，可以起到引导产业结构调整的作用。例如，一些新兴行业具有收入弹性大、技术进步快、劳动生产率提高快等特点，但是初期的市场需求较小，政府可以通过自身消费或发放消费券等方式引导居民消费以促进此类企业发展。政府消费也可以通过推动新能源汽车、智能家居、数字化产品等新型消费的普及，促进消费的技术进步，增加消费的创新性以及促进相关产业的发展。由此可见，政府可以通过消费结构的调整改变市场需求结构，从而推动产业结构向符合国家发展战略的方向发展。

（4）增进民生福祉。政府通过消费为社会提供平等的服务和福利保障，减轻贫困、改善教育和医疗条件，有助于增进民生福祉，提高居民生活质量和获得感。政府增加对教育的支出可以改善教育体系，提高教育水平和素质。更好的教育系统意味着更广泛的知识传播、更高的技能水平，从而提升公民的就业机会、收入水平和社会参与能力，这直接有益于民生福祉。政府在医疗领域的支出可以改善医疗基础设施、提升医疗服务水平，确保公民能够获得有质量和可及性的医疗服务。这有助于提高公民的健康水平，降低患病率，延长寿命，从而提升民生福祉。政府消费也可以通过投资环境保护，治理污染、防治灾害、保护生态，提高居民的健康水平和生态福利。政府消费还可以通过投资社会治理，维护社会秩序、防范风险、应对危机，提高居民的法治保障和安全保障。政府消费还可以通过提供文化、教育、体育等公共服务，丰富居民的文化生活，提升居民的幸福感。

（5）促进社会公平。政府消费可以促进社会公平和社会稳定，提高居民的参与度和认同感，通过提供普惠性、基础性、兜底性的民生保障，缩小收入差距，保障弱势群体，促进社会公平正义，是促进社会公平的重要手段。当政府增加对教育的支出时，可以提供更平等的教育机会。这包括改善学校设施、提高教师培训水平，确保所有层次和地区的学生都能获得高质量的教育。通过消除教育资源的不平等分配，政府可以为更多人提供平等的学习机会，促进社会公平。增加在医疗领域的支出有助于提高医疗服务的可及性，特别是对于经济弱势群体。公共医疗系统的建设和资助，以及医疗补贴和社会医保政策的实施，有助于降低医疗服务的经济门槛，促进社会公平。通过社会保障项目，如养老金、失业保险、低收入家庭的福利等，政府可以减轻社会不平等。这些支出有助于提供社会安全网，确保在社会经济结构变动和个人生命周期中，人们都能获得一定的保障。政府在公共项目上的支出有助于创造更多的就业机会。这有助于减缓社会不平等，提供给更多人参与经济活动的机会，并分享经济增长的成果。需要注意的是，政府消费本身并不是解决社会不平等的唯一手段，还需要综合考虑税收政策、社会福利制度、劳动力市场政策等因素。通过有针对性的支出，政府可以在一定程度上促进社会公平。

政府消费在国民经济发展的多个方面都发挥着重要作用，但也要注意适度和效率，避免过度的公共消费挤出居民消费，或者造成财政赤字和债务风险，要根据经济社会发展的需要，科学统筹、合理布局、量力而行，发挥公共消费的基础性作用，为构建新发展格局和实现高质量发展提供有力支撑。

（二）中国政府消费的特征

1. 政府消费规模增加

改革开放以来，我国政府消费规模不断增加，反映了国家在积极扩大内需、促进经济增长以及改善民生等方面的投入。这一特征主要表现在公共服务支出的增加和社会保障体系的完善上。政府在教育、医疗保健等领域的消费增加，有效提升了公共服务质量，增强了人力资源的整体素质和经济的发展潜力。同时，对科技创新、文化旅游等领域的消费增加，不仅直接扩大了消费规模，也为经济增长注入了新动力，有助于推动产业结构的优化和经济增长模式的转变。此外，政府在社会保障和福利方面的支出增长，包括养老金、医疗保险、失业救济和低收入家庭支持等，构建了更加坚固的社会安全网，有助于增强民众的安全感和消费意愿，进一步激发居民消费潜力。政府消费规模的不断增加，在促进经济增长、优化经济结构、提高人民生活质量等方面发挥了重要作用。这种持续的增长策略，不仅为中国经济的稳定和健康发展提供了坚实的支撑，也为实现社会的全面进步和人民的全面福祉提供了有力保障。

图 8.6 显示，1978~2022 年，我国政府消费规模整体呈现上升趋势，1978~2000 年，我国政府消费规模增长了 34.59 倍，年均增长率为 17.63%。政府消费规模的扩张与 GDP 增长高度相关，图 8.6 中可以看到，2000 年以前，政府消费占 GDP 的比重呈上升趋势，2000~2022 年，政府消费占 GDP 的比重在 2000~2008 年有所降低，2008 年后有轻微上升，但是整体上较为稳定，其中最低点为 2004 年的 14.67%，最高点为 2020 年的 16.93%，受疫情影响，居民消费需求降低，政府增加消费需求以刺激经济。

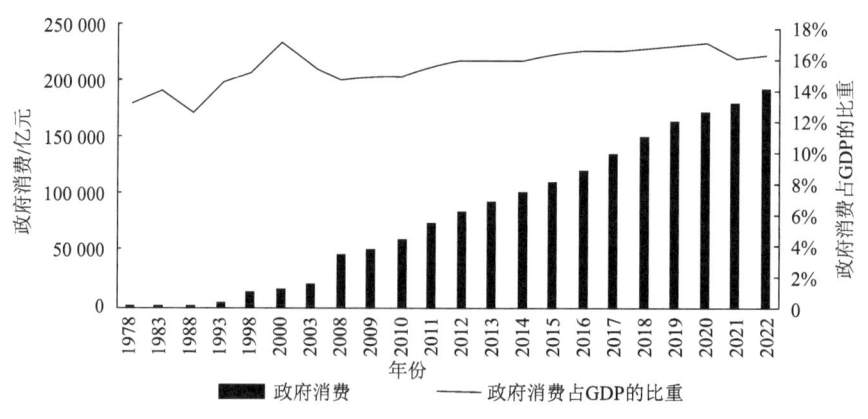

图 8.6 1978~2022 年政府消费规模及占 GDP 的比重

资料来源：国家统计局官网

2. 政府消费结构完善

党的十六届三中全会提出"坚持以人为本，树立全面、协调、可持续的发展观，促进经济社会和人的全面发展"①的科学发展观。这表明我国已经进入注重加强各项社会事业的发展阶段，要求优先发展教育，提高医疗卫生服务水平，实行积极的就业政策，完善社会保险体系。同时，我国也已进入二元结构转化的关键阶段，要坚持以工补农的方针，加强社会主义新农村建设，推动城乡协调发展；要坚持可持续发展的路线，保护生态环境，合理利用资源，推动发展方式的转变。总之，随着经济体制改革的不断深化和社会主义市场经济体制基本框架的初步建立，我国已经为财政支出结构的调整变化确立了基本目标和基本格局。

图 8.7 显示，2022 年我国政府支出结构中，占比最高的是教育支出，占总财政支出规模的 18%，其次是社会保障和就业支出，占总支出的比重为 16%，此外，医疗卫生支出、农林水事务支出占政府支出的比重为 10%，城乡社区事务支出和一般公共服务支出占政府支出的比重为 9%，这几类支出占政府支出的比重超过 60%，显示了国家对高质量发展的大力支持和保障。

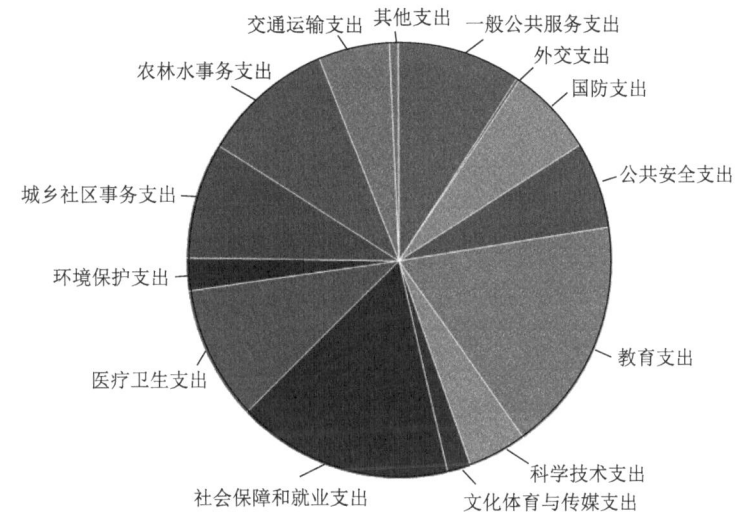

图 8.7　2022 年中国政府支出结构
资料来源：国家统计局官网

3. 重视科技事业发展

科学技术是第一生产力，是经济发展的重要推动力量。在当今发达国家，经济增长中物质成分所起的作用下降，知识成分的作用大幅度提高，以至于成为决定性力量。科学技术在经济发展中的重要性日益体现，我国不断加大对科学技术的投入。随着经济增长，财政收支规模逐渐增加，我国的科学技术水平不断提高，市场力量不断加强，国家财政可以以更少比例的科学技术支出支持基础性和发展性研究，撬动更多市场力量参与。

---

① 《中国共产党第十六届中央委员会第三次全体会议公报》，https://www.gov.cn/test/2008-08/13/content_1071056.htm，2008 年 8 月 13 日。

表8.3显示，2022年，我国R&D经费占GDP的比重已经从2007年的1.37%上升到2.55%，其中政府资金占比从2007年的24.62%下降到2022年的17.77%，企业投入比重逐渐增加。国家财政科学技术支出规模呈增长趋势，2022年国家财政科学技术支出为10 032.02亿元，是2007年的4.70倍，年均增长率为10.86%，占财政支出的比重却从2007年的4.29%下降到2022年的3.85%。

表8.3 2007~2022年国家财政科学技术支出、R&D经费情况

年份	国家财政科学技术支出			R&D经费		
	规模/亿元	占财政支出的比重	占GDP的比重	规模/亿元	占GDP的比重	政府资金占比
2007	2 135.7	4.29%	0.79%	3 710.24	1.37%	24.62%
2008	2 611	4.17%	0.82%	4 616.02	1.45%	23.59%
2009	3 276.8	4.29%	0.94%	5 802.11	1.67%	23.41%
2010	4 196.7	4.67%	1.03%	7 063.00	1.73%	24.02%
2011	3 828.02	3.50%	0.79%	8 687.00	1.79%	21.68%
2012	4 452.63	3.54%	0.83%	10 298.41	1.91%	21.57%
2013	5 084.3	3.63%	0.85%	11 846.60	1.99%	21.11%
2014	5 314.5	3.50%	0.82%	13 015.63	2.01%	20.25%
2015	5 862.57	3.33%	0.85%	14 169.88	2.05%	21.26%
2016	6 564	3.50%	0.88%	15 676.75	2.10%	20.03%
2017	7 266.98	3.58%	0.88%	17 606.13	2.12%	19.81%
2018	8 326.65	3.77%	0.91%	19 677.93	2.15%	20.22%
2019	9 470.79	3.97%	0.96%	22 143.60	2.24%	20.49%
2020	9 018.34	3.67%	0.88%	24 393.11	2.38%	19.78%
2021	9 669.77	3.94%	0.84%	27 956.31	2.44%	18.96%
2022	10 032.02	3.85%	0.83%	30 782.90	2.55%	17.77%

资料来源：国家统计局官网

4. 重视教育事业发展

教育是科学技术这种"第一生产力"的源泉和基础。首先，教育是科学技术进步的基础，只有通过教育，新的科技成果才能传播开来。其次，教育是劳动力再生产的重要条件。在现代生产条件下，劳动者的科学文化知识、劳动技术和管理，主要通过教育获得，劳动力的质量和劳动生产率同劳动者受教育的程度呈正相关关系。最后，再教育是解决结构性失业问题的主要手段。结构性失业是指在经济发展过程中，因劳动力结构的变化滞后于产业结构调整而产生的失业。只有通过对失业人口进行再教育和再培训，才能让他们走上新的工作岗位，填补新兴产业部门的空缺，达到充分就业。国家不断加大教育投入，在基础教育方面，普及九年义务教育，特别是农村地区义务教育，从2005年起对部分义务教育阶段家庭贫困学生实行"两免一补"，2006年实行"三支一扶"计划等；在高等教育方面，重点建设若干一流高校，进行学科交叉，以达到提高我国高等

学校的教育质量、科技水平的目的。

表 8.4 显示，我国政府不断提高教育投入力度，国家财政教育支出规模逐年增加，2022 年我国国家财政教育支出达到 24 127.11 亿元，是 2007 年的 3.87 倍，年均增长率高达 9.44%，占财政支出的比重也从 2007 年的 14.31% 提高到 2022 年的 15.14%，2012 年占比最高，为 16.87%，教育支出占国家财政支出比例的变化也体现了中央政府对教育的重视。2022 年国家财政教育支出占 GDP 的比重为 3.27%，较 2007 年的 2.63% 提高了 0.64 个百分点。

表 8.4　2007～2022 年国家财政教育支出情况

年份	国家财政教育支出/亿元	占财政支出的比重	占 GDP 的比重
2007	6 237.00	14.31%	2.63%
2008	7 450.63	14.39%	2.83%
2009	8 691.74	13.68%	3.00%
2010	10 117.03	13.96%	3.07%
2011	12 617.74	15.10%	3.41%
2012	15 834.99	16.87%	3.94%
2013	15 985.66	15.69%	3.69%
2014	16 412.98	15.18%	3.56%
2015	18 455.51	14.94%	3.80%
2016	19 333.95	14.95%	3.76%
2017	20 439.69	14.85%	3.64%
2018	21 357.94	14.56%	3.51%
2019	22 451.28	14.57%	3.51%
2020	22 887.55	14.80%	3.55%
2021	23 375.20	15.25%	3.27%
2022	24 127.11	15.14%	3.27%

资料来源：国家统计局官网

5. 重视医疗卫生事业发展

人民的健康水平是国民经济发展的重要保证。改革开放后，经过多年的探索和实践，我国医疗卫生事业和医药卫生体制改革取得了重大阶段性成果。总的目标是完善国民健康政策，为人民群众提供全方位、全周期的健康服务。要深化医药卫生体制改革，全面建立中国特色基本医疗卫生制度、医疗保障制度和优质高效的医疗卫生服务体系，健全现代医院管理制度。全面取消以药养医，健全药品供应保障制度。自 2009 年新一轮医改启动以来，各地区、各有关部门认真贯彻落实党中央、国务院的决策部署，协力推进改革，建立了覆盖全民的基本医疗保障制度，城乡居民大病保险从无到有、全面实施，切实减轻了大病患者的费用负担，弥补了防大病、兜底线的短板，体制机制改革的力度持续加大，国家财政医疗卫生支出也持续增加。

表 8.5 显示，2022 年我国财政医疗卫生支出金额为 22 536.72 亿元，而 2007 年这一金额仅为 1989.96 亿元，在 2009 年新一轮医改后，医疗卫生支出金额增长迅速。2022 年国家财政医疗卫生支出占财政支出的比重为 8.65%，较 2007 年增长 4.65 个百分点，占 GDP 的比重也从 2007 年的 0.74%增长到 2022 年的 1.87%，反映了国家对医疗卫生事业的重视。

表 8.5　2007~2022 年国家财政医疗卫生支出情况

年份	国家财政医疗卫生支出/亿元	占财政支出的比重	占 GDP 的比重
2007	1 989.96	4.00%	0.74%
2008	2 757.04	4.40%	0.87%
2009	3 994.19	5.23%	1.15%
2010	4 804.18	5.35%	1.18%
2011	6 429.51	5.89%	1.33%
2012	7 245.11	5.75%	1.34%
2013	8 279.90	5.91%	1.39%
2014	10 176.80	6.70%	1.57%
2015	11 953.18	6.80%	1.73%
2016	13 158.80	7.01%	1.76%
2017	14 450.63	7.12%	1.74%
2018	15 623.55	7.07%	1.71%
2019	16 665.34	6.98%	1.68%
2020	19 216.19	7.82%	1.87%
2021	19 142.68	7.79%	1.67%
2022	22 536.72	8.65%	1.87%

资料来源：国家统计局官网

6. 关注社会保障和就业领域

社会保障和就业对经济与社会发展至关重要，通过提供对医疗、教育和社会福利的支持，社会保障有助于确保贫困层次的人们能够达到基本的生活水平，为个体提供安全网，不仅有助于提高人们的生活水平和健康状况，还有助于促进社会稳定。就业不仅提供经济来源，还增进劳动力市场活力，推动经济增长。同时，稳定的就业还有助于减少社会不平等，维护社会和谐稳定。我国高度重视社会公平，不断提高社会保障和就业领域的财政支出力度。

表 8.6 显示，2007~2022 年，国家财政社会保障和就业支出从 5447.16 亿元增长到 36 609.15 亿元，增长了 5.72 倍，年均增长率为 13.54%。占财政支出的比重从 2007 年的 10.94% 上升到 2022 年的 14.05%，增长了 3.11 个百分点，占 GDP 的比重也从 2007 年的 2.01%增长到 2022 年的 3.04%。国家财政社会保障和就业支出占财政支出和 GDP 的比重增加反映了国家对社会保障与就业领域的关注和倾斜，是我国高度重视社会公平和和谐稳定的写照。

表 8.6 2007~2022 年国家财政社会保障和就业支出情况

年份	国家财政社会保障和就业支出/亿元	占财政支出的比重	占 GDP 的比重
2007	5 447.16	10.94%	2.01%
2008	6 804.29	10.87%	2.14%
2009	7 606.68	9.97%	2.19%
2010	9 130.62	10.16%	2.24%
2011	11 109.4	10.17%	2.29%
2012	12 585.52	9.99%	2.33%
2013	14 490.54	10.33%	2.43%
2014	15 968.9	10.52%	2.47%
2015	19 018.69	10.81%	2.75%
2016	21 591.5	11.50%	2.89%
2017	24 611.68	12.12%	2.97%
2018	27 012.09	12.23%	2.95%
2019	29 379.08	12.30%	2.97%
2020	32 568.51	13.26%	3.18%
2021	33 788.26	13.75%	2.95%
2022	36 609.15	14.05%	3.04%

资料来源：国家统计局官网

本章小结

消费需求是一定时期内全社会用于购买消费资料和消费性服务的货币支付能力，产生于人们生活中对物质和服务的需要，是总需求的重要组成部分，按照消费主体的不同，消费需求可以分为居民消费需求和社会消费需求，社会消费需求又可以分为集体消费需求和政府消费需求，本章主要讨论居民消费需求、政府消费需求及二者之间的关系。消费需求总量指的是在整个经济体内，所有消费者对各种商品和服务的总体需求，消费结构是指一定时期内各种消费品之间相互联系，每种消费品在全部消费品中所占的比重，体现消费在质量上的状况。改革开放以来，我国经济持续发展，人民生活水平不断提升，这在消费规模和消费结构上都有所体现，我国消费需求不仅在规模上不断增加，在结构上也实现了转型升级。我国居民消费规模持续扩大，但居民消费率逐渐走低，形成了"中国高储蓄之谜"，收入水平、社会保障、传统观念都影响着中国居民消费。政府消费是指政府在一定时期内购买用于提供公共服务和履行职能所承担的个人消费货物和服务支出，是政府公共支出中一个重要组成部分，也是消费需求的重要组成部分，政府支出包含多种方面，包括外交、国防、公共安全，以及政府在医疗卫生、教育、文化娱乐和社会保障等方面的支出，近年来我国政府在医疗卫生、社会保障和就业领域的支出比重持续上涨，是我国高度重视社会公平和和谐稳定的写照。居民消费与政府消费相辅相成，在维持宏观经济稳定增长和社会和谐稳定方面发挥着举足轻重的作用。

本章习题

1. 中国居民消费率为何偏低？
2. 中国居民消费偏低情况下为何还能出现高速增长？这种增长可持续吗？
3. 如何有效促进居民消费？
4. 居民消费与政府消费的关系是什么？
5. 政府消费的作用是什么？
6. 假定一个经济体的居民在其收入增加了1000单位时，消费增加了800单位。计算边际消费倾向。如果在此收入水平下，总消费为6000单位，总收入为8000单位，计算平均消费倾向。
7. 假设一个经济体的边际消费倾向为0.75，政府计划增加1000万元的支出。不考虑任何税收变化，计算这一增加在理论上会对经济总需求产生多大的影响。
8. 假设一个经济体的居民消费函数可以表示为 $C=150+0.85(Y-T)$，其中 C 是消费，Y 是收入，T 是税收，若 Y 增加2000万元，T 保持不变，C 会怎么变化？

第九章

投 资 需 求

> **本章知识点**

1. 投资的概念
2. 投资总量的资金来源、形成机制及影响因素
3. 投资乘数、加速数、加速原理、投资乘数与加速原理相互作用模型
4. 投资布局的概念及其效应
5. 投资周期的概念、形成原因及影响

> **本章学习目标**

1. 掌握投资的概念、投资总量的资金来源、形成机制及影响因素，了解我国投资需求现状
2. 掌握投资乘数、加速数、加速原理、投资乘数与加速原理相互作用模型
3. 掌握投资布局的概念与投资在产业上、区域上、项目上的布局及效应
4. 掌握投资周期的概念、形成原因及影响

第一节 投资总量的形成及其效应

一、投资总量的形成及影响因素

对于"投资"这一名词，人们在日常生活中经常会碰到和用到，居民、企业、政府和其他经济组织可能进行各种形式的投资。对于投资的定义有着多种不同的表述，我们认为投资的定义可以表述为一定经济主体为了获取预期不确定的效益而将现期的一定收

入转化为资本或资产①。

（一）投资总量的资金来源

投资资金是投资赖以产生和顺利运行的基本要素，投资资金的运动又是投资运动最全面、最本质的反映，因此，了解投资总量的资金是从哪里来的，又是如何分配的十分重要。关于投资总量的资金来源目前主要有下列两种理论上的解释：一种是从资金的性质上加以阐述，认为投资总量的资金来源为三大基金；另一种是从资金转化渠道上加以阐述，认为投资总量的资金来源于储蓄。

1. 消费基金、积累基金与补偿基金

从资金的性质来看，整个社会的资金可分为三大基金，即消费基金、积累基金和补偿基金。①消费基金，是指国民收入中用于满足社会成员个人的物质文化生活需要和社会消费需要的总和。按其使用形式，可划分为个人消费基金和社会消费基金两部分。个人消费基金是用于支付个人的各项报酬，包括个人的薪水收入、财产收入和转移收入，以满足其个人及其所赡养的家庭成员的生活需要。社会消费基金可以划分为三个部分：用于国家行政管理、国防等支出的国家管理基金；用于文教卫生方面支出的文教卫生基金；用于支付退休金、抚恤金、救济金及保证丧失劳动能力的人的生活需要的社会保障基金。②积累基金是指用于扩大再生产和增加国家物资储备那部分的国民收入使用额。积累基金按使用性质不同，可分为：生产性积累基金，即用于生产部门增加厂房、机器、设备，储备半成品、在制品、原材料、燃料等那部分积累基金；非生产性积累基金，即用于非生产部门增加房屋、非生产性设备和物资储备的那部分积累基金。③补偿基金是指社会总产品中用于补偿生产中已经消耗掉价值的那部分基金，工业生产上的原材料、辅助材料、燃料等消耗以后，需要补偿；机器、厂房、设备等每年也有一部分消耗完，需要重新置换。从整个社会来说，必须在社会总产品中拿出足够的生产资料来补偿这部分消耗，只有这样才能保证社会再生产按照原有的规模正常运行。就一个企业来说，补偿基金是依靠企业销售产品后所获得的货币收入建立的，它采用专用货币基金——折旧基金和流动基金的形式。

2. 储蓄

从投资资金的转化渠道看，投资资金来源于储蓄，这种源于西方的经济理论，已日益成为我国经济理论界的主流观点。整个社会的储蓄按储蓄主体可分为四大块：居民储蓄、企业储蓄、政府储蓄、外国储蓄。

1) 居民储蓄

居民储蓄是现代社会总储蓄中的一个重要组成部分，它是指居民可支配收入中减去消费后的剩余。居民可支配收入主要包括薪水收入、财产收入和转移收入三个部分。薪水收入主要指工资收入，从全社会平均角度来看，它占居民收入的大部分；财产收入由利息、股利、租金，以及出售财产（如出售股票）所获取的资本利得等内容构成；转移收入则由遗产、馈赠和政府向个人的转移支付构成。居民储蓄占社会总储蓄的比重较

---

① 张中华. 投资学. 北京：高等教育出版社，2017.

大，同时居民又是社会总储蓄中的净储蓄部门，因此，居民储蓄一直是经济学研究的重要领域。

2）企业储蓄

企业储蓄是指企业消费剩余，具体来说是企业税后利润中扣除向所有者分配利润后的余额。需要指出的是，在西方宏观经济中并不存在企业储蓄的概念，而是将企业和居民个人作为一个整体（统称为私人部门）加以考虑的。之所以这样，一方面是因为居民个人与企业在储蓄、投资行为上是基本相通或相似的；另一方面是因为两者数量呈此消彼长的关系，而两者之和即私人部门总储蓄保持不变，因此，将两者捆在一起进行宏观经济的分析，既便利又不影响分析的过程和结果。此外，对企业储蓄的理解还有一个问题需要解决，即折旧属不属于企业储蓄？有人认为，固定资产折旧有分次补偿、一次更新的特点，是一笔折旧收入，是重置投资的主要资金来源，应属企业储蓄。其实不妥，一是其与定义不符，企业储蓄与其他储蓄一样，是消费剩余，若再加上折旧会引起储蓄概念的混乱；二是企业可用于投资的内部资金除折旧外还有其他闲置资金，既然其他闲置资金不作为企业储蓄，折旧也没有理由被看作企业储蓄。

3）政府储蓄

政府储蓄是指政府财政收入和财政支出的差额。如果政府收入大于支出，则政府进行了正储蓄；反之为负储蓄。通常情况下政府支出均大于收入，所以政府通常被认为是负储蓄者。根据财政支出的范围，政府储蓄有大小口径之分：大口径的政府储蓄是指政府总收入和总支出之间的差额；小口径的政府储蓄是指政府总收入和政府经常项目支出的差额。大口径的政府储蓄概念通常用在宏观经济平衡分析上，在研究总供求平衡时，正值的政府储蓄是政府预算盈余，反映从总需求中退出的部分；负值的政府储蓄是赤字，反映政府部门对总需求的扩张。提高政府储蓄的途径，一是增加财政收入，二是减少经常项目支出。

4）外国储蓄

外国储蓄是指一国的进出口差额。当进口大于出口时，外国储蓄为正；当进口小于出口时，外国储蓄为负。这里的"进""出"是指以价值形态反映的消费品、资本品。因此，当进口大于出口时，意味着流入的资源大于流出的资源。

外国储蓄对于一国尤其是发展中国家的经济均衡发展有着非常重要的意义。20世纪60年代末，美国经济学家钱纳里和斯特劳特在《外援与经济发展》一文中提出的"两缺口"模型，充分说明了这一点。

根据供求平衡公式：

$$C+S+T+M=C+I+G+X \tag{9.1}$$

其中，左式为社会总供给，右式为社会总需求；C 表示消费；S 表示储蓄；T 表示税收；M 表示进口；I 表示投资；G 表示政府购买；X 表示出口。

假设政府收入等于政府购买，有

$$I-S=M-X \tag{9.2}$$

其中，左式 $I-S$ 为储蓄缺口，表示投资与储蓄的差额；右式 $M-X$ 为贸易缺口（也称外汇缺口），表示进口与出口的差额。经济要均衡增长，公式两边必须平衡。如果储蓄缺口大于贸易缺口，就必须削减投资或增加储蓄；如果贸易缺口大于储蓄缺口，就必须削减进口或增加出口。这样的调节只是从缺口本身的修补来考虑的，还只是一种消极的调节。积极的调节是：如果储蓄缺口大于贸易缺口，可以增加进口、削减出口，使公式两边达到平衡，这就说明，提高外国储蓄可以有效克服储蓄缺口的约束，使一国经济在更高的层次上实现均衡发展。

（二）投资总量的形成机制

投资总量的资金来源并不直接构成现实的投资总量，投资总量的资金来源要成为现实的投资总量，需要一定的转化机制。

在封闭经济中，按照经典经济理论，总储蓄恒等于总投资。因为产出只能在消费和投资之间分配，所以 $Y = C + I$；同时家庭收入也等于 Y，也一定只能在消费和储蓄之间分配，所以 $Y = C + S$，由此可得 $I = S$。但是这种相等是一种"事后"的、"被迫"的相等关系。在 $I = S$ 的同时，各部门的储蓄与投资通常不相等。如果没有投资资金来源转化为投资资金的机制，各部门只能在自身资金的范围内进行投资，投资的规模将大大下降，一部分资金无法转化为投资。因此，必须要有储蓄—投资的转化机制，它是将储蓄顺畅、高效地转化为投资资金的保证，是资金形成资本的核心机制。投资的转化机制形式多样，从转化的方式分，有直接转化机制和间接转化机制；从转化的媒体分，有财政转化机制和金融转化机制；从借助手段分，有利率机制、汇率机制等。这里主要介绍直接转化机制和间接转化机制。

1. 直接转化机制

直接转化机制是指储蓄主体将自身的储蓄直接用于投资。直接转化机制有两种基本形式：一是不通过商品交换或货币媒介而实现的转化，即储蓄者将自己生产的产品直接进行投资（如农民用自己生产的种子种植粮食），这种转化方式在人类历史发展的早期是普遍存在的（甚至是非常重要的），但现代社会则越来越少见。二是通过商品交换或货币媒介而实现的转化，即储蓄者将自己生产的产品与他人进行交换或卖给他人取得货币，然后用交换得来的物品或取得的货币购买物品，进行投资（如企业用企业储蓄购买投资品所进行的投资）。在现代社会中，第二种形式是直接转化的主要形式。

在直接转化机制下，储蓄者与投资者是合二为一的。储蓄的目的比较明确，即储蓄就是为了某项投资。如果不存在投资机会，就不会进行储蓄，同时还可避免将资金贷给他人所带来的各种风险。这种转化机制的缺陷也是显而易见的：储蓄规模与投资需求会在时间上、空间上不一致，给投资带来很大的局限性；大额投资将受到极大的制约。同时，外部各种经济变量如利率和各种金融工具对其几乎不产生什么影响。在该种机制下，储蓄转化为投资的规模和速度取决于储蓄者的储蓄能力和投资机会。

2. 间接转化机制

间接转化机制是指储蓄者通过购买证券而将储蓄转移到投资者手中，由投资者进行投资。间接转化机制的具体形式有：通过银行的存款方式转化；通过购买股票方式转化；通过购买债券方式转化；通过购买基金方式转化；通过财政转化等。间接转化机制是现代社会储蓄—投资转化的主导机制。与直接转化机制相比具有以下特点：第一，储蓄者和投资者不再是同一主体；第二，储蓄的目的不再是将来自己亲身去进行某项投资活动，而仅仅是为了获利；第三，需要借助媒介才能完成转化。

间接转化机制的优点在于：第一，提高总的储蓄水平。在直接转化机制下，储蓄的动机是投资，没有投资机会或不想投资，就不会去储蓄；即使存在投资机会并也想投资，如果需要经过漫长的时间储蓄，许多人也会放弃投资初衷。在间接转化机制下就不同了，储蓄者只要让渡储蓄，不管数额大小，都可以得到相应的回报，这无疑激励了储蓄。第二，提高投资水平和储蓄转化为投资的速度。一方面，总储蓄水平的提高，会相应提高投资水平；另一方面，金融媒介出于利益考虑，会千方百计、想方设法促使储蓄更多、更快地向投资转化。第三，有利于提高投资效益，优化储蓄资源的配置。在间接转化机制下，储蓄资源的配置不再局限于储蓄者熟知的范围，而是由专业机构进行配置或由市场进行配置，配置的领域大大拓展，配置的效率也大大提高。

当然，间接转化机制会使信息取得、传递、交易、监督和执行等交易成本升高，但又会带来效率的提高，而且通常效率提高的幅度要超过所带来的交易成本的提高幅度[①]。

（三）投资需求模型

1. 凯恩斯的投资需求模型

凯恩斯认为，投资者是否投资的决策取决于投资者对利息率和资本边际效率的比较。根据凯恩斯的定义，资本边际效率是使未来收益折算成现值恰好等于新增资本设备重置价格的贴现率。换句话说，就是供给价格等于折成现值的预期收益。设 $Q_1, Q_2, Q_3, \cdots, Q_n$ 是预期从出售产品所得到的一系列连续收入，r 是资本边际效率，PV 为供给价格，则

$$PV = \sum_{i=1}^{n} \frac{Q_i}{(1+r)^i} \qquad (9.3)$$

举例来说，某项设备的重置价格为 3000，可用 3 年，每年收益分别为 1100、1210、1311，那么

$$3000 = \frac{1100}{1+r} + \frac{1210}{(1+r)^2} + \frac{1311}{(1+r)^3} \qquad (9.4)$$

在这个例子中，新投资的边际效率 r 为 10%。按凯恩斯的说法，如果资本边际效率大于利息率，投资者认为有利可图，便进行投资。如果资本边际效率小于利息率，投资者预期投资不但不能给他带来好处，反而会使他蒙受损失，必然不去投资。

在投资需求的决定中，凯恩斯着重强调的是，投资决定包括时间和心理因素。一项资本设备可以使用若干年，取得一系列的收益，而收效是在将来，投资决策是在现在，投资者只能对未来收益做心理上的估计，而且要将预期收益折算为现值。投资决策是一

[①] 方芳，陈康佑. 投资经济学. 上海：上海财经大学出版社，2003.

种高度的心理现象,会受许多非理性因素的影响。

2. 后凯恩斯模型

在凯恩斯的模型中,投资与资本的区分是不明确的。后凯恩斯模型将投资和资本严格区分开,并认为投资是一种流量,资本是一种存量,相对于资本而言,每年的投资形成生产能力,便成为资本存量的增量。从企业追求成本最小化的基本假定出发,后凯恩斯模型强调的是产量和资本存量对投资需求的决定。假设资本存量与产量的最优比例为 V,最优资本存量为 K^*,产量为 Y,则

$$K_t^* = VY_t \tag{9.5}$$

假定 V 为不变量,如果产量增加,资本存量必须按固定比例增加。这样

$$K_t^* - K_{t-1}^* = VY_t - VY_{t-1} = V(Y_t - Y_{t-1}) \tag{9.6}$$

如果假定资本每一时期的调整都是最优的,则 $K_t^* = K_t$,因此

$$I_t = K_t^* - K_{t-1}^* = K_t - K_{t-1} = V \times \Delta Y_t \tag{9.7}$$

其中,$\Delta Y_t = Y_t - Y_{t-1}$;$I_t$ 表示净投资。假定各个时期的 $K_t^* = K_t$,意味着 $I_t^* = I_t$,I_t^* 表示意愿投资。

公式又称为简单加速模式。之所以称为简单加速模式,是因为它假设企业总处于均衡状态(即没有过剩生产能力),资本品的供给是无限弹性的,所以资本存量的调整没有时滞。事实上,资本存量的调整是有时滞的影响的。

如果我们假定不同投资者有不同的决策时滞和供给时滞,t 时期社会资本存量就取决于以前多个时期的产量,即

$$K_t = f(Y_t, Y_{t-1}, \cdots, Y_{t-n}) \tag{9.8}$$

在长期均衡状态下,资本存量将达到其最优水平,这样 $K_t^* = K_t = VY_t$,因此

$$K_t - K_{tl} = (1-\lambda)K_t^* - (1-\lambda)K_{t-1} \tag{9.9}$$

$$I_t = K_t - K_{tl} = (1-\lambda)(K_t^* - K_{t-1}) \tag{9.10}$$

以上公式称为灵活加速模型或资本存量调整模型。按照这个模型,净投资是最优或意愿资本存量与以前年度实际资本存量的差额,即两者间的缺口。系数 $1-\lambda$ 表示资本存量调整速度的快慢。

3. 新古典模型

新古典模型是由乔根森(Jorgenson)首先提出的。这个模型也是一个资本存量调整模型。和后凯恩斯模型不同的是,最优资本存量的标准是公司收益现值的最大化,同时乔根森的世界是一个完全竞争的世界。他假定没有调整成本,因而资本存量的调整可能即时完成;没有不确定性,预期变量和实现变量没有差别;金融市场是完善的,企业以不变的利率借贷;资本存量可以得到充分利用;资本和劳动力是同质的投入并产出同质的产量。按照乔根森的上述假定,企业预期收益的现值可以表示为

$$P_v = \int_0^\infty e^{-rt}(P_t Y_t - W_t L_t - q_t GI_t)dt \tag{9.11}$$

其中，Y 表示产量；P 表示产品价格；L 表示劳动力；W 表示工资；GI 表示总投资；q 表示资本品价格；r 表示假定不变的利息率；e 表示用来连续贴现的指数。

在乔根森看来，企业最优资本存量取决于工资、产品价格和资本使用者成本三个变量，用函数可以简单地表示为

$$K^* = K^*(W, C, P) \tag{9.12}$$

按照乔根森的假设，没有调整成本，没有不确定性，市场是完善的，因此，企业总能进行最优的调整，即在任何时点上总 $K_t = K_t^*$。据此，如果有的价格(W, C, P)保持不变，则净投资为零，总投资则为 ΔK；如果价格变动，净投资非零花钱，则总投资为

$$GI = G(W, C, P, K, \dot{W}, \dot{C}, \dot{P}) \tag{9.13}$$

为了与实际接近，乔根森在他的计量经济著作中还提出了一个考虑资本调整时滞的投资需求模型：

$$I_t = \beta_0 \left(\frac{aP_t Y_t}{c_t} - \frac{aP_{t-1} Y_{t-1}}{c_{t-1}} \right) + \beta_1 \left(\frac{aP_{t-1} Y_{t-1}}{c_{t-1}} - \frac{aP_{t-2} Y_{t-2}}{c_{t-2}} \right) + \beta_i(\cdots) \tag{9.14}$$

其中，β_i 表示权数。

4. 托宾的 q 理论

q 理论是由美国经济学家托宾（Tobin）于 1969 年提出的。该理论把投资看作资本的市场价格与它的重置价值的比率 q 的正函数。资本的市场价格原则上可能从对股票的交易价格及企业的债券债务的观察中得到。对税收考虑做出应有的调整以后，当小于 1 时，企业的资本需求可通过获得现有公司地址和它们的设备，而不是通过新投资得到较好的满足；当 q 等于或大于 1 时，企业承包就会产生追加新投资的需求，q 值越大，投资率应当越大。

5. 科尔内的投资需求理论

匈牙利经济学家科尔内在《短缺经济学》一书中对传统社会主义体制下投资需求的形成做了详细的描述和分析。科尔内认为，传统社会主义体制下，所有企业或非营利机构都想得到投资，有着一种强烈的扩张冲动，但预算约束是软的，因而存在难以满足的投资饥渴症。

在科尔内看来，产生扩张冲动有两种动因：一是这类组织的自我意识。每个组织的负责人都认为本单位是重要的，应当得到发展。二是较大的组织可能带来较大的声誉和权力，带来更多的奖金和薪金。所有企业都有着强烈的扩张冲动，只是动因不同而已。

软预算约束主要是指投资由国家财政无偿拨款供应，无须还本付息，对于需求者是一种赠品。企业既不会因投资新增的产品不能售出而破产，也不会因为产品成本过高而

破产，企业在产品销售中的损失可以通过国家补贴、价格调整或其他方法得到补偿[①]。

（四）投资总量的影响因素

（1）经济环境。经济环境是影响投资总量的最重要因素之一。宏观经济指标如GDP增长率、通货膨胀率、利率水平、就业等都会对投资决策产生重要影响。具体而言，GDP是衡量一个国家经济总量的指标，它反映了一个国家的整体经济活动水平。高增长的GDP通常会吸引更多的投资，因为这意味着经济增长和商业机会。通货膨胀率是衡量物价水平上涨幅度的指标。高通货膨胀率可能导致货币贬值，并对投资产生不利影响。利率是借贷资金的成本，对投资回报率有直接影响。高利率会增加企业的融资成本，从而影响投资和经济增长。就业数据反映了一个国家或地区的就业水平和劳动力市场状况。较高的就业率通常意味着经济增长和消费能力提高，对股市和零售业等行业有积极影响。通常来说当经济形势良好、经济增长稳定且较快时，投资机会相对较多，投资者更愿意承担风险并将资金投入到不同的资产中。相反，当经济形势疲软、经济增长放缓时，投资者可能更加谨慎，减少投资风险或寻找其他避险资产。经济增长和低通货膨胀环境通常对股市和房地产市场投资有利。

（2）政策环境。政策环境是投资者需密切关注的因素。政府的政策调整，如财政政策、货币政策、产业政策、就业政策等都会对投资总量产生重大影响。财政政策是指政府通过调整税收和支出来影响经济的政策。例如，减税和增加公共支出可能会刺激经济增长，提升企业盈利能力和投资机会。货币政策是中央银行通过调整利率和货币供应来控制经济活动的政策。货币政策的变化可能会影响借贷成本、货币流动性和汇率波动，进而对投资者和跨国企业产生影响。财政政策和货币政策控制着政府支出、税收和货币供应等。政府的政策决策可以对经济产生重大影响。投资者会密切关注相关政策变化，以评估其对不同行业和资产类别的影响。政策的稳定性和透明度也是投资者判断投资风险和回报的重要指标。因此，制定合理有效的经济政策对于实现经济稳定增长、提高投资水平至关重要。在全球化和竞争加剧的背景下，各国政府采取一系列经济政策来促进经济增长、提高竞争力和吸引投资。

（3）投资收益。在微观层面，投资收益率是衡量投资回报的指标。高投资收益率有助于吸引更多的投资。当投资收益率较高时，投资者能够获得较高的回报，从而增加对投资的兴趣。同时，高投资收益率有助于提高资本积累率。投资收益率的提高意味着投资者在一定时间内获得了更多的回报，当投资者获得更高的回报时，他们将更有动力将收益再次投入到新的投资项目中，从而形成良性循环。这种情况下，资本积累率将会提高，促进了更多投资的实施，从而推动经济增长。在宏观层面，20世纪40年代提出的著名经济增长理论哈罗德-多马模型推导得出经济增长率=投资率×资本产出率。可知该模型中有两个影响经济增长的重要因素——投资率与资本产出率。从资本产出率来看，影响资本产出率的要素有很多，短期内较难实现。我国一直是一个高储蓄率的国家，所以短期内可以进行调控的就是投资率，因此短期内我国经济增长还是依赖较高的投资率。

[①] 张中华. 投资学. 北京：高等教育出版社，2017.

现阶段我国储蓄率高于投资率，储备着足够的资金来转化为投资，但是民间投资环境却是萎靡不振，储蓄与投资之间未能高效转化，也就影响了经济持续增长的实现。因此，提高投资收益率，激励民间资本投资，促进投资总量的形成，保持较高的投资率，对于推动我国经济持续增长具有重要意义。

（4）技术进步。技术进步可以提高投资的效益。技术进步可以降低生产成本，提高生产效率，从而使投资获得更高的回报率。通过引进新的生产设备和先进的生产工艺，企业可以降低生产成本，提高产品质量，增强市场竞争力，进一步可引起产业变迁及投资效率提升，如第三产业占比上升。同时，技术进步还可以改善生产环境，减少资源消耗和污染排放，实现可持续发展，为投资带来长期可持续的收益。此外，投资效率提升，可以相应降低投资总量需求。

（5）经济预期。经济预期是指人们对未来经济发展趋势的一种判断和预测。经济预期对投资有重要影响，它会影响投资者对市场的信心和对不同资产的选择。一方面，经济预期会直接影响投资者对市场趋势的判断。当人们对未来经济发展持乐观态度时，他们往往会认为市场出现上涨的趋势，对投资的期望值较高。相反，当人们对未来经济发展持悲观态度时，他们可能会预期市场出现下跌的趋势，从而导致投资信心低下。这种心理预期的影响将直接反映在投资决策上。另一方面，经济预期会在一定程度上影响投资者对不同资产的选择。在乐观的经济预期下，投资者会倾向于选择风险较高的高收益资产，如股票等，因为他们相信随着经济的好转，这些资产的价值也将增长。相反，在悲观的经济预期下，投资者往往会选择风险较低的保本资产，如国债等。他们更注重资产的安全性，并希望能够在经济不稳定时保值稳增。总之，当经济预期较好时，民间投资活跃，外资进入踊跃，投资需求旺盛，投资总量增加；反之则反。

二、投资乘数、加速数

（一）投资乘数

1. 投资乘数的概念

投资乘数指总投资增加所导致的收入增加的倍数。乘数概念是英国经济学家卡恩（Kahn）在1931年提出的。几年后被凯恩斯用来研究投资变动对收入变动的倍数关系。

根据凯恩斯的理论，投资与收入变动之间的关系可以用公式表示为

$$\Delta Y = \frac{1}{\frac{\Delta S}{\Delta Y}} \times \Delta I = \frac{1}{1-\frac{\Delta C}{\Delta Y}} \times \Delta I \tag{9.15}$$

其中，ΔY表示收入增加量；ΔI表示投资增加量；$\Delta S/\Delta Y$表示边际储蓄倾向；$\Delta C/\Delta Y$表示边际消费倾向；$1/(\Delta S/\Delta Y)$或 $1/(1-\Delta C/\Delta Y)$表示投资乘数。从式（9.15）中可以看出，投资乘数取决于边际储蓄倾向和边际消费倾向，是边际储蓄倾向的倒数，与边际储蓄倾向呈反方向变化，与边际消费倾向呈正方向变化。按照乘数理论，投资的增加可以引致国民收入成倍的增加，同时也带来就业成倍的增加。

由投资乘数可以得到三个推论：①一个社会经济越发展，储蓄倾向越高，投资推动收入增长的作用越小；②个人的节俭对社会并不有利，消费对社会却是有利的；③在边际消费倾向大于零的情况下，投资的增加可以带来收入成倍的增加。相反，当投资减少时，它所引起的收入的减少也要大于投资的减少。因此，投资乘数被称为"双刃的剑"。

2. 投资乘数作用的条件

投资乘数概念是经济学的基本常识，这里需要深入研究的是产生投资乘数效应需要的前提和条件，以及投资乘数在什么样的经济环境下才可能顺畅地一轮又一轮地作用下去。投资乘数原理的假定条件主要如下。①一国经济是在未达到充分就业的条件下运行的。如果没有闲置劳动力，投资就不能实际发挥作用，随着投资不断支出，货币收入成倍增加，会引起通货膨胀。②必须有一定的存货可以利用。在封闭经济条件下，如果某些产品存货不足，只能用劳动替代资本或抽调其他生产部门的存货，但是，这两种方式都是有限的。用劳动替代资本仅限于生产设备不足的情况，只要最重要的物资供应不足，乘数的作用就会发生障碍。③收入既要分解为储蓄，又要分解为消费。如果将收入全部用于消费，边际消费倾向为1，投资乘数为无穷大；相反，如果将收入全部用于储蓄，投资乘数为零。投资乘数只能在$(0, +\infty)$区间内发挥作用。④投资的决定和储蓄的决定互为独立。如果储蓄决定不独立于投资决定，投资增加引起利率上升，促使储蓄增加，消费减少，会部分抵消投资增加收入的作用；相反，投资减少引起利率下降，促使储蓄减少，消费增加，则会部分抵消投资减少收入的作用。⑤货币供应适应其需求的变化。在投资运动以货币为媒介的经济中，如果货币供应量不足以适应投资和消费支出增加的需求时，投资和消费支出的增加就会促使利率上升。利率的提高则会对以后的投资意愿产生抑制作用，从而影响投资乘数作用。⑥不考虑对外贸易和政府财政收支的影响。在对外开放条件下，扩大出口所增加的收入中总有一部分用于购买本国产品，这样会对国民收入和就业的增加起连锁的推动作用。相反，扩大进口，则起减少国内总需求的作用，影响国内收入增加。政府支出的增加类似于投资的增加，对消费支出产生连锁效应，使国民收入成倍增加。政府税收的增加则类似于负投资的增加，会使国民收入成倍减少。⑦消费和储蓄水平完全由当期收入水平决定。如果消费和储蓄所依赖的不只是一年的收入，乘数分析就不会很准确。例如，消费有时不仅受作用于本年和上年的收入水平，还受作用于预期平均收入水平。在这种情况下，由短期内收入的增加引起的消费增加就不会很大，乘数也会降低。⑧投资数量和当时的收入水平以及资本存量的规模无关。如果投资并不完全独立于现有的收入水平和资本总量的规模，那么投资最初的激增就会产生两种复杂后果。一种是使资本总量增加，使以后本应进行的投资成为不必要；另一种是要求资本存量增加，以增产消费者所要求购买的商品。

3. 投资作用的时滞

投资乘数引起收入成倍增加的可能性转化为现实必须经历一段或长或短的时间。例如，一批新增投资经购置机器设备、招工等转化为资本品生产者收入后，用于消费要花时间；消费支出转化为消费品生产者的收入后，还得分配给其他生产要素的提供者，这又要花时间；等等。收入循环中的时滞有三种：销售变化与生产相应变化之间的生产时滞；生产和获取收入之间的分配时滞；获得收入和支出之间的支出时滞。理论上，一般把这些时滞并在一起，统称为乘数效应的时滞。依据是否考虑时滞因素，投资乘数可以分为静态乘数和动态乘数。静态乘数效应不跨期；动态乘数效应则为无限期。因为投资乘数效应有一定时滞，在拟订达到某种政策目标的计划时，往往要估计投资增加额在有限期内的乘数效应。这种只估计有限期内效应的乘数被称为切断乘数。例如，估计第 n 期以前的乘数效应，则该期以前国民收入增量之和为

$$\sum_{t=1}^{n} \Delta Y_t = \Delta I \left(1 + C + C^2 + \cdots + C^{n-1}\right) = \frac{1-C^n}{1-C} \cdot \Delta I \quad (9.16)$$

其中，ΔY 表示国民收入增量；ΔI 表示投资增加额；C 表示边际消费倾向；$(1-C^n)/(1-C)$ 表示到 n 期的切断乘数。

4. 投资乘数理论的局限性

上面所说的投资乘数效应，是在一系列假定条件下的理论值。在现实经济生活中，由于受多种因素的制约，投资乘数的实际作用比其理论值低得多。而且，投资乘数作为一种有用的分析工具，其本身也是有局限的。例如，它虽反映投资的变化如何引起国民收入的变化，却不反映国民收入的增减变化如何引起投资的变化。再如，投资增加使国民收入增加后，新增收入分解为消费和储蓄，其中，储蓄用于何处，投资乘数理论是不予考虑的。还有，新增消费需求必定刺激消费品生产的扩大，而当消费品生产能力达到饱和点时，势必要有一部分新增储蓄转化为消费品生产部门的投资，可投资乘数里也不反映这一过程。在运用投资乘数理论分析现实问题时，必须综合考虑这些因素。

（二）加速原理

加速原理是用来说明收入或消费的变动与投资的变动之间的关系的理论。加速原理最早出现在艾伯特·阿夫塔里昂（Albert Aftalion）的《生产过剩的周期性危机》（1913年）一书中。后来在克拉克、庇古等的著作中，把它作为决定投资和解释经济周期的原理加以探讨。只有到凯恩斯在《就业、利息和货币通论》中提出投资乘数以后，加速原理才引起人们的重视。

1. 加速原理含义

加速原理的主要含义是，对资本品的需求是一种引致需求（derived demand），对产出量需求的变化会导致对资本存量需求的变化，从而引致投资。因此，它的特点是强调（预期）需求的作用，而不强调投入的相对价格或利率的作用。加速原理最简单的描述为

$$I = V \times \Delta Y \quad (9.17)$$

其中，V 表示加速系数，又称资本-产出系数，其数量值等于引致投资与收入增量之比，$V = I/\Delta Y$；I 表示引致投资，即与经济景气变动等密切相关的设备、存货等的净投资；ΔY 表示收入增量。

这里需要注意如下几点。①引致投资不是预期收入的函数，而是预期收入增量的函数，即投资不是决定于预期收入的绝对量，而是决定于其变动量。②要使投资增长率保

持不变，收入必须按一定比率连续增长。如果预期收入增长率放慢，投资就会减少或停止。这意味着即使收入水平不下降，只要放慢增长速度，也可能引起投资衰退和整个经济衰退。③加速原理的作用是两重的，既包括加速增加，又包括加速减少。

2. 伸缩性加速原理

加速原理发挥作用的前提是没有资本存量闲置。如果企业处于开工不足和机器设备闲置的条件下，那么，当预期市场需求扩大时，企业不必添置新的机器设备，只需动用闲置的机器设备，这时加速数等于零；只有当现有生产能力达到饱和点且非进行新投资不可时，加速原理才起作用。为了弥补加速原理的缺陷，西方经济学中出现了伸缩性加速原理，又称资本存量调整原理。运用资本存量调整原理的投资函数为

$$I_t = \eta V \times \Delta Y_t \tag{9.18}$$

其中，I_t 表示 t 时期的投资；η 表示调整系数；V 表示资本系数；ΔY_t 表示 t 时期的收入增量。从式（9.18）中可以看出，简单的加速原理是伸缩性加速原理在调整系数为 1 时的特例。如果 η =0.4、V =2.5，加速数就等于 1；如果 η =0.8、V =2.5，加速数就等于 2。

（三）投资乘数与加速原理相互作用模型

1. 汉森-萨缪尔森模型

投资乘数原理说明投资变动对收入的影响；加速原理说明收入变动对投资的影响。二者的着眼点不同，但都是说明收入与投资的相互关系。把加速原理的作用和乘数原理的作用互相结合起来，就叫加速原理和乘数原理的综合作用。美国的汉森（Hansen）和萨缪尔森首先用这种综合作用分析经济变动周期，所以被西方经济学界称为"汉森-萨缪尔森模型"。

设边际消费倾向为 b，加速系数为 a，现期收入为 Y_t，现期投资为 I_t，现期引致投资为 I_i，自发投资不变为 I_0，现期消费为 C_t，根据投资乘数和加速原理，可以得到乘数与加速原理相互作用模型中的几个基本等式：

$$C_t = b(Y_{t-1}) \tag{9.19}$$

$$I_t = I_0 + I_i = I_0 + a(C_t - C_{t-1}) \tag{9.20}$$

$$Y_t = C_t + I_t = b(Y_{t-1}) + [I_0 + a(C_t - C_{t-1})] \tag{9.21}$$

如果边际消费倾向、加速系数、每期自发投资为已知，就可以推出以后各期的收入数。投资通过其乘数作用引起收入的变动，收入的变动则通过加速原理的作用引致投资的变动，投资和收入是相互影响、相互调整的。假定自发投资为一个固定的量，靠经济本身调整，它就会自发地形成经济的周期波动。经济周期中的高涨阶段和低潮阶段正是由乘数与加速原理的结合作用决定的，它使经济自动地由高峰到谷底摆动。

2. 对周期性经济波动类型的解释

乘数和加速原理不仅被用来解释经济波动的原因，而且用来区分不同类型的波动。其基本思路是假设 t 时期的国民收入等于国民收入的平衡值，然后将其等式代入乘数-加速原理模型，即可得到一个描述国民收入随时间变动而偏离其平衡值过程的齐次差分

方程，解这个差分方程则可达到反映经济周期波动状态参数值。由于汉森-萨缪尔森模型和希克斯模型的投资函数不同，两者反映经济周期波动状态的参数值也不尽相同。按希克斯模型，经济波动有如下几类：①波幅固定型，其必要条件是加速数 $V=1$。②振荡收敛型，其必要条件是加速数小于 1，且大于 $(1-\sqrt{1-c})^2$。③单调收敛型，这是国民收入增长接近均衡增长途径的类型，其必要条件是 $V \leqslant (1-\sqrt{1-c})^2$。④振荡发散型，这是国民收入在波动中偏离均衡增长途径的类型，其必要条件是加速数 V 大于 1，且小于 $(1+\sqrt{1-c})^2$。⑤单调发散型，这是国民收入单调偏离均衡增长途径的类型，其必要条件是 $(1+\sqrt{1-c})^2 \leqslant V$。

3. 对周期性经济波动上限和下限的解释

乘数-加速原理模型还用来说明周期性经济波动的上限和下限。根据希克斯的解释，经济周期波动的上限决定于社会已达到的技术水平和一切生产资源可以被利用的限度。在既定的技术条件下，如果社会上一切可以利用的生产资源都被充分利用了，那么经济的进一步扩张就会碰到不可逾越的障碍。经济活动到达上限，产量就会停止增加，投资也就会停止增加或减少。萨缪尔森则将经济扩张的最高极限定为充分就业。他指出：通过加速数，上升的收入引出新的投资；通过乘数，投资使收入进一步增长。收入的增长最后要碰到充分就业的最高限，从而会从充分就业的最高极限弹回来形成衰退。经济周期波动的下限由总投资的特点和加速数的局限性所决定。对于总投资来说，它不可能小于零。就加速原理来说，它必须在企业没有生产设备闲置的条件下才能起作用。如果企业因经济衰退而开工不足，就有闲置设备，这时加速数就不会起作用，但乘数仍起作用，所以经济衰退到一定程度就会停下来。

4. 模型的局限性

将乘数原理和加速原理结合是西方经济学的一个发展，但是汉森-萨缪尔森模型和希克斯模型也存在不足。例如，它们都是简单的宏观经济模型，仅仅涉及收入或消费、净投资、资本系数等几个变量，而忽略了库存。在现实生活中，库存可以起到缓和经济周期波动的作用，在需求扩大时，企业可以先动用库存，然后才考虑增加生产和投资；在需求紧缩时，企业可能先增加库存，然后才减少生产和投资。又如，在乘数-加速原理模型中，各个时期的自发投资、加速系数和边际消费倾向都是外生的，而且被假设为一个恒定数或以恒定的速度增长。现实中，这几个变量受许多因素的制约影响，是可变的[①]。

第二节　投资布局与效应

投资布局是指投资资金在一定的空间领域内的分布状况。投资布局是否合理不仅影响各个地区的经济发展，也直接关系到国民经济能否持续、稳定、健康地发展。合理安排投资布局的意义具体有下列几个方面。

---

① 张中华. 投资学. 北京：高等教育出版社，2017.

第一，合理安排投资布局，有利于充分利用各地区的自然资源和劳动力资源，使生产能力尽可能接近原材料、燃料产地或消费地，避免不合理运输，从而节约社会劳动和提高劳动生产率。

第二，合理安排投资布局可以在提高投资效益的前提下促进地区的均衡发展。由于不同地区具有不同的自然条件、经济条件和社会条件，不同地区的投资经济效益是不一样的。一般来说，经济条件较好的地区投资效果也好，经济条件落后的地区投资的经济效果也较差。提高投资的经济效果与促进地区经济的均衡发展在一定程度上往往是矛盾的，但合理安排投资的地区分布，是能够在提高投资效果的前提下，逐步缩小沿海地区和内陆经济发展的差异，促进少数民族地区和边远山区的经济发展的。

第三，合理安排投资布局可以保证国民经济各部门之间的比例关系在地域上得到合理安排和落实，促进区域经济的均衡发展。

第四，合理安排投资布局有利于治理"三废"污染和资源的综合利用，有利于保护环境和生态平衡，有利于合理利用土地和水源，节约耕地、草原和林地，促进可持续发展。

一、投资在产业上的布局及其效应

产业是指由利益相互联系的、具有不同分工的、由各个相关行业所组成的业态总称，国际上普遍流行的产业划分思路是按照人类生产发展的历史阶段将农业作为第一产业、加工制造业作为第二产业、服务业作为第三产业。

投资在产业的布局是指投资资金在三次产业之间的分配，以及社会投资在此基础上划分为更深层次的国民经济各部门（如农业、轻工业、重工业、商业、交通运输业、建筑业等）和各部门内部各行业之间的比例关系（如纺织业内部的毛纺业、针织业、化纤业的比例）。其中更微观的行业投资布局是指不同行业的投资在地理空间的分布状况。与区域投资布局相比，行业投资布局在很大程度上是不以人的意志为转移的，是由客观经济、技术规律决定的，带有很强的自然属性。

（一）投资在产业上的布局原则

投资在产业上的布局要坚持地区间合理分工与地区内综合发展的原则。地区间合理分工，首先是由地区间的差异决定的。由于各地区自然资源条件不同、经济条件不同等，同样产品的投资费用和生产费用是不同的。按照劳动地域分工的学说，各地区应重点发展那些能充分利用本地区优势的产品，并通过地区间的商品交换，互通有无，以己之长，补人之短，以人之长，补己之短，从而大大提高投资布局的整体经济效益。其次是由生产专业化、集中化的优越性决定的。地区间实行合理分工，有利于促进生产的专业化、集中化水平，有利于劳动生产率的提高。遵循地区间的合理分工，就要反对"大而全""小而全""自成体系"的做法。实践证明，"大而全""小而全"的做法只会造成资源的极大浪费，只会造成投资效益低下。

地区间合理分工并不意味着地区经济就是"单打一"，即只发展一类或几类产业。在遵循地区间合理分工的同时还必须遵循地区内综合发展的原则。综合发展是指地区应以优势产业为核心，围绕着这一核心建立起地区经济综合体。地区经济综合体主要由以下几部分构成：一是作为地区经济支柱的优势产业（或称地区专业化部门），它是整个地区经济发展的核心；二是围绕优势产业，发展关联产业，包括优势产业的前、后向关联产业，以及为居民提供一般消费品的服务部门；三是基础设施部门，包括交通运输、通信、供水、供电、供气等生产性基础设施部门和科研、教育、卫生等社会基础设施部门。

专栏一：中国投资在产业上的布局状况

从三大产业看，我国产业投资重心由商品经济向服务经济转变。改革开放初期，工业领域是产业投资的重心，20世纪末期，城市化发展带动基础设施和公用事业行业投资增长，第三产业投资比重开始超过第二产业。21世纪初期，我国深度融入全球经济成为"世界工厂"，商品需求快速增长带动产业投资不断向制造业领域集中。如表9.1所示，2003~2008年，第二产业投资比重由36.30%提高到40.48%。随着我国经济步入工业化后期，经济服务化趋势明显，产业投资重心也从商品生产向服务业转移。2009~2019年，第三产业投资比重由59.60%提高到69.00%。2020~2022年，新冠疫情对服务业造成更大冲击，叠加外需带动制造业投资增长，第三产业投资比重也下降至66.18%。

表9.1 2003~2022年中国三大产业固定资产投资（不含农户）所占比重与比上年增速

年份	固定资产投资（不含农户）所占比重			固定资产投资（不含农户）比上年增速		
	第一产业	第二产业	第三产业	第一产业	第二产业	第三产业
2003	1.17%	36.30%	62.54%	—	—	—
2004	1.07%	37.89%	61.04%	14.8%	30.4%	22.0%
2005	1.06%	40.27%	58.67%	22.1%	31.3%	18.7%
2006	1.08%	40.16%	58.76%	23.6%	20.6%	21.1%
2007	1.08%	40.51%	58.41%	22.1%	23.3%	21.5%
2008	1.28%	40.48%	58.25%	44.8%	22.8%	22.6%
2009	1.41%	38.98%	59.60%	39.9%	21.5%	29.0%
2010	1.31%	38.24%	60.45%	12.3%	18.7%	22.8%
2011	1.51%	37.47%	61.02%	16.4%	19.7%	20.8%
2012	1.53%	36.06%	62.41%	19.6%	13.9%	21.0%
2013	1.59%	34.50%	63.91%	21.6%	12.2%	20.1%
2014	1.71%	33.13%	65.16%	22.5%	9.3%	16.1%
2015	1.92%	32.16%	65.92%	22.4%	5.8%	10.3%
2016	2.02%	30.70%	67.28%	13.0%	2.4%	9.5%
2017	2.03%	29.49%	68.48%	7.3%	2.2%	8.3%
2018	2.17%	29.59%	68.24%	12.9%	6.3%	5.6%
2019	2.07%	28.93%	69.00%	0.6%	3.1%	6.5%
2020	2.40%	28.16%	69.44%	19.5%	0.2%	3.6%

续表

年份	固定资产投资（不含农户）所占比重			固定资产投资（不含农户）比上年增速		
	第一产业	第二产业	第三产业	第一产业	第二产业	第三产业
2021	2.50%	29.94%	67.56%	9.1%	11.6%	2.1%
2022	2.38%	31.44%	66.18%	0.2%	10.3%	3.0%

资料来源：国家统计局，经作者计算整理

（二）投资在行业上的布局

1. 制约行业投资布局的因素

1）行业本身的特点

不同的行业具有不同的特点，有的对运输条件要求较高，有的对资本要求较高，也有的对技术要求较高等。由此决定了行业在选择投资地点时，其要求不尽相同。

2）各地区的自然、经济条件

行业投资布局还必须根据各个地区的自然条件、经济条件来合理安排，脱离各个地区的具体条件，凭主观意志安排行业投资布局，必然会造成巨大的损失和浪费。例如，不能在没有煤炭资源的地方兴建煤矿，不能在水力资源丰富的地方建火力发电站等。

2. 行业投资布局的原则

1）指向原则

指向原则又称指向原理。由于各行业的特点不同，适宜投资的地区也不同。结合行业的特点与地区的自然、经济条件确定行业投资布局，有以下几种指向。

（1）原料指向。有些行业、原材料成本占总成本的比重很高，如水泥、制糖、洗煤；有些行业原料不易运输、仓储，如水果、蔬菜、鱼肉加工等；有些行业在生产过程中原料失重很大，如有色金属冶炼，这些行业在投资布局时，应考虑接近原料产地布局。

（2）市场指向。有些行业产品不易运输或不易仓储，如食品加工、日用消费品等；有些行业产品品种的消费要求变化很快，如服装设计，应考虑接近市场布局。

（3）能源指向。有些行业耗能较多，如铝、镁、钛的冶炼，投资布局应靠近能源充裕的地区。

（4）劳动力指向。对那些劳动密集型行业，由于人工费占产品成本的绝大部分，应放在劳动力资源多的地区。

（5）技术指向。对精密仪器仪表、电子计算机、信息技术等知识密集型、技术密集型的行业，一般应选择科技水平较高、文化教育事业发达、技术熟练劳动力较多的地区。

（6）资金指向。对资金密集型行业的选点，一般应考虑接近资金富足的地区。

（7）环境指向。对酿造业、生物工程等要求空气清新、无工业污染、温度要求高的行业，应着重考虑环境条件好的地区进行布局。

当然，随着技术进步，尤其是工艺方面的进步，指向原则会产生一些新的变化，如最初的钢铁业布局既要考虑接近铁矿石地区，又要接近森林，之后变为接近铁矿石区和产煤区，再后又变为交通便利的区域，如靠近深水码头。此外，具体行业布局要考虑的因素是很多的，不仅要考虑主要因素，还要考虑众多的次要因素。

2）完全折算费用最小原则

完全折算费用是指产品从生产一直到最终消费者手中所消耗和占用的全部费用。公式为

完全折算费用=产品生产费用+产品到达市场的流通费用

+生产和流通中的资金占用额×平均资金利用率 （9.22）

由于各地区自然、经济条件不同，某一产品在不同地区的完全折算费用也会不同，选择完全折算费用最小的地区进行行业布局，将使投资费用最小化，从而可确保投资效益最大化。完全折算费用是多种因素共同作用的结果，具有较强的综合性，如果仅从经济性考虑，按完全折算费用最小进行行业投资布局是必须遵循的最重要原则。

3. 行业投资布局对地区经济的影响效应

如果说，区域投资布局主要影响区域经济发展的速度，则行业投资布局主要将影响区域经济发展的方向和特色。例如，在某地区进行大量的持续的钢铁业投资，则该地的经济就将向钢铁业方向发展，其区域的经济特色就是钢铁业比较发达。

专栏二：我国行业投资布局状况

根据中国统计年鉴数据（2018 年后的数据根据官方公布的增长率计算得出），中国 2003 年、2012 年、2022 年各行业全社会固定资产投资额变动如图 9.1 所示。

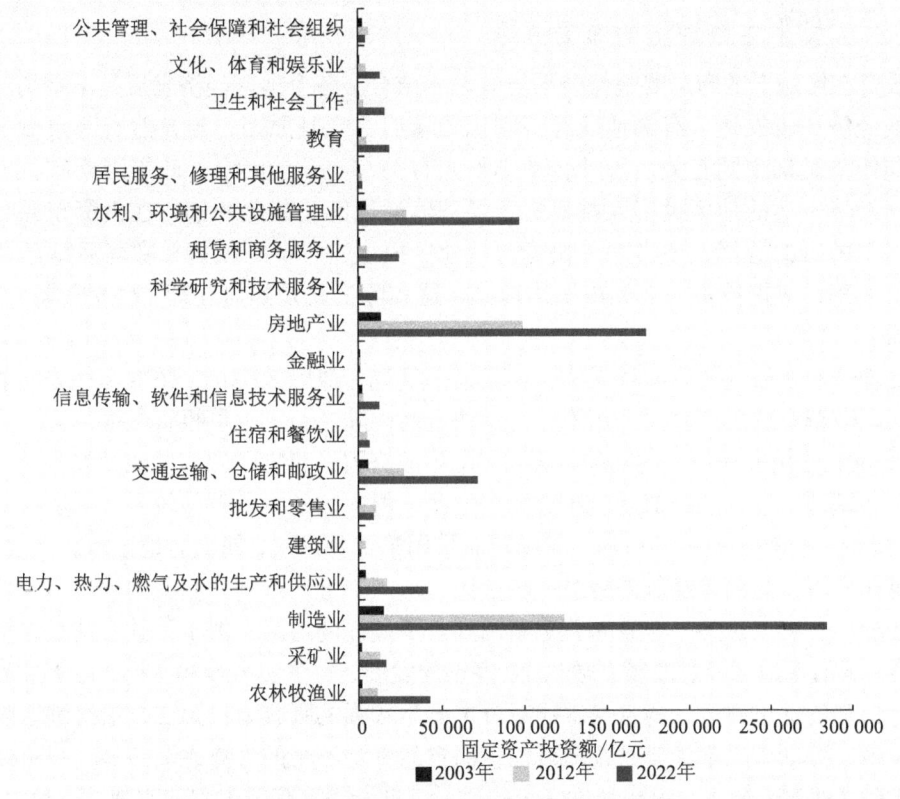

图 9.1 中国 2003 年、2012 年、2022 年各行业全社会固定资产投资额变动

如图9.1所示，2003～2022年我国大多数行业固定资产投资呈上升趋势。我国固定资产投资主要集中于制造业，房地产业，水利、环境和公共设施管理业，交通运输、仓储和邮政业。其他行业如金融业，建筑业，教育，文化、体育和娱乐业，卫生和社会工作的固定资产投资则占比较低，保持着相对平缓的增长。随着互联网经济的发展，信息传输、软件和信息技术服务业，科学研究和技术服务业的固定资产投资水平仍处在低位。

从图9.1中可以看到行业之间投资布局的不均衡，公共部门投资偏重交通基础设施、水利环境基础设施建设投资，在教育、卫生、科研、信息技术投资相对较少；私人部门投资偏重房地产行业和制造业，随着近些年房地产行业的调整和制造业升级改造，对宏观经济也产生了消极影响；此外，在金融业、农林牧渔业、住宿和餐饮业的发展投资相对较低。不合理的行业投资布局是制约经济发展的重要因素，促使公私部门行业投资布局合理化能够有效发挥投资促进经济质量提升的作用。

二、投资在区域上的布局及其效应

投资在区域上的布局是指投资资金在不同地域范围内的分配，是根据不同区域的资源特点和经济发展水平的区别（如东部沿海地区、中部地区、西部地区等），将投资资金在不同区域进行合理分配，以促进不同区域经济协调发展。

（一）投资在区域上的布局原则

投资在区域上的布局要坚持公平与效率相结合。各个地区经济发展是不平衡的，有的地区经济比较发达，有的地区经济则比较落后。究其原因，与自然资源禀赋不同有关，与经济基础不同有关，与社会基础不同有关，与政治因素、政策因素有关。一般来说，经济发达的地区投资效益要好于经济落后地区，如此一来，在投资布局时就面临着一个两难的选择：要考虑尽快将落后地区搞上去，应把投资放在落后地区；要考虑投资效率，应把投资放在经济发达地区。这实际上就是如何处理"公平"与"效率"的矛盾。

处理这对矛盾主要有两种做法：一是公平优先、兼顾效率；二是效率优先、兼顾公平。我国改革开放之前主要采用第一种做法，对内陆进行了大量投资，据估算，当时我国将近60%的投资是投入内陆的，经过30年的努力，建立了像攀枝花、包头、兰州等大型工业基地，使内陆产值逐步接近沿海地区，但内陆的投资效益较差，一般只有沿海地区的60%～70%。改革开放后，我国转而采用第二种做法，使沿海地区重新焕发活力，经济迅猛发展，与内陆经济差距进一步拉大。从"十五"规划开始我国政府实施西部大开发的战略。有人认为，这意味着重新回到公平优先的道路上去了，其实这是误解。因为：第一，沿海地区经过改革开放后20多年的发展，经济实力今非昔比，已无须政府对其实行特殊的优惠政策，其自身就能对资本产生较强的吸收力；第二，沿海地区随着经济的发展，劳动力成本优势已逐渐减弱，而自然资源不足的劣势逐渐凸显，投资效益增长幅度趋于平缓；第三，内陆经过多年的建设，投资环境有了很大的改观，劳动力优势、自然资源优势日益显露，投资效益呈上升趋势。因此，开发西部地区，仍应视为是效率优先、兼顾公平政策的延续。

（二）区域投资布局对地区经济的影响效应

地区经济发展离不开投资。虽说影响地区经济发展的因素是多方面的，但无论哪一个方面的因素，最终都要通过投资产生影响。

一是区域投资布局决定了各个地区经济发展水平高低和经济发展速度的快慢。在整个国家的生产力发展水平还比较低下的条件下，地区经济发展存在着明显的差异性，这种差异主要是自然资源条件影响的结果，如交通方便、自然条件优越、资源条件丰富的地区经济发展就较快，反之则较慢。在生产力发展水平达到一定的程度、商品经济有了一定的发展以后，决定各个地区经济发展水平高低和发展速度快慢的主要因素变为投资，包括投资规模的大小、投资结构的好坏、投资效益的高低。其他因素通过投资对经济发展产生影响。在经济基础较好，劳动力素质、社会条件比较优越，政策优惠的地区就有可能得到较多的投资；反之，经济基础条件不配套、劳动力素质及管理水平不高的地区就难以吸引投资的流入，即使国家超越经济条件安排较多的投资，也因为投资效果差而难以达到促进该地区经济增长的目标。

二是区域投资布局是实施经济发展战略、调整地区经济发展格局的重要手段。地区经济发展可以采取不同的战略，如梯度发展战略、反梯度发展战略、发展极（增长点）战略等，每一种地区发展战略都要通过投资在不同地区的分配来加以实施。例如，梯度发展战略就要求把资金主要投向经济条件较好的地区，以便迅速形成生产能力，尽快取得经济效益，增加积累，这样就有更多的资金可以投入到其他地区，使得投资重点由经济发达地区逐渐向不发达地区转移。要想实施发展极（增长点）战略，就要求投资建立一系列具有"集聚效应"和"扩散效应"的发展极（增长点），通过这些发展极（增长点），带动周围地区和行业的经济发展[①]。

专栏三：我国区域投资布局状况

根据《中国统计年鉴》数据（2018年后的数据根据官方公布的增长率计算得出），中国31个省（自治区、直辖市）2003~2022年的全社会固定资产投资额如表9.2、表9.3所示。

表9.2 中国31个省（自治区、直辖市）2003~2012年全社会固定资产投资额（单位：亿元）

地区	2003年	2004年	2005年	2006年	2007年	2008年	2009年	2010年	2011年	2012年
北京	2 169.26	2 528.21	2 827.23	3 296.38	3 907.20	3 814.73	4 616.92	5 402.95	5 578.93	6 112.37
天津	1 039.39	1 245.66	1 495.14	1 820.52	2 353.15	3 389.79	4 738.20	6 278.09	7 067.67	7 934.78
河北	2 477.98	3 218.76	4 139.69	5 470.24	6 884.68	8 866.56	12 269.80	15 083.35	16 389.33	19 661.28
山西	1 100.86	1 443.88	1 826.58	2 255.74	2 861.46	3 531.16	4 943.16	6 063.17	7 073.06	8 863.26
内蒙古	1 174.66	1 787.95	2 643.60	3 363.21	4 372.88	5 475.41	7 336.79	8 926.46	10 365.31	11 875.74

---

① 方芳，陈康佑. 投资经济学. 上海：上海财经大学出版社，2003.

续表

地区	2003年	2004年	2005年	2006年	2007年	2008年	2009年	2010年	2011年	2012年
辽宁	2 076.36	2 979.59	4 200.45	5 689.64	7 435.23	10 019.07	12 292.49	16 043.03	17 726.29	21 836.28
吉林	969.03	1 169.10	1 741.09	2 594.34	3 651.36	5 038.92	6 411.60	7 870.38	7 441.71	9 511.54
黑龙江	1 166.18	1 430.82	1 737.27	2 236.00	2 833.50	3 655.97	5 028.83	6 812.56	7 475.38	9 694.75
上海	2 499.14	3 050.27	3 509.66	3 900.04	4 420.37	4 823.15	5 043.75	5 108.90	4 962.07	5 117.62
江苏	5 233.00	6 557.05	8 165.38	10 069.22	12 268.06	15 300.55	18 949.87	23 184.28	26 692.62	30 854.24
浙江	4 740.27	5 781.35	6 520.07	7 590.22	8 420.43	9 323.00	10 742.32	12 376.04	14 185.28	17 649.36
安徽	1 418.69	1 935.25	2 525.11	3 533.56	5 087.53	6 746.96	8 990.73	11 542.94	12 455.69	15 425.83
福建	1 496.37	1 892.92	2 316.72	2 981.82	4 287.75	5 207.68	6 231.20	8 199.12	9 910.89	12 439.94
江西	1 303.22	1 713.20	2 176.60	2 683.57	3 301.94	4 745.43	6 643.14	8 772.27	9 087.60	10 774.16
山东	5 315.14	6 970.62	9 307.30	11 111.42	12 537.70	15 435.93	19 034.53	23 280.52	26 749.68	31 255.98
河南	2 262.97	3 099.38	4 311.63	5 904.71	8 010.11	10 490.64	13 704.50	16 585.86	17 768.95	21 450.00
湖北	1 809.45	2 264.81	2 676.58	3 343.47	4 330.36	5 647.01	7 866.89	10 262.70	12 557.34	15 578.29
湖南	1 590.32	2 072.56	2 629.07	3 175.52	4 154.76	5 534.04	7 703.38	9 663.58	11 880.92	14 523.24
广东	4 813.20	5 870.02	6 977.93	7 973.37	9 294.26	10 868.67	12 933.12	15 623.70	17 069.20	18 751.47
广西	921.30	1 236.51	1 661.17	2 198.72	2 939.67	3 756.41	5 237.24	7 057.56	7 990.66	9 808.61
海南	280.02	317.05	367.17	423.89	502.37	705.42	988.32	1 317.04	1 657.23	2 145.38
重庆	1 161.51	1 537.05	1 933.16	2 407.36	3 127.74	3 979.59	5 214.28	6 688.91	7 473.38	8 736.17
四川	2 336.34	2 818.42	3 585.18	4 412.88	5 639.80	7 127.81	11 371.87	13 116.72	14 222.22	17 039.98
贵州	748.12	865.23	998.25	1 197.43	1 488.80	1 864.45	2 412.02	3 104.92	4 235.92	5 717.80
云南	1 000.12	1 291.54	1 777.63	2 208.60	2 759.03	3 435.93	4 526.37	5 528.71	6 191.00	7 831.13
陕西	1 200.68	1 508.89	1 882.18	2 480.69	3 415.02	4 614.42	6 246.90	7 963.67	9 431.08	12 044.55
甘肃	619.82	733.94	870.36	1 022.59	1 304.16	1 712.78	2 363.00	3 158.34	3 965.79	5 145.03
青海	255.62	289.18	329.81	408.54	482.84	583.24	798.23	1 016.87	1 435.58	1 883.42
宁夏	317.99	376.20	443.25	498.75	599.80	828.85	1 075.91	1 444.16	1 644.74	2 096.86
新疆	973.39	1 147.15	1 339.06	1 567.05	1 850.84	2 259.97	2 725.45	3 423.24	4 632.14	6 158.78
西藏	133.96	162.36	181.39	231.14	270.34	309.91	378.28	462.67	516.31	670.52

表 9.3　中国 31 个省（自治区、直辖市）2013～2022 年全社会固定资产投资额（单位：亿元）

地区	2013年	2014年	2015年	2016年	2017年	2018年	2019年	2020年	2021年	2022年
北京	6 847.06	6 924.23	7 495.99	7 943.89	8 370.44	7 909.22	7 714.70	7 884.42	8 270.76	8 568.51
天津	9 130.25	10 518.19	11 831.99	12 779.65	11 288.92	10 661.26	12 055.11	12 416.77	13 012.77	11 724.51
河北	23 194.23	26 671.92	29 448.27	31 750.02	33 406.80	35 397.85	37 685.37	38 891.30	40 058.04	43 222.63

续表

地区	2013年	2014年	2015年	2016年	2017年	2018年	2019年	2020年	2021年	2022年
山西	11 031.89	12 354.53	14 074.15	14 197.98	6 040.54	6 387.27	6 980.80	7 720.76	8 392.47	8 887.62
内蒙古	14 217.38	17 591.83	13 702.22	15 080.01	14 013.16	10 046.03	10 720.51	10 559.70	11 594.55	13 635.19
辽宁	25 107.66	24 730.80	17 917.89	6 692.25	6 676.74	6 925.11	6 947.71	7 128.35	7 313.69	7 576.98
吉林	9 979.26	11 339.62	12 705.29	13 923.20	13 283.89	13 492.44	11 310.16	12 248.90	13 596.28	13 269.97
黑龙江	11 453.08	9 828.99	10 182.95	10 648.35	11 291.98	10 757.87	11 439.86	11 851.70	12 610.21	12 685.87
上海	5 647.79	6 016.43	6 352.70	6 755.88	7 246.60	7 623.43	8 009.90	8 834.92	9 541.72	9 446.30
江苏	36 373.32	41 938.62	46 246.87	49 663.21	53 277.03	56 201.94	59 044.70	59 221.84	62 656.70	65 037.66
浙江	20 782.11	24 262.77	27 323.32	30 276.07	31 696.03	33 946.45	37 355.74	39 372.95	43 625.23	47 595.13
安徽	18 621.90	21 875.58	24 385.97	27 033.38	29 275.06	32 729.52	35 756.51	37 580.09	41 112.62	44 812.76
福建	15 327.44	18 177.86	21 301.38	23 237.35	26 416.28	29 446.22	31 189.20	31 064.45	32 928.31	35 397.94
江西	12 850.25	15 079.26	17 388.13	19 694.21	22 085.34	24 543.44	26 808.58	29 006.88	32 139.63	34 903.63
山东	36 789.07	42 495.55	48 312.44	53 322.94	55 202.72	57 443.95	52 724.02	54 622.09	57 899.41	61 431.27
河南	26 087.46	30 782.17	35 660.35	40 415.09	44 496.93	48 123.43	51 995.18	54 230.97	56 671.37	60 468.35
湖北	19 307.33	22 915.30	26 563.90	30 011.65	32 282.36	35 839.88	39 667.34	32 209.88	38 780.70	44 597.80
湖南	17 841.40	21 242.92	25 045.08	28 353.33	31 959.23	35 155.15	38 720.66	41 663.43	44 996.50	47 966.27
广东	22 308.39	26 293.93	30 343.03	33 303.64	37 761.75	41 802.25	46 437.91	49 781.44	52 917.67	51 541.81
广西	11 907.67	13 843.22	16 227.78	18 236.78	20 499.11	22 710.96	24 883.31	25 928.41	27 898.97	27 926.87
海南	2 697.93	3 112.23	3 451.22	3 890.45	4 244.40	3 714.70	3 371.68	3 641.41	4 012.83	3 844.30
重庆	10 435.24	12 285.42	14 353.24	16 048.10	17 537.05	18 768.15	19 827.89	20 601.18	21 857.85	22 010.85
四川	20 326.11	23 318.57	25 525.90	28 811.95	31 902.09	35 152.91	38 171.51	39 240.31	41 555.49	44 048.82
贵州	7 373.60	9 025.75	10 945.54	13 204.00	15 503.86	17 945.71	18 116.12	18 695.84	18 116.27	17 192.34
云南	9 968.30	11 498.53	13 500.62	16 119.40	18 935.99	21 136.35	22 935.55	24 701.59	25 689.65	27 616.37
陕西	14 884.15	17 191.92	18 582.24	20 825.25	23 819.38	26 287.07	26 945.63	28 050.41	27 208.89	29 412.81
甘肃	6 527.94	7 884.13	8 754.23	9 663.99	5 827.75	5 600.47	5 967.94	6 433.43	7 147.55	7 869.45
青海	2 361.09	2 861.23	3 210.63	3 528.05	3 883.55	4 166.28	4 374.88	3 841.14	3 729.75	3 446.29
宁夏	2 651.14	3 173.79	3 505.45	3 794.25	3 728.38	3 050.19	2 736.03	2 845.48	2 908.08	3 204.70
新疆	7 732.30	9 447.74	10 813.03	10 287.53	12 089.12	9 042.66	9 268.73	10 770.26	12 385.80	13 327.12
西藏	876.00	1 069.23	1 295.68	1 596.05	1 975.60	2 169.21	2 122.07	2 236.67	1 919.06	1 573.63

如表9.2、表9.3所示，不同地区固定资产投资存在差异，如东部沿海地区获得优先发展的政策支持，其固定资产投资规模相对较大，投资集中度较高，较早地进入一个稳定发展的阶段，投资波动不明显。内陆地区固定资产投资规模较小，尤其是某些西部偏远地区的投资占比不足1%，且主要受政策投资影响，投资波动幅度较大。自

2001年我国迎来改革税制、发展贸易、增加投资浪潮以来，市场重新恢复生机，借助入世协定和宽松投资环境的影响，全国各地区的固定资产投资迅速增加。具体而言，2003年山东省、江苏省、广东省全社会固定资产投资额位居前三，2012年则是山东省、江苏省、辽宁省位居前列，2022年前三省为江苏省、山东省、河南省。与之不同的是，宁夏回族自治区、青海省、西藏自治区的全社会固定资产投资额较低。2003～2016年青海省、西藏自治区的固定资产投资额均位于末列，2017年起青海省的情况有所改善。2017～2022年宁夏回族自治区和西藏自治区的固定资产投资额位居末尾。

从区域来看，根据上述数据，图9.2描绘了我国2003～2022年四大区域社会固定资产投资占全国比重的趋势。如图9.2所示，东部地区的固定资产投资一直处于领先地位，2003～2006年占比50%以上，直到2007年，东部地区首次跌破50%的投资占比，区域投资比重降至48.13%。近年来，东部地区的投资比重有所下降，但依旧占据了全国固定资产投资的最大份额，领军地位未曾撼动。与资本高度集中的东部地区相比，中部地区的投资占比一直在20%的水平上不断波动，且近年来，中部地区固定资产的投资需求增加，区域投资占比呈上升趋势，从2003年的17.37%的初始值一路攀升到2022年的29.32%，表明该地区固定资产投资额增加，投资规模扩大，资金向中部地区转移。就西部地区而言，经济发展相对薄弱，筹集资金的能力较弱，为了加快西部地区的经济增长，国家加大对西部地区的投资力度，扩大固定资产的投资规模，改善交通基础设施建设，促进区域经济协调发展。故2003～2022年西部地区的固定资产投资占比呈上升趋势。此外，东北地区作为一个资源丰富的老工业基地，受益于东北振兴战略的政策倾斜，2003年后投资比重上升，至2013年达到峰值后转而下降，资金从东北地区向外流出。

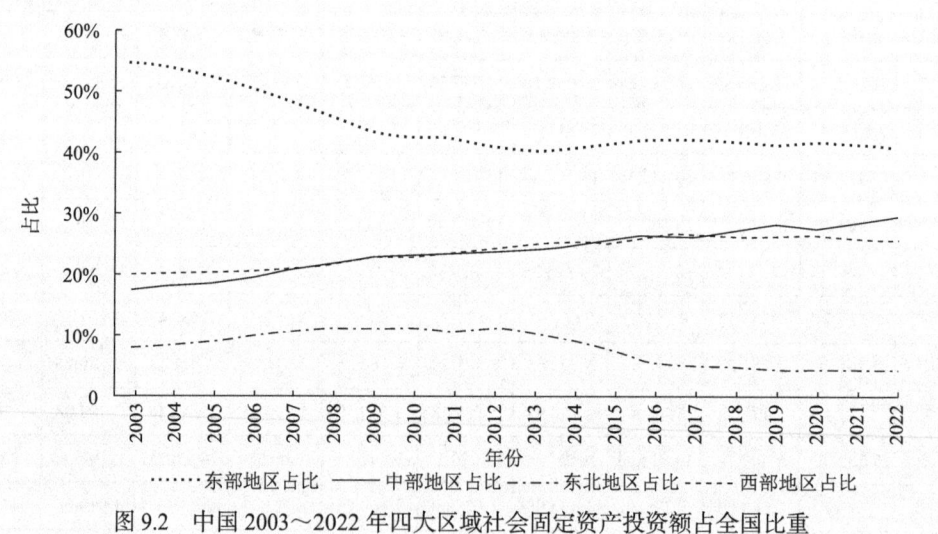

图9.2 中国2003～2022年四大区域社会固定资产投资额占全国比重

三、投资在项目上的布局及其效应

投资的项目性质结构是指竞争性、基础性、公益性项目之间的数量比例关系。由于这三类项目的投资主体不同，其资金来源、融资方式、市场需求、管理方式、投资收益有明显的差异，通过分析投资在不同性质项目之间的分配，有利于把握一定时期内社会投资在经济效益与社会效益、微观效益与宏观效益之间的选择重点及分配情况。

（一）投资在项目上的布局原则

投资在项目上的布局必须遵循集中与分散相结合的原则。该原则是指投资项目应尽可能集中布局，但在全国范围内应尽可能布置在更多的地区。习惯上把这一原则称为"大分散""小集中"。

之所以要"小集中"，是因为投资项目的集中布置会带来"集聚效应"，如可以共同使用一些基础设施，协作配套比较方便，信息传递比较快捷，资源和其他生产要素的利用率较高等，因而"小集中"对确保投资经济效益有积极的意义。当然"小集中"也不是越集中越好，这里也有个"度"的问题。因为集中一方面能带来"集聚效应"，另一方面还会带来"外部不经济性"，如环境污染、交通拥挤、住房紧张、副食品供应困难等，从而使投资和经营成本上升。衡量集中是否适度，可以将集聚效应与外部不经济性进行比较，当外部不经济性大于集聚效应时，说明过分集中了。

之所以要"大分散"，是因为区域经济均衡发展的需要。大分散一方面可在地理空间上造就新的"经济生长点"，促进落后地区的经济发展；另一方面对控制大城市规模，大力发展中小城市也有着积极的意义。此外，大分散对于环境保护、加强民族团结、国防安全、充分利用各地的自然资源等都有着重大的积极意义[①]。

（二）项目投资布局对地区经济的影响效应

项目投资布局尤其是重大建设项目对布点区域的影响主要表现在以下几个方面。

一是在欠发达地区部署重大建设项目将会促进当地的经济发展，减少与发达地区的差距，促进区域的协调发展。通过项目建设投资带动布点区域经济增长，促进落后地区的跨越式发展，并对落后地区周边区域产生扩散效应，进一步引发地区经济结构优化，缩短地区间的发展差距，促进区域的协调发展。

二是项目投资将改变其所在区域的功能与发展条件。通过吸纳有一定专长的劳动力和其他类型劳动力，增加劳动就业，改变就业结构，同时促进生活及服务设施水平提高等。

三是项目投资尤其是重大项目的投资与建设可以促进区域产业循环的形成。重大项目建设很容易促进形成布点区域的核心产业，并可能围绕核心产业出现一系列辅助性产业，或者形成一定规模的地方产业集聚，推动布点区域的整体发展。

四是通过提供地区经济发展急需的基础设施、能源或技术等，并通过大型工程建设这一载体，促进先进适用技术的应用，加快技术进步并带来衍生技术的生成和使用，从而促进区域的创新发展。

五是通过重大建设项目的实施，在拉动第二产业大规模发展的同时，带动第三产业的发展，相应地引发劳动力从第一产业向第二产业和第三产业转移，进而推进城市化进程。

---

① 方芳，陈康佑. 投资经济学. 上海：上海财经大学出版社，2003.

六是重大建设项目由于在规划建设的过程中，越来越强调以人为本，追求人与环境的和谐统一，重大建设项目更加注重环境保护和生态改善，由此会更加促进资源的合理开发和利用，以及增加对节能减排的贡献，促进区域的绿色发展。

当然，项目投资对布点区域也可能带来负面影响，主要表现在项目建设带来的耕地减少，进而减少了当地居民的务农收入；生态环境条件的改变，甚至地质环境的变化，造成人与环境关系紧张；项目建设所在地的历史文化遗产遭到破坏，甚至影响民族地区的信仰等；有些能源、资源输出类的重大建设项目可能在一定时期内会削弱地方原有的发展优势等[①]。

第三节 投资周期及其影响

一、投资周期的形成

（一）投资周期概述

纵观世界各国经济发展的历史，投资增长总是波动起伏的，并且表现为一种周期性的运动过程。投资波动是指投资总量增长率的上升或下降，表现为一定年份投资总量增长率的急剧上升，而在另一些年份投资总量增长率陡降，甚至出现负增长。投资周期便是指在经济中投资增长呈现交替扩张和收缩的现象。这种交替的周期变动通过投资额、在建投资总规模等指标的波动表现出来。投资周期和自然界中观察到的许多周期现象一样，是有规律的，但其波动的频率、幅度和持续时间都不是统一的。

投资周期的波动既是经济周期性波动的原因，又是经济发展过程的必然结果。社会经济长期稳定的增长客观上要求社会供给总量能够随着需求总量的增加而增加。实践表明，只要总供给与总需求的矛盾存在，经济的周期性运动就不可避免，因而投资的周期性波动也就不可避免。研究投资周期不是为了消除投资周期，也不可能消除投资周期，而是要认识投资周期波动的规律性。依据这种规律，人们可以采用一些预防性措施，将投资周期的波动幅度控制在一定范围内，以减少投资周期的负面影响。

（二）投资周期的分类

社会经济的波动有两种类型：一是古典型波动，二是增长型波动。前者是指古典经济学家归纳的经济波动，其含义是一国的经济活动水平的绝对上升或下降。后者是指经济变量增长率的上升或下降。

按投资增长的阶段及波动的幅度，投资周期可以分为古典周期和增长周期两类。古典周期包括繁荣、衰退、萧条和复苏四个阶段，判断古典周期的主要标志是投资额的增减。从开始正增长到转入负增长的时间称为一个周期。增长周期包括扩张和收缩两个阶段，不出现经济的负增长。判断增长周期的主要标志是投资增长速度由提高转为降低，

---

① 王宏伟. 国家重大建设项目区域经济影响评价研究：以三峡工程建设为实证基础. 数量经济技术经济研究，2020，37（4）：107-126.

从开始提高转为降低的时间称为一个周期。

按投资波动变化所经历的时间长短，投资周期可分为长周期、中周期和短周期。1862年法国经济学家朱格拉提出，繁荣、危机、清算三个阶段反复形成周期，长度为 9～10 年。这种中周期被称为朱格拉周期。1923 年，美国经济学家基钦根据美国和英国的详细资料提出，经济周期有大小两种。小周期平均长度为 42 个月，大周期是小周期的总和，一个大周期包含二三个小周期。因此，平均长度为 40 个月的短周期被称为基钦周期。1925 年苏联康德拉惕夫根据美国、英国、法国 100 多年批发物价指数、利率、工资等的变动，认为有一种更长的循环，其平均长度为 50 年。这种长周期被称为康德拉惕夫周期。美籍奥地利经济学家熊彼特综合前人成果，认为每个长周期包括六个中周期，每个中周期包括三个短周期，其中短周期约为 40 个月，中周期为 9～10 年，长周期为 48～60 年。经济学家在谈论上述长周期、中周期和短周期时都是就整个经济的增长而言的。投资是经济的重要组成部分，甚至还是经济波动的重要原因。因此，有关经济长、中和短周期的划分应该也是适用于投资周期的。

（三）投资周期形成的原因

迄今为止，经济学家殚精竭虑，对投资周期及经济周期形成的原因做了多种不同的解释，其中具有代表性的有如下几种：①创新说——把经济周期和投资周期归因于科学技术的重大发明创造；②消费不足说——把周期性归因于一般人用于消费的收入不足；③投资过多论——把周期性衰退归因于投资过多；④心理说——把周期性波动归因于人们悲观和乐观的预期的交互作用；⑤货币论——把经济的周期波动归因于银行对货币和信用的扩张和收缩；⑥太阳黑子论——把经济周期和投资周期归因于太阳黑子的出现；⑦政治因素论——把周期性衰退归因于政府采取制止慢性通货膨胀的政策；⑧体制论——把经济周期和投资周期归于一定的经济体制；⑨乘数和加速原理的结合——把经济周期归因于投资乘数和加速数的交互作用；⑩不依赖外生冲击的经济周期模型理论。这种理论将上述九种解释都归结为依赖外生冲击的周期模型。不依赖外生冲击的经济周期模型的理论假设是：经济周期波动的产生不是由外生力量导致的，而是由经济系统内部结构决定的；就周期模型而言，就是由模型的数学构造决定了内生周期的产生。

（四）中国投资周期波动的原因

我国投资周期波动的基本原因可以概括为以下四个方面。

1. 自然及技术因素的影响

我国投资扩张的主要促进因素有三点。①我国人口众多，维持充分就业，将是我国面临的长期性压力。②我国是一个发展中国家，目前仍处在工业化和城市化进程之中，工业化要求以资本替代农业劳动力，促进农业劳动力向工业部门的转移，同时要求不断提升工业部门的技术水平；城市化则要求建设完善的城市基础设施体系。③伴随着对外开放程度的提高，我国可以积极利用发达国家的先进技术。这些可能促进投资的增长。

我国投资扩张的主要制约因素有三点。①我国人均耕地面积十分有限，农业受自然条件影响很大。②我国重要自然资源的人均占有量远远低于世界平均水平。③我国企业的自主创新能力相对较弱，国内市场容易受到来自国外商品输入的挤压；对外商品出口主要为劳动密集型产品。

投资周期波动的直接诱发因素有：①自然条件的变化使农业生产在不同年份间呈现自然的波动，而农业的波动必然会带动投资的波动；②技术创新本身是周期性的，重大的技术突破可以提供较多的投资机会，但技术的突破总需要一定时期的技术开发积累，其间投资机会相对较少；③消费需求的变化具有阶段性，消费的主导产品呈现出周期性升级转换的特点；④设备更新投资在年度之间也是不均衡的。

值得指出的是，随着经济发展阶段的变化，上述自然及技术因素的影响是会发展变化的。例如，随着劳动力成本的上升，劳动力供给可能成为投资需求扩大的制约因素；随着我国技术水平与国外差距的缩小，我国自主创新能力及技术进步的情况将对投资的周期波动产生越来越重要的影响。

2. 体制及政策因素的影响

在我国传统的经济体制下，投资由财政拨款无偿供给，对企业是一种赠品，国家对企业承担无限责任，企业投资不承担经济风险，因此都有难以满足的投资扩张冲动。投资增长受国家计划直接控制。在这种情况下，宏观决策正确，可以对微观的扩张冲动起抑制作用；相反，宏观决策一旦失误，如提出一些不切实际的政治目标和经济指标，就可能导致投资的大起大伏。从我国投资发展的历史过程中可以发现，多次投资高峰的到来，几乎都恰好伴随着一次政治运动的脚步，或者一次新的政治任务的提出。

在改革开放初期，地方政府和企业投资自主权限的扩大，极大地调动了它们从事投资的积极性，投资资金来源渠道的增多，特别是银行贷款的增长，又为地方政府和企业从事投资活动提供了可能。地方政府并不承担投资的经济责任，企业投资负盈不负亏，这是造成20世纪80年代和90年代几次投资过度扩张的主要原因。

2003年我国再度出现投资过度增长的问题，主要的制度和政策性原因有如下方面。①中央政府为抵御通货紧缩的压力，实施扩张性的宏观经济政策，主要手段是实施积极的财政政策，大规模进行基础设施和基础产业的投资。②地方政府为了扩大就业、增加财政收入、改善投资环境及追求政绩，利用土地供给及其对银行的影响，千方百计为企业扩大投资规模提供支持，同时积极鼓励民间投资和吸引外来投资。③国有商业银行和政策性银行是投资资金的主要提供者，它们受到政府的"隐性担保"，不仅通过承销国债和发行金融债券为政府的投资扩张行为提供了资金保证，同时为了降低不良贷款比率，大量新增贷款，为企业的投资扩张提供了积极的支持。④国有独资或国有控制企业仍占相当比重，上市公司治理结构不健全，资本市场发育不良，利率市场化尚未实现，汇率缺乏灵活性，市场机制难以形成对投资的有效调节。

近年来，我国投资增速逐年下降，表明政府全面刺激政策的边际效果递减，投资增长越来越受市场内在因素的驱动。投资增速能否停止下落，取决于制造业去产能、房地产去库存、金融降杠杆的情况。投资增速能否转为上升，关键在于企业能否通过技术创新、产品创新、商业模式创新和组织结构创新等，创造新的投资机会。

3. 投资乘数和加速原理的综合作用

在我国的经济条件下，投资乘数和加速原理的作用都是存在的。

在我国传统经济体制下，社会总需求与总供给的对比关系经常性地表现为供给不足，但不等于资源没有闲置，不等于投资不能通过创造需求拉动经济增长。事实上，每次在政府采取控制投资规模的政策措施之后，都会出现生产能力和产品的相对过剩。因此，在经济复苏和高涨阶段，投资会对需求扩张产生乘数效应。投资乘数作用固然会因短线部门供给不足的阻滞而使其带动收入和就业增长的效应中断，但这种阻滞和中断是在投资扩张到一定程度后出现的。

伴随着我国市场经济体制的基本建立和社会总需求与总供给对比关系的变化，在经济增长下降阶段，不仅会出现一般生产能力和商品的供给过剩，还会出现能源、原材料、交通等基础设施和基础产业的供给过剩，这为投资乘数的作用发挥提供了更大的空间。在经济上升期，投资乘数与加速原理交互作用，但投资扩张到一定程度后，又会遇到资源瓶颈的约束。值得指出的是，在市场化过程中，我国收入分配的差距逐渐扩大，边际消费倾向递减的趋势明显，这在一定程度上已经成为投资乘数效应的新的制约因素。

既然投资乘数和加速原理都还起作用，两者的合力必然推动投资增长和整个经济的周期性波动。

4. 国际因素的影响

伴随着我国对外开放程度的提高，国际因素对我国投资周期波动的影响逐步扩大。国际因素主要通过进出口贸易和国际资本流动两条途径影响我国投资的周期波动。净出口增加和国际资本净流入增加，可以加速我国投资增长；相反，净出口减少和国际资本净流入减少，则会降低我国投资的增长速度。国际市场是起伏波动的，原油、矿石等产品市场价格的大幅上涨和下跌可能冲击国内投资的增长；国际金融市场的波动也可能传递到国内资本市场。1997 年和 2008 年爆发的亚洲金融危机和国际金融危机都对我国的投资增长产生了明显的影响[①]。

二、投资周期的影响

（一）投资周期对经济增长的影响

我国的投资增长率波动与经济增长率的波动表现出极高的相关性。在绝大多数情况下，投资增长率上升，经济增长率也上升；反之，投资增长率下降，经济增长率也随之下降。投资增长率波动的周期性与经济增长率波动的周期性表现出高度的吻合。投资波动不仅与经济增长波动密切相关，实际上投资波动是导致经济增长波动的一个重要因素。那么投资波动为什么会导致经济增长波动呢？这可以从马克思的扩大再生产原理中寻找答案。社会总产值是反映一国（地区）在一定时期内（通常为一年）物质生产总成果的重要指标。在实物形态上，社会总产值分为生产资料生产和消费资料生产两大部类，在价值形态上分为生产过程中消耗掉的生产资料转移价值和劳动者新创造的价值。固定资

---

① 张中华. 投资学. 北京：高等教育出版社，2017.

产投资包括基本建设投资和更新改造投资。所以，固定资产投资在社会总产值中属于生产资料生产部类。根据社会扩大再生产原理，要使国民经济正常运转，两大部类必须保持相对平衡，这就必须满足以下条件：

$$I(v+m) > II(c) \qquad (9.23)$$

$$I(c+v+m) > I(c) + II(c) \qquad (9.24)$$

$$II(c+v+m) > I(v+\frac{m}{x}) + II(v+\frac{m}{x}) \qquad (9.25)$$

式（9.23）、式（9.24）表明，第一部类的产品除应满足用以补偿本部类和第二部类所消耗的生产资料的需要外，还应当有追加的生产资料，这样才能使扩大再生产得以维持。式（9.25）表明，为了进行扩大再生产，不仅需要有追加的生产资料，还需要有追加的消费品。因此，第二部类的产品除了应满足用以补偿本部类和第一部类所消耗的消费品外，还应当再生产出一个消费品余额。社会再生产要顺利进行，就必须满足上面的几个基本条件，这样，经济增长就不会大起大落。一旦投资规模及其增长速度破坏了这几个条件，就会使社会总供求比例关系失调，导致经济波动的出现。

不仅投资波动会导致经济波动，而且经济波动的周期性也是由投资波动的周期性决定的。因为，随着投资总量的增长，投资需求不断膨胀，从而带动社会总需求膨胀，社会总需求膨胀的结果是拉动经济的增长。当社会总需求的膨胀最终打破了社会总供求的平衡时，社会购买力超出了商品的可供量，物价上涨，社会经济生活混乱。这样政府就不得不运用多种调控手段强制地大规模地削减投资总量，从而压制社会总需求。社会总需求的紧缩使拉动经济增长的动力消失，经济发展就必然要由增长转为停滞。这样，在经济增长的过程中，投资波动的周期与经济增长波动的周期是同步的[①]。

（二）投资周期对企业发展的影响

投资是一个企业发展的重要环节。合理的投资能够提高企业的生产效率、拓展市场、增强竞争力，从而实现企业的长期发展。投资周期比较长的项目，往往会给企业带来一定的挑战。因此，投资周期对企业的发展有着重要的影响。

1. 投资周期较短对企业的影响

对于一个投资周期较短的项目，企业所付出的成本相对较低，回报明显。短周期的投资能够迅速提高企业的收入水平和生产效率，从而增强企业的市场竞争力。此外，在市场需求不断变化的情况下，投资周期较短的企业能够更加灵活地适应市场变化，更好地满足客户需求。

企业可以通过对现有生产设备的升级改造、引进优秀人才等方式实现短周期投资。举个例子，一家酒店为了提高客户的入住体验，在投资了短周期的升级改造后，引入全新的电子护照识别系统，让客户的入住变得更加方便和愉悦。在短周期的投资过程中，酒店不仅实现了成本的有效控制，还提高了服务水平，赢得了更多客户的信赖和支持。

---

① 张仲敏. 投资经济学. 北京：中国商务出版社，2004.

2. 投资周期较长对企业的影响

尽管长周期的投资可能带来巨大的潜在效益,但是它也会给企业带来一些挑战。首先,长周期的投资需要企业付出更长时间和更多的资金成本。这往往会增加企业的财务负担,损害企业的经济效益。其次,长周期的投资容易受到市场需求变化等因素的影响。如果某个项目在投资过程中发生了市场需求的结构性转变,或者竞争对手实现了技术领先,企业所投资的项目可能会受到不利影响,减少企业的潜在收益。长周期的投资需要持续的潜心思考,实现平衡考虑。企业应该通过深入的市场分析、行业调研等方式,尽量减少长投资周期的风险。

投资是企业长期发展的重要组成部分,是实现可持续发展的关键。投资周期的长短对企业的发展有着重要的影响。企业应该理性对待各种投资形式,根据企业的实际情况和市场需求,选择合适的投资项目。在进行投资时,应该在经济效益、市场竞争力、长期发展等方面全面考虑,做出更加明智的决策。

(三)投资周期对个人的影响

对个人而言,投资周期影响着经济周期,从而影响着人们的就业机会、收入水平、消费能力及受教育和培训机会。个人也应该密切关注投资周期、经济周期的变化趋势,及时调整策略,以更好应对投资以及经济的波动。

首先,在就业机会方面,在投资周期与经济周期的繁荣阶段,企业扩大规模,创造更多就业机会,个人就业形势良好;然而,在衰退期,失业率上升,个人找工作难度加大。其次,在收入水平方面,在投资与经济的繁荣期,企业盈利能力增强,个人收入相对较高;而在衰退时期,企业盈利能力下降,个人收入可能受到压缩。再次,在消费能力方面,在投资与经济的繁荣期,个人收入增加,购买力提高,消费能力相对较强;然而,在衰退期,个人收入减少,消费能力下降,个人可能会调整消费行为,减少非必需品的购买。最后,在受教育和培训机会方面,在投资与经济的繁荣期,企业需要更多的人才,个人可以更容易找到学习和培训的机会;而在衰退期,企业减少招聘需求,个人的学习和培训机会可能减少。

本 章 小 结

本章第一节详细介绍了投资总量的形成及其影响因素,阐述了投资乘数、加速原理及投资乘数与加速原理相互作用模型,介绍了我国的投资需求状况。第二节重点介绍了投资在产业上、区域上和项目上的布局及其效应。第三节主要阐述了投资周期的含义、形成原因及其影响。

本 章 习 题

1. 投资总量的资金来源有哪些?
2. 简述储蓄—投资的直接和间接转化机制。

3. 投资总量有哪些影响因素?
4. 简述投资乘数作用的条件。
5. 简述投资加速原理发挥作用的条件。
6. 简述投资乘数与加速原理相互作用的机制。
7. 两部门经济中,假定边际消费倾向 β 是 0.75,则投资乘数 k 是多少?
8. 两部门经济中,假定边际消费倾向为 0.7,投资支出增加 30 亿元,这将导致均衡 GDP 增加多少亿元?
9. 三部门经济中,假设社会消费函数 $C=100+0.8Y_d$(Y_d 为可支配收入),投资 $I=200$,政府购买支出 $G=100$,政府转移支付 TR=62.5,税收 $T=0.25Y$。
(1)求收入、消费、税收的均衡值。
(2)求投资乘数。
10. 简述投资在产业上、区域上、项目上的布局原则。
11. 区域投资布局对地区经济发展有什么影响?
12. 投资周期有哪些类型?
13. 简述投资古典周期与增长周期的异同。
14. 简述引发我国投资周期波动的原因。
15. 投资周期有什么影响?

第十章

出口需求

> **本章知识点**

1. 对外贸易及其经济影响
2. 进出口及相互关系，出口总量、结构及其与社会总供求的关系
3. 影响出口需求的因素
4. 中国的出口、贸易依存度和双顺差
5. 中国出口的国际影响和面临的挑战
6. 出口需求与汇率的关系
7. 净出口变动对本币币值及货币政策的影响
8. 我国汇率制度改革历程

> **本章学习目标**

1. 掌握对外贸易的概念、成因及相关理论，分析对外贸易对宏观经济的影响，了解一国对外贸易的原因
2. 把握进出口及其相互关系，明确出口与社会总供求的关系
3. 掌握影响出口需求的因素，了解中国出口的特点及变迁历程
4. 掌握中国出口的国际影响，明确当前面临的挑战
5. 掌握出口需求与汇率的关系
6. 掌握净出口与本币币值、货币政策的关系

涉外经济活动是一个国家同其他国家和地区之间的商品买卖活动，是对国外的商品交换，对国内商品流通的补充。各国输出与输入的总和，构成了国际贸易。国际贸易与生产过程国际化的结合，使资本、信贷、技术、劳务等在国际的流通发展起来，使得国际的经济联系除了传统的商品买卖关系外，频繁地发生资金融通、技术转让、智力引进、

劳务交换等不同内容，使一国的涉外经济活动的内容大大地丰富起来。出口需求是社会总需求的重要组成部分，不仅直接关系到一个国家的经济增长和就业水平，还深刻影响着全球产业链的发展格局。了解和分析出口需求的形成机制和影响因素，对于理解国民经济运行、制定贸易政策、优化产业结构、提升国际竞争力等方面具有重要意义。

第一节 出口需求的形成

出口需求是国外购买者对本国商品和服务的需求总和。出口需求的形成是一个复杂而多元化的过程，受到宏观经济环境、国际市场变化、行业结构、产品质量等多方面因素的交织影响。在国际贸易的框架下，需求主体的消费行为、投资活动和政府政策都对出口需求产生着直接和间接的影响。出口需求的形成涉及国际贸易、国际分工和资源配置等多个方面，直接影响着一个国家的国际收支状况、产业结构调整和经济增长速度。

一、对外贸易的成因与影响

（一）对外贸易成因

对外贸易是一国或一个地区与他国或另一地区之间的商品买卖活动，即国际的商品交换，是影响宏观经济总量和结构平衡的重要因素。对外贸易有狭义和广义之分，狭义的对外贸易一般指有形商品或货物贸易，即一国或一个区域与别国或区域之间进行的实物交换活动。广义的对外贸易则不仅包括有形商品贸易，还包括无形商品即服务和技术贸易，即一国或区域对别国或区域之间进行的货物、服务和技术的交换活动。

对外贸易成因的相关理论如下。

1. 亚当·斯密的绝对优势论和李嘉图的相对优势论

绝对优势论：一国技术发展水平有限，需要通过国际贸易和国际交流学习技术，加快本国经济发展。每一个国家都应该生产具有绝对优势的产品，去交换本国必需的但自己生产又处于绝对不利地位的产品，从而使本国的土地、劳动和资本得到最有效的利用，提高劳动生产率。

相对优势论：在国际分工中，如果两国生产力不等，甲国生产任何一种商品的成本均低于乙国，处于绝对优势；而乙国的劳动生产率在任何商品的生产中均低于甲国，处于绝对劣势，这时两国仍存在进行贸易的可能性。即遵循"有利取重，不利择轻"的原则，如果一个国家在本国生产一种产品的机会成本低于在其他国家生产该产品的机会成本，则这个国家具有生产该产品的比较优势。

2. 赫克歇尔-俄林的要素禀赋学说

一国资源禀赋有限，各国资源禀赋存在差异，需要通过国家间的交换弥补资源缺失。各国间要素禀赋的相对差异及生产各种商品时利用这些要素的强度的差异是国际贸易的基础。要素禀赋是指一国所拥有的并能用于生产的各种生产要素（包括土地、劳动力、资本和企业家才能）的数量。各国应该集中生产并出口那些能够充分利用本国充裕要素的产品，同时进口那些需要密集使用本国稀缺要素的产品。这样，国际贸易不仅使得各国能够更有效地利用自己的资源，也促进了全球范围内的资源优化配置。

3. 克鲁格曼的规模经济贸易模型

各国市场和生产规模存在不同，由于生产规模不同，即使要素和技术相似，各国之间也会存在生产成本的差异，因此会产生国家间的贸易。

4. 偏好相似理论

产品的出口建立在国内需求的基础之上。每个国家都存在一个代表性的需求水平，表明一国平均的收入水平。与这种收入水平相应的代表性消费品是各国消费品产业发展的主导。企业生产的产品只有符合大多数消费者的需要，其生产才容易达到规模经济，从而有助于企业获得较高的利润率。国际贸易可以解决各国生产者在某个层次产品的生产上达到规模经济和满足不同收入消费者消费需要的矛盾，即各国可以专门生产本国代表性需求产品，并出口这种产品，同时分别从不同的国家进口其他国家生产的、用来满足本国其他收入层次消费者的需要。

一般而言，一国对外贸易的原因有多种。①推动市场扩张。对外贸易可以扩大国家产品和服务的市场份额。通过进入国际市场，国家可以获得更多的消费者，促进国内产业的发展。②实现资源互补。不同国家拥有不同的资源禀赋和生产优势。通过对外贸易，国家可以获取其他国家所需的资源，实现资源的互补性，提高生产效率。③实现技术和经验获取。对外贸易有助于国家获取先进的技术和经验。通过与其他国家合作，国家可以学习和引进先进的生产技术和管理经验，提升国内产业水平。④实现市场扩张。对外贸易可以扩大国家产品和服务的市场份额。通过进入国际市场，国家可以获得更多的消费者，促进国内产业的发展。⑤实现经济增长。对外贸易是许多国家实现经济增长的关键因素之一。通过扩大出口，国家可以创造更多的就业机会，提高生产水平，并推动整体经济活动的增加。⑥提升国际竞争力。通过与其他国家进行贸易，国家可以在国际市场上提高产品和服务的竞争力。与国际市场接轨有助于国内产业更好地适应全球市场需求。⑦扩大消费选择。对外贸易使得国内市场可以获得更多、更丰富的商品和服务选择，从而提高国民的生活水平。

（二）对外贸易对宏观经济的影响

在国民经济平衡中之所以要考虑进出口贸易的影响，是因为：任何国家的资源都是有限的和不平衡的，一个国家总是这种资源多，那种资源少，因此，没有任何一个国家能对资源完全自给自足，而必须通过国家间的交换来弥补；一个国家再发达，也不可能拥有所需的一切先进技术，因此，通过国际贸易，互相交流和运用他国的技术成果，是一条加快本国经济发展的捷径；通过国际市场的商品交换，可以扬长避短，以自己的优势产品换回比自己生产更便宜的其他产品，以节约社会劳动和物质消耗，取得更好的经济效益。

1. 进口对国民经济的影响

（1）影响国内市场商品价格。进口能够为国内市场提供更多的商品和服务选择。一方面,通过引入外国产品,产品间竞争可能会导致国内相应产品的价格下降。另一方面,如果国际市场商品价格上涨,也可能通过进口传递,引发输入性通货膨胀。

(2)影响产业结构。进口可以导致国内产业结构的调整。一方面,通过引入技术和经验,进口关键技术和产品,有助于提升国内产业水平。另一方面,国外产品以其价格、质量、技术或品牌的优势,可能在国内市场上占据一定的份额,国内产业可能面临市场份额减少、利润下滑甚至生存危机。进口竞争促使国内产业进行结构性调整,为了应对竞争,国内产业需要调整自身的产业结构、产品结构和市场结构。

(3)影响就业。进口的增加可能对国内就业产生积极和消极的影响。引入更多廉价进口商品可能导致国内一些产业的失业,但同时,进口也创造了零售和分销等环节的就业机会。

(4)影响贸易平衡。增加进口可能导致贸易逆差,即国家的进口超过出口。

(5)影响国际投资和资本流动。通过进口,国家可能需要支付外国供应商,影响国际支付和资本流动。同时,进口也可能为国家吸引外国直接投资提供契机。

2. 出口对宏观经济的影响

(1)促进经济增长。出口是国家实现经济增长的重要推动力之一。通过向国外销售产品和服务,国家可以扩大产出和创造就业机会,促进整体经济活动的增加。

(2)创造就业。出口活动的增加通常伴随着生产的提升,从而创造更多的就业机会。出口导向型产业和企业通常需要更多的劳动力来满足国际市场需求。

(3)促进产业结构调整。出口可以促使国家进行产业结构调整,以适应国际市场需求。这可能涉及提高技术水平、提升产品质量,从而提高整个产业的竞争力。

(4)创造外汇收入。出口带来的外汇收入对国家的国际支付和储备非常重要。外汇收入可以用于购买进口商品、偿还国际债务,同时也增加了国家的储备。

(5)影响汇率和国际收支平衡。出口通常需要外国购买本国货物和服务,外国需要支付本国货币,这可能导致本国货币升值。如果出口超过进口,国家将拥有贸易顺差;反之,如果进口超过出口,可能形成贸易逆差。

(6)促进国际合作与提高影响力。出口活动有助于加强国家在国际事务中的角色重要性,与其他国家建立经济关系,增加国际合作和交流,有助于提升国家在全球事务中的影响力。

二、出口与社会总供求

在经济全球化的背景下,国家与国家之间的贸易活动与资本往来变得越来越频繁,物品、劳务的输出、输入,以及资本的流入、流出必定会影响一个国家的社会总供给与总需求。

(一)进出口与社会总供求的关系

1. 进出口的含义

(1)进口。进口是指一个国家或地区不生产某种商品或劳务,而是从其他国家或地区购买以满足国内消费和生产的贸易活动，是一定时期内所有进口商品贸易额的加总。

（2）出口。出口是拉动经济发展的"三驾马车"之一，是一个国家向其他国家输出本国商品和服务的活动，包括贸易和销售活动，既出口货物也出口服务，是将商品或服务销往世界其他国家或地区的经济活动。

（3）净出口。出口减进口的差额为净出口，它可能为正也可能为负。

2. 进口与出口的关系

出口和进口是一个国家对外贸易的两个组成部分，对外贸易是社会分工和商品经济发展的产物。

进口取决于出口，出口是对外经济贸易的基础。只有出口换得外汇，才可能进口国外的商品。对外经济贸易活动，不仅要进口商品，还要引进技术，偿还外债本息等，最终都要决定于本国的外汇支付能力，而外汇收入要依靠出口贸易。出口贸易的创汇能力制约着一国涉外经济活动的规模和水平。

进口也可以带动出口，即"以进养出""以进促出"，通过进口设备、材料、技术，和本国的劳动力等资源结合起来，可提高出口产品的竞争能力，扩大出口的规模。进口贸易的扩大，有时是通过利用外资、外债形成的，这种情况可能造成同期进出口的逆差。关键在于对外资、外债的利用情况，用得好，可以减少进口，并增强出口的实力。如果对进口限制过多，还会导致与别国的贸易摩擦，也不利于出口。

3. 进出口与总供求的关系

进出口贸易的存在可以起到调节国内供求不平衡的作用。根据式（9.1）求得按收入法的社会总收入：

$$(T-G)+(M-X)+(S-I)=0$$

其中，I 表示投资；S 表示储蓄；T 表示税收；G 表示政府支出；X 表示出口额；M 表示进口额；当 $X>M$ 时，$X-M$ 表示净出口或称外贸纯收入。

当出口大于进口，即国际收支是顺差时，若国内是总供给大于总需求，用国际顺差使供给减少、需求增加，有利于弥补国内的供求差，实现社会总供求的平衡；当出口小于进口，即国际收支是逆差时，若国内是总供给小于总需求，用国际逆差使供给增加，需求减少，有利于弥补国内的供求差，实现社会总供求的平衡。

上述调节在短时期内是可能的，但由于国内总供求关系的不确定性及影响进出口的因素众多，长期靠国际收支的差额来调节国内的社会总供求是靠不住的。

（二）出口总量、结构与社会总供求

1. 出口总量

出口总量是 GDP 的重要组成部分。出口总量增加与国民经济总量增加之间存在着密切的关系。当一个国家的出口规模不断扩大时，意味着该国的商品和服务在国际市场上获得了更广泛的认可和需求，从而带动了生产活动的增长。这种增长不仅直接反映在出口企业的收入增加和利润提升上，更通过产业链的传导效应，促进了相关产业的繁荣和发展。随着出口的增加，国内的产业链得到有效延伸，创造更多的就业机会和经济效益，进而推动国民经济总量的稳步提升。

出口总量的作用可以用出口的增长贡献率和出口乘数来衡量。

出口的增长贡献率是指出口增量对经济增长的贡献程度，通过计算出口增量与 GDP 增量的比值来衡量。当出口的增长贡献率较高时，说明出口对经济增长的贡献较大，出口成为拉动经济增长的重要动力之一。出口的增长贡献率受到多种因素的影响，包括国际市场需求、国内生产能力、贸易政策等。

出口乘数，是指出口变动对国民收入变动所产生的倍增或倍减效应。出口乘数 $m=\Delta Y/\Delta X$，其中 ΔY 表示国民总收入的变动量，ΔX 表示出口变动量。一国出口增加不仅直接带动本国生产活动的增长，还会通过一系列的产业链关联效应，间接促进其他相关产业的发展，进而推动整个国民收入的增长。这种倍增效应正是出口乘数的核心所在。

2. 出口结构

出口结构是指一定时期内一个国家或地区各类出口商品或服务在对外贸易总额中所占的比重，出口贸易方式常区分为一般货物出口与加工贸易出口。一般贸易方式下，一国直接向外国出口原材料或最终产品，加工贸易出口则是从境外进口原材料、零部件等，在境内加工或装配后制成产品并出口到其他国家。此外，还包含出口商品结构、出口区域结构和出口技术结构等。

出口商品结构是指一个国家出口商品的种类和比例。它直接体现了国家的产业优势和资源禀赋。例如，资源丰富的国家可能更倾向于出口原材料和初级产品，而技术先进的国家则可能更多地出口高技术产品。优化出口商品结构对于提升国家在全球贸易中的竞争力至关重要。通过调整出口商品结构，国家可以更加精准地满足国际市场需求，提高出口效益。同时，这也有助于推动国内产业升级和结构调整，促进经济的持续健康发展。

出口区域结构是指一个国家出口商品的目标市场分布。它受到多种因素的影响，包括贸易伙伴的经济实力、贸易政策、市场需求等。一个合理的出口区域结构应该具有多样性和稳定性，能够分散风险并保障出口的稳定增长。例如，一个国家可以积极开拓新兴市场，减少对单一市场的依赖；同时，加强与主要贸易伙伴的合作关系，提升贸易便利化水平。通过优化出口区域结构，国家可以更好地适应全球贸易环境的变化，提高出口贸易的可持续发展能力。当一国的出口过度集中于固定的少数国家或地区时，就会表现为对这些国家或地区的对外贸易依存度过高，说明过于依赖这些国家或地区，该国的出口区域结构存在着风险。

出口技术结构则是指出口商品中所蕴含的技术含量和附加值。它反映了一个国家在技术创新和产业升级方面的水平。20 世纪 80 年代中期以来，由于科技进步的作用和各国产业结构的变化，国际贸易的商品结构形成了新的显著特点。①进出口商品中，高技术产品发展迅速，如电子产品、航空、航天产品等。②传统制成品中技术、知识、劳务含量增加，如药品、纺织品等，附加值提高。③初级产品的贸易价格疲软，供过于求。随着全球贸易竞争的加剧，提升出口技术结构是提升国家出口竞争力的关键。国家可以通过加大科技研发投入、培养高素质人才、推动产学研合作等方式，提高出口商品的技术含量和附加值。国际贸易中初级产品贸易增长缓慢，是因为科技进步促使落后工艺为先进工艺所取代，产品的原材料消耗下降，单位国内生产总值的物质消费也呈下降趋势；人们生活水平提高，食品需求变化，对农产品、农业原料的初级制品需求也下降。初级产品在国际贸易额中所占的比重呈下降趋势，这对于发展中国家来说，既造成了出口贸易的很大压力，也为出口贸易结构的调整提供了强大动力。

3. 与总供求的关系

1）出口总量与社会总供求

第一，通过出口能换取外汇收入，用于满足进口对外汇资金的需求。出口是获取外汇的主要途径之一。当一个国家的产品和服务在国际市场上受到欢迎并成功售出时，就会获得相应的外汇收入。这些外汇收入对于国家经济的发展至关重要。首先，外汇收入可以用于支付国际交易中的费用，如购买国外原材料、技术设备或支付国际服务费用等；其次，外汇收入还有助于稳定国家货币的价值，避免货币贬值带来的经济损失；最后，通过出口获取的外汇收入还可以用于积累外汇储备，以应对可能出现的国际经济风险和危机。

第二，通过出口，能换取归还外债所必需的外币资金。许多国家为了促进经济发展，可能会通过向国外借款或发行国际债券来筹集资金。这些外债通常以外币计价，因此需要用相应的外币来归还。出口活动为国家提供了偿还外债所需的外币资金。通过出口赚取的外汇收入，国家可以按时偿还债务，维护良好的国际信用。这不仅有助于国家在国际金融市场上树立良好的形象，还有助于吸引更多的国际投资，进一步推动经济发展。

第三，通过出口，充分发挥国内的剩余生产能力，提高国内的就业水平，降低失业率。一个国家在生产过程中，可能会出现国内市场需求不足以充分利用现有的生产能力的情况。此时，通过出口可以将这些剩余产品销往国际市场，充分发挥国内的剩余生产能力。这不仅可以提高国内企业的销售收入和利润水平，还有助于促进产业升级和技术创新。此外，出口活动的增加还会带动相关产业的发展，创造更多的就业机会，提高国内的就业水平。随着就业率的提高，失业率自然会降低，这有助于维护社会稳定和促进经济发展。

2）出口结构与社会总供求

出口结构影响社会总需求：发展中国家出口初级产品和低附加值工业制成品，不仅直接增加了外汇收入，而且通过提高就业水平和促进消费需求的增长，间接地扩大了国内市场的总需求。同样，发达国家出口高附加值产品也会增加对高端消费品的需求，进一步推动社会总需求的提升。

社会总供求变化影响出口结构调整：国内市场需求的变化会直接影响到产业的发展和调整，进而影响到出口结构的优化。例如，当国内市场需求增加时，会促进相关产业的发展和竞争力的提升，这有助于改善出口结构，提高出口产品的附加值。相反，如果国内市场需求不足，企业可能会调整出口产品的结构和比重，以适应国际市场的需求。

国际贸易地位影响出口结构与社会总供求的互动性：发展中国家与发达国家在国际贸易中的地位不同，这影响了他们的进出口结构，进而影响到各自国内的总供求。发达国家通过出口高附加值产品占据主导地位，而发展中国家则面临更多挑战。通过调整出口结构、提升产品技术含量和附加值，发展中国家可以改善其在国际贸易中的地位，进而更好地利用国际贸易推动国内总供求的平衡与发展。

（三）影响出口需求的因素

1. 影响出口需求的国内因素

（1）国内生产能力。国内企业的生产能力和技术水平直接决定了出口产品的质量和竞争力。当国内企业具备较高的生产能力和技术水平时，它们能够生产出质量更好、更具竞争力的产品，从而满足国际市场的需求。

（2）一国自身的资源要素禀赋。其包括自然资源和环境、劳动力数量和结构、经济政治文化环境等。例如，自然环境优越的国家和地区可能农业发达，农产品出口贸易活跃；劳动力丰富、较低的劳动力成本意味着企业在生产过程中能够节省成本，进而降低产品的售价，提高产品在国际市场上的竞争力；一国的文化传统、社会制度、法律体系等对其出口也都有重要影响。

（3）一国技术发展水平。技术水平直接决定了该国出口产品的质量和竞争力。技术条件越先进，企业越能够生产出高质量、高附加值的产品，这样的产品往往更具竞争力，能够在国际市场上获得更高的价格和更大的市场份额。低技术水平国家的出口通常以劳动密集型产品为主，如纺织品、服装、玩具，生产成本相对较低，产品具有较强的价格竞争优势，这使得这些国家在国际市场上能够以相对低廉的价格吸引需求，增加出口额。

（4）一国产业结构及产品竞争力、市场规模。具有竞争力的产业能够更好地适应国际市场的需求。较大的市场规模有利于实现生产的规模经济效益，从而降低产品成本，提高产品竞争力。

（5）一国的对外政策。贸易政策、关税政策、货币政策等会直接影响到出口，政府的开放政策和贸易协定也是影响对外贸易的重要因素。政府通过采取制定贸易政策、税收优惠、出口补贴等措施，可以鼓励企业扩大出口规模，提高出口竞争力。同时，政府还可以通过推动产业升级、技术创新等方式，提升国内产业的整体竞争力，为出口贸易的发展提供有力支持。

2. 影响出口需求的国际因素

（1）国际市场需求水平和需求结构。全球经济的繁荣与否，直接决定了各国消费者的购买力和购买意愿，进而影响了对进口商品的需求。同时，不同国家和地区的需求结构也存在差异，对特定商品的需求可能因文化、习惯、经济发展水平等因素而有所不同。

（2）汇率水平。当一国货币汇率下跌，即对外贬值时，外币兑换本币的数量增加，这意味着外币购买力的提高和本国商品、劳务价格的相对低廉。这有利于增加出口商品的国际竞争力，可能使出口商在不减少收益的情况下，降低出口商品价格，从而增加出口量。相反，当一国货币汇率上升时，可能会减少出口量。

（3）国际贸易规则和政策。国际贸易协定、关税和非关税壁垒、贸易保护主义政策等都会对出口贸易产生影响。例如，国际贸易协定的签订有助于降低关税和消除非关税壁垒，从而促进出口贸易的发展。贸易保护主义政策的实施则可能限制进口，对出口国造成不利影响。

（4）国际市场的竞争状况和国际政治经济环境。不同国家的企业在国际市场上争夺市场份额，竞争激烈。一国出口商品的质量和价格、营销策略及品牌形象等因素都会影响其在国际市场上的竞争力。稳定的国际环境为对外贸易提供保障，但两国之间的战争可能引起如石油、军工等的进出口有所增长。全球经济的增长或衰退对国际贸易也有较大影响。全球经济繁荣期通常伴随着更高的需求和贸易增长，而经济衰退时贸易可能受到挑战。

第二节　中国出口及其国际影响

在全球化的背景下，中国作为世界上最大的出口国之一，其出口活动对国际贸易格局和全球经济增长起着至关重要的作用。改革开放以来，中国出口总量持续增长，在全球出口中占据重要地位；出口商品结构逐渐优化，高技术含量和附加值的产品占比不断提高；随着国内市场的不断扩大和消费需求的增长，中国也在积极提升内需，降低对出口的过度依赖，同时努力调整贸易结构，促进贸易平衡发展。

一、中国出口需求的变迁

（一）中国的出口总量及其变迁

新中国成立以来，特别是改革开放以来，我国的对外贸易迅速增长，进出口贸易总额 1952 年为 64.6 亿元，1978 年为 355 亿元，增加了 4.5 倍；1998 年为 26 849.7 亿元，比 1978 年增加了 74.6 倍；2018 年为 305 010.10 亿元，2023 年继续增长为 417 568.30 亿元。

改革开放后我国出口大致经历了三个发展阶段。第一个阶段是从改革开放初期至 1991 年，我国出口总额相对较少，但出口依存度显著提高，从 1978 年的 4.6%提高到 1991 年的 17.4%。第二个阶段是 1992~2000 年，1992 年邓小平南方谈话引导中国对外开放进入新的发展阶段，出口规模于 1994 年首次突破千亿美元大关，这一阶段的出口依存度相对平稳，为 20%左右。2001 年中国加入世界贸易组织（World Trade Organization，WTO）标志着我国出口发展进入第三个阶段，这一时期的出口经历了大规模增长，2001~2021 年的 20 年时间里，出口增长了 12.6 倍，达到了 13.5%的年均增长率；值得一提的是中国出口总额在 2009 年达到了 12 016.7 亿美元，位列世界第一。当前出口也显现出一些新的特征：一方面，2008 年爆发的全球金融危机导致我国出口增速放缓，甚至在 2015 年出现了负增长；另一方面，出口依存度在 2006

年达到了峰值以后逐步下降（图10.1）。

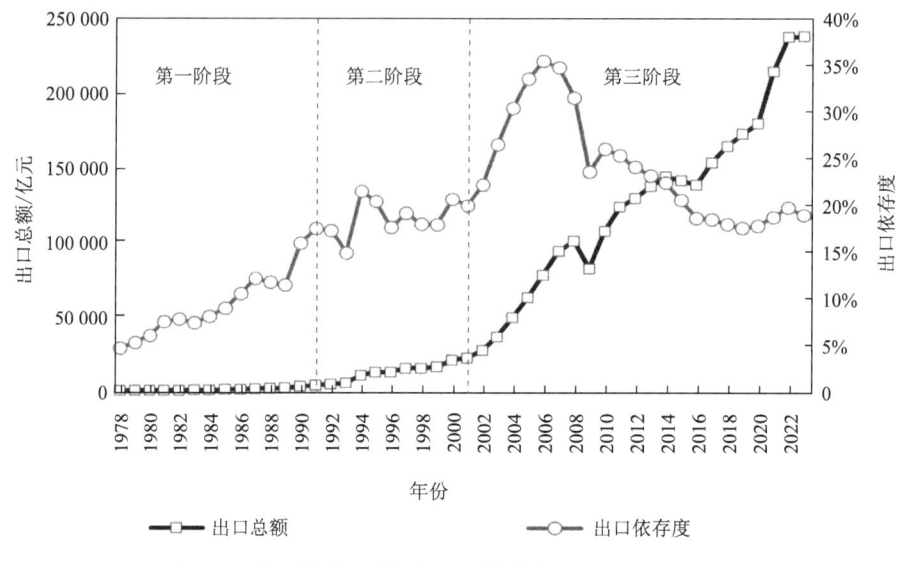

图 10.1　中国的出口总额与出口依存度（1978～2023 年）
资料来源：国家统计局

中国出口份额也经历了显著增长，占世界出口的比重从 1990 年的 1.8%左右，增长并稳定到 2023 年的 14%左右，2008 年全球金融危机及 2020 年新冠疫情等不利因素均未能改变这一比重逐年增加的趋势。2001 年加入 WTO 时，中国出口比重处于全球第六的位置；仅仅经过 8 年就上升至第一位。中国于 2013 年超越美国成为世界第一货物贸易国。中国出口贸易在世界范围内影响力的提升也为国际经济与贸易的发展注入了巨大动力。

近年来，尽管面临国际经济环境的不确定性，中国出口依然保持稳定增长，显示了中国制造业和出口产业的强大竞争力。2023 年我国货物进出口总额 417 568 亿元，其中，出口 237 726 亿元，进口 179 842 亿元，货物进出口顺差 57 884 亿元。

（二）中国的出口结构及其变迁

改革开放 40 多年以来，中国的出口结构取得了一定改善：由单一的产品和目标市场转向更加多元化的产品和市场，"两头在外"——原材料和销售市场都来自国外，国内只负责生产、装配过程的加工贸易模式逐步改善，出口产品的技术含量也越来越高，出口结构不断优化升级。

1985 年以前，我国对外贸易结构还处于较低水平，出口产品档次低，竞争力弱。1993 年后，我国工业化程度大幅提高，工业制成品出口额大幅增加，加工贸易出口增长迅速。1979～2001 年，中国加工贸易出口从 2.35 亿美元增至 3185 亿美元，增长了 1354 倍。2001 年，我国加入 WTO 再次为国际贸易的发展提供新动力，高新技术产品和机电产品成为推动我国出口额增长的主动力。中国出口结构变迁（产业结构）如图 10.2 所示。

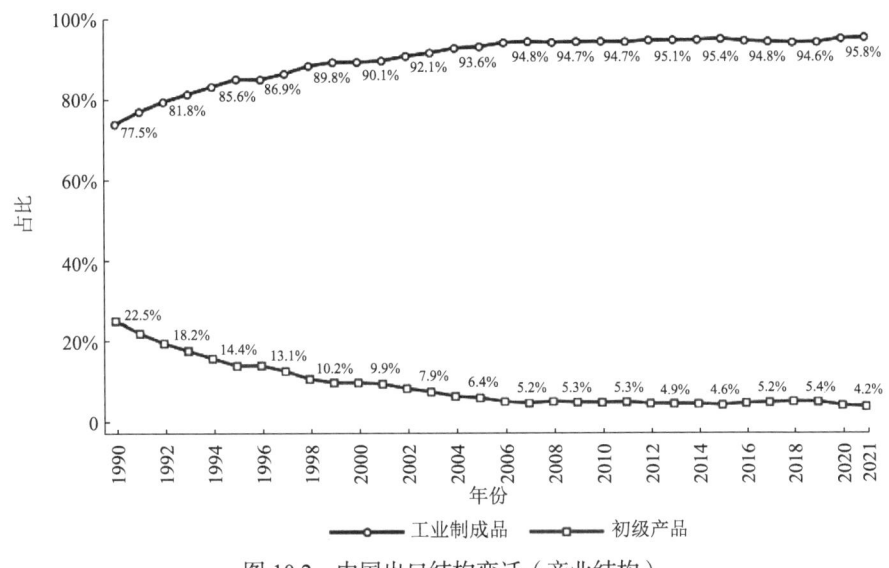

图 10.2 中国出口结构变迁（产业结构）
资料来源：联合国商品贸易统计数据库

1. 出口商品结构与技术结构

出口商品的产品结构方面，一是工业制成品占据主导地位。我国工业制成品的出口比重从 1990 年的 77.5%增长到 2022 年的 95.25%，而初级产品的比重从 22.5%下降到 4.74%。工业制成品在出口总额中的比重持续上升，反映出我国制造业的快速发展和国际竞争力的提升。二是高技术产品比重增加，包括电子信息产品、生物医药、新材料等领域高技术产品的出口增长，不仅提高了我国出口商品的整体技术含量和附加值，也增强了我国在全球产业链中的地位。

从要素密集度视角来看，劳动密集型产品出口份额在 2004 年以前一直是最大的，此后一直保持在大约 40%的水平。技术密集型产品在 2004 年首次超过劳动密集型产品，成为出口份额最多的产品。2023 年我国十大重点出口商品中，共有 5 类技术密集型产品，且排名较为靠前，占总出口金额的比重为 22.5%，电子元件成为中国出口规模最大的商品类别。高技术制成品和中等技术制成品的占比在 1994～2000 年有了大幅提升，其他种类的产品比重有不同程度的下降。1994 年，占出口商品比重最高的产品是低技术制成品，占比高达 50.5%；而中等技术制成品和高技术制成品的比重分别只有 18.3%和 10.7%，处于相对较低的水平。2004 年，高技术制成品的出口占比达到了 32.5%，成为出口比重最高的产品，并在此后的年份中缓慢上升，到 2021 年该产品的比重达到了 34.5%。近年来，出口技术含量最高的 3 类产品出口总比重已超过 90%。资源密集型产品和资本密集型产品的出口份额相对较低，在 5%的水平上下波动。2023 年，我国自主品牌产品的出口增长了 9.3%，占出口总值的比重提升 1.7 个百分点。从市场来看，我国自主品牌产品已经出口至全球 200 多个国家和地区，"中国品牌"遍及世界各个角落（图 10.3）。

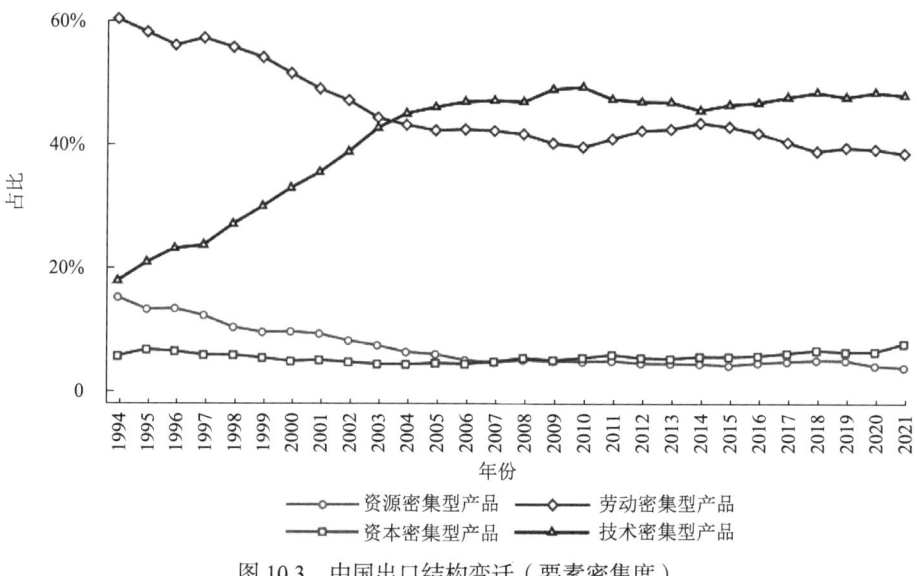

图 10.3　中国出口结构变迁（要素密集度）
资料来源：联合国商品贸易统计数据库

2. 出口区域结构

20 世纪 90 年代初，我国于"八五"计划开始实施出口市场多元化战略，以克服出口市场过度集中的问题，当时出口市场的主要目的地是欧洲、美国和日本。出口多元化战略实施以来，我国有计划地调整出口市场结构，在巩固传统市场的基础上努力开拓新市场，经过 30 多年的时间取得了很大进展，在 2018 年经历了中美贸易摩擦之后，中国更加多元化地布局出口市场，减少对某一些国家的依赖，2023 年我国对美国、欧盟、日本、韩国等传统外贸市场的出口有所下降，对东盟、拉丁美洲、非洲及俄罗斯等新兴市场的出口逐渐增加（表 10.1）。

表 10.1　2023 年我国对主要国家和地区货物进出口金额、增长速度及其比重

国家和地区	出口额/亿元	比 2022 年增长	占全部出口比重	进口额/亿元	比 2022 年增长	占全部进口比重
东盟	36 817	0.0%	15.5%	27 309	0.4%	15.2%
欧盟	35 226	−5.3%	14.8%	19 833	4.6%	11.0%
美国	35 198	−8.1%	14.8%	11 528	−1.8%	6.4%
日本	11 076	−3.5%	4.7%	11 309	−7.9%	6.3%
韩国	10 467	−2.2%	4.4%	11 381	−13.9%	6.3%
中国香港	19 333	−1.3%	8.1%	958	84.3%	0.5%
中国台湾	4 819	−11.1%	2.0%	14 033	−10.5%	7.8%
俄罗斯	7 823	53.9%	3.3%	9 093	18.6%	5.1%
巴西	4 159	1.0%	1.7%	8 625	18.4%	4.8%
印度	8 279	6.5%	3.5%	1 301	12.2%	0.7%
南非	1 661	4.4%	0.7%	2 245	3.7%	1.2%

资料来源：《中华人民共和国 2023 年国民经济和社会发展统计公报》

近年来我国在与"一带一路"共建国家的贸易往来中表现出了强劲的韧性和巨大的潜力。"一带一路"倡议是中国政府提出的重要全球性战略，旨在推动与"一带一路"共建国家的经济合作和互利共赢。这一倡议得到了国际社会的广泛认可和支持。我国对"一带一路"共建国家的贸易额增加是我国积极参与全球经济合作和发展的重要体现。通过深化与"一带一路"共建国家的经贸合作，不仅可以促进双方经济的发展和繁荣，也有助于推动全球经济的稳定和可持续发展。

二、对外贸易依存度

（一）对外贸易依存度的概念界定

对外贸易依存度又称对外贸易系数，一国或地区在一定时期内对外贸易额占国内生产总值的比重，反映对外贸易在一国国民经济中所处地位，是衡量一国或地区经济发展对国际市场依赖程度的指标，也是衡量一国对外开放程度、与国际市场联系程度、一国国民经济参与国际分工程度的指标。

由于对外贸易既有出口又有进口，于是在对外贸易依存度的基础上根据贸易流向的不同衍生了出口依存度与进口依存度这两个指标。一般来说，对外贸易依存度越高，即进出口商品总额在国内生产总值中所占的比重越大，表明对外贸易在该国国民经济中的地位越重要，也表明该国经济发展对对外贸易的依赖程度越大，与其他国家经济联系越紧密，在促进经济增长中的作用越突出。

对外贸易依存度能较好地度量我国对外贸易水平，但在反映对外贸易质量方面并不十分理想。为了反映对外开放的深入和开放质量，还在对外贸易依存度的基础上又派生出对外货物贸易依存度、货物出口依存度、货物进口依存度、服务贸易依存度、服务出口依存度、服务进口依存度这些指标。

1. 进口依存度

一定时期进口贸易额在国内生产总值中所占比重，为"进口依存度"，反映一国市场对外的开放程度。

2. 出口依存度

一定时期出口贸易额在国内生产总值中所占比重，为"出口依存度"，反映一国经济对对外贸易的依赖程度。

（二）对外贸易依存度对一国经济的影响

对外贸易依存度的分析不仅可以反映一国经济的对外贸易依存状态和发展趋势，也可以通过对对外贸易依存度的细化，从对外贸易商品结构、对外贸易方式结构和对外贸易区域结构等角度说明一国的对外贸易结构现状，从而揭示一国对外贸易面临的结构性风险并寻找解决对策。对外贸易依存度的高低在一定程度上反映了一国外贸结构的合理程度。过高或过低的对外贸易依存度都说明一国的外贸结构存在着或多或少的问题。过高的对外贸易依存度反映了该国经济的对外依赖程度比较大，面临着较大的经济连带风险，而较低的对外贸易依存度则说明一国经济可能更偏于内向型特征，对外开放程度较低。

（三）中国的对外贸易依存度

改革开放以来，中国对外贸易依存度整体呈现出先上升后稳步下降趋势。

2005年、2006年、2007年我国对外贸易依存度均在60%以上，其中2006年达到最高点64%。对外贸易依存度提高，一是因为加大对外开放，中国工业化进程加快，大力发展出口加工制造业；二是因为全球经济一体化的加速，特别是我国加入WTO后，加速融入全球经济，参与国际竞争能力进一步增强。

高的对外贸易依存度也带来了一些挑战和风险：第一，我国出口市场相对集中，对某些国家和地区的依赖度较高，一旦这些市场出现波动或贸易保护主义抬头，可能会对我国出口造成较大冲击，影响经济的稳定增长；第二，高的对外贸易依存度也增加了我国经济的外部风险，如汇率波动、国际市场需求变化等因素都可能对我国经济产生不利影响；第三，高的对外贸易依存度还可能对国内产业安全构成威胁，一些关键技术和核心零部件的进口依赖度较高，一旦外部供应中断或价格大幅波动，可能对我国相关产业造成严重影响；第四，过度依赖外部市场也可能导致国内产业失去自主创新的动力和能力，影响产业的长期发展。

近年来，我国对外贸易依存度呈现出下降的趋势，2023年的对外贸易依存度约为33%。对外贸易依存度下降的原因有：第一，加快国内产业结构调整和转型升级，国内产业链更加完整，自主创新能力得到提升，降低了对外部市场的依赖，服务业的快速发展也进一步推动了国内经济的多元化，减少了对外贸易的单一性。第二，全球经济形势的变化和贸易保护主义抬头，贸易摩擦不断，使得我国出口面临一定的压力。第三，政策调整。近年来，我国政府加强了对贸易的监管和调控，推动贸易平衡发展，积极推动内需增长。通过调整关税、优化贸易结构、加强知识产权保护等措施，促进了贸易的健康发展，也降低了对外部市场的过度依赖。

三、双顺差

（一）国际收支经常项目顺差、资本和金融项目顺差

由于经济结构内部失衡、内需不足，长期的出口导向型发展战略及汇率变动导致国际投机资本涌入等，国际收支出现双顺差。

内需不足是出现双顺差的重要原因。居民更加偏好储蓄而非消费，加上投资对经济增长的作用更直接和迅速，地方政府出于追求绩效的目的更重视刺激投资等，导致内需不足，进而导致经济结构失衡，出现双顺差。长期以来我国出口导向型发展战略鼓励对外出口，积极吸引外资的战略刺激外资投资，加上人民币汇率被低估，推动出口增长，吸引投机资本涌入，加剧贸易顺差扩大。金融危机的余波和美国联邦储备委员会近年来的加息举措使得国际利率有所降低，中国市场对国际资本的吸引力加大，资本与金融账户的顺差扩大。

（二）国际影响

1. 正面影响

根据国民收入等式可知国际收支双顺差有利于增加净出口，拉动经济增长，外资流入增多，也有利于我国产业的发展，优化产业结构，提升出口产品的质量和国际竞争力，增强产业发展活力，提供更多就业岗位。

外汇储备额增加对增强我国对外偿付能力有重要作用，也有利于提升汇率调控能力，稳定币值。

我国货物贸易的进口依存度对出口依存度存在长期的正向影响的效应，对人民币实际有效汇率则存在长期的负向影响的效应。

2. 负面影响

双顺差削弱了中央银行（简称央行）货币政策的独立性和货币政策调控的有效性。双顺差使得外汇储备迅速增加，为了稳定汇率，央行只能增加基础货币投放，由此导致市场中的货币供给成倍扩张，过多的外商投资还可能导致产业利润外流，大量外汇储备所需要的储备成本也上升，可能导致资源浪费。

双顺差导致储备资产持续盈余，央行需要回笼现金或提高利率来减少市场中过多的货币，但这样会导致本币升值压力增加，持续顺差还会使国际贸易保护主义加重，对外贸易的摩擦增加，贸易成本上升。顺差也意味着出口大于进口。长期顺差使国内总供求失衡，资源流向外向型经济部门，影响产业结构优化和部门经济协调配合。

（三）我国的双顺差

从改革开放之初的1981年到市场经济体制改革之前的1991年，我国的出口总值从1981年的220.1亿美元增长到1991年的719.1亿美元；而我国的进口总值从接近出口总值的220.2亿美元增长到637.9亿美元，为此也形成了81.2亿美元的贸易顺差额。随着我国改革开放，国内的一些经济体制经过一系列的改革发展，各项的经济项目都取得了一定的快速发展，进而促成了我国的货物贸易的进出口快速发展。

从市场经济体制改革确立的1992年到我国加入WTO之前的2000年，我国的出口总值从849.4亿美元骤增到2492亿美元，增幅接近2倍。同时期我国的进口总额从805.9亿美元增长到2250.9亿美元，依旧形成了贸易顺差且额度达到241.1亿美元。2001年我国正式加入WTO后，我国的货物贸易出口总额从2001年的22 024.4亿元增至2023年的237 726亿元，进口贸易总额从20 159亿元增至179 842亿元。

随着我国对世界市场国门大开，外来投资增加，资本、技术、管理等诸多因素促使了我国制造业的腾飞，国内劳动力资源丰富且成本相对较低，产品成本下降，增加了国际市场竞争力，导致我国货物贸易的进出口出现大幅增加。同时，我国经济发展秉承出口拉动内需的政策，促使出口在我国经济发展中的地位日益增强，对外贸的依赖程度与日俱增。商务部数据显示，截至2023年我国的货物贸易出口总额达到237 726亿元，进口总额达到179 842亿元，从而形成了57 884亿元的贸易顺差额，依旧保持了我国贸易顺差大国的地位。

第三节 出口需求与汇率

汇率作为调节对外市场的货币工具，是影响出口需求的关键因素，其变动对我国出口需求和对外贸易可持续发展都有重要影响。本节围绕出口需求与汇率，从以下四个部分展开叙述，一是论述出口需求与汇率的关系，二是分析净出口对本币币值的影响，三是探讨净出口对我国央行货币政策的影响，四是梳理我国汇率制度变革并构想新型人民币汇率制度框架。

一、出口需求与汇率之间的关系

（一）出口需求对汇率的影响

一般来说，在浮动汇率制度下，出口需求的变动会影响汇率的变动。若本国出口需求增加，则外汇供给大于需求，采用直接标价法的话，则外汇汇率下降，本币升值压力加大；反之，如果本国出口需求减少，外汇供给小于需求，外汇汇率上升（直接标价法），即本币贬值。具体而言，出口需求增加意味着本国会获得更多外汇，在换成本币进行本国支付和投资时，会增加本国货币需求；另外，出口需求增加表明外国对本国产品的需求数量增加，这会带动国内出口企业生产和出口，为满足这一需求，本国企业需进口更多原材料和设备，这就吸引了大量外币投资，也会推高人民币汇率；同时，有研究表明，出口增加可以带动全要素生产率提高，更高水平生产力表明更高价值的本币，进而导致本币币值升高。

就我国出口增长与汇率变动的经验证据来看，也印证了这一结论。改革开放以后，我国出口需求快速增长，出口总额从1980年的188亿美元上升到2021年的3.36万亿美元；与此同时，人民币汇率也经历了从双轨制到管理浮动再到市场化浮动的变迁。其中，20世纪80年代末到20世纪90年代中期，中国实行外汇双轨制，官方汇率与市场汇率并轨后人民币开始显著升值；1994～2005年，人民币汇率长期稳定在8.3左右；自2005年7月汇率制度改革后，人民币进入管理浮动阶段，随着中国出口大幅增长，人民币汇率开始缓慢升值。2005～2013年人民币升值超过30%。可以说，改革开放以来中国出口需求增长对人民币汇率产生了推升的效应，使人民币汇率从长期低估走向升值。

（二）汇率对出口需求的影响

从经典理论可知，汇率本质上是两种货币之间的相对价格，汇率下降意味着本币的相对价值提高，汇率上升意味着本币的相对价值降低。与此同时，汇率对出口的影响可以通过两国商品之间的相对价格进行传导。故以两国间进出口贸易为例，对某种商品而言，均衡价格是由供给和需求共同决定的，那么对于出口商品而言，自由贸易情境下出口价格也是出口市场的供需方决定的，而此时的供给者是出口国的企业，需求者是进口国的消费者。基于这一思考，本节将以两国出口产品之间的相对价格为切入点，说明汇率变动对出口需求的影响。

假设存在出口国 A 和进口国 B，两国可以自由贸易，汇率记为 e（直接标价法），当 A 国货币升值时，汇率 e 下降。A 国向 B 国出口的商品包括资本密集型产品、劳动密集型产品等。

出口国 A 和进口国 B 之间的汇率变动，会引起同种商品在进出口国家间相对价格变动，进而影响出口需求。具体路径如下：从供给方来看，A 国的出口企业追求利润最大化，完全竞争下的均衡点有边际成本等于边际收益，即由本币表示的边际成本等于 A 国内部市场价格。在此情形下，汇率变动改变了 A 国内部价格与 B 国进口价格的相对价值，导致 A 国内部市场价格的变动，进而影响 A 国生产企业的生产决策。从需求方来看，B 国消费者追求效用最大化，完全竞争下的均衡点由不同商品之间的边际效用与边际成本所决定，当汇率变动后，B 国内部的进口产品价格会有所变动，打破既有均衡点，从而影响 B 国消费者对 A 国商品的购买决策，进而影响 A 国出口。

当汇率 e 下降时，相较于 B 国货币，A 国货币呈现出升值状态，由此 A 国出口商品的价格有所上升，出口产品竞争力下降，B 国消费者对于 A 国出口商品的购买能力下降，故会减少购买 A 国商品，转向同类替代品，这一定程度上抑制了 A 国对 B 国的出口，即 A 国出口需求下降。针对此情况，就 A 国生产企业而言，调整既有的生产成本，将部分汇率下降所带来的影响转嫁到成本上，使得 A 国商品的出口价格上升幅度小于汇率下降的幅度，以此来抵消汇率下降所带来的部分影响。当汇率 e 上升时，相对于 B 国货币，A 国货币呈现出贬值状态，即 A 国出口商品的价格有所下降，B 国消费者对 A 国出口商品的购买力有所提升，会购买更多的 A 国商品，进而有利于 A 国对 B 国的出口，出口需求增加。但这也会导致 B 国经常账户逆差加剧，促使 B 国提高贸易壁垒或施压 A 国货币升值。

总体来说，汇率上升有利于促进一国的出口，即出口需求增加，而汇率下降将一定程度抑制出口，即出口需求减少（图 10.4）。

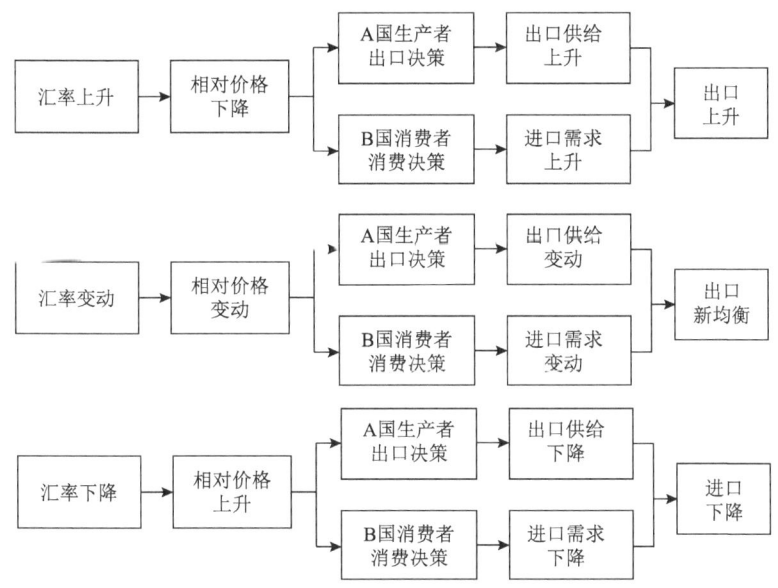

图 10.4　汇率对出口需求的影响路径图

不过需要注意的是，当一国货币贬值或升值时，该国贸易收支及经常账户收支状况一般并不能立即改善或恶化，往往要经过一段时间，即具有时滞性。由于这种经常账户收支变动的轨迹呈大写英文字母"J"的形状，故称之为"J 曲线"效应，如图 10.5 所示。这一效应的变化过程可能会维持数月甚至一两年，根据各国不同情况而定。

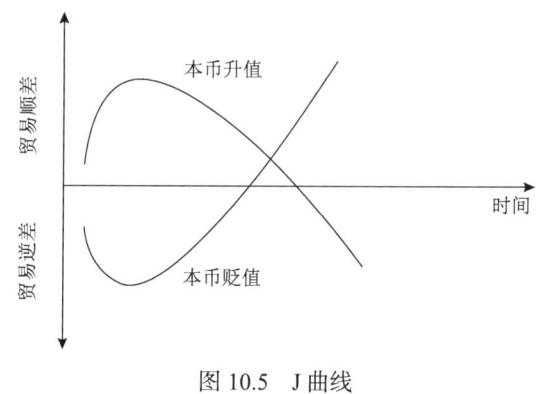

图 10.5　J 曲线

（三）汇率对出口结构的影响

出口商品结构指的是不同类型产业出口额占出口总额的比重，由于不同商品具有差异化的价格弹性，所以 A 国对 B 国的出口商品也具有差异化的汇率弹性。一般而言，劳动密集型产品的汇率弹性依次大于资本密集型产品和资源密集型产品。所以，当汇率发生变动时，各类商品都发生了同向的变化，但是变化幅度存在差异，由此引起了出口商品结构的转变。

具体而言，当汇率 e 上升时，相较于 B 国货币，A 国货币呈现贬值趋势，这就导致 A 国出口 B 国的商品贸易流量会增大，但由于各类产品的汇率弹性不一致，引起贸易流量增大的幅度也不一致，劳动密集型产品的增加幅度依次大于资本密集型产品和资源密集型产品，从而使得劳动密集型产品在 A 国的出口份额中有所上升，出口商品结构呈现低端化趋势。

反之，当汇率 e 下降时，相较于 B 国货币，A 国货币呈现升值趋势，这就导致 A 国出口 B 国的商品贸易流量会下降，但各类商品贸易流量的下降幅度不一致，通常劳动密集型产品的下降幅度大于资本密集型产品和资源密集型产品，从而使得资本密集型产品和资源密集型产品的出口份额有所上升，A 国出口商品结构呈现高端化趋势。

二、净出口与本币币值

（一）净出口与国际借贷说

净出口是指出口产品价值与进口产品价值的差额，当出口总值大于进口总值时，出现贸易盈余，称为"贸易顺差"或"出超"；反之，当进口总值大于出口总值时，出现贸易赤字，称为"贸易逆差"或"入超"。

研究净出口对本币币值的影响最早还要追溯到 1861 年英国经济学家戈申（Goschen）提出的"国际借贷说"理论。该理论认为汇率决定于外汇的供给与需求，而外汇的供求又是由国际借贷引起的，商品的进出口、债券买卖、利润与捐赠的收付、旅游支出和资本交易等都会引起国际借贷发生。当一国的外汇收入大于支出时，即国际收支出现顺差（净出口增加）时，外汇供大于求，汇率下降，以直接标价法来看的话，本币升值；反之，汇率上升，本币贬值；若外汇收支相等，即国际收支平衡，那么汇率处于均衡状态，本币币值稳定不变。该学说强调国际收支在汇率决定中的作用，故又称"国际收支说"。

（二）净出口对本币币值的影响

根据经济学原理，当一个国家出现对外贸易顺差时，该国的货币会面临升值压力。原因在于贸易顺差意味着该国获得了大量外汇收入，而外汇需求的增加会推高本币汇率，使本币相对于其他货币升值。

具体来看，净出口对本币币值的影响可以从以下两个方面分析。

1. 净出口增加通常会导致本币升值

净出口增加意味着出口大于进口，即出现贸易顺差。通常来说，顺差一般表明一国经济增长较快，币值坚挺，出口商品竞争力强，但是国际收支持续出现大量的顺差，会给外汇市场、资本市场带来很大的冲击。外汇供给大于需求，外汇供过于求，本币兑外币汇率上升，即本币升值。具体而言，当我国净出口增加时，有更多的出口收入流进，提供了强劲的外汇供给，推升了对人民币的需求；另外，经常项目账户顺差增加，也增加了本币升值压力；同时出口带动中国经济增长，吸引了大量外国资本进口投资，也会推高人民币汇率；此外，外汇储备的增加扩大了央行调控汇率的政策空间，央行可能更倾向于让人民币升值。需要注意的是，一国长期的贸易顺差也势必导致国家间的贸易摩擦，因此应采取适当的措施加以调整。

2. 净出口减少通常会引起本币贬值

净出口减少意味着出口小于进口，即出现贸易逆差，此时，外汇供给小于需求，本币兑外币汇率下跌，即本币贬值。具体而言，出口收入减少导致外汇供给下降，人民币的需求也随之减少；另外经常项目逆差增加，减少了人民币升值的压力；同时，出口下滑导致经济增速放缓，降低了外资流入，冲淡了升值预期；中国产品的出口价格优势上升，可以通过一定幅度的贬值来增强出口竞争力。

贸易逆差一般表明经济不景气，币值疲软，出口商品竞争力弱。出现逆差后在短期内可动用政府的黄金和外汇储备来抵补，但一国的黄金、外汇储备总有一定限度，若国际收支持续处于逆差状况，储备就有耗竭的危险，这就需要采取其他的调整措施来纠正。

总的来说，净出口的变化通过影响外汇市场供求关系和经济增长前景进而影响汇率。中国人民银行也会根据净出口状况，灵活调节外汇市场干预力度，以平稳人民币汇率。正确处理净出口与人民币汇率的关系，对中国经济平稳运行具有重要意义。

三、净出口与货币政策

开放经济中,央行在制定货币政策时,不仅需要考虑通货膨胀、就业和本国实际产出水平等国内经济因素,还需要考虑汇率波动和贸易顺差等外部经济因素。本节就净出口与央行货币政策的关系展开论述。

(一)蒙代尔模型

20世纪60年代,美国经济学家蒙代尔在前人基础上提出有效市场分类原则,将内外均衡研究推向新高度。蒙代尔将原有的支出调整政策划分为财政政策和货币政策两个独立的政策工具,通过财政政策和货币政策的配合使用,实现内外均衡目标。其中,财政政策手段主要是利用支出政策和税收政策,通过抑制或刺激私人支出和公共支出来影响市场总需求,进而影响贸易收支和国际收支;货币政策主要通过公开市场业务、贴现政策和法定存款准备金率调整,改变货币供给以影响市场总需求,或是改变利率水平以影响资本输出入,从而影响国际收支。

蒙代尔模型现广泛用于对开放经济条件下的货币政策的短期影响的分析,其中关于国际收支平衡与一国财政、货币政策的关系的分析或许可以为本节提供一些理论基础和指导。该模型的假定前提是:①小国开放模型;②资本自由流动;③开放经济条件下经常账户、资本账户开放;④国内产出供给富有弹性。在蒙代尔模型中,汇率制度被区分为浮动汇率制和固定汇率制两种情形讨论,在浮动汇率制下,央行若采取扩张性货币政策,即货币供应量增加,进而带来利率下降,此时资本迅速流出,本国出现国际收支逆差,本币被迫贬值,此时有利于净出口增加;在固定汇率制下,货币供给增加没有增长效应。央行实行扩张性货币政策→货币供应量 $m\uparrow$→利率 $r\downarrow$→国民收入 $y\uparrow$→边际进口倾向↑→进口↑→经常账户收支逆差→本币贬值倾向→(为维持固定汇率)央行售出外汇、购入本币→基础货币↓→货币供应量 $m\downarrow$→利率 $r\downarrow$→投资 $i\downarrow$→国民收入 $y\downarrow$。可以看出,此时扩张性货币政策无法对经济产生影响,货币政策是无效的,货币供给的增长不能引起国民收入的增加,对进出口长期变化无影响。

运用蒙代尔市场分类模型,可以直观地比较财政政策和货币政策在实现内外部均衡目标时的相对效力,具体结果如表10.2所示。

表10.2 蒙代尔模型下政策搭配方式与经济失衡状态

最佳政策搭配方式	经济失衡状态
紧缩性财政政策+扩张性货币政策	通货膨胀+国际收支顺差
扩张性财政政策+扩张性货币政策	失业+国际收支顺差
扩张性财政政策+紧缩性货币政策	失业+国际收支逆差
紧缩性财政政策+紧缩性货币政策	通货膨胀+国际收支逆差

(二)货币政策对净出口的影响

对于货币政策影响净出口的机制或渠道,各学派从不同角度进行了分析。

1. 利率传导机制分析

利率传导机制是凯恩斯学派货币政策调控理论的核心内容。该学派认为货币数量的变动对就业、产出和收入的影响不是直接的，而是通过利率变量来实现的。凯恩斯在1936年出版的《就业、利息和货币通论》一书中指出，利率由货币供给和货币需求共同决定，货币供给量完全可以由央行决定，而货币需求按动机可分为交易性需求、预防性需求和投机性需求。凯恩斯的货币政策传导机制可概括为：央行通过金融市场调节利率，利率的变动影响商品市场，商品市场的变动影响国民收入和就业。

依据凯恩斯学派货币政策利率传导机制可以得出，调整货币政策如收购债券→货币供应量$M\uparrow$→债券价格$\uparrow$、利率$r\downarrow$→投资i需求$\uparrow$→产出$y\uparrow$→（对外贸易乘数效应）净出口NX$\uparrow$。因此在开放经济中，货币政策导致国内利率水平改变，进而影响本国净出口。

2. 汇率传导机制

在开放经济条件下，汇率对宏观经济的影响越来越大。汇率作为一种新的货币政策传导途径，其实质是描述国际收支理论的一种标准模式，货币政策的变化会通过利率平价和资本流动影响汇率和进出口。

在浮动汇率制下，货币政策传导牵涉利率的作用。国内货币供应量（M）的增加会使得利率（i）下降，此时外国对该国生息的金融资产（如债券）的需求$\downarrow$→为购买该国金融资产的该国货币需求$\downarrow$，导致其相对价值下跌，即本币贬值。本币的贬值会造成本国商品相对于外国商品便宜，因而在一定条件下会增加净出口NX，继而总产出（Y）增加。故货币政策的汇率传导机制表现为以下过程：$M\uparrow$→$i\downarrow$→$e\uparrow$（直接标价法）→NX$\uparrow$→$Y\uparrow$。

3. 货币供应量传导机制

货币学派更加关注货币供应量对净出口传导机制的直接影响，当货币供应量增加时，公众手持的货币金额将超过他们愿意持有的金额，从而支出增加，由于资产结构调整，增加的支出会用于投资过程。

投资的不同取向会导致不同资产的相对收益的变化，若在金融资产上投资，金融资产的市场价值将上涨，这会刺激非金融资产，如产业投资；产业投资增加可能促进产出增加，也可能带动产品价格上涨，进而带动进出口变化，故传导路径如下：Ms$\uparrow$→支出$\uparrow$→投资$\uparrow$→产出$\uparrow$→（对外贸易乘数效应）净出口$\uparrow$或者Ms$\uparrow$→支出$\uparrow$→投资$\uparrow$→本国商品价格$\uparrow$→进口替代品需求$\uparrow$。

综上所述，一国采取货币政策可以通过利率、汇率和货币供应量等途径对该国净出口产生影响，通常来说，若该国采取扩张性货币政策，则有利于净出口增加；反之，该国采取紧缩性货币政策，则净出口下降。

（三）净出口对货币政策的影响

1. 净出口增加对货币政策的影响

当净出口增加时，意味着一国国际贸易出现顺差趋势。而出口的增加，一方面会刺激国内生产和投资，对经济形成正向冲击；另一方面，意味着获得了更多的外汇储备，充裕的外汇储备为中央在调控货币政策时提供了更大空间。

具体来说，当一国净出口呈现正值并持续增加时，会引致该国外汇储备增加，从而对本国货币造成升值压力。就中国而言，从2011年至2023年外汇储备一直高于3万亿美元的水平，在2014年达到峰值3.84万亿美元，截至2023年底，中国外汇储备规模达到3.2万亿美元。这种过大的外汇储备会给经济带来一些负面影响，如对外依存度上升，加剧了本国经济发展对国际市场的依赖，同时国际收支大幅顺差会造成金融市场流动性过多，增加本外币政策协调的难度，影响国家宏观调控的效果；更重要的是，会对本币币值带来升值压力，从而不利于我国发展。为此，为追求币值稳定，我国央行只能内收人民币，投放更多基础货币，这样一来，虽然保持了人民币币值的稳定，但导致流动性过剩，国内通胀压力增大。我国追求的是货币政策的独立性和汇率稳定，进而放弃了资本自由流动。

2. 净出口减少对货币政策的影响

同理，若一国净出口减少，则意味着进口增加或者出口下降，其结果都是该国贸易条件恶化，国民收入减少，这通常会导致该国总需求下降。这种情况下，央行很可能会采取宽松的货币政策来刺激需求。例如，央行会降低短期主要政策利率来减少企业和消费者的借贷成本，从而刺激信贷和投资增加；同时央行可以购买更多债券和其他金融资产，向市场注入更多流动性，鼓励信贷扩张和经济增长；此外，降低存款准备金率来释放出更多可贷资金，扩大信贷规模。总的来说，如果净出口下降导致国民收入和需求减少，央行很可能会采取更加宽松的货币政策来刺激经济，增加信贷和投资，提振市场信心和需求。

综上所述，作为大宗商品贸易出口大国，中国的净出口变化会对经济产生重要影响，并最终传导到央行的货币政策调节。净出口增加通常会导致央行采取相对收紧的货币政策，而净出口减少则会导致货币政策相对宽松。与此同时，央行需要密切关注净出口变化对经济的影响，把握时滞效应，及时调整货币政策以保持经济平稳增长，充分利用好净出口带来的外汇储备调节货币政策的空间，这是央行面临的一个重要课题。

（四）净出口变化对货币政策影响的时滞效应

需要注意的是，净出口变化对经济的影响具有一定的时滞效应，即不是立竿见影的。货币政策时滞由两部分组成：内部时滞和外部时滞。前者指政策制定到货币当局采取行动的这段时期，其长短取决于货币当局对经济形势的预见能力、制定对策的效率和行动的决心等；后者指货币当局采取行动开始直到对政策目标产生影响为止的这段过程，因此央行制定货币政策需要考虑时滞带来的附加影响。

如果央行过早地对净出口变化作出货币政策反应，可能导致经济出现"拉-推"效应。正确的方法是在观察一段时间后，判断净出口变化对经济的持续影响，然后再适时调整货币政策。适度的时滞可以让货币政策与经济形势保持同步，可以避免政策出现大的逆周期波动。

专栏一：中国的汇率制度改革

1. 人民币汇率形成机制的历史沿革

人民币汇率又称为人民币汇价，是以人民币表示外汇价格的简称。改革开放以来，我国汇率制度经历了三次变迁，而从新中国成立以来，汇率形成机制大致分为四个阶段。

第一阶段以改革开放为分界点，具体时间为1949~1980年，主要特征是严格管制和固定不变。新中国成立后，各项经济建设百废俱兴，在兼顾国内经济的同时，需要保持更加稳定的对外经济局势，故采取了严格管制及固定不变的汇率形成机制，严防国外经济波动过多地影响国内经济发展。此阶段大致可以分为三个时间段：1949~1952年，此时是新中国成立初期，战后的经济处于崩溃边缘，需要大力发展国民经济，而这一时期外汇储备非常紧缺，所以鼓励加大出口来增加外汇储备，此时人民币汇率的调整与国内物价水平基本保持一致；1953~1972年为单一固定的汇率制度，人民币汇率维持在2.46左右的水平，主要是因为这一时期我国实行计划经济体制，物价长期处于较为稳定的水平，人民币更多的是充当计价工具，其对经济的调节作用并未得到充分的发挥；1973~1980年实行单一浮动汇率制度，且人民币汇率从此前的2.46左右跌至1.5左右。

第二阶段以1994年汇率形成机制改革为分界点，具体时间为1981~1993年，典型特征为双重汇率制度并轨单一汇率制度。1981~1984年改革开放初期，为了适应国外经济和国内经济的双重转型发展，也为了促使出口贸易实现外贸扭亏为盈，我国采取了官方公布与内部结算的双重汇率制度，人民币处于贬值趋势。随着出口贸易形势的好转，1984年开始逐渐取消内部结算，1985~1993年从原先的双重汇率制度向单一汇率制度并轨。为了平衡我国的国际收支，促进出口贸易快速发展，这一时期人民币持续处于贬值状态，人民币汇率从1981年的1.7上升到1993年的5.76，涨幅高达238.82%。

第三阶段以2005年7月汇率形成机制为分界点，具体时间为1994~2005年7月，主要特征是单一盯住美元的浮动汇率制度。1992年党的十四大召开以后，社会主义市场经济制度在我国建立，对外经济不断发展，外贸体制日益深化，为了与之相匹配，自1994年1月起实行以市场供求为基础的、单一的、有管理的浮动汇率制度。在新的汇率制度下，人民币汇率由过去的双轨制变成单一汇率，即由过去的官方汇率和外汇调剂市场汇率并存，改为以市场为基础的、有管理的单一浮动汇率，取消1美元等于5.8人民币的官方汇率，实行1美元等于8.7人民币为起点的浮动汇率。具体来说，决定汇率的关键在于由国际收支状况决定的外汇市场供求关系，中国人民银行根据银行间外汇调剂市场前一天的汇价，决定人民币兑美元的汇率；并通过人民币兑美元的汇率和国际市场各种可自由兑换货币的汇率，套算人民币兑换其他各自可自由兑换货币的汇率。该汇率是当日各外汇指定银行间，以及外汇指定银行与客户间进行外汇与人民币买卖的交易基准汇率。各外汇指定银行以交易基准汇率为依据，在中国人民银行规定的汇价浮动幅度内，自行制定外汇卖价与现钞买卖价，对客户买卖外汇，并对外挂牌。

1997年亚洲金融危机后，为了更好地稳定经济发展，维持已经取得的经济建设成果，我国开始盯住美元的单一汇率制度。在金融危机初期，这一制度有利于建立公众信心，在稳定国内经济发展及刺激东南亚经济复苏中起到重要作用。2000年之后，美国经济出现衰退迹象，而盯住美元的汇率制度并未改变，一定程度上影响了国内经济及对外经济的发展。一方面，美国经济衰退引起美元在国际货币中贬值趋势严峻，从而使得人民币被动升值趋势明显，降低了外贸企业的出口获利。一部分外贸企业过于依赖人民币贬值来实现企业发展，忽视了通过自身的研发创新等活动来进行转型升级，获取国际竞争力。另一方面，人民币盯住美元的单一汇率制度，虽然使得人民币与欧元、日元、港币等货币之间稳定在一定区间内，但失去了汇率作为货币工具调节对外经济的重要功能。

第四阶段是2005年8月至今，主要特征是参考一篮子货币的浮动汇率制度，人民币汇率不再盯住单一美元，形成更富弹性的人民币汇率机制。具体来说，中国人民银行将每个工作日闭市后公布的当日银行间外汇市场美元等交易货币兑人民币汇率的收盘价，作为下一个工作日该货币兑人民币交易的中间价格。自2007年5月21日起，银行间即期外汇市场人民币兑美元交易价浮动幅度由3‰扩大至5‰，即每日银行间即期外汇市场人民币兑美元的交易价可在中国外汇交易中心对外公布的当日人民币兑美元中间价上下5‰的幅度内浮动。

人民币汇率的调整有助于促进国际收支平衡，控制某些经济领域投资过热的问题，更为重要的是，中国开始实行以市场供求为基础、参考一篮子货币进行调节、有管理的浮动汇率制度。注意，这里是"参考"而不是"盯住"一篮子货币确定人民币汇率，这种币种多元化的分散组合增强了汇率的弹性，符合中国当今国情，是经济全球化和外贸多元化条件下的汇率制度创新。在这一新阶段的汇改进程中，直至金融危机爆发之前，人民币升值趋势明显。2005年汇改之初美元的名义汇率为8.19，2007年下降到7.60，截至2008年4月，人民币兑美元中间价为7.002。金融危机之后，国外市场需求疲软，我国出口贸易锐减，人民币汇率逐步转向盯住美元，稳定在6.5左右的水平。随着我国经济持续增长、对外贸易与投资快速发展，人民币国际化的需求日益强烈，在此背景下，2010年6月19日，中国人民银行表示，将"进一步推进人民币汇率形成机制改革，增强人民币汇率弹性"。同时，继续按照已公布的外汇市场汇率浮动区间（5‰），对人民币汇率浮动进行动态管理和调节。2015年"8·11"汇改使人民币形成机制更加市场化。2016年10月1日，人民币正式纳入特别提款权，在人民币国际化进程中具有里程碑式意义。不论如何，随着我国经济发展、开放程度日益提升、国际影响力不断扩大，人民币实际有效汇率水平都在不断提高，尤其在2010年重启汇改后，人民币实际有效汇率水平呈现出快速增长的态势。

同时也要注意到，中国经济也正面临史无前例的考验：2007年以来食品价格快速上涨，全球能源价格不断攀升，由人民币升值预期推动的流动性过剩逐渐显现，房地产市场价格高涨和股票市场起伏变化，逆全球化趋势明显，新冠疫情对世界及国民经济产生冲击等。因此维持人民币币值坚挺，完善人民币汇率制度改革依旧是我国当前面临的重大课题。

2. 人民币汇率制度的发展方向

人民币的长期发展目标是成为国际贸易的主要储备货币，合理的汇率制度安排是维系金融稳定、实现经济高质量发展的关键所在，汇率制度安排应以"服务实体经济，促进贸易投资便利化"为导向，未来汇率制度改革应以平稳实现人民币汇率自由浮动、人民币资本项目可兑换、国际资本自由流动和独立货币政策为终极目标。

长期以来，中国实施的是"收盘价+一篮子货币"的汇率中间价形成机制和"逆市场的预期管理"，以中间价为核心的汇率形成机制使篮子货币陷入易贬难升的困境，与此同时，"预期管理"的汇率价格及"害怕汇率浮动"的思维定势并不利于汇率自主稳定的实现和汇率浮动制度的健全完善。由此可见，中国在外汇干预的方向规模、风险敞口等情况的披露上仍有改进空间，外汇干预的决策和监管制度仍有进一步规范需求，现有的汇率制度安排可能不再适应未来外汇市场的发展需求。

鉴于此，中国货币主管部门应依据外汇市场具体的汇率变动情况，在短期内适度出手干预汇率异常波动，稳定中国整体的金融环境，维持对外贸易均衡，促进实体经济的稳健发展。长期内，需要适当放开汇率管控，让人民币汇率逐步实现较大区间内的自由浮动，不断完善人民币汇率形成机制和传导机制，定期释放人民币汇率稳定的信号并进一步推进人民币的国际化进程。与此同时，中国应从以下几个方面完善现有汇率制度并推进人民币国际化进程。

第一，继续增加人民币汇率弹性，扩大波动的幅度。本质上讲，汇率是一个市场价格，受外汇供求关系的直接影响。在中国汇率制度弹性逐渐加大的过程中，汇率的波动是自然现象，市场不必对汇率变化过分敏感。在保持市场风险可控的前提下，应该增强汇率弹性，依据市场供需波动体现价格，这是中国融入世界经济并逐渐成为主导力量，人民币走向国际化的必由之路。

第二，针对潜在的汇率宽幅波动风险制定相关的应急预案，在境内人民币汇率和境外远期人民币汇率出现异常波动时进行主动干预，同时盯住宽幅一篮子货币以防止汇率出现超调现象，避免过度地干预外汇市场。

第三，协同推进汇率制度改革和资本账户开放的进程，在自由浮动汇率制确立之前，保持一定程度的资本管制。

第四，适度增加汇率制度弹性，在汇率制度弹性不足时进行实质性的汇率制度改革，以发挥浮动汇率制下独立货币政策稳定宏观经济的作用。

第五，主动适应人民币国际化进程，尊重和顺应市场需求，持续完善人民币跨境使用政策框架和基础设施，继续推动更高水平金融市场开放。

本章小结

出口需求的形成是一个复杂的过程，受到宏观经济环境、国际市场等多种因素的影响，出口需求与对外贸易密切联系，对外贸易包含货物和服务贸易，是社会分工和商品经济发展的产物。出口和进口是对外贸易的两个组成部分，进口取决于出口，也可以带动出口。一国对外贸易的原因有很多，在经济全球化背景下，国与国之间的贸易往来与资本活动深刻影响了国际经济与一国的社会总供求，进口与出口的差额影响国际收支，而国际收支顺差或逆差又会反过来调节国内的社会总供求，但长期来看，这一调节方式存在缺陷。出口总量增加利于国民经济总量增长，而出口结构体现一国产业优势、资源禀赋、技术创新能力等，影响出口需求的国际国内因素众多，而出口总量和结构通过调节社会总供求，进一步推动经济发展，维护社会稳定，应对可能的国际经济风险。

作为世界上最大的出口国之一，中国的出口活动对国际经济有重要作用。我国出口经历了依存度显著提高、出口规模突破千亿美元大关和出口规模大幅增长的三个阶段，占世界出口的份额逐年增长，且近年积极拓展贸易市场，与拉丁美洲等新兴市场的贸易活动十分活跃。"两头在外"的出口结构逐步改善，出口产品技术含量提升，"中国品牌"遍布全球。我国常年处于国际收支双顺差状态，内需不足是其重要原因，如何推动建设新发展格局，协调产业结构、出口结构优化是对外贸易的重要课题。

汇率作为调节对外市场的货币工具，是影响出口需求的关键因素，其变动对我国出口需求和对外贸易可持续发展都有重要影响，当然净出口的变动也会反过来影响汇率及我国的货币制度，二者之间相互影响、相互作用。回顾新中国成立以来我国汇率制度变革历程，可以发现我国汇率逐渐走向自由浮动态势，人民币国际化趋势也不断加深，这在一定程度上为我国未来汇率制度发展指明了方向。

本章习题

1. 影响出口需求的因素有哪些？
2. 对外贸易中关注出口需求有什么重要意义？
3. 出口如何影响社会总供求，社会总供求反过来对出口有何作用？
4. 简述中国出口需求的总量与结构变迁，并总结面对的挑战。
5. 简述出口需求与汇率的关系。
6. 利用蒙代尔模型，简述货币政策如何影响汇率变动。
7. 梳理我国汇率制度改革，你认为未来我国汇率制度改革方向在何处？
8. 当国内总供给大于总需求时，如何确立对外经贸对策？反过来，当国内总供给小于总需求时，又该如何确立对外经贸政策？

第四篇

经 济 结 构

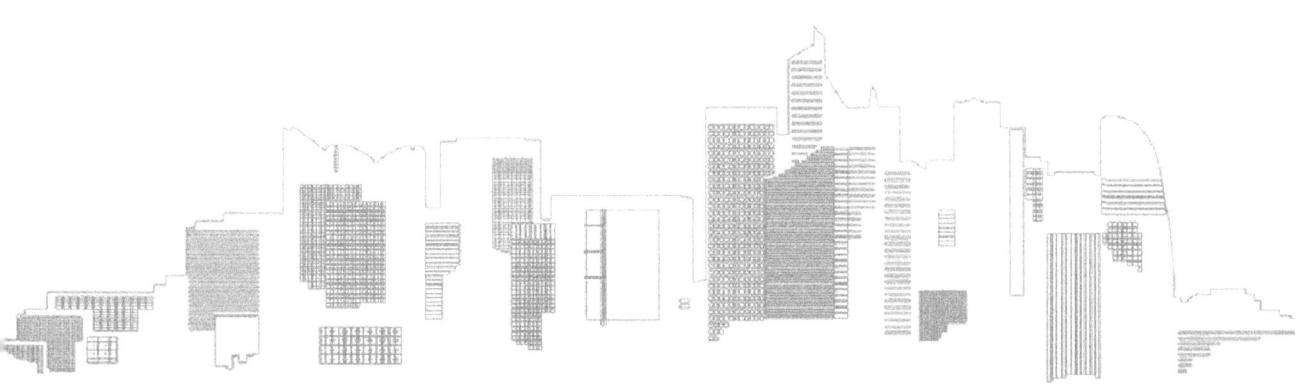

第十一章

企业结构

➤ 本章知识点

1. 企业的含义与特征
2. 企业结构的含义与分类
3. 企业所有制结构的含义
4. 企业规模结构的含义
5. 规模经济与范围经济
6. 有效竞争
7. 企业规模结构演变的趋势

➤ 本章学习目标

1. 掌握企业的含义，理解企业的特征，明确企业的分类
2. 理解企业结构含义，理解企业结构的分类
3. 掌握企业所有制结构的含义
4. 理解多种所有制企业共同发展的必要性及作用
5. 明确我国企业所有制结构调整和完善的目标及措施
6. 掌握企业规模结构的含义
7. 理解规模经济、范围经济二者的区别和联系
8. 区分垄断的不同类型及其治理措施
9. 明确并理解企业规模结构演变的趋势

企业是国民经济的微观基础，是国家经济实力的源泉。因此，企业结构是国民经济结构的重要内容。企业结构与产业结构具有内在联系，因为"产业是指具有某类共同特性的企业的集合"。企业结构与区域结构也有密切关系，因为企业依照分工产业链和供

应链分布在不同的区域内。要实现国民经济结构优化,就必须持续推进企业结构的调整与优化。本章主要分析和阐述企业结构的含义及其分类、企业所有制结构和企业规模结构三个方面。

第一节 企业的含义、特征及分类

对企业结构的研究必须阐明什么是企业、它具有什么特征、什么是企业结构、如何对企业结构进行分类等问题。

一、企业的含义及特征

企业,是指依法设立,具有人和物的要素,以营利为目的,从事营业活动的经济组织。企业作为重要的市场经营主体,具有以下主要特征。

1. 企业依法设立

企业是依照企业法设立的经济组织。依企业法设立的含义是指:其一,所设立的企业应属企业法所规定的企业形态;其二,所设立的企业具备企业法规定的设立条件;其三,企业的设立按照企业法规定的程序办理。例如,在我国,个人独资企业依照《中华人民共和国个人独资企业法》设立,合伙企业依照《中华人民共和国合伙企业法》设立,公司制企业依照《中华人民共和国公司法》设立。

2. 企业由人的要素和物的要素构成

人的要素,即企业的劳动者;物的要素,是指劳动资料和劳动对象,表现为企业的财产。当然,企业并不是人的要素和物的要素的简单相加,而是通过一定的组织形式把两者有机地结合起来。

3. 企业从事营业活动

企业是市场经营主体,它有效而充满活力的营业活动,是市场经济发展的微观基础。在市场经济活动中,企业所从事的营业活动主要是生产、流通和服务性的经营活动。

企业从事营业活动是独立进行的。这表现在:①企业有从事营业活动所需的独立财产;②企业有经营自主权,即企业在法律规定的范围内独立自主地进行经营活动;③企业实行独立核算,即企业以自己从事营业活动所得的收入抵偿自己的支出,实行自负盈亏。

4. 企业以营利为目的

以营利为目的,是指企业营业活动以谋取超出资本的利益并分配于投资者为目的,也就是说,企业从事经营活动的目的,在于获取利润。

在企业的上述特征中,以营利为目的从事营业活动是企业作为市场经营主体最重要的特征。

二、企业结构的含义与分类

（一）企业结构的含义

"结构"一词，通常指各个相关组成部分的搭配和排列及其所占比重。据此，企业结构，是指按同一标准划分的各种类型企业之间的相互关系及其在国民经济中的比重。各种类型企业之间的相互关系表明这些企业之间质的联系和量的比例关系；各种类型企业在国民经济中的比重则说明它们各自在国民经济中的地位和作用，可通过各种类型企业的资产总额占社会总资产的比重、各种类型企业所创造的增加值（或营业收入）占国内生产总值的比重等指标反映出来。

（二）企业的分类

由于现代经济活动十分复杂，我们可根据不同的需要，按照不同的标准对企业进行分类。

1. 根据企业财产组织形式的不同，可以把企业划分为个人独资企业、合伙企业和公司制企业

个人独资企业又称为业主制企业，是指由业主个人出资经营，归个人所有和控制的企业。合伙企业是指由两个以上的业主共同出资，共同经营，并归若干业主共同所有的企业。公司制企业是指依法由两个以上股东出资组成，或是由两个以上企业出资联合而成的企业。在这三种类型的企业中，个人独资企业和合伙企业为自然人企业，公司制企业为法人企业。

2. 根据生产资料所有制性质的不同，可以把企业划分为公有制企业、非公有制企业和混合所有制企业

公有制企业可进一步划分为国有企业、集体企业和合作企业；非公有制企业可进一步划分为个体企业、私营企业和外商独资企业等。国有企业，是国务院和地方人民政府分别代表国家履行出资人职责的国有独资企业、国有独资公司及国有资本控股公司。集体企业，即集体所有制企业，是指生产资料归社会主义劳动群众集体所有的企业。合作企业主要是指各种农业和手工业合作社，在我国指各个领域的合作社组织发展形成的一种经济形式或经济成分。个体企业和私营企业是指生产资料归个人或私人所有的企业。私营企业与个体企业的不同之处主要表现在：一是私营企业以一种营业性经济组织的形态存在，它有相当数量的雇工；而个体企业为个体工商户所有，可以一个人经营，也可以家庭经营，只能根据情况请少数帮工或学徒。二是私营企业可以采取个人独资企业、合伙企业和有限责任公司等形式，而个体工商户只能自己经营。三是从事个体经营和开办私营企业的条件不同。申请开办私营企业必须有与其生产经营和服务规模相适应的资金和从业人员，有固定的经营场所和必要的设施，有符合国家法律、法规和政策规定的经营范围，而从事个体经营，申请人只要具有经营能力即可。外商独资企业是三类外资企业（中外合资经营企业、中外合作经营企业和外商独资企业）之一，是指依照我国有关法律设在中国境内、由外国投资者承担全部投资的企业。混合所有制企业是指由不同

所有制经济组成的企业，是多种经济成分的复合体，主要表现为以下几种类型：一是国有经济或集体经济与外资联合而成的企业，如中外合作经营、合资经营等；二是国有经济或集体经济同国内私营经济联合组成的企业；三是公有制与个人所有制联合组成的混合所有制企业。

3. 根据资本来自国内还是国外的不同，可以把企业划分为内资企业和外资企业

资本来自国内的企业为内资企业；资本来自国外或其来源中有国外成分的企业为外资企业。其中，外资企业可进一步分为中外合资经营企业、中外合作经营企业和外商独资企业。中外合资经营企业是指我国与国外投资者通过签订合同创办的共同投资、共同经营、共担风险、共负盈亏的股权式合营企业。中外合作经营企业是指我国与国外投资者通过签订契约以合作形式共同创办的企业。

4. 根据生产要素密集程度的不同，可以把企业划分为劳动密集型企业、资本密集型企业、技术密集型企业和知识密集型企业

劳动密集型企业是指技术装备程度较低、资本有机构成水平低、产品成本中活劳动消耗所占比重大的企业。资本密集型企业是指在其生产过程中劳动、知识的有机构成水平较低，资本的有机构成水平较高，产品成本中物化劳动所占比重较大的企业。技术密集型企业是指技术装备程度比较高，所需劳动力或手工操作的人数比较少，产品成本中技术含量消耗占比较大的企业。知识密集型企业是指知识员工占据较高的比重，对知识的需求更为迫切，知识对业绩有着更加关键影响的企业。

5. 根据生产经营所属领域的不同，可以把企业划分为工业企业、农业企业、商业企业、建筑安装企业、交通运输企业、物资企业、邮电企业、旅游企业和金融企业等

工业企业是指从事工业性生产和劳务等生产经营活动的企业；农业企业是指从事农、林、牧、渔和采集等生产经营活动的企业；商业企业是指在社会再生产过程中专门从事商品交换活动的企业；建筑安装企业是指从事土木建筑和设备安装工程施工的企业；交通运输企业是指利用运输工具专门从事运输生产或直接为运输生产服务的企业；物资企业是指组织物资流通并从事物资经营的企业；邮电企业是指通过邮政和电信传递信息，办理通信业务和邮政业务的企业；旅游企业是指以旅游资源、服务设施为条件，通过组织游览活动向游客出售劳务的服务性企业；金融企业是指专门经营货币或信用业务的企业。

6. 根据企业规模的不同，可以把企业划分为大型企业、中型企业、小型企业和微型企业

我国关于大中小企业规模划分的标准，自新中国成立以来先后进行了几次调整。在20世纪50年代主要是按照企业职工人数来划分；1962年改为主要依据固定资产价值来划分；1978年国家计划委员会下发的《关于基本建设项目的大小型企业划分标准的规定》，把企业规模划分的标准改为年综合生产能力；1988年国家有关部门对1978年的标准进行了修改和补充，颁布了《大中小型工业企业划分标准》，按企业生产规模把企业分为特大型、大型（细分为大一、大二两类）、中型（细分为中一、中二两类）和小型；1992

年,国家经济贸易委员会制定发布了《大中小型工业企业划分标准》,划分对象是工业企业,而商业企业则按照 1997 年发布的《关于颁布〈商业、粮食非工业企业大、中、小型规模界限〉的通知》执行,凡这两个文件未涉及的行业,其划分标准一般由地方政府行业主管部门确定[①]。

2003 年,根据国家经济贸易委员会、国家发展计划委员会、财政部、国家统计局联合颁布的《中小企业标准暂行规定》,划分大型企业、中型企业和小型企业是根据企业职工人数、销售额、资产总额等指标来进行的。2011 年,工业和信息化部、国家统计局、国家发展和改革委员会、财政部进一步联合印发了《中小企业划型标准规定》(简称 2011 年《规定》),第一次单独列出了微型企业类型。新标准依据企业从业人员、营业收入、资产总额等指标,并结合行业特点更加全面地划分出不同产业领域的大中小微型企业。随后,国家统计局根据 2011 年《规定》出台《统计上大中小微型企业划分办法》(简称 2011 年《办法》)。2017 年 12 月,国家统计局根据新国家标准《国民经济行业分类》(GB/T 4754—2017),在延续 2011 年《办法》的分类原则、方法、结构框架和适用范围的前提下,修订出台了《统计上大中小微型企业划分办法(2017)》(表 11.1)。

表 11.1 2017 年统计上大中小微型企业划分标准

行业名称	指标名称	计量单位	大型	中型	小型	微型
农、林、牧、渔业	营业收入(Y)	万元	$Y \geq 20\,000$	$500 \leq Y < 20\,000$	$50 \leq Y < 500$	$Y < 50$
工业[*]	从业人员(X)	人	$X \geq 1\,000$	$300 \leq X < 1\,000$	$20 \leq X < 300$	$X < 20$
	营业收入(Y)	万元	$Y \geq 40\,000$	$2\,000 \leq Y < 40\,000$	$300 \leq Y < 2\,000$	$Y < 300$
建筑业	营业收入(Y)	万元	$Y \geq 80\,000$	$6\,000 \leq Y < 80\,000$	$300 \leq Y < 6\,000$	$Y < 300$
	资产总额(Z)	万元	$Z \geq 80\,000$	$5\,000 \leq Z < 80\,000$	$300 \leq Z < 5\,000$	$Z < 300$
批发业	从业人员(X)	人	$X \geq 200$	$20 \leq X < 200$	$5 \leq X < 20$	$X < 5$
	营业收入(Y)	万元	$Y \geq 40\,000$	$5\,000 \leq Y < 40\,000$	$1\,000 \leq Y < 5\,000$	$Y < 1\,000$
零售业	从业人员(X)	人	$X \geq 300$	$50 \leq X < 300$	$10 \leq X < 50$	$X < 10$
	营业收入(Y)	万元	$Y \geq 20\,000$	$500 \leq Y < 20\,000$	$100 \leq Y < 500$	$Y < 100$
交通运输业[*]	从业人员(X)	人	$X \geq 1\,000$	$300 \leq X < 1\,000$	$20 \leq X < 300$	$X < 20$
	营业收入(Y)	万元	$Y \geq 30\,000$	$3\,000 \leq Y < 30\,000$	$200 \leq Y < 3\,000$	$Y < 200$
仓储业[*]	从业人员(X)	人	$X \geq 200$	$100 \leq X < 200$	$20 \leq X < 100$	$X < 20$
	营业收入(Y)	万元	$Y \geq 30\,000$	$1\,000 \leq Y < 30\,000$	$100 \leq Y < 1\,000$	$Y < 100$
邮政业	从业人员(X)	人	$X \geq 1\,000$	$300 \leq X < 1\,000$	$20 \leq X < 300$	$X < 20$
	营业收入(Y)	万元	$Y \geq 30\,000$	$2\,000 \leq Y < 30\,000$	$100 \leq Y < 2\,000$	$Y < 100$
住宿业	从业人员(X)	人	$X \geq 300$	$100 \leq X < 300$	$10 \leq X < 100$	$X < 10$
	营业收入(Y)	万元	$Y \geq 10\,000$	$2\,000 \leq Y < 10\,000$	$100 \leq Y < 2\,000$	$Y < 100$

[①] 易国庆. 中小企业政府管理与政策支持体系研究. 北京:企业管理出版社,2001:12-13.

续表

行业名称	指标名称	计量单位	大型	中型	小型	微型
餐饮业	从业人员（X）	人	$X \geq 300$	$100 \leq X < 300$	$10 \leq X < 100$	$X < 10$
	营业收入（Y）	万元	$Y \geq 10\,000$	$2\,000 \leq Y < 10\,000$	$100 \leq Y < 2\,000$	$Y < 100$
信息传输业*	从业人员（X）	人	$X \geq 2\,000$	$100 \leq X < 2\,000$	$10 \leq X < 100$	$X < 10$
	营业收入（Y）	万元	$Y \geq 100\,000$	$1\,000 \leq Y < 100\,000$	$100 \leq Y < 1\,000$	$Y < 100$
软件和信息技术服务业	从业人员（X）	人	$X \geq 300$	$100 \leq X < 300$	$10 \leq X < 100$	$X < 10$
	营业收入（Y）	万元	$Y \geq 10\,000$	$1\,000 \leq Y < 10\,000$	$50 \leq Y < 1\,000$	$Y < 50$
房地产开发经营	营业收入（Y）	万元	$Y \geq 200\,000$	$1\,000 \leq Y < 200\,000$	$100 \leq Y < 1\,000$	$Y < 100$
	资产总额（Z）	万元	$Z \geq 10\,000$	$5\,000 \leq Z < 10\,000$	$2\,000 \leq Z < 5\,000$	$Z < 2\,000$
物业管理	从业人员（X）	人	$X \geq 1\,000$	$300 \leq X < 1\,000$	$100 \leq X < 300$	$X < 100$
	营业收入（Y）	万元	$Y \geq 5\,000$	$1\,000 \leq Y < 5\,000$	$500 \leq Y < 1\,000$	$Y < 500$
租赁和商务服务业	从业人员（X）	人	$X \geq 300$	$100 \leq X < 300$	$10 \leq X < 100$	$X < 10$
	资产总额（Z）	万元	$Z \geq 120\,000$	$8\,000 \leq Z < 120\,000$	$100 \leq Z < 8\,000$	$Z < 100$
其他未列明行业*	从业人员（X）	人	$X \geq 300$	$100 \leq X < 300$	$10 \leq X < 100$	$X < 10$

注：带*的项为行业组合类别，其中，工业包括采矿业、制造业、电力、热力、燃气及水生产和供应业；交通运输业包括道路运输业、水上运输业、航空运输业、管道运输业、多式联运和运输代理业、装卸搬运，不包括铁路运输业；仓储业包括通用仓储、低温仓储、危险品仓储、谷物、棉花等农产品仓储、中药材仓储和其他仓储业；信息传输业包括电信、广播电视和卫星传输服务、互联网和相关服务；其他未列明行业包括科学研究和技术服务业，水利、环境和公共设施管理业，居民服务、修理和其他服务业，社会工作，文化、体育和娱乐业，以及房地产中介服务，其他房地产业等，不包括自有房地产经营活动

除了上述几种分类方法外，还可以根据产品经济性质的不同把企业划分为生产经营生产资料的企业和生产经营消费资料的企业；根据企业的组织结构类型把企业划分为单厂企业和多厂企业；根据技术先进程度把企业划分为高新技术企业和传统企业等。

（三）企业结构的分类

企业分类是研究企业结构分类的依据。由于企业可从不同角度进行多种分类，因而对企业结构的研究也可从不同角度进行。例如，根据企业财产组织形式的不同对企业分类，研究个人独资企业、合伙企业和公司制企业之间的相互关系及其在国民经济中的比重；根据生产资料所有制性质的不同对企业分类，研究公有制企业、非公有制企业和混合所有制企业之间的相互关系及其在国民经济中的比重，进一步研究国有企业、集体及合作企业、个体私营企业、外商独资企业和混合所有制企业之间的相互关系及其在国民经济中的比重；根据生产要素密集程度的不同对企业分类，研究劳动密集型企业、资本密集型企业、技术密集型企业和知识密集型企业之间的相互关系及其在国民经济中的比重；根据企业规模的不同对企业分类，研究大型企业、中型企业、小型企业和微型企业的相互关系及其在国民经济中的比重等。在多种企业结构中，本章重点讨论不同所有制企业之间的结构关系和不同规模企业之间的结构关系这两个内容。

第二节　企业所有制结构

企业所有制结构是指各种所有制企业之间的相互关系及其在国民经济中的比重。研究企业所有制结构，是从生产关系角度考察企业结构。所有制是生产关系的基础，各种社会经济制度的根本区别就在于生产资料所有制不同，因此，研究企业所有制结构有着重大意义。

一、各种所有制企业共同发展的必要性及其作用

（一）各种所有制企业共同发展的必要性

在我国社会主义初级阶段，公有制为主体、多种所有制经济共同发展是我国社会主义基本经济制度的基础，决定了企业所有制结构必然是以公有制为主体、多种所有制企业（包括公有制企业、非公有制企业和混合所有制企业）共同发展。以公有制为主体、多种所有制企业共同发展，反映了社会主义经济制度的本质和社会主义初级阶段生产力发展的要求。

1. 以公有制为主体、多种所有制企业共同发展，是社会主义初级阶段生产力发展的要求

马克思主义经典作家认为，生产的社会化与生产资料的私人占有之间存在着根本的矛盾，这个矛盾只能通过生产资料的社会占有和对社会生产的直接调节来解决，因此，生产资料的社会占有是生产社会化的必然要求。马克思主义经典作家的这一论断从总体上看是符合实际的，是科学的，但是，不能简单地认为，这种社会化的生产力必然要求实行单一的公有制，特别是单一的国有制形式。实际上，生产的社会化只是生产资料社会占有的必要条件而不是充分条件，只有在生产的社会化达到一定的高度，以至于由社会占有生产资料成为一种经济上的必要时，生产资料的社会占有才能成为一种历史的进步。在马克思和恩格斯等经典作家的著作中，生产的社会化一般包括两层含义：一是指各个部门和各个企业之间的分工协作的高度发展和相互联系的日益紧密；二是指由机器大工业技术上的必要性决定的工厂内部生产资料使用的社会化或生产的日益集中。从比较具体、比较现实的所有制结构的选择过程看，马克思和恩格斯关于生产资料国有化的理论主要是建立在后一层意义上的，是与特殊的部门相联系的。也就是说，即使是在社会化大生产的条件下，也并不是所有的企业都可以无条件地进行国有化，实行国有化的首先应当是那些生产高度集中、规模巨大、具有很大的垄断性的部门和企业。事实上，从生产的社会化到生产资料的社会占有存在着生产的集中和垄断及资本的社会化等很长的中间过程，在这一过程中，由于生产的社会化即集中程度不同，生产资料的所有制也呈现出复杂多样的具体形态。在我国社会主义初级阶段，虽然整个社会的生产力总体上已建立在社会化大生产基础上，但是，由于复杂的社会、历史、地理和文化因素的影响，中国现阶段各地区、各部门、各企业的生产力发展水平呈现出巨大的非均质状态，从原

始的手工劳动到现代的信息产业,从落后的农村到现代化的城市,生产力的层次极为复杂多样,这种生产力的结构必然要求所有制结构的多元化。

2. 以公有制为主体、多种所有制企业共同发展,反映了社会主义经济制度的本质

社会主义初级阶段的所有制结构首先是以公有制为主体的。虽然从市场经济发展和市场交易的角度看,不同所有制之间的关系是平等的竞争关系,它们之间没有高低亲疏之分,但是,从生产关系的角度看,不同所有制在社会主义经济制度中的地位和作用是不一样的。公有制为主体,是社会主义经济制度的基础,也是多种所有制共同发展的所有制结构的基础。邓小平反复强调,"一个公有制占主体,一个共同富裕,这是我们所必须坚持的社会主义的根本原则"[①],"我们的制度是以公有制为主体的"[②]。只有在以公有制为主体的条件下,才能消灭剥削,消除两极分化,实现共同富裕;才能在更大程度上实现个人利益及社会利益的统一,以及个人的自由全面发展;才能更好地发挥宏观调控的作用,克服市场机制的缺陷;才能使各种非公有制获得健康发展,成为社会主义市场经济的重要组成部分。

(二)各种所有制企业的作用

1. 公有制为主体的内涵

公有制为主体首先体现在公有资产在社会总资产中的优势上。这是公有制为主体的前提。公有资产在社会总资产中占优势,既是量的规定性,也是质的规定性。公有制为主体,要有量的优势,更要有质的优势。这种质的优势体现在产业属性、技术构成、科技含量、规模经济、资本增值能力和市场竞争力等方面。其次,公有制为主体不等于国有制为主体。公有制经济不仅包括国有经济和集体经济,还包括混合所有制经济中的国有成分和集体成分。我国实施允许国内民间资本和外资参与国有企业改组改革的政策,使国有资本和各类非国有资本相互渗透和融合,以股份制为主要形式的混合所有制经济迅速发展起来。混合所有制经济的发展,充分体现了公有制实现形式多样化的要求,是公有制特别是国有制与市场经济相结合的有效形式和途径,有利于公有制经济在市场竞争中发展壮大。

2. 国有经济的作用

在社会主义市场经济条件下,国有经济具有主导作用。首先,国有经济能避免或减少市场失灵。在市场经济条件下,会产生市场失灵问题,如市场机制的作用会产生垄断和外部效应,市场不能解决公共产品的供给等。国有经济在按市场原则运作的同时,能比较充分地反映社会的利益和要求,因而可以避免和控制市场失灵问题。其次,国有经济的存在和发展有助于加快实现工业化和信息化。信息化和工业化深度融合是中国特色新型工业化道路的集中体现,是高质量发展的重要方向和路径。推进新型工业化,加快建设制造强国、质量强国、航天强国、交通强国、网络强国、数字中国,需要大量的资本投入。由于目前我国民间资本的力量还比较有限,利用国际资本又有条件限制,因此要依靠和凭借国家财力,发挥国有经济的作用,较快形成大规模的国有资产,进行一些

---

① 邓小平. 邓小平文选(第三卷). 北京:人民出版社,1993:111.
② 邓小平. 邓小平文选(第三卷). 北京:人民出版社,1993:172.

关系国计民生的重要项目的建设，保证和加快工业化与信息化的进程。再次，国有经济有助于促进高新技术产业的发展。国有经济参与投资规模大、投资时间长和投资风险大的高新技术开发，有利于高新技术产业的发展，能够提高整个国民经济的科技水平和社会经济效益[1]。最后，以社会整体和全局利益的实现及其增长为目标的国有经济的存在和发展有助于共同富裕目标的实现。

需要指出的是，国有经济在经济发展中不是规模越大越好，比重越高越好，其主导作用主要体现在控制力和影响力上。一是对关系国民经济命脉的重要行业和关键领域，国有经济必须占支配地位，即国有经济要控制涉及国家安全的行业、自然垄断的行业、提供重要公共产品和服务的行业、支柱产业和高新技术产业中重要的骨干企业。西方发达国家的国有经济都基本控制着国民经济的关键部门，即使经过了私有化的调整，国有经济仍然控制着自然垄断行业、提供重要公共产品和服务的行业等，而且还向高新技术产业渗透。例如，法国 1982~1983 年的国有化改革后，国有经济除了继续控制公共事业和基础产业外，还涉及电子、原子能等新兴产业，按营业额计算，控制了飞机制造业的 84%、化学工业的 52% 和电子工业的 49% 等。意大利在压缩传统国有工业的同时，加强了新兴国有工业部门建设，20 世纪 70 年代以后，其国有经济的参与战略已从基础行业转向电子、新能源、电子机械、电信等新技术的开发和发展上[2]。二是对社会资本的支配和控制。以比较少的国有资本支配和控制比较多的社会资本，是国有资本控制力强的重要表现，是发挥国有经济主导作用的关键。

3. 集体经济、合作经济的作用

集体经济、合作经济是公有制经济的有机组成部分，巩固和发展公有制经济，必须促进集体经济、合作经济的发展。集体经济面宽量大，多为劳动密集型，是我国城乡经济和社会事业发展的重要推动力量。尤其是乡镇企业异军突起和迅猛发展，成为整个国民经济发展中极富活力的一个新增长点，是近年来增加农民收入和吸纳农村富余劳动力的主力。合作经济是继我国农村家庭承包经营后的又一组织形式，新型农村合作经济组织作为合作经济的有效实现形式，在推动农业优势产业升级、促进农业产业化经营、增加农民收入、提高农民抵御市场风险的能力、增强农民和农业的市场竞争能力等方面发挥了积极有效的作用。以乡镇企业和新型农村合作经济组织为重点，支持和帮助城乡集体经济、合作经济发展，是调整企业所有制结构的内在要求和重要内容。

4. 非公有制经济的作用

非公有制经济（包括个体经济、私营经济和外资经济）是社会主义市场经济的重要组成部分，对充分调动社会各方面的积极性、加快生产力发展具有重要作用。一是有助于支持国民经济的较快增长；二是有助于拓宽就业渠道，扩大就业；三是有助于促进投融资主体由单一向多元转化；四是有助于为社会主义市场经济创造一个多元竞争、充满活力的竞争环境；五是有助于促进新兴产业、新兴行业特别是高新技术产业的发展；六

---

[1] 刘国光，桂世镛. 社会主义市场经济概论. 北京：人民出版社，2002：77.
[2] 刘国光，桂世镛. 社会主义市场经济概论. 北京：人民出版社，2002：78.

是发展外资经济，有助于我们更多地利用国外资源和引进先进技术与管理经验，充分利用国际国内两个市场，优化资源配置，积极建设更高水平开放型经济新体制、国内国际双循环相互促进的新发展格局。

5. 混合所有制经济的作用

混合所有制是指两种以上不同的所有制企业采取联营、合作、参股、合资等形式而组建的一种企业经营组织模式。假设有两种不同质的、纯的所有制形式，并各自具有自身的优劣势，那么为了获得市场竞争的成功，两者结合起来发挥联合优势，便是发展混合所有制的主要原因。

国家资本与私人资本结合而成的混合所有制的历史要从德国算起。德国混合所有制经济取得了一定的成效，因此第一次世界大战后多个国家开始采用这一制度。第二次世界大战后，混合所有制经济成为西方国家比较普遍采用的制度。虽然从本质上说，西方国家的混合所有制是国家政策实现的工具，但是同时混合所有制也成为现代市场经济中企业制度模式之一。社会主义市场经济是在没有经过传统市场经济充分发展的情况下，直接实行和发展现代市场经济，因此应该在鼓励多种所有制经济发展的同时，积极鼓励和促进混合所有制经济的发展。

我国提出的国有经济发展混合所有制形式，与西方资本主义市场经济中的混合所有制相比，有几点关键的区别。

（1）这是两种制度基础不同的混合所有制。西方资本主义实行的是私人经济为基础的市场经济，建立在这个基础之上的政权是资产阶段性质的。因而国家出于各种目的而收购私人资本形成混合经济，推行国有化，都是国家资本主义的行为，并不改变其制度属性。相反，我国实行的是公有制经济为基础的市场经济，建立在这个基础之上的政权是无产阶级性质的。国有企业与民营企业的结合，都是社会主义市场经济的行为，并不会改变其制度属性。这体现了马克思主义的基本原理——经济基础与上层建筑的关系：经济基础决定上层建筑，上层建筑又反过来影响、作用于经济基础。看一个混合所有制企业的属性如何，首先要看是在什么经济基础上产生，再看是受到什么性质的国家政权影响，而不能简单地把两种类型的混合所有制形式画等号。

（2）实行混合所有制经济的原因有差别。西方主流经济理论认为，实行混合经济或国有化的动因是解决市场不能有效提供公共产品的问题，以及当出现危机时大型私人企业不能倒的特殊情况。因此西方国有化的政策推行主要是在公共产品领域，以及在严重经济危机爆发之后大型私人企业陷入困境时，由政府伸出财政资金援助之手。当企业度过危机后，企业还可以从政府手中赎回股权。例如，2008年国际金融危机中美国财政部对花旗银行的援助案[①]。我国提出发展混合所有制，是出于完善社会主义市场经济的需要，混合所有制所覆盖的领域绝不限于公共产品领域，也不是专门用来对付经济危机的。

（3）发展混合所有制经济具有不同的风险。在西方资本主义市场经济发展混合所有制经济，会面临两种风险：一是财政债务风险。因为政府要向收购的私人企业注入巨资，

---

① 盛美娟，刘瑞. 范式之争：中美宏观调控比较研究：以金融危机的应对为例. 政治经济学评论，2011，2（1）：143-159.

会加重财政债务负担,因而混合所有制会将私人债务危机转化为政府债务危机。二是政府道德风险。组成混合所有制企业之后,政府的角色由市场裁判员转化成运动员,当混合所有制企业内部出现劳资纠纷等矛盾冲突时,政府作为利益相关方就处于资方位置。政府既要扮演裁判员、调停人的角色,又要扮演运动员、当事方的角色,势必会带来角色冲突,产生政府维护公平正义两难风险[1]。而在我国将要大力实施的混合所有制中,参与当事人都是企业,国有企业与民营企业以平等身份参与混合所有制组建,政府则扮演居间调停人的角色,因而可以避免道德风险。又因为一般是企业自愿参股,是合作行为,因而就可以直接避开政府债务风险问题。但是也可能会出现不同于西方的一些风险:其一,非国有资本操纵股份掌握话语权,改变企业国有属性从而通过"后门"实现非国有化的风险;其二,内部利益冲突风险。这些风险需要在实践中加以验证并给予防范。

目前,我国经济发展推进到结构升级换代阶段,发展混合所有制存在广泛需求。从国有企业方面看,要扩大资本、增强更大的竞争力,需要更多的投资者,尤其是战略投资者;完善国有企业内部治理机制需要借助外力,通过引入管理经验成熟的民间企业经营,可以帮助提升企业内部的治理结构和水平;以合资合股方式吸收中小企业创新技术,可以增强国有企业的创新能力;在传统的经济垄断领域通过引入混合所有制形式,可以缓解由必要的垄断而带来的社会压力,有利于打破垄断、促进竞争。在民营企业看来,国有企业所具有的人才优势、经营优势、政策优势和市场优势都是民营企业十分渴求的,加盟国有企业有助于民营企业的迅速发展壮大,国有企业和民营企业的结合涉及股权制度的调整,以及产生一系列的后续调整变化,将会以倒逼方式迫使国有企业加速引入市场机制,减少官僚化治理机制。

二、我国企业所有制结构调整和完善的目标及措施

（一）我国企业所有制结构调整和完善的目标

我国企业所有制结构调整和完善的目标,是按照社会主义初级阶段基本经济制度的要求,使企业所有制结构适应和促进社会主义市场经济的发展,使各种所有制企业（包括公有制企业、非公有制企业和混合所有制企业）在不同领域各自发挥作用,有所为、有所不为,有进有退。

（二）调整和完善我国企业所有制结构的措施

调整和完善企业所有制结构,实现企业所有制结构调整和完善的目标,主要应发挥市场机制的作用。但由于市场存在失灵,就需要政府的介入。加之我国的市场体系不完善,今后一个时期内市场也不可能很快成熟,因而对企业所有制结构的调整不能完全依靠市场机制。所以,关键是要协调好政府与市场的关系,政府应在顺应市场发展、发挥市场机制作用的基础上,对企业所有制结构的调整和完善进行引导。

1. 优化国有经济布局和结构

要以服务国家战略为导向,以提高核心竞争力和增强核心功能为重点,扎实推进国

---

[1] 罗志如,厉以宁. 二十世纪的英国经济: "英国病"研究. 北京: 人民出版社, 1982: 286-287.

有企业改革深化提升行动，坚定不移做强做优做大国有企业，切实发挥国有经济主导作用。为此，一要深入推进传统产业转型升级；二要加快战略性新兴产业发展步伐；三要进一步完善分类管理机制；四要抓好重大风险防控①。

2. 发展多种形式的集体经济、合作经济

应按照归属清晰、权责明确、保护严格、流转顺畅的现代产权制度的要求，明晰集体所有权关系，一方面明晰集体企业财产的所有权，另一方面厘清集体企业财产的所有、占有、使用、收益、处置等权利的边界。同时，要发展新型农村集体经济，办好农民专业合作社，高度重视社区合作经济的发展，将其作为新型集体经济的发展方向和主要形式，将"民办、民管、民受益"的合作制基本原则作为集体经济组织的主要管理原则②。

3. 促进个体、私营经济发展壮大

促进个体、私营经济发展的关键是破除体制障碍，推进公平准入，改善融资条件。要持续破除市场准入壁垒。清理规范行政审批、许可、备案等政务服务事项的前置条件和审批标准，建立市场准入壁垒投诉和处理回应机制，完善典型案例归集和通报制度。完善融资支持政策制度。健全银行、保险、担保、券商等多方共同参与的融资风险市场化分担机制，支持符合条件的民营中小微企业在债券市场融资，鼓励符合条件的民营企业发行科技创新公司债券，推动民营企业债券融资专项支持计划扩大覆盖面、提升增信力度，支持符合条件的民营企业上市融资和再融资③。

4. 进一步发展外资经济

积极吸引和利用外商投资，发展外资经济，是推进高水平对外开放、构建开放型经济新体制的重要内容，也是我国调整和完善企业所有制结构的重要内容。为此需要：第一，多元化利用外资；第二，积极利用外资推动自主创新；第三，积极利用外资推动产业升级；第四，积极利用外资促进区域经济协调发展。

5. 大力发展混合所有制经济

发展混合所有制经济必须遵循市场原则，充分发挥市场机制的作用，使各种不同所有制经济单位在互利和竞争的基础上自愿地联合起来。在此基础上，政府要制定和实施必要的政策措施，引导和促进混合所有制经济的发展。尤其是在对国有经济的布局和结构进行的战略性调整中，政府应该支持和鼓励国有经济吸收非国有资本，自觉地推进混合所有制经济的发展。具体和有效的方法是促使国有企业进行规范的股份制改造，在推进国有企业投资主体多元化和股权分散化的过程中，积极鼓励和大胆吸收非国有的投资者，非公有资本投资主体可通过出资入股、收购股权、认购可转债、股权置换等多种方式，参与国有企业改制重组或国有控股上市公司增资扩股以及企业经营管理④。

---

① 黄华. 有效优化国有经济布局. 经济日报，2023-08-17（05）.
② 孙中华. 社区合作经济是新型农村集体经济的发展方向. 农村工作通讯，2021，（16）：19-21.
③ 《中共中央 国务院关于促进民营经济发展壮大的意见》，https://www.gov.cn/gongbao/2023/issue_10626/202308/content_6897070.html，2023 年 7 月 14 日。
④ 《国务院关于国有企业发展混合所有制经济的意见》，https://www.gov.cn/zhengce/zhengceku/2015-09/24/content_10177.htm，2015 年 9 月 24 日。

第三节 企业规模结构

企业规模结构是指大型、中型、小型、微型企业之间的相互关系及其在国民经济中的比重。研究企业规模结构，是从生产力角度考察企业结构。企业规模结构合理与否既关系到企业的经营效益，又关系到市场竞争的有效程度，因此，研究企业规模结构具有重要意义。

一、规模经济和范围经济

规模经济和范围经济是影响现代企业规模大小的两个基本规律，也是企业经营决策需要考虑的重要问题。

（一）规模经济

规模经济（economics of scale）是指生产或经销单一产品的单一经营单位因规模扩大而减少了生产或经销的单位成本而导致的经济[①]。

概括地讲，规模经济是指经济组织的规模扩大，导致单位产品成本降低、经济效益提高的情况。按照西方经济学的观点，规模经济是指在技术水平和投入要素价格不变的条件下，随着企业各种投入要素的同比例增加，企业生产规模的扩大，单位产品成本下降。它表现为规模收益递增，即生产规模扩大后，收益增加的幅度大于规模扩大的幅度。这种规模收益递增可以通过长期平均成本（long-run average cost，LAC）曲线向下倾斜来说明。这里的"长期"是指设备、投资增加和生产能力扩大情况下的规模变化过程；相对于此的"短期"，则指生产能力不变情况下的规模变化过程。这里的"平均成本"是指平均的单位产品成本。平均成本随规模的扩大而下降的趋势并不是无止境的，一般来说，企业规模从小到大的发展过程中，在经历规模经济的阶段后，则进入规模经济不变阶段，表现为规模收益不变，即收益增加的幅度等于规模扩大的幅度。当生产规模进一步扩大时，则进入规模不经济阶段，表现为规模收益递减，即收益增加的幅度小于规模扩大的幅度。因此，企业的长期平均成本曲线为一条"U"形曲线（图11.1）。长期平均成本曲线由下降到不变而后上升的转折点 Q 即成本最低的最佳规模。

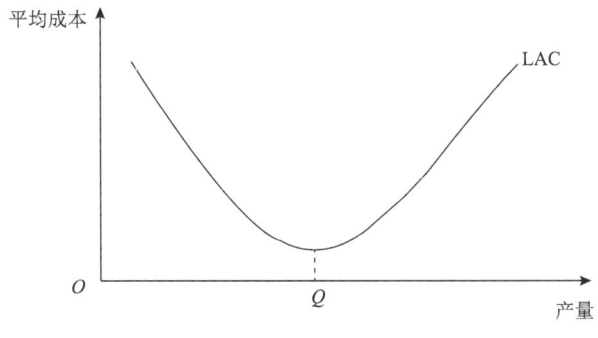

图11.1 企业长期平均成本曲线

[①] 小艾尔弗雷德·D. 钱德勒. 企业规模经济与范围经济. 北京：中国社会科学出版社，1999：19.

由于各行业生产技术具有不同的特点，长期平均成本曲线的形状有很大的差异。某些行业使用资本设备较少，又无太多的劳动专业化利益，规模经济阶段很快就结束，长期平均成本曲线很快就上升（图11.2中的LAC_1），这种状况称为"规模不经济早现"；另一些行业，当产量较小时，产量增加可获得规模经济，但产量较大时，规模经济不明显，直到产量十分大时才出现规模不经济（图11.2中的LAC_2），这种状况称为"规模经济不变"；还有一些行业，规模经济潜力较大，在产量未达到相当大之前，其长期平均成本曲线持续下降，迟迟不转入上升阶段（图11.2中的LAC_3），这种状况称为"规模经济持续"。

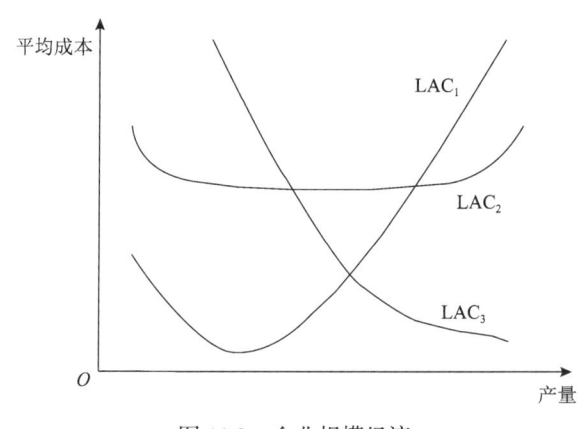

图 11.2　企业规模经济

规模经济可以从企业自身和行业规模两个方面进行分析，前者为内在规模经济，后者为外在规模经济。内在规模经济是一个生产单位的规模扩大时从自身内部所引起的平均成本的降低与收益的增加。外在规模经济是整个行业规模和产量扩大而使得个别厂商平均成本降低与收益增加。由于形成外在规模经济的原因不同，外在规模经济又可分为技术性外在规模经济和金融性外在规模经济。技术性外在规模经济是指由于行业的发展，个别厂商可得到修理、服务、运输、人才供给、科技情报等方面的非货币因素的便利条件，而引起的外在规模经济；金融性外在规模经济是指随着行业的发展，个别厂商在货币方面受到了影响而发生的外在规模经济。外在规模经济和内在规模经济一样，都会改变厂商的成本，但是它们的影响方式、前提条件又是完全不同的。外在规模经济的前提条件是行业规模的扩大，而内在规模经济的前提条件是厂商本身规模的扩大。外在规模经济是行业中其他方面的便利因素为个别厂商提供了效益，内在规模经济则是由厂商经营的个别企业内部因素的变化所致。因此，外在规模经济在成本上的体现是厂商整个平均成本曲线向下移，而内在规模经济在成本上的体现是厂商平均成本曲线随厂商规模扩大而向下倾斜。

规模经济还可以从纵向和横向两个角度加以划分。从纵向来看，可以把规模经济分为工厂规模经济、企业规模经济和产业规模经济三个层次。工厂规模经济是指工厂通过生产能力的改变，逐步地扩大规模时收益递增的现象；企业规模经济是指随着企业经营规模的扩大，企业经济效益不断提高的现象；产业规模经济，可以理解为随着产业内企业平均规模的扩大，企业平均的经济效益不断提高。企业可以通过扩大内部单个工厂的生产规模，来降低单位产品的生产成本，获得生产规模的经济性；也可以通过经营数个最佳规模的工厂来获得规模效益，即形成相当于最佳规模数倍的总生产经营能力，这种大规模生产经营的经济性又称为多厂企业经济性。从横向来看，可以把规模经济分为第一产业、第二产业、第三产业的规模经济以及产业内部不同行业的规模经济等。

规模经济的主要成因有以下几个方面。第一，专业化分工和协作的经济性；第二，采用大型、高效的专用设备的经济性；第三，标准化和简单化操作的经济性；第四，大批量采购和销售的经济性；第五，大批量运输的经济性；第六，大规模管理的经济性。在以上规模经济成因中，前三条是生产技术方面的因素，有利于降低生产成本；后三条是交易方面的因素，有利于降低交易成本[①]。

规模经济是一种客观存在的现象。马克思和列宁的一些论述都曾揭示过这一问题。马克思在《资本论》中曾指出："工业企业规模的扩大，对于更广泛地组织许多人的总体劳动，对于更广泛地发展这种劳动的物质动力，也就是说，对于使分散的、按习惯进行的生产过程不断地变成社会结合的、用科学处理的生产过程来说，到处都成为起点。"[②] 他又指出："在其他条件不变时，商品的便宜取决于劳动生产率，而劳动生产率又取决于生产规模。"[③] 这里，马克思明确地提出了劳动生产率取决于企业生产规模以及企业规模的扩大是资本主义社会化大生产的起点这一规模经济问题。列宁在十月革命胜利后，在组织社会主义经济的社会化大生产时，非常重视利用规模经济的问题。他曾指出："从现代最大工业的角度，特别是从托拉斯的角度，把生产合理地合并和集中于少数最大的企业。"[④]

马歇尔在 1890 年出版的《经济学原理》一书中注意到了规模经济问题。他发现企业在合作或联合中可以获得规模经济效益，因而他在萨伊的生产三要素即劳动、土地和资本之上增加了第四要素——工业组织。他指出，"大规模生产的主要利益，是技术的经济、机械的经济和原料的经济""大工厂的利益在于：专门机械的使用与改良、采购与销售、专门技术和企业经营管理工作的进一步划分"[⑤]。他通过对规模经济的系统分析，得出了两点结论："第一，任何货物的总生产量之增加，一般会增大这样一个代表性企业的规模，因而就会增加它所有的内部经济；第二，总生产量的增加，常会增加它所获得的外部经济，因而使它能花费在比例上较以前为少的劳动和代价来制造货物。"[⑥] 这就是说，产量的增加会引起企业规模扩大，而扩大企业规模则会增加内部和外部经济、取得规模经济效益。自马歇尔以来，在西方经济学中，微观经济学的厂商理论、市场理论以及产业组织理论等对规模经济问题有了比较多的论述，形成了规模经济的一定理论基础。第二次世界大战以后，新古典综合派的主要代表人物之一萨缪尔森在《经济学》一书中也提出了"规模收益递增"问题，并分析了"规模收益递增"的原因，他强调

---

① 王俊豪. 产业经济学. 北京：高等教育出版社，2021：24.
② 马克思. 资本论（第一卷）. 北京：人民出版社，1975：688.
③ 马克思. 资本论（第一卷）. 北京：人民出版社，1975：686-687.
④ 列宁. 列宁全集（第三十四卷）. 2版. 北京：人民出版社，1985：212.
⑤ 马歇尔. 经济学原理（上卷）. 北京：商务印书馆，1964：291.
⑥ 马歇尔. 经济学原理（上卷）. 北京：商务印书馆，1964：328.

指出:"规模收益递增非常重要,它可以解释,为什么我们购买的许多物品都是由大公司制造的——如卡尔·马克思在一个世纪以前所着重指出的那样。"①

(二)范围经济

范围经济(economies of scope)是指利用单一经营单位内原有的生产或销售过程来生产或销售一种以上产品而产生的经济②。

范围经济通常是以一个企业生产多种产品和多个企业分别生产一种或少数几种产品的相对总成本来定义的。如果企业增加产品品种和种类能节约成本,即由一个企业同时生产产品 X 和产品 Y 比一个企业生产产品 X、另一个企业生产产品 Y 所花费的成本小,则范围经济存在。

产生范围经济的主要原因有以下几个方面:第一,生产技术设备具有多种功能;第二,零部件和中间产品具有多种组装性能;第三,研究与开发的扩散效应;第四,企业无形资产的充分利用;第五,大批量采购和销售的经济性;第六,大批量运输的经济性;第七,大规模管理的经济性③。

规模经济和范围经济都是有效使用社会资源,提高经济效率的重要手段和途径。对于规模较小的企业来说,实现规模经济和范围经济的首要任务是扩大企业规模,可采取水平一体化、垂直一体化和混合一体化三种战略以形成大型企业。

水平一体化是企业在原有生产经济范围内,通过联合、兼并同类企业或投资兴建新的生产经营单位,形成多工厂企业,以扩大企业规模④。水平一体化的经济效率主要源于"多工厂经济性",通过大批量生产,降低生产成本,实现规模经济。

垂直一体化是企业在供、产、销方面实行纵向渗透和扩张。其实质是把原来由不同企业承担的供、产、销职能不断集中于单个企业的过程④。垂直一体化的经济效率源于它能够减少交易成本,实现规模经济和范围经济。

混合一体化是企业通过一定的方式控制多个产业中的若干生产经营单位,实现跨产业经营,通过充分利用共同资源,降低产出成本,以实现范围经济④。混合一体化就是企业经营的多元化。

综上所述,一体化是企业扩大规模、形成大型企业的发展战略。在三种一体化战略中,企业的水平一体化和垂直一体化战略主要是为了充分实现规模经济,而企业的混合一体化或者多元化战略主要是为了充分实现范围经济。混合一体化或多元化战略是企业一体化战略的高级形式,通常要求企业在完成水平一体化和垂直一体化战略的基础上,才能实行混合一体化或多元化战略。

需要注意的是,规模经济和范围经济的实现具有客观的原因和条件。超出了必要的条件和限度,会造成规模不经济或范围不经济,反而会造成资源的浪费和效率的下降。因此,企业在追求规模经济和范围经济的过程中,一定要充分考虑企业的自身条件和外

---

① 萨缪尔森,诺德豪斯. 经济学(上). 12 版. 北京:中国发展出版社,1992:62.
② 小艾尔弗雷德·D. 钱德勒. 企业规模经济与范围经济. 北京:中国社会科学出版社,1999:19.
③ 王俊豪. 产业经济学. 北京:高等教育出版社,2021:24-25.
④ 王俊豪. 产业经济学. 北京:高等教育出版社,2021:31.

部环境，特别要提高企业的技术和管理水平。

二、企业规模结构合理化的标志

（一）企业规模结构合理化的标志——有效竞争

有效竞争是在"马歇尔冲突"（Marshall's dilemma，或称"马歇尔困境"）的基础上提出来的。马歇尔在其《经济学原理》一书中，在提出规模经济、充分肯定了规模经济利益的同时，认为在追求规模经济过程中会出现垄断，因为"极有组织的采购和销售的经济，是现在同一工业或行业中许多企业合并成为一个大的联合组织的主要原因之一；也是包括德国的卡特尔和集中的合作组织在内的各种同业联合的主要原因之一"[①]。垄断使价格机制受到人为因素的控制，使经济失去活力，扼杀了自由竞争这一经济运动的原动力，破坏了资源的合理配置。这样，在马歇尔的描述里，规模经济与竞争活力，即垄断与自由竞争就成了一对难分难解的矛盾，后人把这一矛盾称为"马歇尔冲突"。

在马歇尔之后一个较长的时期里，经济学家对如何克服"马歇尔冲突"，把规模经济与竞争活力两者有效地协调起来进行了积极探索。在此过程中，人们不是偏重规模经济的作用，就是突出竞争活力的地位，往往顾此失彼。直到1940年6月，克拉克（Clark）在总结前人观点的同时，通过大量的调查研究，发表了《有效竞争的概念》一文，他在该文中指出，短期均衡是一种静态概念，它依靠在现有生产条件下，通过价格的自动调节实现供需均衡；而长期均衡是一种动态概念，随着产业成长、经济规模发展，长期成本下降和长期供给能力增加，从而实现长期供需均衡。他认为短期均衡和长期均衡这两者的实现条件往往不协调，为谋求现实条件下缩小这种不协调的途径，首先要明确"有效竞争"的概念。有效竞争，就是指将规模经济与竞争活力两者有效地协调起来，从而形成有利于长期均衡的竞争格局，但他未能论述实现有效竞争的客观条件和标准问题。

（二）有效竞争的实质

从有效竞争的概念可知，有效竞争的决定变量是规模经济、范围经济与竞争活力。规模经济、范围经济与竞争活力既统一又矛盾。统一表现在：都是为了实现社会资源的优化配置，从而提高经济效率。只不过实现提高经济效率这一目标的途径不同。规模经济是通过企业规模的扩大，单位产品成本降低、经济效益提高；范围经济是企业增加产品种类来节约成本，从而实现社会资源的优化配置和使用，提高经济效率；而竞争活力是通过发挥市场机制（如价格、竞争和供求）的作用，实现社会资源的优化配置，提高经济效率。矛盾表现在：企业在追求规模经济的过程中，企业规模的扩大会引起生产的集中，生产集中发展到一定程度就会形成垄断。对此马克思、恩格斯和列宁都曾有过精辟的论述。马克思指出："垄断产生着竞争，竞争产生着垄断。垄断资本家彼此竞争着，竞争者逐渐变成垄断资本家。……垄断只有不断投入竞争的斗争才能维持自己。"[②]恩格斯

---

① 马歇尔. 经济学原理（上卷）. 陈良璧译. 北京：商务印书馆，1964：295.
② 马克思，恩格斯. 马克思恩格斯全集（第四卷）. 北京：人民出版社，1958：178-179.

也曾有过这样的著名论断:"竞争的对面就是垄断。"[1]列宁也指出,集中发展到一定阶段,可以说,就自然而然地走到垄断。垄断是对市场竞争的否定,它会导致经济缺乏竞争活力。因此,有效竞争作为兼顾规模经济、范围经济与竞争活力,使其相互协调的理想状态,是一个经济效率问题。有效竞争的实质就是追求较高的经济效率。

(三)有效竞争的衡量标准

在产业经济学中,关于有效竞争的衡量标准,比较有影响的是 1957 年美国哈佛大学教授梅森(Mason)提出的"市场结构标准"和"市场效果标准",以及 1958 年美国经济学家史蒂芬·索斯尼克提出的"结构-行为-绩效"标准。

1. 市场结构标准

其主要内容包括:①市场上存在相当多的卖者和买者;②新企业能够进入市场;③任何企业都没有占有很大的市场份额;④任何企业(集团)之间不存在共谋行为。

2. 市场效果标准

其主要内容是:①企业存在不断改进产品和生产工艺的市场压力;②在成本下降到一定程度时,价格能够向下调整,具有一定的弹性;③生产集中在不大不小的最有效率的规模单位下进行,但未必是在费用最低的规模单位下进行;④生产能力和实际产量基本协调,无慢性设备过剩;⑤能避免销售中的资源浪费。

3. "结构-行为-绩效"标准

其主要包括 3 个方面、15 个具体内容标准。结构方面的内容有:①不存在企业进入和流动的人为限制;②存在对上市产品质量差异的价格敏感性;③交易者的数量符合规模经济的要求。行为方面的内容有:①厂商间不相互勾结;②厂商不使用排外的、掠夺性的或高压性的手段;③在推销时不搞欺诈;④不存在"有害的"价格歧视;⑤竞争者对其他人是否会追随他们的价格变动没有完备的信息。绩效方面的内容有:①利润水平刚好足以酬报创新、效率和投资;②质量和产量随消费者需求变化而变化;③厂商尽其努力引进技术上更优的新产品和新的生产流程;④没有"过度"的销售开支;⑤每个厂商的生产过程都是有效率的;⑥最好地满足消费者需求的卖者得到最多的报酬;⑦价格变化不会加剧周期的不稳定。

(四)有效竞争与垄断

1. 垄断及垄断行业(企业)的概念

在普遍意义上,经济学所讲的垄断,是指一个单独的卖主控制着一个特定商品的全部供应,或者是少数几个出卖人控制着某一行业的生产或销售[2]。垄断的产生和形成有多种多样的原因,如资源稀缺、外部经济性、规模经济和范围经济效益的存在等。垄断性及相对垄断性行业(企业),是指靠国家政策支持保护的行业(企业),其生产经营必需的资源、市场都是垄断和相对垄断的,是没有完全市场化运作的。在我国,公用事业

---

[1] 马克思,恩格斯. 马克思恩格斯全集(第一卷). 北京:人民出版社,1956:612.
[2] 琼·罗宾逊,约翰·伊特韦尔. 现代经济学导论. 陈彪如译. 北京:商务印书馆,1982:200.

行业（企业）由于其自然垄断属性或行政垄断属性而共同形成了垄断行业（企业）。

2. 垄断的类型

垄断根据其形成的原因大致可以分为自然垄断、市场垄断（或称经济垄断）、行政垄断三种类型。自然垄断，是指由于存在着资源稀缺性和规模经济效益、范围经济效益，提供单一物品和服务的企业或联合起来提供多数物品和服务的企业形成一家公司（垄断）或极少数企业（寡头垄断）的概率很高。这种由于技术理由或特别的经济理由而形成的垄断或寡头垄断，称为自然垄断或"自然寡头垄断"[①]。一般而言，自然垄断是市场失灵的表现之一，是与微观规制（从广义上看，微观规制是政府对微观经济运行的干预）相联系的垄断。

市场垄断（或称经济垄断），是指在竞争性领域中，少数市场主体通过合谋行为或市场兼并控制行为形成的垄断。例如，几个具有竞争关系的企业以合同、协议等方式，确定、维持或变更商品的价格，搞价格同盟，限制商品的市场供应量，共同阻止新的竞争者进入市场或排挤其他竞争对手。

行政垄断，是指行政机关和法律、法规授权的具有公共事务职能的组织，滥用行政权力，排除、限制竞争的行为。行政垄断大致可区分为区域性行政垄断和行业性行政垄断两种形式。区域性行政垄断是指某一区域内的经营者依赖并滥用由独占或市场支配地位形成的地域优势，对该区域的产品或服务形成垄断。当前，随着改革开放的不断深入和社会主义市场经济体制的不断建立和完善，我国区域性行政垄断已大为削弱，已不再是行政性垄断的主要形式。行业性行政垄断是指某一行业或产业内的经营者依赖并滥用由独占或市场支配地位形成的行业优势对该行业或产业的产品或服务的垄断，已成为当前和今后一个时期存在的主要行政性垄断。通常，行业垄断具有借助对本行业的管理特权和实际控制力量，抢占市场资源与销售份额，排斥他人的进入与竞争，操纵价格以牟取暴利的特点。一般而言，对消费者构成直接侵害的并不是垄断行业结构，而是垄断行业行为。

3. 正确处置各类垄断，促进有效竞争

为促进有效竞争，对各类垄断应采取不同的处置方法。一般来说，应承认自然垄断的合理性、减少经济垄断、打破行政垄断。

（1）承认自然垄断的合理性。就由企业和产品的生产技术特点决定的自然垄断，如电力、电信、铁路、天然气、自来水等来说，是不能通过一般竞争打破的。由于自然垄断具有上述特性，因而对于自然垄断行业的改革，关键在于承认其合理性，进行合理的引导与引入竞争，特别是应进一步分离垄断性业务和竞争性业务。一般认为，政府对自然垄断问题有三种不同的解决方法：一是政府接管某一行业的所有权，或将该行业国有化；二是让私人企业经营该行业的同时对其进行管制；三是鼓励竞争。

（2）减少经济垄断。就由于竞争（包括经济和技术的竞争）而形成的经济垄断而言，在任何情况下都是需要打破的，打破的最有力的手段就是制定反垄断法，即通过反垄断法对市场结构加以限制，规定一个企业的某种产品在市场上的份额不得超过一定的比例，

---

① 植草益. 微观规制经济学. 朱绍文, 胡欣欣, 等译. 北京：中国发展出版社，1992：41.

以保护市场的充分竞争。

（3）打破行政垄断。就政府通过行政力量形成的行政垄断来说，往往是和经济体制、国家的经济安全及国防安全紧密联系在一起的，因而问题较为复杂。一般而言，行政垄断是应当加以反对和打破的，但对于我国行政垄断行业，打破行政垄断有一个时机选择的问题，应进一步加快政企分开、政资分开、政事分开，目前应重点考虑加快政府职能转变，实现政企分开，优化营商环境。这是打破行政垄断的关键。

三、企业规模结构演变的趋势

（一）以大企业为主导、大中小微企业并存的客观必然性

1. 它是社会生产集中化与分散化的必然趋势

现代工业生产存在集中化与分散化两种趋势的并存。一方面，生产越来越集中于大企业的过程进行得非常迅速，大企业产值所占比重越来越大；另一方面，生产分散化的趋势也很明显，中小微企业的发展也很快，而且发挥着越来越重要的作用。这两种并行不悖的趋势决定了企业规模结构演变的方向必然是以大企业为主导、大中小微企业并存。

2. 它是生产社会化的必然结果

现代工业生产是社会化大生产，社会化大生产有两个最明显的特点：一是建立在现代科学技术基础之上；二是专业化协作高度发展，社会化水平高。以现代科学技术为基础这个特点，从三个方面推动着企业规模结构演变的趋势：①生产设备的大型化和小型化都是科学技术发展的方向；②现代化产品不断涌现，且品种与质量不断提高；③新能源、新材料和新工艺被广泛采用，科学技术发展呈现出多样化。现代社会化大生产不仅使生产资料的使用更加社会化，劳动过程本身更加社会化，而且使产品的使用也更加社会化。这种生产的社会化，必然使企业规模结构向以大企业为主导、大中小微企业并存的方向演变。

3. 它是各国工业化进程的必然产物

各个国家工业化的进程，最初主要是由中小微企业来推动的，但同时也有大型企业作为工业建设的骨干。发达国家从工业化初期到完成工业化、实现现代化，集中化的势头一直很猛，但是中小微企业仍然大量存在和发展。尽管中小微企业倒闭、破产的很多，但它们像雨后春笋一样又不断产生，在经济和社会发展中起着十分重要的作用。

（二）以大企业为主导、大中小微企业并存的必要性

1. 以大企业为主导、大中小微企业并存，有利于更好地满足多样化的市场需求

在现代经济条件下，市场需求是复杂多样的，既有单一品种的大批量的需求，又有多品种、小批量、变化大的需求。要满足市场多种多样的需要，就既要有大型企业来从事复杂的大批量产品的生产，又要有中小微企业来满足社会各种各样的需要。

2. 以大企业为主导、大中小微企业并存，有利于充分发挥各种规模企业的作用

在大中小微企业并存的产业中，不同规模的企业为获取最大的经济利益，将在不同

层次上开展经济活动。大企业可充分利用其享有的规模经济优势和技术资源优势，从事各种高级、精密、大型和尖端技术产品的生产，承担各种重大项目的设计与组织。中小微企业则可在某一专业领域，应用现代技术生产标准化、通用化的中间产品，或者适应市场的某种特殊需求，进行小批量生产，繁荣市场供给。劳动密集型的中小微企业还具有吸纳劳动力强的优势，因而宏观上有利于解决一个国家的就业问题。

3. 以大企业为主导、大中小微企业并存，有利于形成良好的市场竞争秩序

同一产业内，大中小微企业并存的规模构成，有利于开展有活力、有秩序的市场竞争。大企业在产业内占据主导地位，可以起到稳定价格、防止企业间过度竞争的作用。同时，大企业在规模经济和技术开发方面的优势，形成了中小微企业的生存压力，迫使中小微企业不断更新技术，提高产品质量，突出特色，以弥补规模劣势，在竞争中维持生存和发展。中小微企业的大量存在，也限制了大企业对价格的垄断，大企业如果靠提高价格获得超额利润，中小微企业的规模不经济就会得到补偿，并且可以以稍低的价格提高市场占有率，危及大企业的市场份额，使大企业不能任意操纵价格。

4. 以大企业为主导、大中小微企业并存，有利于采用先进的生产组织方式

大中小微企业并存的规模构成，可使大企业集中于国际国内市场开拓和产品开发，中小微企业为大企业提供零部件，进行专业化分工和协作，从而降低社会生产成本，提高资源利用效率。

专栏一：世界500强企业排名

（一）世界500强企业是如何排名的

美国《财富》杂志每年将营业收入作为企业排名的主要依据，发布"全球最大五百家企业"排行榜，同时，也公布利润总额、资产总额及雇佣人数。目前，《财富》的全球最大五百家企业排行榜是衡量和比较全球大型企业的最著名、最权威的榜单之一。

1. 基本概念

"世界500强企业"是对美国《财富》杂志每年评选的"全球最大五百家企业"排行榜的一种约定俗成的叫法。

2. 主要作用

《财富》杂志1955年开始推出500强企业排行榜。起初上榜的企业仅限于美国企业，后来逐步扩展到全球的企业。世界500强企业排行榜已有多年历史，影响巨大。一方面，该排行榜范围广，面向全球，宜用于度量企业状况并进行跨国比较；另一方面，以营业收入为依据进行排名，比较重视企业规模，直观地反映了企业如何之"大"。仅以营业收入为衡量标准，指标单一，略显偏颇，未反映出企业"强"在何处。

3. 排名方法

世界500强企业主要依据企业会计年度的营业收入从高到低进行排序。同时，《财富》杂志要求上榜企业必须具备以下几个条件：一是营业收入必须达标。利润、资产、

股东权益、雇佣人数等仅作为参考指标，不考虑企业在世界上的知名度如何。二是企业统计数据必须具有较高的透明度。所有参选企业的数据必须公开，否则，《财富》不可能将其纳入榜单，这也是许多一流企业不能入选世界500强企业的原因之一。三是必须有独立的企业治理。独立而健全的企业治理是现代企业发展的基本要求，也是参与排名的企业必备条件①。

（二）世界500强企业排名情况

2023年8月，《财富》杂志发布了2023年《财富》世界500强排行榜，榜单入围门槛为309亿美元，上榜企业总营业收入约为41万亿美元，比2022年上涨8.4%，其中，沃尔玛以611 289百万美元的营业收入连续第十年排名第一，沙特阿美公司营业收入达603 651.4百万美元，首次上升至第二位，国家电网有限公司以530 008.8百万美元的营业收入排名第三。

从地区分布来看，中国共有142家企业上榜，数量最多，上榜企业2022年营收总额超11.7万亿美元，相比2021年的145家上榜公司，营收总额提升1.7%；美国共有136家企业上榜，排名第二，上榜公司的利润总和为10 882.7亿美元；日本共有41家企业上榜，排名第三。

专栏二：中国发展专精特新"小巨人"企业

专精特新企业指具有"专业化、精细化、特色化、新颖化"特征的工业中小企业，被视为国家经济社会发展的重要推动力。专精特新企业，作为科技创新的主力军和产业发展的关键环节，不仅在解决技术"卡脖子"问题上发挥着重要作用，而且通过其创新能力和市场适应性，为经济增长注入了新动力，推动了高质量发展。

从2011年"专精特新"概念首度被提出，到全面培育专精特新企业，中国的专精特新企业培育经历了探索、战略布局和全面实施等阶段。从2019年6月至2023年8月，我国已先后认定并公示了五批专精特新"小巨人"企业，有关培育工作正朝着纵深化方向发展。截至2023年9月，我国已培育了创新型21.5万家，专精特新中小企业9.8万家，专精特新"小巨人"企业1.2万家。2023年1~7月，"小巨人"企业、专精特新中小企业的营收利润率分别比规上中小企业高了5.5%和2.7%；"小巨人"企业2023年7月的用电量实现两位数的增长。截至2023年7月底，已累计1600余家专精特新中小企业在A股上市，占A股上市企业的比重超过30%，2023年1~7月A股新上市企业中专精特新企业占比为60%。

2021年7月30日，中共中央政治局召开会议，提出要强化科技创新和产业链供应链韧性，加强基础研究，推动应用研究，开展补链强链专项行动，加快解决"卡脖子"难题，发展专精特新中小企业。

工业和信息化部《优质中小企业梯度培育管理暂行办法》明确将专精特新企业划

---

① 《世界500强企业是如何排名的》，https://www.stats.gov.cn/zs/tjws/tjjc/202301/t20230101_1903649.html，2023年1月1日。

分为创新型中小企业、专精特新中小企业和专精特新"小巨人"企业三类,并出台了一系列政策措施。这些措施不仅为中小企业提供了发展的指导,也为中小企业的创新和成长创造了有利环境。其中,专精特新"小巨人"企业多位于产业基础核心领域、产业链关键环节,创新能力突出、掌握核心技术、细分市场占有率高、质量效益好,是优质中小企业的核心力量。专精特新"小巨人"企业的认定工作主要由工业和信息化部负责。专精特新"小巨人"企业认定需同时满足专、精、特、新、链、品六个方面的指标(表11.2)。

表11.2 国家级专精特新"小巨人"企业认定标准

指标名称	指标说明
专业化指标	坚持专业化发展道路,长期专注并深耕于产业链某一环节或某一产品。截至上年末,企业从事特定细分市场时间达到3年以上,主营业务收入总额占营业收入总额比重不低于70%,近2年主营业务收入平均增长率不低于5%
精细化指标	重视并实施长期发展战略,公司治理规范、信誉良好、社会责任感强,生产技术、工艺及产品质量性能国内领先,注重数字化、绿色化发展,在研发设计、生产制造、供应链管理等环节,至少1项核心业务采用信息系统支撑。取得相关管理体系认证,或产品通过发达国家和地区产品认证(国际标准协会行业认证)。截至上年末,企业资产负债率不高于70%
特色化指标	技术和产品有自身独特优势,主导产品在全国细分市场占有率达到10%以上,且享有较高知名度和影响力。拥有直接面向市场并具有竞争优势的自主品牌
创新能力指标	满足一般性条件或创新直通条件。 (1)一般性条件。需同时满足以下三项:①上年度营业收入总额在1亿元以上的企业,近2年研发费用总额占营业收入总额比重均不低于3%;上年度营业收入总额在5000万~1亿元的企业,近2年研发费用总额占营业收入总额比重均不低于6%;上年度营业收入总额在5000万元以下的企业,同时满足近2年新增股权融资总额(合格机构投资者的实缴额)8000万元以上,且研发费用总额3000万元以上,研发人员占企业职工总数比重50%以上。②自建或与高等院校、科研机构联合建立研发机构,设立技术研究院、企业技术中心、企业工程中心、院士专家工作站、博士后工作站等。③拥有2项以上与主导产品相关的Ⅰ类知识产权,且实际应用并已产生经济效益。 (2)创新直通条件。满足以下一项即可:①近三年获得国家级科技奖励,并在获奖单位中排名前三;②近三年进入"创客中国"中小企业创新创业大赛全国50强企业组名单
产业链配套指标	位于产业链关键环节,围绕重点产业链实现关键基础技术和产品的产业化应用,发挥"补短板""锻长板""填空白"等重要作用
主导产品所属领域指标	主导产品原则上属于以下重点领域:从事细分产品市场属于制造业核心基础零部件、元器件、关键软件、先进基础工艺、关键基础材料和产业技术基础;或符合制造强国战略十大重点产业领域;或属于网络强国建设的信息基础设施、关键核心技术、网络安全、数据安全领域等产品

本章小结

企业结构是指按同一标准划分的各种类型企业之间的相互关系及其在国民经济中的比重。由于现代经济活动十分复杂,因而我们可以按照不同的标准对企业进行分类。企业分类是研究企业结构分类的依据。在多种企业结构中,本章重点讨论不同所有制企业之间的结构关系和不同规模企业之间的结构关系这两个内容。

企业所有制结构是指各种所有制企业之间的相互关系及其在国民经济中的比重。研究企业所有制结构，是从生产关系角度考察企业结构。在改革开放的实践中，我国形成了以公有制为主体、多种所有制企业共同发展的企业所有制结构。它反映了社会主义经济制度的本质和社会主义初级阶段生产力发展的要求。我国企业所有制结构调整和完善的目标，是按照社会主义初级阶段基本经济制度的要求，使企业所有制结构适应和促进社会主义市场经济的发展，使各种所有制企业（包括公有制企业、非公有制企业和混合所有制企业）在不同领域各自发挥作用，有所为、有所不为，有进有退。要毫不动摇地巩固和发展公有制经济，毫不动摇地鼓励、支持、引导非公有制经济发展。为此，要优化国有经济布局和结构，发展多种形式的集体和合作经济，促进个体、私营经济发展壮大，进一步发展外资经济，大力发展混合所有制经济。

企业规模结构是指大型、中型、小型、微型企业之间的相互关系及其在国民经济中的比重。研究企业规模结构，是从生产力角度考察企业结构。规模经济和范围经济是影响现代企业规模大小的两个基本规律，也是企业经营决策需要考虑的重要问题。衡量企业规模结构合理化的标志是有效竞争，它作为兼顾规模经济、范围经济与竞争活力，使其相互协调的理想状态，其实质是追求较高的经济效率。为促进有效竞争，对各类垄断应采取不同的处置方法。一般来说，应承认自然垄断的合理性、减少经济垄断、打破行政垄断。企业规模结构演变的客观趋势是以大企业为主导、大中小微企业并存。以大企业为主导、大中小微企业并存的趋势具有客观必然性与必要性。

本章习题

1. 如何理解企业的含义及其特征？
2. 企业的一般分类有哪些？企业结构是如何划分的？
3. 如何理解以公有制为主体、多种所有制企业共同发展的必要性及其作用？
4. 我国企业所有制结构调整和完善的目标是什么？
5. 如何实现我国企业所有制结构的优化调整？
6. 什么是规模经济？规模经济有哪些类型？规模经济的产生原因是什么？
7. 什么是范围经济？范围经济产生的原因是什么？
8. 规模经济和范围经济有什么相同点和不同点？
9. 什么是有效竞争？有效竞争的实质是什么？它的衡量标准有哪些？
10. 垄断有哪些类型？如何处置各种类型的垄断以促进有效竞争？
11. 以大企业为主导、大中小微企业并存的客观必然性与必要性有哪些？
12. 我国混合所有制改革的目的是什么？难点在哪里？
13. 如何理解"两个毫不动摇"之间的关系？

第十二章 产业结构

> **本章知识点**

1. 产业及其分类
2. 产业结构的内涵
3. 产业结构演进规律
4. 产业结构高度化
5. 产业结构合理化
6. 现代产业体系

> **本章学习目标**

1. 明确产业的含义及其分类
2. 把握产业结构的内涵及其影响因素
3. 理解产业结构演进规律和变动趋势
4. 明确产业结构优化升级及其内容
5. 理解产业结构高度化与合理化的关系

总量和结构是经济发展过程中的两个基本变量。经济发展是总量增长与结构优化相互作用的结果,但与总量增长相比,产业结构发展是一个更为复杂、抽象的过程。随着科技水平的提高、社会分工的细化,产业从无到有、从小到大、从低层次到高层次,不停地衍生和发展,产业之间和各个产业内部行业之间的相互依存、相互制约的经济联系日益紧密,产业结构也相应由低到高演替。在现代经济中,一国产业结构合理与否,对经济发展至关重要。产业结构的调整、升级、优化既是经济发展的结果,也是经济发展的内在动力。特别是在现代经济增长中,产业结构演进和经济发展之间的相互作用越来越明显。产业结构的演进会促进经济总量的增长,经济总量的增长也会促进产业结构的加速演进。

第一节 产业的分类

对产业进行分类是研究产业结构的基础,由于产业分类标准是根据产业研究和分析的目的而定的,因此,形成了多种多样的标准。不同的产业分类标准会形成不同的产业分类方法(表12.1)。

表12.1 产业分类

产业分类标准	产业分类方法
产品的最终用途	马克思两大部类分类法
物质生产特点	农轻重产业分类法
产业发展层次顺序及其自然界关系	三次产业分类法
生产要素集约程度	生产要素集约分类法
产业在国民经济中的地位和作用	产业功能分类法
统计标准	标准产业分类法
产品生命周期	产业发展阶段分类法
产业链	生产流程分类法
产业发展的技术状况	技术含量分类法

一、马克思两大部类分类法

马克思两大部类分类法是马克思创立的产业分类法。马克思在对社会再生产过程进行分析时,根据物质产品的最终经济用途,将社会总产品区分为生产资料和消费资料两大类。与此相对应,全社会的物质生产部门也划分为制造生产资料的部门即第Ⅰ部类和制造消费资料的部门即第Ⅱ部类。第Ⅰ部类生产各种生产资料,主要产品是各种生产工具、设备、原材料、材料等,其产品用于生产性资料;第Ⅱ部类生产各种个人消费品,其产品主要用于个人消费。马克思两大部类分类法是马克思研究资本主义再生产过程的理论基础,也是产业结构理论的基本来源之一,它不仅对于研究资本主义再生产关系和指导社会主义经济实践具有重要的理论意义,而且对于研究现代市场经济条件下如何通过政府的宏观调控来正确处理两大部类之间的关系,如何实现社会再生产的总量平衡和结构平衡,以保持国民经济持续、快速、健康发展具有重要的现实意义[1](图12.1)。

---

[1] 简新华. 产业经济学. 武汉:武汉大学出版社,2001:20.

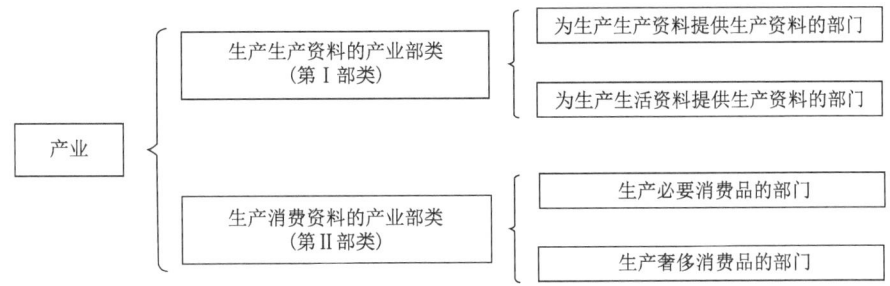

图 12.1　马克思两大部类分类法

二、农轻重产业分类法

农轻重产业分类法是将社会经济活动中的物质生产分为农、轻、重三个部门。其中，农业包括种植业、畜牧业、林业和渔业等；轻工业是生产消费品的工业部门，包括纺织、服装、食品、饮料、印刷、家具、制革等；重工业是生产生产资料的工业部门，包括冶炼、钢铁、煤炭、电力、石油、化工、机械等。

农轻重产业分类法是马克思两大部类分类法在实际工作中的应用。这种方法具有比较直观和简便易行的特点，是对两大部类的改进和提高，对宏观上进行国民经济的计划和控制具有较高的实用价值。因此，这种分类法不仅在社会主义国家被采用，而且被一些实行其他经济体制的国家和世界组织（如联合国工业发展组织）采用。

三、三次产业分类法

三次产业分类法是目前研究产业结构的一种重要的分类方法，也是各主要经济国家进行国民经济统计分类的理论依据。

三次产业分类的概念是由费希尔（Fisher）在其1935年出版的《安全与进步的冲突》中首次提出的。英国经济学家、统计学家克拉克在继承费希尔研究成果的基础上，在1940年出版的著名经济学著作《经济进步的条件》一书中，首次运用三次产业分类法，此后，这种分类法逐步在世界各主要经济国家得到认可并推广。

三次产业分类法，就是把全部经济活动划分为第一产业（primary industry）、第二产业（secondary industry）和第三产业（tertiary industry）。第一产业是以农业和畜牧业为主的初级生产阶段，与此对应的产业活动包括种植业、畜牧业、狩猎业、渔业和林业；第二产业的形成始于英国18世纪60年代开始的第一次产业革命，以机器大工业的迅速发展为标志，包括采掘业、制造业、建筑业、运输业、通信业、电力业和煤气业等；到了20世纪初，随着大量的资本和劳动力进入非物质生产部门，第三产业开始形成，包括商业、金融业、饮食业以及科学、卫生、文化教育、政府等公共行政事务。

在具体的实践中各国对三次产业的具体划分还有些差别。我国对三次产业分类法的引入是在20世纪80年代中期。1985年5月，国务院转发了国家统计局的一份关于在我国建立第三产业统计的报告，该报告提出了对我国进行三次产业划分的意见。据此，三次产业的概念和划分方法逐渐在我国得到普及。

我国一般划分的范围如下：第一产业是指农、林、牧、渔业；第二产业是指采矿业，制造业，电力、燃气及水的生产和供应业，建筑业；第三产业是指除第一产业、第二产业以外的其他行业。第三产业包括：交通运输、仓储和邮政业，信息传输、计算机服务和软件业，批发和零售业，住宿和餐饮业，金融业，房地产业，租赁和商务服务业，科学研究、技术服务和地质勘查业，水利、环境和公共设施管理业，居民服务和其他服务业，教育，卫生、社会保障和社会福利业，文化、体育和娱乐业，公共管理和社会组织，国际组织[①]。

四、生产要素集约分类法

根据不同的产业在生产过程中对主要生产要素（劳动、资本、技术）依赖程度的差异，可将国民经济各产业划分为劳动密集型产业、资本密集型产业、技术密集型产业、知识密集型产业，如表12.2所示。

表12.2 生产要素集约分类法

产业	特征	具体产业
劳动密集型产业	在生产过程中对劳动力（活劳动特别是体力劳动）需求的依赖度较大的产业	传统种植、服装工业、食品工业、皮革工业、餐饮等
资本密集型产业	在生产过程中对资本需求的依赖程度较大的产业。这类产业的资本有机构成较高	钢铁工业、石化工业、机械制造业等
技术密集型产业	在生产过程中对技术需求的依赖程度较大，即生产品中技术含量高、脑力劳动所占比重较大的产业	计算机工业、网络产业、新材料新能源工业、航天工业等
知识密集型产业	在生产和服务过程中对知识的需求依赖程度较大的产业，以知识的生产和传播为主体的产业	研发、设计、教育、文化创意等

在经济发展过程中，产业结构往往是由以劳动密集型产业为主的结构向以资本密集型产业、技术密集型产业为主的方向发展。对某个产业而言，也往往是由劳动密集型向资本密集型、技术密集型、知识密集型方向发展。这种分类法从一个侧面去研究产业结构，把各个产业使用的各种资源组合在产业间进行比较，实用性较强。因其划分界线有时较为模糊，且随着科技日新月异，资源的密集程度是相对的，也是动态变化的。

五、产业功能分类法

这种分类法是以产业在国民经济中的地位和作用为标准进行的产业分类。按照产业在国民经济中的地位和作用的不同，可以将产业划分为基础产业（basic industry）、瓶颈产业、主导产业（leading industry）、支柱产业（pillar industry）和优势产业等。这些产业在产业结构体系中的地位和作用如表12.3所示。

---

① 刘瑞. 国民经济管理学概论. 3版. 北京：中国人民大学出版社，2020：206-208.

表 12.3 产业功能分类法

产业	产业在国民经济中的地位和作用
基础产业	为其他产业的发展提供基本条件并为大多数产业提供服务的产业，是其他产业赖以发展的基础和前提条件
瓶颈产业	因未得到应有发展而严重制约其他产业和国民经济发展的产业，会使产业结构体系的综合产出能力受到较大的限制
主导产业	在一国或地区经济中，发展速度较快，能迅速引入技术创新，在产业结构系统中起引导带动作用，对国民经济增长有很强的带动性和扩散性的产业
支柱产业	在产业结构体系的总产出中占较大比例的产业（GDP≥5%），是一国财政收入的主要来源，相比其他产业对经济增长的贡献份额最大
优势产业	在一个国家和地区具有资源、技术、人才及现有生产条件优势的产业。它们可能是具备一个或一个以上优势条件的综合优势产业，往往具有较强的竞争能力，能够得到较快发展

产业功能分类法所划分的各种产业类别会根据区域的资源优势禀赋和经济发展程度的不同而异，因此，其划分结果也是动态变化的。产业功能分类法主要在于确定不同产业在国民经济发展中的地位和作用。其优点是有利于研究产业与经济发展的关系，有利于政府制定相关产业政策和进行相关产业管理，促进产业发展并带动整个国民经济发展。这种分类法偏重强调产业之间的横向地位，却容易忽视产业之间的纵向关系和产业群的培育与形成。

六、标准产业分类法

标准产业分类法是为了统一国民经济统计的口径而产生的，由权威部门按统一口径对产业进行划分。由于标准产业分类法是为政府制定政策和对国民经济进行宏观管理服务的，通常各国政府都是把标准产业的分类作为官方统计的依据，由政府的权威机构进行编制并颁布，因而具有权威性、涵盖产业范围的完整性和较强的实用性。标准产业分类法又可分为国际标准分类法和国家标准分类法。

联合国为了统一世界各国的产业分类，编制和颁布了《全部经济活动的国际标准产业分类索引》（简称《国际标准行业分类》）。自 1948 年《国际标准行业分类》第一版通过以来，世界上绝大多数国家都采用了《国际标准行业分类》，或根据《国际标准行业分类》制定自己国家的分类。该分类法把全部经济活动划分为十个大项，每个大项又分为若干次级中项，中项下面又分为若干次级小项。其中，十个大项为：①农业、狩猎业、林业、渔业；②矿业和采石业；③制造业；④电力、煤气、供水业；⑤建筑业；⑥批发与零售业、餐馆和旅店业；⑦运输业、仓储业和邮电业；⑧金融业、不动产、保险业和商业性服务业；⑨社会团体、社会和个人的服务业；⑩不能分类的其他活动。标准产业分类法和三次产业分类法保持着稳定的对应关系：第一大项为第一产业，第二大项至第五大项为第二产业，第六大项至第十大项为第三产业。可见，根据国际标准分类法所做的统计具有很高的可比性，为产业经济活动的研究提供了大量便利，从而被广泛运用。最新的《国际标准行业分类》第 4 版历经数年审查，是国际分类专家及用户贡献的结晶。

与前一个修订本相比，它在结构上更为具体详细，适合众多新兴行业的需要。这一点在服务行业中尤为突出，而且通过引入全新的高级分类，分类的关联性更强，因而能更好地反映当前的经济现象。《国际标准行业分类》第 4 版将全部经济活动分为门类、类、大组和组四个层次，并规定了相应的统计编码。它将全部经济活动分为 21 个门类（表 12.4），每个门类分为若干类，并进一步细分为更多的大组和组①。

表 12.4 《国际标准行业分类》第 4 版中的 21 个门类

门类	类	说明	门类	类	说明
A	01～03	农业、林业及渔业	L	68	房地产活动
B	05～09	采矿和采石	M	69～75	专业、科学和技术活动
C	10～33	制造业	N	77～82	行政和辅助服务活动
D	35	电、煤气、蒸气和空调的供应	O	84	公共管理与国防；强制性社会保障
E	36～39	供水；污水处理、废物管理和补救活动	P	85	教育
F	41～43	建筑业	Q	86～88	人体健康和社会工作活动
G	45～47	批发和零售业；汽车和摩托车的修理	R	90～93	艺术、娱乐和文娱活动
H	49～53	运输和储存	S	94～96	其他服务活动
I	55～56	食宿服务活动	T	97～98	家庭作为雇主的活动；家庭自用、未加区分的物品生产及服务的活动
J	58～63	信息和通信
K	64～66	金融和保险活动	U	99	国际组织和机构的活动

资料来源：《国际标准行业分类》第 4 版

我国政府也十分重视对国民经济各个产业的分类，将其作为国家的一项标准工作来进行管理。我国的标准产业分类法与国际标准产业分类法的编制原理完全相同，不一样的是各产业的归类及产业层次的划分。我国在 1984 年第一次按照国际标准制定和颁布了《国民经济行业分类与代码》，以后又分别在 1994 年、2002 年、2011 年、2017 年对标准做了修订并予以颁布。依据产业发展和创新实际，国民经济行业分类门数和种类都在不断增加。依照最近的标准（GB/T 4754—2017），国民经济行业共分为 20 个门类、97 个大类、473 个中类和 1382 个小类（表 12.5）。

表 12.5 《国民经济行业分类》（GB/T 4754—2017）中的 20 个门类

门类	门类
A.农、林、牧、渔业（含 5 个大类）	F.批发和零售业（含 2 个大类）
B.采矿业（含 7 个大类）	G.交通运输、仓储和邮政业（含 8 个大类）
C.制造业（含 31 个大类）	H.住宿和餐饮业（含 2 个大类）
D.电力、热力、燃气及水的生产和供应业（含 3 个大类）	I.信息传输、软件和信息技术服务业（含 3 个大类）
E.建筑业（含 4 个大类）	J.金融业（含 4 个大类）

---

① 赵玉林，汪芳. 产业经济学原理及案例. 5 版. 北京：中国人民大学出版社，2020：29.

续表

门类	门类
K.房地产业（含1个大类）	P.教育（含1个大类）
L.租赁和商务服务业（含2个大类）	Q.卫生和社会工作（含2个大类）
M.科学研究和技术服务业（含3个大类）	R.文化、体育和娱乐业（含5个大类）
N.水利、环境和公共设施管理业（含4个大类）	S.公共管理、社会保障和社会组织（含6个大类）
O.居民服务、修理和其他服务业（含3个大类）	T.国际组织（含1个大类）

资料来源：《国民经济行业分类》（GB/T 4754—2017）

七、其他产业分类法

（一）产业发展阶段分类法

产业发展阶段分类法是按照产业发展所处的不同阶段进行产业分类的方法。哈佛大学教授弗农（1966年）首先提出了产品生命周期理论，以此为基础，把产业分为幼小产业、新兴产业、朝阳产业、衰退产业、夕阳产业、淘汰产业等。

幼小产业（也称幼稚产业）是指在开发初期生产规模小、成本高、技术不成熟而不能达到规模经济，并且缺乏国际竞争力的产业。

新兴产业是指由于科技的发展和生产力水平的提高，出现的度过幼小产业阶段的新的细分产业。其也包括社会需求拉动形成的新业态、新模式，是新经济发展的主要产业支撑。

朝阳产业是指其产品需求量逐步上升、产业增长率高于国民经济各产业的平均增长率且呈上升趋势、在国民经济和整个产业结构中的地位和作用不断上升的产业。

衰退产业是指由于技术逐渐老化，以及需求逐渐萎缩、平均成本不断上升，在国民经济和整个产业结构中的地位和作用不断下降的产业。

夕阳产业是指不再具备盈利能力、即将退出市场的产业。

淘汰产业是指产业发展到一定时期，由于技术老化、需求萎缩、成本上升、长期亏损，不能适应市场的需求而退出市场的产业。

产业发展阶段分类法有利于了解影响产业变化的因素，准确掌握产业变化的趋势和规律，进而制定合理的相关产业政策。不足之处在于，处于不同发展阶段的产业界限不甚明晰，归类较为模糊。

（二）生产流程分类法

生产流程分类法是根据工艺技术生产流程的先后顺序划分产业的方法。一般分为上游产业、中游产业和下游产业。上游产业是指生产工序比较接近原材料的产业，根据微笑曲线理论，上游往往是利润相对丰厚、竞争缓和的行业，原因是上游往往掌握着某种资源，或掌握核心技术，有较高的进入壁垒的行业。下游产业指处在整个产业链的末端，加工原材料和零部件，制造成品和从事生产、服务的行业。下游产业是生产工序比较接近最终产品的产业，处于这两者之间的产业被称为中游产业。

（三）技术含量分类法

按产业所包含的技术含量的多少分为高端产业和低端产业。

高端产业，通常指智能化、资本化、专业化的高效产业，包括科技、教育、金融、现代物流、休闲旅游业、医疗保健、咨询信息等。

低端产业，通常指资金、技术投入低，劳动力投入较多的产业，如餐饮、住宿、物业管理、电话销售等。

> **专栏一：现代化产业体系**[①]
>
> 现代化产业体系是指既具有当代领先的竞争优势，又面向未来产业与技术发展趋势的产业体系。它是相对于传统而言的，一般是指以一定发展阶段的先进生产技术、工艺流程和经营管理为基础的各种产业相互结合而形成的有机整体。显然，现代化产业体系要体现规律性和时代性，其特点是高度化、合理化、系统化和绿色化等。这样的产业体系一定带有这个国家或地区的先天的自然资源禀赋或后天的知识技术资源、产业存量、发展路径、社会文化、生态环境等方面的烙印。影响现代化产业体系的构建与发展的因素有很多，除了消费需求新变化、科技进步两个重要因素外，如产业发展的要素基础、生态环境、人口结构、政府政策、世界经济等，都是影响产业体系发展与演化的重要因素，而且这些因素还会交叉影响。摆脱现行产业体系的结构性陷阱，从现行产业体系转型至现代化产业体系是一项艰巨的任务，需要有明确的战略路径：一是对现行产业体系进行结构性调整，使之向现代化产业体系正确的方向转变；二是转变现行产业体系的运行逻辑，使之逐步转向现代化产业体系的运行逻辑；三是新兴产业需要实施新的发展模式；四是完善市场机制，充分发挥企业尤其是大企业在技术创新、产业创新中的主导作用。
>
> 现代化产业体系是现代化经济体系建设的核心内容，是实现经济高质量发展的重要支撑。党的十九大报告打破了传统的以三次产业划分产业体系的做法，从实体经济和要素投入关系的角度赋予产业体系新的内涵，把产业体系从以往的产业结构小系统拓展到实体经济、科技创新、现代金融、人力资源协同发展的全局系统，旨在引导各类高端要素重点投入到实体经济中，并通过集聚组合和协同发力提升要素的配置效率，从而有效提高供给体系的质量。

第二节 产业结构演进的规律与趋势

产业结构是指国民经济的各个产业部门之间和每个产业内部的构成，以及它们之间相互制约的经济联系和数量对比关系。产业结构的发展和演变是任何一个国家在经济发展过程中必然发生的经济现象。产业革命以来，尤其是自20世纪以来，人类对产业结构的认识不断深化，许多经济学家对产业结构的演变做了大量研究。观察他们对各国产业

[①] 赵玉林，汪芳. 产业经济学原理及案例. 5版. 北京：中国人民大学出版社，2020：46-47.

结构演变的历程的研究，可以清晰地看到产业结构演变的规律与趋势。

一、产业结构的内涵

"结构"一词最早出自自然科学研究，如物质结构即物质的构成和物质构成元素间的联结方式及其相互作用。在经济理论中，产业结构这个概念始于20世纪40年代。产业结构最初被用来分析经济问题时，其含义是不规范的，既可用于解释产业间关系，也可用于解释产业内部关系，以及解释产业的地区分布及规律等。后来随着产业经济研究的进展，产业结构研究的领域及内涵逐步明确起来，产业结构理论专指研究产业间关系的理论。20世纪50年代中期的日本，制定经济发展战略时，产业结构就被用来概括产业之间的关系。20世纪70年代初，一些日本经济学家专门对此做了澄清，认为产业结构单指产业间关系结构[1]。在中国，学术界和实业界一般均把产业结构定义为产业间的关系结构。

一般而言，产业结构是指各个产业部门在国民经济总体中的数量对比及其相互依存和制约关系的总和。它说明国民经济是由哪些产业构成的，每个产业的分量有多大；它们之间保持着一种什么样的相互联系、相互制约的对比关系。产业结构是一个既有量的规定性，又有质的规定性，内涵非常丰富的概念，也是一个集"客观性、整体性、多层次性和动态性"于一体的学术范畴。

产业结构的状况常用两种指标表示：一种是用各个产业投入生产要素（劳动力、资金等）的数量对比指标，从各个产业之间资源配置的比较上说明产业结构；另一种是用各个产业的产出（生产总值、实物量等）的数量对比指标，从各个产业生产经营活动的成果的比较上说明产业结构。这两种指标在分析时可以同时使用。目前，我国的产业结构和就业结构状况如表12.6所示。

表12.6　中国三次产业结构一览表

年份	GDP/万元 当年价	产业结构			就业结构		
		第一产业	第二产业	第三产业	第一产业	第二产业	第三产业
1952	679.1	50.5%	20.8%	28.7%	83.5%	7.40%	9.10%
1960	1 470.1	23.2%	44.4%	32.4%	65.7%	15.9%	18.3%
1970	2 279.7	34.8%	40.3%	24.9%	80.8%	10.2%	9.0%
1980	4 587.6	29.6%	48.1%	22.3%	68.7%	18.2%	13.1%
1990	18 872.9	26.6%	41.0%	32.4%	60.1%	21.4%	18.5%
2000	100 280.1	14.7%	45.5%	39.8%	50.0%	22.5%	27.5%
2010	413 030.3	9.50%	46.4%	44.1%	36.7%	28.7%	34.6%
2017	827 122.0	7.9%	40.5%	51.6%	27.0%	28.1%	44.9%
2018	915 243.5	7.0%	39.7%	53.3%	25.7%	28.2%	46.1%

---

[1] 唐晓华. 产业经济学教程. 北京：经济管理出版社，2007：163.

续表

年份	GDP/万元当年价	产业结构			就业结构		
		第一产业	第二产业	第三产业	第一产业	第二产业	第三产业
2019	983 751.2	7.1%	38.6%	54.3%	24.7%	28.2%	47.1%
2020	1 005 451.3	7.7%	37.8%	54.5%	23.6%	28.7%	47.7%
2021	1 133 239.8	7.3%	39.4%	53.3%	22.9%	29.1%	48.0%
2022	1 197 250.4	7.3%	39.9%	52.8%	24.1%	28.8%	47.1%

资料来源：根据《中国统计年鉴》整理

注：表中百分比由于经过四舍五入，合计可能不等于100%

（一）产业结构的基本内容

一个国家或地区的产业结构会随着本国或地区的经济增长而不断地发生变化；对产业结构的分析也要从动态和静态两个角度进行。静态分析是判断产业结构发展变化的基本方法，但是，静态分析难以揭示产业结构的演进过程及规律。因此，必须从动态和静态两个方面来对产业结构进行全面系统的观察和分析。产业结构就其基本内容看主要有三个方面。

（1）产业组成，即一个国家或地区拥有哪些产业，这是经济资源在全国或地区的配置状况。它可以从一个点上来观察一个国家或地区的产业构成状况，显示产业数目多少等。从时间序列来观察，可以看到产业的发展变动情况，如某一时期新兴产业有多少、处于成长过程中的产业有多少、已达到规模经济的成熟产业有多少、衰退及消亡产业有多少等。

（2）产业发展水平，一般表示某个产业在国民经济中所占的份额（比重）。这是在产业组成的基础上进一步考察社会再生产的状况和各个产业在整个产业系统中的地位，是分析产业结构演变的基础和条件，也可以从动态和静态两个角度进行分析。

（3）产业间的技术经济联系，这是产业间的数量依存关系，即社会再生产过程中产业间存在的相互依存、相互制约的关系。这是产业结构的深层现象，是研究产业结构变动规律和探求其合理化的重要依据[1]。

（二）产业结构的特性

产业结构是一个内涵非常丰富的概念，它既有量的规定性，即包括各个产业之间的经济联系及其数量对比关系，同时也具有质的规定性，即包括各个产业之间互相联系的形式和特征。产业结构的特征主要体现在如下几个方面。

（1）客观性。一个国家（地区）某一时期的产业结构是一种客观存在的经济现象，它的形成状况主要取决于客观条件，它的变化也有一定的客观规律性。因此，人们只能从实际出发，按客观要求促进产业结构的变化，而不能脱离客观实际随意地安排产业结构。

（2）整体性。国民经济是一个整体，各个产业有机地联结起来，相互依赖、相互作用，形成了产业结构。各产业的作用都是通过与其他产业的联结，对其他产业进而对整个国民经济产生影响而表现出来的。

---

[1] 刘瑞.国民经济管理学概论.3版.北京：中国人民大学出版社，2020：204-206.

（3）多层次性。产业结构是多层次的复杂结构，包含着国民经济活动的不同层次的结构。高层次的产业结构与低层次的产业结构之间存在一定的联系，但各有其独立性，不能混淆层次区别。人们根据研究目的可以对不同的产业结构进行综合研究，也可以只研究某一层次的产业结构。

（4）相对稳定性。长期观察产业结构演变可知，一些产业逐步衰退和退出，一些产业不断涌现和发展壮大，因此产业结构从来不是固定不变的，而是处于新旧交替的运动之中。产业结构还具有较明显的稳定性，这是因为，新产业的涌现和旧产业的淘汰，一般需要具备各种经济、社会、技术、资源、市场条件。尤其是收入需求弹性和技术进步因素具体决定着产业升级和产业新老交替。在没有巨大压力之时，旧的产业不会轻易退出，而新的产业不会立即取而代之。所以，产业结构的变动是渐进式的，在一定时期内和一定阶段中具有相对稳定性。产业结构由量变转化到质变，有一个变化的度。这种变动的渐进性和相对的稳定性，也是经济结构运动的基本特征。

二、产业结构演进的含义

随着社会经济的不断发展变化，产业结构也在不断地变动，这种演进不是随意的和杂乱无章的，而是有一定客观规律性的，是有趋势可循的。产业结构作为以往经济增长的结果和未来经济增长的基础，成为经济发展的根本因素。产业结构这种经济现象是与经济发展相对应而不断变动的，产业结构演进是指产业结构由一个较低层次向较高层次不断成长的过程。产业层次的高低主要根据生产对资源和科学技术的依赖程度来说明。总体来讲，可分为三个阶段：一是低层结构阶段，这一阶段呈现资源决定型，其特点主要体现在产业的增长速度和规模主要由资源的储量、质量及开发成本决定，对科学技术的依赖处于相对次要的地位，产业类型的设置主要取决于该国所拥有或所能支配的自然资源的种类；二是中层结构阶段，这一阶段由资源和科学技术双重决定，并逐步由资源主导型向技术主导型过渡，这一阶段的突出特点是，生产结构中的中间产品制造业增长迅速，取代初级产品制造业而占据主体地位；三是高层结构阶段，这一阶段呈现为技术决定型，突出特点是由于技术的进步及在生产中的广泛采用，整个社会生产过程缩短，最终产品生产所消耗的初级产品和中间产品量减少，技术含量的提高使最终产品效用大增，最终制成品取代中间产品占据社会生产的主体地位。

产业结构转换是实现产业结构演进的主要途径。结构转换可以分为两种类型。一是靠资本积累来完成。这一特征在产业结构演进的初级阶段表现得尤为明显。二是技术积累型，主要是通过三个积累阶段来实现的，首先，通过第一阶段的生产技术的积累，增大产品的技术含量；其次，通过第二阶段的产业主体技术的积累形成系列化技术，生成一个新产品体系；最后，通过第三阶段社会核心技术的积累，生成新产业或产业群。我们从现代经济发展的实践中发现，资本积累和技术积累是实现产业结构演进的基本决定因素。

三、影响产业结构演进的因素

党的十九大报告指出："我国经济已由高速增长阶段转向高质量发展阶段，正处在转变发展方式、优化经济结构、转换增长动力的攻关期，建设现代化经济体系是跨越关口的迫切要求和我国发展的战略目标。"[①]产业结构与经济增长和发展质量息息相关，不同的发展阶段有不同的产业结构。

影响产业结构演进的因素很多，其中主要因素归纳起来有如下几个方面。

（一）社会需求结构的变化

社会需求结构的变化是推动产业结构演进的重要动因。人类的一切社会生产活动，最终都是为了满足社会需求，社会需求结构的变化必然引起产业结构的变化。社会需求结构主要有消费结构和投资结构。一般趋势是，随着人均居民收入水平和消费水平的提高，消费结构也相应地发生变化，消费结构由以购买用于吃穿的日用消费品为主的低层次消费结构，转向购买高档消费品的高层次消费结构。这会促进生产耐用消费品及其所需原材料的产业更快地发展，进而使投资在各产业部门之间的分配发生变化，从而影响产业结构变化。

（二）科学技术进步

科学技术是第一生产力。技术创新是经济发展的强大动力，科学技术进步是推动产业结构变化最根本、最主要的因素。经济发展史表明，每一次产业结构的大变动都对应一次技术变革的发生，在现代化生产条件下，科学技术进步必然引起生产社会化和专业化的进一步发展，推动新材料、新设备、新工艺的运用，促成新的产业部门的出现，同时也促使一些传统产业部门的改造和衰退，从而改变原有产业结构。科技进步成果的推广利用程度在各个不同的产业部门是不平衡的，技术进步快、科技成果推广利用好的产业部门，发展速度就比较快，反之发展速度就比较慢，这必然引起产业结构的变动。需要注意的是，科学技术进步对产业结构变动的影响在产业结构演进的不同阶段是有所不同的。

（三）资源供给状况

资源主要包括自然资源、劳动力和资金等，一定时期资源的拥有量、结构及其开发利用状况是制约一个国家产业结构的重要因素。一个国家任何产业部门的发展都离不开资源，而不同的资源对产业结构的影响是不同的。自然资源结构是形成产业结构的自然禀赋，发展不同的产业需要不同的自然资源。自然资源对产业结构的影响主要是看一国是否拥有品种齐全、储量丰富的自然资源，这对形成一个完整的产业结构体系非常有利。另外，如果拥有某种特别丰富的自然资源，则会形成以某种产业为中心的产业结构。例如，中东国家的石油资源、非洲一些国家的贵金属资源等。劳动力对产业结构的影响主要体现在足量的和高素质的劳动力供给上，这是产业结构向高级阶段演进的重要条件。同时，劳动力的就业状况、工资水平高低、农业劳动力向工业转移等也制约着劳动密集型产业向资金密集型产业的转变，从而影响产业结构。资金积累状况也是制约产业结构

[①] 《习近平：决胜全面建成小康社会 夺取新时代中国特色社会主义伟大胜利——在中国共产党第十九次全国代表大会上的报告》，http://politics.people.com.cn/n1/2017/1027/c1001-29613459.html，2024年7月30日。

的重要因素。资金是经济发展的血液，在经济发展的各个阶段，形成单位生产能力所需的资金是不同的，在以重化工业为主的工业化阶段，现代技术的广泛应用和生产设备的大型化，以及产业结构的演进对资金的需求都是非常大的。缺乏资金就难以实现产业结构的重化工化和高加工度化。

（四）参与国际分工状况

在当今世界，随着经济的全球化和一体化，各个国家之间的经济技术联系日益密切，国际市场对一国国内市场的影响会通过各种直接或间接的渠道快速地传递过来，这必然会影响到各国国内产业结构。一国参与国际分工的程度越深、范围越广，其受影响的程度也越大。同时也可以向其他国家输出产品、技术等，以寻求更大的发展空间。在世界产业结构演进中，由于世界各国科技和生产力水平不同，资源条件差异很大，必然发生国际性的产业转移，这也会影响有关国家的产业结构。

（五）产业政策

产业结构的变化还受到政府产业政策的影响。产业政策是政府指导产业发展和产业结构调整的最主要工具。为了实现经济发展目标，政府制定产业发展战略和政策、鼓励或限制某些产业的发展，产业结构就会因此产生相应变化。政府可以通过政府投资、政府管制、财政政策、货币政策、立法、协调等手段来调整供给结构、需求结构、国际贸易结构和国际投资结构，从而影响产业结构。

以上这些影响产业结构的因素，既有直接因素，又有间接因素；既有经济因素，又有非经济因素；既有国内因素，又有国际因素；既有正面的影响，又有负面的影响；既有促进作用，又有妨碍作用。其中，最主要的还是科学技术进步。科学技术是第一生产力，是经济发展的第一推动力，从而是推动产业结构变化的最关键因素，其他的则是推动产业结构变化的重要动力。当然，各种因素的作用不是孤立的，而是相互联系、相互交织、相互制约、相互作用的，综合地影响和决定现有产业结构及其未来的发展变化。

四、产业结构演进的规律

产业结构的演进有一定的趋势性，深入研究会发现其有一定的规律性。

（一）三次产业结构演进的一般趋势

三次产业结构的状态反映了社会经济发展的水平。产业结构演进的一般趋势是：随着人均收入水平的提高，农业产值在 GDP 中的比重及农业劳动力的比重均处于不断下降的态势，而非农产业——第二产业和第三产业的比重则不断上升。在经济发展水平较低时，在各产业的产值和劳动力总数中，第一产业的比重最大，第三产业的比重最小；随着经济不断发展，人均收入水平提高，第二产业的比重逐步上升，并超过第一产业成为比重最大的产业；当经济发展水平较高时，第三产业的比重迅速上升，并超过第一产业、第二产业成为比重最大的产业。

英国经济学家克拉克在计算和比较不同收入水平下的就业人口在三次产业中的分布结构的变化趋势后，提出了揭示经济发展过程中产业结构变化的经验性学说，并得出如下结论：随着时间的推移和经济的发展，从事农业的人数相对于从事制造业的人数趋于下降，这被称为克拉克定理，进而从事制造业的人数相对于从事服务业的人数趋于下降。克拉克的研究认为，劳动力在产业之间移动的原因是由经济发展中各产业间的收入出现了差距造成的。

（二）产业结构演进的基本规律

产业结构演进有其自身规律和逻辑，它不可能由初级阶段越过中级阶段而一步跳到高级阶段。按照产业结构的循序演进理论，结构演进速度加快，只能是缩短在某一阶段所经历的时间。片面的"跳跃"式发展，往往会由于缺乏基础技术的支撑（技术积累不足）而走回头路。产业的发展序列具有多方面的表现，选择不同角度研究产业结构，会显示出不同的演进规律。

1. 配第-克拉克定理

克拉克基于费希尔的"三次产业分类法"和威廉·配第的产业间"相对收入差异"提出：随着经济的发展，即人均国民收入水平的提高，劳动力首先由第一产业向第二产业流动；当人均国民收入水平进一步提高时，劳动力便向第三产业转移。劳动力在产业之间的转移，完全是因为在经济发展中各个产业之间出现收入的相对差异，即人们总是向高收入的产业转移。这就是"配第-克拉克定理"。

配第-克拉克定理揭示了生产要素中的人力资源配置结构随着经济发展所发生的规律性变化，非常简洁地证明了经济发展与产业结构的相关性。配第-克拉克定理不仅可以从一个国家经济发展的时间序列中得到印证，而且可以从处于同一时点上不同发展水平的国家的比较中得到类似结论，即人均国民收入水平越高的国家，农业劳动力在全部劳动力中的比重越低，而第二产业、第三产业的劳动力所占的比重相对越高；反之，人均国民收入水平越低的国家，农业劳动力所占的比重越高，而第二产业、第三产业的劳动力所占的比重越低。

配第-克拉克定理使我们看到，产业结构的演进是有一定规律的。在产业结构演进过程中，尽管各国经济结构具有不同的组合方式，但不论从一个国家在不同时期的发展进程，还是从同一时期不同类型国家的实际情况来看，产业结构的演进大体都呈现出四个阶段的规律性。

第一阶段是前工业化时期，非洲、南亚等地区的一些落后发展中国家即处在这个阶段。其主要特征是：第一产业占主导地位；第二产业处于萌发阶段，基础非常薄弱；第三产业十分落后，难以满足人民生活的基本需要。

第二阶段是工业化初期，亚洲、拉丁美洲地区的一些发展中国家都处在这个阶段。其主要特征是：在国民生产总值构成中，第一产业比重明显下降，但仍占相当比例；第二产业比重明显上升，但还未达到成熟水平；第三产业开始加速发展，比重上升较快。

第三阶段是工业化后期，如俄罗斯和东欧地区的一些国家均处于这一阶段。其主要特征是：第二产业已处于主导地位，超过了第一产业；同时第三产业比重明显上升，在国民经济中已占十分重要的地位。

第四阶段是后工业化或超工业化时期,处在这一阶段的是美国等发达国家,其主要特征是:第一产业比重已很小,第二产业比重下降较快,第三产业开始占主导地位。

在三次产业结构变化中,最突出的是第三产业。世界各国的统计资料说明,近半个世纪以来,第三产业普遍得到了迅速发展,20世纪70年代以来,世界上绝大多数国家的第三产业的发展速度超过了第一产业、第二产业的发展速度。在经济发达国家,第三产业的产值和劳动力的比重已达到60%~70%;在中等发达国家,第三产业的比重也已达到80%左右;发展中国家的第三产业的比重较低,占20%~30%。我国劳动力在三次产业中的分布变化如图12.2所示。

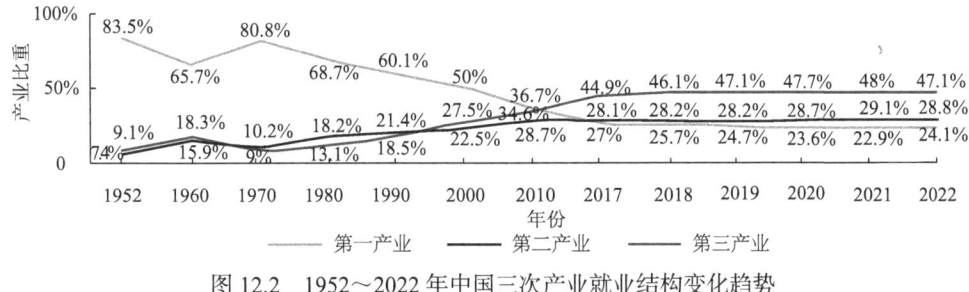

图12.2 1952~2022年中国三次产业就业结构变化趋势
图中百分比由于经过四舍五入,合计可能不等于100%

2. 库兹涅茨法则

库兹涅茨在继承了克拉克的研究成果的基础上扩大了样本的范围,从国民收入和劳动力在产业之间的分布两个方面,对伴随经济发展的产业结构演进规律做了进一步的研究。库兹涅茨通过众多样本国家的数据,对国民收入和劳动力在产业间的分布结构进行了研究,得到了被称为库兹涅茨法则的结论:农业部门的相对比重,无论是在产值结构方面还是在劳动力结构方面,都处于不断下降之中;工业部门的产值相对比重和劳动力相对比重是趋向上升的,但其上升的速度不一致。与产值的相对比重相比,劳动力的相对比重显得基本稳定或上升相当缓慢。在工业和制造业内部,一些与现代技术密切相关的新兴产业部门增长最快(无论是产值的结构比重还是劳动力的结构比重都处于上升的阶段),而一些传统的产业部门则在产值的结构比重和劳动力的结构比重方面均有下降的趋向;在服务业方面,无论是产值的相对比重还是劳动力的相对比重,都与工业部门一样,具有上升的趋向,但在上升的速度上与工业部门不同,劳动力的相对比重要大于产值的相对比重。在服务业内部,各产业部门的发展也是不同的,如教育、科研和政府行政部门在劳动力的占用上显示出其比重是上升的。

3. 工业结构的演进规律:霍夫曼定理

德国学者霍夫曼依据近20个国家的时间序列数据,着重分析了制造业中消费资料工业和资本资料工业之间的比例关系。这一比例关系通常是用消费资料工业的净产值(或附加价值)和资本资料工业的净产值之比来表示,即"霍夫曼比例"。对该比例的测算结果得出了经验性规律,即"霍夫曼定理":在工业化的进程中,霍夫曼比例是不断下降的。根据霍夫曼比例的变化趋势,工业结构的演进大体经历了四个阶段,如表12.7所示。

表 12.7 霍夫曼工业化过程四阶段

工业化阶段	特征	霍夫曼比例
第一阶段	消费品工业占主导地位	5（±1）
第二阶段	资本品工业增长快于消费品工业，后者降到工业总产值的50%或以下	2.5（±1）
第三阶段	资本品工业继续快速增长，并已达到和消费品工业相平衡的状态	1（±0.5）
第四阶段	资本品工业占主导地位，这一阶段被认为实现了工业化	1以下

从以上工业结构变化过程中可以发现其演进规律：随着工业化和现代化的推进，工业结构必然由以轻工业为中心向以重工业为中心演进；由以原材料工业为中心向以加工工业为中心演进；由以劳动密集型工业为主向以资金密集型工业为主演进，再向以技术知识密集型工业为主演进。也要注意到，由于各国的具体国情不同，所走的工业化道路不同，因而在工业结构演进的一定阶段上也会表现出某些特殊性。

我国的工业经过新中国成立后的建设和发展，取得了巨大的成就，与此同时，工业结构也发生了很大变化。新中国成立初期，为了建立社会主义工业化基础，我国采取了优先发展重工业的方针。后来由于长期片面强调发展重工业，忽视轻工业，又造成了重工业比重过大、轻重工业比例不协调的问题。自1979年起，我国开始对工业结构进行调整，加快了轻工业的发展，近几年又加强了基础工业的建设，使轻重工业比例渐趋协调。总的来说，我国当前工业结构大体处于"重化工业阶段"和"高加工度阶段"之间的发展过程中，但是，由于农业现代化滞后，重化工业化实现的程度不足，基础工业薄弱，高加工度化的基础还不够牢固。

主导产业是在产业结构中处于主体地位、发挥引导和支撑作用的产业。一国或地区的产业结构会随主导产业的转换而演变。科技进步引致的产业革命催化出新兴产业，淘汰传统产业，从而使得产业结构的格局不断发生变化，呈现出新兴产业不断取代传统产业并成为主导产业的趋势。

实践表明，主导产业的转换和发展经过五个不同的历史发展阶段，见表 12.8。

表 12.8 主导产业五个不同的历史发展阶段

阶段	主导产业部门	主导产业群体或综合体
第一阶段	棉纺工业	纺织工业、冶炼工业、采煤工业、早期制造业和交通运输业
第二阶段	钢铁工业、铁路修建业	钢铁工业、采煤工业、造船工业、纺织工业、机器制造、铁路运输业、轮船运输业及其他工业
第三阶段	电力、汽车、化工和钢铁工业	电力工业、电器工业、机械制造业、化学工业、汽车工业，以及第二个主导产业群各产业
第四阶段	汽车、石油、钢铁和耐用消费品工业	耐用消费品工业、宇航工业、计算机工业、原子能工业、合成材料工业，以及第三个主导产业群各产业

续表

阶段	主导产业部门	主导产业群体或综合体
第五阶段	信息产业	新材料工业、新能源工业、生物工程、宇航工业等新兴产业,以及第四个主导产业群各产业

上述主导产业发展的五个历史阶段说明,在经济发展的历史长河中,产业结构的变化是主导产业及其群体不断更替、转换的一个历史演进过程,是一个产业结构由低级到高级、由简单到复杂的渐进过程。在这个过程中,主体需要的满足和主体发展中不同阶段的不可逾越性,以及社会生产力发展中技术的不同阶段之间的不可间断性,决定了发展中国家在选择和确定主导产业及其群体,以及进行主导产业及主导产业群的建设时,一方面必须循序渐进;另一方面也可以兼收并蓄,综合几次主导产业及其群体的优势,在整个产业的某些领域实现"跳跃式"发展,在起点低、发展时点晚的情况下,用较短的时间走完发达国家产业结构高度化所走过的近250年的历程,实现经济社会的现代化。

德国的"工业4.0"、美国的"先进制造业伙伴计划"等国家战略不断催生着第四次产业革命,这场即将到来的产业革命将数字技术、物理技术、生物技术有机融合在一起,通过大数据、物联网、人工智能等技术变革改变着全社会的生产方式和需求结构,孕育着新的主导产业,并打造着新的产业结构。

专栏二：战略性新兴产业和未来产业

战略性新兴产业,是以重大前沿技术突破和重大发展需求为基础,对经济社会全局和长远发展具有重大引领带动作用的先导产业,主要包括节能环保、新一代信息技术、生物产业、高端装备制造产业、新能源产业、新材料产业和新能源汽车等七类产业;未来产业由前沿技术驱动,当前处于孕育萌发阶段或产业化初期,是具有显著战略性、引领性、颠覆性和不确定性的前瞻性新兴产业。

在新一轮科技革命和产业变革加速发展及我国经济社会发展进入全面实现现代化新阶段的背景下,战略性新兴产业已经成为我国培育经济增长新动能、构建国际竞争新优势、掌握发展主动权、实现从工业大国向工业强国迈进、打造中国制造"升级版"的重要抓手。

现阶段我国战略性新兴产业面临受制于人的巨大潜在安全风险,原始创新能力还不强,创造新产业、引领未来发展的科技储备远远不够,产业也还处于全球价值链的中低端,现有的手段和能力不足以应对国际竞争挑战。

习近平在黑龙江考察时强调,要"整合科技创新资源,引领发展战略性新兴产业和未来产业,加快形成新质生产力"[①]。

新质生产力是以科技创新为主导,为实现关键性、颠覆性技术突破而产生的生产力,其中"关键性"集中体现在重点产业链环节、高端装备制造、核心零部件、关键

---

① 《习近平在黑龙江考察时强调：牢牢把握在国家发展大局中的战略定位 奋力开创黑龙江高质量发展新局面》,https://www.gov.cn/yaowen/liebiao/202309/content_6903032.htm, 2024年7月30日。

材料、关键工艺等关键核心技术和产业基础能力上,"颠覆性"则强调在原创性、前沿性、未知性的领域积淀雄厚的技术储备,打造未来技术应用场景,加速形成对战略性新兴产业和未来产业的技术供给。面对产业链、供应链在关键核心技术、关键工艺和关键材料方面基础薄弱、依赖进口的现状,要求以关键性、颠覆性技术突破作为主攻方向,牵引稳链固链。具体而言,以关键性技术撬动产业基础再造工程和重大技术装备攻关工程,提升产业链供应链的稳定性和抗冲击能力,增强国内替代供应链的竞争力;以颠覆性技术面向前沿科技和产业变革,充分释放新一代信息技术、人工智能、新能源、绿色环保等新引擎的强大动能,防止我国的战略性新兴产业和未来产业面临"起步即落后"的窘境。

五、产业结构演变的新趋势[①]

产业结构演变的新趋势是由工业时代传统的以物质生产为关联的硬件产业结构向以技术、知识生产为关联的软件产业结构演变的过程。主要表现为:其一,在产业结构的演进中,第三产业的比重不断上升,出现了经济服务化的趋势;其二,高加工度化过程和技术集约化过程使得整个产业在结构演变过程中对信息、服务、技术和知识等要素的依赖程度加深。所以,产业结构演变是指建立在知识与技术基础之上,随着知识与技术的变化而变化的产业结构变革的过程。

产业结构演变的新趋势表现为产业结构的服务化、产业结构的高技术化、产业结构的生态化、产业结构的融合化。

(一)产业结构的服务化

产业结构的服务化不仅表现为第三产业内部服务业的不断扩大,而且表现为第一产业、第二产业内部服务量的不断扩大。

从第三产业内部服务业来看:第一类是对企业、事业部门提供的服务。随着企业内部事务处理和办公自动化的发展,与软件开发相联系的信息处理、程序设计等行业不断扩大,企业内部的业务逐渐趋向独立化、安全化和合理化。第二类是对个人提供的服务。随着个人收入的提高和闲暇时间的增加,零售业、饮食业、旅游业、短期租赁业及体育俱乐部和文化中心等休闲产业飞速发展。第三类是对社会提供的服务。社会基础设施的日益完善,以及人们对福利方面需求的增加使得旅客运输业、电信电话业及广播、电视、医疗等方面的服务不断扩大。

从第二产业来看,其内部的服务量也在显著增加。在企业生产活动中,信息管理、综合计划、研究开发、市场调查、广告宣传、产品销售等与服务有关的业务比重急速增大。与此相适应,在第二产业的产品成本中,与服务有关的价值含量也在扩大。制造业内部的软化和服务化促进了第三产业的发展,而第三产业的扩张又使第二产业进一步趋向软化和服务化。各产业就是在这种相互联系中相互促进,使经济日益趋向软化和服务化。

[①] 高志刚. 产业经济学. 2版. 北京:中国人民大学出版社,2020:146-147.

(二)产业结构的高技术化

产业结构的高技术化是指用高科技武装传统产业的过程。产业结构的高技术化发展最先表现在用高新技术改造传统工业上。科技进步使劳动工具、劳动手段和劳动对象不断创新,极大地促进了工业劳动生产率的提高,推动着传统工业向高新技术产业的转化,使整个工业日益呈现高技术化。同样,其他产业高技术化的发展也在日益加快。

知识创新、技术创新和技术进步是经济增长的主要推动力量,也是产业结构变迁的动力。20世纪80年代开始的新技术革命以生物工程技术、信息网络技术、软件技术、新材料技术(如纳米技术)和人工智能等为主要标志,对产业结构升级产生了重大影响,也为知识经济的兴起和发展提供了技术基础。新技术革命促使产业由劳动密集型向资本和技术密集型转变。

> **专栏三:《数字经济及其核心产业统计分类(2021)》**
>
> 数字经济是继农业经济、工业经济之后的主要经济形态,数字化转型正在驱动生产方式、生活方式和治理方式发生深刻变革,对世界经济、政治和科技格局产生深远影响。作为衡量数字经济发展水平的重要统计标准,《数字经济及其核心产业统计分类(2021)》(国家统计局令第33号)(简称《数字经济分类》)于2021年5月14日国家统计局第10次常务会议通过。数字经济是一个内涵比较宽泛的概念,而且随着人类社会逐渐进入以数字化为主要标志的新阶段,数字经济的内涵不断扩展延伸。《数字经济分类》从"数字产业化"和"产业数字化"两个方面,确定了数字经济的基本范围,将其分为数字产品制造业、数字产品服务业、数字技术应用业、数字要素驱动业、数字化效率提升业等五大类。《数字经济分类》结合统计工作实际,将数字经济界定为以数据资源作为关键生产要素、以现代信息网络作为重要载体、以信息通信技术的有效使用作为效率提升和经济结构优化的重要推动力的一系列经济活动。

(三)产业结构的生态化

生态系统由自然界中所有的生物与非生物共同组成,在这个系统中,非生物与生物间、高级生物与低级生物间组成了一个由低到高、由简单到复杂的生态食物链。每一种非生物与生物都是这个食物链中的一个环节,能量与物质在这个食物链中逐级传递,由低级到高级,又由高级到低级循环往复流动,使之形成一个相互关联和互动的生物链,从而维持自然界各物质间的生态平衡。生态化的产业结构是模拟生态系统建立的生产工艺体系,是实现污染治理和原独立方式的整合及"一体化"的新型生产方式。其目的是在促进自然界良性循环的前提下,合理开发利用区域生态系统的环境和资源,充分发挥物质的最大生产潜力,防止环境污染,达到生态经济的协调发展。产业结构的生态化要求对生产过程中产生的废弃物或原材料进行再加工或再处理,使之成为其他生产过程中可以利用的再生能源或原材料,从而实现资源的循环再利用,减轻经济发展对自然界资源能源消耗,降低环境污染。

产业结构的生态化的实现有赖于:①通过技术革新,逐步采用能够预防或防止各种消耗性废物排放的原材料，替代或禁用有毒材料。例如，含碳矿物能源物质会产生温室效应、烟雾、酸雨、赤潮等环境问题，所以应逐渐减少含碳较多的物质能源投入，采用非矿源形式，最后用生物能代替化学能，以减少对环境的不利影响。②"废料"的资源化。每家企业、每道生产工序产生的废料都可以成为另一家企业或另一道生产工序的原料，客观上形成一条条产业生态链，从而在产业系统内部实现物质充分利用和能量的循环往复流动，做到零污染排放。关键环节就在于一定区域内相关企业之间必须建立起持续的生态链接关系，即上下游企业之间就上游企业生产后的废弃物或副产品达成合作协议，下游企业优先购买上游企业的废弃物或副产品作为生产的原料。链接关系的紧密程度是产业结构能否实现生态化的重要影响因素。这种链接关系能否建立并存续下去主要取决于上下游企业对自身经济利益的考虑，以及针对彼此行为的策略性选择。

专栏四：我国绿色产业蓬勃发展

绿色产业的概念是在世界金融危机、环境危机双重叠加的形势下被提出来的。国内外纷纷投入资源培育绿色产业，使绿色产业成为新的经济增长点。在我国，继党的十八届五中全会将"绿色发展"作为五大发展理念之一后，党的十九大报告又将推进绿色发展作为建设美丽中国的首要任务，从而使绿色发展理念逐步深入人心。推动绿色产业发展正是推进绿色发展的题中之义，它是推进生态文明建设、打赢污染防治攻坚战的有力支撑，也是培育绿色发展新动能、实现高质量发展的重要内容。

关于绿色产业的定义，国际绿色产业联合会发表了如下声明："如果产业在生产过程中，基于环保考虑，借助科技，以绿色生产机制力求在资源使用上节约以及减少污染（节能减排），我们即可称其为绿色产业。"目前世界各国对绿色产业仍没有明晰的定义，国内外相关机构通过编制产业分类表、项目目录、原则、标准等方式来对绿色产业或绿色项目进行界定。厘清产业边界，有利于将有限的政策和资金引导到对推动绿色发展最重要、最关键、最紧迫的产业上，以有效服务于重大战略、重大工程、重大政策，打赢污染防治攻坚战，建设美丽中国。为此，国家发展和改革委员会同有关部门研究制定了《绿色产业指导目录》（2019年版），将绿色产业分为节能环保产业、清洁生产产业、清洁能源产业、生态环境产业、基础设施绿色升级、绿色服务六个大类。除《绿色产业指导目录》外，国内主要的绿色产业或绿色项目目录还有：国家统计局发布的《节能环保产业分类表》、中国银行保险监督管理委员会发布的《绿色信贷统计表》、国家发展和改革委员会发布的《绿色债券发行指引》、中国人民银行发布的《绿色债券支持项目目录》[①]。

（四）产业结构的融合化

产业结构的融合化又称产业结构重叠化或产业边界模糊化，是指在知识分解和融合的基础上，由于大量新生技术日益趋同而形成新的知识产业群，以及由产业技术融合而导致的产业重叠加深使产业边界具有越来越不清晰的趋势。无论是源于技术进步还是源

---

① 赵玉林，汪芳. 产业经济学原理及案例. 5版. 北京：中国人民大学出版社，2020：30-31.

于规制缓和,产业融合已经成为当今世界产业结构变化的潮流与趋势。产业结构的融合化具体表现在以下两个方面:一方面,知识的高度渗透性使产业迅速分化,形成了核心技术趋同的诸多新兴产业群,原有产业边界日趋模糊。另一方面,产业技术的融合化导致产业重叠加深,使原有的以单一知识及技术作为产业的划分标准面临强大的挑战。知识要素除具有高度渗透性致使产业分化外,同时还具有良好的融合性。

第三节 产业结构优化升级

产业结构优化理论是产业结构理论的重要内容之一,是一国实现经济持续、稳定、快速发展的重要经济理论。本节将从产业结构高度化、合理化和地区产业结构优化等方面,侧重从理论上阐述产业结构优化问题。

一、产业结构优化的含义与主要内容

(一)产业结构优化的含义

产业结构优化是指推动产业结构高度化和合理化发展的过程。前者主要遵循产业结构演化规律,通过创新加速产业结构的高度化演进;后者主要依据产业关联技术经济的客观比例关系,调整不协调的产业结构,促进国民经济各产业间的协调发展。产业结构优化过程就是通过政府的有关产业政策调整影响产业结构变化的供给结构和需求结构,实现资源优化配置与再配置,推进产业结构的合理化和高度化发展。

(二)产业结构优化的主要内容

产业结构优化的主要内容包括产业结构优化的目标、产业结构优化的对象、产业结构优化的措施或手段、产业结构优化的政策等。产业结构优化的目标就是要实现产业结构的高度化和合理化,最终实现经济的持续快速增长。

产业结构优化是一个动态的概念,它在不同的发展阶段和时点上有不同的优化内容。从产业结构优化的对象角度来说,产业结构优化主要包括如下四个方面。

1. 供给结构的优化

供给结构是指在一定价格条件下作为生产要素的资本、劳动力、技术、自然资源等在国民经济各产业间可以供应的比例,以及以这种供给关系为联结纽带的产业关联关系。供给结构包括资本(资金)结构、作为供应因素的投资结构、劳动力供给结构、技术供给结构,以及资源禀赋、自然条件和资源供应结构等。产业结构优化就是要对这些因素进行结构性调整。

2. 需求结构的优化

需求结构是指在一定的收入水平条件下政府、企业、家庭或个人所能承担的对各产业产品或服务的需求比例,以及以这种需求为联结纽带的产业关联关系。它包括政府(公共)需求结构、企业需求结构、家庭需求结构和个人需求结构,以及以上各种需求的比

例；也包括中间产品需求结构、最终产品需求结构，以及中间产品需求与最终产品需求的比例；还包括作为需求因素的投资结构、消费结构，以及投资与消费的比例等。产业结构优化也要对这些因素进行结构性调整。

3. 国际贸易结构的优化

国际贸易结构是指国民经济各产业产品或服务的进出口比例，以及以这种进出口关系为联结纽带的产业关联关系。国际贸易结构包括不同产业间的进口结构和出口结构，也包括同一产业间的进出口结构（即进口和出口的比例）。产业结构优化也要对国际贸易结构进行优化。

4. 国际投资结构的优化

国际投资包括本国资本的流出，即本国企业在外国的投资（对外投资），以及外国资本的流入，即外国企业在本国的投资（外国投资或外来投资）。对外投资会导致本国产业的对外转移，外国投资则促使国外产业的对内转移。这两方面都会引起国内产业结构的变化。国际投资结构就是指对外投资与外国投资的比例结构，以及对外投资在不同产业之间的比例和外国投资在本国不同产业之间的比例及各种派生的结构指标。产业结构优化也要对国际投资结构进行优化。

二、产业结构的高度化

（一）产业结构高度化的含义

产业结构高度化主要是指产业结构从低水平状态向高水平状态的发展，是一个动态的过程。根据产业结构演进的一般规律，产业结构的高度化具有如下四个特征：第一，产业结构的发展由第一产业、第二产业、第三产业优势地位逐次转移递进的方向演进；第二，产业结构的发展由劳动密集型产业、资本密集型产业、技术（知识）密集型产业分别占优势地位顺向递进的方向演进；第三，产业结构的发展由低附加价值产业向高附加价值产业方向演进；第四，产业结构的发展从低加工度产业占优势地位向高加工度产业占优势地位方向演进。

产业结构高度化不仅表现在三次产业之间的变动上，还表现在三次产业的内部变动上：第一产业由传统农业向现代农业逐步发展；第二产业由初级产品加工制造向科技含量高、资本依赖强、附加值高的最终产品加工制造转变；第三产业由传统服务业占优势地位向现代服务业占优势地位逐步转变。

（二）产业结构高度化的动因

在封闭经济条件下，产业结构的变化是需求结构变动和供给结构变动相互作用的结果。在开放经济条件下，应该再加上国际贸易和国际投资因素。因此，可以说需求结构、供给结构、国际贸易结构和国际投资结构是决定产业结构变动的基本因素，然而，起核心作用的是创新。

首先，创新可以使资源向更高级的产业流动。如果创新带来的是新产品的开发或原有产品的改善，由于新产品的需求弹性较大，其价格对成本的反应、需求对价格的反应都比较敏感，因而其产量的提高能获得高于一般产业平均水平的收益。此时，创新会吸引生产要素流入导致该产业的扩张，如20世纪20年代汽车工业的发展。如果创新仅仅带来了原有产品生产效率的提高，且这些产品的需求弹性较小，那么其产量的大幅度提高将大幅度降低该产品的价格，使总收益水平下降。此时，创新将导致该产业收缩，尤其表现为从事该产业的劳动力数量的锐减，20世纪五六十年代农业的创新就是如此。由此可见，不论哪一种方式，创新都将引起生产要素在产业部门之间的转移，引起不同部门的扩张或收缩，从而促进产业结构的有序发展。

其次，创新可以通过影响生产要素的相对收益来影响产业结构的变化。经济学家希克斯认为，创新会通过改变各种生产要素，尤其是劳动和资本的相对边际生产率，来改变其收益率之间的平衡。当然，一项创新有可能以相同的比例，同时提高劳动与资本的边际生产率，然而，这种情况是罕见的。更常见的是创新对它们的非平衡影响，即资本边际生产率比劳动边际生产率提高得更快。这种情况就会刺激生产要素之间的替代，即资本替代劳动或劳动替代资本。前者就是"劳动节约型创新"，后者就是"资本节约型创新"。显然，这种要素之间的替代会影响产业结构的变动[1]。

因此，可以说，创新是产业结构高度化的根本动力。正是由于新工艺、新技术的出现和应用，新的产业部门产生、发展壮大，并使旧的产业部门衰退，产业的不断高级化推动产业结构的演进。一个国家的创新活动和创新能力是其产业结构有序发展的核心动因。唯有创新，才能从根本上提高产业结构的转换能力，推进产业结构的高度化。

（三）产业结构高度化的机制

产业结构的高度化是通过产业间优势地位的更迭来实现的。产业结构的高度化是各个产业变动的综合结果。它是以单个产业部门的变动为基础的，因为只有单个产业部门的变动才会引起并导致整个产业结构的变化。因此，我们首先从单个产业部门的变动入手，通过分析单个产业部门扩张与收缩的运动过程，考察产业结构高度化的机制。

从单个产业部门的变动来看，一般会经历一个"兴起—扩张—减速—收缩"的运动过程。产业的兴起，往往与新产品的开发相联系。随着新产品的优点逐渐被人们认识，对它的需求将日益增大；同时创新又成功地大幅度降低了该产品的成本，使该产业迅速扩张，进入一个高速增长阶段，但是，当这种高速增长达到一定临界点之后，就会出现减速增长的趋势。可见，一个产业部门的发展都与创新相联系，表现出扩张与收缩的规律性。

一个国家的各个产业部门就可以依据其距离创新起源的远近来确定各自不同的相对地位。从较长的时间序列看，产业增长速度随着该产业成长、成熟到衰落而处于高速增长、均速增长和低速增长的变动中。如果从任何一个时点看，总会看到多种处于不同增长速度的产业，即低增长部门、高增长部门和潜在高增长部门同时存在。一般高增长部门由于距离创新起源更近而处于相对优势地位，在总产值中占有较大的份额，并支撑着整个经济的增长。随着时间的推移，由于新的创新与创新的扩散，产业结构的变动呈现为高增长优势产业间的更迭。这是一个连续变动的过程，当原有高增长产业因创新减

---

[1] 李孟刚. 产业经济学. 3版. 北京：高等教育出版社，2023.

缓而减速时，便会为新的高增长产业所取代。在随后递进的发展过程中，潜在的高增长产业又会转化为现实的高增长产业，代替原来高增长产业的位置。因此，我们可以得出这样的结论，即产业结构的变动是通过产业间优势地位的更迭实现的[1]。

衡量产业优势地位主要有三种标准：一是附加价值高低，附加价值高的产业就是占有优势地位的产业；二是产业产值，产值比重大的产业就是优势产业；三是产业关联效应，受原材料供应影响较大的产业如果后向关联效应大就说明它是具有优势地位的产业，受最终需求影响较大的产业如果前向关联效应大就说明它是具有优势地位的产业。附加价值标准强调利润率的高低，产值标准强调产值规模的大小，关联效应标准强调产业的影响力。附加价值的提高、产值规模的扩大、产业影响力的增强都有赖于创新。也就是说，正是创新引起了附加价值、产值规模和产业影响力在不同产业间的变化。这种变化推动了产业结构的高度化。

三、产业结构的合理化

（一）产业结构合理化的含义

产业结构合理化是指产业与产业之间协调能力的加强和关联水平的提高，它是一个动态的过程。产业结构合理化遵循再生产过程对比例性的要求，实现产业规模适度、比例协调、增长均衡。产业结构合理化要求产业结构具有完整性，能够满足国民经济各部门的发展要求，能够满足社会消费产品的充分需要；产业结构合理化要求产业分工明确，各产业之间的技术经济联系紧密，产业链衔接通畅，产业间供需基本平衡；产业结构合理化要求产业发展速度均衡，在不同的发展时期适用不同的发展速度，形成各产业间有序的排列组合，各产业均衡发展，不存在强烈的技术断层和劳动生产率的反差；产业结构合理化还要求产业间具有技术上的协调性，如果产业间存在技术水平的断层，则会在产业间产生较大的摩擦，致使发展不协调[2]。

（二）产业结构合理化的内容

协调是产业结构合理化的中心内容。产业结构的协调不是指产业间的绝对均衡，而是指各产业之间有较强的互补和谐关系和相互转换能力。只有强化产业间的协调，才能提高其结构的聚合质量，从而提高产业结构的整体效果。产业结构的协调涉及产业之间各种关系的协调，我们主要从产业间生产和技术相互关系的角度来考察协调问题。产业之间是否处于协调状态，一般可以从以下几个方面进行观察和分析。

1. 产业素质之间是否协调

产业素质之间是否协调即通过观察相关产业之间是否存在技术水平的断层和劳动生产率的强烈反差来确定。如果存在着断层和强烈反差，产业之间就会产生较大的摩擦，表现为不协调。我们可以用比较劳动生产率，即产业部门的国民收入份额与该部门的劳

---

[1] 西蒙·库兹涅茨. 各国的经济增长：总产值和生产结构. 常勋，等译. 北京：商务印书馆，1985.
[2] 蒋选. 国民经济管理理论和政策. 北京：北京大学出版社，2020：327.

动力份额之比,来大体衡量产业间的协调程度。一般而言,如果各产业的比较劳动生产率数值分布比较集中而又有层次性,则说明各产业的素质比较协调;如果各产业的比较劳动生产率数值分布离散无序,则说明各产业的素质不协调。

2. 产业之间的联系方式是否协调

产业之间存在着投入与产出的联系,表明了产业之间相互依赖和相互影响的关系。协调的产业之间的相互联系方式有两个基本特征:一是相互服务,即各产业部门在投入产出联系的基础上互相提供帮助,如农业的发展为工业提供劳动力和原材料,工业反过来又为农业的发展提供机械装备和技术;二是相互促进,这意味着一个产业的发展不能以削弱另一产业的发展为代价。如果各产业之间能够做到相互服务和相互促进,那么它们之间的这种联系方式就是协调的;反之,则是不协调的。

3. 各产业之间的相对地位是否协调

在一定的经济发展阶段上,各产业的经济作用及相应的增长速度是不同的,因而各产业在产业结构中所处的地位也是不同的,从而形成了各产业之间有序的排列组合。各产业相对地位的协调就是指产业结构内部各产业的排列组合具有比较丰富的层次性,各产业之间的主次与发展的轻重缓急关系比较明确和适宜。如果各个产业主次不分,轻重无序,甚至出现产业的结构逆转,则说明各产业之间的相对地位是不协调的。

4. 从供给是否与需求相适应来判断产业之间是否处于协调状态

在需求正常变动的前提下,产业结构的协调将使其具有较强的适应性和应变能力,即通过自身结构的调整适应新的需求变动,使供给和需求之间无论是在数量上还是在结构上的差距都逐渐缩小,并且使供需之间的矛盾弱化。相反,如果对于需求的正常变动,供给迟迟不能做出反应,造成长时间的供需不平衡,则说明产业间的结构是不协调的。

(三)产业结构合理化的基准

目前我国理论界在论证产业结构是否合理方面,主要有以下三个判断标准。

1. 国际基准

国际基准即以钱纳里等倡导的标准产业结构为依据,判断经济发展不同阶段上的产业结构是否达到了合理化。以大量的历史数据进行统计回归得出的产业发展的标准产业结构,确实能够反映产业结构变动的一般规律,从而可以被用来作为认识和判断各国产业结构变动是否合理的参照系。这种"标准结构"的参照系,至多只能作为判断产业结构是否合理的一种粗略的依据,而不能成为一种绝对的判断标准。原因是标准产业结构是通过各国同一发展阶段上产业结构的统计资料进行回归分析得出的,而各国在经济时期不同和经济发展环境变化较大的情况下,所处的国际经济环境、国内资源禀赋、劳动力的素质和技术水平,以及所选择的发展战略是各不相同的,因而很难有统一的发展模式和产业结构,所以很难用一种标准模型来判断不同时期各国的产业结构是否合理。

2. 需求结构基准

需求结构基准即以产业结构和需求结构相适应的程度作为判断产业结构是否合理

的标准。两者适应程度越高，则产业结构越合理；相反，两者不适应或很不适应，则产业结构不合理。如前所述，畸形的产业结构意味着它同需求结构严重背离。在此意义上，此基准有其合理性，但是，单纯以此基准来判断产业结构是否合理具有一定的片面性，因为我们首先要确定需求是否正常，在需求正常的前提下，才可以对产业结构是否合理进行判断。若需求畸形，则供需之间发生差距是正常的；若产业结构适应畸形的需求而发生变动，则这种变动恰恰是不合理的。

3. 产业间比例平衡基准

产业间比例平衡基准即以产业间的比例是否平衡作为判断产业结构合理与否的标准。从理论上说，经济增长是在各产业协调发展的基础上进行的，产业之间保持比例平衡是经济增长的基本条件，但是，不能将此基准绝对化，不能认为无论何时何地产业结构都要保持这种比例平衡才是合理的。事实上，在经济的非均衡增长情况下，各产业部门的增长速度是不同的，有的高速增长，有的低速增长，从而导致相互之间的比例发生变化，出现结构不平衡。一般情况下，这是正常的。只有那种超越了一定界限的结构失衡，才会导致经济不能正常运行，才是真正的结构不合理。

上述三种判断基准从不同角度来考察产业结构是否合理，既有其科学性，又有其各自的局限性。国际基准忽视了经济条件的不同，需求结构基准将供需的适应性作为唯一的判断标准，产业间比例平衡基准忽略了经济非均衡增长对产业间比例的积极影响。因此，不能将其中某一基准作为判断产业结构是否合理的绝对基准，而应全面考察、综合运用。

（四）产业结构合理化的调整

1. 产业结构合理化调整的过程及其收益

从产业结构趋于合理化的调整过程来看，主要有如下两个过程：一是在部门、行业之间不断进行调整、协调，使之趋于均衡的过程；二是这种均衡被打破的过程。除去特殊情况不论，均衡被打破的原因主要来自两个方面：一是需求和需求结构发生变化，产业结构随之发生调整；二是由于技术进步，某些产业供给能力发生变化，产业结构需要做出调整以适应相对不变的需求和需求结构。

在短期内技术水平不发生重大变化的情况下，产业结构由不合理向合理转变的过程中，其边际收益是递减的。这是由于结构调整的过程也是结构扭曲程度不断缩小的过程。随着产业结构逐渐趋于协调，产业结构扭曲所造成的经济损失也逐渐减少，纠正这一扭曲所获得的收益也将越来越少。然而，将整个产业结构的变化和发展放在较长时间段内考察，可以发现，由于技术进步而不断进行的结构调整，其边际收益并不表现出递减的规律。技术的进步使满足一定需求所需的劳动力和各种物质生产要素得到节约，生产效率成倍提高，从而促使人类生活不断达到更高的水平。如果将由于技术进步造成的每一轮产业结构调整视为整体产业结构变化的"边际"，则边际收益并不是递减的。

2. 产业结构合理化调整的机制和动力

产业结构之所以从不合理向合理化的方向发展，其动力是结构调整过程中收益的存在。在不同的结构调整机制中,结构调整动力的表现形式是不同的。产业结构调整机制是一种根据现有产业结构状态,通过输入某种信号和能量,引起结构的变动,从而形成新的产业结构状态的作用过程。根据输入信号的性质和调整方式的类型,理论上可以把产业结构的调整机制分为市场机制和计划机制。

1)产业结构调整的市场机制

市场机制调整产业结构在很大程度上是一种经济系统的自我调整过程,即经济主体在市场信号的引导下,通过生产资源的重组和在产业部门间的流动,使产业结构尽可能适应需求结构变动的过程。由于种种原因,需求结构发生了变化,破坏了原有的供需结构,使某些产品供给大于需求,而某些产品需求大于供给,从而引起这些产品的价格发生相应的波动。当价格波动幅度大到一定程度,即大到部门间生产资源转移的临界点(转移后收益=转移成本+机会成本)时,产品价格下降部门的资源就会转移到产品价格上涨的部门,直到形成供给结构和需求结构之间新的平衡点为止。在这一产业结构调整过程中,产业结构变动的信号就是市场价格,动力是无数分散的经济主体对增加利润和避免损失的追求。

2)产业结构调整的计划机制

产业结构调整的计划机制是一种对经济系统的调控过程,即政府向经济系统输入某种信号,直接进行资源在产业间的配置,使产业结构得以变动的过程。政府机关根据现有产业结构的状况和对产业结构变动的预测,从经济发展的总体目标出发,通过纵向等级层次向经济主体发布指令,调整产业部门间的供求关系。这些指令通常有两种类型:一类是直接对企业的生产数量加以要求;另一类是通过变动各部门的投资计划,调整资产增量在产业间的配置,从而变动产业结构。在这一产业结构调整过程中,结构变动的信号是政府的计划数量或指令,动力是政府对经济持续、稳定、协调增长的追求。

产业结构调整的市场机制和计划机制各有其优点及局限性:市场机制比较准确、稳妥,又比较灵敏,但是事后调节,成本较大,时滞较长;计划机制具有事前主动性,调整成本较小,却欠准确,市场摩擦较大。因此,单独使用其中一种调节方式,难于达到产业结构合理化的目的。只有把两者很好地结合起来,才能使产业结构向合理化的方向调整。目前,世界各国基本没有哪个国家采用单一的市场机制或计划机制,而是两种形式结合使用,只是侧重点有所不同而已。

四、产业结构高度化与合理化的关系

产业结构高度化与合理化是相互作用、相互影响、相互依存和相互渗透的,构成了产业结构优化的有机整体。

从静态分析来看,产业结构合理化是产业结构高度化的基础,只有先合理化才能实现高度化;产业结构高度化是产业结构合理化发展的趋势与方向。脱离合理化而盲目追求高度化,必然会破坏产业结构的稳定发展,是一种"虚高度化"。反之,单纯追求合理化,排斥高度化,也必然会阻碍产业结构向长期的更高水平的方向发展。

从动态分析来看,产业结构有序演进的过程就是合理化与高度化有机统一的过程。

首先，产业结构高度化产生于产业结构合理化。产业门类齐全，生产规模扩大，结构效益提高等达到一定水平时，就会产生向高度化发展的要求，即量变到质变。同时，产业结构合理化本身又是一个不断调整产业间比例关系和提高产业间关联水平的过程，这就会促进产业结构高度化。其次，产业结构高度化过程也是产业结构由较低水平的均衡状态向较高水平的均衡状态演进的过程。产业结构的发展水平越高，产业间的技术经济联系就越密切和复杂，对产业结构合理化的要求也越高。因此，产业结构高度化必须建立在更高层次的产业结构合理化的基础上。在产业结构优化的过程中，要把产业结构合理化和产业结构高度化有机结合起来，在产业结构合理化的过程中促进产业结构高度化，在产业结构高度化的过程中带动产业结构合理化。唯有如此，才能实现产业结构的优化。

大国的产业转型和结构升级体现在两个方面：一是产业的高度化或高级化，即产业依循技术应用带来的生产效率提升，从低技术产业向高技术产业演化发展；二是产业的合理化或协调化，即产业依循劳动合理分工、资源充分利用、生产专门化带来的效率改进，相关产业之间形成越来越密切的协调合作关系，形成健全的产业链、供应链。产业结构转型升级的这两个方面既相互对立又相互统一，最终实现产业体系的系统性。产业的高度化通常引领产业转型方向并规定结构升级路径，这势必打乱原来协调的产业链供应链，迫使原有的产业链供应链做出调整以适应新的产业经济格局。当产业的高度化与合理化达成统一后，也就迎来了产业经济的"高光时刻"。然后，随着新的生产技术发明、推广和应用，新的工艺流程兴起，新一轮产业转型和结构升级又将开启[①]。

本 章 小 结

经济发展经常引起总量变化和结构变化，产业结构变化是其中的主要内容。产业结构是指各个产业部门在国民经济总体当中所占的数量对比及其相互依存和制约关系的总和，具有客观性、整体性、多层次性、相对稳定性的特点。不同的产业分类标准会形成不同的产业分类，其中常用来理论分析的结构分类有社会再生产两大部类产业、农轻重产业、三次产业、生产要素集约产业等，实际管理依据理论分类制定标准产业划分法。产业结构演进具有规律性，表现为低层次产业向高层次产业的不断转化：第一产业依次向第二产业和第三产业演进转化，前工业化阶段依次向工业化初期、中期、后期和后工业化阶段演进转化。决定这个演化的因素是社会需求结构、科学技术进步、资源供给状况、参与国际分工状况、产业政策等。产业结构优化包括产业结构高度化与产业结构合理化。产业结构高度化主要是指产业结构由低水平状态向高水平状态迈进的过程。产业结构合理化是指产业与产业之间协调能力的加强和关联水平提高的过程。产业结构的转换是一个量变到质变的过程，是经济发展到一定程度的必然之路，是促进经济增长的有效途径。产业结构转换从理论逻辑和现实发展来看都具有明显的增长效应，不可低估。产业结构的转换常常是在主导产业的

---

① 刘瑞. 中国产业转型升级：国际比较与前景展望. 学术前沿，2023，（7）：47-59.

转换中实现的，因此政府必须依据选择主导产业的约束条件，按照主导产业的选择基准，正确选择和发展主导产业。当今产业结构演变表现出产业结构服务化、高技术化、生态化和融合化转变的新趋势。

本章习题

1. 产业的含义及其分类是什么？我国对于三次产业的划分与其他国家的划分有哪些异同？
2. 产业结构的定义是什么？决定和影响产业结构的因素有哪些？
3. 如何理解三次产业结构演变规律？
4. 产业结构的优化是什么？包括哪些内容？
5. 试述产业结构合理化和产业结构高度化的含义及其关系。
6. 阐述产业结构演变的新趋势。
7. 21世纪我国产业结构优化的政策取向是什么？
8. 如何应对科技革命对于产业结构优化升级带来的机遇与挑战？

第十三章

区域结构

> **本章知识点**

1. 区域的含义及分类
2. 区域结构的含义、分类、地位与作用
3. 区域结构的形成与发展机制
4. 区域结构的模式及演变
5. 区域结构的优化目标
6. 产业区位商
7. 主体功能区

> **本章学习目标**

1. 理解区域的含义及分类
2. 理解区域结构组成分类、作用及要素之间的关系
3. 了解分析区域结构的若干理论观点
4. 掌握区域结构的形成与发展机制
5. 掌握区域结构的模式及演变的机理
6. 学会计算不同区域的产业区位商用于分析实际问题
7. 掌握区域结构调整优化的战略思路和措施

国民经济作为一个国家经济活动的整体，是由互相联系、互相影响的各个经济环节、经济层次、经济部门和经济地区构成的。在国民经济体中，作为中观层次的区域经济与产业经济一样，都具有重要性：产业经济是从部门或行业的角度构成了国民经济体；区域经济则是从空间角度构成了国民经济体。区域经济结构对于国民经济而言具有重要的意义，因为区域经济结构的调整与优化，既是国民经济结构调整和优化的具体内容，也

直接影响到国民经济总体的发展。因此，本章从国民经济管理的角度出发，运用区域经济理论来分析如何合理、有效地调整国民经济的空间结构，以实现整个国民经济结构的合理化。

第一节 区域结构的概念及其分类

一、区域及其分类

在区域经济学中，区域是指拥有多种类型的资源，可以进行多种生产性和非生产性活动、社会经济活动的一片较大的空间范围[1]。它是具有明确的地理界线的经济活动空间范围，具有明显的要素禀赋、经济活动、范围大小等方面的特征。而且，它还具有空间上的排他性。因此，我们说，经济区域是指经济活动赖以存在的、具有一定范围和层次、一定功能和内在联系的"空间"。这个"空间"是国民经济的依托，它有自己的功能和结构。其功能一方面表现为对区内资源的配置和经济活动的组织；另一方面表现为它是国民经济系统中的一个重要组成部分，在国民经济系统的运行中扮演某个角色。区域经济对外都表现出特有的经济个性，是一个经济实体。区域经济之间存在着联系，在发展方面相互影响和制约。

根据不同的标准，一个国家的区域可以划分为不同的类型。从经济学的角度，可以对区域进行如下的划分。

按照行政管理的需要，可以将一个国家划分为不同等级的行政区域。行政区域是指为实现国家的行政管理、治理与建设，对领土进行合理的分级划分[2]。我国的行政区域由省级行政区、地级行政区、县级行政区、乡级行政区所组成（表13.1）。

表 13.1 中国行政区划级别和类别

行政区划级别	行政区划类别
省级行政区	省、自治区、直辖市、特别行政区
地级行政区	地级市、地区、盟、自治州
县级行政区	县、自治县、旗、自治旗、县级市、市辖区、特区、林区
乡级行政区	乡、民族乡、镇、苏木、民族苏木、街道、县辖区

按照经济发展水平和地理位置相结合的原则，可以将一个国家划分为不同的经济区域。经济区域是由不同种类、不同类型、具有较强自组织能力、相对独立却高度开放的经济功能区彼此之间相互作用而形成的一种具有网络特征的经济空间[3]。根据经济和社会发展的情况，我国通常划分为四大经济区域：东部地区、东北地区、中部地区和西

---

[1] 孙久文，叶裕民. 区域经济学教程. 2版. 北京：中国人民大学出版社，2010：2.
[2] 郝寿义，安虎森. 区域经济学. 3版. 北京：经济科学出版社，2015：4.
[3] 郝寿义，安虎森. 区域经济学. 3版. 北京：经济科学出版社，2015：5.

部地区[1]。

根据土地用途、人口密度和经济活动的性质，可以将一个国家的区域划分为城市地域和乡村地域。城市是一定地域范围内经济、政治和文化的中心，是现代工业、第三产业及非农业人口集中的地方[2]。在国民经济的空间结构中，乡村地域往往占据较大的空间；城市是区域的生产中心、流通中心、服务与管理中心、人力资源培育中心、对外交流中心和创新中心，对区域发展具有组织、带动作用。具体表现在以下几个方面：第一，组织和带动区域发展；第二，完善区域空间结构；第三，推动区域经济和社会的演进；第四，促进文明的扩展和现代化水平的提高[3]。

二、区域结构及其分类

（一）区域结构的含义及要素

区域结构，是指各个经济区域在国民经济空间总体中所处的区位位置及其数量对比关系的总和。在整个国家地域范围内各个区域结构形成特定经济要素的相对区位关系和分布形式，也可称为国民经济空间结构，它是一国在长期经济发展过程中人类经济活动和区位选择的累积结果。

任何经济活动都是在地理空间上进行的，一方面，各种经济活动的产生需要把分散在地理空间上的相关要素组织起来，形成特定的经济活动过程；另一方面，各种经济活动之间需要相互联系、相互配合，但是它们的区位指向又不尽相同，于是，就需要考虑如何克服地理空间的约束而相互连接起来，形成一个大的经济系统。在区域经济发展中，始终都要考虑如何实现要素的空间优化配置和经济活动在空间上的合理组合，从而克服空间距离对经济活动的约束，降低成本，提高经济效益。

一般地，区域空间结构由点（工业点、商业网点、服务网点等）、线（交通线、通信线、能源供给线、给排水线等）、网络（交通网络、通信网络、能源供给网络等）和域面（城市和乡村等）四个基本要素所组成。这些点、线、网络和域面均具有特定的经济内涵和相应的功能，共同构成区域空间结构。点、线、域面之间可以有多种组合方式。例如，"点-点"构成节点系统，表现为条状城镇带和块状城镇群；"点-线"构成交通、工业等经济枢纽系统；"点-面"构成城市-区域系统，表现为城镇聚集区、城市经济区；"线-线"构成交通、通信、电力、供排水等网络设施系统；"线-面"组成产业区域系统；"面-面"组成宏观经济地域系统，如经济区、经济地带；"点-线-面"就构成了空间经济一体化系统。

点、线、网络、域面之间的关系表现为节点相互依存，域面协调发展，通道配套运

---

[1] 东部地区包括：北京市、天津市、河北省、上海市、江苏省、浙江省、福建省、山东省、广东省、海南省、台湾省、香港特别行政区、澳门特别行政区。东北地区包括：辽宁省、吉林省、黑龙江省。中部地区包括：山西省、安徽省、江西省、河南省、湖北省、湖南省。西部地区包括：内蒙古自治区、广西壮族自治区、重庆市、四川省、贵州省、云南省、西藏自治区、陕西省、甘肃省、青海省、宁夏回族自治区、新疆维吾尔自治区。

[2] 谢文蕙，邓卫. 城市经济学. 2版. 北京：清华大学出版社，2008：3.

[3] 吴殿廷. 区域经济学. 4版. 北京：科学出版社，2019：221-222.

行，各种空间经济实体的联系交错密集，呈现网络化系统。区域空间结构中的点、线、网络和域面也有规模等级之分，区域内各种规模不等的点、线、网络和域面相互连接在一起就形成了相应的等级体系。同类但不同等级的点、线、网络和域面之间往往在功能上是互补的，它们相互连接、相互补充，共同完成某一种经济活动。

研究区域经济结构可以从两条路径进行：一是以单个区域为研究客体，探讨其内部的结构、功能，以及发展的一般规律；二是以若干区域为研究客体，探讨区域之间的经济空间组织问题。前者的研究思路侧重一个区域内部各经济单位之间的内在经济、技术、制度、组织联系、数量关系等，主要涉及各种经济活动在一个相对独立的区域内的空间分布状态及区域之间的空间组合形式。后者的研究思路侧重各个区域经济之间的组织关系和数量关系，是区域经济之间的关系结构，主要涉及各个经济单位在不同区域经济之间建立的更加复杂的联系和关系。这种区域之间的结构关系是国民经济学关注的重点。

（二）区域结构的分类

区域的分类是研究区域结构分类的依据。由于区域可以从不同角度进行多种分类，因而对区域结构的研究也可从不同角度进行。例如，根据行政区域的不同对区域分类，研究不同省、自治区、直辖市与特别行政区之间的相互关系及其在国民经济中的比重，进一步研究不同地市、县区、乡镇之间的互相关系及其在国民经济中的比重；根据经济区域的不同对区域分类，研究东部地区、东北地区、中部地区与西部地区之间的相互关系及其在国民经济中的比重；根据城市地域与乡村地域的不同对区域分类，研究城乡之间的关系及其在国民经济中的比重，进一步研究不同的城市群、都市圈和经济带之间的相互关系及其在国民经济中的比重。

（三）区域结构的地位与作用

区域结构的经济意义在于，通过一定的空间组织形式把分散于一国地理空间范围内的相关资源和要素连接起来，这样才能够形成种种经济活动。也就是说，没有空间结构，相关的资源和要素就无法结合在一起，就不可能有现实的经济活动存在。同时，经济空间结构能够产生特有的经济效益，包括节约经济，即经济活动因选择合适区位、合理调配资源和要素而节约运费、减少相应的劳务支出和管理费用所产生的收益；集聚经济，即因相关集聚活动在空间上合理组合而在技术、市场、劳动力、基础设施、资源和产品利用等方面得以互补、共享所产生的收益；规模经济，即经济活动因区位优势、合理集聚而获得良好的发展机会，由此引起规模增大所产生的收益。这些经济效益都是依托空间结构取得的。

不同地域的经济系统，由于其发展条件、组成结构的不同，具有不同的职能组合结构，从而构成一系列规模不等、职能各异、相互制约的国民经济的有机整体。由于我国国土辽阔、自然条件复杂多样、南北热量纬向差异大、东西地形高低和干湿差别显著、历史基础与发展阶段不同及区域投资政策等因素的影响，地区经济发展与分布很不平衡。从东西经向结构来看，突出表现为沿海与内陆的水平差异，从南北纬向结构来看，集中反映为南方与北方的结构性差异。

结构调整可以说是发展中国家经济发展的同义语。因为发展中国家欠发达的根本问题是结构性问题。例如,传统农业与现代工业并存的二元结构问题、乡村落后于城市的城乡结构问题、处于低度水准的产业结构问题、发展水平不平衡的区域结构问题、低水平且不平等的收入分配结构问题等。因此,发展中国家的发展过程主要是结构调整的过程。区域结构调整的主题是区域间协调和共同发展,不仅涉及东西部区域间的协调,还涉及以城市化带动城乡一体化。

区域结构是否合理,对国民经济的增长和发展有着显著的促进或制约作用。区域结构受经济发展的制约,必须与经济发展的要求相适应。区域结构具有相对的稳定性,一旦形成,要经过较长的时期才能变动。区域结构与经济发展速度相比,明显具有滞后性。例如,一个居民点或一条铁路修建起来以后,若要搬迁,困难是很多的,而且常常要蒙受许多不应有的损失。不能设想,一个区域结构会在一夜之间发生巨大的改变。空间结构的调整和改善需要较长的时间。因此,对于一个区域或国家来说,要规划好当地适合的产业结构,同时也要重视各产业在地域空间的排列组合和相互作用的关系,使经济布局同当地的条件相适应,使地区与地区之间能互相促进、协调发展,使整个区域的国民经济能全面发展。

第二节 区域结构的变动规律

有关区域经济如何发展及区域结构如何优化,在学术界、理论界已经形成了主要代表性的成果。这些成果对解释区域结构演化和优化具有重要的借鉴意义。

一、区域结构的主要理论

区域经济发展在时间维度上表现为区域经济增长,在空间维度上表现为空间结构的演化[①]。关于区域空间结构演化的主要理论有以下几个。

(一)区域均衡发展理论

区域均衡发展理论强调区域间或区域内部的平衡发展,即空间的均衡化。认为随着生产要素的区际流动,各区域的经济发展水平将趋于收敛(平衡),因此主张在区域内均衡布局生产力,空间上均衡投资,各产业均衡发展,齐头并进,最终实现区域经济的均衡发展。区域均衡发展理论主要包括以下几个。

(1)罗森斯坦·罗丹的大推进理论。英国经济学家罗森斯坦·罗丹 1943 年在《东欧和东南欧国家工业化的若干问题》一文中提出了大推进理论。罗森斯坦·罗丹认为,解决欠发达国家或地区的贫穷和落后问题,关键在于实现工业化,而实现工业化的主要障碍在于资本形成不足。在资本形成过程中,由于存在着生产函数的不可分性、需求的不可分性、储蓄供给的不可分性三个"不可分性",小规模的、个别部门的投资难以从根本上解决问题,只有对各产业进行足够大规模的持续投资,促进各个部门共同推进、相

---

① 郝寿义,安虎森. 区域经济学.3 版. 北京:经济科学出版社,2015:77.

互协调,经济才有可能增长。

(2)纳克斯的贫困恶性循环理论。美国经济学家纳克斯 1953 年在《不发达国家的资本形成问题》一书中提出了贫困恶性循环理论。该理论认为,欠发达国家或地区存在着资本供给和需求两个方面的恶性循环。从资本的供给方面看,由于欠发达区域的实际收入水平低,因此储蓄能力弱、资本稀缺,阻碍了劳动生产率的提高,进一步导致收入水平的低下,如此恶性循环;从资本的需求方面看,由于收入水平低,因此市场的购买力有限,导致投资引诱不足,资本形成困难,因而劳动生产率水平低下,进一步导致收入水平低下,如此恶性循环。要突破上述困境,只有对经济各部门进行大量投资,才能形成广阔而充足的市场,产生足够的投资刺激,打破贫困的恶性循环。

(3)纳尔逊的低水平均衡陷阱理论。美国经济学家纳尔逊 1956 年发表了《不发达国家的一种低水平均衡陷阱理论》。该理论以马尔萨斯人口理论为基础,说明不发达国家存在低水平人均收入反复轮回的现象。不发达经济的痼疾表现为人均实际收入处于仅够糊口或接近于维持生命的低水平均衡状态,很低的居民收入使储蓄和投资受到极大局限,即使在一个短期内经济有所增长,又通常导致人口增长,从而将人均收入推回到低水平均衡状态中,这是不发达经济难以逾越的一个陷阱。如果不能从制度上进行变革,不能靠国家进行投入,这种状态很难被打破。

(4)赖宾斯坦的临界最小努力理论。美国经济学家赖宾斯坦 1957 年在《经济落后与增长》一书中提出了临界最小努力理论。该理论认为,不发达经济中存在着人均收入提高的趋势,如通过要素投入促进经济的增长;也存在着相反的趋势,如人口的过快增加。要使区域经济获得增长,必须使投入足够大,以克服相反趋势带来的影响。在经济上升与下降之间应当有一个临界点,突破这个临界点,区域经济就能够得到增长。

区域均衡发展理论是从理性观念出发,采用静态分析方法,把问题过分简单化地看待和处理,与发展中国家的客观现实距离太大,无法解释现实的经济增长过程,无法为区域发展问题找到出路。

(二)区域非均衡发展理论

在经济发展的初级阶段,区域非均衡发展理论对发展中国家更有合理性和现实指导意义。比较有代表性的区域非均衡发展理论包括以下几个。

(1)缪尔达尔的循环累积因果论。瑞典经济学家缪尔达尔 1957 年在《经济发展与不发达地区》一书中首次提出了循环累积因果论[①]。该理论认为,在一个动态的社会经济系统中,各种因素之间以一种累积循环的方式运动,而不是简单的守恒或趋于均衡。经济发展过程首先是从一些条件较好的地区开始的,这些具有初始优势地区的经济发展速度大于平均的发展速度,能够不断地为自身积累有利于发展的因素。与经济发展较慢的区域相比,这些地区会具有累积性的竞争优势,而这种优势能够自我加强。这样,发达地区表现为一种上升的正反馈运动,经济发展速度会越来越快;落后地区则表现为下降的负反馈运动,发展速度会越来越慢。在发达地区与落后地区的空间相互作用中,生

---

① 安虎森. 新区域经济学. 3 版. 大连:东北财经大学出版社, 2015: 132.

产要素的流动具有两种相反的效应：回流效应和扩散效应。回流效应表现为各生产要素从不发达区域向发达区域流动，使区域经济差异不断扩大；回流效应不是无节制的，发达地区在发展到一定程度后，生产成本会明显上升，从而使生产要素从发达区域向不发达区域流动，使区域发展差异得到缩小，这就是扩散效应。在市场机制的作用下，两种效应的作用是不均衡的，回流效应要大于扩散效应。基于此，缪尔达尔提出了区域经济发展的政策主张：在经济发展初期，政府应当采用不均衡发展战略，优先发展条件较好的地区，以寻求较高的投资效率和较快的经济增长速度，通过扩散效应带动其他地区的发展；但当经济发展到一定水平时，为了防止循环累积因果造成贫富差距的不断扩大，政府必须制定一系列特殊政策来刺激落后地区的发展，以缩小地区间经济差异。

（2）增长极理论。法国经济学家佩鲁在1950年首次提出增长极的概念。这一概念是从极化空间的概念中引申出来的，只要经济客体之间存在抽象的联系结构，就存在经济空间；经济空间是经济要素之间的经济联系，不是一般意义上的地理空间；一个经济空间"场"内的推进型单元（企业或产业）即为该场内的"增长极"。推进型产业的发展、创新和制度变革等经济扰动通过前后关联效应带动区域经济的增长，具体体现在三个效应上：一是支配效应；二是乘数效应；三是极化和扩散效应。20世纪60年代，法国经济地理学家布代维尔从理论上将增长极概念的经济空间推广到地理空间，提出了区域增长极概念。他把区域增长极定义为配置在城市地区并引导其影响范围内经济活动进一步发展的一组扩张性产业。因此，增长极概念有两种含义：一是在经济意义上特指推进型主导产业部门；二是地理意义上特指区位条件优越的地区。

（3）弗里德曼的中心—外围理论。中心—外围理论，也称为核心—边缘理论，是20世纪60～70年代发展经济学研究发达国家与不发达国家之间的不平等经济关系时所形成的相关理论观点的总称。其中，美国经济学家弗里德曼在1966年出版的《区域发展政策》一书中提出的中心—外围理论比较具有代表性。弗里德曼认为，经济发展是一个不连续但逐渐累积的创新过程。这里的创新不仅包括技术创新，还包括组织形式等方面的制度创新。发展通常源于区域内的少数"变革中心"，并由这些中心自上而下、由内及外地向创新潜能较低的周边地区扩散[1]。在特定的空间系统中，创新变革中心就是中心区，处于支配地位；其他地区则属于外围区，处于依附地位。由于资源、市场、技术和环境等的区域分布差异是客观存在的，因此外围地区依附于中心地区，缺乏经济发展的自主性，从而形成了空间二元结构。但是，政府的作用和区际人口的流动会影响要素的流向，并且随着市场规模的扩大、交通条件的改善和城市化的加快，中心和外围的界限会逐步消失，从而推动空间经济的一体化发展。该理论对制定区域发展政策具有指导意义，但其关于二元区域结构随着经济持续增长会消失的观点是值得商榷的。

（4）区域经济梯度推移理论。区域经济学者把美国经济学家弗农等提出的工业生产生命循环阶段理论引入区域经济学中，形成了区域经济梯度推移理论。梯度是指区域之间经济总体水平的差异。梯度推移说的基本观点是：一个区域的经济兴衰主要取决于它的产业结构，进而取决于它的主导部门在工业生命周期中所处的位置。与产品生命周期

---

[1] 安虎森. 新区域经济学. 3版. 大连：东北财经大学出版社，2015：134.

相对应，可以把经济部门分为三类，即产品处于创新到成长阶段的是兴旺部门，产品处于成长到成熟阶段的是停滞部门，产品处于成熟到衰退阶段的是衰退部门。因此，如果一个区域的主导部门是兴旺部门，则被认为是高梯度区域；反之，如果主导部门是衰退部门，则属于低梯度区域。推动经济发展的创新活动（包括新产品、新技术、新产业、新制度和管理方法等）主要发生在高梯度区域，然后，依据产品周期循环的顺序由高梯度区域向低梯度区域推移。梯度转移主要通过多层次城市系统传递，创新的扩散有局部范围和大范围两种形式，局部范围的扩散是创新活动由发源地向经济联系密切的邻近城市扩散；大范围的扩散是创新活动由发源地按区域城市系统的等级顺序进行的。

纵观上述非均衡发展理论，其共同的特点是，二元经济条件下的区域经济发展轨迹必然是非均衡的，但随着发展水平的提高，二元经济必然会向更高层次的一元经济即区域经济一体化过渡。其区别主要在于，它们分别从不同的角度来论述均衡与增长的替代关系，因而各自的适用范围有所不同。

（三）城市化规律

城市化是由传统的农业社会向现代城市社会发展的自然历史过程。它表现为人口向城市的集中、城市数量的增加和规模的扩大以及城市现代化水平的提高[1]，是城乡结构发生的根本性变革。与其他社会经济活动一样，城市化过程也具有自身的规律。

1. 城市化的阶段性规律

1979 年，美国城市经济学家诺瑟姆（Northam）通过对多个国家城市人口占总人口比重变化的研究，总结出了城市化发展过程呈"S"形曲线的结论，揭示了城市化进程中存在的阶段性规律（图 13.1）。

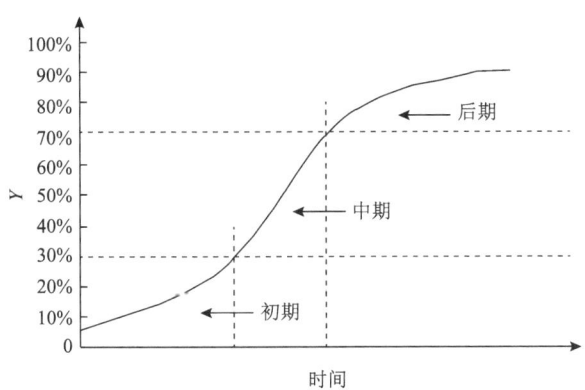

图 13.1　城市化发展的阶段性规律

（1）起步阶段。在城市化的初期阶段，区域经济发展处于工业化前期，城市化水平发展缓慢，持续时间长，在这一阶段，城市化水平[2]在30%以下。

（2）发展阶段。在城市化中期阶段，区域经济发展处于工业化的中后期，随着工业

---

[1] 孙久文，叶裕民. 区域经济学教程. 2 版. 北京：中国人民大学出版社，2010：164-165.
[2] 这里的城市化水平，是指人口城市化率，即城市人口占区域总人口的百分比。

化的迅速推进，城市化呈现加速发展状态，城市化水平由 30%持续上升到 70%左右。

（3）成熟阶段。当区域经济发展到工业化后期以后，城市化水平超过 70%后，城市化再次进入缓慢发展时期，城市人口比重稳定在 70%~90%。

2. 产业结构演进与城市化进程同步规律

城市化的实质，是由生产力变革引起的人口和其他经济要素从农村向城市转变的过程[1]。这一过程表现在生产方式上，就是产业结构由低级向高级的演进过程，即农业剩余劳动力向非农产业部门转移。因此，产业结构的变动必须体现为城市化的变动；城市化水平的提高主要是靠第二产业、第三产业比重的上升推动的，二者几乎同步进行。

3. 大城市超前发展规律

大城市超前发展规律表现为，在城市化过程中，大城市的数量和人口的增长速度要快于中小城市，并产生以大城市为核心的城市带和城市群。由于大城市的经济发展历史更长、经济结构更完善、市场发育更成熟、技术层次更高，因此它们的集聚效益、规模效益、优位效益和外部效益比中小城市体现得更加显著[2]，而且随着规模的扩大，带来更多的要素向大城市聚集，最终产生了累积循环因果效应。大城市超前发展规律，不仅存在于发达区域的城市化过程中，也存在于欠发达区域的城市化过程中。只是由于不同国家或地区的具体差异，大城市超前增长的强度有所区别[3]。

城市化与城镇化是两个相近的概念。与城市不同，城镇的外延既包括城市，也包括坐落在广袤农村的乡镇（后来发展为小城镇）[4]。"城镇化"与"城市化"的主要差别体现在指导思想和政策落脚点上。按照"城镇化"的指导思想，我国一直较为严格地控制大城市规模，限制人口向大城市集中，优先发展中小城市和小城镇[5]。随着我国城镇化的快速推进，一些学者主张我国将城镇化战略调整为城市化。

二、区域结构的形成与发展机制

区域结构是在多种力量的交互作用下形成和发展的。下面，我们从区位指向、集聚与扩散机制、空间近邻效应、技术创新等方面来分析区域结构形成与发展的机制。

（一）区位指向

区位指向，是经济活动在选择区位时所表现出的尽量趋近于特定区位的趋向。区位选择一般具有三个标准：成本最低的选择、市场份额最大的选择和获得集聚效益的选择[6]。通常，经济活动的区位指向可以分为以下几种：其一，自然环境和自然资源指向；其二，原料地指向；其三，燃料动力指向；其四，劳动力指向；其五，市场指向；

---

[1] 谢文蕙，邓卫. 城市经济学. 2版. 北京：清华大学出版社，2008：3.
[2] 谢文蕙，邓卫. 城市经济学. 2版. 北京：清华大学出版社，2008：55.
[3] 孙久文，叶裕民. 区域经济学教程. 2版. 北京：中国人民大学出版社，2010：182.
[4] 洪银兴，陈雯. 由城镇化转向新型城市化：中国式现代化征程中的探索. 经济研究，2023，58（6）：4-18.
[5] 樊纲，胡彩梅. 调整"城镇化"偏差，明确"城市化"战略. 深圳大学学报（人文社会科学版），2017，34（3）：17-20.
[6] 孙久文，叶裕民. 区域经济学教程. 2版. 北京：中国人民大学出版社，2010：97.

其六，运输指向；其七，技术指向。在一般情况下，各种经济活动在地理空间上的分布主要是受其区位指向的制约，表现出点状、线状、面状分布形态。这些空间形态就是区域空间结构的基本构成要素。由此可见，区位指向是影响区域空间结构形成与发展的一种重要的、基本的力量。

（二）集聚与扩散机制

1. 集聚机制

集聚是指资源、要素和部分经济活动等在地理空间上的集中趋向与过程。集聚机制的形成源于三个方面。一是经济活动的区位指向。区位指向使相同的经济活动往往都趋向于集中在区域内相关资源和要素集中分布的地方。二是经济活动的内在联系。出于加强相互联系的需要，一些内在联系紧密、相互依赖性大的经济活动往往就趋向于集中在同一个适宜的地方发展。三是经济活动对集聚经济的追求。由于集聚能够产生集聚经济，所以各种经济活动为追求集聚经济也需要在空间上趋于集中，而且集聚过程极易形成循环因果式的促进集聚的力量，从而加速集聚过程，导致区域的极化现象。

2. 扩散机制

扩散是指资源、要素和部分经济活动等在地理空间上的分散趋向与过程。扩散机制通过以下几个方面起作用。第一，避免集聚不经济。第二，寻求新的发展机会。第三，某些经济活动自身特点导致的分散，如日用品工业、原材料工业、农业等受多种因素制约而在区位选择时会向外扩散。第四，政府的相关政策诱导和鼓励集聚地区的资源、要素、企业和经济部门等向其他地区扩散。总体而言，扩散机制将促进资源、要素、企业、经济部门在空间上趋于相对均衡，有利于逐步缩小区域内部的经济水平差异，促进经济协调发展。

3. 集聚与扩散的关系

集聚与扩散是相互对立和并存的，是制约区域空间结构形成与发展的重要机制。它们之间的关系具有如下特点。首先，在区域空间结构形成与发展的不同阶段，集聚与扩散机制发生作用的强度不一样。在区域空间结构形成初期，集聚机制起着主导作用，随着区域空间结构进一步发展，集聚机制的作用将逐步减缓，扩散机制逐渐发挥作用。当区域空间结构进入成熟期，集聚机制与扩散机制同时作用，其表现形式和程度较为复杂。一般情况是扩散机制的作用强于集聚机制。其次，集聚机制与扩散机制的作用都存在一定的惯性。也就是说，一旦发生，就将沿着其固有的方向持续下去。在没有人为干预的情况下，只有等到出现集聚不经济（或扩散不经济）时，集聚（或扩散）才会受到遏制，并有可能由集聚为主转化为扩散为主（或由扩散为主转为集聚为主）。集聚机制的作用超过一定的限度，就会产生集聚不经济，从而遏制集聚的进一步进行。同样，扩散机制的作用达到一定的限度也会产生扩散不经济，从而抑制扩散的继续进行。因此，集聚（或扩散）的作用惯性也是有一定限度的。

（三）空间近邻效应

空间近邻效应是指区域内各种经济活动之间或各区域之间的空间位置关系对其相

互联系所产生的影响。研究表明，各种经济活动或区域的经济影响力随空间距离的增大而呈减小的趋势。在同等条件下选择发展的地域时会以周围地区为主。只要能够基本满足所必需的技术要求、经济效益，各种经济活动都倾向于就近组织资源、要素，也就容易与空间上近邻的相关经济活动或区域发生联系。而且，随着空间距离的增大，各种经济活动采取行动的可能性及产生的影响都将相应地减小。

（四）技术创新

在区域结构的形成与演变中，科学技术始终是最活跃和关键的要素之一。技术创新的能力能够渗透和扩展到经济和社会的各个领域，产生广泛而深刻的影响。同时，技术创新对区域结构变迁起着重要的推动作用。技术创新对区域结构变迁的影响在于：一旦技术创新取得成功，将引起产品、产业的更替；改变消费需求；促进制度创新；增强区域的经济竞争力，对当地经济增长产生巨大的推动作用，技术创新地区的经济增长速度会快于其他地区。导致技术创新的要素（如追求潜在超额利润的企业家、追求成功的科技人士、面临发展竞争压力的政府）往往都趋向集中在具备创新条件的地方，于是产生技术创新行为与过程的正向循环，技术创新在少数地方不断地强化。相比之下，其他地区的技术创新存在较多的困难，技术进步比较缓慢，区域内部因此而存在或加大经济增长的空间差异。如果没有外来力量（如政府的干预、经济或社会发展的大背景发生大的变化），这样的经济格局是不易在短时间内发生根本性变化的。

三、区域结构的模式及演变

（一）区域结构的模式

在不同的区域和发展阶段，区域结构既表现出一定的共性，也存在差异，呈现出各种模式。总结已有的研究成果，区域结构有以下几种较典型的模式。

1. 极核式结构

在区域发展的早期，各地区的资源禀赋、区位条件、经济发展的资源基础、经济活动的行业构成等不同，决定了它们之间的经济发展将出现快慢之分。如果有个别经济发展比较好的点得到了良好的发展机遇，它的经济发展将步入"快车道"，在若干个点中异军突起，实现经济快速增长。最终，它发展到经济规模和居民点规模都明显超过其他点时，就成了区域的增长极。它对周围地区的资金、劳动力、技术等要素产生越来越大的吸引力，形成区域要素流动的极化过程，使增长极成为区域经济和社会活动的极核，对其他地方的经济和社会发展产生着主导作用。

2. 点轴式结构

它是在极核式结构的基础上发展起来的。在区域发展的初期，出现了增长极，也存在其他的点，也是经济活动相对集中的地方。增长极在发展过程中，会对周围的点产生多种影响，使区域的资源和要素在继续向增长极及相关点集聚的同时，也开始向它们之间的沿线地区集中。于是，沿线地区就逐渐发展成区域的经济活动密集区，成了区域发展所依托的轴线。位于轴线上的点将因发展条件的改善而发展加速。增长极和轴线上点的规模不断增大,轴线的规模也随之扩大并向外进行经济和社会扩散,进而形成新的点和轴,这样,在区域内形成了不同等级的点和轴,它们相互连接构成了分布有序的点轴结构。

3. 网络式结构

网络式结构是点轴系统发展的结果。在点轴系统的发展过程中,位于轴线上的不同等级的点之间的联系会进一步加强,一个点可能与周围的多个点发生联系,以满足获取资源和要素、开拓市场的需要。相应地,在点与点之间就会建设多路径的联系通道,形成纵横交错的交通、通信、动力供给网络。网络上的各个点对周围农村地区的经济和社会发展产生组织和带动作用,并通过网络构成区域的增长中心体系。同时,网络沟通了区域内各地区之间的联系,在全区范围内传输各种资源和要素,于是就构成了区域的网络空间结构。网络空间结构是区域经济和社会活动进行空间分布与组合的框架。依托网络空间结构,充分利用各种经济社会联系就能够把区域内分散的资源、要素、企业、经济部门及地区组织聚合成一个具有不同层次、功能各异、分工合作的区域经济系统。

(二)区域结构的演变

区域结构是在一定的发展时期和条件下区域内各种经济组织进行空间分布与组合的结果。随着时间的推移,它也在不断地发生演变。这里,我们介绍一种较有影响和代表性的区域结构演变理论——弗里德曼的区域空间结构演变理论。

美国经济学家弗里德曼在 1966 年出版的《区域发展政策》一书中把区域结构的演变划分为四个阶段。在每个阶段,区域结构表现出特有的形式。

(1)前工业阶段的区域结构。区域结构的基本特征是区域空间均质无序,其中有若干个地方中心存在,但是它们之间没有等级结构分异,总体上处于低水平的均衡状态,是由一些独立的地方中心与广大的农村组成的,每个地方中心空间狭小。区域内部各地区之间相对封闭,彼此很少联系。

(2)过渡阶段的区域结构。工业化的初期,经济快速增长,发展到一定程度就成了区域经济的中心。这个阶段区域空间结构由单个相对强大的经济中心与落后的外围地区组成。该中心以其经济发展的优势吸引外围地区的要素不断向它集聚,越来越强大,而外围地区则更趋向落后,导致区域空间结构日趋不平衡。

(3)工业化阶段的区域结构。在工业化阶段,随着经济活动范围的扩展,产生了新的经济中心。这些新经济中心与原来的经济中心在发展上和空间上相互联系、组合,就形成了区域的经济中心体系。由于每个经济中心都有与其规模相应的大小不一的外围地区,这样,区域中就出现了若干规模不等的中心—外围结构。这些中心—外围结构依据各自的中心在经济中心体系中的位置及关系,相互组合在一起,构成了区域的结构。在这个时期,区域结构趋向复杂化和有序化,并对区域经济的增长有着积极的影响。

(4)后工业化阶段的区域结构。在这个时期,经济发展达到了较高的水平,区域内各地区之间的经济交往日趋紧密和广泛。同时,不同层次和规模的经济中心与其外围地区的联系也越来越紧密,它们之间的经济发展水平差异在缩小。所以,区域内就逐步形成了功能一体化的空间结构体系。随着中心与外围地区界线的逐渐消失，区域将最终走向空间一体化。

第三节 区域结构调整与优化

实现区域结构的调整与优化，是一个多主体的行为过程。企业与政府（中央、地方）都要在这个过程中起重要作用。在市场经济条件下，市场在资源配置中起决定性作用，但政府具有不可替代的职能和作用，尤其是在结构调整和转换的过程中，政府宏观调控的作用更加重要。区域结构的调整与优化，同样需要政府根据国家社会、经济发展的战略性目标，对一些需要支持的重点区域和重点方向进行必要的引导和支持，包括政策支持和财力支持，以加速结构转换进程。实践经验表明，没有一个国家的经济结构调整是完全脱离政府进行的。

一、区域结构的优化目标

区域结构的优化是指在国民经济地域范围内的现有资源、社会经济及技术条件下，为满足一定的生态环境及其他特殊条件的要求，使各种经济活动的布局更加合理、趋于最优的过程。国民经济空间结构的优化，可在一定的人力、物力和财力条件下，使国民经济的发展取得最佳效益，为实现一定的社会经济目标，使人力、物力和财力得到最合理的利用与分配。

从总体上，区域结构的优化目标主要包括以下几个方面。

（1）从国民经济总体利益出发，兼顾各地区利益，合理安排国民经济与区域经济发展的规模、速度和比例关系，实现国民经济全局与局部的协调、有序、健康发展。

（2）综合协调各区域之间的发展关系，具体包括各经济区之间、各省之间、城乡之间、各城市体系及相关城市之间等多层次关系的协调。这里关键是各级政府之间关系的协调。这种综合协调应包含以下具体内容：第一，加强各区域之间的协调；第二，促进各区域之间的合作；第三，推动城市化水平的提高；第四，实现区域经济的均衡发展。

（3）重视生态环境的保护和资源的可持续利用，实现各区域及整个国民经济的可持续发展。从可持续发展角度出发，实现我国经济区域的空间重组，应该作为21世纪我国区域经济发展的基本战略目标。

根据我国长期以来的实践经验与教训，从长远利益出发，必须树立区域平衡协调发展的总体战略思想。从不平衡到平衡发展应是我国优化经济空间结构的长期奋斗目标。从我国经济区域的划分来看，就是要把重视东西差距、南北差距和中心—边缘差距结合起来。应创造条件努力扭转地区差距扩大趋势，正确处理国家经济发展与地区经济发展关系，正确处理沿海发达地区与内陆欠发达地区、资源密集地区与加工业集中地区、汉族集中区域和少数民族集中区域的关系。要发挥中央与地方积极性，加速地区经济发展，扩大就业，提高人民生活水平。关键是通过市场机制和国家宏观调控结合，协调地区经济发展速度和利益分配，防止出现两极分化。同时采取措施，如调整中西部的经济结构、加强地区合作与互助、有重点地改造中西部基础设施和投资环境等。

二、产业区位商

各地区域经济发展一般建立在区域产业发展基础之上。例如，各地纷纷选择当地的主导产业，通过扶持和发展主导产业来带动整个区域经济。有关主导产业的发展意义及其选择标准在第十二章中已经做了介绍。实践证明，各地仅仅依据当地条件选择出主导产业，从国民经济角度审视存在着违背空间布局分工规律的问题，同时是各地重复建设、产业结构趋同和当地产业缺乏竞争力的根源所在。因此既要发展主导产业，又要避免产业趋同问题，就成为各个地区产业政策要解决的一个关键性问题。比较合理的解决办法，是在选择主导产业的时候，参照其他地区和全国的产业发展情况，经过综合比较，合理选定适合本地发展并具有竞争力的产业。经济理论中开发出来的产业区位商概念及其方法，有助于该问题的解决。

（一）区位商概念

区位商，也称为区域规模优势指数或区域专门化率，由哈盖特（Hagget）首先提出并运用于区位分析中，是产业经济学、区域经济学中常用的分析区域产业布局和产业优势的指标。

具体而言，区位商是测度一个地区某一产业相对于参照地区的产业集中度的方法（参照地区通常是其所在国家），反映本地该行业的规模水平和专业化程度。其计算方式有两种：

$$\mathrm{LQ}_{ij} = \frac{L_{ij} / \sum_{j=1}^{m} L_{ij}}{\sum_{i=1}^{n} L_{ij} / \sum_{i=1}^{n} \sum_{j=1}^{m} L_{ij}} \quad (13.1)$$

$$\mathrm{LQ}_{ij} = \frac{L_{ij} / \sum_{i=1}^{n} L_{ij}}{\sum_{j=1}^{m} L_{ij} / \sum_{i=1}^{n} \sum_{j=1}^{m} L_{ij}} \quad (13.2)$$

其中，LQ_{ij} 表示 i 地区 j 行业的区位商；i 表示第 i 个地区（$i=1, 2, 3, \cdots, n$）；j 表示第 j 个行业（$j=1, 2, 3, \cdots, m$）；L_{ij} 表示第 i 个地区第 j 个行业的产值。

式（13.1）是 i 地区 j 行业在本地总产出中的比重与全国 j 行业占整个国民经济产出的比重之比，反映的是地域分工和产品贸易。其含义是：若 $\mathrm{LQ}_{ij}>1$，意味着 i 地区 j 行业在满足本地区需求之外还有节余，可对其他地区提供产品；若 $\mathrm{LQ}_{ij}<1$，则表示 i 地区需要从其他地区调入 j 行业产品；若 $\mathrm{LQ}_{ij}=1$，则表示 i 地区 j 行业刚好能满足本地需要。

式（13.2）是 i 地区 j 行业占全国 j 行业的比重与 i 地区经济总量占整个国民经济总量的比重之比，反映行业优势。含义是：若 $\mathrm{LQ}_{ij}>1$，则 i 地区在 j 行业上处于优势地位；若 $\mathrm{LQ}_{ij}<1$，则 i 地区在 j 行业上处于劣势地位；若 $\mathrm{LQ}_{ij}=1$，则 i 地区在 j 行业上没有明显

的优势和劣势。

略作推导即可看出,式(13.1)与式(13.2)本质上是等价的,只是反映的角度不同。

举例来说,假设有两个地区 A、B,地区 A 的工业总产值占全国的 10%,其中 50% 集中在制造业;地区 B 的工业总产值占全国的 50%,但制造业只占 10%,可以计算出 A 地制造业的区位商为 5,B 地制造业的产业区位商为 0.2,即地区 A 的制造业集中程度较高,专业化水平较高,具有比较优势。因此,可以说,区位商越大,该地区该产业的比较优势越明显,竞争能力越强。北京地区三次产业区位商(2022 年)见表 13.2。计算结果显示,北京区域的第三产业就具有比较明显的优势,竞争力较强。

表 13.2　北京地区三次产业区位商(2022 年)

项目	经济总量/亿元	第一产业		第二产业		第三产业	
		产值/亿元	比重	产值/亿元	比重	产值/亿元	比重
全国	1 210 207.2	88 345.1	0.073	483 164.5	0.399	638 697.6	0.528
北京	41 610.9	111.5	0.003	6 605.1	0.159	34 894.3	0.839
区位商		0.037		0.398		1.589	

资料来源:根据《中国统计年鉴 2023》电子版计算所得

式(13.1)和式(13.2)中选取了产值来反映行业规模,其实,通常也可用产业销售收入、企业数量、企业从业人数、固定资产额等指标来计算区位商。

(二)区位商的优点和缺点

区位商是分析产业结构和区域产业布局时应用比较广泛的一个指标,其优点如下:第一,排除了区域的经济规模差异因素,有利于显示真正的区域优势行业,可以真实地反映地理要素的空间分布、主导经济部门的作用及其变化特点。第二,区位商解决了地区间贸易数据问题。在国际贸易当中,一国产业优势通常利用该国出口产品结构及其在国际市场上所占份额来判断,但在区际贸易当中,无法获得准确的区际贸易数据,区位商恰好提供了替代性的指标。第三,区位商体现了竞争优势理论的内涵。区域经济的竞争优势理论认为,所有生产率高的产品在方向上可能会集中在某些经济发达领域,但是各种产品的市场竞争力即区域产品对区际市场的占有却不会被任何区域垄断,必然由参与分工与贸易的区域在不同产品方向上分享。区位商显示了各区域在各个产业上的进出口贸易格局,从而反映了在各行业上参与区际贸易的竞争能力,同时显示了这种竞争力不会为少数具有较高生产率的发达区域所垄断,必然由参与分工的区域所分享。此外,跨年度的区位商比较能够显示出区际贸易格局的变动趋势。通过比较不同时期各地区各行业的区位商值,可以看出各地区产业结构、优势产业及整个国民经济空间结构、各行业优势区位的变动趋势[①]。

区位商的缺点在于比较粗略。区位商指标只能反映区域产业生产专业化的相对程度,并不反映其实际产业生产专业化程度。用就业人数、固定资产额等计算区位商时无

---

① 程选. 我国地区比较优势研究. 北京:中国计划出版社, 2001:121.

法顾及地区内产业部门的生产率与全国同类产业生产率的差异，有可能发生偏差，不能准确地反映最终产出的专业化。用产值计算区位商虽不存在这些方面的问题，但也不能准确反映地区间产品的输出与交换的情况。

针对区位商概念及方法的长处与不足，可以利用其他国民经济管理的工具和方法如投入产出法、主导产业基准法加以补充和完善。

（三）区位商的应用

区位商在分析区域产业结构、判定优势产业及分析全国产业布局等方面有着比较多的应用。在分析区域产业内部结构时，可以对比有关部门或产业活动的区位商，研究区域优势行业的变动及趋向，明确各部门或产业活动在区域经济发展中的功能差异及重点和薄弱环节所在，从而判断和确定区域经济发展的主导产业，为区域产业结构调整提供依据。

三、区域结构的调整优化措施

在市场经济体制条件下，应注重发挥市场机制，并与国家宏观调控干预相结合，处理好整体与局部、局部与局部之间的关系，既可保证国民经济的健康协调发展，又能促进地区经济的平衡协调发展。具体调整措施包括如下几个方面。

1. 合理制定区域结构调整战略

根据国家经济总体水平和发展进程，以发挥优势、发展特色经济，改善地区布局，促进地区经济协调发展等战略思想为指导，制定国民经济空间调整开发战略，用发展指导思想、远景目标和分阶段的目标、产业结构、主导产业、人口控制目标、各产业的比例和发展方向、重点建设项目和实施政策等一整套战略内容进行地区配置，以建立合理的国民经济空间结构。空间调整开发战略的重点包括根据不同区域的地位、优劣势条件、区域容量与潜力，确定调整开发方式，明确重点调整开发区域，确定区域土地利用结构，提出地域调整开发的策略和措施，并落实实施方案和分工配合原则，以保证调整开发战略的实现。

2. 深入实施区域协调发展战略

区域协调发展是立足地区比较优势，以有序的分工协作实现区域间相对均衡、动态协调和充分发展的过程[1]。改革开放之后，由于实施东部沿海地区优先发展的战略，我国区域经济总体呈现出不均衡的增长格局，区域差距不断扩大。从21世纪初开始，我国政府逐步将区域不平衡发展战略调整为区域平衡发展战略，先后实施了西部大开发、东北等老工业基地振兴、中部崛起等，旨在缩小区域差异的区域发展战略，使我国区域间差距呈现缩小态势。

2021年公布的《中华人民共和国国民经济和社会发展第十四个五年规划和2035年远景目标纲要》对区域协调发展提出了具体的方向指导和安排。

---

[1] 《深入实施四大战略，促进区域协调发展》，https://theory.gmw.cn/2023-03/17/content_36436451.htm，2023年3月17日。

3. 深入推进新型城镇化战略

城镇化是伴随工业化发展，非农产业在城镇集聚、农村人口向城镇集中的自然历史过程，是人类社会发展的客观趋势，是国家现代化的重要标志。改革开放以来，伴随着工业化进程加速，我国城镇化经历了一个起点低、速度快的发展过程，取得的成就举世瞩目。

在我国城镇化快速发展过程中，也存在一些必须高度重视并着力解决的突出矛盾和问题：一是大量农业转移人口难以融入城市社会，市民化进程滞后；二是"土地城镇化"快于人口城镇化，建设用地粗放低效；三是城镇空间分布和规模结构不合理，与资源环境承载能力不匹配；四是城市管理服务水平不高，"城市病"问题日益突出；五是自然历史文化遗产保护不力，城乡建设缺乏特色；六是体制机制不健全，阻碍了城镇化健康发展。

针对以上问题，党的十八大以来，以习近平同志为核心的党中央高度重视新型城镇化工作，明确提出以人为核心、以提高质量为导向的新型城镇化战略，为新型城镇化工作指明了方向，提供了基本遵循。2014年3月，《国家新型城镇化规划（2014—2020年）》发布。新型城镇化要坚持以下基本原则：一是以人为本，公平共享；二是四化同步[①]，统筹城乡；三是优化布局，集约高效；四是生态文明，绿色低碳；五是文化传承，彰显特色；六是市场主导，政府引导；七是统筹规划，分类指导。党的十八大以来，我国的新型城镇化战略扎实推进，取得了显著的成效。

4. 处理好区域发展四个重大战略的关系

党的二十大报告提出，"促进区域协调发展。深入实施区域协调发展战略、区域重大战略、主体功能区战略、新型城镇化战略"[②]。促进区域协调发展，离不开"四大战略"的扎实推进及相互促进。

区域协调发展战略助力推进西部大开发、东北全面振兴、中部地区崛起、东部地区加快推进现代化及支持特殊类型地区加快发展，是覆盖全部国土、旨在发挥各区域的比较优势和竞争优势、着力缩小区域间差距的发展战略[③]。区域重大战略是指国家针对特定地区，围绕不同发展目标或解决某个重大问题而确定的发展战略，目前我国区域重大战略包括京津冀协同发展战略、长江经济带发展战略、粤港澳大湾区发展战略、长三角一体化发展战略、黄河流域生态保护和高质量发展战略。在此过程中，要高标准、高质量建设雄安新区，推动成渝地区双城经济圈建设。主体功能区战略在国家层面划分优化开发区、重点开发区、限制开发区和禁止开发区，是国土空间开发模式的基础性和约束性战略部署，是国土空间规划的基础。新型城镇化就是以人为核心的城镇化，强调加快农业转移人口市民化，以城市群、都市圈为依托构建大中小城市协调发展格局，推进以县城为重要载体的城镇化建设，坚持人民城市人民建、人民城市为人民，提高城市规划、

[①] 四化同步，是指坚持走中国特色新型工业化、信息化、城镇化、农业现代化道路，推动信息化和工业化深度融合、工业化和城镇化良性互动、城镇化和农业现代化相互协调，促进工业化、信息化、城镇化、农业现代化同步发展。

[②]《习近平：高举中国特色社会主义伟大旗帜 为全面建设社会主义现代化国家而团结奋斗——在中国共产党第二十次全国代表大会上的报告》，https://www.gov.cn/xinwen/2022-10/25/content_5721685.htm，2024年7月30日。

[③]《深入实施四大战略，促进区域协调发展》，https://theory.gmw.cn/2023-03/17/content_36436451.htm，2023年3月17日。

建设、治理水平，加快转变超大特大城市发展方式，实施城市更新行动，加强城市基础设施建设，打造宜居、韧性、智慧城市。

统筹并扎实推进四大战略落实，特别是加强四大战略之间的联动，以实现缩小区域差异和区域协调发展的具体目标。发挥主体功能区战略在区域发展定位和优化区域发展格局的决定性作用，加强区域重大战略与区域协调发展战略之间在空间上的相互支撑，将新型城镇化战略与区域协调发展战略、区域重大战略有机结合，通过新型城镇化战略实施助推区域协调发展战略落地①。

5. 以主体功能区规划为基础，构建"多规合一"的国土空间规划体系

主体功能区是指依据资源环境承载能力、现有开发密度和发展潜力，统筹考虑生态功能和经济社会发展方向，将区域划分为具有特定主体功能定位的不同空间单元。主体功能区是我国"十一五"规划的重大突破，具有创新性的特征；主体功能区是编制空间规划、优化空间布局的重要前提，具有基础性的特征；主体功能区是协调经济社会发展和人口资源环境的重要载体，具有综合性的特征。

《中华人民共和国国民经济和社会发展第十一个五年规划纲要》将我国国土空间划分为优化开发区域、重点开发区域、限制开发区域和禁止开发区域四类主体功能区。优化开发区域，指国土开发密度已经较高、资源环境承载能力开始减弱的区域；优化开发区域包括环渤海、长三角和珠三角等三个区域。重点开发区域，指资源环境承载能力较强、经济和人口集聚条件较好的区域；重点开发区域包括冀中南地区、太原城市群、呼包鄂榆地区、哈长地区、东陇海地区、江淮地区、海峡西岸经济区、中原经济区、长江中游地区、北部湾地区、成渝地区、黔中地区、滇中地区、藏中南地区、关中—天水地区、兰州—西宁地区、宁夏沿黄经济区和天山北坡地区等18个区域。限制开发区域，指资源承载能力较弱、大规模集聚经济和人口条件不够好并关系到全国或较大区域范围生态安全的区域。限制开发区域分为农产品主产区与重点生态功能区，农产品主产区主要包括东北平原主产区、黄淮海平原主产区、长江流域主产区等7个优势农产品主产区及其23个产业带，重点生态功能区包括大小兴安岭森林生态功能区、三江源草原草甸湿地生态功能区、黄土高原丘陵沟壑水土保持生态功能区、桂黔滇喀斯特石漠化防治生态功能区等25个国家重点生态功能区。禁止开发区域，指依法设立的各类自然保护区域；禁止开发区域共包括319个国家级自然保护区、40处世界文化自然遗产、205个国家重点风景名胜区、738个国家森林公园、138个国家地质公园。

在主体功能区规划的基础上，近年来我国政府推动将国民经济和社会发展规划、城乡规划、土地利用规划、生态环境保护规划等多个规划融合到一个区域上，构建"多规合一"的国土空间规划体系。我国原有的多个规划对于促进经济与社会的全面发展起到了重要的作用，但是也存在着各类规划自成体系、内容冲突、缺乏衔接等问题。《中共中央关于全面深化改革若干重大问题的决定》明确提出"建立空间规划体系"，此后党和政

---

① 《深入实施四大战略，促进区域协调发展》，https://theory.gmw.cn/2023-03/17/content_36436451.htm，2023年3月17日。

府推进规划体制改革,加快规划立法工作,健全规划管理体制机制[①]。2018年以来,我国将原分属不同部门的主体功能区规划、土地利用规划、城乡规划等职责统一整合到自然资源部,由其负责建立国土空间规划体系并监督实施。2022年我国首部"多规合一"的国家级国土空间规划《全国国土空间规划纲要(2021—2035年)》实施。国土空间规划是整合主体功能区规划、土地利用规划、城乡规划等空间规划的"多规合一"的新规划[②]。这有利于实现一个区域一本规划,"一张蓝图"解决现有各类规划自成体系、内容冲突、缺乏衔接等问题。

专栏一:新时期促进我国区域协调发展的主要战略

1. 推进西部大开发形成新格局

1999年9月,中共十五届四中全会通过的《中共中央关于国有企业改革和发展若干重大问题的决定》明确提出:国家要实施西部大开发战略。自2000年以来,国家不断加大对西部地区的支持力度,加强西部地区基础设施建设,青藏铁路、西气东输、西电东输及一批大型水利枢纽工程相继建成,交通、通信、电力、饮水等设施建设成效显著,西部地区人民生活水平不断提高,生态环境保护和建设得到显著加强。退耕还林和退牧还草取得新的进展,西部教育"两基"人口覆盖率明显提高。

今后,要强化举措推进西部大开发,切实提高政策精准性和有效性。深入实施一批重大生态工程,开展重点区域综合治理。积极融入"一带一路"建设,强化开放大通道建设,构建内陆多层次开放平台。加大西部地区基础设施投入,支持发展特色优势产业,集中力量巩固脱贫攻坚成果,补齐教育、医疗卫生等民生领域短板。推进成渝地区双城经济圈建设,打造具有全国影响力的重要经济中心、科技创新中心、改革开放新高地、高品质生活宜居地,提升关中平原城市群建设水平,促进西北地区与西南地区合作互动。支持新疆建设国家"三基地一通道",支持西藏打造面向南亚开放的重要通道。促进400毫米降水线西侧区域保护发展。

2. 推动东北振兴取得新突破

2003年10月,《中共中央国务院关于实施东北地区等老工业基地振兴战略的若干意见》颁布。政府出台了多项针对性强、推动力大的政策措施,着力推进东北地区等老工业基地振兴。2007年8月,国务院已经批复了《东北地区振兴规划》,进一步巩固东北地区作为全国商品粮生产基地的重要地位。规划要求大力推进产业结构优化升级,加快振兴装备制造业,深化国有企业改革,做好经济转型试点工作,加大棚户区改造和采煤沉陷区治理的支持力度,大力发展循环经济。20年来,东北振兴战略取得了很大的进展。

今后,要从维护国家国防、粮食、生态、能源、产业安全的战略高度,加强政策

[①] 严金明,陈昊,夏方舟. "多规合一"与空间规划:认知、导向与路径. 中国土地科学,2017,31(1):21-27,87.

[②] 常钦. 构建国土空间开发保护新格局. 人民日报,2023-11-17(08).

统筹，实现重点突破。加快转变政府职能，深化国有企业改革攻坚，着力优化营商环境，大力发展民营经济。打造辽宁沿海经济带，建设长吉图开发开放先导区，提升哈尔滨对俄合作开放能级。加快发展现代农业，打造保障国家粮食安全的"压舱石"。加大生态资源保护力度，筑牢祖国北疆生态安全屏障。改造提升装备制造等传统优势产业，培育发展新兴产业，大力发展寒地冰雪、生态旅游等特色产业，打造具有国际影响力的冰雪旅游带，形成新的均衡发展产业结构和竞争优势。实施更具吸引力的人才集聚措施。深化与东部地区的对口合作。

3. 促进中部地区加快崛起

2006年4月，《中共中央国务院关于促进中部地区崛起的若干意见》正式出台，确定中部六省26个城市比照实施振兴东北等老工业基地有关政策，243个县（市、区）比照实施西部大开发有关政策，并积极研究"两个比照"政策的实施意见。支持中部地区建设粮食生产基地、能源原材料基地、现代装备制造及高技术产业基地和综合交通运输枢纽。加大对中部地区粮食生产的支持力度，大力发展煤炭、电力、钢铁、有色、建材等优势产业，加快中部地区改革开放。近年来，中部地区在发展中展现出强大的潜力和活力。

今后，要着力打造重要先进制造业基地，提高关键领域自主创新能力，建设内陆地区开放高地，巩固生态绿色发展格局，推动中部地区加快崛起。做大做强先进制造业，在长江、京广、陇海、京九等沿线建设一批中高端产业集群，积极承接新兴产业布局和转移。推动长江中游城市群协同发展，加快武汉、长株潭都市圈建设，打造全国重要增长极。夯实粮食生产基础，不断提高农业综合效益和竞争力，加快发展现代农业。加强生态环境共保联治，着力构筑生态安全屏障。支持淮河、汉江生态经济带上下游合作联动发展。加快对外开放通道建设，高标准高水平建设内陆地区开放平台。提升公共服务保障特别是应对公共卫生等重大突发事件的能力。

4. 鼓励东部地区加快推进现代化

东部地区是我国最早进行改革开放的地区，也是我国经济最发达的区域，发展韧性强、活力足。多年来，东部地区坚持创新驱动，不断深化改革，扩大对外开放，建设现代化经济体系，迈上了高质量发展的新台阶。

今后，要发挥创新要素集聚优势，加快在创新引领上实现突破，推动东部地区率先实现高质量发展。加快培育世界级先进制造业集群，引领新兴产业和现代服务业发展，提升要素产出效率，率先实现产业升级。更高层次参与国际经济合作和竞争，打造对外开放新优势，率先建立全方位开放型经济体系。支持深圳建设中国特色社会主义先行示范区、浦东打造社会主义现代化建设引领区、浙江高质量发展建设共同富裕示范区。深入推进山东新旧动能转换综合试验区建设。

5. 支持特殊类型地区发展

支持革命老区、民族地区加快发展。要统筹推进革命老区振兴，因地制宜发展特色产业，传承弘扬红色文化，支持赣闽粤原中央苏区高质量发展示范，推进陕甘宁、大别山、左右江、川陕、沂蒙等革命老区绿色创新发展。推进生态退化地区综合治理和生态脆弱地区保护修复，支持毕节试验区建设。推动资源型地区可持续发展示范区和转型创新试验区建设，实施采煤沉陷区综合治理和独立工矿区改造提升工程。推进老工业基地制造业竞争优势重构，建设产业转型升级示范区。改善国有林场林区基础设施。多措并举解决高海拔地区群众生产生活困难。

加强边疆地区建设，推进兴边富民、稳边固边。大力改善边境地区生产生活条件，完善沿边城镇体系，支持边境口岸建设，加快抵边村镇和抵边通道建设。推动边境贸易创新发展。加大对重点边境地区发展的精准支持力度。

本章小结

区域结构是指各个经济区域在国民经济空间总体中所处的区位位置及其数量对比关系的总和。区域结构可以分为行政区域结构、经济区域结构和城乡区域结构。一般地，区域空间结构由点、线、网络和域面四个基本要素组成，这些要素之间可以有多种组合方式。解释区域结构演变的主要理论有区域均衡发展理论、区域非均衡发展理论和城市化规律等。区域结构是在多种力量的交互作用下形成和发展的，区位指向、集聚与扩散机制、空间近邻效应、技术创新是其形成和发展的主要机制。在不同的区域和发展阶段，区域结构既具有共性，也存在着差异，表现为极核式结构、点轴式结构和网络式结构三种由低向高递进发展的模式，并在工业化进程中表现出四个阶段化特征。将区域结构的变动规律应用于我国区域结构调整的实践，需要从国情出发，解决好我国不同区域如何协调发展的问题。首先，需要明确：实施区域结构优化的目标是从国民经济总体利益出发，兼顾各地区利益，综合协调各区域之间的发展关系，重视生态环境的保护和资源的可持续利用。其次，区位商在分析区域产业结构、判定优势产业及分析全国产业布局等方面有着比较多的应用。在协调区域发展过程中，要充分考虑不同区域的产业区位商。最后，要合理制定区域结构调整战略，深入实施区域协调发展战略，深入推进新型城镇化战略，处理好区域发展四个重大战略的关系，以主体功能区规划为基础，构建"多规合一"的国土空间规划体系。

本章习题

1. 如何理解区域的含义及我国区域的一般分类？
2. 如何理解区域结构的含义与其构成要素？
3. 如何理解区域结构在国民经济结构中的地位与作用？
4. 如何评价区域均衡发展理论？
5. 如何评价区域非均衡发展理论？
6. 促进区域结构演变的主要作用机制有哪些？
7. 简述区域结构的模式及其演变规律。

8. 简述我国区域结构优化的概念与目标。

9. 根据《中国统计年鉴》，选取某年我国各省份的地区生产总值及三次产业的数据，计算当年各省份的三次产业的区位商，明确不同省份的产业比较优势。

10. 根据《中国城市统计年鉴》，选取京津冀、长三角或珠三角区域各城市的数据，计算各城市的产业区位商，并为区域协同发展中的产业结构优化提出针对性的建议。

11. 简述主体功能区的概念与主要内容。

12. 试比较中国不同区域经济发展的特点。

13. 改革开放以来我国区域结构调整都推出了哪些重大战略和举措？成效如何？

14. 如何看待区域经济非均衡发展与均衡发展二者之间的辩证关系及其相互转化关系？

第五篇

国民经济管理

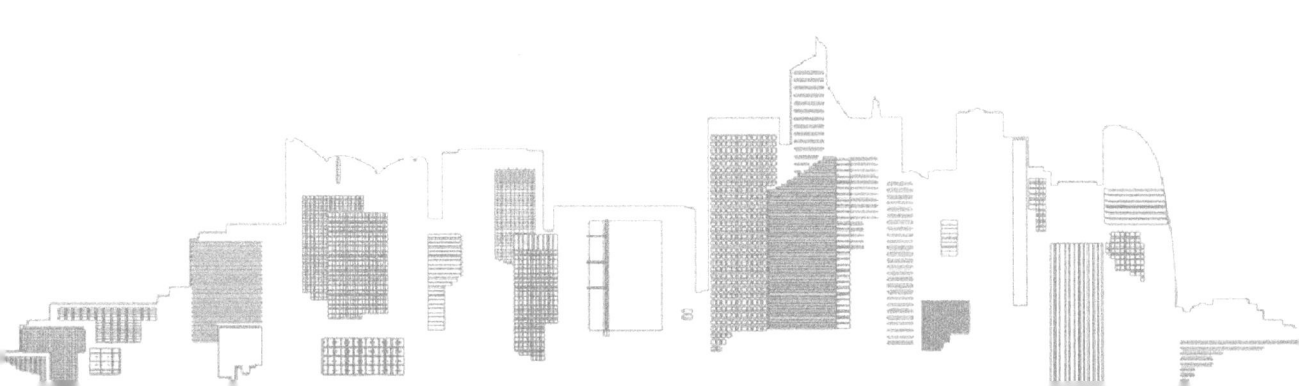

第十四章
国民经济管理全流程

> **本章知识点**

1. 国民经济管理、宏观经济管理、宏观调控、宏观经济治理
2. 经济规制与社会规制
3. 供给侧管理与需求侧管理
4. 国民经济管理主要环节
5. 规划引导型管理模式
6. 政策调控型管理模式

> **本章学习目标**

1. 准确把握国民经济管理的基本概念及相互关系
2. 了解国民经济管理各环节之间的内在联系
3. 了解规划引导型模型与政策调控型模型的联系与区别
4. 理解进一步完善国民经济管理的必要性和可行性

第一节 基本概念

一、国民经济管理与宏观经济管理

国民经济（national economy），按照概念的本义来理解也就是国家经济。对一个国家的经济活动加以管理，就是国民经济管理。一个国家的经济活动可以按照空间范围的大小划分为三个层次：微观经济、中观经济和宏观经济。其中，宏观经济一般是指一个国家的整体经济活动，如社会的总需求、总供给、总投资、总消费、总进出口等。宏观经济并不是单独的经济个体的简单相加，而是这些经济个量按照一定的经济形式有机组

合而形成的经济总量。

在市场经济条件下，政府的经济职能侧重保持市场环境的改善和主要经济关系平衡等方面，因此宏观经济是国民经济管理的主要对象。

宏观经济管理是指政府通过一系列的政策措施和手段来引导和调控整个国民经济的运行和发展。它主要关注宏观经济运行中的总体平衡、经济增长、就业、价格稳定、国际收支平衡等方面的问题，以实现经济的稳定和可持续发展。

为了实现上述目标，宏观经济管理可以采取的措施包括货币政策、财政政策、产业政策、就业政策、外汇政策等。其中，货币政策主要通过调整货币供应量和利率来影响经济运行；财政政策主要通过调整政府支出和税收来影响经济活动；产业政策主要通过支持和引导特定产业的发展来推动经济增长；就业政策主要通过促进就业机会和提高就业技能来解决就业问题；外汇政策主要通过调控汇率和资本流动来维护国际收支平衡。

二、国民经济管理与宏观调控

国民经济在既定的发展战略、发展规划和目标下运行的过程中，不可避免地经历着有规律的扩张和收缩，即波动。当通过监测预警显示出激烈波动乃至于偏离正常运行轨道，且仅靠市场机制和常规的国民经济管理措施均无法完全调节时，就必须对其进行干预，即对国民经济进行宏观调控，以实现经济总量的基本平衡和整体结构的不断优化，社会总供给与总需求保持基本平衡，保证国民经济持续、快速和稳定发展。因此，宏观调控是国民经济管理的一个重要组成部分，是国民经济管理的特殊形式。

宏观调控是以市场机制为前提和基础，对国民经济运行尤其着重对社会供需总量和结构平衡的调节，是政府在既定目标下为保持国民经济运行轨道不偏离目标而施加影响的行为过程。宏观调控是为了解决市场失灵现象而进行的，因此当宏观调控消除了市场失灵现象完成了调控任务之后，宏观调控应当及时退出，让市场机制和常规的国民经济管理继续发挥正常作用。

宏观调控方式主要有两种：直接调控与间接调控。在计划经济时期，我国的宏观调控主要是采取直接调控方式进行。改革开放以后，随着我国市场经济体制的逐步建立和不断完善，我国宏观调控方式已由以直接调控为主转向以间接调控为主，调控的手段以经济手段为主，辅之以必要的法律手段和行政手段。

三、国民经济管理与规制

国民经济管理不仅要实行宏观调控，而且要实行微观规制，以实现政府的公共政策目标，保证国民经济顺利运行，并且保护广大生产者和消费者的利益，保障社会安全。根据规制对象的不同性质，可以将规制分为经济性规制和社会性规制。

（一）经济性规制

1. 经济性规制的含义和规制行业

经济性规制是指在自然垄断和存在严重信息不对称（信息偏狭）的行业或产业，为了防止资源配置低效率和确保公民的使用权利，政府规制机构运用法律手段，通过许可和认可等方式，对企业的进入、退出，以及提供产品或服务的价格、质量、投资等有关行为进行规范和限制。经济性规制的领域主要包括公用事业、邮电广播、交通运输、保险金融等自然垄断性或经济信息不对称行业（表14.1）。

表14.1 经济性规制的主要行业

公用事业	邮电广播	交通运输	保险金融
电力	邮政	国家铁路	商业银行
城市供水	地区通信	地方铁路	信托咨询公司
城市燃气	无线移动通信	航空运输	农村信用社
城市供热	无线电广播	水路运输	证券
城市公交、地铁	有线电视	公路运输	期货
城市出租车	卫星电视广播	管道输送	保险

2. 经济性规制的主要内容

（1）价格规制。为了避免具有市场势力的企业制定垄断价格损失社会总福利，规制者根据一定的方法（主要是投资回报率规制和价格上限规制）规定或限制特定产业或特定业务领域的产品或服务在一定时期内的价格，规定价格调整的周期。

（2）进入和退出规制。为了维持产业的规模经济性和成本弱增性，也为了保持合理的市场结构，规制者需要限制新企业进入某一特定产业；同时为保证供给的稳定性，还要限制企业任意退出某一产业。这一规制可通过发放许可证，实行审批，或制定较高的进入标准来实现。

（3）投资规制。规制者既要鼓励企业投资、满足不断增长的产品或服务需求，又要防止企业间过度竞争、重复投资，还要对投资品的最优组合进行规制，以保证投资效率和效益。需要说明的是，投资规制和进入、退出规制在内容上有一定的交叉。

（4）质量规制。规制者通过制定质量标准等方法限制和约束企业生产产品或提供服务的质量。质量规制在20世纪70年代后发展很快，各个国家都建立了自己的质量规制体制和体系，但由于许多产品或服务的质量具有综合性，不容易简单定义和直观认定，在规制实践中，很难将这些质量要素进行综合。因此，在一些被规制的产业中，往往不单独实行质量管制，而是把质量规制和价格规制相联系，即在价格管制中包括质量管制。如果被规制企业没有达到质量标准，或者消费者对质量的投诉太多，规制者就要降低规制价格水平。

在上述四个方面的规制中，价格规制及进入和退出规制是最基本的规制。各个被规制产业的技术经济特征存在很大的差异，这就决定了同一规制内容在各个产业也存在很大的差异。

（二）社会性规制

1. 社会性规制的含义与规制对象

社会性规制是以保障劳动者和消费者的安全、健康，卫生和环境保护，防止灾害为目的，为科教文卫等产品和服务质量及生产活动制定一定的标准，并禁止和限制特定社会行为的公共规制。美国学者维斯库斯在《反垄断与管制经济学》中指出，"健康、安全与环境等方面的管制是针对我们环境中的风险、工作场所的风险和所消费产品的风险而制定的……是通过直接的政府管制而实行的"。因此社会性规制通常被称作 HSE 管制，即把健康（health）、安全（safety）与环境（environment）方面的政府干预称为社会性规制。其主要对象见表14.2。

表 14.2 社会性规制的主要对象

健康、卫生	交通、工作场所安全	防止公害、保护环境	确保教育、文化、福利
医药、食品	防止劳动灾害、疾病	防止公害	提高教育质量
卫生服务质量	交通安全	环境保护	职业道德
化妆品	消防	防止自然灾害	提高福利服务
消费生活用品安全	枪炮取缔	产业灾害防治	文化保护

社会性规制侧重政府干预市场过程的社会性效果，主要关注经济与社会活动对自然、社会形成的危害和风险，进而对劳动者和消费者的安全、健康、卫生造成的损害。这些关注使社会性规制表现为主要干预人们利用自然的方式、企业的生产方式、生产环境和科教文卫产品及食品质量、公民的特定行为及市场主体（包括生产者和消费者）各种交易的签约方式，从而力图避免自然过程、社会生产过程、人们签约过程及特殊行为对社会可能造成的不安全、不健康的危害和风险。

2. 社会性规制的主要内容

与经济性规制相比较，社会性规制的一个重要特点就是它的横向制约功能，即社会性规制不是以特定行业为规制对象，而是围绕一定的规制目标，实行的跨行业、全方位的规制，其内容非常丰富。具体而言，社会性规制的内容主要包括以下几个方面。

（1）健康、卫生规制。主要是针对直接关系消费者生命与健康的食品、医疗药品和化妆品实行最严格的规制，以缓解这些领域的信息不对称问题，防止医疗卫生事故发生与疾病流行、确保患者安全和保证公民的健康权利不受侵犯。

（2）交通、工作场所安全规制。主要包括两类：一是设施标准规制。主要针对工作场所中的基本和常用设备，要求其处于清洁和安全的正常运转状态。二是作业标准规制。具体包括健康标准、安全标准和福利标准，如对工作场所的通风、温度、光照及活动空间等的规制。

（3）防止公害、保护环境规制。社会公害和环境污染属于负外部效应，如果施害者和受害者之间的产权缺乏很好的界定，双方的契约选择就可能受到限制，从而使由外部不经济造成的损害不能得到很好的解决。理论上有制定污染标准、排污收费和排污权交易等规制方式，但实践中各国多采用制定污染标准来预防因规划和建设项目实施后对环境造成的外部效应，促进经济、社会和环境的协调发展。

（4）确保教育、文化、福利规制。确保教育、文化、福利规制主要包括提高教育质量和社会福利，以及增强社会职业道德等，它是提高正外部性、促进社会进步的重要手段。教师、律师等从业人员的行为决定着这些领域正外部性的发挥程度，需要特别的法律规制来保障其行为符合职业道德要求。此外，需要通过文化保护、提高福利服务等途径来提升社会整体福利水平（表 14.3）。

表 14.3 社会性规制的主要内容

目录	具体内容和相关法律
健康、卫生	（1）确保健康、卫生（药品法、医疗法、传染病预防法、检疫法、水道法、有关废弃物的处理与清扫方面的法律等）。 （2）麻药取缔（取缔麻药法、大麻麻药法、鸦片法、兴奋剂麻药法等）。 （3）保护消费者（消费生活用品安全法、家庭用品质量表示法、食品卫生法）
交通、工作场所安全	（1）防止劳动灾害、疾病（劳动基本法、劳动基准法、劳动安全卫生法等）。 （2）交通安全（道路交通法、道路运输车辆法、海洋交通安全法、船舶安全法、港口管理法、海上冲突预防法、水上遇难救护法、航空法等）。 （3）消防（消防法）。 （4）枪炮取缔（枪炮刀剑类持有等取缔法）
防止公害、保护环境	（1）防止公害（大气污染防治法、水质污染防治法、噪声防治法、震动管制法、矿山安全法、金属矿山等公害对策法等）。 （2）环境保护（自然环境保护法、自然公园法、水产资源保护法等）。 （3）防止自然灾害（国土利用法、港湾法、沿岸法、河川法、森林法、矿山法等）。 （4）产业灾害防治（核燃料、原子堆规则法、高压气取缔法、液化石油气安全法等）
确保教育、文化、福利	（1）提高教育质量（学校教育法、社会教育法等）。 （2）职业道德（律师法、教师法等）。 （3）提高福利服务（社会福利事业法、老人福利法、残疾人就业促进法等）。 （4）文化保护（文物保护法、关于保护古都的历史性风土的特别措施法等）

四、供给侧管理与需求侧管理

（一）供给侧管理

供给侧管理是一种国民经济管理方法，主要侧重通过调整供给侧因素来刺激经济增长、提高生产效率和优化经济结构。当市场经济关系中出现严重的供过于求、产能严重过剩时，国民经济管理主体把调控重点放在压缩生产线、削减生产能力、降低生产经营成本、优化产业组合、减税、提升要素生产率等一系列措施上。因为管理措施重点集中在影响市场供求关系的供给端，故而称之为供给侧管理。

供给侧管理概念起源于20世纪70年代的美国，当时美国面临着经济滞胀的问题，即经济增长停滞，同时通货膨胀严重。传统的宏观经济管理手段已经无法有效地解决这个问题，因此一些经济学家开始从供给侧寻找解决问题的办法。他们认为，供给侧管理可以通过优化供给侧因素来提高生产效率和实现经济增长，从而解决经济滞胀问题。

我国在2015年制定第十三个五年发展规划时，党中央提出了供给侧结构性改革主线思路。这个思路不完全等同于西方的供给侧管理思路。首先，这个思路不同于过去一直推行的需求侧管理思路，是基于新时期国内外经济形势的深刻变化背景的。"从全球看，世界经济复苏乏力，美国、欧洲、日本等主要经济体推出多轮量化宽松货币政策，但世界经济尚未从国际金融危机阴影中走出来。究其原因，就是没有对症下药，对复杂的结构问题仅仅使用解决总量问题的药方，原有矛盾没解决，又产生了不少新风险。……当前，我国经济发展虽然有周期性、总量性问题，但结构性问题最突出，矛盾的主要方面在供给侧。产能过剩、库存高企、杠杆偏高、成本过高、短板突出等问题不解决，只刺激需求，经济拉不上去，即使短期拉上一点，也不可持续"[①]。其次，这个思路重在供给优化结构调整上，提出了供给侧结构性改革的主要任务。"要在适度扩大总需求的同时，去产能、去库存、去杠杆、降成本、补短板，从生产领域加强优质供给，减少无效供给，扩大有效供给，提高供给结构适应性和灵活性，提高全要素生产率，使供给体系更好适应需求结构变化"[②]。最后，供给侧结构性改革的根本目的是提高社会生产力水平，落实好以人民为中心的发展思想，化解我国经济长期以来形成的三大失衡问题，即实体经济结构性供需失衡、金融和实体经济失衡、房地产和实体经济失衡。这三个失衡有内在因果关系，导致经济循环不畅。"如果只是简单采取扩大需求的办法，不仅不能解决结构性失衡，反而会加剧产能过剩，抬高杠杆率和企业成本，加剧这种失衡"[③]。

因此，供给侧结构性改革并非单纯意义上的供给侧管理，而是中国问题导向下提出的宏观调控新路线，用西方古典主义的供给学派或现代主义的货币供给学派解释都不贴切。因为供给侧结构性改革有两个重点不同：其一，政府作用从生产端入手，而西方古典主义供给学派是不主张从生产端干预经济活动的。例如，加强创新创业、建立创新型国家、扭转金融脱实入虚趋势、要求房住不炒等。实现这些任务主要是制定产业政策，推动供给侧发展，而不是简单依靠财政政策。其二，全面深化改革获得新的红利和增长动力，而西方现代主义的货币供给学派全然没有结构改革的思想。实际上，结构调整内容始终伴随我国改革开放进程，即使在我国实行需求侧管理时期结构调整也得到足够重视。正是因为我们一直坚持推进结构调整，所以中国经济不断登上新台阶，发展到了世界第二大经济体，但是随着经济增长的旧动力减弱，需要启动新的改革激活新动力、创造新动能。供给侧结构性改革，关键涉及的是全方位深化改革命题。中国经济发展的新动力，要通过深化改革来获得新的改革红利。

---

① 中共中央文献研究室. 习近平关于社会主义经济建设论述摘编. 北京：中央文献出版社，2017：105.
② 中共中央文献研究室. 习近平关于社会主义经济建设论述摘编. 北京：中央文献出版社，2017：102.
③ 中共中央文献研究室. 习近平关于社会主义经济建设论述摘编. 北京：中央文献出版社，2017：113-114.

（二）需求侧管理

需求侧管理是指通过采用政策、技术和管理等手段，重点促进内外需求的国民经济管理方式。一般而言，市场经济运行的常态是过剩，即产能过剩或需求不足。当过剩严重到无法恢复市场均衡引发危机时，就需要采取应对措施实行需求端的管理。一般而言，为了引导和促进企业扩大投资、消费者扩大消费及企业增加出口，政府采取扩张性的、宽松性的、积极的财政政策和货币政策，包括提供消费补贴、降低消费税、发放消费券、降低贷款利息、鼓励企业打折促销、降低关税、提供出口补贴等一系列措施。因为管理措施重点集中在影响市场供求关系的需求端，所以称之为需求侧管理。

最早实行需求侧管理的也是西方国家。在20世纪20年代末，西方资本主义国家发生了经济大萧条，生产能力严重过剩，金融体系崩溃，经济生活陷入困境。当时主流的观点认为这是因为企业投资不足、居民消费不旺等市场有效需求不足，因此政府应当替市场创造需求，借以恢复经济均衡。能够迅速刺激市场有效需求的宏观经济政策是财政政策，而非货币政策。"这种由国家采取扩张性财政政策、通过扩大需求来促进经济发展的理论，发明者是凯恩斯，开始执行者是罗斯福"[1]。中国经济在20世纪90年代末，首次面临经济转型后的新问题，即计划经济体制下的短缺经济转变为市场经济体制下的过剩经济。1997年亚洲金融危机爆发之后，中国采取了积极扩大内需政策应对危机冲击、保持经济增长。2001年加入WTO之后，中国又积极扩大外需，进一步推动经济增长。需求侧管理一直延续到制定"十三五"规划为止。

无论是供给侧管理还是需求侧管理，均是不同时期应对不同情况而采取的一种适宜管理路线和方式。不能墨守成规、一成不变，耽误重大时机。因为：第一，供给侧结构性改革任务是在中国经济发展达到一个阶段即经济新常态所提出的。但是当经济迈过了这个新常态，或者进入一个更新的阶段时，供给侧结构性改革任务就需要做调整了。就此而言，供给侧结构性改革任务具有策略性质。新冠疫情给中国经济及世界经济带来重创之后，中国重提扩大内需政策，在一定程度上表明供给侧管理适时向需求侧管理转型。第二，无论是供给侧管理还是需求侧管理，均是宏观调控的基本手段。手段使用服从目的需要，此一时彼一时。供给侧管理与需求侧管理存在着辩证统一的关系。对此，习近平讲得非常清楚："供给侧和需求侧是管理和调控宏观经济的两个基本手段。需求侧管理，重在解决总量性问题，注重短期调控，主要是通过调节税收、财政支出、货币信贷等来刺激或抑制需求，进而推动经济增长。供给侧管理，重在解决结构性问题，注重激发经济增长动力，主要通过优化要素配置和调整生产结构来提高供给体系质量和效率，进而推动经济增长。纵观世界经济发展史，经济政策是以供给侧为重点还是以需求侧为重点，要依据一国宏观经济形势作出抉择。放弃需求侧谈供给侧或放弃供给侧谈需求侧都是片面的，二者不是非此即彼、一去一存的替代关系，而是要相互配合、协调推进。"[2]

---

[1]《朱镕基讲话实录》编辑组. 朱镕基讲话实录（第三卷）. 北京：人民出版社，2011：140.
[2] 习近平. 习近平谈治国理政（第二卷）. 北京：外文出版社有限责任公司，2017：253.

第二节 国民经济管理主要环节

一、经济社会发展战略

（一）经济社会发展战略的含义与意义

经济发展既是社会发展的基础，又是整个国家发展的主要方面，因此经济社会发展战略也可称为经济发展战略。经济社会发展战略是指一个国家（或地区）在较长时期内对经济及与经济密切相关的社会生活发展目标、途径和步骤的总体部署和安排。这一含义表明经济社会发展战略具有全局性、长期稳定性、纲要性三个基本特性。

经济社会发展战略对一国发展前景的深远影响越来越被各国重视。20世纪五六十年代，对发展战略关注更多的是发展中国家。这些国家为了本国经济早日腾飞而渴望寻找符合本国的发展道路。随着生产力发展、一次又一次技术革命的出现，以及经济全球化的进展，世界上不同国家的经济实力发生了越来越明显的变化。有的国家通过制定和实施合理的发展战略，抓住机遇，得到了快速发展，完成了追赶发达国家的任务，如日本、韩国、新加坡等；而有的国家由于发展战略的失误，没有把握发展的机遇，在发展过程中遇到了很大的麻烦，如拉丁美洲的一些国家，政府忽视促进经济发展的长期因素，导致经济发展乏力，对外依赖严重，产生了深刻的经济甚至政治危机。

正反两方面的实践证明，在当今世界经济实力的较量越发明显、全球竞争越发激烈的情况下，制定正确的国民经济发展战略是至关重要的。因此，不论是发展中国家，还是发达国家，都应该更加关注经济社会发展战略的问题。

（二）经济社会发展战略的基本要素

一个完整的经济社会发展战略通常包括以下构成要素：战略理念、战略目标、战略重点、战略布局、战略步骤、战略手段。

（1）战略理念。制定发展战略首先要解决战略基本指导思想和方针原则问题，这些基本指导思想和方针原则合起来就成为战略理念。它决定着发展的基本出发点和基本准则，是对整个发展战略基本取向的高度概括，在整个发展战略中具有灵魂和统帅的地位。同时，战略理念也不是一成不变的，因为在各个时期，战略制定所面临的发展环境、问题和任务都有所不同。因此，战略理念也要因势利导、与时俱进，做出调整和改变。

（2）战略目标。战略目标是指在较长时期内所要实现的基本任务和预期要达到的总体要求，通常要通过一系列定性和定量的指标来体现。战略目标是战略的核心要素，它既是战略理念的具体化，又决定着战略重点、战略步骤和措施。

（3）战略重点。战略重点是指对实现战略目标的全局具有决定性影响的关键环节和因素。由于发展本身的不平衡性，在一定时期必然会出现相对发达或相对薄弱的环节，有相对优势部门或受制约部门。选择战略重点一般有两种情况：一种是根据发展战略目标的要求，抓住一定时期对实现发展目标具有明显先导作用或"起搏"作用的部门或环节，抓住这样的重点可以推动一大批相关部门的发展，起到"纲举目张"的作用；另一种是抓住对发展目标的实现起制约作用的薄弱环节，解决发展中的"瓶颈"问题。

（4）战略布局。战略布局是战略在空间上的考虑，是根据发展目标的要求，促进生产要素在区域空间上的合理配置，解决发展过程中出现的区域不平衡问题。像中国这样一个地域广阔、区域差异明显的国家，在发展战略上更应该重视区域布局，促进区域发展的协调，如西部大开发就是"三步走"发展战略在战略布局环节上的重要体现。

（5）战略步骤。战略步骤是战略在时间上的考虑。由于战略涉及比较长的时期，从战略周期的起点到终点要经过若干个相互衔接的发展阶段，不同的发展阶段呈现不同的特点，有不同的要求和任务，因此就要规定发展战略实施和推进的各个阶段，以及每个阶段的目标和具体措施。一般地，发展战略大体需要经历准备阶段、发展阶段和完善阶段，战略步骤的安排也要符合这个阶序。

（6）战略手段。战略手段是指为实现战略理念和战略目标而需要采取的对策和措施，是发展战略能否实施的重要保证，有时也称为战略抓手。战略手段要针对战略目标的要求而设计，同时也需要根据实际情况的变化表现出相当的灵活性。经济发展战略的手段不是单一的，而是多种手段的搭配和组合，如产业政策、投资政策、人口政策、资源政策、科技政策、收入分配政策及贸易政策等组成的政策体系。

二、国民经济决策

国民经济决策是决策一般概念在宏观领域的具体运用。深刻认识和理解国民经济决策的特征及重要意义，有助于进一步提高国民经济决策的自觉性。

（一）国民经济决策的内涵与分类

国民经济决策是关于未来客观经济过程如何发展所做的选择和决定。人们在经济管理活动中，要对经济和社会发展目标、发展规划、行动方案、方针政策、重大战略措施等一系列问题做出决定和选择。这些研究、选择、拟定、编制、寻求活动就是国民经济决策的内容。国民经济是一个错综复杂的整体，它包括经济、社会发展的各个方面、各个层次和所有过程，因此国民经济决策也可以从不同角度进行分类。

（1）按经济决策的性质划分，国民经济决策可分为战略性决策和一般性决策。战略性决策是关于国民经济中涉及全局性、长远性和方向性问题的决策。一般性决策，是指在日常管理工作中，对个别或局部问题进行的决策，这些决策在内容和方向上应该符合总体决策的目标，应成为实现战略性决策的手段或具体形式。

（2）按时间划分，国民经济决策包括长期决策、中期决策与短期决策。长期决策一般指十年及十年以上的指导性、纲领性的决策。其基本任务是：确定经济发展的目标、速度、比例结构和效益之间的关系，制定调整经济活动的法律、法规等。长期决策能指出方向，规定实施道路，起"航标"作用。中期决策一般是指两年以上、十年以下的决策，主要是五年左右的战略与战术紧密结合的决策。中期决策是在长期决策的基础上制定的。它的基本任务是正确制定中期内经济发展的方针、目标任务、政策措施、重要工程项目等。中期决策既是长期决策的具体表现，又是短期决策的基础，保证了经济决策实施的连续性。短期决策是指一年及一年以下的经济活动实施决策，是具体指导经济发展的行动决策。短期决策是中期决策的具体化，对中、长期决策的贯彻落实起保证作用。同时，在某些情况下，短期决策又是修改和校正中期决策乃至长期决策偏差的调整部分。

（3）按照管理层次分，可以把国民经济决策区分为中央政府决策（包括中央各个管理职能部门的决策）和地方政府决策两个层次。按统一领导与分级管理相结合的原则，中央与地方之间划分了必要的决策权限范围。一般涉及全局性和重大性问题的决策归属中央决策权限范围，地方政府不能越权，并且要积极贯彻和落实中央决策；而涉及区域性和局部性问题的决策则归属地方政府决策权限范围，中央政府不宜专权，干预过多会挫伤地方政府的积极性，造成消极后果。

（二）国民经济决策的特征和意义

国民经济决策作为国民经济管理工作的重要职能，具有其他职能所不具备的特征。首先是预见性特征，它是在行动之前对国民经济应当向何处发展、怎样发展所做的事先安排和决定，是创造性的管理活动。其次是指导性特征，它对实际国民经济活动有直接的指导性。最后是择优性特征，即对未来经济活动的目标和通向目标的多种途径，做出符合客观规律的合理的抉择，寻求能获取最大经济效益的行动方案。

总之，国民经济决策是为解决问题和完成新任务而做出的决定，其最突出特征就是对经济活动、社会发展的直接指导性。最核心的问题就是择优，是创造性的管理活动。

国民经济决策是统驭全局的最高层决策，是关于整个国民经济战略部署的长远大计。国民经济决策正确与否，直接关系到社会主义现代化建设事业的成败，在整个决策体系中占有重要地位。

第一，国民经济决策是战略性决策，对整个经济和社会发展有决定性意义。例如，社会主义市场经济体制模式的确立、中国梦的提出、构建人类命运共同体的理念、经济增长方式的转变、区域经济的协调和产业结构的调整及国民经济发展规划的制定等，都是涉及全局性的、影响整个国民经济发展的决策。国民经济决策对企业经营决策、部门决策、地区决策具有指导作用，正确的国民经济决策可以推动社会经济生活各个方面的发展，保证国家兴旺发达；反之，错误的国民经济决策则会给经济和社会发展带来巨大的损失。

第二，国民经济决策是制约国民经济管理水平的重要因素。国民经济管理具有计划、组织、指挥、调控、监督等职能。国民经济决策贯穿于整个国民经济管理过程之中，是各种管理行为的核心内容，各个管理职能作用的发挥都离不开决策。例如，管理目标与计划编制上的决策失误，会使计划脱离实际，导致国民经济管理难以顺利进行。又如，监督职能的决策失误，不仅不能发挥监督作用，使经济活动发生的偏差得不到及时有效的纠正，还会提供错误的数据或信息等，使下一个阶段的计划编制建立在不可靠的基础上，从而导致恶性循环。可见，要提高国民经济管理水平，必须先提高决策水平。

第三，国民经济决策是提高政府计划管理效率的重要依据。政府计划是国民经济决策的具体化，决策正确与否对政府计划管理工作的效率起着决定性作用。例如，我国第一个五年计划时期，由于党和国家的决策正确、国民经济计划管理效率高，保证了国民经济快速、协调发展。实践证明，正确的国民经济决策是政府计划管理取得良好效果的依据和关键。在社会主义市场经济条件下，调动地方积极性的同时，坚持政府计划作为宏观调控的重要手段很有必要。为此，坚持正确的思想路线，从实际出发，正确决策，有利于提高政府计划管理效率。

第四，正确的国民经济决策是动员、鼓舞亿万人民群众进行现代化建设的行动纲领。正确的决策是客观经济规律的体现，根据一定时期政治、经济任务提出的发展方向、重点、措施，既为各行各业提出了明确具体的任务和要求，又为广大人民群众指明了美好的前景和奋斗目标，使广大人民群众都认识到自己所担负的任务与国家总任务之间的关系，明确自己的职责，从而统一人们的思想，调动人民的积极性，把亿万群众各方面的力量动员和组织起来，协调一致地进行社会主义现代化建设。

三、国民经济规划

（一）计划与规划

"计划"和"规划"在语义上基本相同，一般来说，计划和规划指的是同一件事，是有关未来行动方案的谋划、部署和安排，是人们未来行动的准则和目标，但是由于国民经济管理行动的差异，计划与规划在实际管理操作中出现了细微的差别。第一，时间上的差异。计划一般用来称呼短期或近期的未来行动方案部署和安排，而规划则是用来称呼中长期或远期的未来行动方案部署和安排。第二，管理程度上的差异。受传统体制的影响，我国目前有些政府计划还与强制性和指令性有一定联系，而规划则基本没有这种联系，它完全是一种前瞻性、指导性、弹性的计划。在我国的有关文献和人们的口语中，习惯于将长期的（远景的）、纲要性的、重大的专项性计划叫作"规划"。计划可以指以年度计划为主要形式的短期计划，以五年计划为主要形式的中期计划，也可以指期限一般在10年以上的长期计划。规划由于期限较长，涉及的不确定因素较多，所以只是一个比较概略的远景计划，是纲领性的和轮廓性的远景计划。而中短期计划各项因素的随机性相对较少，人们对经济发展的动态估计和预测也相对准确，因此，中短期计划不仅明确规定计划期内所要达到的各项计划指标，使长期计划得以具体化，还规定实现具体计划指标的措施和途径，是有关未来行动方案的谋划、部署和安排。

当然，这种概念之间的差异不能从字面上去简单理解，而需要同实际的管理实践活动联系起来。如果实践中上述两种差别都完全消失了，计划与规划也就完全等同。

（二）国民经济发展规划体系

国民经济发展规划的任务和内容，要通过一定的发展规划体系和发展规划指标体系具体体现，这种规划的内容与体系在不同社会制度、经济体制和社会环境下是不相同的。在我国社会主义市场经济条件下，中长期规划的内容在一个相当长的时期内将以国民经济发展为主要内容，同时，还要不断加强社会发展的内容，如人口控制、教育事业发展、劳动就业、居民收入、生活消费、社会保障、环境和资源保护、城市建设与管理、国防科技等。

因此，国民经济发展规划将由反映经济和社会各方面活动的规划组成，各个组成部分之间相互联系、相互制约，形成一个有机整体。国民经济发展规划体系，就是国民经济规划各个组成部分有机结合的统一整体。只有依靠这个相互衔接、相互补充的规划网络即规划体系，才能对国民经济和社会发展进行有效的规划。国家规划可以从不同的角度，按照一定的系列，形成一定的体系。规划的内容一般包括：分析规划期宏观经济和社会发展的总体态势、阐明国家对规划期经济和社会发展的基本方针、提出规划期经济和社会发展的重要目标、制定实现规划目标的重大政策措施。

（三）国民经济发展规划指标体系

1. 国民经济发展规划指标的含义

中长期规划的内容，如目标、任务，既可以进行定性分析，也可以进行定量分析。规划指标是进行定量分析的工具，是规划内容、目标、任务的具体化和数量表现。国民经济发展规划指标是对国家未来社会经济发展的目标、规模、速度、结构、效益和效率等总体性活动的特征和状况的数量界定。一个完整的规划指标，通常是由指标名称和指标数值两部分组成。指标名称反映了经济和社会发展内容的特征，如国内生产总值、主要产品产量等。指标数值是指标名称的具体数字，它可以是绝对数，也可以是相对数。规划指标的应用实际上深化了规划中的定性分析，给定性分析以明确的数量概念。这对中长期规划是非常重要的。

2. 国民经济发展规划指标的特点

1）指标的性质

规划指标按其性质的不同，可以分为指令性指标和指导性指标。指令性指标是由国家下达的、具有强制性和约束力、必须保证严格执行的指标。指导性指标是不具有强制性、主要运用经济手段促使其实现的指标。计划经济体制下，计划作为配置资源的唯一手段，是指令性的。国家通过指标的层层分解和下达直接指挥企业的生产活动。计划需要对大量的指标进行测算，由于客观环境中的不可知因素普遍存在，具体指标数值往往难以准确预测。指标越细，与客观实际的误差越大，削弱了计划的科学性，降低了计划的权威性，使基层单位丧失了生产经营活动的主动性和活力，限制和束缚了社会生产力的发展。在社会主义市场经济体制下，中长期规划总体上是指导性的，指导性指标是规划指标的主要形式，指标的作用大大改变。规划指标主要是向国内外表明政府对规划期发展目标的预期，表明政府在规划期宏观经济政策的基本取向，表明政府宏观调控的基本方针和政策目标，对市场主体起信息导向作用。规划指标一般也不分解下达。

由于国家规划经过人民代表大会审议通过，具有法律效力，是政府进行经济和社会管理工作的基本依据，政府的有关部门有责任采取各种必要的政策措施，努力保证规划的实施和规划目标的实现。因此，对各级政府和有关职能主管部门而言，规划具有一定的约束力。另外，少数规划任务和规划指标，如财政收支、货币发行、耕地面积、人口增长、粮食收购等，在一定情况下对某些主管机构和地方政府来说带有指令性计划指标的特征。

2）指标数值的确定

在计划经济时期，计划指标是指令性的，国家通过计划指标的完成情况来考核各级政府和各个企业的工作业绩。因此，指标数值的确定是明确的、唯一的。在市场经济条件下，国家规划是指导性的，规划指标主要是表明国家的意图，引导各个市场主体的行为。规划指标也不必再规定唯一的数值，国家规划中的大部分指标可以用一个区间值来表现。

3. 国民经济发展规划指标的分类

国民经济发展规划的各项指标不是彼此孤立的，而是互相联系的，从而构成一个完整的国民经济发展规划指标体系。根据规划指标在规划中的作用，可以把规划指标体系分为以下三类。

1）目标性规划指标体系

宏观经济目标是国家在宏观经济管理方面所要达到的国民经济运行状况的预定目的，这一预定目的通过目标性规划指标体系进行反映。目标性规划指标体系是以科学预测为基础，体现政府宏观调控意图的计划指标体系，主要有以下几个方面。

（1）反映宏观经济发展总量目标的综合指标，包括：反映发展规模的总量指标、反映发展总水平的人均量指标、反映宏观经济发展状况的相对指标。

（2）反映结构协调发展的结构指标，包括：反映各产业，特别是三次产业构成情况的结构指标；反映区域关联和区域差异的结构指标；反映收入分配状况的结构指标；反映消费支出构成情况的结构指标；反映投资积累构成情况的结构指标。

（3）反映社会发展规划目标的评价指标，包括：反映物质基础设施建设情况的指标、反映人口和人力资源情况的指标、反映精神文明基础建设情况的指标。

（4）反映社会环境和社会保障发展规划目标的度量指标，包括：反映劳动力就业状况的指标；反映社会保险普及情况的指标；反映环境保护程度的指标；其他指标，如反映困难救济、打击刑事犯罪、维护公共安全等方面规划目标的指标。

（5）反映国际关系发展规划目标的各项指标，包括：反映对外贸易发展规划目标的指标、反映利用外资发展规划目标的指标、其他国际关系方面的规划指标。

目标性规划指标对各级政府、各有关职能部门具有一定的约束力，是制定各种宏观经济政策和综合运用各种经济调节手段的出发点和归宿。政府有关部门应通过间接调控和必要的协调，促进重要目标性规划指标的大体实现。

2）核算性规划指标体系

国民经济核算体系是中长期发展规划指标体系设计的统计核算基础，因此设计中长期发展规划的指标体系，必须全面研究和利用国民经济核算体系，使规划指标体系的设计具有可操作性的统计核算基础。通常中长期规划的核算指标体系是以国民经济核算体系为基础的，主要由如下几组指标系列组成。

（1）反映宏观经济总量关系的核算指标，包括：总供给与总需求指标、总储蓄与总投资指标、金融资产与负债指标、国际收支指标。

（2）关于国民经济结构分类的核算指标，包括：产业部门分类指标、机构部门分类指标、其他各种经济特征分类指标。

（3）反映结构协调发展能力的指标，包括：产业关联度、产业高级化水平、区域产业均衡化程度、高科技产业规模、生态产业比重等。

（4）评价国家国际竞争力的核算指标，包括：综合竞争力指数；要素竞争力指数，有产业竞争力、企业竞争力、科技竞争力、基础竞争力、金融竞争力、人力资本竞争力、政府管理竞争力和国际化竞争力等竞争力指数；平衡竞争力指数。

3）调控性规划指标体系

国家发展规划是国家进行宏观经济管理的行动方案，各级政府应当运用一切可以运用的手段和工具促进规划目标的实现。反映国家可以利用的手段和工具的指标构成调控性规划指标体系，其中最重要的是国家公共资金与资源的动员运用指标。

调控性规划指标体系不是固定不变的，可以根据各个时期国民经济发展和宏观调控的需要，适当调整指标设置。目前我国调控性规划指标主要有货币发行量、国家银行信贷规模、有价证券发行规模、财政收支差额、当年新增中长期债务总规模、国家外汇、国外借款、重要商品的国家订货和国家储备及投放的指标，以及生产领域中少数指令性规划指标。通过对这些指标的确定，国家运用直接掌握的一定资源作为手段，引导全社会资源的流向，对市场进行即期调节，补救和矫正市场的波动性、盲目性和短期行为，保证重点建设项目，促进中长期规划目标的实现。

（四）国民经济发展规划管理过程

根据我国制定中长期规划的实践，特别是改革开放以来制定规划的实践，规划的管理过程一般要包括前期研究，规划草案的编制，规划方案的审核与调整，规划的公布实施，规划实施中的检查、监督与考核，规划后评价等主要阶段。

1. 前期研究

中长期规划对前瞻性和战略性体现得比较充分，初步规划方案的制定要求也比较高。要进行科学的规划，必须先做好规划的前期工作，提出各种初步的规划思路。前期研究的意义非常重大，其工作扎实与否和质量高低，直接关系以后的规划编制、审核和实施。因此，整个规划的编制工作重心需要前移。中长期规划的前期研究一般是从新规划期的前两年时间开始。

规划前期研究的主要任务是：①对正在实施的规划进行评价和总结，包括规划目标和任务完成情况的预测，当期国民经济和社会发展的成绩、经验和问题等；②对下一个规划期面临的主要矛盾、国内和国际政治经济环境的变化、进一步发展的基本条件、需要解决的主要问题、需要采取的重大措施等进行研究，提出中长期规划的基本思路和设想。

2. 规划草案的编制

国务院各部门、各地区及有关企业集团接到国家规划部门编制规划的通知后，结合自身的实际情况，提出自己的规划建议，在此基础上，国家规划部门先研究编制分项规划草案，经过反复协调和综合平衡后，研究编制国民经济和社会发展主要规划指标草案和总体政策框架，对于重大规划的起草工作，可抽调一部分研究人员参与起草或协商定稿。在征求各主要综合部门意见后上报国务院。然后，根据国务院的指示精神，规划部门再遵循工作流程进一步修改规划。

3. 规划方案的审核与调整

按照一般做法，全国中长期规划经过内部编制完成之后，先要举行各种会议充分听取各地区、各部门和有关企业集团的意见；然后将经过调整后的规划草案提交国务院内部审议，经调整后再交中央全会审议。经过这两次重要的实质性审议和修改后，最后正式提交全国人民代表大会审议。在得到全国最高权力机关的批准后，中长期规划就完成了必要的法律审批程序，成为具有法律效力的文件。

规划草案编制后，应检查规划是否存在与客观实际的偏差，如果存在较大的偏差，就应采取适当的纠正措施，包括草案的调整和目标的调整。事实上，规划调整是经常存在的。规划所涉及的期限越长，不确定因素也就越多，所进行的调整也会越重要。对于长期规划来说，情况显然是如此。即使是五年规划，也应根据情况进行调整。

4. 规划的公布实施

国民经济和社会发展规划草案经全国人民代表大会批准后，由国务院负责组织各级政府、经济管理机关和企业贯彻执行。第一步就是规划的下达和落实，即把国家总规划分解下达到各部门和各省（自治区、直辖市），并逐级采取不同形式下达到实施规划的各个单位。

组织规划实施是国民经济规划管理工作的关键阶段。保证国民经济和社会发展规划任务的顺利实现，是政府、企业和广大劳动者的共同职责。组织国民经济规划实施工作的内容包括规划下达的形式、规划实施的社会机制的运用、规划实施过程中的协调、规划实施的信息管理及规划实施中的控制等。

5. 规划实施中的检查、监督与考核

编制、下达和实施规划只是国家规划管理工作中的一部分，要保证规划目标的实现，还必须对规划实施情况进行经常的、系统的检查和监督。规划实施的检查就是规划管理机构为了及时发现规划实施过程中存在的问题而对规划实施的重要环节进行跟踪观察。规划实施的监督就是规划管理机构对规划执行的地区、部门、单位完成指标情况的考查。规划实施中的检查和监督是评估考核规划管理过程中必不可少的环节。按照预定的规划目标，检查其实际完成的程度，保证实现规划目标和任务，是科学的规划产生以后的头等重要的任务。为了使国家规划执行得很好，需要充分总结规划制定和实施中的成功经验，吸取失败的教训，还有必要对规划实施进行评估与考核。

6. 规划后评价

规划后评价是在规划实施一段时间或规划结束后，对规划的目标、效益、影响和守法等情况进行的系统的、客观的总结和分析。通过对规划活动实践的总结分析，确定规划预定的目标执行或完成的情况，主要的效益指标完成的情况，对于经济发展和社会进步的影响如何，规划执行当中的守法情况如何；通过分析评价，找出规划执行过程中出现的问题并提出改进意见，分析规划成败的原因，总结经验教训，并通过及时有效的信息反馈，为未来新规划的决策和提高新规划的科学性提出建议，从而提高规划的合理性、有效性、适宜性、科学性和预见性，全面贯彻综合规划的意图。

上述前期研究，规划草案的编制，规划方案的审核与调整，规划的公布实施，规划实施中的检查、监督与考核以及规划后评价，是密切联系、不可分割的一个统一过程，它体现了规划制定和实施的科学程序。

四、国民经济组织

国民经济组织从名词上理解，是所有从事国民经济管理工作的人员和机构的总称，从广义上讲它包括一切涉足国民经济管理活动的政府组织和非政府组织，从狭义上讲它专指政府经济管理机构。国民经济组织从动词上理解，是所有组织和管理国民经济活动的行动和过程的总称。二者在实际管理活动中是无法分离的，其根本原因在于它是国民经济管理运作的载体，是实现国民经济管理目标的保障。

（一）国民经济组织功能

国民经济管理的实施，需要通过一定的组织形式。没有这种组织形式，国民经济管理行动就不会产生。在整个国民经济管理过程中，组织主要具有整合国民经济资源、保障管理目标落实、保证管理信息通畅及维持管理秩序的功能。

（二）建立国民经济管理组织的原则

总体上说，国民经济管理组织机构是基于民主集中制原则的严密体系。这一基本原则要求国民经济管理组织机构的建立及其职能的划分既要有利于充分调动各个层级的积极性和创造性，建立合理的分层管理和分工协作关系，又要做到统一指挥、协调行动。经过长期经验教训总结与归纳，我国就如何建立和健全国民经济管理组织机构形成了如下五个基本原则：政企职责分开原则、精简原则、统一原则、合理分工原则、效能原则。

（三）国民经济管理组织体系

国民经济管理组织是一个严密的体系，从中央政府到地方、从行业到部门、从政府组织到非政府组织，形成纵横交错的关系。这种体系既是社会经济内在联系的外在反映，又是体制演变过程的结果。在许多发达经济体中，由于社会组织发展非常充分，许多非政府组织在国民经济管理行动中扮演着十分活跃积极的角色。在中国，受到各方面的影响和限制，非政府组织的作用相对于政府组织要小得多，但这是可以平衡市场和政府的重要力量，应当加以扶持和鼓励。

政府经济管理组织是实施管理任务的载体。政府经济管理者与公开颁布实施的行政规章一起，构成了正式的政府经济管理组织。不同国家制度有不同的政府经济管理组织形式。一般来说，正式的政府经济管理组织不外乎有两种基本形式：三角金字塔形与平行四边形。不同的组织形式对政府经济管理行为有不同的影响。三角金字塔形决定了以集权为特色的管理行为，平行四边形决定了以分权为特色的管理行为。

当前，我国政府经济管理组织的主要划分情况是：①按照行政区划分成国家（国务院）、省（含自治区、直辖市和特别行政区）、地市、县、乡镇五层级管理。国务院是我国的中央人民政府，是最高国家权力机关的执行机关和最高国家行政机关。以国务院为塔尖，按照中央和地方政府两个系统组成严密的管理网络，往下各个层级的经济管理部门也依此组建集权管理模式的金字塔形组织结构。其纵向层级结构如图14.1所示。②各级政府经济管理组织又按照职能分工原则分成两大部门：综合调控部门与专业职能部门。专业职能部门承担经济行业的管理任务，综合调控部门承担协调专业部门之间的关系和进行整体性经济管理的任务。

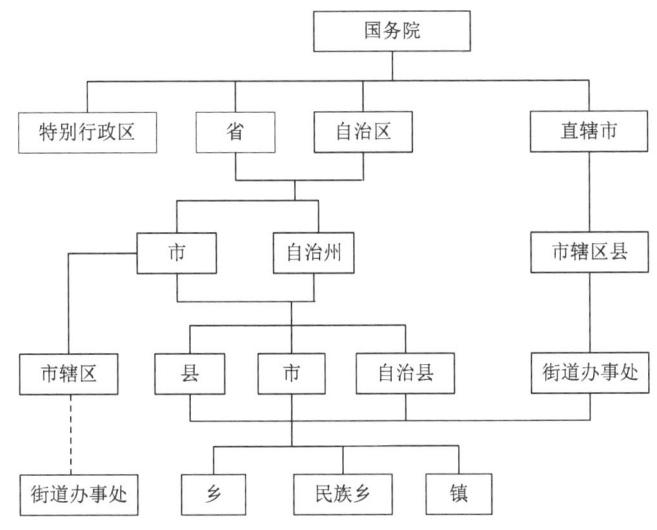

图 14.1　中国政府组织纵向层级结构简图

我国总体上推行的是单一制国家制度下的集权化管理组织形式，这种组织形式具有管理职责明晰、组织动员能力强和运行效率较高的基本制度优势，但是面对日趋复杂的市场经济环境，也需要做出必要的调整。

（四）非政府组织的地位与作用

"非政府组织"一词于1949年在联合国首次使用。按照国际通行的理解，非政府组织一般是指出民间个人或组织结成的社会团体，代表社会中某个社会群体、集团的利益。各种社区活动群体、地方自愿组织、社会服务机构、宗教团体和其他不计私益而为公益服务的社会群体，一般说来都可以称作非政府组织。作为习惯性外延，非政府组织并不涵盖一切经济组织（如企业、公司、工厂、商店等）、社会事业单位（如学校、医院、娱乐设施、体育场馆、公园等）和一切政府组织，但各种政治组织属于非政府组织的范畴。

1. 非政府组织的地位

随着市场和政府机制的相继失灵，非政府组织作为现代市场经济中的第三种力量，于20世纪80年代在全球范围内得到迅速发展。在现实经济运行中，不仅有市场失灵现象，也有政府失灵现象。而且人们进一步发现，两种失灵现象又分别表现出两种情况。

以公共物品和私人物品为例，第一种情况是指市场机制在提供公共物品上的失灵或政府在提供私人物品上的失灵。此时，两种失灵可以互为补缺，非政府组织也就没有存在的必要。在第二种情况下，市场失灵表现为市场即使在提供私人物品时也有一些功能缺陷，如当信息不对称导致消费者无法确保商品品质时，"消费者协会"就应运而生；政府失灵表现为政府即使在公共事务方面也存在不足，如政府政策往往体现的是大多数人的利益，而疏忽某些弱势群体或其他特殊群体的需要。可见，正是由于市场失灵和政府失灵的第二种情况的出现，促进了非政府组织的迅速发展。

非政府组织作为独立的力量，已经在现代市场经济中与政府、市场呈三足鼎立之势。政府作为国民经济管理的主体，虽然有责任也有能力管理属于其职责范围内的事务，但是难免有顾及不到的地方与时候。而且，对有些技术性比较强的事务，政府直接介入效果并不好，相反容易使政府处于进退两难的境地。在这种情景下，由各个社会利益的代表组织自己去协调处理，反而在总体上能够取得良好的国民经济管理绩效。因此，现代市场经济发明了一大批非政府组织作为服务于个人、企业、社区的社会经济中介组织，如信息咨询机构、律师事务所、工商者联合会、行业协会、消费者权益保护组织、环境保护组织、市场调查机构、产品质量认定机构、科技研发机构、高新技术产业孵化器等。现代市场经济运行实践表明：市场和政府对个人和企业及其经济活动进行干预，都有其不足和缺陷；引入第三种力量即非政府组织力量后，对市场和政府的力量就能起到补充和平衡作用，由此形成稳定的三角形力量格局。市场、政府和非政府组织相互影响制约，最终形成内在合力共同调节企业，从而影响社会经济进程。因此，非政府组织参与国民经济管理活动，也就产生了现代国民经济管理理论模式，图14.2显示的是国民经济管理理论模式的转化。

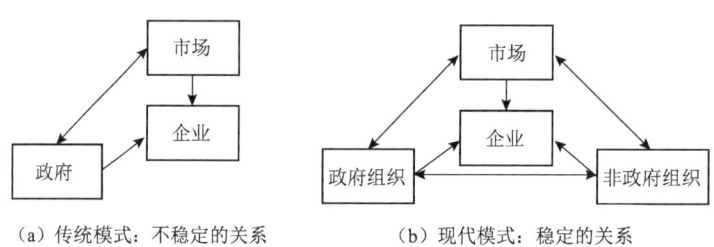

（a）传统模式：不稳定的关系　　　（b）现代模式：稳定的关系

图14.2　国民经济管理理论模式的转化：市场、政府、非政府组织三者之间的关系

2. 非政府组织的作用

严格来说，非政府组织具有管理和被管的双重地位：对企业而言，它是以管理者身份出现的，作为国民经济管理主体的一种重要辅助力量；但是对政府组织而言，它又是以被管理的对象身份出现的。这种双重身份使得非政府组织起到市场或政府都起不到的作用。

（1）促进了政府与民众之间的联系和社会对话。

（2）推动了经济参与和经济民主。

（3）对维护特定人群或集团的利益有一定贡献。

（4）满足了社会各个群体、集团的特殊兴趣和爱好。

（5）拓宽了对经济社会发展的资金投入渠道。

总之，非政府组织与政府、市场之间的相互合作，可以发挥其各自优势，形成内在合力，互相起到补充和平衡的作用，更好地促进社会经济发展。

五、国民经济监测

（一）国民经济监测的主要内容

国民经济监测是指在国民经济管理过程中，政府对国民经济运行状态等监控对象进行的监督、测量、分析、预测与评估。其基本目标是保持国民经济持续、稳定地增长。它是国民经济管理的重要环节和有机组成部分。具体内容包括以下几个方面。

1. 国民经济运行的总体态势

一方面是对社会总需求与社会总供给平衡的监测，以及对社会经济总量状况的监测，如对经济增长速度、投资总规模、消费总规模、货币供应量等指标的监测；另一方面是对经济结构状况的监测，如主要产业结构、分配结构、就业结构、金融结构、贸易结构等。

2. 经济形势的变动态势

经济形势的监测对象是短期经济增长，主要内容包括：经济增长速度、社会资金资源的利用状况、就业形势、经济平衡状况、物价形势、国际收支形势等。

3. 经济景气的变动态势

经济景气是经济学中描述经济处于高涨阶段活跃程度的一种经济概念，即在经济周期波动的高涨阶段出现的经济增长、活跃的现象。经济景气波动一般分为扩张期和收缩期两个阶段：在扩张期，经济增长加速、供需两旺、经济效益较高；在收缩期，经济增长滞缓、供求收缩、失业增加。

4. 国民经济调控措施及政策的实施状况和效果

国民经济调控措施及政策是影响国民经济运行的重要因素，而影响效果如何又是衡量经济调控措施和经济政策运用得力与否的重要标准。对于国民经济调控措施及政策的实施状况和效果的监测，首先要在经济调控措施和经济政策出台前，对其实施过程中可能产生的问题和结果进行分析预测和模拟，据此选择出效果好、副作用小的方案；其次在经济调控措施实施后和经济政策出台后，要对实施过程和效果进行跟踪监测，及时反馈实施效果和所遇到问题的信息，以便适时采取应对措施保证经济调控目标的实现。

5. 国际经济环境的变化态势

越是开放的经济系统就越多地受到国际经济环境的影响。目前，国际经济全球化和区域经济一体化的步伐正在加快，尤其是在我国提出"一带一路"倡议后，着力坚持引进来和走出去并重，遵循共商共建共享原则，加强创新能力开放合作，推动形成全面开放新格局，我国国民经济的发展与国际经济环境的关系越来越密切。加强对国际经济环境的监测能在世界经济竞争中把握主动、抓住机遇和迎接挑战。尤其要加强对那些与我国经济贸易关系密切、资本流入流出量大的国家和地区经济的跟踪和监测。

描述国民经济运行轨迹和状态的趋势，往往是通过构造和应用宏观经济指标来进行的。国民经济监测指标体系是指一系列的宏观经济指标，它们构成了相互联系和相互补充的体系，用于国民经济各领域的监测。国民经济是一个多层次、多方面的复杂体系，各个部门、各个环节都有相应的宏观经济指标来反映，不同的经济指标代表不同的经济变量，指标的变化反映了经济运行状态的变化，也反映了经济调控的作用效果。

（二）国民经济监测的基本方法

世界发达国家和地区的经验和我国的实践表明：进行有效的国民经济监测，一是要全面了解国民经济运行的动向和态势，即定性分析；二是要准确掌握国民经济运行具体现象的规模和数量，即定量分析。把有关定性分析和定量分析充分结合起来，是顺利进行国民经济监测的充分必要条件。一般来说，定量分析是以定性分析为前提的，预测和判断的基本前提、数理模型的基本形式等问题往往由定性分析来决定，只有二者有效结合才能取得较好的效果。常见的国民经济监测方法主要有以下几种。

1. 专家推断法

专家推断法是一种广泛运用于经济管理中的预测方法。它是一种通过组织汇集有关专家对当前国民经济运行及其今后发展趋势的分析和推断意见来进行预测的方法，如通过有关专家会议、专家小组会议、专家实地调查法等进行。对于专家分析和推断的意见，应采用一定的统计方法进行整理、归纳和综合汇总，得出最终的结果。

2. 时间序列分析法

时间序列是指将同一统计指标的数值按其发生的时间先后顺序排列而成的数列。时间序列在各种因素的共同作用下可能会表现出四种变化波动形式：具有长期趋势、季节性变动、循环变动和不规则变动。时间序列分析法是指根据时间序列统计数据反映出来的经济变量的演变过程及其规律性，并参考当前已经呈现出的各种信息来分析和推断经济中深层次矛盾和未来演变趋势的一种统计分析方法。

时间序列分析法已形成较为成熟的方法体系，常见的方法有：移动平均法、指数平滑法、增长曲线模型等。在短期分析和预测中，时间序列分析法效果更加显著，如在月度、季度国民经济监测中，先利用移动平均法对时间序列数据进行季节性调整，即将它们分解成几种因素（由于季节、节假日、其他固定情况等不同而对原始数据产生规律性影响的季节因素；由于偶然的非正常性情况而对原始数据产生影响的不规则因素等），然后利用规律性较强的趋势因素建立相关的数学模型，如增长曲线模型等，最后利用模型进行分析和预测。

3. 景气循环监测法

国民经济景气循环监测，是在既有的统计指标基础上，筛选出具有代表性的指标，建立一个经济监测指标体系，并以此建立各种指标或模型来描述宏观经济的运行状况和预测未来发展趋势。建立经济景气指标体系是经济景气监测的主要手段，是经济短期发展预测与波动研究的重要方法。由于该指标体系具有描述和预测功能，故又被称为宏观经济的"晴雨表"或"报警器"。它之所以能像"晴雨表"和"报警器"那样发挥监测和预警的作用，一是因为客观上经济本身存在着周期波动；二是因为在经济波动过程中，经济运行的一些问题可以通过一些指标率先暴露和反映出来。因此，构造经济景气循环指标体系是经济监测的前提和基础。

世界上大部分国家和地区编制景气循环指数一般都采用合成指数的方法，主要的差别在于景气循环分析方法的不同。目前主要有以下三种方法。

（1）古典循环法。主要是观察经济时间序列绝对量本身的波动，一般观察经济时间序列的长期趋势及循环要素的波动。

（2）增长循环波动方法，也称离差循环方法。一般观察经济时间序列相对量的波动，将时间序列的长期趋势和循环要素分离，把循环要素的变动看作景气变动，即增长周期波动是循环要素的波动。

（3）增长率循环方法。观察经济时间序列的增长率（与上年同月或同季比的变化率），分析其波动的规律性。同前两种方法一样，也要对时间序列进行季节调整，对增长率序列的长期趋势及循环要素的波动进行分析。

目前这三种方法都分别为世界上不同的国家和组织所采用，如美国应用的是古典循环法、OECD采用增长循环波动方法、日本及大部分发展中国家都采用增长率循环方法。我国在实际研究过程中采用的是增长率循环方法。

六、国民经济预警

预警系统是指对未来某项活动运行将出现的问题提前发出警告的信息系统。国民经济预警就是在经济周期的理论基础上，通过有关统计和经济数学方法对国民经济运行过程中可能发生的重大波动或偏差做出及时、准确的预报，为宏观经济调控提供准确的预警、分析及建议等。

为提供预警信号，预警系统必须具备其他辅助功能，首先要对国民经济运行进行监测，其次要对监测结果进行识别。

预警系统由功能上相对独立的四部分组成。

（1）监测预警指标体系。预警依赖于监测，监测依据于指标。指标的经济内容就是经济过程的数量特征及经济过程之间的数量关系特征。根据国民经济预警目的，监测预警指标体系包括的指标主要为反映国民经济运行特征的指标。

（2）各景气状态间数量特征的确定系统。各景气状态间性质上的差异通常会表现为数量上的差异。第一，从单一变量看，变量在不同景气状态上的取值和走势有所不同；第二，从综合角度看，综合数量特征在不同的景气状态上的取值和走势有所不同；第三，从指标间数量关系特征和变动倾向上看，它们在不同景气状态上也有所不同。确定不同景气状态下经济变量数量特征，是经济预警的辅助条件。现实操作中，可以根据历史经验及数据，采用数量分析与经验分析相结合的方法，把历史时期划分归类，计算出每类特征变量的取值范围和集中趋势、离散程度，寻找出各类变量之间差异显著的数量特征，将之作为确定景气状态归属的依据。

（3）变量预处理系统。各个特征变量（经过筛选后的经济变量）的具体观察值既有其产生的具体客观条件，也必然有误差的存在。预警所依据的应该是较为稳定的特征表现，所以要对由特殊原因造成的反常的偏差进行预处理。对特征变量的预处理通常包括两个方面，一是极端数值的剔除与修正；二是时间序列的调整。

（4）根据监测和分析结果做出景气前景判断的系统。依据监测到的各个特征变量的数量特征，或所预测分析到的数量特征，结合所掌握的各景气状态数量特征，可以判定经济运行处于何种景气状态和即将进入何种景气状态，并在此基础上选择适合的对策指导经济发展。

与预警系统功能相对应，预警系统的建立步骤为：第一，建立监测预警指标体系；第二，确定各种景气状态的数量特征；第三，对特征变量进行预先修正与调整；第四，利用指标或建立预测模型对经济运行状态和所属景气状态进行估计。在建立监测预警系统时，通常要根据经济指标在预警功能上的差别分为先行指标（leading indicator）、同步指标（coincident indicator）和滞后指标。经济景气变化是有一定规律性的，而且必然会通过一定的指标的变化反映出来。有些变化要超前于景气变动状态而反映到某些指标上来，这些指标称为先行指标，是预警系统的主体，是为预警系统提供预警信号的一类指标。利用这些指标可以事先预测总体经济运行的高峰和低谷，可以预示经济周期中的转折点和经济活动升降的幅度，推测经济波动的趋势。同步指标伴随经济的波动而变化，又称一致指标。这类指标在预警系统中的主要作用是通过计算这类指标和先行指标在转折点上的时差，由先行指标的转折点预计同步指标的相关转折点。有些反映景气变化影响的指标是在景气变化之后才明显地发生变化，这些指标称为滞后指标，在预警分析中主要用于检验宏观经济波动过程是否确已超过某个转折点，进入另一个景气状态。通过这类指标的观察分析，可以对先行指标显示的信号进行验证，促使先行指标的作用发挥得更准确，以便对经济进行有效的调整。

在我国国家统计局建立的宏观经济监测预警系统中，在不同的时期，我国对于先行、同步和滞后指标的选择并不是固定不变的，而是处于不断修正和完善中的。中国经济景气动向指数指标组如表14.4所示。

表14.4 中国经济景气动向指数指标组

项目		权数	比重
先行指标	先行6指标合成指数	2.36	78.67%
	恒生中国内地流通指数	0.60	10.00%
	产品销售额	1.15	19.17%
	货币供应 M2	1.20	20.00%
	新开工项目	1.20	20.00%
	物流指数	1.05	17.50%

续表

项目		权数	比重
先行指标	其中：全社会货运量	1.00	50.00%
	沿海港口货物吞吐量	1.00	50.00%
	房地产开发投资先行指数	0.80	13.33%
	其中：房地产开发土地面积	1.00	50.00%
	商品房新开工面积	1.00	50.00%
	消费者预期指数	0.28	9.33%
	国债利率差	0.36	12.00%
同步指标	工业生产指数	0.59	14.75%
	工业从业人员数	0.50	12.50%
	社会收入指数	1.28	32.00%
	其中：财政税收	0.80	26.67%
	工业企业利润	1.00	33.33%
	居民可支配收入	1.20	40.00%
	社会需求指数	1.63	40.75%
	其中：固定资产投资	1.00	33.33%
	全社会商品零售	1.20	40.00%
	海关进出口	0.80	26.67%
滞后指标	财政支出	0.68	13.60%
	工商业贷款	1.09	21.80%
	居民储蓄	0.67	13.40%
	居民消费价格指数	1.05	21.00%
	工业企业产成品资金	1.51	30.20%

资料来源：中国经济景气监测中心网站

注：①国债利率差：7年期以上国债市场加权平均收益率减去1年及以内国债市场加权平均收益率。②物流指数是由社会货运量、沿海主要港口货物吞吐量编制的合成指数。③社会收入指数是由各项税收收入、工业企业利润总额、城镇居民可支配收入编制的合成指数。④社会需求指数是由固定资产投资、消费品零售、进出口总额编制的合成指数。⑤恒生中国内地流通指数：组成公司的营业收入主要来源于中国内地，包括H股（内地注册，香港上市的公司，股票以港元发行交易，股票总数：37）；红筹股（香港上市的，由内地国有机构直接或间接持有35%以上股权的公司，股票总数：30）；其他（包括"私筹股"和其他主要业务在内地的港资公司。私筹股是一个非正式的概念，即是指在内地以外（在此指香港）上市但由内地私营企业家控制的企业，股票总数：29）

七、国民经济管理绩效评估

在整个国民经济管理过程中,不仅要正确地确定管理目标、内容,选择和运用适合国情的管理形式、手段和方法,有效地组织和实施对国民经济的管理,还必须经常对整个管理过程的绩效进行分析评估,及时总结经验、教训,提高整个国民经济管理水平。

国民经济管理绩效是指国民经济管理过程中各种投入的代价与其产生的积极效应的对比,即表明了国民经济管理方式对管理对象产生怎样的干预效果,对国民经济运行结果产生了怎样的影响。从国民经济管理目标与管理方式的相互关系看,国民经济管理绩效意味着某种管理方式对实现管理目标的影响程度。换言之,是指方式变量的变化引起目标变量的变化程度。

依据上面两个不同的解释,我们可以把国民经济管理绩效用下面更具体的形式表达出来:

$$国民经济管理绩效 = \frac{管理方式产生的效率}{管理方式各种投入的代价} \tag{14.1}$$

或

$$国民经济管理绩效 = \frac{既定管理目标变量}{管理方式达成的目标变量} = \frac{既定管理目标}{实际实现的管理目标} \tag{14.2}$$

显然,国民经济管理绩效的实际评估较为复杂,特别是难以数量化,它具有多样性、递减性、非量化性等基本特点。

国民经济管理逻辑全过程见图14.3。

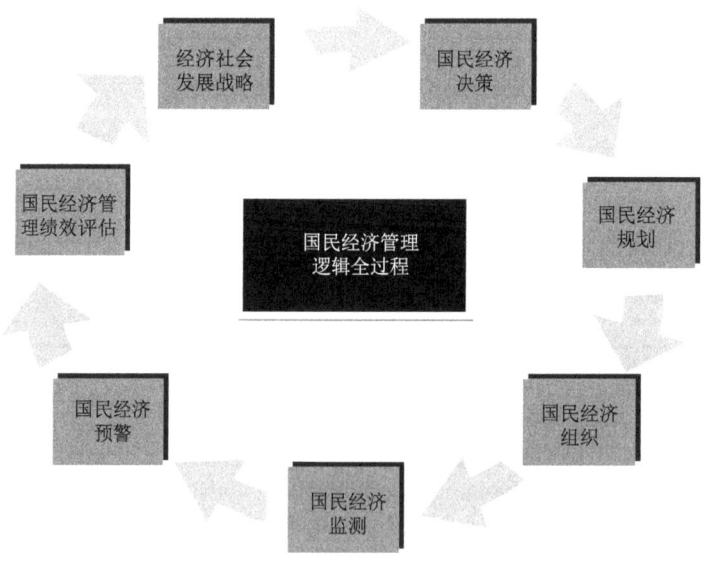

图14.3 国民经济管理逻辑全过程

第三节　国民经济管理模式

纵观世界各国，虽然实行不同的基本经济制度，然而在国民经济管理方式上，均大体上采用两种模式中的一种。这表明管理作为要素，在受到基本制度影响时具有某种制度属性或特性之外，也因为反映了管理的基本规律而具有了某种管理属性或共性。

一、规划引导型模式

这种国民经济管理模式以政府制定并实施一系列全国性发展计划或规划为其主要内容。计划或规划成为实现国民经济发展战略的重要工具，其中选择、测算和实现一系列计划指标是管理的中心。一般来说，判定一国的国民经济管理模式是不是规划引导型模式的标准有以下几个方面。

第一，存在一个具有权威性的计划机构。该机构负责全国性计划起草、制定和修改工作，并对计划行动进行必要协调，对计划执行情况进行跟踪、检查和监控。第二次世界大战结束不久，法国设立国家计划署、荷兰设立中央计划局、瑞典设立国家计划委员会。日本于 20 世纪 50 年代中期设立经济企划厅、韩国在 20 世纪 60 年代初设立"超级部"经济企划院、越南在 20 世纪 80 年代设立计划投资部。我国在计划经济时期开始设立了统领全国经济工作的计划委员会；在 20 世纪 90 年代开始建立市场经济体制后，对原来的国家计划委员会进行职能改造，成立了具有新型计划功能的国家发展和改革委员会，每隔五年编制中期发展计划，每年编制短期发展计划。

第二，计划行动是一项严肃的管理活动。在计划引导模式中，计划文件或者经过了立法机构审议批准通过而具有法律效力，或者虽没有经过立法机构批准，但经过了权威机构的论证、制定和公布。任何其他国民经济管理行动至少要参考全国计划的内容，并与其协调和衔接。

第三，存在着较为完整的计划体系。在计划管理程序中，计划体系可依照不同标准划分为不同的系列。例如，按照计划时间系列分成短期计划或预测、中期计划或展望、长期计划或远景规划，中期计划是市场经济计划管理的主要形式；按照计划管理层次系列分成中央计划、地方计划和大型企事业单位计划。虽然多数市场经济国家受制于国家制度限制，如地方政府高度自治，并不强制要求地方计划与中央计划保持一致，但地方计划与中央计划实际上需要彼此协调和相互呼应。按照计划范围系列分成综合性计划和专项计划。

国民经济管理采取计划模式起始于 20 世纪 20 年代末的苏联指令性计划经济（mandatory planned economy）。由于苏联计划经济模式在实现国家工业化和战胜纳粹德国入侵的卫国战争中获得了巨大的成功，这种计划模式一度成为其他国家效仿的对象，其影响力遍及东西方各国。苏联的计划模式从根本上是排斥和限制市场规律的，因此在正常情况下造成资源配置严重扭曲和经济效率持续降低。到 20 世纪 80 年代后，僵硬的苏联指令性计划模式已经不能适应变化了的内外部环境，在与美国为首的西方阵营冷战之中落败，模式最后自动终结。日本、韩国、法国等将计划调节方式同市场经济结合起来，通过探索和改造，形成了市场经济下的计划引导型管理模式。学术界称其为"指导性计划"（guidance planning）或"政策性计划"模式。这种基于市场经济的计划模式使得这些国家迅速摆脱了战争留下的阴影，将国民经济快速推进到现代化水平。总结这种市场经济下的计划引导型管理模式，有以下突出特点。

（1）计划性质是指导性和预测性的。与指令性计划性质不同，市场经济的计划调节形式是指导性的。在第二次世界大战结束后，法国、日本、韩国等都制定和实施了指导性计划。指导性计划不否定市场原则并充分尊重和维护市场主体的自主权，政府计划只是对市场机制的弊病加以弥补，消除盲目竞争带来的消极后果。计划具有指导性而非强制性，因而在实施过程中并不严格要求必须遵守和实施政府计划，而是强调政府计划对经济走势的预测和对市场的引导，因而指导性计划兼有天气预报性质。

（2）计划富有弹性，实行战略引导。市场经济下的计划模式通常注重中长期计划，不太重视短期计划。政府计划当局选择国民经济发展的若干重点，提出主要目标和措施，并不分解详细的计划指标层层下达，而是作为一种建议和有指导的信息传递给社会，并在必要时不断修正计划内容。这样就使得计划富有弹性，从宏观上强化了计划的超前指导和预测的功能，并且避免了计划机构陷入具体事务性工作而不能从战略高度思考问题，为其他管理机构的具体管理行动提供了战略指南。

（3）计划制定是民主协商的过程。每当制定新的中长期计划时，政府计划机构都要组织常设和临时性民主协商咨询机构，如法国成立若干个现代化委员会（竖向委员会和横向委员会）、日本成立各种计划审议会并就计划议题举办谈会。这些常设或临时组建的机构召集了政府官员、专家学者、工会代表、工商界代表、企业家、农民组织代表、消费者组织代表及海外归侨代表，就计划涉及的各种社会经济问题进行广泛的报告、座谈、研讨和听证。配合政府计划制定过程，计划机构利用大众媒介宣传和报道，这就扩大了社会公众对政府计划制定的参与范围和规模。虽然每个社会群体的意见并不都被政府计划机构吸收到最终的计划方案中来，但这种计划民主参与的形式提高了计划决策的透明度和社会参与度。

（4）计划编制和实施注重科学性和有效性。在编制中长期计划时，除了运用常规方法编制计划方案外，还大量采用了经济计量模型和投入产出分析模型。这些先进的现代计划编制方法对完善计划管理工作起到了推进作用，也使得计划编制更加科学和规范。为了使精心编制出来的计划在实施过程中发挥应有的作用，一些国家还强化了计划实施的有效性，如法国建立起政府与企业之间的计划合同制，以合同方式落实政府计划内容；日本动用行政力量迫使企业实现政府计划意图；韩国动员全部社会力量去落实计划目标。为完成计划所确定的一些目标而立法也是政府计划实施过程中的常用方式之一。

二、政策调控型模式

市场经济中另一种比较有特色的管理模式是政策调控型模式。这种模式的特征是制定和实施若干经济政策对国民经济运行进行临时干预和调控，经济政策以财政政策和货币政策为主要形式，主要政策工具是税收、政府开支、利率、贴息率、汇率等。政策模式与计划模式的较大区别是：第一，存在着实施政策工具的权威机构，主要是政府财政、中央银行和若干产业职能部门；第二，注重对宏观性和短期性社会经济问题的干预及调控，相对于计划而言缺少长期持续性和连贯性；第三，不存在如计划体系那样分工明确而组织精密的政策体系，但是在不同层次和范围内政策有所侧重，如宏观经济政策与微观规制政策、制度政策和过程政策等。

美国是实行政策调控型模式的国家之一，其宏观经济政策主要以调控宏观经济总量波动为主，具体制定财政、货币和贸易政策；其微观规制政策以调节企业和居民个人行为为主，具体制定收入、人力、产业、反垄断等政策。美国的货币政策有独特之处：负责货币政策的中央银行联邦储备委员会独立于美国行政当局，只对立法机构国会负责，保持了政策的独立性。

德国的政策调控型模式以"社会市场经济"为特色，该模式的含义是把市场的自由原则同社会均衡原则相结合。为此形成了两大政策体系：制度政策与过程政策。制度政策的目的在于促进和维护市场竞争，保障和提高市场机制的运行效率，以及社会秩序的公平正义。制度政策包括竞争政策、结构政策、对外经济政策、交通能源农业政策和社会政策等。过程政策的目的是稳定价格水平、降低失业率、促进经济增长、保持国际收支平衡等。过程政策与美国的宏观经济政策实际上是一回事，包括财政政策、货币政策、对外经济政策和收入政策等。

英国在其保守党执政时期采用与美国相近的政策调控型模式，而在工党执政时期采取的管理模式又接近法国的计划引导型管理模式。实际上，多数国家采用的都是政策调控型模式。

政策调控型模式的基本特点有以下几个方面。

（1）政策管理的基本性质是间接性。在多数国家中私有经济占绝对比重，因此政府经济政策不能直接进入企业内部，不能采用行政直接干预的形式。故而政策能够作用的对象只能是影响企业活动的外部市场环境。政府通过调整各种税收征收项目和水平、贷款贴现率、银行存款准备金率来影响商业银行贷款规模和利率水平，工商企业根据这些市场参数的变化调整自己的行为来达到调控目的。因此，政府对经济活动实行政策调控的性质基本是间接性的，当然对市场中间变量参数的影响则是直接的。

（2）政策管理以良好的市场机制运营为基础。政策效应在很大程度上依赖于市场各种要素对政策的联动、互动和自动反应，受政府主观努力程度影响较低，这是政策模式的长处，同时也是政策模式的短处。如果市场机制运行正常，政策效应就可以预见，但如果市场机制运作失常，政策效应就将大打折扣。计划效应在很大程度上取决于政府的信心和精心组织，因此政策模式比计划模式更加依赖市场机制的良好运行。

（3）政策实施是一个系统配合过程。早期的政策管理不太重视各种政策之间的相互配合，实践很快证明这是导致政策效率低甚至失效的重要原因。后来各国在运用政策调控社会经济活动时强调了政策的配合问题，这就是政策搭配组合问题。一般而言，政策模式中的财政政策和货币政策有四种基本搭配方式：双紧搭配、双松搭配、一紧一松搭配和一松一紧搭配。此外为了使得政策更加有效，还需要其他相关管理手段的配合。

（4）政策重点和作用由政策主体价值偏好和地位决定。在政策模式中，并不是所有政策的作用都是等量齐观的。在各届政府执政期间，政策的主导方是有差异的。美国各届政府就因为奉行不同的管理路线，而对财政政策和货币政策各有所好。奉行自由主义管理路线的政府偏好货币政策，奉行凯恩斯主义管理路线的政府偏好财政政策。在实行财政政策调控模式中，政府财政机构的权威地位明显高于其他国民经济管理职能机构；反之，在实行货币政策调控模式中，中央银行机构的权威地位又明显高于其他国民经济管理职能机构。

（5）政策调控以短期为主。经济政策调控具有临时性和相机性，以短期问题为主要调控对象。在实行政策模式的一些国家中，基本上没有长期的政策调控方案。在另外一些国家中，长期政策调控方案实际上变成了政府中长期计划，从而演变成政策性计划或计划性政策。

本 章 小 结

国民经济管理通常指政府为了达到一定的预期目的，对国民经济运行活动采取一系列组织和干预活动的方式、方法和手段的总和。国民经济管理的主要对象是宏观经济。宏观经济调控是应对市场机制失灵的特殊管理方式。国民经济管理也包含经济性规制和社会性规制。供给侧管理主要解决国民经济长期结构失衡问题，需求侧管理主要解决国民经济短期总量失衡问题。

国民经济管理的环节包括经济社会发展战略、决策、规划、组织、监测、预警和管理绩效评估。经济社会发展战略对国民经济的中长期运行做出部署和谋划。国民经济决策涉及的内容包括目标、规划、方案、政策、战略措施等。国民经济规划对国民经济的短期运行做出方案与设计，具有指导性、战略性、宏观性、政策性、预测性等属性。国民经济活动需要通过设立相应的组织机构来管理和调控。国民经济管理组织一般分为政府组织和非政府组织两类。在政府组织之外，经过授权的非政府组织也对国民经济发挥管理作用。国民经济的监测与预警系统是反映经济发展阶段、水平的警报器。国民经济管理绩效是指国民经济管理过程中各种投入的代价与其产生的积极效应的对比。对整个管理过程的绩效进行评估，有利于及时总结经验、教训，提高整个国民经济管理水平。

国民经济管理模式是指对一个国家在一定时期内对其社会经济资源进行特定方式的决策、组织和调控的理论抽象和概括，具有总体性、宏观性和操作性特征。按照政府对国民经济干预方式的差异抽象出两个相关对应模式：规划引导型模式与政策调控型模式。这两种模式各有特色和优缺点，其中的关键问题是如何处理好经济增长与经济稳定、效率之间的关系。

本章习题

1. 国民经济管理包括哪些主要环节?
2. 国民经济管理、宏观经济管理、宏观经济治理有何异同?
3. 经济性规制和社会性规制的主要内容分别有哪些?
4. 供给侧管理和需求侧管理的区别是什么?
5. 国民经济决策的意义是什么?
6. 完善国民经济决策应当从哪些方面着手推进?
7. 市场经济条件下为什么还需要规划和计划?
8. 发展规划体系和发展指标体系应当包括哪些内容?
9. 国民经济管理组织建立的基本原则是什么?
10. 进入21世纪之后我国国民经济管理组织变动的主线是什么?
11. 非政府组织是否能弥补市场与政府"双失灵"?
12. 如何提高政府经济管理的效能?
13. 国民经济运行监测预警有哪些主要方法?
14. 国民经济监测预警指标体系的构建原则是什么?
15. 国民经济管理绩效的含义及主要影响因素是什么?
16. 进行国民经济管理绩效评估可以采用哪些方法?
17. 规划引导型模式与政策调控型模式有何不同?

第十五章
国民经济管理目标与手段

> **本章知识点**

1. 国民经济管理目标
2. 总量目标
3. 结构目标
4. 国民经济管理目标体系
5. 国民经济管理手段体系
6. 目标与手段的关系

> **本章学习目标**

1. 理解国民经济管理的基本概念和内涵
2. 掌握国民经济管理的主要目标和分类
3. 区分国民经济管理中的主要手段和工具
4. 明确国民经济管理不同手段间的关系
5. 理解国民经济管理目标与手段之间的关系
6. 运用所学知识分析和解决国民经济管理中的实际问题和挑战

第一节 国民经济管理目标体系

国民经济管理目标的选择决定了宏观调控的基本任务和方向。我国的国民经济管理目标既包括西方经济学的经济增长、充分就业、价格稳定和国际收支平衡四大传统目标，也包含企业结构、产业结构、区域结构、人口结构等结构方面的目标，并且会根据不同时期经济形势的不同，相机选择合适的调控目标和目标组合。除了总量与结构目标的划分依据外，以国民经济各领域需求为导向，国民经济管理目标体系还可以划分为经济、环保、民生、社会目标等。在多元目标中实现动态平衡，才能做到行稳致远，更好统筹国民经济社会发展、民生保障与生态环境保护。

一、总量目标

（一）经济增长

经济增长是指一定时期内，经济社会所生产的人均产量和人均产出水平的持续增加，通常用一定时期内国内生产总值年均增长率来衡量。经济增长是一个国家全面发展的综合指数，反映了资本和劳动的产出效果，是增强国家综合经济实力和提高人民群众物质文化生活水平的物质保证，是国家宏观调控的首要目标。经济增长被认为是经济景气的表现，持续的经济增长可以增加国家的财富并增加就业机会。经济增长目标要求国民经济增速保证在一定水平之上，不至于下降或停滞，但也不是一味地追求高增速，经济增长速度要与经济效益和国民经济结构相协调，是追求长期的可持续发展。一般而言，经济发展初期，经济增速较快，经济增长目标也越高；随着生产力的发展，资源利用程度增加，经济规模扩大，以及国民经济增长过程中可能会出现一些结构性矛盾，经济高速增长变得越来越困难，经济增长目标会随之降低。

我国的经济增长具有明显的阶段性。改革开放初期，我国经济发展落后，处于经济追赶时期，追求较高的经济增长速度。1987年首次提出的"三步走"战略和2000年提出的"新三步走"战略中均设置了国民经济翻番的目标。通过走以经济建设为中心的发展道路，在追求效率的同时实现了高增长。改革开放初期，我国由于一些传统要素如劳动、土地、资源等的比较优势，实现了高速增长，国民经济迅速扩张。目前，中国经济已经从"高速增长阶段"转向"高质量发展阶段"，随着结构调整、发展方式转变，经济增长速度和目标也发生改变。经济增长不应该是只追求速度增长，经济增长目标应该是在关注结构问题和社会发展基础上设定的一个适度的经济增长率。

适度经济增长率是指合理利用各种生产要素，能够产生良好的近期和长期经济效益的生产力的正常运行速度。经济增长过快或过慢都不是适度经济增长，经济增长过快容易引起经济波动和结构失调，而经济增长过慢则失去了经济增长的意义。"适度"的经济增长率应该符合以下几个标准。①充分就业。经济增长过慢会导致劳动要素没有充分利用，增长过快可能会导致通货膨胀，实际经济增长率不一定增加。②产业协调。产业协调具有结构效益，影响资源配置效果，若产业结构扭曲，短期内高增长也许可能，但最终会因结构制约无法长期持续。③福利最大。经济增长本身并不是宏观调控所追求的目标，而是提高人民生活水平的手段，若忽视人民福利问题，经济增长则失去了原有的意义。④效益显著。若经济增长主要依靠高投入和高消耗来维持，在短期内可以实现经济增长，但长期会因为资源有限和边际效益递减而不可持续，并且会带来严重的环境问题，降低社会福利。⑤运行稳定。增长过程的剧烈波动不仅会影响各种资源的充分利用和潜在产能的发挥，而且会降低经济长期的总速度。在经济增长过程中，非均衡的出现往往难以避免，只要非均衡的程度并未严重影响经济运行和增长则是可以接受的。

(二) 充分就业

充分就业从广义上来说是指一切生产要素都有机会以自己愿意的报酬参加生产的状态,但通常指劳动这一要素的充分就业,以失业率作为反向指标。充分就业并不是指所有社会成员全体就业,社会还存在一定的自然失业率。自然失业是指由经济中某些难以避免的原因引起的失业,其大致分为摩擦性失业和结构性失业。摩擦性失业是指在生产过程中由难以避免的摩擦造成的短期、局部性的失业,是劳动力市场供求信息不完善、交易成本等摩擦性因素导致的失业。结构性失业是指劳动需求和供给不匹配造成的失业,其特点是既有失业,又有职位空缺,失业者或没有合适的技能,或居住地点不当,因此无法填补现有的职位空缺。结构性失业是长期性的,通常是由经济的变化引起特定市场和区域中特定劳动力需求相对低于供给造成的,劳动力通过技能学习使其与岗位相匹配需要较长的时间。

周期性失业又被称为总需求不足的失业,一般出现在经济周期衰退与萧条阶段,与经济周期的波动是一致的。在复苏和繁荣阶段,各厂商扩充生产,就业人数普遍增加;在衰退和谷底阶段,由于社会需求不足,各厂商又纷纷压缩生产,大量裁员,导致失业人数增加。

我国现有就业形式不乐观,有两个原因:一是经济正在从粗放式增长向集约式增长转型,对高技术劳动力的需求很大,但劳动力的技能进步跟不上,导致企业招聘和工人求职两难的局面出现,这里面有结构性失业的因素;二是近几年经济增长较为缓慢,市场需求疲软,就业市场的需求也跟着疲软,这里面又包括了周期性失业的因素。

失业的代价高昂,会给家庭和社会带来损失:第一,失业导致了资源的闲置和浪费,使一部分劳动力无法参与生产的价值创造过程,从而使国民生产总值减少,经济增速放缓;第二,社会总产品减少和总收入降低使政府税收减少,同时,失业补助等社会福利支出增加,财政负担加重;第三,失业直接减少失业者个人和家庭的收入,消费减少的同时增加失业者个人和家庭精神上的痛苦;第四,失业可能会造成劳动者已有文化技能素质的逐步退化,使其在就业市场中更加缺乏竞争力,寻找工作愈加困难;第五,就业收入是绝大多数普通劳动者家庭收入的主要来源,底层劳动者受失业的影响更大,一旦失业就陷入赤贫,因此失业还会导致收入差距扩大;第六,正因为失业问题加剧贫富分化,甚至造成少数家庭的基本生活失去依托,并使一些失业者心理遭受严重打击,因而失业率过高易形成社会恐慌,影响社会安定。

因此,努力实现充分就业,是宏观调控的重要目标,解决就业问题既是当务之急,也是一项长期任务。对个人而言,在充分就业条件下,劳动者有了可靠的工作保障和稳定的收入来源,家庭收入稳定,可以实现劳动者个人和家庭在各方面的最大化发展;对宏观经济而言,充分就业条件下,人力资源和社会资源得到最优配置,实际 GDP 接近或达到潜在产出,经济处于繁荣或高涨阶段,即使分配比例不变,个体和政府收入也会获得相应增长;对社会而言,充分就业有利于社会稳定,提高社会满意度,促进社会和谐稳定发展。

(三) 价格稳定

价格稳定是指价格总水平的稳定,通常以价格指数来反映价格的变化,常用的价格指数有消费者价格指数、生产者价格指数和 GDP 平减指数三种。价格不稳定时，可能会出现通货膨胀或通货紧缩两种情况。

1. 通货膨胀

通货膨胀并没有形成完全统一的定义。我国一般表述为：通货膨胀是指在纸币流通条件下，货币供应量过多，超过流通中对货币的客观需要量，导致货币贬值，从而引起物价水平普遍上涨的经济现象。

通货膨胀的不良影响体现在：第一，即使经济增长、收入增加，但若价格总水平较高，实际增长和收入就会大打折扣；第二，对于价格水平的涨落，生产者与消费者感受不一致，并且会与实际价格水平产生偏差，因此会影响厂商的生产决策和消费者的购买决策，使其不能实现利润最大化和最优效用水平；第三，通货膨胀具有自我实现性，当过去出现持续的通货膨胀，人们往往会预期下一期也会出现通货膨胀从而提高现有交易价格，进一步促进价格上涨；第四，通货膨胀具有分配效应，使得以固定工资为主要收入来源的低收入者利益受损，加剧贫富分化。

2. 通货紧缩

通货紧缩的定义一般为价格总水平的持续下降。理论上导致通货紧缩的原因有两个：一是重大技术进步使大部分商品生产成本降低，从而价格普遍下降；二是总需求相对不足造成的价格下跌。现实生活中后者居多。

通货紧缩的不良影响有：第一，通货紧缩使得个人、企业和政府的财富普遍缩水，降低国内财富总量；第二，工资刚性、固定成本不会因通货紧缩降低以及需求不足使得部分资源闲置，企业利润下降甚至亏损，生产者减少投资，进一步降低社会需求，加剧经济衰退；第三，投资减少和企业减产、退出，减少劳动力需求，增加失业；第四，通货紧缩使得财富在债权人和债务人及企业、居民和政府之间再分配，加重企业负担。

物价稳定是指价格总水平的基本稳定，这是国民经济稳定运行的重要内容之一，是国民经济健康协调发展的重要标志，也是个人和企业在较为稳定的价格预期下安排消费和生产的重要前提。为使经济适度增长、就业不断增加，必须保持社会总需求在总量和结构上大体平衡，避免出现价格总水平的大起大落。管理价格水平不等于价格绝对不能变动，而是允许价格总水平在市场各界均能接受的范围之内变动，既要控制通货膨胀，又要防止通货紧缩的发生。

（四）国际收支平衡

国际收支的内容，一般包括经常项目、资本项目和平衡项目。经常项目是国际收支主要的和基本的项目，其中主要有：贸易收支、非贸易收支（包括运输、港口保险、通信、旅游、劳务等收支）。资本项目是指一国在一定时期内对外资本的流出流入情况。平衡项目又称储备项目，主要是指国际收支中经常项目和资本项目出现逆差或顺差时进行平衡的项目，主要有黄金、外汇、普通权和特别提款权等。

国际收支对国内的货币循环、资金循环和社会总供求都有直接的影响。收支出现过大的逆差或顺差，都不利于经济的稳定发展。当国际收支出现逆差时，一般会引起本国货币贬值,如逆差严重,则会使本币汇率急剧跌落。该国货币当局如不愿接受这样的后果,就要对外汇市场进行干预,即抛售外汇和买进本国货币。这一方面会消耗外汇储备,甚至会造成外汇储备的枯竭,从而严重削弱其对外支付能力;另一方面则会形成国内的货币紧缩形势,促使利率水平上升,影响本国经济的增长,从而引致失业的增加和国民收入增长率的相对与绝对下降。

我国资本项目和经常项目较长期处于双顺差状态。当国际收支出现顺差时,虽然会增加外汇储备,提高国际支付能力,但也会造成不利影响。第一,巨额国际收支顺差带来了庞大的外汇储备,导致人民币面临升值压力,不利于出口增加。为维持汇率,央行不得不在外汇市场上买入外币,增加货币供给,带来通胀压力。第二,庞大的外汇储备存在巨大的机会成本,外汇资产使本可以利用的大量外汇资产闲置,客观上限制了技术进步和经济增长。第三,长期的顺差会加剧贸易摩擦,不利于两国关系发展。对于国际收支目标,应当是基本平衡,略有节余。

二、结构目标

(一)企业结构

(1)企业所有制结构目标。所有制结构是指各种不同所有制形式在一定社会形态中的地位、作用及其相互关系。所有制结构的目标是毫不动摇巩固和发展公有制经济,毫不动摇鼓励、支持、引导非公有制经济发展,培育更有活力、创造力和竞争力的市场主体。其中,国有经济在关系国民经济命脉的重要行业和关键领域占支配地位,需要做大做强做优。民营企业具有较强的经营活力和生产效率,在经济社会中占据重要地位。不断优化所有制结构对于促进经济发展具有重要作用,是国民经济调控的重要内容。

(2)企业规模结构目标。在同一产业内,保持大中小企业共存的规模构成有利于开展有活力、有序的市场竞争。大企业在产业内占主导地位,可以起到稳定价格、防止企业之间过度竞争的作用。中小企业有利于创新创业、扩大就业、增强市场活力。因此大企业集中于国际、国内市场开拓和产品组合,中小企业则为大企业加工零部件,进行专业化生产合作,降低社会生产成本,提高资源利用效率。

(二)产业结构

(1)产业结构合理化。产业结构合理化是指各产业之间有合理的数量比例关系、经济技术联系和相互作用关系,各产业之间相互协调,能适应市场需求的变化,有较强的结构转换能力,从而实现最优产出和市场效益,同时还要与国家战略和资源环境状况相适应。

(2)产业结构高级化。产业结构高级化又称产业结构升级,是指产业结构从低级形式向高级形式转变的过程。产业结构高级化又可分为各产业内部的高级化和推动第一产业、第二产业、第三产业结构演进过程。产业结构内部高级化,指加强第一产业技术利用和现代化发展;推进产业基础高级化、产业链现代化,发展壮大战略性新兴产业,推动制造业优化升级;促进服务业繁荣发展,提高服务现代化水平。产业结构演进方面,提高第二产业、第三产业尤其是第三产业占国民收入的比重，推动产业结构向更高层次演进。

（3）现代产业体系。现代产业体系，是相对于传统而言的，一般是指以一定发展阶段的先进生产技术、工艺流程和经营管理为基础的各种产业相互结合形成的有机整体。面对庞大繁杂的各个产业，国民经济管理的任务就是梳理清晰各个产业的内在联系，运用系统思维和有效管理措施，逐步构建起现代产业体系，使得各个不同类型的产业在有序的产业体系中发挥出最大的合力作用。

（三）区域结构

（1）区域经济协调发展。从国民经济发展整体利益出发，结合总体发展目标，兼顾各地区利益，合理安排区域经济与国民经济发展的规模、速度和比例关系，实现国民经济整体与区域经济局部的协调、健康发展，具体包括各省份、各城市及各经济区域之间的多层次关系的协调。加强优化区域分工，带动落后地区发展，使国民经济在空间上形成一个有机的整体。

（2）城乡发展一体化发展。具体包括提高城镇化水平和质量、加快农业现代化进程、完善城乡一体化建设。

（3）生态环境保护和资源可持续利用。我国根据各地区资源承载能力、开发密度和开发潜力，将我国国土分为优化开发、重点开发、限制开发和禁止开发四大主体功能区，以促进资源节约和协同发展。

（四）人口结构

我国会根据不同时期人口特征发展变化制定相应的发展规划，明确下一阶段的人口发展目标，各地方政府也会根据国家要求和地区特点制定相应的发展规划。我国目前人口结构的目标主要有：提高生育率和劳动人口比重、提高人口城镇化率、提高人口素质。2016年国务院印发的《国家人口发展规划（2016—2030年）》指出，未来15年我国人口变化的趋势：劳动年龄人口波动下降；老龄化程度加深，少儿比重下降；人口流动活跃，城镇化水平持续提高。到2030年，人口自身均衡发展的态势基本形成，人口与经济社会、资源环境的协调程度进一步提高。

三、不同目标间的关系

宏观调控目标是一个多元化的目标体系，每一个目标的实现都有利于实现国民经济的健康运行和发展，但不同目标之间有统一的一面，也有矛盾的一面。充分认识各目标间的关系，是设立目标和设置管理手段的前提。

（一）各总量目标间的关系

1. 经济增长与价格稳定

关于经济增长与价格稳定之间的关系，促进论认为通货膨胀有正的产出效益，能促进经济增长；促退论认为，通货膨胀会损害经济增长，持续的通货膨胀会降低效率，阻碍经济增长；中性论认为，人们对通货膨胀的预期会中和其对经济的各种效应，因此通货膨胀是"中性"的。一般认为，通货膨胀在较轻的阶段对经济增长有一定的刺激作用。当工资落后于物价上涨时，利润上升使得投资环境改善，促进投资增长。当名义利率滞后于物价上涨时，实际利率下降促进投资增加，刺激生产扩张和经济增长。

价格稳定与经济增长是相辅相成的。价格稳定可以为经济增长提供一个良好的市场环境，而经济增长又可以为价格稳定提供充足的物质基础。但是，世界各国的经济发展史表明，在经济增长较快时，总是伴随着物价的大幅上涨，为了防止通货膨胀，政府往往采取收缩信用的措施，这又会使经济发展和增长受阻。因此，政府往往需要在经济增长和通货膨胀目标间进行权衡，选择一个有利于经济增长的通货膨胀率。

2. 经济增长与充分就业

奥肯定律揭示的经济增长与就业增长间的规律表明，经济增长与充分就业目标是一致的，即实际 GDP 增长率高于潜在 GDP 增长率时，失业率将低于自然失业率。大量关于经济增长的理论和实证也表明，就业是经济增长的要素，就业和经济增长之间呈正向关系。但经济增长并不总是伴随就业增加，除劳动力投入增加导致的经济增长外，经济增长的原因还有很多，有可能是技术进步导致的，还可能是制度改革导致的，也可能是非劳动力要素的投入增加导致的，这些情况并不一定会导致就业增加，甚至可能会替代劳动力在生产中的作用使得就业减少，因此有可能出现无就业增长或经济增长与失业增加并存的情况。

充分就业的实现程度会影响经济的持续增长。首先，充分就业有利于全社会收入增加，扩大消费需求，加快商品流通速度，促进投资和经济增长。其次，充分就业减少了各级政府为失业支付的各类补助，缓解政府负担，可以将资源用于促进经济增长的领域。最后，充分就业有利于社会稳定，为经济增长营造良好的社会环境。

3. 经济增长与国际收支平衡

经济增长会增加国民收入和支付能力，带动进口增加，如果进口增加超过了出口增加速度，就会产生贸易逆差，平衡状态被打破；若经济增长的同时，出口增加程度大于国民收入增加引致的进口增加程度，就会产生贸易顺差；若出口增加程度和进口增加程度相同，经济增长便不改变贸易平衡状态。我国国际收支顺差已经持续多年，构建双循环格局，协调利用国内市场和国际市场的关系，可以使得经济增长和国际收支平衡同时实现成为可能。

促进经济增长需要增加投资，在国内资金来源不足的情况下，外资流入增加会使资本项目产生顺差，虽然有利于国内经济增长，但对国际资本的过度依赖使其容易受到国外政策变动的影响，不利于经济长期稳定发展。当出现国际收支逆差时，通常需要增加出口，减少进口以消除逆差，但是这又会压制国内有效需求，影响国内经济增长。

4. 价格稳定与充分就业

菲利普斯曲线表明短期中失业率和通货膨胀之间存在交替关系，失业率高时，工资与价格水平都很低，从而通货膨胀水平较低；失业率低的时候，工资与价格水平高，从而通货膨胀水平也较高。较低的失业率与较高的总需求有关，较高的总需求会带来工资和物价的上涨压力。长期中失业率与通货膨胀之间不存在交替关系，人们会预期到通货膨胀水平并对决策做出调整，社会也会处于自然失业率状态，但这是理想状态，要达到这种状态需要很长时间，而在这段时间内，社会会处于痛苦之中，甚至会引起社会动荡，因此需要政府干预。失业率与通货膨胀的负向关系与生俱来，政府的使命在于选择合适的通货膨胀和失业率目标，把这两个"痛苦"控制在社会可以接受的范围之内。

5. 价格稳定与国际收支平衡

一般而言，当其他国家发生通货膨胀，而本国价格保持稳定时，外国的商品相对价格就会升高，于是本国出口增加，进口减少，国际收支顺差；当本国发生了通货膨胀，而其他国家的物价相对稳定时，本国商品的相对价格会提高，出口减少，进口增加，国际收支出现逆差。只有全球价格维持在大概相同水平时，价格稳定和国际收支平衡才能同时存在。在国际关系日益复杂、世界发展极不平衡的经济世界中，这两个条件同时存在是很难实现的，一国价格保持稳定不变往往不能保持国际收支平衡。

（二）各结构目标间的关系

1. 区域结构与产业结构

区域结构目标追求区域合理布局和协调发展。产业的空间结构也是区域结构调整的重要内容，根据不同区域的定位确定其发展的优势产业和重点产业，有利于深化社会分工，加强不同地区的产业联系，促进产业结构的优化升级。同时，在优化产业结构的过程中，通过将发达地区的部分产业转移到相对落后地区，有利于带动落后地区的就业和经济发展，缩小区域差距。

2. 城乡结构与产业结构

优化城乡结构，推动城镇化发展，有利于促进产业结构转型升级，主要体现在以下几个方面。第一，有利于服务业发展。加快发展服务业是产业结构优化升级的主攻方向，破除城乡二元结构、推动城镇化发展、增加城镇常住人口数量和比重可以为第三产业的发展提供大量劳动力，有利于服务业发展。城镇化过程中，人们生活水平的提高和生活方式的改变也会增加生活性服务的需求。第二，有利于技术创新。城镇化带来的人口和创新要素的集聚，有利于推动技术创新、促进产业转型升级和新兴产业的发展。第三，有利于资源合理配置。打破城乡二元结构，形成一体化的要素市场，使得资源可以在城乡间实现自由流动，从而可以流动到那些生产率高的行业和企业，提高社会生产效率，促进产业结构优化发展。

3. 产业结构与分配结构

产业结构与收入分配结构息息相关，第一产业、第二产业、第三产业发展次序及产业收益不同，直接影响国民经济在三次产业间的分配及产业内从业人员的收入。一般来说，第二产业、第三产业的附加值要高于第一产业，推动第二产业、第三产业发展是促进产业结构高级化的重要内容，产业结构优化会提高第二产业、第三产业在国民收入分配中的比重，促进劳动力向第二产业、第三产业转移，提高整体收入水平。同时促进产业结构合理化布局和各产业、行业协调发展有利于缩小产业间、行业间和个体间收入差距。

收入分配结构也会对产业结构产生影响,首先,收入结构会通过影响社会消费结构来影响产业结构的变化;其次,不同行业存在收入差距会导致劳动力流向高收入行业,通过影响劳动要素供给来影响产业结构。

4. 人口结构与产业结构

人口结构对产业结构的影响主要分为两个方面。从需求角度来看,不同人口结构具有不同的消费特点,产业结构会调整以适应消费市场。优化人口结构,提高高素质劳动力比重,有利于促进更高质量、更高技术含量产品的需求,促进产业结构升级。从供给角度来看,人口结构决定了劳动力的供给总量和供给结构,人口结构调整通过改变劳动力的数量和质量促进产业结构的调整和优化升级。因此保持一定的人口增长率并提高劳动力素质对产业结构升级具有重要影响。产业结构调整对人口结构的反作用在于,产业结构升级后需要更多高素质的劳动力,有助于倒逼劳动力进行人力资本积累,同时在劳作过程中也会提高劳动力的知识技能水平,有利于人口结构优化。

5. 城乡结构与分配结构

城乡二元结构是导致城乡居民收入差距较大的主要原因。优化城乡结构目标有利于缩小收入差距,对实现分配结构目标有促进作用。第一,推动城镇化发展和城乡一体化建设,使大量农村人口转变为城镇人口,在城镇中拥有更多就业机会和更高的收入水平,有利于提高原有农村居民收入水平,缩小社会收入差距。第二,随着农村人口向城镇转移,农民人均资源占有量增加,人均资源收入增加。第三,城乡一体化发展有利于推动农业现代化,增加农村居民收入,缩小收入差距。

(三)总量目标与结构目标间的关系

国民经济管理的目的是保持社会总供求的平衡,这种平衡既包括总量平衡,又包括结构平衡。总量平衡是结构平衡的前提,如果社会供求总量不平衡,社会供求结构也不可能平衡。供求总量平衡时,供求结构才可能平衡,但也不是必然的平衡。结构平衡有利于促进总量平衡,二者相互依存、相互制约。

经济总量是由各结构组成的,我们追求的目标是总量增长和结构优化,但是总量增长并不一定能带动结构优化。当经济总量增长时,结构变化有三种情况:①经济总量增长,各经济结构比例保持不变,各部门以同样的比例发展;②经济总量增长由重点领域和重点行业带动,各行业各地区协调发展,经济结构优化;③经济总量增长过程中资源过度集中、重复建设严重、落后产能投资过剩、经济结构恶化。资源是有限的,把大量资源用于某一行业或某一地区的高速发展必然会减少其他地区的资源供给,从而造成产业结构和区域结构的比例失调,不利于发挥各产业和区域的联动作用和经济长期稳定发展。生产力的发展规律表明,只有结构优化达到一定水平后,才可能以较少的投入获得较大的产出,从而实现结构效应,实现经济的整体优化,促进经济增长。在设定国民经济发展目标时,要关注总量和结构的协调,既要设定适合的总量目标,拉动总体经济水平增加,也要设定结构目标,促进资源在各部门、各地区合理分配,以结构优化带动经济增长。

从时期来看，总量目标既有长期目标又有短期目标，而结构的调整优化则是一个长期的过程。在结构调整过程中，落后部门的退出必然伴随着部分劳动力的失业和资源闲置，为社会带来负担，影响经济短期增长。但长期来看，经过一段时间的调整，劳动力和资源会流入更高效率的部门进行生产活动，经济结构调整优化有利于合理高效利用生产要素，有利于技术进步和经济社会长期发展。在设定调控目标时，要充分考虑各目标之间的长短期关系，将短期利益和长期利益相结合，综合发挥最大优势。

第二节　国民经济管理手段体系

宏观调控目标体系兼具短期经济运行总量平衡与长期经济社会发展结构优化两方面内容，而宏观调控目标决定了宏观调控的政策手段，宏观调控手段是实现宏观调控目标的保障。宏观调控手段是指政府为实现一定的经济目标而运用的政策措施及工具。调控目标的日趋多元化使得调控手段日趋综合化，包括经济手段、法律手段、行政手段及其他必要的手段。其中，经济手段发挥主导作用，包括宏观经济与社会调控两方面的政策内容，主要以财政政策和货币政策为主，综合运用产业政策、区域政策、就业政策、收入分配政策等进行配合；行政手段作用突出；法律手段逐步转换为政府宏观调控的制度基础。

一、宏观经济政策

宏观经济政策作用于整个经济社会，影响整个宏观经济的运行，侧重体现宏观调控的经济效益，主要包括财政政策、货币政策、产业政策、区域经济政策、土地政策和价格政策等。不同政策的内容、具体目标、手段或工具、调控作用等都有所不同。

（一）财政政策

财政政策是指一国政府根据调控意图和特定的经济发展目标，运用国家财力调节宏观经济运行的控制手段及行动准则。其调控对象是资源配置与国民收入的分配和再分配，既可以调节总需求的总量和结构，也可以影响总供给的结构和水平。财政政策主要由财政政策目标和财政政策手段两大要素构成。

1. 财政政策目标

财政政策目标是政府运用国家财力调节经济所要解决的基本问题。财政政策目标既与宏观调控总体目标有一致性，又不完全等同于总体目标。具体而言，主要包括经济稳定发展、资源有效配置和收入公平分配三个目标。

1）经济稳定发展

经济稳定发展是指既要保持经济增长率的实质性提高，又要使经济系统协调、持续发展。具体可分为内部稳定和外部稳定，内部稳定一般表现为社会总供求的总量平衡和结构平衡、物价稳定和充分就业；外部稳定则表现为国际收支平衡。经济稳定作为实现效率、公平、社会稳定和政治稳定的基础，是财政政策调控的关键所在。

2）资源有效配置

资源有效配置是指通过财政分配，引导社会资金的流向，调整财政资源的投向，通过恰当的调节机制将广泛散布在国民经济复杂系统中的社会资源动员、组合起来，使其效用最大化，从而实现资源的有效使用和合理配置，最大限度地增进社会福利。

3）收入公平分配

收入公平分配是指确定合理的税收负担，运用财政政策实现社会各群体在收入差距上的相对平等。通过调节国民收入的分配和再分配，可以有效调节社会经济利益关系，保证社会经济协调发展。

2. 财政政策手段

财政政策手段是指为实现财政政策目标所采用的具体操作工具，主要有财政预算、税收、国债和财政支出。

1）财政预算

财政预算是国家财政收入与财政支出的年度预定计划，一般由中央预算和地方预算两部分组成。预算政策作为一种财政政策手段，主要通过预先制定年度预算，并在执行过程中相机追加追减收支，实现对经济的调节功能。在现实经济活动中，预算的作用主要体现在财政收支规模、收支差额和收支结构等方面，通常是通过预算差额，包括预算赤字、预算盈余和预算平衡来实现的。

预算赤字是指财政支出大于财政收入的差额，在总需求不足、非充分就业的经济运行状态下，通过预算赤字增加财政支出，可以扩大社会需求总量，带动相关产业发展，促进经济的持续增长，是一种扩张性财政政策。

预算盈余是指财政收入大于财政支出的差额，在总需求膨胀的经济运行状态下，通过预算盈余可以减少货币供应量，有效抑制社会扩大需求，是一种紧缩性财政政策。

预算平衡是指财政收入与财政支出基本相等，在总供给与总需求大体平衡时，预算平衡对于维持总供求平衡具有重要作用，属于中性财政政策。

2）税收

税收是国家为满足社会公共需要，按照法律规定强制性对经济单位或个人无偿征收实物和货币，从而参与国民收入分配和再分配的一种规范形式。税收是国家财政收入最主要的来源，作为实施财政调控的重要工具，其主要通过对征税对象、纳税人、税率、起征点、纳税期限、减税、免税和违章处理等进行调整，进而调节税收总量及结构，实现社会总供求的平衡。例如，通过税收的乘数效应，政府减税可以提高企业和居民的可支配收入，刺激经济主体的需求，进而增加国民收入；增税则可以减少社会总需求，限制国民收入增加。政府也可以采用关税手段保护新兴产业和中小企业，通过税收减免、财政补贴、加速折旧等方式扶持相关产业，调节社会经济结构。政府还可以通过征收所得税、遗产税来调节收入分配，促进社会公平。此外，通过出口退税政策可以鼓励出口，通过对进口商品征收高额关税可以限制进口，实现国际收支的平衡。税收的征收需要保持在合理区间，征税过低难以满足政府的公共服务需要、征税过高则会抑制纳税人的生产经营积极性，不利于国民经济发展。

3）国债

国债是政府为筹集财政资金而发行的一种政府债券，是政府向投资者出具的承诺在一定时期内支付利息并到期偿还本金的债权债务凭证。国债具有有偿特征，是国家信用的主要形式。作为重要的宏观调控工具，通过发行国债，政府可以筹集财政资金，平衡财政收支，同时引导社会资金流向，调节国民收入结构和产业结构。政府也可以通过调整国债发行数量和利率，影响经济单位和个人的购买力，影响国债持有者的收支行为，进而协调社会总供给和总需求的关系。此外，政府还可以利用国债的发行和回购来调节货币供应量，即发行国债可以减少货币供应量，回购国债可以增加货币供应量。

4）财政支出

财政支出是从支出方面体现财政政策的手段。财政支出种类、结构、项目和数额的变化对于国民经济总量增长、结构调整和社会总供求平衡关系都有着重要影响。财政支出主要包括政府购买和转移支付两部分，增加或减少政府支出，通过乘数效应促使国民收入以更快的速度上升或下降，能够对经济进行逆周期调节。政府购买的变动会直接影响到社会需求总量，在经济衰退时期，增加政府购买有助于克服萧条，刺激经济复苏；在经济繁荣时期，减少政府购买，抑制社会总需求，有助于消除通货膨胀。转移支付是一种平衡经济发展水平和解决贫富差距的财政工具，在经济萧条时期，总收入下降，居民失业增加，政府拨付的社会福利支出应增加，以增强经济主体的实际购买能力，提高社会总需求，进而缓解萧条；反之，在经济出现过度需求时，减少转移支付，能够有效抑制总需求水平的升高，促进经济平稳增长。

3. 财政政策的调控作用及其局限性

财政政策调控是运用不同财政政策手段，调节经济社会运行，实现经济的稳定发展、资源的有效配置和收入的公平分配，并最终实现宏观调控总体目标。财政政策对经济的调节作用发挥有三种形式。①"内在稳定器"，即随着经济社会发展，不需要政府过多干预就能自动调节经济的运行机制。正确设定有关财政制度之后，在经济萧条时期，社会总需求和居民收入减少时，税收会自动、及时地减少，税收的减少程度大于个人收入的下降幅度，能够防止居民实际可支配收入过度下降，由于失业人数和其他需要救助的人数增加，有关的转移支付也自动增加，就会抑制消费和投资的大幅减少，进而起到拉动下滑经济、反经济衰退的作用。反之，在经济过热时期，就会抑制消费和投资的增加。②逆周期调节，即政府通过采取与经济周期相反的财政政策手段来调控经济，平抑经济异常波动，保证经济社会运行于合理区间，防范化解重大经济风险。在经济过热时期，政府采取增税、减少财政开支等措施遏制经济膨胀；在经济萧条时期，政府则采取减税、提高财政开支等措施来防止经济过度衰退。③跨周期调控，即在逆周期总量调节的基础上更加关注中长期结构性问题，统筹多个经济周期的平衡发展。通过财政支出结构优化兜底保障民生，进一步扩大内需增长潜力，利用减税降费政策助力中小企业纾困发展，加大对制造业和科技创新的支持力度，加强对实体经济的服务能力，激发市场主体活力，实现"稳增长"和"防风险"的双重目标。

政府可以在作用方向和实施强度等方面协调运用财政政策的不同手段和工具，以实现财政政策较好的调控绩效。财政政策调控可以同向搭配使用不同的手段和工具，如通过组合使用扩大财政支出、增加财政赤字、增加财政补贴及政府买入国债等手段和工具，扩大社会需求总量，促进就业增加；通过组合使用压缩财政支出、减少财政赤字、减少财政补贴及政府卖出国债等手段和工具，抑制社会需求总量，稳定物价。财政政策调控也可以反向搭配使用不同的手段和工具，如在社会供不应求时，通过压缩财政支出、减少财政赤字等抑制总需求，通过减税刺激总供给增加；在社会供过于求时，通过扩大财政支出、增加财政赤字等刺激总需求，通过增税适当抑制总供给的提高。此外，财政政策还应在控制新增地方政府性债务规模、充分利用中央财政赤字、加强金融机构服务实体经济的能力等方面发挥重要作用。

财政政策调控不仅能实现社会总供求平衡，其传导可以直接作用于社会总需求，通过乘数效应，调节带来的需求的扩张效果往往更大，也能有效解决经济结构问题，但财政政策仍然具有一定的局限性，具体可以从税收政策和财政支出政策进行说明。

（1）税收政策方面。①经济过热时期，政府增税的目的是压缩社会需求总量，防止通货膨胀。如果对企业所得增加课税，企业的逐利性使其倾向于提高商品价格来维持利润，税收负担就会转嫁到消费者身上，引起物价上涨。如果对个人所得增加课税，将直接减少个人可支配收入，降低其消费水平。②经济萧条时期，政府减税的目的是扩大社会需求总量，减缓经济衰退。但是，企业和个人由于理性选择、规避风险、悲观预期等因素并不会将纳税减少的部分用于扩大生产或购买商品，而是增加预防性储蓄，消费和投资可能并未因减税而增加。

（2）财政支出政策方面。①经济过热时期，政府购买性支出减少将直接影响到大企业的收益，引起它们的强烈不满；政府削减转移支付将直接减少人们的可支配收入，可能会遭到公众反对。②经济萧条时期，政府增加转移支付，人们出于预防性需求会将这笔收入用于储蓄而非用来消费，社会需求总量增加有限。

此外，财政政策的运用会对私人投资和支出产生"挤出效应"，进而对国民收入的增加产生一定程度的抵消作用。例如，政府出售政府债券，市场上资金减少，市场利率升高，会减少私人投资；政府支出增加，物价上涨，实际货币供应量减少，利率上升，从而私人投资减少；政府增加税收会减少居民的可支配收入，使私人消费和投资减少；充分就业的情况下，政府支出增加可能导致市场供不应求，引起价格水平上升，产生挤出效应。缓解挤出效应的不良影响需要财政政策与货币政策搭配使用，以稳定市场利率水平。

（二）货币政策

货币政策是指一国政府根据国民经济形势和特定的宏观调控目标，通过中央银行或货币当局，控制和调节货币供应量的行动准则和手段。货币政策主要是通过货币总量关系的调节来实现社会总供求的平衡，是一种总量型的间接调控政策。根据对社会总产出的不同影响，可把货币政策分为两类：扩张性货币政策和紧缩性货币政策。在经济萧条时，中央银行采取措施增加货币供给，货币供过于求引起利率降低，刺激投资和净出口，增加总需求，称为扩张性货币政策。反之，在经济过热时，中央银行采取措施减少货币供给，货币供不应求会提高利率，抑制投资和消费，使总产出减少或放慢增长速度，物价水平控制在合理水平，称为紧缩性货币政策。

1. 货币政策的目标与工具

货币政策目标与宏观调控的四个基本目标（价格稳定、充分就业、经济增长和国际收支平衡）有较高的一致性，稳定物价是货币政策调控的首要目标。除了基本目标之外，货币政策还具有中间目标，包括利率、货币供应量、社会融资总量等，通过引起这些变量的变动间接影响产出、就业、物价和国际收支等最终目标变量。其中，社会融资总量是指一定时期内实体经济从金融体系获得的资金总额，既包括银行体系的间接融资，又包括资本市场中股票、债券等市场的直接融资。作为中间目标，其满足相关性、可测性和可控性，并且社会融资总量代表着实体经济实际吸收和运用的资金总量，更能反映资金对经济发展的支持和带动作用。货币政策的运用旨在维持适度的货币供应，为经济健康发展提供良好、稳定的货币金融环境，以及缓解来自其他方面的经济干扰因素的不利影响。

货币政策工具是指一国政府或货币当局直接控制的，能通过经济运行机制，影响经济单位的经济活动，实现货币政策目标的措施和手段。根据对货币供应量的控制及对商业银行某些特定业务功能的影响不同，货币政策工具可以分为一般性货币政策工具和选择性货币政策工具。

1）一般性货币政策工具

一般性货币政策工具，即数量工具，是通过调控货币供应总量、信用量和一般利率水平，进而对整体经济产生影响，是货币政策的基本工具，主要包括存款准备金率、再贴现率和公开市场业务三大工具，即"三大法宝"。

存款准备金是商业银行为应对存户提存而保留的现金和按规定存入中央银行的款项。存款准备金率是法定最低准备金与活期存款的比率，各商业银行在吸收存款时必须按规定上缴相应准备金比例，其变动对金融市场的流动性有着重要影响。中央银行通过提高各商业银行的法定存款准备金率，削弱商业银行的放贷能力，可以降低金融市场的流动性，进而减少货币供应量。反之，可向金融市场注入流动性，提高货币供应量。存款准备金率的优势在于对市场影响速度快、效果直接且对各商业银行影响一致，但存款准备金率的使用缺乏灵活性，难以微调，较小幅度的变动对市场冲击较大。中央银行一般在需要较大幅度扩大或收缩货币，而且其他货币政策工具无法达到预期目标时才会使用存款准备金率。

再贴现率是商业银行向中央银行再贴现或再贷款的利率。中央银行通过调整再贴现率来影响商业银行的放贷成本和放贷规模，进而调节货币供应量。例如，调高再贴现率，商业银行向中央银行借款的成本增加，放贷成本也增加，商业银行将减少向社会的贷款数量，从而基础货币减少，为降低机会成本，商业银行还将增加超额储备，从而减弱货币乘数效应，货币供应量将减少。反之，货币供应量增加。再贴现率的调整比较灵活，作用于短期，其变动能够反映中央银行的意向，主要起"告示效应"。

公开市场业务是指中央银行在公开市场上买进或卖出政府债券，影响基础货币，以控制货币供应量和影响利率。中央银行在公开市场上购买有价证券可以增加基础货币，进而使货币供应量增加，降低短期利率。卖出有价证券则作用相反。公开市场业务的操作需要中央银行具有足够的调控能力和相当的独立性，以及足够发达的金融市场，还需要有其他货币政策工具的配合。公开市场业务的交易规模可由中央银行把握，操作灵活，能够直接影响银行系统的准备金状况，并且公开市场操作具有可逆转性，能够及时纠正操作失误的不良影响。公开市场业务是常用的理想货币政策工具，但要有效地发挥其作用，必须具备一定的条件。第一，中央银行必须具有强大的足以干预和控制整个金融市场的实力。第二，国内金融市场必须是规范和完善的。第三，必须要有其他的货币政策工具相配合。我国常用的公开市场业务操作主要包括：利用回购操作保持市场资金面稳中趋紧；利用中期借贷便利投放中长期流动性；通过推出多种借贷便利满足市场不同期限和不同用途的货币需求；开展央行票据互换操作提升银行永续债的市场流动性，增强金融服务实体经济的能力等。

一般性货币政策工具的调整一方面将对商业银行的贷款行为产生重大影响，从而引起货币供应量和市场利率的变动；另一方面，社会公众将其调整视为政府变动货币政策的信号，从而影响人们的预期，因此其与利率的变化是紧密相关的。

2）选择性货币政策工具

选择性货币政策工具是指中央银行针对某些特殊的经济领域、特殊经济主体或特殊用途的信贷而采取的措施和手段，主要包括消费信用控制、证券市场信用控制、不动产信用控制和优惠利率等。

消费信用控制是指中央银行对不动产之外的各种耐用消费品的销售融资进行控制，包括对消费信贷的分期付款方式、贷款期限、贷款用途等做出规定，从而起到抑制消费需求和物价上涨的作用。

证券市场信用控制是指中央银行对与证券交易有关的各种贷款进行控制，包括规定证券保证金率、以贷款形式购买证券的首付金额等，从而起到抑制证券市场过度投机或刺激证券市场信用扩张的作用。

不动产信用控制是指中央银行对金融机构办理不动产抵押贷款的控制性措施，包括规定不动产贷款的最高额度、分期付款期限、首次付款金额及还款条件等，特别是针对房地产市场的信用控制，起到限制房地产泡沫或促进房地产市场扩张的作用。在经济过热时期，中央银行可以加强各种限制措施，从而抑制房地产市场的盲目生产或投机，防止通货膨胀；在经济衰退时期，中央银行可以放松管制，刺激社会需求，促进房地产市场发展。

优惠利率是指中央银行针对国家重点发展的经济部门或产业、需要特别扶持的贷款项目，以及急需发展但收益较低的中小企业等，实行贷款利率的优惠政策。实际优惠利率的运用能够有效支持农业、老少边穷地区、小微企业等的发展，提升长期宏观社会效益。

3）直接或间接信用控制

直接信用控制是指中央银行以行政命令或其他方式，直接控制商业银行的信用活动，包括规定存贷款的最高利率限额，合理分配和限制银行系统的信用，流动性比率要求及直接干预商业银行的信贷业务、放款业务等内容。

间接信用控制是指中央银行通过道义劝告、窗口指导等方式对商业银行的信用活动进行控制，对商业银行的放款数量和投资方向等起到指导作用。

2. 货币政策的调控作用及其局限性

货币政策调控作用的发挥是中央银行针对不同社会供求状况和经济运行形势，采取不同方向、不同力度的政策工具组合，引起利率、货币供应量和社会融资总量等中介变量的变动，进而通过传导机制对经济社会各方面产生影响，实现货币政策最终目标的过程。我国货币政策的传导途径主要有三个环节，且具有直接传导和间接传导并重的特点。首先，中央银行通过变动存款准备金率、再贴现率、信贷计划、贷款限额等货币政策工具直接影响商业银行等金融机构的准备金、融资成本、贷款规模和信用能力，以及金融市场上的货币供求状况。其次，通过商业银行等金融机构信贷行为和金融市场供求关系的变化，间接影响企业、居民等经济行为主体的货币供给和货币需求行为，使社会融资总量、利率等发生变动，从而影响其消费、储蓄和投资等经济活动。最后，通过对非金融部门经济主体的影响引起经济社会总产出、价格水平、就业失业等变化，实现调控目标。

货币政策作为一种间接调节总需求，坚持长期目标与短期目标相结合的宏观经济政策，既有强制性工具，又有非强制性、指导性工具；既有公开手段，又有隐蔽手段；既有政策的最终目标，又有中间目标。因而其对宏观经济的影响较为全面，调控力度较大、效果较好，操作也更为灵活，是我国对经济进行宏观调控的主要手段。

货币政策的调控作用具有局限性。中央银行实施货币政策，旨在控制货币供应量，从而影响市场利率水平，实现宏观调控目标。然而，这一政策在现实中常常因其局限性而难以取得预期效果。

①经济萧条时期，中央银行采取扩张性货币政策，旨在促进商业银行加大放款。但是，商业银行往往为了金融安全，或出于对市场前景的悲观预期，而不愿意增加贷款。货币政策对于经济衰退的拉动作用并不明显。②经济过热时期，中央银行采取紧缩性货币政策，减少货币供应量，提高利率水平，旨在抑制物价过快上涨。但企业出于逐利性会不顾高昂成本而扩大投资，保险公司等金融机构也会加大放款和投资，货币政策难以有效控制投资总额。③货币政策的作用发挥受到货币流通速度不变的限制。经济过热时期，中央银行实施紧缩性货币政策，但是人们出于对市场前景的乐观预期而增加支出，特别是在物价上涨时，人们宁愿持有实物而不愿持有货币，货币流通速度加快，货币供应量反而增加；经济衰退时期，中央银行实施扩张性货币政策，但是人们出于悲观预期而压缩开支，使货币流通速度减慢，货币供应量反而减少。④货币政策在预期和执行实际问题上，存在外部性时滞，中央银行对于货币供应量的控制由于时间不一致性，反而成为引发经济波动的潜在因素。⑤在开放经济中，货币政策的效果还要因为资金在国际上流动而受到影响。例如，一国实行紧缩性货币政策时，国内利率高于世界利率，国外资金认为有利可图会流入国内，若利率浮动，本币升值，净出口减少，本国总需求反而比封闭经济情况下降更多。

（三）产业政策

产业政策是指一国政府为实现特定的宏观调控目标，依据本国国情及所处经济发展阶段，采取干预和引导的方式对特定产业活动施加影响的行动准则和手段。产业政策主要用于弥补市场缺陷，通过优化资源配置加速产业的演进与发展，熨平经济震荡，进而持续提高国民经济整体效益，是一种中长期性经济政策。

1. 产业政策的目标及特征

产业政策的目标是加快产业结构调整，促进产业结构优化升级，从而实现经济持续、协调发展。作为宏观经济政策的重要组成部分之一，产业政策具有以下特点：①时效性。产业政策对产业发展产生影响是一个中长期的过程，但其目标、措施等都具有明显的时效性，需要符合实际、顺势而变。②导向性。产业政策根据产业结构演进规律，能够对产业间不等速增长的动态结构变化做出准确、及时的超前导向，预防不均衡的产生，完善资源配置结构的市场导向机制。③协调性。产业政策能够对不断变化的经济运行状况做出灵活反应，能够及时采取措施和手段调整经济运行的剧烈波动，促进产业之间、产业内部协调发展。

2. 产业政策的构成

产业政策覆盖面宽，调整范围大，内容相对更广泛。一般认为，产业政策手段主要由产业结构政策、产业组织政策、产业技术政策、产业布局政策组成。

1）产业结构政策

产业结构政策是指一国政府针对产业间资源配置优化和协调控制问题，用来指导、协调、规划产业发展和结构演进的措施和手段，主要包括主导产业的选择和培育、弱势产业的扶持及对衰退产业的调整和援助等。产业结构政策的目标是使产业结构高级化和合理化，从推动产业结构的合理演进中求得经济增长和资源配置效率的提高。

2）产业组织政策

产业组织政策是指政府根据国民经济各产业的发展方向、目标、规模、速度，主动干预和协调企业间联系，实现产业内部资源优化配置的措施和手段。其实质是通过协调同一产业内大中小企业之间在竞争活力与规模经济效率之间的关系，建立良好市场秩序，防止垄断和恶性竞争，促进规模经济，进而提高资源的综合使用效率。产业组织政策着重影响产业组织的变化，通常分为三类：①促进竞争的政策，旨在建立和维护企业间正常的竞争秩序，鼓励良性竞争、限制垄断，具体有反垄断政策或反托拉斯政策、反不正当竞争行为政策及中小企业政策等；②产业合理化政策，主要适用于自然垄断产业鼓励专业化和规模经济，限制过度竞争；③扶持中小企业政策，主要用于支持中小企业合并、合作，促进规模经济形成，提高生产效率。

3）产业技术政策

产业技术政策是指政府为提升产业的科技含量，用以引导、促进和干预产业技术进步的相应措施和手段。产业技术政策几乎涉及国民经济的所有产业，不同产业的技术政策有较大差异，其制定需要兼具行业技术标准的先进性、实用性、可行性。在具体实践中，主要包括：①研究与开发援助政策，指政府为增强本国产业科技力量，对新技术、新产品、新工艺的研究与开发所采取的一系列援助性政策措施；②产业技术结构的选择和技术发展政策，包括制定具体技术标准，确定技术发展方向，以及鼓励高新技术成果产业化、商品化和国际化而采取的各种政策措施等；③技术引进政策，指政府为缩小与国际先进技术的差距并且实现自主开发目标而采取的政策措施，包括技术引进消化吸收政策、国内市场保护政策和技术人才引进政策等。

4）产业布局政策

产业布局政策是指政府根据国民经济与区域经济发展的要求，充分考虑不同产业的经济技术特性，为实现优化产业空间分布和组合的目标而采取的措施和手段。产业布局政策通过制定国家产业布局战略，优先发展某些地区，加速产业集中，并带动其他地区甚至整个国家经济的发展，以完善产业投资环境，优化区域产业结构，其实质是利用生产相对集中所产生的规模集聚效益来缩小区域间由经济活动密度、产业结构不同造成的差距。产业布局政策起源于西方，英国是最早采用这一政策的国家，日本和美国分别在20世纪50年代和60年代开始运用产业布局政策实施调控，中国也实施了一系列产业布局政策以促进资源的合理配置，如西部大开发、"振兴东北"战略、"一带一路"倡议、京津冀协同发展、长江经济带建设等。

3. 产业政策的调控作用

产业政策的两个基本组成部分是产业结构政策和产业组织政策，两者的联系在于不同的产业结构要求不同的产业组织方式与之搭配，区别在于：产业组织政策着眼于协调产业内企业间的关系，而产业结构政策着眼于协调产业间的关系；产业组织政策相对有较大的灵活性，期限也相对较短。由于产业结构政策是产业政策的核心内容，其调控对于国民经济的发展有着重要影响，因此重点以产业结构政策的调控内容来说明产业政策对经济运行的调控作用，具体包括培育主导产业、扶持弱势产业及调整衰退产业三方面。

1）培育主导产业

主导产业是指能够较多吸收先进技术，引入创新并创造新的市场需求，面对大幅增长的社会需求时能够保持较高的增长速度，同时对其他产业部门的发展具有较强带动作用的产业部门。主导产业是国民经济发展的关键所在，代表了经济发展的方向和模式，促进主导产业发展更是产业政策调控的重点。主导产业可以依靠技术和资本的积累由经济系统自然生成，但更多是由政府主动选择市场前景广阔、发展潜力较大的产业部门作为主导产业。培育主导产业要求一国政府先依据长期国民经济发展和未来产业结构塑造，正确选择主导产业，再予以积极的干预和扶持，培育其成长为未来支撑国民经济增长的潜在支柱产业。

依据主导产业的内在特性，主导产业的选择基准主要有以下几个方面。①收入弹性基准。需求收入弹性大于1的产业往往具有相对广阔的市场前景，其增长速度也高于人均国民收入的增长率。因此，应该选择需求收入弹性高的产业作为主导产业。②生产率上升基准。这里所说的生产率是指全要素生产率，即产出与全部投入要素之比。以生产率上升为基准优先发展代表先进技术的产业，从总体上促进技术进步。③产业关联度基准。产业关联度是指各产业之间的相关程度。产业关联度高的产业对其他产业会产生较强的前向影响、后向影响及侧向影响，政府应该选择那些能够带动其他产业发展，进而推动整个国民经济增长的产业作为主导产业。④短替代弹性基准、增长后劲基准、瓶颈效应基准。对于发展中国家，需要利用发展变化的眼光，重点扶持那些无法替代的短缺性产业，以满足社会最迫切而又必不可少的需求的"短替代弹性基准"；重点扶持那些对整个产业体系的发展有深远影响的产业，以保持整个经济的持续稳定增长的"增长后劲基准"；重点发展那些瓶颈效应大的产业，以减少因瓶颈而造成摩擦效应的"瓶颈效应基准"。在实践中，正确选择主导产业除了要考虑产业发展的一般规律和选择基准外，更为重要的是要结合本国具体国情，从本国产业发展的现实状况、技术条件、资金约束条件及制度基础等实际情况出发确定主导产业。

政府为促进主导产业发展，需要制定相应的配套措施，缓解主导产业选择偏颇和主导产业政策实施效果不足等方面的风险。首先，要正视产业政策实施过程中现存的各种利益集团，最大限度地体现发展客观趋势，进一步改善制定产业政策机构的构成状况；其次，要加强对产业政策实施的监督和管理，强化激励机制，保障政策实施效果。

2）扶持弱势产业

产业扶持针对的弱势产业是指按照市场经济原则处于比较劣势，但具有收入弹性大、技术进步快和劳动生产率高等特点，其发展对国家经济社会稳定影响较大的产业。对于发展中国家，通过扶持相关产业发挥比较优势，能够有效打破发达国家的先行者利益。政府对弱势产业的扶持政策包括实施关税和非关税壁垒、产业集中政策、生产补贴、对企业技术开发的补贴等，通过产业扶持，企业能独立参与市场竞争，并通过弱势产业的发展实现产业结构演进。弱势产业扶持应注意：明确需要重点扶持的产品和产业，采取优惠补贴政策，提高产品市场适应能力；通过直接或间接的方式给予弱势产业较多资金支持，帮助其减少成本，提高产品附加价值；政府扶持与产业合理化并行，淘汰一部分不符合产业发展要求的企业，保护撤退一些不符合产业结构转变的产业，提高社会资源的使用效率；产业扶持政策的制定要以技术进步为突破口，扶持那些技术进步潜力较大的企业，扶持以引导技术进步为重点。

3）调整衰退产业

由于市场需求发生变化、技术进步造成产品结构转变、同样产品的国际比较优势发生转移等，产业可能在经历幼小期、成长期和成熟期后，进入衰退期。产业衰退退出市场可能造成大量失业和资源大量浪费，政府有必要实施针对衰退产业的调整政策，有计划地制定和实施逐步退出方案，帮助衰退产业有序收缩或退出，实现积极撤退，并且降低企业的撤退成本，同时进行劳动力转移规划和培训，维持经济和社会稳定。衰退产业调整政策有利于促进生产要素从低增长率向高增长率领域流动，流至主导、弱势或支柱产业，推动产业发展。政府实施衰退产业调整政策需要结合地区产业结构整体规划，以市场运行规律为前提，政策仅起引导、规划作用，规划产业撤退时要把握适度的数量和质量，在经济较为稳定、阻力较小时撤退。此外，针对衰退产业所处的不同行业特点，政策制定应有所区别。例如，对于劳动密集型行业的衰退产业，由于这些产业一般技术水平不高，撤退所需时间、资金不多，可以利用劳动力成本优势实现出口导向，在恰当时机再进行撤退；对于资金密集型行业的衰退产业，可以通过产业组织的合理化来解决撤退问题。

（四）区域经济政策

区域经济政策是指政府为实现资源和生产要素优化配置及生产力合理布局、预防与解决区域经济运行过程中出现的各种问题，进而调节区域经济活动的行动准则和手段。区域经济政策，是政府根据国家社会、经济发展的战略性目标，充分反映区情区况，突出区位优势，控制区域差距的扩大、协调区际关系而实施的一系列政策的总和。

1. 区域经济政策的目标

区域经济政策目标分为总目标和子目标两大类。具体而言，区域经济政策总目标包括效率和公平两类目标，效率目标即提高经济效率，实现国民经济增长的最大化或一定时间内资源空间配置的最优化；公平目标即实现社会公平，缩小区域间收入、福利、经济发展等方面的差距。经济效率与社会公平本质上是内在统一的，但两者往往又是矛盾的。区域经济政策与其他经济政策一样，总是需要在效率与公平之间寻求适宜的平衡点，这也是一国政府在制定区域经济政策时先要解决的问题。区域经济政策子目标可以分为四类。①经济目标，主要包括：缩小地区经济发展差距；提高区域现有资源利用水平；优化资源的空间配置；促进落后地区经济增长、萧条地区经济复苏、拥挤地区经济活动扩散、边界地区经济增长；扩大经济空间和新区开发等。②社会目标，主要包括：均衡地区基本公共服务水平；缩小地区收入差距；提高居民生活质量等。③生态目标，主要包括：保护和改善生态环境；促进区域经济同人口、资源、环境协调发展等。④政治目标，主要包括：政治一体化；民族团结；国防安全等。

区域经济政策不同子目标之间既有统一的一面，又有矛盾的一面，根源在于效率和公平两个总体目标的矛盾性。区域经济政策子目标需要根据国民经济发展的总体需要，针对区域经济发展所处阶段和具体问题来确定，区域经济快速、健康发展的关键就在于协调处理好不同目标间的关系。

2. 区域经济政策的内容

区域经济政策作为调节区域经济运行的行为指向和准则，是整个宏观经济政策体系中的一个重要组成部分，主要包括：区域财政政策、区域产业政策、区域投资政策、区域外贸政策等。

（1）区域财政政策，是指财政部门通过调整财政资金在地方政府间的再分配来缩小区域间发展差距，提高落后地区经济发展能力的措施和手段。区域财政政策是一种补偿性政策，主要针对欠发达地区，特别是经济发展受阻碍地区的地方政府，在转移支付、税收等方面给予政策倾斜，补充欠发达地区地方政府财政能力的不足，使其能够正常行使行政权力和承担公共管理义务。其中，税收作为调节区域经济发展的重要杠杆，能够有效改善特定区域企业的外部投资环境，为企业提供更多的发展机会，使它们能够尽快担负起带动区域经济发展的作用。转移支付通过将一部分财政资金转移到社会福利和财政补贴等费用的支付上，能够提高贫困地区的基本公共服务水准，促进各区域公共服务水平均等化，平衡区域财政能力。但在区域经济实现快速、健康发展后，应有序减少政策倾斜，否则可能削弱中央政府的财政能力，引发区域间不平等竞争。

（2）区域产业政策，是指一国政府根据国民经济发展战略和区域经济发展目标，参与区域产业或企业的生产、经营、交易活动，调整不同地区产业发展方向、规模的措施和手段。其直接对象是区域产业，目的在于实现区域生产力的合理布局，优化区域资源配置。区域产业政策是从区域实际出发，在自然条件、资源状况、技术水平等区域因素的限定下，强调区域主导产业、支柱产业的优先发展，发挥区域比较优势。但区域产业政策由于需要政府对企业的投资和经营活动进行直接干预，政策实施有一定困难。

（3）区域投资政策，是指一国政府利用其在基础设施及生产性项目建设上的投资决策权，选择一部分地区作为基础设施及生产性项目建设的重点投资地区，通过对其所属投资机构注入建设资金来促进这些地区经济发展的措施和手段。区域投资政策的实施能够有效改善区域企业的投资环境，缩小劣势地区与优势地区间的竞争差距。

（4）区域外贸政策，是指一国政府为了促进特定地区的经济发展，针对该地区对外经济活动实行一系列优惠政策，包括低关税甚至零关税出口补贴等政策。我国设立经济特区是典型的区域外贸政策的实例。

区域经济政策的制定与实施过程中，由于中央政府与地方政府的目标函数具有不一致性，往往会出现两级政府的博弈行为。中央和地方作为一个系统，其根本利益都是推动经济发展，提高居民生活水平，促进社会进步，但地方政府出于对自身区域异质性因素和区域经济发展的考虑，其利益又具有相对独立性。因此，中央政府在区域经济政策的制定过程中，不应一味排除地方政府的参与，在实施的过程中，应该下放一部分权力，协调与地方政府的关系，提高政策执行效率，同时要平衡不同地方政府之间的利益冲突，促进区域协调发展。

3. 区域经济政策的影响

中央政府制定与实施区域经济政策，旨在打破行政区划的局限，促进生产要素在区域间自由流动，鼓励和支持各地区开展多种形式的区域经济、技术、人才合作，促进形成各具特色的区域发展格局，并且采取措施帮助欠发达地区发展，最终提高整体经济效益。由于各地区的资源禀赋不一致，需要针对不同地区区域经济发展的具体特点和宏观经济运行的总体要求，实施分类指导的区域经济政策，发挥区域比较优势，并以基本公共服务均等化为要求，加强薄弱环节，逐步形成主体功能区清晰、东中西良性互动、公共服务和人民生活水平差距缩小的区域协调发展格局。

国家区域经济政策的实施对于获得支持的特定地区的经济发展具有促进作用，但不同国家区域经济政策的主要目标不同，采取的手段和实施的力度不一致，对于重点支持地区经济发展的促进作用也不同，且国家区域经济政策在促进重点支持地区经济发展的同时，也会限制其他未获得支持地区的经济发展。在这种情况下，地方经济政策更多只是国家区域经济政策的延伸，其实施效果的体现有赖于国家区域经济政策的支持，对国民经济的影响和作用是有限的，在一定的时期内和十分有利的外部条件下才能充分发挥作用。

（五）土地政策

土地政策主要是指一国政府根据一定时期内的政治和经济社会目标，在土地资源开发、利用、治理和保护等方面进行干预，以调配土地这一生产要素的供给和需求来调控经济的行动准则。作为我国宏观调控手段，土地政策主要针对非农建设所产生的土地供给，其运用也会间接影响农产品的社会总供求，并对农业土地的利用结构产生影响。与其他宏观调控手段相比，由于土地在空间上具有不可移动性，土地政策的外部时滞较大，且可分割性较小，土地政策的制定和实施也更为复杂。土地政策参与宏观调控的具体操作手段主要有以下几个方面。①土地供应政策，包括土地供应计划和土地储备制度，是指政府采取措施调整土地供应量以影响土地价格，引起社会商品价格的变化，对房地产市场乃至整个经济社会的供求关系产生影响。②土地交易政策，是指政府通过控制土地交易方式和土地价格来影响市场主体获得土地的成本，从而影响关联投资与产出的规模，并最终影响宏观经济。③土地税收政策，是以土地为征税对象，通过土地税收引导土地利用方向、抑制土地需求、稳定地价，同时调节土地收益分配，促进企业之间的公平竞争。④土地金融政策，是指政府对围绕土地开发、利用等活动发生的抵押借贷、资金融通和资金结算等金融业务进行干预和管理，发挥土地的资产价值，进而调节社会总供求和区域经济发展。

实践中，土地政策的具体做法如下。①耕地红线。耕地红线是国家为确保农业生产所需土地而划定的最低保障线。按照国家政策，耕地红线土地只能从事农事耕作和农业生产，不能用于建设或其他非农化事项。②土地出让招拍挂。土地招拍挂制度是指我国国有土地使用权的出让管理制度，招拍挂制度可使土地交易更加公开、透明，土地成交价格更加合理，减少人为干扰因素。其中，招标出让是指：市、县政府土地行政主管部门（简称出让人）发布招标公告，邀请特定或者不特定的公民、法人和其他组织参与国有土地使用权投标，根据投标结果确定土地使用者。拍卖出让是指：出让人发布拍卖公告，由竞买人在指定时间、地点进行公开竞价，根据出价结果确定土地使用者的行为。挂牌出让是指：出让人发布挂牌公告，按公告规定的期限将拟出让宗地的交易条件在指定的土地交易场所（或线上）挂牌公布，接受竞买人的报价申请并更新挂牌价格，根据挂牌期限截止时的出价结果确定土地使用者。③生态保护红线。生态保护红线是指在生态空间范围内具有特殊重要生态功能、必须强制性严格保护的区域。一般将具有重要水源涵养、生物多样性维护、水土保持、防风固沙等功能的生态功能重要区域，以及水土流失、土地沙化、石漠化、盐渍化等生态环境敏感脆弱区域纳入生态保护红线内。生态保护红线是国土空间规划中的重要管控边界之一，生态保护红线内，自然保护地核心保护区外，仅允许对生态功能不造成破坏的有限人为活动存在。

土地政策的目标与宏观调控的总目标具有一致性，要实现宏观调控的最终目标，土地政策依照自身特点有着更具体的中间目标。①土地资源保护与有效利用。土地是重要的生产资源，中央政府应加强对土地资源的保护，对土地资源进行科学规划，进一步强化土地管理制度，约束土地使用者、土地市场交易者、集体土地所有者及地方政府等相关经济主体的行为，并且加强土地资源整合，盘活闲置土地，采取有效措施控制土地资源的浪费，同时促进土地承载的其他要素所组成的产业结构的优化升级，提高土地资源的利用价值。②维护土地利用社会公平。政府需要注意土地收益的合理分配，维护土地利用对不同经济主体造成的公平问题。一方面，政府要尊重每个人都应享有居住的基本权利，抑制土地投机，保障农民的基本生活需要，维护广大农民权益；另一方面，政府制定和实施土地政策必须与生态环境保护政策相结合，促进人与自然和谐共生。③保护土地市场价格稳定。土地价格与通货膨胀率之间关系密切，土地政策要通过保持土地市场价格的稳定来促进社会物价稳定。④促进区域协调发展。土地作为社会生产活动的空间载体，政府对土地市场的干预会对地区经济发展产生较大影响，我国是一个地域辽阔、人口众多的大国，土地政策的运用需要充分考虑不同地区间经济发展的均衡性和协调性。

土地政策对于宏观经济的调控作用主要基于两点：一是土地作为稀缺的生产要素，二是土地作为经济社会生产活动的空间载体。作为基本的生产要素，土地政策能够通过调节土地供应量和土地价格来影响土地的投资需求、消费需求、土地税收，以及土地的政府支出等，从而影响宏观经济。作为经济社会活动的空间载体，土地政策的运用能够对区域结构、产业空间布局等产生影响，进而影响经济增长。另外，土地的供求关系和价格与微观经济主体（特别是农民）的生活保障有密切联系，土地政策在影响经济发展的同时，也会对社会福利产生较大影响。

土地政策对于宏观经济的影响有两个方面。①总量方面。在经济过热时期，减少土地供应量，提高土地价格，可以在一定程度上增加各种生产性投资获得土地的成本，从而减少用于购买其他生产资料的资本，抑制有效需求，缓解经济过热。反之，在经济萧条时期，政府可以控制土地价格以刺激有效需求，从而刺激经济发展。②结构方面。土地政策对于区域结构、产业结构的影响主要是通过促进生产要素合理地聚集与扩散，进而影响产业发展，调整区域发展差异。例如，针对禁止和限制开发区域的土地收益转移支付能够有效帮助地区发展，促进经济与生态环境协调发展；针对产业的特点和构成要素，确定用地规模，实行土地功能分区，能够提高土地利用效率，优化产业布局。

土地政策对于社会福利的影响表现在：土地既是资源也是资产，同时，土地作为农业最基本的生产资料，也承载了农民最基本的生活保障，对于城乡统筹发展也有较大影响。政府通过制定、实施和创新土地政策，调整土地供应量和土地价格，对土地利用进行管制，能够有效改善农村和城市居民的社会福利及就业机会。

（六）价格政策

价格政策是指一国政府为实现一定的经济社会发展目标，对市场商品和服务价格进行必要干预和管理的行动准则和手段。作为财政支持和货币政策的重要补充，价格政策能够有效拉动内需，促进经济增长。从不同角度出发，可以将价格政策分为不同类型。①按价格政策的层次，分为宏观价格政策和微观价格政策：前者是有关全局性价格的行为准则和目标，作用于价格总水平；后者是有关局部性具体价格的行为准则和目标，作用于某类、某种商品价格水平和各类商品比价和差价。②按实施价格政策的方式，分为灵活性价格政策和稳定性价格政策：前者是根据对市场供求状况的判断和经济形势的分析而动态调整的政策；后者是不需要随时判断而按照某种固定机制和规律长期产生效应的政策。③按不同价格政策之间的相互关系，分为促进性价格政策、抵触性价格政策和中性价格政策：促进性价格政策是对其他价格政策产生有利影响的价格政策；抵触性价格政策是对其他价格政策产生不利影响的价格政策；中性价格政策的运用则不会影响其他价格政策的实施效果。

我国在价格机制改革方面取得了重大进展，基本实现非重要民生商品和服务领域的价格由市场主导形成，政府定价和政府指导价的实行范围基本控制在具有自然垄断属性的基础产业和重要公用事业及公益性服务范围内，价格机制的改革进入了深水区。随着新时代价格政策内涵和制定机构的调整，价格政策的目标也应有所变化。

价格政策目标是政府调整和管理商品价格所要达到的目的，主要包括以下几个方面。①确立合理的价格管理体制。主要是划分价格决策权限、设置价格管理机构，这是制定价格政策的主体。②调整不合理的价格结构。主要是调整商品比价关系和差价关系，进而规范价格行为与反不正当竞争。③稳定物价，保障民生。聚焦于对价格敏感的低收入人群及基本民生商品的价格，坚持为民生兜底，保持价格总水平基本稳定，实现资源合理配置。④促进宏观经济基本目标的实现。价格政策的设计和运用要与其他政策相配合，发挥对于产业调整、资源保护等方面的作用，为更好发展国民经济创造良好条件，促进经济有序稳定增长。

价格政策的三种基本形式：①市场价。市场价是指价格由市场供需关系决定，政府不直接干预价格形成过程，充分发挥市场机制作用。在社会主义市场经济体制下，大多数商品价格应当由市场竞争形成。②政府定价。由政府直接对某些商品或服务的价格进行设定和管理，不受市场供需关系的影响。政府可以对与国民经济发展和人民生活关系重大的极少数商品，实行政府定价。③政府指导价。在政府规定的中准价和浮动幅度或最高、最低限价下，由企业确定最后价格，主要针对资源稀缺的少数商品价格、自然垄断经营的商品价格、重要公用事业价格和重要公益服务价格。

价格政策对于国民经济的调控关键在于充分发挥价格信号对市场高效有序运行的引导作用，通过价格信号机制调节社会总供给和总需求。在市场定价领域，政府主要是进行价格监测，规范价格行为，并采取措施调节生产、消费领域的供求关系，引导市场预期，从而稳定物价。在非市场定价领域，政府主要对民生商品、能源资源和公共服务等的价格进行调控，通过差别化定价引导居民的消费行为和产业发展，以及加强商品和服务的成本监审以降低居民的生活成本和企业的经营成本。另外，价格政策还需要与财政政策、货币政策进行协调配合。一方面，在调整经济结构的过程中，价格政策能够对财政补贴、税收优惠等政策进行必要补充；政府在保障民生和稳定物价中，也常常需要使用价格政策手段。另一方面，价格政策能够针对价格总水平进行监测预警，引导市场预期并防范风险，配合货币政策对于货币供应量的影响，以保持物价稳定。

二、社会调控政策

社会调控政策旨在调节社会关系和控制社会矛盾，维系社会的稳定发展，侧重体现宏观调控的社会效益，主要包括就业政策、收入分配政策、社会保障政策、人口政策、教育政策、文化政策、环境政策等，从不同环节、不同领域引导社会发展的方向。

（一）就业政策

就业政策是指一国政府为解决经济社会中劳动者的就业问题而制定和实施的一系列措施和手段。就业作为民生之本，是实现和谐社会的重要保障，也是经济发展最基本的支撑。就业政策通过干预劳动力市场，采取措施保障居民就业，有助于解决我国就业的总量性和结构性矛盾，缓解就业压力，促进社会和政治稳定。早在19世纪末，一些工业化国家就开始采用就业政策来调控经济，20世纪70年代以来，各国也频繁采用各种积极的就业政策来解决失业率上升的问题。根据政策目标和操作手段的不同，可以将就业政策分为两类：一是积极或主动的就业政策，主要以公共就业服务体系建设为基础，政府通过提供就业咨询、培训等服务，调节劳动力供求关系和就业规模、就业结构，侧重引导和促进劳动者就业与再就业；二是消极或被动的就业政策，是指公共项目的投入主要集中在财政转移支付、失业保障和养老金，完善收入分配制度，如针对下岗失业人员的收入补助。消极的就业政策侧重生活救助等保障，需要政府的财力支撑，可能会加重政府财政负担，也不利于发挥劳动者自身的积极性和创造性。积极的财政政策则是通过提高劳动者的职业技能，提高经济增长拉动就业的能力，鼓励劳动者多渠道就业，以减少失业。

政府制定和实施就业政策的目标主要包括四个方面：①促进新生劳动力初次就业；②促进失业人员再就业；③促进人力资源的开发与利用；④保障劳动者的基本权益，维护社会稳定。政府为实现这些目标，可以采取就业补助、就业培训等措施提高劳动者的综合素质和技能，为失业者提供基本保障，帮助困难群体再就业，促进企业吸纳就业，改善劳动力市场的信息不对称，提高劳动力要素的配置效率。就业关乎民生大计，关乎社会安定。就业政策的运用对于经济的调控作用主要表现为：一是降低经济周期对就业的影响；二是减少劳动力市场结构性的不平衡；三是增强劳动者的技能以提高劳动生产率；四是支持弱势群体或处于长期失业状态的求职者；五是调节社会总供求的平衡，就业政策通过对劳动力进行整合，改善劳动力市场的供求关系，进而通过影响生产和消费促进社会供求总量的平衡。

当前，我国坚持就业优先战略，实施更加积极的就业政策，创造更多就业岗位，着力解决结构性就业矛盾。通过完善扶持创业的优惠政策，形成政府激励创业、社会支持创业、劳动者勤于创业新机制，健全全方位公共就业创业服务体系，创造更加宽松的创业创新环境，促进以创业带动就业，同时促进高校毕业生、农民工等重点群体稳定就业，构建以市场需求为导向的职业培训体系，提高就业创业服务效能。此外，还需要强化财政、货币、产业、区域等政策支持就业的导向，实现与就业政策协同联动，持续强化就业优先政策，推动实现更加充分、更高质量的就业。

（二）收入分配政策

收入分配政策是指一国政府为实现宏观调控的总目标和总任务，针对居民收入水平高低、收入差距大小在分配方面制定的行为准则。收入分配政策主要着眼于调整国民收入分配格局和调节收入分配差距两个方面，可以分为三种分配政策。①初次分配政策，主要是基于市场机制的利益分配，其目标是利用市场的激励机制有效配置资源，提高资源使用效率。②再分配政策，主要是基于行政机制的强制性调节，利用税收、政府转移支出、政府对通货膨胀的调控或补偿等手段调节收入分配的差距，其目标是有效提供基本公共服务，促进平衡发展与社会公平。③第三次分配政策，主要是基于社会机制的爱心驱动，通过社会捐赠、社会互助和社会慈善等进一步改善收入和财富分配格局。收入分配政策对于经济的调控作用主要体现在两个方面。①初次分配领域，政府采取措施完善市场体制，促进资本、劳动等各类要素高效、有序、自由流动，同时完善最低工资等制度来平衡生产者与劳动者的收益，提高劳动收入在初次分配中的比重，维护社会稳定。政府还要对初次分配中工资和价格形成过程中的垄断因素进行调节，缩小收入差距。②再分配领域，政府通过推出房地产税、遗产赠与税等财产税，提高资本所得税来调节高收入群体的过高收入，同时加大财政资金对于贫困人口、困难居民等重点扶持群体的支持，保证低收入群体的保障收入，以进一步调节收入差距，维护社会稳定。

当前，我国收入分配差距在各个层面的不断扩大，引起了政府部门的高度关注。政府为实现收入水平提高、收入差距缩小、收入结构优化而采取的措施主要包括：逐步提高居民收入在国民收入分配中的比重，提高劳动报酬在初次分配中的比重；建立健全科学的工资水平决定机制、正常增长机制、支付保障机制；完善最低工资标准和工资指导线形成机制；以高校和职业院校毕业生、技能型劳动者、农民工等为重点，不断提高中等收入群体比重；在制度建设上，深化收入分配制度改革，贯彻按劳分配为主体、多种分配方式并存的制度，鼓励资本、技术等生产要素参与收益分配，调节国有企业高层管理人员、技术人员的工资报酬，同时进行严格的约束和监督；在调控手段上，加大税收、社会保障、转移支付等调节力度和精准性，发挥慈善等第三次分配作用，完善再分配机制。

（三）社会保障政策

社会保障政策是指一国政府为保障社会成员的基本生活需要，对社会成员在年老、疾病、工伤、失业等方面的生活风险进行干预的行为准则和手段。社会保障政策具有社会性、公平性、互济性和发展性等特征，主要内容包括以下几个方面。①社会保险政策，是指国家通过立法，在劳动者暂时或永久丧失劳动能力及因其他原因中断工作而没有经济收入或收入减少时给予补助，保障其基本生活需要的措施，是社会保障政策的核心部分，包括养老保险、医疗保险、生育保险、失业保险和工伤保险等。②社会救助政策，是指国家对因自然灾害或其他原因而无法维持最低生活水平的生活困难者和低收入者提供无偿援助的措施，是一种最低层次的社会保障，包括灾害救济、医疗救助、贫困救济及其他针对特殊群体的救助措施。③社会福利政策，是指国家在居民住宅、环保、公共卫生、基础教育等领域向全体公民提供资金帮助和优惠服务以提高其生活水平的措施，包括公共福利、劳动福利、老年人福利、残疾人福利、儿童福利、妇女福利、军人福利等。④社会优抚政策，是指国家对从事特殊工作者及其家属予以优待、抚恤、安置的措施，包括提供抚恤金、优待金、补助金，举办军人疗养院等，优抚对象主要是军烈属、复员退伍军人、残疾军人及其家属。

社会保障政策的制定与实施需要坚持社会保障水平与经济发展水平相适应、行政管理职能与基金收缴营运相分离等原则，充分发挥社会保障的经济发展助推器、社会矛盾调节器和社会政治稳定器的功能。其对经济社会的调控作用表现在以下几个方面。第一，通过保障人民群众的基本生活条件，并提高社会公民的生活水平，促进经济发展。政府为劳动者的生活风险兜底，提供基本的生活保障，有利于劳动者恢复劳动能力，保证生产运行，社会保障体系的完善也有助于促进劳动力的有序流动，激发经济活力，同时引导消费结构更加合理，平衡社会供求总量。第二，社会保障制度具有收入再分配的功能，通过调节中高收入群体的部分收入，提高最低收入群体的保障标准，能够有效缓解市场经济条件下的社会分配不公、贫富过分悬殊。第三，社会保障有利于维护经济社会稳定。政府通过为劳动者提供养老、疾病和失业等相关保险，帮助其消除和抵御市场风险，保障了劳动者的基本生活条件，能够稳定劳动者的情绪和心理预期，从而稳定经济社会秩序。

（四）人口政策

人口政策是指一国政府调节和干预人口发展过程，保持人口平稳增长的行动准则和手段。人口政策有广义和狭义之分。广义的人口政策是指政府全面指导和调整人口的自然结构、经济结构、社会结构和地区结构等的变动而采取的措施。主要包括：一是人口社会变动方面的政策，如工业化、城镇化、行业与职业转化等；二是人口自然变动方面的政策，如婚姻、家庭、生育、死亡等；三是人口迁移变动方面的政策，如人口的地区分布、国际迁移、侨居等；四是人口社会活动方面的政策，如普及教育、劳动就业、户籍管理、医疗卫生、退休安置、孤寡老人社会保障、残疾人社会保障等。狭义的人口政策专指生育政策，是政府为调节生育率达到预定的人口规模、人口增长速度和人口素质而制定的政策，主要包括人口增殖政策和人口控制政策。一国的人口政策会随着本国人口发展的实际情况做适当的调整，但仍具有相对稳定性。

人口政策对经济社会的调控作用表现在能够全方位地调控人口发展过程中的各个因素。它不仅调节和影响人口的生育行为，还调节和影响人口数量、人口质量、人口性别、人口构成和人口分布等各个因素，涉及人口与经济、社会、政治和自然环境等多方面的相互关系。

人口政策在制定和实施的过程中，需要与一系列的社会经济政策相互配套，充分考虑到国情和国家社会经济发展的需要及国家的长远利益，同时也考虑到不同地区、不同民族、不同社会群体的实际情况和群众的意愿与接受能力。随着市场经济的不断发展和深入，政府不能再简单地凭借行政权力，按照指令性计划指标去直接控制生育行为，而要加强人口政策与财政、货币、产业、区域等政策的联动，完善社会保障体系，影响和诱导群众的生育行为，使之符合宏观控制目标的要求。

我国是一个人口大国，为充分发挥人口优势，政府在不同时期、不同阶段，结合时情制定不同的人口政策，有效促进了经济社会的快速发展。当前，人口总量已不再是造成我国资源环境压力与经济社会发展阻力的主要因素，人们的生育观念也发生了转变，我国的人口政策也由数量控制转向质量提升，促进人口均衡发展。具体而言，一是坚持计划生育的基本国策，完善人口发展，促进人口长期均衡发展；二是积极开展应对人口老龄化行动，弘扬敬老、养老、助老社会风尚，建设以居家为基础、社区为依托、机构为补充的多层次养老服务体系；三是坚持男女平等基本国策，保障妇女儿童合法权益。

（五）教育政策

教育政策是指一国政府为实现一定时期的教育发展目标和任务，协调不同主体间有关实施或接受教育所发生的利益关系，解决教育问题而制定的关于教育的行动准则和手段。教育政策主要是在接受或实施教育的主体、内容及形式等方面做出规定，本质上是对公共教育利益的权威性分配，通过优化教育资源配置来满足特定机构和人群的主观需要，同时采取措施增进和维护教育利益，促进教育发展。教育政策是教育事业发展的指南，也是政府管理教育的最重要手段，具有四个方面的基本功能：①导向功能，即通过中长期教育改革、教育发展规划等直接或间接引导教育事业发展及学校办学行为；②分配功能，即通过对受教育权利、教育资源和教育行政权力等进行分配，平衡不同主体之间的利益关系；③规制功能，即对教育发展过程进行管制，规范不正当行为；④激励功能，鼓励学校、教师提高教育质量和受教育者接受知识。从不同角度出发，可以将教育政策分为不同类型。①依据政策制定主体，可分为中央政策、地方政策和基层政策。②依据政策所起作用的不同，可分为鼓励性教育政策、规范性教育政策和限制性教育政策。③依据政策内容与层次的不同，可分为总政策、基本政策和具体政策。其中，总政策是指带有全局性、战略性、根本性，决定教育发展基本方向的政策；基本政策是指在总政策的指导下，对教育各个领域、部门或方面起主导作用的政策；具体政策是指实现基本教育政策的具体手段，或相关的具体规定。

教育政策的目标是政府制定与实施教育政策所要达到的结果或要完成的任务，可以概括为提升教育质量、优化教育结构、激发教育发展活力、落实立德树人根本任务、全面提升保障水平，以促进教育事业健康发展。其对经济发展的调控作用主要表现为：一是为经济社会提供新生劳动力，同时提高全体劳动力的综合素质；二是改善人文环境，培育人文精神，为经济活动提供道德和文化基础；三是调整教育资源分布不均衡状态，缩小区域间教育发展差异；四是教育资源的优化配置和教育利益的合理分配能够有效拉动内需，刺激经济增长。

教育政策以人的培养活动为根本对象，所涉及的利益主体较多，既要遵循教育规律和人才成长规律，又要受到经济社会发展和政治形势等外部因素的影响，同时面临着较大的舆论压力。因此，制定与实施教育政策需要以宏观调控总体目标为基础，将宏观教育方针与具体微观现实问题相结合，进而引导和规范人们的教育行为。当前，我国教育政策旨在解决教育发展的突出问题和薄弱环节，激发各教育要素的活力，进而激发整个教育系统的活力，着力点在于发展优质教育，提高学前教育、义务教育和高中阶段教育的普及水平与质量，实现基本公共教育服务全面覆盖，努力建立全民终身学习的制度环境，推动高等学校转型发展，并加快发展现代职业教育，同时多渠道筹措教育经费，保障财政教育投入，最终推进教育治理体系和治理能力现代化。

（六）文化政策

文化政策是指一国政府为实现特定的文化目标和文化任务，在文化艺术、新闻出版、广播影视、文物博物等领域进行干预和管理的行为准则和手段。文化政策是文化自我约束的反映，集中体现了国家的文化意志，是国家利益与社会利益的统一，其对于一个国家的文化发展具有能动的主导作用。文化政策的运用包括政策的制定、执行与终止等，在制定过程中，政府需要结合经济社会所处历史阶段与发展目标，确定影响国家和社会文化进步和发展的文化政策问题，准确把握文化国情，制定适宜的文化政策，正确处理文化的政治效益、经济效益和社会效益，解决现实文化政策问题，以促进文化发展；在执行过程中，不仅要自觉服从于全党全国工作的大局，也要注意实际运用的灵活性和创造性，坚持多边、多层次执行机构及执行人员整体协同原则，同时与其他宏观调控政策相配合，发挥整体效应；在终止过程中，政府要主动、及时、适宜地终止已经不适应文化发展实际的文化政策生命形态，并采取措施深化文化体制改革，以节省政策资源，提高政策效益，规范政策管理，推动文化政策科学化、民主化。

文化政策对于经济社会的调控作用主要表现在：一是加大公共财政对于文化建设的支持，保障公共文化服务体系的建设和运行；二是促进公益性文化事业发展，优化文化产业布局，合理配置文化资源；三是满足人民群众的精神文化需求，增强文化自信，提升文化软实力。

（七）环境政策

环境政策是指一国政府依据人与环境和谐发展的目标，制定的关于开发利用自然资源、保护改善环境等的行为准则和手段。环境政策的目标及任务主要包括：一是坚持保护优先、开发有序，控制不合理的资源开发活动；二是强化对土地、森林、草原、海洋等自然资源的生态保护，加大环境保护力度；三是坚持预防为主、综合治理，强化从源头防治污染和保护生态；四是促进居民、企业观念的转变，提高环境政策的效益。

环境政策的手段主要有命令控制、引导鼓励、经济刺激三类。①命令控制手段是通过直接规定或命令来限制污染物排放，包括标准制定、禁令、行政许可证制度、配额、限额等，如污染物排放总量控制、环境规划制度、限期治理制度等。②引导鼓励手段是通过行为激励、道德规劝来促进人们意识转变，促使其自觉、主动地参与环境保护，包括道德教育、信息公开、公众参与、考核与表彰等。③经济刺激手段是通过政府干预来解决环境问题的负外部性，弥补市场缺陷，完善市场机制来达到保护环境的目的，包括可交易的许可证、补偿制度、财产权、排污收费、税收制度、罚款、绿色贷款、环境责任保险、环境行为有价证券等。

环境政策的调控作用首先体现在生态环境的保护方面，通过政府强制性管控直接限制居民、企业的污染行为，并利用环境宣传教育、环境保护表彰等措施激励经济行为主体自发、自愿践行生态环境保护理念，实现对自然环境的保护。其次，通过污染排放收费、征税，以及排污权交易制度等，利用市场机制来对企业环保行为进行补偿，可以有效促进企业自觉提高污染治理的积极性，鼓励其采用低污染技术、工艺，从而促进技术进步。最后，环境政策的运用还可以推动建立有利于环境保护的生产、消费方式，进而培育符合生态条件的生产力布局，大力发展可持续绿色产业，构建少污染、低损耗的产业结构，促进人类在物质、精神方面协同发展。

三、国家战略物资储备制度

国家战略物资储备制度是指一国政府依据特定的法律规定和授权，统一实施的对国计民生、经济安全和国防建设具有关键作用的重要物资进行储备和管理的制度安排。国家战略物资储备对于国家的社会经济发展和综合安全有着重要的保险功能、调节功能和稳定功能，是国家实施宏观调控、备战备荒、应对突发事件的重要手段。所涉及的战略物资一般包括：对国计民生、国家安全和经济可持续发展具有关键作用的重要物资；国内资源稀缺或生产能力不足、国外供应不稳定的重要物资；高新技术产业发展必需的稀贵金属和材料等，如石油、粮食、肉类、钨、锡、生化疫苗和检测试剂等战略物资的储备。作为一国政府直接掌握的战略后备力量，国家战略物资储备具有如下特性：①安全性，表现在它以保卫国家安全、应对突发状况、保护国民生命为目的；②前瞻性，表现在它需要通过预测未来发展趋势和对储备品种的未来需求来决定战略物资储备品种和规模；③无偿性，表现在战略物资的储备和调动是政府强制性执行的无偿行为，直接体现的是社会效益，间接促进经济协调发展；④稳定性，表现在战略物资在一定时期内相对稳定，储存时间较长，避免频繁变动以节约装卸、运输等费用。

国家战略物资储备对于经济社会的作用与蓄水池类似，主要起调节、稳定与应急作用。具体表现为：一是保障国家安全，利用储备物资应对突发紧急事件，稳定居民预期，有利于保护经济安全和维护社会稳定；二是缓解市场供求不匹配关系，防止市场供给中断，起到减震、缓冲作用，以平抑过快上涨或下跌的价格，促进经济稳定、健康发展；三是调节市场过量供给，保护生产者，维护再生产，同时保存社会财富，促进经济可持续发展；四是为特殊领域提供所需资源，促进科技研发和环境保护。

中国在较长时期内比较关注的战略物资储备包括以下几个方面。

1. 石油储备

国家石油储备是指一国政府为了满足国内石油的需求，保障国家、社会与企业的石油供应安全而建立的物资储备制度。作为宏观调控的手段及战略需要，国家石油储备在维护国家安全、调控石油市场、应对突发状况及支持国家经济建设和国防建设等方面发挥着重要作用，具体而言，其作用体现为：一是保障石油供给，支持国民经济各重要部门的正常运转；二是调剂余缺，稳定石油市场供求关系，从而稳定油价；三是为应对突发性石油危机及其引发的一系列问题争取时间，平抑市场剧烈波动；四是在国际石油市场和政治经济环境相对稳定时，石油储备能够转化为政府的财政资金，解决财政困难。

2. 粮食储备

国家粮食储备是指一国政府为保证非农业人口的粮食消费需求，稳定粮食市场价格而建立的一项物资储备制度。粮食储备是保障国家粮食安全的关键环节，其对于调节国内粮食市场供求平衡、应对重大自然灾害或其他突发事件有着重要作用。具体而言，在粮食丰收时期，吸收库存，增加粮食储备，保障农民收入；在粮食歉收时期，抛售库存，减少粮食储备，增加市场供给，保障居民生活需求。国家粮食储备正是通过储备吞吐调节来稳定粮食生产，实现粮食市场供求平衡，以保障群众基本生活，维护社会稳定。

3. 肉类储备

国家肉类储备是指一国政府为保障肉类产品供应安全、应对突发事件、稳定物价而建立的物资储备制度。肉类储备包括储备活畜（活猪、活牛、活羊等）和储备冻肉（冻猪肉、冻牛肉、冻羊肉等），分为中央储备和地方储备两部分。通过对肉类产品旺季局部收储或淡季市场投放，调节市场供求平衡，平抑肉价波动，能够有效支持生猪生产，促进农民增收。

4. 稀有金属矿产储备

国家稀有金属矿产储备是指一国政府依据经济社会发展需要，通过收购、储存、管理、调度等手段，为有效维护国家矿产资源安全、促进国家矿产资源可持续利用而建立的一项物资储备制度。国家稀有金属矿产储备的建立不仅有助于维护国家资源安全，还能够提高国家在国际市场的议价能力，应对外部不确定性因素，保障国家矿产资源的战略安全。在全球资源供应链日益复杂和不确定的背景下，国家稀有金属矿产储备制度的建设显得尤为重要。目前我国稀有金属的管理政策多集中于被列入保护性矿种的矿产，如钨、锡、锑、稀土等，包括保护性开采矿种制度、出口配额制度、矿业权管理制度、开采总量控制制度、行业准入等。

我国一直高度重视战略物资储备，在支持国防建设、经济建设、抗灾救灾等方面取得了一定成就，当前，为进一步提高国家应对突发事件的能力，推进国家治理体系和治理能力现代化，健全国家战略物资储备制度体系强调要多措并举，完善储备立法，建立协同高效的指挥协调机制，同时不断优化调整储备物资的品种、数量、结构和布局，构建科学高效的储备信息管理系统，发挥国家战略物资储备的"蓄水池"和"稳定器"作用。

四、法律手段

法律手段，是指国家通过经济立法和经济司法，制定各种经济法规，保护市场主体权益，规范市场主体行为，维护市场秩序，调节经济关系和经济活动，以达到宏观调控目标的一系列措施。具体工具有宪法、行业立法、管理条例、临时性行政法规及相应的制度规定。在建立和完善市场经济体制的过程中，为保障各方机会均等地分享市场的效能，抑制特权对市场的破坏，国家通过制定各种法律法规，实现市场有序化和规范化，调整各方利益关系，为国民经济的正常运行和健康发展创造有利的法治环境。法律手段的特点有以下几个方面。第一，权威性。法律是国家立法机构及其授权机构确立的规范市场主体行为的庄严承诺，具有最高和最后的约束力。第二，强制性。法律以国家政治权力为后盾，政府及其有关经济管理部门有权依法行使宏观调控职权，违反法律将会受到惩罚和制裁。第三，规范性。法律是以明确、严谨的语言严格规制经济主体的行为，宏观调控不同方面有相应的具体法律规范。第四，稳定性。由于法律具有普遍的约束力和强制性，而且其制定过程比较规范，只规定经济活动中最为稳定的关系，具有固定性和长期有效性。法律作为政府和微观主体的行为准则，具有规范功能、限制功能和促进功能，能够有效保障市场经济的有序运行。其权威性、强制性使宏观调控较少受到人为因素干扰，有利于宏观调控科学化，提高宏观调控效率。但规范性、稳定性使其缺乏处理特殊问题的灵活性，所能制约的经济内容有限，法律的制定、实施也需要一定时间，对经济社会的影响存在时滞。

我国的法律手段体系具有多维度、多方面的特性，除了有针对环境、生产安全、产品质量等单一领域或环节的法律法规外，还涉及不同行业、不同领域、不同部门的细化法律法规，包括制定《中华人民共和国价格法》《中华人民共和国物权法》《中华人民共和国反垄断法》《中华人民共和国安全生产法》等，依法审理经济纠纷案件，打击贪污受贿、走私贩私等。

五、行政手段

行政手段是指政府凭借政权的力量和权威，通过发布指示、命令、规定、政策等行政方法，直接干预经济活动和调控经济运行，以实现宏观调控目标的一系列措施。行政手段主要通过行政机构采取行政措施来调节和管理经济，侧重解决市场秩序问题。具体工具有人事任免、市场准入、行政审批、检查、督办、评估及相应的行政规定。行政手段的特点是：第一，强制性。行政强制要求市场主体必须依照命令、指示执行，严格遵守规章制度，具有很强的约束力。第二，直接性。行政手段通过指示和命令等形式直接规定市场主体的经济行为。其优点是可以及时迅速地调节经济活动，特别是对于经济发展中的某些紧急问题解决较快，能起到立竿见影的效果。但是由于不是从经济原则出发采取的行政手段容易脱离实际，可能会破坏市场机制本身的正常运行，不利于调动群众的积极性。政府对经济进行宏观调控时，行政手段只是起到辅助作用，其使用范围需限定在政府的行政能力和职能下，以尊重市场经济的客观规律为前提。

我国较为常用的行政手段主要有以下几种。

（一）人事任免

人事任免是指一国依法享有任免权的机关依据法律规定，任命或免去某人担任某项职务的行为。人事任免可以通过人员的调动或变动，使地方政策的制定与实施顺应经济发展全局，同时促进地区间经验交流，提高政府治理效益。

（二）政府机构设置

政府机构设置是指设立中央和地方的立法、行政、司法和官僚等不同机关、部门，使其享有特定的行政权力，担负相应行政管理职能。通过设置不同领域、不同职能的政府机构，如国家粮食和物资储备局、生态环境部、国家税务总局、文化和旅游部等，针对就业、产业发展、环境、战略储备等具体问题实施相应的调控手段，能够有效实现对特定环节、部门和产业的宏观调控。

（三）行政审批

行政审批是指国家行政机关对行政相对人行为的合法性、真实性进行审查、认可，以及批准特定相对人取得某种法律资格或实施某种行为。行政审批主要是通过限制市场主体的行为，避免信息不对称和外部性所造成的潜在风险来改善社会福利，对申请者的行为活动具有引导性。行政审批是政府进行经济社会活动管理的重要途径，也是国家治理的重要工具，它的作用主要体现在以下几个方面：一是保证国家和公共安全，保护广大消费者权益，限制通过垄断获取暴利或进行恶性竞争等阻碍市场发挥作用的行为发生；二是合理利用有限的稀缺资源，从社会总体角度对现有资源进行合理化配置，进而提升资源配置效率，防止对权力和自由的滥用；三是弥补市场信息的不对称问题，减少负外部性的影响；四是保护与民生切身相关的利益，如人身健康、职业发展、生命财产安全相关事项等都有严格的标准与审定程序，防止人民群众的利益遭受不法侵害。

（四）负面清单管理与正面清单管理

"负面清单管理制度"是以清单方式列出在中华人民共和国境内禁止和限制投资经营的行业、领域、业务等，各级政府对此依法采取相应管理措施的一系列制度安排。对禁止准入事项，市场主体不得进入，行政机关不予审批、核准，不得办理有关手续；对限制准入事项，或由市场主体提出申请，行政机关依法依规做出是否予以准入的决定，或由市场主体依照政府规定的准入条件和准入方式合规进入。这种管理方式侧重对市场主体的限制和禁止，目的是防止市场主体从事不良行为或违规经营，保护市场秩序和公共利益。"正面清单管理制度"是指政府明确规定了市场主体可以从事的行为或领域。这种管理方式更加侧重对市场主体的鼓励和引导，目的是促进市场活力和创新，鼓励市场主体开展符合法律法规和政策导向的经营活动。负面清单管理和正面清单管理是两种不同的管理思路，各有其适用场景与优缺点。负面清单管理更加灵活，适用于对市场主体的限制和监管；而正面清单管理则更加鼓励市场主体的活跃性和创新性，适用于促进市场发展和经济增长。在实践中，政府可以根据具体的行业特点和政策目标，灵活运用这两种管理方式。

六、不同手段间的关系

宏观调控的各手段共同构成了政府对经济社会运行进行调控的行为准则，都是政府调控经济社会活动的手段，属于宏观调控体系，也是实现宏观调控目标与任务的具体措施。经济手段、法律手段、规划手段与行政手段四者各有所长、各具特色，相互联系、相互补充，但在执行主体、内涵、特点、地位、调控范围和调控侧重点等方面都存在较大差异。宏观调控应综合运用各种调控手段，以经济手段和法律手段为主，辅之以必要的行政、规划手段，形成中国特色社会主义经济的宏观调控体系，充分发挥宏观调控手段的总体功能。

宏观调控既要有效引导市场，保证整个宏观经济有效运行，又要控制社会矛盾，推动社会和谐发展。宏观经济政策和社会调控政策分别从经济和社会两个方面体现了政府进行宏观调控的效益与价值。其中，财政政策和货币政策是政府进行宏观调控的基本手段，也是最常用的手段，对于国民经济的各个领域都会产生影响。产业政策和区域经济政策是聚焦于产业发展、区域协调发展领域的调控手段，土地政策、价格政策、就业政策、人口政策、教育政策、文化政策、社会保障政策等则是从不同环节、不同领域实现对经济社会的精准调控，这些调控政策手段的制定与实施或多或少都隐含着对属于财政、货币两个基本政策的手段或工具的运用。不同的宏观经济政策和社会调控政策之间有着不同的内容、调节功能和影响力度等，既相互联系又有所区别，政府进行宏观调控需要协调平衡它们之间的关系，综合运用、协调搭配不同政策，以实现促进经济可持续发展、维护社会和谐稳定的调控目标。

由于各项政策之间具有内在联系，对调控目标也具有交叉作用，正确处理各项政策之间可能产生的矛盾需要在政策时差、作用效应、调节功能、主次关系和更替运用等方面协调搭配各项宏观调控政策。

（1）政策时差配合。政策时差是指宏观调控政策由制定到最终对经济运行发生影响的传导时间。由于各个宏观调控政策的政策时差各有长短，在政策时差方面安排不同政策的相互配合，有利于避免调节时滞的出现，有效发挥相关调控政策的协同合力，更快更精准地调控经济社会运行。

（2）作用效应配合，主要是指宏观调控政策的松紧搭配问题。宏观调控政策的松紧搭配有三种方式：一是全部都紧；二是全部都松；三是有松有紧。例如，财政政策与货币政策各自具有不同的调控时效、调控力度，在实际运用中需要注意二者的协调运用，针对经济社会运行的具体情况，选择"双紧"、"双松"或"一紧一松"的搭配，提高宏观调控的灵活性和平稳性。

（3）调节功能配合。针对宏观调控具体目标，搭配使用在总供给和总需求、短期和长期、总量和结构等方面具有不同功能的宏观调控政策，多方位调控经济社会活动，有助于调控目标的快速实现。

（4）主次关系配合。由于不同的宏观调控政策在不同的经济运行状况下调节力度大有差异，为了在特定的时期解决特定的问题，需要采取以解决该特定问题的政策工具为主、其他配合性政策工具为辅的形式。

（5）更替运用配合。宏观调控政策的运用应该随着现实经济社会状况的变化而不断更替，各项政策交替配合使用，进而保证其有效发挥调控作用。

总体而言，政府为实现宏观调控目标而采取的宏观调控手段具有多样性、综合性，以间接手段为主，强调经济、法律和行政等手段的综合运用，同时强调不同政策手段的协调配合，坚持经济与社会调控并重，坚持短期与长期、国内与国外、改革与发展等的协调，综合、全面、灵活调控经济社会运行，促进经济社会更好更快发展。

第三节 目标与手段的关系

一、目标与手段的数量匹配关系

丁伯根法则是指由丁伯根（荷兰经济学家丁伯根——首届诺贝尔经济学奖得主）提出的关于国家经济调节政策和经济调节目标之间关系的法则。其基本内容是：为达到一个经济目标，调控部门至少需要运用一种手段；为达到几个目标，政府至少要运用几个独立、有效的经济政策。运用一种调控手段在只需要实现一种政策目标时最有效率，如果用一种手段实现一种以上的目标时，便会因为目标之间的冲突而降低效率，甚至会与原有目标产生背离。所以，一种政策手段只能实现一种目标，在采取政策工具时，相互独立的政策手段的数量至少要等于调控目标的数量，该法则为用不同政策配合同时实现内外均衡提供了依据。

根据丁伯根法则，针对多个政策目标，需要多个相互独立的政策工具协调配合。我国在宏观调控中通常是多种手段搭配使用，以抵消目标冲突所造成的效率损失。例如，在中国传统的调控框架中，经济增长、物价稳定、充分就业和金融稳定等多元目标的实现需要依靠货币政策和财政政策协调配合。然而，货币政策在有些经济环境下可能陷入两难境地，如经济增长低迷且存在金融泡沫时，刺激经济增长的宽松货币政策会导致金融不稳定；而挤压金融泡沫的紧缩货币政策会导致经济进入债务-通缩螺旋。另外，货币政策本身也可能是导致金融不稳定的因素。在双支柱调控框架下，宏观审慎政策主要针对系统性金融风险、维护金融稳定，而货币政策可以将着重点放在经济增长和物价稳定等方面。如何将宏观审慎和货币政策融合式、顺畅化、系统性统筹在一起，需要中国智慧。

二、目标与手段的性质匹配关系

国民经济在发展的不同阶段和不同时期会根据经济发展的需要提出不同的目标，为实现目标则需要政府部门运用相应性质的政策手段进行调控，针对扩张的目标使用扩张的手段，针对收缩的目标采用收缩的手段。例如，在追赶时期，国民经济的任务是促进经济快速增长，调控部门可能会考虑使用扩张的财政政策，增加政府投资、减少税收以刺激经济。当投资和经济过热，社会总供给大于总需求，经济社会出现通货膨胀或潜在通货膨胀风险时，为维持物价稳定，中央银行可能会采取紧缩的货币政策，减少市场中流通的货币供给，提高利率、减少投资、降低总需求、抑制通货膨胀。

宏观调控实践中存在政策时滞问题，政策时滞是指从经济形势发生变化到宏观调控政策最终生效之间存在时间间隔。政策时滞包括认知时滞、决策时滞和生效时滞，其中认知时滞和决策时滞属于内部时滞，生效时滞属于外部时滞。认知时滞存在于政策对经济形势变化和政策必要性的判断阶段，决策时滞存在于政策的制定和执行阶段，生效时滞存在于政策的最终生效阶段。内部时滞主要取决于政府的信息、决策和执行系统运行效率的高低，外部时滞主要取决于政策传导机制及其畅通程度。政策时滞将会带来两方面的问题：一方面，在政策制定落实并开始生效之前，经济形势将按照现有的趋势继续演进，导致经济经历更长时期的过热或过冷，风险也在持续积累；另一方面，万一政策制定和执行阶段，经济形势因为外部冲击而突然逆转，若是未能及时调整政策，待其落地生效，势必加剧经济形势恶化。

三、目标与手段的层次匹配关系

宏观调控在总体层面具有经济增长、充分就业、价格稳定和国际收支平衡等总量目标，以及产业结构、区域结构、分配结构、人口结构等方面的结构目标，而不同的政策手段本身具有不同的中间层次目标，如财政政策的资源配置优化目标、货币政策提供良好货币金融环境的目标、区域经济政策促进资源空间配置优化的目标、土地政策有效利用土地资源的目标、教育政策增进和维护教育利益的目标、文化政策完善现代文化市场体系的目标、环境政策保护自然生态环境的目标等。不同政策手段自身的目标是实现宏观调控总体目标的手段，而不同政策手段自身目标的实现又有赖于其具体工具的运用。因而宏观调控政策手段的具体工具要与其自身的政策目标相匹配，宏观调控的总体目标要与不同手段的具体目标相匹配。政府需要根据具体的经济状况和目标设定，选择合适的政策手段，并确保这些手段在层次上与目标相匹配，以提高宏观调控政策的有效性与针对性。

本 章 小 结

国民经济管理目标的选择十分关键，因为它决定了宏观调控的基本任务和方向。政府通过各种手段来调整经济总量和经济结构，其中，总量目标是指政府为调整和控制国民经济总量所制定的目标，主要包括了经济增长、就业水平、物价稳定等方面的目标；结构目标是指政府为调整和优化国民经济结构所制定的目标，主要包括了产业结构、区域发展、资源配置等方面的目标。总量目标和结构目标相辅相成，共同构建了国民经济管理的目标体系，对于实现经济平稳增长、结构优化升级具有重要意义。在实践中，政府需要综合考虑各种因素，合理制定和调整国民经济管理目标，以实现经济社会可持续发展的目标。

随着国民经济管理目标的日趋多元化，国民经济管理手段也日益多样化和综合化，主要包括经济手段、法律手段、行政手段及其他必要的手段。这种趋势反映了经济发展面临的复杂性和多样性，以及经济管理的现实需求和挑战，政府需不断优化管理手段，根据不同的管理目标和实际情况，灵活运用各种手段，实现国民经济管理的有效性和精准性，适应经济发展的变化和复杂性。与此同时，国民经济管理中的目标与手段之间也存在着密切的关系，它们相互作用、相互促进，两者之间的数量匹配、性质匹配和层次匹配关系是确保管理有效性和实现经济发展目标的重要保障。

本 章 习 题

1. 国民经济管理的基本内容是什么？
2. 国民经济管理的目标体系中包含哪些内容？
3. 国民经济管理目标体系中总量目标与结构目标之间是怎样的关系？
4. 国民经济管理各目标之间是否存在矛盾冲突？
5. 国民经济管理有哪些手段，各调控手段的特征是什么？
6. 国民经济管理不同手段之间有何联系？
7. 国民经济管理的目标与手段之间有何关系？
8. 国民经济管理与宏观调控之间有何联系与差别？
9. 在国民经济管理手段体系中，各宏观经济政策间是什么关系？
10. 财政政策与货币政策的调控功能是什么？两者如何综合协调？

第十六章

预期管理与调控评价

> **本章知识点**

1. 预期与预期管理
2. 预期管理目标、过程与手段
3. 宏观调控评价
4. 综合指数评价法、综合指数评分法和计量经济模型法

> **本章学习目标**

1. 掌握预期与预期管理的相关概念
2. 了解预期管理的必要性、掌握预期管理的作用
3. 掌握宏观调控的含义与作用
4. 掌握宏观调控的内容
5. 熟悉综合指数评价法、综合指数评分法和计量经济模型法

预期普遍存在于宏观经济运行中。它是人们对未来经济变量变化趋势的主观判断和估计。预期的正确引导对于防止宏观经济的剧烈波动,保持国民经济的持续、快速、健康发展有着非常重要的作用。有预期的存在,就需要预期管理。预期管理运用于国民经济运行,对可靠信息加以科学的预测,在国民经济出现问题的临界点之前就掌握预期问题,将其解决在萌芽状态,不让越过警戒线,以达到预期管理的目的,确保国民经济管理目标与预期结果相一致。

现代市场经济的运行与发展需要宏观调控。宏观调控有效率高低,需要对其进行评价。宏观调控评价是指通过对宏观经济活动进行审核检查后,评定宏观经济活动是否按照既定的目标进行、经济社会效益的高低优劣,从而有针对性地提出意见和建议,目的

是促使宏观调控的有效性。它有助于调控绩效提升，更好地进行宏观调控并总结调控经验。宏观调控评价的内容丰富，包括调控规划的评价、调控过程的评价、调控结果的评价。宏观调控评价通常采用综合指数评价法、综合指数评分法和计量经济模型法等方法进行评价。掌握宏观调控评价方法对了解宏观经济运行状况、选择所需要的调控手段与方法、总结调控经验与教训等都具有重要的影响。

第一节　预期管理的作用

一、预期与预期管理

宏观经济，无论是就业、增长、物价还是国际收支，无不受预期的作用与影响。"预期在决定经济的行为方面发挥着重要作用"[1]。预期是指经济活动中的预期者在做出行动决策之前，对未来的经济形势和重要经济变量的变化趋势所做的主观判断、估计或预测。为了实现国民经济良性运行与协调发展，需要对预期进行引导与调节，加强预期管理。

（一）预期

预期并不是一个新鲜的名词[2]，原来是一个心理学术语[3]，来源于西方经济学理论。传统的预期概念可以追溯到希克斯的《价值与资本》中所做的论述[4]。希克斯对预期概念所做的论述是同他对一般经济均衡的稳定性所做的分析结合在一起的。一个均衡点是否稳定，朝什么方向发展，取决于其经济体系在受到使它离开均衡位置的冲击后将会如何变化的预期。在这方面呈现的中心问题是如何用公式将预期的变化和均衡的扰动之间的关系表示出来[5]。事实上，在理性预期学派出现之前，西方经济学中早就有人，如凯恩斯等，使用过预期这一概念，但他们都没有科学地指出什么是预期。在后来的理性预期学派看来，人们一步步地修改和调整自己对未来经济前景的看法，以适应经济形势变化，这就是预期。

不同的学科对预期有不同的解释，而且表达也不同[6]。从字面来看，预期有其特定的含义。一方面，预期是估计、打算、判断、期待、企盼、期望、预测、预见、规划甚至计划等的同义词。另一方面，预期又广泛地用来解释和描述与未来经济发展活动有关的问题。在现代汉语中，预期中的"预"字是预先，"期"字是期待，它是指预先期待的意思[7]。预期就是指对未来的预测。它是预期者基于所拥有和所能利用的各项信息对未

---

[1] 高鸿业. 西方经济学（宏观部分）. 5 版. 北京：中国人民大学出版社，2012：622.
[2] 江世银. 通货膨胀预期管理研究. 北京：人民出版社，2014：23.
[3] 江世银. 审计预期论. 上海：上海人民出版社，2023：4.
[4] 江世银. 预期理论史考察. 北京：经济科学出版社，2008：2.
[5] Harrison R. Estimating the effects of forward guidance in rational expectations models. European Economic Review, 2015, 79: 196-213.
[6] 江世银. 预期理论在宏观经济中的应用. 北京：人民出版社，2012：1.
[7] 江世银. 预期作用于金融宏观调控的效率. 北京：中国金融出版社，2010：61.

来经济的主观反映。预期者为了切身的利益，总是要先对将来的经济形势或经济变量做出估计和判断，然后再决定自己如何行动。这种行为就是预期行为。预期普遍影响着人类行为的各个方面。但是，预期距离事实本身还有一段相当的距离。它是决策者对于那些与其决策相关的不确定的经济变量所做的预测。也就是说，经济行为人往往对于经济变量在未来的变动方向和变动幅度进行事前估计。在这个世界中，未来在大多数情况下是未知的和不可预见的。我们期待发生的事极有可能不发生。事实上，现代科学的发展使人们对许多未来事件都可以预测。我们能够确定的是未来具有不确定性。

预期有狭义的预期与广义的预期之分。前者是指预期者对未来商品市场价格波动的预测，后者是指预期者对未来经济形势或某一经济变量所做的主观判断、估计或预测[①]。可见，预期是对某一趋势的提前认识，即从对某一连续性过程前期的认识中分析和预见后期。尽管经济变化存在不确定性，但是，这不排除连续性过程的后期会或多或少地包含或延续前期的成分。作为心理现象的预期与客观经济现实之间具有不可分割的联系。客观经济形势的变化，往往会出乎预期者意料，或者说与预期者对经济形势的预期相悖。预期与经济现实之间的客观联系，一方面表明预期是影响国民经济运行的一个重要因素，另一方面又表明对预期进行引导和调节的必要性及其可能性。在各种影响经济运行的预期中，收入预期、支出预期、投资预期、价格预期、通货膨胀预期和通货紧缩预期等对国民经济运行的影响最为显著和重要。预期与利益密切相关，居民进行投资和消费、企业进行投资、政府进行宏观调控都在利用预期来为之服务。往往预期会直接影响到它们的行为。"预期是经济活动的重要驱动因素"[②]。正是由于预期对国民经济活动的影响，才奠定了它在经济学上的积极意义。

（二）预期管理

预期管理，就是指有关机构对预期所进行的干预、引导、调节或管理。它包括对预期的引导与调节。预期管理发源于20世纪50年代，是指有效引导、协调和稳定预期，求得效果最大、副作用最小。20世纪70年代以来，伴随着理性预期学派的兴起，国民经济管理部门开始重视预期管理。预期管理的具体实践为通过对政策工具的界定、对政策调整时机所应具备条件的解释，以及定期举行会议并公布纪要等，政策在某种程度上可被预见。西方的预期管理集中在货币领域，中国的预期管理覆盖领域更宽，强调信息、政策、信念、交流等。现代的预期管理是通过心理来影响预期变动，可以提高信息的完备性来消除预期的黏性和突变性以增加预期的理性。

二、预期管理的必要性

在预期问题越来越突出的今天，为了保持宏观经济的正常运行，我们需要强化预期管理。宏观经济的良性运行与协调发展，除了从制度、政策等方面进行管理外，还需要进行预期管理。预期管理对于实现宏观经济持续快速健康发展是非常必要的。特别是当

[①] 江世银. 中国资本市场预期. 北京：商务印书馆，2005：46.
[②] 约翰·达菲等. 实验宏观经济学. 贺京同，那艺，等译. 北京：机械工业出版社，2019：90.

经济发展不及预期时，树立信心、增加经济向好的预期引导与调节等预期管理比其他手段更有效。

（一）预期管理有利于宏观经济总量平衡

宏观经济总量平衡目标包括投资、消费、进出口、货币供求、就业、物价总水平、财政信贷收支等总量的平衡。宏观调控的总量目标主要是解决经济的短期波动问题，保持社会总供求大体平衡，实现经济良性运行与协调发展。不良的预期可能引发、加剧经济波动，引起公众内心的恐慌，降低公众的生活质量，影响社会和谐与稳定。如果预期引导不好，宏观经济总量难以平衡，这很容易引起公众的不满。他们甚至会认为政府在剥夺他们。有时，整个社会民心和公众心理在很大程度上受预期的影响。政府增加所实施的宏观经济政策的透明度，及时发布相关信息，增强公众对政府促进经济发展的信心，引导他们合理调整自己的预期，这就是预期管理。不良的预期不仅降低公众的生活质量、危及社会稳定，而且造成政府不可挽回的信誉损失。不良的预期的放大会使公众产生恐慌心理，引起公众与政府处于敌对状态。不良的预期还造成经济的虚假繁荣，对失业者产生许多错误的引导信息，使他们暂时能够就业。这就是说，他们并没有真正地通过就业创造社会财富。在这些人看来，有时，整个社会不和谐、不稳定在一定程度上是由预期引起的。针对这种情况，政府对由预期引起公众的不满现象进行预期管理，特别是降低他们的预期、增加他们的满意度等，可以促进宏观经济总量平衡，起到促进社会和谐、稳定社会的作用。

（二）预期管理有利于经济结构优化

预期管理不仅在总量变化中产生影响，而且对经济结构也会产生一些影响。经济结构调控的目标就是实现经济结构的优化，包括产业结构、区域结构、投资结构、生产力布局、企业组织结构和经济与社会的结构优化。宏观调控的结构目标主要是解决经济的长期发展问题，在较长时期内通过提高资源配置效率，求得经济结构的整体优化。对于需要加强的经济结构，人们的投资预期看好，增加投资。对于区域结构的调整，那些结构好的区域，人们的预期也会看好，投资也会增加。有关部门通过预期引导与调节，增加需要得到发展的产业投资，落后地区加快发展，生产力得到合理布局，经济发展与社会进步同步。

（三）预期管理还有利于社会全面进步

除了经济总量平衡、结构优化外，宏观调控的目标还包括推动社会全面进步。推动社会全面进步，就是要使教育、科学、文化、卫生、体育、广播电视和社会保障等获得全面发展，以及生态环境得到保护等。这方面问题的解决包括控制人口增长、提高文化教育科学水平、改善劳动条件、完善社会保障和保护环境等。它们都不是短期内能够解决或奏效的。当预期不看好时，就非常有必要引导预期者树立社会进步的预期。正确制定和实施经济、社会发展战略目标，将使社会福利和劳动环境得到改善，不合理的社会差别逐步缩小，保持资源的合理开发和生态系统的平衡，有利于预期者形成良好的预期。国家对民生问题的解决，有利于预期者的预期看好。可见，在社会进步过程中，加强预期管理，有利于预期者形成社会进步的预期。

三、预期管理的作用

预期管理离不开宏观经济政策作用的发挥。在宏观经济政策中，财政政策和货币政策作为一种短期的需求管理政策，无不直接受到预期管理的影响。产业政策、立法政策作为一种长期的供给管理政策，也会间接地受到预期管理的影响。针对不同的经济情况，预期管理的要求是不同的，手段与措施各异，效果也大相径庭。预期管理通过一系列中间环节对宏观经济产生影响[1]。为了获得最大化利益，个人力图对经济变量做出最准确的预期以避免行动的盲目性。行动和预期是一个相互自我实现的过程，和谐地融为一体[2]。

（一）预期管理可以促进经济景气繁荣

一般来说，在经济不景气时期，为了刺激经济发展，实现充分就业，政府实行扩张性的财政政策和货币政策，结果不仅出现经济高涨的预期，而且通货膨胀也在所难免。这是因为伴随着宽松的刺激经济发展的政策，人们的预期上升，投资、消费都会增加，经济出现繁荣。当经济走出低谷后，这时的预期管理就是引导预期者下调预期，尽量使预期与实际结果接近。预期管理需要特别注意引导减少投资者盲目投资、消费者消费过度膨胀。只有这样，才能充分发挥预期管理对经济的引导作用。

（二）预期管理可以给过热的经济降温

在经济过热时期，当通货膨胀使人们难以承受时，为了给经济降温、下调人们的预期，政府通常实行紧缩性的财政政策和货币政策进行预期管理。预期管理也要求实施紧缩性的财政政策和紧缩性的货币政策，减少财政支出与货币供给量，抽紧银根。伴随着紧缩性政策的实施，人们会意识到经济过热后的结果。经济已经降温后，这时的预期管理就是引导预期者树立良好的预期，尽量使预期与实际结果接近。预期管理需要特别注意引导投资者增加投资、消费者增加消费，从而不至于经济过冷。可见，预期管理对宏观经济产生重要的影响。国内外经济发展表明，有时进行预期管理比直接控制经济运行更有效。

四、预期管理内容

预期管理的具体应用主要是通货膨胀预期管理、经济景气预期管理和金融风险预期管理等。它具有丰富的内容，通常包括制度、政策、供求和心理方面进行的管理[3]。因为各方面的内容密切相关，所以预期管理可从多渠道、多方式进行预期引导与调节。

（一）制度方面的预期管理

不仅各项制度对预期的形成和变化起着重要的作用，而且预期管理也存在着制度方

---

[1] 林木西，黄泰岩. 国民经济学.3版. 北京：经济科学出版社，2018：323.
[2] 帕特里克·明福德. 理性预期宏观经济学. 方福前，刘小波，译. 北京：中国大百科全书出版社，1998：4-7.
[3] 江世银. 社会预期管理论. 北京：中国社会科学出版社，2017：244-267.

面的问题。正是如此，制度方面的预期管理主要是从信息披露制度、市场监督管理制度和预期监测制度方面进行。

1. 信息披露制度

在当今信息时代，经济形势变化异常迅速，要求人们相应地迅速做出决策，及时地掌握有关的经济信息，形成切合实际的预期，以此为根据采取行动。这就需要政府提供和保证充分的经济信息。提供大量有用的经济信息对引导人们的预期十分重要。如果经济信息充分、真实、有效，那么，人们会形成合理和较为准确的预期。如果经济信息不充分、失真、失效，那么，人们所形成的预期会与实际偏离较大。因此，进行信息披露的目的是为人们提供正确决策所需要的有用且恰当的信息，以此保护人们的利益。信息披露不仅向人们提供反映未来经济变动方向的有用信息，降低人们的预期形成的成本，还可使政策形成一种自动释放机制。提高预期管理政策的透明度、可信性和有效性，稳定人们的预期。政府的预期管理政策信号对预期的形成具有非常重要的作用。政府利用高层话语引导机制合理传递政策信号，通过信息的提供和传播来引导人们的预期。建立政策信息公开制度，规范政策信息披露的内容与时间，向人们传达政府对宏观经济形势的分析和判断及调整政策的理由。在人们的预期形成之初，政府应准确把握信息披露的时机和力度，引导人们的预期更接近实际。可见，信息披露制度对预期管理的重要性。

正是因为从传统的预期的问题管理向现代的预期的问题管理转变，所以，信息披露显得越来越重要。信息披露可以缓解或减少决策层与被管理层之间的信息不对称，稳定人们的预期。西方许多国家的政府主要是通过发布政策报告、举行新闻发布会及高层领导公开讲话等途径进行信息披露。随着时间的推移，人们会搜集到关于各种经济变量的大量信息。在形成对未来经济的预期时，预期者就会充分利用这些信息。在每一时期，政府都要事先公布即将要遵循的规则，让人们对下一时期的经济做出准确无误的预期。要让人们对经济做出相当准确的预期，就要求政府加强预期的管理，防止错误的预期引发出对经济运行的不利影响。

2. 市场监督管理制度

管理预期需要利用市场监督管理制度为其服务。市场不是万能的，自身也有缺陷和消极方面。特别是在经济过热预期下，投机行为和乱涨价会破坏市场秩序，进一步强化预期。这就要求管理预期必须强化市场监督管理制度，为抑制经济过热创造良好的市场条件。政府应在主要运用经济手段调控各种商品和服务价格的同时，辅之必要的行政手段加强市场监督管理。综合运用经济、行政和法律手段整顿流通秩序，加强市场监管，保障市场供应，稳定人们的良好预期。

3. 预期监测制度

国外经验表明，管理预期需要根据科学合理的测度标准随时监测和评估预期的变化。为了更好地引导与调节人们的预期，政府应借鉴国外经验并结合实际逐步建立、健全预期监测制度，以便根据监测结果采取相应措施稳定预期。在对预期进行定量分析的同时，政府采用调查与经验分析相结合的方法对预期进行定性分析，弥补定量分析受计量经济模型限制出现调查结果不准的缺陷。通过各类机构开展经济调查，可以提升社会各界对经济正常变化的判断能力，引导人们形成正确的预期。为了把握被调查者的可信度，对普通投资者和消费者的问卷调查内容主要是他们对过去一段时期价格走势的看法和对未来一段时期价格变动趋势的判断和估计；对企业管理者、专家学者和预测机构的调查可涉及未来经济走势、社会总供求及价格变动趋势等宏观层面的内容。与此同时，加强预期变化的监测，完善应急监测机制，及时发现苗头性、倾向性问题，提出预期管理对策建议。

（二）政策方面的预期管理

各项宏观经济政策对预期的形成和变化起着重要的作用。引导与调节预期，需要恰当地选择管理的时机，因为预期的管理时机很重要。它要求为预期管理的宏观经济政策应迅速对预期变化做出反应，管理时机比管理力度更重要；它要求着眼于短期引导并快速采取行动，把不良预期消灭在萌芽状态。政策方面的预期管理，主要是货币政策、财政政策、价格政策、收入分配和社会保障政策的制定与实施等方面。加强各种宏观经济政策的协调则有助于政府提高管理预期的能力。

1. 货币政策

预期都与货币政策密切相关。货币政策以调控货币供给量为己任，在管理预期中扮演主要角色，对稳定预期十分重要。这种管理预期的货币政策目标是通过实施货币政策来割断预期与实际相联系的货币纽带，主要是收放信贷和适当投放货币即提供恰当的货币供给量。通过增强货币政策的前瞻性和灵活性管理好预期，可以切实管理好流动性和货币信贷总量。提供一个恰当的货币供给量并配合其他货币政策措施调节流动性，不仅是引导与调节预期的客观需要，而且是向市场释放经济信号的较好选择。用货币政策管理预期，是引导与调节预期的重要手段。在科学分析预测流动性供求形势的基础上，政府综合运用多种货币政策工具，充分发挥各种杠杆在平衡社会总供求及管理预期中的作用。

2. 财政政策

因货币政策各项调节工具在管理预期中的一些局限性，预期的管理不能仅仅依靠货币政策，也应发挥财政政策的作用。从管理预期出发，财政政策也是管理预期的重要手段，因为它对于稳定与改变预期同样十分重要。它既可以平衡经济总量、调整经济结构等，又可以引导与调节预期变化。需要注意的是，实施单一的财政政策和货币政策都难以较好地管理预期。如果政府将二者相互配合，那么，这对于降低过高预期或增加经济景气的预期十分有利。由于它们的认识时滞、决策时滞和效果时滞的不同，我们只有促使二者恰当地配合才能更好地管理人们的预期。加强财政政策和货币政策的协调有助于提高政府管理预期的能力。

3. 价格政策

实施何种价格政策对于预期也有重要的影响。它不仅直接影响商品或服务价格的形成，而且影响着人们的预期形成与变化。实践证明，人们的预期稳不稳与价格稳不稳密切相关，而价格稳不稳又与价格政策密切相关。管理预期需要发挥价格政策的作用，防止价格政策不恰当所带来的不良预期。价格政策是提升过低预期或降低过高预期最直接的手段。如果价格政策能将保持商品或服务价格稳定作为预期管理的重要任务，为经济平稳较快发展创造宽松的条件，则可以降低预期。在预期管理中，政府应科学合理地制定价格调控目标，把握好调控的时机、方向、力度和重点，做到既促进经济发展，又使社会各个方面能够承受，避免因管理不当而恶化原有的不良预期。政府应更加关注民生，在管理预期时防止人们形成过高的预期。

4. 收入分配和社会保障政策

收入分配和社会保障政策是管理预期的有效手段。管理预期，政府需要克服不良预期和降低过高预期。一方面，克服中、低收入者的不良预期。健全最低工资制度，改变初次分配中资本所得偏多而劳动所得偏少的格局。只有采取恰当的收入分配政策管理好预期，才能克服不良预期。另一方面，降低低保者的过高预期。低保者往往对政府抱有不切实际的期望，政府忽视不得，这是因为它有可能引发对政府的不满，带来社会的不和谐。这就是说，管理预期，政府还需要十分关注低收入者的感受，在保证他们的最低生活保障的基础上适当提高低保者的生活保障水平，降低他们的过高预期，因为社会保障政策对低收入人群的预期形成与改变具有重要的作用。如果社会保障政策不当，他们对由基本生活保障问题所带来的影响就会有太多的顾及，常会形成不良预期。在这种情况下管理预期，政府坚持广覆盖、保基本、多层次、可持续的社会保障原则，实施健全的社会保障政策，切实保障城乡最低收入居民生活来源，不断地提高人们的可支配收入水平，这样才可以更好地稳定预期。

总之，影响预期的政策非常复杂，涉及的因素也很多。管理预期需要有系统性的政策保障。只有统筹好了这些政策，在宏观调控方向、力度、时机、重点和效果上相互协调配合，才能形成预期管理的合力，才能在政策方面管理好预期。

（三）需求方面的预期管理

管理预期，需要根据社会总需求变化抑制投资需求、消费需求、政府需求和进口需求等。需求与供给大体平衡，整个社会的预期才会看好。

1. 投资需求

预期是影响投资需求的重要因素。反过来，投资需求也是影响预期变化的主要因素。在社会总需求过旺时期，抑制投资需求可以降低人们的预期。预期降低了，投资需求也会下降，投资才会减少。当利率降低时，预期收益率大于利率的投资机会就会增多，投资需求就会增大。在潜在产出水平一定的条件下，过快的投资需求增长迟早会使投资者形成经济过热的预期。减少投资，需要在实施其他宏观经济政策的同时引导投资者的投资预期。政府改变投资预期需要加大投资风险的宣传和引导，变盲目乐观预期为符合客观实际的预期。对于那些投资热情高涨、信心十足、乐观过度的投资者，政府可通过加大投资风险、难以实现预期收益的预期引导来改变投资预期。只有投资预期合理，才有可能稳定预期。

2. 消费需求

同投资需求一样，预期也是影响消费需求的重要因素。反过来，消费需求也影响预期的变化。在社会总需求过旺时期，抑制消费需求可以降低人们的预期。预期降低了，消费需求也会下降。减少消费就需要在实施其他宏观经济政策的同时引导消费者的消费预期。对于这种状况，政府可通过改革使消费者承担原来由政府承担的社会保障费用，增加他们的支出，从而抑制过快的消费增长。只有消费预期合理，才有可能管理好预期。

此外，管理预期，还可以通过对政府需求和进口需求的管理来引导与调节预期。在社会总需求过旺时期，抑制政府需求和进口需求可以降低人们的不良预期。不良预期降低了，政府需求和进口需求也会下降。在社会总需求不足时期，增加政府需求和进口需求可以增加人们的良好预期。良好预期增加了，政府需求和进口需求也会增加。保持社会总供求平衡与预期管理密切相关。

（四）供给方面的预期管理

管理预期，真正的治本方法就是对生产和供给进行有效的供给管理。供给管理是增加总供给、降低成本、提高经济活力的根本出路。供给增加了，各种商品和服务都能满足人们的需要，即使出现不良预期也不会有很大的影响。供给方面的预期管理，主要是保障供给和抑制不合理需求相结合进行管理。

商品和服务的供给如何，直接影响着预期的好坏。增加商品和服务的有效供给是化解不良预期的重要措施。供给管理就是要不断地增加商品和服务供给，从源头上管理好预期。充分发挥税率、利率和汇率的价格信号在预期管理中的作用，对于促进经济平衡和引导预期具有重要意义。有效供给不足，满足不了人们对各种商品和服务的需求，难免会出现不良预期。一般来说，但凡在有效供给充足的时期，预期一般都不高。这是因为增加商品和服务的有效供给可以从供给方面较好地管理好预期。增加商品和服务有效供给的办法是调整不合理的经济结构，减少消耗、降低成本，提高经济效益，特别是提高投入产出的比例。只有这样，才能较好地稳定人们的预期。

（五）心理方面的预期管理

心理方面的预期管理，主要是从心理沟通、心理协调、政策透明度、政府公信力、政府高层话语引导和心理预期引导等方面着手。为了减少预期的消极影响，预期管理包括从心理方面进行管理。

1. 心理沟通

由于预期的主体是各经济行为主体，管理预期的主体是政府及其宏观经济机构，它们之间常因信息不对称而产生行为差异，会导致预期管理的政策实施难以达到预定目标，所以，这就需要加强政府与他们的心理沟通。管理预期，政府可通过各种媒体加大政策宣传力度、解释政策实施意图，及时传递政策信号，加强政府与他们之间的信息沟通和心理沟通，经常进行政策微调。政府利用一切可以利用的政策措施使他们对经济形势及政府政策倾向有正确的认识，避免产生非理性判断并形成不合理的预期。由于预期波动性较强、变化较为频繁，心理沟通的非正式表达更适应预期的特点，所以，进行舆论引导和心理沟通可以避免由非理性预期引发的羊群效应。管理好预期，应加强政府与人们的心理沟通，主动及时传递政策信息，积极主动引导人们对经济形势形成合理判断与正确估计，通过各种手段来稳定良好的预期。政府应营造一个良好的舆论环境，引导人们理性地判断未来的经济走势。如果预期管理得好，政府的宏观调控就具备了良好的社会心理基础。政府管理预期需要付出代价，稳定人们的良好的预期有一个过程。在这个过程中，政府适时转换宏观调控的目标以表明进行经济调控的决心，加强与人们的心理沟通，引导人们对经济形势做出正确判断和估计，阻断不良预期的自动诱发机制，从而避免由预期引发或导致的不良的经济运行（社会总供求失衡）。

2. 心理协调

管理预期，需要加强政府部门之间的心理协调。政府的宏观经济管理部门众多，由于承担的职能、掌握的数据、分析的视角及管理目标与手段的差异，它们往往对宏观经济形势、未来前景、预期经济变化趋势，管理政策操作的看法、表态不尽相同，有时甚至截然相反，特别是各有不同的心理预期。这种政府职能部门心理预期上的差异会让人们无所适从。一般来说，宏观经济管理部门对未来经济形势的看法往往较为谨慎，更多地倾向于采取较为中性的宏观经济政策，而政府其他部门往往对经济走势较为乐观，更多倾向于实施较为积极的宏观经济政策。预期的主要管理者需要主动加强与其他宏观经济管理部门的心理沟通与协调，统一宣传口径，努力使自己在预期管理中发挥积极的作用。政府其他部门也要积极配合预期管理，引导人们形成大体一致的心理预期。这些协调包括信息、形势、变化趋势、管理目标和采取措施的心理沟通与协调。

3. 政策透明度

宏观经济政策的透明度也会影响预期形成与变化。政府管理预期的政策公开透明，人们会树立政府能够有效调控经济的信心。如果政策的制定和执行过程不透明，人们就容易产生对政策的怀疑，进而引发不良预期并不断地强化。在预期强化趋势下，政府公开制定政策的依据、实现政策目标的途径、政策调控的实际效果与目标偏离的原因等，人们能够准确地把握政策的取向，能够更好地引导人们的预期。利用政策的透明度引导预期，一方面，发布政策执行报告。政府向人们告知政策的实施情况，宣传和阐述宏观经济政策的目标与目的，公布有关统计信息、政策决策的数据及专业分析材料，对经济形势进行全面评估，并对经济形势进行预测，提出未来经济政策的基本取向以引导人们的预期。另一方面，经常召开新闻发布会。政府向公众详细介绍国内外的经济形势及变化趋势、说明政策的实施情况等，提高宏观经济政策的透明度，引导人们的预期向好方向变化。

4. 政府公信力

在管理预期过程中，政府能否有效防止不良预期自我强化和自我实现，在很大程度上取决于政府的公信力。实践证明，如果政府不具有较强的公信力，多次表态不准甚至是误导的，那么，在经济波动过大时期，人们往往会强化对宏观经济政策的不良预期。通过舆论宣传和引导，管理预期主要是提高政府的公信力。提高政府公信力，减少人们因为统计数据与实际生活中感受的偏差，增加人们对政府宏观调控的信心。政府利用舆论工具引导心理预期，表明治理经济的意向和决心，可以避免社会总供求严重失衡引起的经济剧烈振荡和心理恐慌。政府还可以运用舆论手段及时传递有关预期的信号、传达对未来经济的坚定信心。特别是政府告示人们将对经济采取的政策措施，让人们相信政府有能力管理好经济。政府通过媒体的正面宣传和正确引导，及时告示宏观调控所采取的各项政策措施。政府经常进行预测并将结果及时通过出版物和新闻发布会等形式告知人们，增强信息披露的前瞻性，相机引导预期，以便有效引导人们对政策所带来的经济形势做出合理判断，稳定人们的良好预期。

5. 政府高层话语引导

由于政府高层所处的地位和所发挥的作用，其话语引导是进行预期管理的一种常用方式。与正式表达渠道相比，政府高层话语引导方式具有成本低、灵活性强、影响更为直接等特点，更能影响人们的预期形成和变化。由于预期波动性强、变化频繁，高层话语引导的非正式表达更适应预期的运行特点，所以，政府可通过正式或非正式表达渠道的高层话语引导合理传递政策信号，建立政府、中央银行与公众之间的政策沟通协调机制。虽然在我国也有政府高层话语引导的正式渠道，但其不足之处在于权威机构领导人在适当场合对未来经济走势等共同关心的问题进行的暗示或非正式表态，还没有发挥出它对预期管理的重要作用，还需要增加政府高层的话语引导。特别是需要由政府官员在适当场合对未来经济等敏感问题进行暗示或非正式表态，以此引导人们的预期形成和变化。

6. 心理预期引导

除了政府各部门能够对预期进行管理以外，各种社会中介组织的心理预期引导也有很重要的作用，它是影响预期形成和改变的重要方面。这是因为，这些组织可以解读政府各部门的政策措施，引导人们认识宏观经济形势，由此形成正确的预期。特别是在信息传输手段日益多样、传输速度快和传输效率高、大众传播媒介广泛发展的情况下，其预期导向对人们的预期形成具有重要的影响，有时还是关键的导向。媒体使用规范的表达方式对预期管理政策进行宣传，正确解读容易引起误解的说法，以正确引导人们的预期。管理预期，政府可以充分发挥一些社会组织发布的科学研究报告对于预期管理的作用。这些组织能够通过报刊、书籍、广播电视和网络等媒介引导人们形成合理的预期。过去，有的社会中介组织不是客观、公正地分析经济形势，通常为少数人说话，与政府的政策和目标相佐，甚至成了某些利益集团的代言人。这就很可能是不利于预期管理的。管理预期，如果能够充分发挥这些中介组织的引导作用，那么，政府是能够较好地达到预期管理目标的。

总之，针对预期的复杂成因，政府应正确运用不同政策的搭配和组合，有针对性地采取多项措施降低预期。政府既从制度和政策方面入手，又从供给管理和需求管理等方面多管齐下，坚持保障供给与抑制不合理需求相结合共同管理预期。通过舆论放大了的预期是导致通货膨胀压力增大的重要因素，炒作预期比通货膨胀本身对经济更具有杀伤力，过度渲染预期是不可取的。从心理方面管理预期应通过客观分析和正确宣传引导人们的预期。

第二节 预期管理目标、过程、种类与手段

一、预期管理目标

任何管理活动都是服从于一定的目的的。预期管理也不例外。这就出现了预期管理的目标。预期管理目标，是指在预期管理方面所要达到的预定目的。它决定着预期管理活动的方向与性质，并具体地体现为一定的预期管理目标。预期管理的目的是引导公众的预期而保证其活动有序地运行，整个系统处于良性运行和协调发展状态，实现管理的最优化。预期管理就是要通过公众的预期引导，减小由系统内部引起的扰动频率和振幅，也就是达到宏观经济的良性运行和协调发展状态。预期管理目标，实际上决定着管理的重点、内容和着力方向，同时，也是评价预期管理的重要依据。预期管理目标包括一般目标和具体目标、长远目标和近期目标[1]。

（一）预期管理一般目标和具体目标

预期管理目标包括一般的目标和具体的目标。预期管理一般目标是引导公众的预期而使之符合管理要求的目标。它从根本上影响着管理的方向，是预期管理的总目标。例如，进行预期管理所要达到的一般目标就是要保持心理预期既符合理性和实际，又相对稳定和合理。理性的预期是充分利用了各种信息，运用科学的预期方法，与实际相差不大的预期。虽然预期有波动和不合理，这是正常的，但是，预期管理可以把全社会有波动和不合理的心理预期通过宣传、沟通、引导和管理达到相对稳定和合理。这正是预期管理的目的所在。

预期管理具体目标是通过引导公众的预期提高管理水平。它体现预期管理的一般目标。其具体的目标是由最高管理层制定的预期管理一般目标进行分解，逐步展开，通过上下协调，形成各层次、各部门、各机构直至每个成员的具体目标。预期管理需要科学合理地进行规划，使全社会的预期正确、合理。预期管理的一般目标较为抽象，而预期管理具体目标则较为具体，能够较容易地进行操作。因为具体目标是由一般目标分解而成的，所以，预期管理一般目标制约预期管理具体目标，预期管理具体目标体现预期管理的一般目标。

（二）预期管理长远目标和近期目标

不同的时期有不同的目标选择。从时间上划分，预期管理目标包括长远目标和近期目标。预期管理长远目标是预期管理在相当长一个时期所要达到的目标。这种目标一般是在一年期以上的预期管理目标。预期管理长远目标内在地体现了各种预期管理目标。实现了长远目标，就完成了管理任务。预期管理近期目标是当前预期管理所要实现的目标。这种目标一般是在一年期内的预期管理目标。事实上，它是一种年度的预期目标，是在

---

[1] 江世银. 社会预期管理论. 北京：中国社会科学出版社，2017：214-237.

近期就要实现的目标。这种目标时间越短，越接近实际发生的结果。

一般来说，预期管理长远目标包括预期管理近期目标，本身可以分解为具体的、可以实现的近期目标。近期目标体现长远目标。虽然近期目标也非常重要，但预期管理更多的是长远目标，特别是进行中长期的心理预期引导和导向。不管是预期管理一般目标和具体目标，还是预期管理长远目标和近期目标，都存在着正向和逆向两种方向。当预期过高时，就需要降低全社会的预期。相反，当预期过低时，就需要增加全社会的预期。这就是逆向的预期引导和调节。虽然预期很高，但如果没有达到预期管理的目的，就仍然需要继续增加全社会的预期。相反，虽然预期很低，但如果没有达到预期管理的目的，就仍然需要继续降低全社会的预期。这就是正向的预期引导和调节。不管哪种情况，都需要正确确定预期管理目标方向，以求目标选择符合客观实际。

正确地选择预期管理目标，应当根据宏观经济运行状况，实事求是地提出并采取各种恰当的方案，防止以愿望代替现实。外部环境变了，进行预期管理的目标也应做相应的调整。只要能够最大限度地减少经济波动因素、增加平衡因素，这个目标就是符合实际需要的。

二、预期管理过程

同预期有一个由低级到高级、由简单到复杂、由不完善到完善的过程一样，预期管理也有一个过程[①]。当预期问题较为严重且不利于经济运行时，特别是在需要进行调节与引导预期时，就在客观上产生了预期管理。预期管理主体采取各种措施进行管理，预期得到了引导和管理，达到了管理的目的。

（一）预期管理的产生

正如预期不是自古以来就有的一样，预期管理也不是自古以来就有的。它是随着预期的产生和管理的客观需要而存在的。特别是保持宏观经济良性运行和协调发展需要对全社会的预期进行引导与调节。在宏观经济问题不突出的时候，管理的重要性也不突出，也就不需要预期管理。当经济社会发展到一定阶段并呈加速发展趋势时，宏观经济总量不平衡、结构不优化，特别是宏观经济怪象百出，一个重要原因是这些怪象都与预期不当密切相关，这时就产生了预期问题。当预期问题突出时，宏观经济波动问题在所难免。除了加强一般的管理外，还需要进行预期引导和调节。预期引导和调节就是为了解决这些问题而产生的。

预期管理产生以后，政府需要对预期进行分析，包括预期是如何形成的、预期的现状如何、预期将会朝哪个方向变化、现有的预期对经济运行有什么样的作用和影响等。预期管理者需要通过掌握预期及其问题，采取措施解决问题等。预期管理过程包括调查、分析预期现状，进行预期问题预警，建立和修正预期管理模型，诊断预期问题，设置预期管理方案，采取预期管理措施，评价预期管理效果，反馈预期管理信息，总结预期管理经验等。①调查、分析预期现状是为预期管理做准备的。只有调查、分析并充分地掌

[①] 江世银. 预期理论史考察：从理性预期到孔明预期. 北京：经济科学出版社，2008：11-17.

握预期现状,才能有针对性地进行预期管理。②进行预期问题预警,是为了寻找预期问题出现的警源、分析警兆、掌握警度等。③建立和修正预期管理模型是为了更科学地进行预期管理,真正做到有的放矢。④诊断预期问题是为了解决这些问题而需要通过调查研究发现它们的关系。⑤没有预期问题,就没有预期管理。找到了预期管理问题,就要设置各种不同的方案,采取相应的政策措施。只有预期管理方案正确,管理政策措施得当,预期管理效率才高。⑥评价预期管理效果是为了改进预期管理方法,为更好地管理预期提供经验。⑦反馈预期管理信息也是进行预期管理后的必要过程。⑧总结预期管理经验是为今后更好地进行预期管理提供参考借鉴服务。

（二）预期管理的准备

由于经济社会现象的复杂性,当预期问题出现时,为了更有效地引导与调节预期,我们需要做好管理预期的准备。预期管理的准备是进行预期管理的前提和基础。这些准备主要是摸清预期状况,掌握预期与实际偏差的程度,清楚预期变化的方向,需要采取哪些政策措施进行预期管理。在这一过程中,进行预期管理还需要建立预期管理模型,摸清真实的预期问题及变化规律,为有针对性地采取相应的预期管理措施提供条件。为预期管理做准备,需要通过调查研究摸清预期状况。调查研究包括问卷调查、个案调查等。前者可以涉及一些关于经济社会指标,让公众进行回答,由此了解预期状况。后者可以对一些有代表性的预期主体进行调查,由此了解预期状况及其变化趋势。只有摸清了预期状况及其变化趋势,才能更好地、更有针对性地进行预期管理。那种对预期状况掌握得不好的管理是盲目的预期管理。

（三）预期管理的进行

预期管理的进行,是预期管理的中心环节和重要内容。有关预期管理机构采取各种措施对预期进行引导和管理,在某种情况下,它可以达到管理的目的。合理的预期就要给予稳定,不合理的预期就要给予引导,对于非理性的预期使之变为理性的预期,对于经济低迷或社会暗淡情况则调高过低的预期,相反,降低过高的预期。对于全社会主导性的良好预期则尽量保持。如果没有达到宏观经济管理目标,就还需要继续进行预期管理。当然,对于合理的预期,要使之长期持续下去。对于不合理的预期,需要调整和改变,使之合理化。对于非理性的预期,努力增加其理性的因素,使之理性化。对于过高的预期,需要降低过高的期望,使预期与实际结果偏差不大,努力使之符合客观实际。

（四）预期管理的结果

不是任何预期管理都能达到预期的目的。也就是说,不同的预期管理可能会出现不同的结果。有的能够达到,有的不能够达到。一种是在众多政策措施的引导和管理下,预期得到调整,达到了进行预期管理所需要的目的。另一种是尽管采取了预期引导和管理,但由于方法和措施不当,或者担当预期管理的预期管理者缺乏公信力,组织实施管理不力,预期没有多少变化。管理的结果甚至是,预期问题更加严重。面对不同的预期管理结果,需要预期管理者采取不同的策略。如果预期管理达到了预期的目的,这时,政府需要稳定全社会的预期（包括有用的预期、合理的预期、理性的预期、良好的预期）。如果预期管理没有达到预期的目的，这时，政府还需要采取更加有效的措施和办法进行预期管理，由此达到管理的预期目的。否则，预期管理就会失去其目的和意义。对于达到了预期管理目的的，需要进行经验总结；对于没有达到预期管理目的的，需要吸取失败的教训。总结经验和吸取教训是为了未来更好地进行预期管理。

三、预期管理种类

预期有多种类型，并具有一定的层次性。这些预期的形成、传播过程和在宏观经济运行中所发挥的作用都是不同的[①]。预期管理包括心理预期管理、经济预期管理和社会预期管理等。各种不同的预期管理需要采取不同的手段、措施和方法，才能更好地达到其目的。

（一）心理预期管理

最初的预期管理是心理预期管理。心理预期管理是预期管理的基础。心理预期管理就是有关机构从心理层面引导与调节人们的心理预期过程。例如，政府在进行改革前所进行的预期引导。进行心理预期管理的目的是让人们的心理预期转向有利于宏观经济发展的方向。例如，引导良好的个体心理预期向群体心理预期转化。人们的心理因素对预期的形成和变化起着重要的作用。心理预期会由于公众各自的立场、文化素养和认知能力等不同而有不同的预期方法，这当中可能有些是正确的，有些是大致正确的，有些甚至是完全错误的。

（二）经济预期管理

比心理预期管理更高层次的预期管理是经济预期管理。经济预期管理就是宏观经济管理机构为了经济的良性运行与协调发展而引导或调节经济行为主体或相关机构与人们预期的过程。当经济不景气时，采取一些措施和办法使经济向好。无论是由哪种原因引起的预期，通常都表现为社会总需求超过社会总供给的预期，包括投资需求、消费需求、政府购买需求和进口需求在内的社会总需求变化都会影响预期的形成和变化。一般来说，社会总需求膨胀，人们迟早会形成经济过热的预期。特别是投资需求和消费需求的膨胀会使人们已经形成的预期上升。管理预期，既需要抑制社会总需求，又需要增加社会总供给。20 世纪 70 年代，西方主要国家经济滞胀的出现动摇了凯恩斯主义经济学，于是人们开始重视供给管理政策。

（三）社会预期管理

比心理预期管理、经济预期管理更复杂的预期管理是社会预期管理。社会预期管理就是社会管理部门利用所掌握的各种工具对公众的社会预期形成和变化进行引导和调节的过程。它是社会管理的重要组成部分，目的在于使全社会的预期合理，形成一种有利于社会管理的社会预期。社会预期能否进行管理，还没有定论。本章认为，从预期管理

---

① 江世银. 预期理论在宏观经济中的应用. 北京：人民出版社，2012：32.

可看出，它是可以进行引导和调节的，具有可调节性。预期管理就是通过有效引导，协调和稳定预期，前瞻性地指引减少风险的过程。通常，政府在进行社会管理时注意发挥预期的作用，实际上是对公众的预期所进行的调节。所以，社会预期管理就是社会管理部门利用所掌握的各种工具对公众的社会预期形成和变化进行引导和调节的过程。这种管理的主体是政党、政府或其他社会管理主体，管理的客体是公众，管理的目的是使社会预期符合社会发展的需要，使社会和谐与稳定。社会预期管理是一项目的性很强的活动。当然，现代社会中的公众既是管理的客体，又是管理的主体。

由于公众所掌握的信息数量、内容等方面的差异，在此基础上形成的预期会有所不同，加之预期形成时间的不同，社会预期也不同。不同的社会预期的存在是正常的，但为了形成有利于社会运行的社会预期，就需要改变它，进行社会预期管理，它为调节预期提供了前提和基础。预期在客观上存在着一个时滞，即认识、行为和效果上的时滞。正是由于这个时滞，才在事实上有了社会预期，出现不同的作用和影响，也就需要对社会预期进行引导和管理，为社会预期管理部门引导公众的社会预期提供了较好的机会。社会预期管理部门也完全可以在他们预期判断形成前或预期判断形成中通过一定的措施来施加影响。对于相同的社会状况，会有各种不同甚至相反的结论和判断，这必然反映在公众的社会预期上。社会生活中的预期者也会根据社会预期管理部门的社会管理政策，适时调节自己的预期和预期行为，以适应未来形势发展的需要。所以，社会预期是可以调节或引导的。

由此可见，社会预期管理是政党、政府和社会组织进行的管理；是引导和调节社会预期变化的管理，从"捂、推、拖"的方式向"抓早、抓小、抓苗头"的方式转变；是从源头上进行的管理，从防范控制型管理向服务型管理转变；是运用心理疏导、舆论引导手段进行的管理，从偏重行政手段向综合运用多种手段解决社会矛盾和问题的转变；是从源头治理体系和动态协调机制等方面进行的管理。社会预警、社会管理关口前移，就是这样的社会预期管理。

四、预期管理手段

预期管理手段包括经济手段、行政手段和法律手段。各种手段都有其适用范围和条件。只有采取恰当的手段才能更好地管理好预期。国民经济调控目标的实现，需要借助各种调控手段，共同管理好预期。

（一）经济手段

经济手段就是相关部门运用各种经济杠杆通过调节各种经济利益关系，引导预期者达到经济社会发展目标和引导、调节预期合理化等的一种手段。经济手段既是经济管理的手段，又是预期管理的手段。经济手段具有引导性、价值形式性和环境依赖性的特点。经济手段通过各方面经济利益的调节来影响其经济行为，从而达到调控的目的。经济手段能影响预期并通过预期影响宏观经济运行。经济手段通过调节全社会的经济利益关系，就是利用预期者对自身经济利益的强烈追求，成为预期者的一种经济活动的内在动力。例如，对于弱势群体，提高他们的社会保障水平，提供更多的社会参与机会，不断地提高他们的经济收入水平,让他们能改变不良的预期。与其他手段相比,经济手段对预期的形成和变化更直接、更有影响力。当宏观经济恶性运行时,经济手段对预期的引导和调节更有效。经济手段是管理预期的基本手段。

（二）行政手段

行政手段是相关部门凭借行政权力,用颁布行政命令和依靠行政措施的方式,对经济活动和社会预期进行引导和调节的一种手段。它具有直接性和强制性的特点。它能有效且及时地解决全社会预期存在的问题。例如,通过行政手段的运用,将不合理的预期改变为合理的预期,将过高的而不切合实际的预期改变为与实际相符合的预期。行政手段通过指示和命令等形式直接规定经济行为主体的经济行为。与其他预期管理手段相比,行政手段对预期的引导和调节更具有强制性。因缺乏灵活性,行政手段有时难以适应客观条件和形势的变化。行政手段对预期的影响主要是拥有权力的国家机关通过信息的发布和政策实施等途径进行的。用行政手段引导与调节预期是预期管理的常用手段。行政手段是管理预期的必要手段。

（三）法律手段

法律手段是通过立法和司法等来调控宏观经济的行为和措施,以界定经济关系的手段。法律手段对预期的管理,表现为确定和调整各种经济主体的预期,维护经济秩序的预期,为宏观经济良性运行和协调发展的预期形成创造条件。法律具有权威性、稳定性和公开性的特点。它能够调整各方利益关系,为国民经济正常运行和健康发展提供法律保障。是否依法办事、是否执法公正合理、是否违法必究,都会影响预期。与其他预期管理手段相比,法律手段对预期的引导和调节更具有规范性。法律越健全,越严格依法行事,全社会的预期越趋好。相反,预期越趋劣。特别是不依法办事,全社会预期必然不良。一般来说,法律手段在预期管理前期比后期更能使预期的形成和变化有利于宏观经济良性运行和协调发展。法律手段更能减少预期管理的成本,提高宏观经济管理水平。法律手段是管理预期的重要手段。

总之,在预期管理中,经济手段、行政手段和法律手段对预期的影响范围、力度等是不同的。这就需要根据调控目标的要求和经济形势的变化选择恰当的、最佳的调控手段,提高调控效果。只有综合运行这些预期管理手段,甚至配合其他管理手段,才能更好地进行预期引导与调节,从而达到预期管理的目的。

第三节　宏观调控评价

一、宏观调控评价的定义

现代市场经济的运行与发展需要宏观调控。宏观调控是政府运用政策、法规、计划等手段对经济运行状态和经济关系进行调节和干预,以保证国民经济的持续、快速、协调、健康发展。宏观调控的目的是通过各种手段对国民经济进行调整与控制,它的意义在于弥补市场经济的缺陷，保证国民经济的健康发展。宏观调控有效率高低的不同。有的宏观调控能够达到预期的目的，有的难以甚至不能达到预期的目的。这就需要对宏观调控进行评价，努力提高调控的效率。宏观调控评价在宏观调控中具有重要的作用。

宏观调控绩效有高有低，到底是一个什么状况？这就需要进行宏观调控评价。宏观调控评价，就是专门的评价者对政府宏观调控所进行的评论与价值判断。也就是说，它是对宏观调控过程中的投入和消耗与取得的积极调控效应的比较。宏观调控评价，就是对调控效果的评估。这些评价包括为宏观调控所进行的规划与准备、调控效率高低的评价、调控中所出现的问题的发现、调控手段措施与方式方法改进的建议、宏观调控经验与教训的总结等。宏观调控绩效评价的核心是宏观调控效率。宏观调控效率，就是宏观调控的投入产出比。如果宏观调控的成本较高，收益较低，那么，它的效率也是较低的。在宏观调控中，如果实现低通货膨胀、低失业和高经济增长，这样的调控效率就是较高的。这就有一个成本与收益的对比。用公式来表示就是宏观调控的效率=宏观调控的收益/宏观调控的成本，即

$$EMC = RMC/CMC$$

其中，EMC 表示宏观调控的效率；RMC 表示宏观调控的收益；CMC 表示宏观调控的成本。RMC，就是指在宏观调控中的宏观调控政策实施是否影响了投资、消费、就业、通货膨胀、国际收支平衡和经济增长等。CMC，就是指在宏观调控中的宏观调控政策制定和实施的时间成本、信息成本、政策成本、监督成本、摩擦与冲突成本和纠偏成本等。如果 EMC 的值大于 1，那么，这样的宏观调控效率就是较高的。如果 EMC 的值小于 1，那么，这样的宏观调控效率就是较低的。EMC 的值越大，这样的宏观调控效率就越高。EMC 的值越小，这样的宏观调控效率就越低。对于这一标准，如何计算宏观调控的成本与收益，哪些是成本，哪些是收益，只能作为一种考虑问题的思路。这是因为有些是显性成本和收益，可以计算；有些是隐性成本和收益，难以计算。特别是要准确地测定人们心理预期因素的影响就更难了。

除了宏观调控评价的核心——宏观调控效率外，它还包括其他许多宏观调控内容。例如，为了进行宏观调控，政府做了哪些规划，在调控所需要的人、财、物上准备得如何，宏观调控规划时与调控期间的经济环境变化及其影响，宏观调控出现了哪些问题，采取哪些调控手段措施与方式方法解决这些问题。此外，它还包括宏观调控目标的实现程度评价、宏观调控的经验与教训等，有的甚至还涉及政治、文化、最高领导人的变化等因素的影响。可见，宏观调控评价涉及的内容较多，也较复杂。能客观、公正地评价宏观调控，是一项复杂的系统工程。正确地理解宏观调控评价的定义，对于恰当地进行宏观调控评价具有重要的意义。

二、宏观调控评价作用

宏观调控评价是宏观调控的重要过程。对宏观调控进行评价与总结，也是非常重要的管理内容。它有助于调控绩效提升，更好地进行宏观调控并总结调控经验。所以，宏观调控评价既可以丰富和完善宏观调控评价理论，又可以用于指导宏观调控实践。

（一）宏观调控评价有助于绩效提升

宏观调控评价是指通过对宏观经济活动进行审核检查后，评定宏观经济活动是否按照既定的目标进行、经济社会效益的高低优劣，从而有针对性地提出意见和建议，目的是促使宏观调控的有效性。宏观调控评价能够提高宏观管理的绩效。宏观调控就是要达到高效率的目的，实现调控收益的最大化、调控成本的最小化。如果不进行宏观调控评价，宏观调控的成本是不是最小化，收益是不是最大化，就无法掌握，更无法进行调控的改进和效率的提高。通过宏观调控评价，掌握宏观调控的效率，可以更好地进行宏观调控，这有助于降低调控成本，提高其收益。长期以来，虽然中国宏观调控取得了较好的成绩，但是，其调控绩效还是有待提高的。宏观调控往往出现"一死就放，一放就乱，一乱就收，一收就死"的怪圈。面对这种情况，评价主要包括它对宏观经济运行产生什么样的影响，应该采取什么措施，提前中止或调整调控手段，采取补救措施，延缓怪圈的负面影响。通过宏观调控评价，我们可以掌握宏观调控需要改革的方面与环节，提高宏观调控的绩效。

（二）宏观调控评价有助于完善宏观调控

宏观调控的目标、手段与方法如何，我们是难以衡量它的正确性的。通过宏观调控评价，才能知道宏观调控还存在哪些不足，如何完善宏观调控手段与方法。例如，当经济手段的作用难以完全有效时，恰当地运用行政手段干预经济的运行，不但能提高宏观调控的效率，还有利于更加完善宏观调控。有的宏观调控能够达到预期的目的，有的宏观调控难以达到预期的目的。有的宏观调控效率高，有的宏观调控效率低，甚至有的宏观调控完全无效，只能通过评价才能确认。

（三）宏观调控评价有助于经验总结

前事不忘，后事之师。宏观调控评价，可以从过去的宏观调控或管理中吸取经验教训，为未来的宏观调控提供指导与参考。过去，中国宏观调控出现的"一死就放，一放就乱，一乱就收，一收就死"，就是一条重要的经验。宏观调控既包括中央的宏观调控，又包括地方的宏观调控，如何处理好中央与地方在宏观调控事权、财权的关系的经验，也非常值得总结。总结宏观调控的经验需要借助宏观调控评价。宏观调控评价就是需要总结其经验用以指导实践。通过宏观调控评价，从中可以看出哪些宏观调控是成功的，哪些宏观调控是不成功的；哪些宏观调控的效率高，哪些宏观调控的效率低甚至无效。

专栏一：宏观调控充分发挥预期管理的作用

针对2007年经济出现过热苗头、价格上涨压力加大的状况，根据中央经济工作会议精神，为防止经济增长由偏快转向过热、防止价格由结构性上涨演变为明显的通货膨胀，金融宏观调控实施了从紧的货币政策。这一时期的政策旨在加强流动性管理，引导货币信贷合理增长，维护总量平衡。通过上调利率抑制需求膨胀，稳定通货膨胀预期。2007年曾六次上调人民币存贷款基准利率，其中，一年期存款基准利率累计上调 1.62 个百分点至 4.14 个百分点，一年期贷款基准利率累计上调 1.35 个百分点至 7.47 个百分点。

2008 年上半年，中国人民银行分别在一月、三月、四月、五月，四次上调存款类金融机构人民币存款准备金率，每次上调 0.5 个百分点。到 2008 年 5 月，消费价格指数上涨达 7.7%，M2 同比增幅达 18.07%。这次金融宏观调控都是为降低预期的通货膨胀而进行的。调控的结果改变了人们过高的通货膨胀预期。这一时期的金融宏观调控使货币供给量基本保持了适度的增长[①]。

总之，宏观调控评价对于宏观调控具有重要的作用。它对提升宏观调控绩效、完善宏观调控手段和总结宏观调控经验都具有重要的影响。为了更好地进行宏观调控，我们需要重视宏观调控评价的作用。宏观调控评价不是目的，而是手段。评价正是为调控提供科学依据的。

三、宏观调控评价内容与方法

（一）宏观调控评价内容

宏观调控评价的内容丰富，包括调控规划的评价、调控过程的评价、调控结果的评价。这些评价还包括宏观调控目标的评价、调控手段的评价、调控方法和措施的评价。从评价主体来看，宏观调控评价包括政府的宏观调控评价、企业的宏观调控评价、个人的宏观调控评价，还有专门机构所进行的评价和专家的评价。由于受不同的立场、观点与方法的影响，宏观调控评价的结果差异是很大的。从具体的调控实施来看，宏观调控评价包括经济总量调控的评价、实施经济结构优化的评价和推动全面社会进步的评价。从调控政策来看，宏观调控评价又包括对财政政策、货币政策、产业政策、收入分配政策、立法政策等的评价。

1. 事前评价

事前评价又称效果预测，即在进行宏观调控前对将会出现的效果做出评价。这是选择宏观调控手段的主要依据。常常说的"要做到心中有数"，就是提前对将进行的宏观调控效果进行科学的预测。一种情况是，宏观调控事前评价所要回答的问题是当调控手段变量发生变化时，调控目标会出现怎样的变化，如针对经济不景气，增加货币供给量后，产出、就业、通货膨胀、国际收支会发生什么样的变化。另一种情况是，如果要使调控目标变量发生既定变化，调控手段变量需要怎样的变化，如针对经济过热，防止通货膨胀，是选择减少货币供给量还是紧缩财政收支，或者兼而使用。例如，2020 年的新冠疫情使宏观调控发生了较大的变化，国家增加财政支出和放松银根，目的是确保经济增长，结果是中国在全球经济中一枝独秀。

2. 规划中期评价

规划中期评价是宏观调控评价的重要环节。规划中期评价包括规划实施情况、取得

---

① 江世银. 预期作用于金融宏观调控的效率分析. 北京：中国金融出版社，2010：37.

的成绩、存在的问题、今后改进的措施。一般地，在制定下一个五年规划时，国家要组织开展上个规划中期评估。中期评估是一个充分民主的过程。同时，国家还广泛听取意见，深入基层进行实地调研，通过问卷调查、召开座谈会等形式广泛征求意见，并向专门的机构做专题汇报，及时进行指导。在充分民主的基础上，由规划部门集中各方意见，起草中期评估报告。这反映规划独特的学习机制：前一个五年规划实施过半，进行他方和自我评价，及时发现突出问题并提出解决问题的办法，及时改进规划纲要编制，也为制定下一个规划做好铺垫。

3. 重大建设绩效评价

重大建设是对整个国民经济运行具有重大影响的工程建设。它的绩效如何，对宏观调控具有较大的影响。重大建设绩效评价是在深入讨论重大事项规划、重大事项决策、重大事项决策绩效、重大建设进度变化评价等概念的基础上，围绕政府重大事项的宏观调控绩效评价的若干核心问题，分别进行深入的探索和分析，并构建出全新的政府重大调控事项决策绩效评价全生命周期系统模型的过程。重大建设绩效评价，既为宏观调控提供经验，又为提高绩效提供科学的依据。

4. 调控效果评价

调控效果评价又称事后评价，就是对宏观调控效果进行的专门的成本收益分析。在宏观调控实施一段时间或调控规划结束后，对宏观调控的目标、效益、影响和其他诸多方面进行的系统的、客观的总结和分析是重要的宏观调控评价。宏观调控整体效果如何？花费了哪些成本？收益如何？这就是调控效果评价。评价的内容包括调控背景的评价、成本收益的评价、影响因素的评价、滞后效应的评价、调控效率的评价等。它主要是将预定的调控目标与现实的调控手段作用效果进行对比，即回答调控目标的完成程度。评价的目的是提高宏观调控的针对性与有效性。在既定的调控目标下，选择投入少、产出效应大的调控手段，对宏观调控非常重要。特别是是否达到各种手段相互配合、协调的作用，也是调控效果评价的重要内容。

（二）宏观调控评价方法

宏观调控评价方法的种类较多，主要有综合指数评价法、综合指数评分法和计量经济模型法等。各种方法都有适用范围与条件。计量经济模型法比较复杂，可参见其他教材如《国民经济学方法》，本书不再做介绍。掌握宏观调控评价方法对于了解宏观经济运行状况、选择所需要的调控手段与方法、总结调控经验与教训等都具有重要的影响。

1. 综合指数评价法

综合指数评价法是指专门的机构运用一系列指标对多个宏观调控目标、过程、方法、手段与措施等进行评价的方法，简称综合评价方法。综合评价是指专门的机构与组织对宏观调控目标的实现程度等进行一个综合的统计评价，由此来判断宏观经济的走向和预期所要达到目标的程度，这对不同的宏观调控措施等都有很大好处，所以，综合评价对宏观经济运行与趋势都有综合性作用。这方面的评价内容通常包括：对宏观调控效果的性质、作用范围、作用特征等进行定性的分析评价。常用的评价方法有行为特征判断法、规范分析方法等。综合指数评价法对于宏观调控评价具有重要的价值与意义。

2. 综合指数评分法

综合指数评分法是指对宏观调控的一系列指标进行评分，根据评分进行综合评判的方法。它是在综合指数评价法基础上对宏观调控的进一步量化分析。这种方法先综合，后对比平均，其最大优点在于不仅可以反映复杂宏观经济现象总体的变动方向和程度，而且可以确切地、定量地说明宏观经济现象变动所产生的实际经济效果。综合指数评分法将各项宏观经济调控效益指标转化为同度量的个体指数，便于将各项效益指标综合起来，以综合效益指数作为宏观调控综合效益评比排序的依据。各项指标的权数是根据其重要程度决定的，体现了各项指标在宏观调控效益综合值中作用的大小。综合指数评分法的基本思路是利用层次分析法计算的权重和模糊评判法取得的数值进行累乘，然后相加，最后计算出宏观调控效益指标的综合评价指数，由此进行宏观调控评价。综合指数评分法与统计相结合，分析它的统计学特征，能客观地反映宏观调控成效及其变化情况。采取综合指数评分法有助于我们更深入地认识宏观调控效果。

本 章 小 结

预期是预期主体对未来经济社会发展变化趋势的一种主观判断和估计。预期管理，就是指有关机构对预期所进行的干预、引导、调节或管理。预期管理有利于宏观经济总量平衡、经济结构优化和社会全面进步。预期管理既可以促进经济景气繁荣，又可以给过热的经济降温。它具有丰富的内容，通常包括制度、政策、供求和心理方面进行的管理。预期管理目标，是指在预期管理方面所要达到的预定目的，包括一般目标与具体目标、长远目标与近期目标。通常，预期管理需要经历一个过程，包括预期管理的产生、准备、进行和结果等过程。预期管理有使用经济手段、行政手段和法律手段等进行的心理预期管理、经济预期管理和社会预期管理，以此达到其目的。

宏观调控评价，就是专门的评价者对政府宏观调控所进行的评论与价值判断。它有助于调控绩效提升，更好地进行宏观调控并总结调控经验。宏观调控评价包括调控规划的事前评价、规划中期评价、重大建设绩效评价和调控效果评价。宏观调控评价的方法主要有综合指数评价法、综合指数评分法等。各种评价方法各有优劣，都有各自的范围、条件。

本 章 习 题

1. 什么是预期？什么是预期管理？
2. 为什么说预期管理是必要的？
3. 预期管理具有哪些作用？
4. 预期管理需要经过哪些过程？
5. 预期管理有哪些种类？

6. 什么是预期管理目标?
7. 什么是宏观调控评价?
8. 宏观调控评价具有哪些作用?
9. 宏观调控评价包括哪些内容?
10. 宏观调控评价的方法有哪些?